Во втором издании книги автор по-прежнему считает основной версией гибели подлодки «Курск» взрыв перекисно-водородной торпеды и детонацию боезапаса и приводит новые доказательства в ее подтверждение, в том числе факты умышленного сокрытия командованием ВМФ России, Северного флота и Главной военной прокуратурой неудовлетворительной подготовки корабля и экипажа к выходу в море, конструктивные недостатки проекта 949А, о которых умалчивает генеральный конструктор ЦКБ «Рубин» Игорь Спасский. Речь идет о подлоге документов, касающихся обучения экипажа в Центре подготовки моряков-подводников, подготовки и состояния торпедного оружия. Опровергаются версии столкновения «Курска» с американскими субмаринами, атаки подводного крейсера российскими надводными кораблями и ракетными установками наземного базирования, которые возникли или были растиражированы после выхода первого издания книги.

На страницах второго издания описывается фантасмагорическая история появления дополнительного постановления следователя Артура Егиева, в котором признаются практически все доводы защиты и ставятся под сомнение основополагающие экспертизы Виктора Колкутина и Сергея Козлова. Пересматривается роль некоторых руководителей страны, флота и органов расследования, определивших судьбу уголовного дела по факту гибели «Курска» и продолжающих скрывать правду от общества.

Автор применяет нестандартные формы документального повествования – виртуальные перекрестные допросы и очные ставки, формулирует обвинения, производит своеобразное патолого-анатомическое вскрытие состояния российского флота на фоне трагедии «Курска».

Борис Кузнецов

«Она утонула…»

Правда о «Курске», которую скрывают Путин и Устинов

2023

Bibliografische Information der Deutschen Nationalbibliothek:
Die Deutsche Nationalbibliothek verzeichnet diese Publikation in der Deutschen Nationalbibliografie;
detaillierte bibliografische Daten sind im Internet über http://dnb.dnb.de abrufbar.

ISIA Media Verlag, Leipzig 2023

Борис Кузнецов. «Она утонула...»
Правда о «Курске», которую скрывают Путин и Устинов
Издание второе, переработанное и дополненное
Редактура: Эмма Дарвис
Корректура: Наталья Стадникова
Макет и верстка: Эмма Дарвис
Обложка: Владимир Каневский

© Борис Кузнецов
© 2-е издание — Таллин: КПД, 2013
© ISIA Media Verlag, Leipzig

Printed in Germany

ISBN 978-3-910741-04-1
ISBN 978-3-910741-05-8 (eBook)

Судьба книги «Она утонула…». Предисловие к предисловию.

Мое расследование «Она утонула… Правда о "Курске", которую скрывают Путин и Устинов» вышла в свет в 2013 году в эстонском издательстве «КПД».

Примерно 4 500 экземпляров были подарены участникам нескольких презентаций книги в библиотеках Нью-Йорка, Риги и в других латышских городах, отправлены в Россию, в президентские и наиболее крупные библиотеки России, США и Латвии, переправлены знакомым для распространения в Германии, Франции и Израиля. Один экземпляр подарен Президенту США Бараку Обаме.

Тема «Курска» на протяжении всех лет не сходила из поля зрения общества. За годы, после второго издания книги, первое издание вышло в 2005 году, я дал не менее двух десятков телевизионных интервью, примерно столько же появилось на сайтах в YouTube, десятки публикаций в прессе. Глава 10 «SOS» опубликована в «Новой газете». Последнее интервью, сообщив, что оно последнее, я дал 24 февраля 2023 года Марии Максаковой. Не могу сказать, что в официальной прессе, на центральных каналах не вспоминали, особенно в круглые даты, но все ограничивалось открытием новых памятников и репортажами со Серафимовского кладбища, где покоятся большинство подводников, с интервью с членами семей. Со временем упоминания о гибели «Курска» и экипажа становятся все реже, а некоторые сайты в интернете блокируются.

Два события выделяются особым образом. Это художественный фильм «Курск», снятый по книге Роберта Мура «Время умирать» (Moore Pobert. A time to die. The Kursk disaster), опубликованной в 2002 году еще до окончания расследования уголовного дела о гибели корабля и экипажа. Фильм был впервые показан 6 сентября 2018 года на открытии Международного кинофестиваля в Торонто. При презентации фильма в Риге я выступил с кратким вступительным словом. В начале съемок Министерство обороны проявила к нему интерес, но поняв, что фильм слишком правдивый, интерес потеряло, а также запретило съемки на территории России из соображений государственной тайны, хотя уголовное дело еще в 2002 году было рассекречено. Этот художественный фильм получился правдивее и честнее, чем многие документальные фильмы, показанные по российскому телевидению.

Второе событие, которое, как мне представляется, важным – это выход книги Игоря Курдина «Курск». 20 лет спустя. Тайны, скрытые под водой» в 2020 году. Я прочитал книгу с карандашом в руках, привожу фрагменты рецензии, которая была опубликована на сайте Санкт-Петербургского клуба моряков-подводников и ветеранов ВМФ 14 января 2021:

«…Не вызывает сомнения, что автор много не договаривает. Это вовсе не означает, что он не знает ответов на вопросы, на которые не отвечает вполне сознательно, видимо полагая, что им не место в этой книге, и что есть и другие люди, которые расскажут всю правду о «Курске». …Могу предположить, что расчет сделан на читателей, которые не просто читают хронологию событий, а видят то, что за ними скрывается и то, что автор не пожелал раскрыть. Но замечу, что читатель у книги разный и скрывать от него истинные причины гибели корабля и экипажа – это значит, что «работа над ошибками» не сделана. …(В книге), ничего нет об испытании перекисно-водородной торпеды или об испытании спасательных средств – АС-32 и АС-34, предназначенных для спасения экипажа. Именно то обстоятельство, что «Курск» никогда не стрелял торпедой 65-76 привело к гибели корабля и экипажа, а невозможность присосаться к комингс-площадке спасательного люка 9-го отсека из-за конструктивных недостатков, не позволило спасти 23 подводника, выживших после трагических взрывов. …

Описывая действительное бедственное положение флота в начале 90-х годов, автор с первых страниц намекает неискушенному читателю, что истоки гибели «Курска» надо искать чуть ли не в развале Советского Союза, в политике российского руководства и лично Б.Н. Ельцина. ...Бедственное положение с экономикой в непосредственной причинной связью с гибелью корабля и экипажа не находятся. Преступная халатность, безответственность конкретных лиц на своих должностях – непосредственная причина. ...кто принял решение на изменение формы учения, не предусмотренную ни одним руководящим документом ВМФ России, которая, в свою очередь, вызвала изменение порядка и нормативы подготовки учений и проверки готовности к ним кораблей и экипажей, автор не указывает. Не забыл Курдин продемонстрировать фотографию президента Путина на борту К-18 «Карелия» (стр. 65) в рабочей форме подводника в апреле 2000 года, за столом с членами экипажа и выражает недоумение, что об августовских масштабных учениях Северного флота не доложили Верховному главнокомандующему (стр. 74).

Все дело в том, что для президента устроили своеобразный «концерт художественной самодеятельности» Северного флота: приспустили в позиционное положение или, в лучшем случае, погрузились на перископную глубину, «посвятили президента в подводники» – налили кружку подсоленной водички, пострелями холостыми, устроили небольшой фейерверк, как в Новый год на Рублевке, а когда проводятся нечто похожее на учения, да еще и самые крупные в новейшей истории России, то знать главнокомандующему об этом вовсе не обязательно, а то, не дай Бог, спросит про какие-нибудь спасательные средства. Хронометрируя события 12 августа, Игорь Курдин пишет (стр. 83) о взрыве по пеленгу 96 градусов, который зафиксировал командир гидроакустической группы крейсера «Петр Великий» старший лейтенант Андрей Лавренюк и о котором доложил на мостик, но указывая просчет командира крейсера В.Л. Касатонова и адмирала В.А. Попова. Но он не делает вывода, что руководители учений не дали команду классифицировать взрыв, не разложили карту учений, на провели пеленг, к коридору, по которому «Курск» входил в район БД-1, не пишет о том, что это привело к задержке на 12 часов объявления лодки аварийной.

Не пишет Курдин и о том, как сложилась судьба Касатонова, который последовательно повышался в должностях и званиях, был после этих событий награжден двумя орденами, а с 2019 года уже в звании вице-адмирала является заместителем Главкома ВМФ. Не бедствовал и главный виновник в гибели корабля и экипажа – адмирал Попов, который отправлен в отставку за «общие недостатки», до сих пор обвиняет в гибели корабля и экипажа иностранную подводную лодку. ...Нет в книге ни слова о «спасательной операции», которую весьма успешно провел президент России, вторгаясь в деятельность правоохранительных органов, вопреки Конституции, спасая руководство ВМФ и Северного флота от скамьи подсудимых.

Что же изменилось за 20 лет? НИЧЕГО. АСС по-прежнему отстает от самого подводного флота и это в года, когда на страну вылились триллионы нефтедолларов. Спасательное судно «Игорь Белоусов» на ТОФ – единственный современный спасатель, а это означает, что для власти «железо» важнее человека, а на ЧФ до сих пор в строю СС «Коммуна», спущенное на воду в 1913 году».

Книга Игоря Курдина не что иное, как пропагандистская пиар-акция, попытка скрыть истинные причины гибели 118 моряков-подводников и потери корабля, наряду с публичными выступлениями одного из главных виновников – бывшего командующего флота адмирала Попова, который вопреки фактам продолжает утверждать, что это американцы потопили «Курск».

В 2016 году я отказался от адвокатского статуса в знак протеста против проведения Федеральной палаты адвокатов Конгресса на оккупированной территории Крыма и возвратил орден «За верность адвокатскому долгу». По совету моих друзей я снова печатаю тираж книги для распространения в Европе, а деньги, полученные от продажи, будут направлены на поддержку украинских детей, пострадавших от российской агрессии.

*Памяти моих учителей
Анатолия Михайловича Алексеева,
Георгия Павловича Смолкина
и Бориса Николаевича Данилова
посвящается.*

Содержание

От издателя	6
Об авторе	8
Глава 1. Из записок адвоката-камикадзе. Предисловие ко второму изданию	14
Глава 2. Про то, как поменялось название первого издания книги. Предисловие к первому изданию	27
Глава 3. Почему вредно врать и зачем нужна эта книга	29
Глава 4. Предчувствие беды	40
Глава 5. Вспышка в пять рублей	42
Глава 6. Чем учения лучше сбор-похода?	47
Глава 7. Буи-призраки	71
Глава 8. Непотопляемый «Курск»	77
Глава 9. Что прячет в своей книге генеральный прокурор	102
Глава 10. SOS	113
Глава 11. Спасение негодными средствами	136
Глава 12. «У нас на борту смерть»	144
Глава 13. Как «Она тонула…»	155
Глава 14. Экспертиза лжи и предательства	167
Глава 15. Телешоу «Фуражки горят»	185
Глава 16. Диалоги с оппонентами	197
Глава 17. Флотские дыры латают деньгами вдов и сирот	205
Глава 18. «Прокурор дал течь»	210
Глава 19. Закон неравных прав: Чем страшнее преступление, тем больше денег государство потратит на юридическую защиту	226
Глава 20. Перекрестный допрос	246
Глава 21. Генпрокурор Устинов: книга Кузнецова не должна появиться на свет	283
Глава 22. Мутная вода вокруг «Курска»	288
Глава 23. Фигуранты	364
Глава 24. «Мы отвечаем за все, что было при нас и будет после нас»	434
Приложения	450
Словарь сокращений и терминов, использующихся в книге	652
Указатель имен	659
Список использованной литературы	668

Капитан Колесников пишет нам письмо
Слова и музыка Юрия Шевчука

Кто о смерти скажет нам пару честных слов?
Жаль, нет черных ящиков у павших моряков.
Карандаш ломается, холодно, темно.
Капитан Колесников пишет нам письмо.

Нас осталось несколько на холодном дне.
Два отсека взорвано, да три еще в огне.
Знаю – нет спасения, но если веришь – жди,
Ты найдешь письмо мое на своей груди.

«Курск» могилой рваною дернулся, застыл.
На прощанье разрубил канаты ржавых жил.
Под водою пасмурно, чайки, корабли.
На земле подлодка спит, но как далеко до земли.

После о случившемся долго будут врать.
Расскажет ли комиссия, как трудно умирать?
Кто из нас – ровесники, кто – герой, кто – чмо…
Капитан Колесников пишет нам письмо.

От издателя

Книга адвоката Бориса Кузнецова, представлявшего интересы 55 семей подводников, отвечает на вопрос, почему больше десяти лет назад погиб один из лучших подводных кораблей России – атомный подводный крейсер «Курск» и один из лучших экипажей подводного флота России – 118 моряков во главе с капитаном I ранга Геннадием Лячиным.

Эта книга – о верности и предательстве, о мужестве и трусости, о чести и бесчестьи, о равнодушии, из-за которого, по выражению польского гуманиста Бруно Ясенского, совершаются все убийства и предательства на свете. Она называет конкретных виновников трагедии – адмиралов, которые ради своей карьеры обрекли на гибель российских моряков. В книге по минутам и секундам воспроизведена разворачивающаяся трагедия, бездарно проведенная поисково-спасательная операция, описана вопиющая халатность при подготовке экипажа и корабля, а также всего учения, раскрыты глубинные причины кризиса российского Военно-морского флота и воинствующей безответственности.

Автор рассказывает о ходе расследования гибели «Курска», о политической составляющей этого дела, о жизни и героической гибели 23 подводников в 9-м отсеке, мужество которых позволило обнаружить затонувший корабль, об их надежде на спасение, перечеркнутой трусостью людей, пославших их на гибель.

По сравнению с первым изданием на русском языке, второе издание книги дополнено новыми фактами: описаны попытки Генеральной прокуратуры возбудить против автора уголовное дело за разглашение государственной тайны и задержать распространение тиража, преследование адвоката, изгнание из офиса, обвинение в популизме, многочисленные судебные процессы, инициаторами которых был как сам адвокат, так и его оппоненты, обвиненные им в фальсификации материалов уголовного дела и отдельных экспертиз, и, наконец, уголовное преследование Бориса Кузнецова по обвинению в разглашении государственной тайны по эпизоду, не связанному с книгой о гибели «Курска».

По сведениям из надежных источников, это уголовное преследование было доведено до предъявления обвинения по указанию Владимира Путина и связано с книгой о гибели «Курска». Над вторым изданием книги автор работал уже в США, где получил политическое убежище.

Много внимания уделено опровержению версии, появившейся в связи с похолоданием в российско-американских отношениях, о причастности к гибели «Курска» американских военно-морских сил, в частности подводных лодок «USS Memphis» и «USS Toledo». По убеждению автора, к распространению этой версии причастны российские спецслужбы, по заданию которых французские кинодокументалисты сняли фильм «Курск»: Подводная лодка в мутной воде».

Об атомном подводном крейсере «Курск» издано более 30 книг. Многие из них писались по свежим следам, на основе публикаций в СМИ, когда версии были противоречивыми, а факты – искаженными. Но докопаться до истины можно лишь после изучения подлинных документов и их критического осмысления.

Книга адвоката Бориса Кузнецова, написанная по материалам уголовного дела и по результатам собственного независимого расследования, – наиболее полное, объективное и честное изложение трагических событий и их последствий. Ее цель – не только довести до читателя правду о «Курске», которую скрывают Владимир Путин, Владимир Устинов, Владимир Куроедов и Александр Савенков, но и предотвратить такие трагедии в будущем, чтобы юноши по-прежнему мечтали попасть на подводный флот, а матери не боялись отпускать их на службу.

Если в этом хоть что-то хоть в чем-то изменится к лучшему, значит, эта книга свою задачу выполнила.

Об авторе

Борис Аврамович Кузнецов родился 19 марта 1944 года в Кирове, куда его семья была эвакуирована из блокадного Ленинграда. В 1975 году окончил ВЮЗИ. В 1962–1982 годах служил в должностях оперативно-начальствующего состава подразделений уголовного розыска ГУВД Леноблгорисполкома и УВД Магаданского облисполкома. Участвовал в раскрытии сотни преступлений, среди них – кража дуэльных пистолетов из музея-квартиры А. С. Пушкина, кражи из Эрмитажа и Русского музея, хищения промышленного золота на приисках Чукотки.

С 1982 года занимается адвокатской, научной и правозащитной деятельностью. С 1989 года – советник группы народных депутатов СССР, член межрегиональной депутатской группы. В 1991 году создал Адвокатское бюро «Борис Кузнецов и партнеры», которое до 1995 года входило в состав Петербургской коллегии адвокатов, а с 1995-го – в состав Межреспубликанской коллегии адвокатов. С 2003 года – адвокат Адвокатской палаты города Москвы.

Принимал участие в разработке Конституции РФ, законов «О разделе продукции», «Об оперативно-розыскной деятельности», «Об оружии». Участвовал в защите по делам, вызвавшим большой общественный резонанс.

За работу в уголовном розыске был отмечен государственными и ведомственными наградами, является обладателем золотого знака «Общественное признание», медалью к 200-летию со дня рождения А. С. Пушкина, медалью Анатолия Кони. За защиту военных моряков награжден медалью «300 лет Российского флота», золотым знаком «Подводник Военно-морского флота России» № 14 и именным кортиком.

Кавалер высшего адвокатского ордена «За верность адвокатскому долгу». По опросам журналистов и читателей газеты «Версия», журналов «Деньги» и «Лица» был включен в пятерку лучших российских адвокатов. Включен в справочно-энциклопедические издания «Лица России» (1999, 2000), «Кто есть кто в России» (1997, 1999), «The International Who's Who» (1998–1999, 2004–2005, 2007–2008). Журнал «Лица» включал Кузнецова в издания «Кумиры России» (1999–2008).

О наиболее интересных гражданских и уголовных делах, проведенных адвокатом, издана книга «Освободить из-под стражи в зале суда» (М.: Парус, 1997). Автор книг «Защита чести и достоинства» (М.: МРКА. 1996), «Она утонула...» Правда о «Курске», которую скрыл генпрокурор Устинов» (Де-Факто, 2005).

Представлял интересы генерала КГБ Олега Калугина по иску к Горбачеву, Рыжкову и Крючкову (1990–1991) о лишении наград, звания и пенсии. В 1994 году защищал интересы Калугина по иску С. Н. Бабурина о защите чести и достоинства. Калугин заявил, что Бабурин сотрудничал с КГБ. Позиция адвоката Кузнецов заключалась в том, что заявление о законном сотрудничестве человека с государственными органами не может быть оскорбительным для чести и достоинства.

В 1993–1996 годах Кузнецов представлял интересы первого вице-премьера и председателя Совета Федерации В. Ф. Шумейко по уголовным делам, возбужденным в 1993 году, по иску к газете «Известия», которая обвинила Шумейко в плагиате, по иску к газете «День», по иску к бывшему вице-президенту А. В. Руцкому, по иску к бывшему заместителю генерального прокурора Н. Макарову, по трем искам к ведущему передачи «Момент истины» А. В. Караулову, по трем искам к председателю комитета по безопасности Государственной Думы В. И. Илюхину и встречному иску.

В ходе рассмотрения этих дел показал себя жестким адвокатом, эпатажные заявления которого привлекали внимание СМИ. Так, например, Илюхин постоянно игнорировал судебные заседания и не являлся на них. Тогда Кузнецов направил письмо председателю Государственной Думы Г. Н. Селезневу, в котором говорилось: *«Не исключаю, что в день судебного заседания наш ответчик внезапно заболеет, но мне представляется, что его заболевание может быть связано исключительно с естественной физиологической реакцией организма на чувство страха. Со своей стороны, я обеспечу ответчику все необходимые гигиенические принадлежности, комплект нижнего белья на смену, а также химические препараты для озонации воздуха в зале судебного заседания»*.

Кузнецов представлял интересы общины хасидов по возврату библиотеки Шнеерсона; защищал интересы П. Рожка по иску к правительству Эстонии о незаконной депортации и интересы Центра по правам человека по иску к члену парламента Эстонии Марту Нуттю (1999–1997) от обвинений в том, что Центр создан российской разведкой; защищал интересы президента АКБ «Комибанк» В. Вострякова; журнала «Столица» по иску Д. Кьезе о защите чести и достоинства; еженедельника «Собеседник» по иску фракции ГД ФС РФ «Женщины России»; Артема Тарасова в Королевском суде Великобритании по иску к газете Washington Post и Gerald Tribune и в России – к редакции газеты «Комсомольская правда»; ирландской компании Hoverwud LTD по иску к Инкомбанку в Федеральном суде Южного округа штата Нью-Йорк о взыскании задолженности по векселям; трех американских компаний к Bank of New York; Международного центра Рерихов по иску к правительству России (1994–1995); театра «Содружество актеров Таганки» при разделе Театра на Таганке (1994–1995); подполковника ГРУ Генштаба В. Ткаченко, обвиняемого в передаче космических снимков израильской разведке (1998–1999).

В 1994–1995 годах представлял интересы покойного Главного маршала артиллерии (пониженного в звании до генерал-майора и лишенного звания Героя Советского Союза) С. С. Варенцова по иску к ВВС и «ТВ-Новости», которые в своем фильме утверждали, что больше половины секретных сведений, переданных Пеньковским британской и американской разведкам, были получены благодаря Варенцову.

В затребованных материалах из архивов КГБ СССР и Главной военной прокуратуры доказательств того, что Пеньковский получил секретные материалы от Варенцова, не имелось.

Представлял интересы семьи Н. С. Хрущева в связи с обвинениями в адрес его сына Леонида, обвиненного в переходе на сторону немцев, а фактически погибшего на истребителе ЯК-9 11 марта 1943 года над территорией Калужской области.

В 1994–1995 годах защищал народного артиста России Георгия Юматова, обвиняемого в убийстве. В результате первоначальное обвинение по статье «умышленное убийство» было переквалифицировано на «превышение пределов необходимой обороны», а затем дело было прекращено до суда.

В 1995 году защищал в украинском суде интересы российской общины Севастополя и газеты Черноморского флота по заявлению Генеральной прокуратуры Украины о ликвидации общины и закрытии газеты. После оглашения решения, отклонившего иск Генеральной прокуратуры, Кузнецову был вручен андреевский флаг флота.

Защищал начальника Главного штаба ВМФ адмирала И. Хмельнова (1998–2000), командующего Северным флотом адмирала О. Ерофеева (2003–2007), начальника вспомогательного флота ВМФ России контр-адмирала Ю. Кличугина (2006–2008), капитана II ранга В. Вербицкого, обвиняемого в шпионаже в пользу Швеции (1990–1992).

В 2002–2008 годах представлял интересы 55 членов семей подводников по делу о гибели атомной подводной лодки «Курск». Подверг резкой критике результаты официального расследования обстоятельств катастрофы, в том числе в своей книге «Она утонула... Правда о «Курске», которую скрыл генпрокурор Устинов».

Представлял интересы крупнейших российских и зарубежных компаний: «ЮКОС», «Росвооружение», «ИТЕРА», Лебединского ГОКа, Мытищинского завода «Метровагонмаш», американских компаний Mars и Motorola, канадской компании Norex Petrolium, российско-итальянского инвестиционного консорциума, а также правительства Москвы, Госналогслужбы, Российского общества Красного Креста, Управления делами президента России, Совета Федерации, Гильдии актеров кино, Федеральной службы лесного хозяйства, партий «Демократическая Россия» и «Родина».

Участвовал а нашумевшем деле «Аэрофлота», защищая вице-президента компании Александра Красненкера. В одном из возражений на тезис обвинения о том, что Березовский внедрил Красненкера в «Аэрофлот», писал: Березовский – не Юстас, Красненкер – не Штирлиц, а «Аэрофлот» – не VI управление РСХА.

Представлял интересы Майи Плисецкой по иску к газете «Московский комсомолец» и лондонскому корреспонденту газеты Владимиру Симонову, защищая ее от обвинения в том, что она родила ребенка вне брака. Убедительно доказал, что в отношении великой балерины распространялась клевета.

Журналист Александр Хинштейн признал, что изложенные им сведения о принадлежности заместителя начальника ГУВД Москвы генерал-лейтенанта милиции Василия Купцова к преступной группировке не соответствуют действительности.

В разное время Кузнецов представлял интересы политиков, журналистов, артистов, режиссеров, художников и музыкантов: Галины Старовойтовой, Владимира Рушайло, Дмитрия Рогозина, Павла Бородина, Валентина Гафта, Лии Ахеджаковой, Людмилы Гурченко, Олега Табакова, Резо Габриадзе, Виталия Третьякова, Григория Жислина, Максима Дунаевского, Игоря Губермана, Марка Розовского, Юрия Кары, Александра Митты, Иосифа Кобзона, режиссера Дмитрия Барщевского, Гарика Сукачева, Гедеминаса Таранды, писателя Михаила Любимова, обозревателя радиостанции «Эхо Москвы» Андрея Черкизова, корреспондента Инессу Землер, епископа Гурия по иску к газете «Комсомольская правда», потомка купцов Елисеевых Ярослава Елисеева, лидера казахской оппозиции Галымжана Жакиянова, губернатора Магаданской области Валентина Цветкова, вице-президента ЮКОСа Михаила Шестопалова, телеведущей Ксении Собчак, предпринимателя Александра Шусторовича, священника Глеба Якунина.

Представлял интересы Московского художественного театра им. А. П. Чехова, Московского театра оперетты, Театра-школы современной пьесы, НТВ в телевизионной программе «Суд идет» по иску Русской Православной Церкви в связи с показом фильма Мартина Скорсезе «Последнее искушение Христа», журналов «Собеседник», «Морской сборник», «Столица», газет «Московская правда», «Московские новости», «Вечерняя Москва», «Новая газета».

Активная и профессиональная защита ученого Института США и Канады Игоря Сутягина, в ходе которой Кузнецов доказал, что в число присяжных заседателей был внедрен бывший сотрудник Службы внешней разведки Григорий Якимишен, защита Владимира Хуцишвили от обвинения в убийстве путем отравления банкира Ивана Кивилиди, отстаивание интересов президента автономной неправительственной организации «Образованные медиа» Мананы Асламазян, представительство семьи Анны Политковской, убитой с участием сотрудников ФСБ, а также защита члена Совета Федерации Левона Чахмахчяна явились причиной его преследования со стороны ФСБ и Генеральной прокуратуры.

В деле обвиненного в мошенничестве Левона Чахмахчяна Кузнецов, по мнению следствия, сфотографировал секретный меморандум, в котором говорилось о прослушивании правоохранительными органами телефонных переговоров Чахмахчяна, когда тот был членом Совета Федерации. Прослушивание осуществлялось с 22 мая 2006 года, а 23 мая судья Верховного суда незаконно санкционировал прослушивание переговоров. Копию этого документа Кузнецов направил вместе с жалобой в Конституционный суд России, после чего прокуратура города Москвы обвинила его в разглашении государственной тайны. 11 июля 2007 года Тверской суд Москвы дал согласие на привлечение Кузнецова к уголовной ответственности. В ночь с 10 на 11 июля адвокат покинул пределы России, обратился к правительству США о предоставлении политического убежища, которое было предоставлено 12 февраля 2008 года. В настоящее время проживает в США, в городе Клиффсайд-Парк, напротив Манхэттена.

Вот что написал о Кузнецове известный актер Валентин Гафт:

«Я – человек скромный, но очень талантливый, – заметил, конечно, не без самоиронии, знаменитый адвокат Борис Кузнецов, рассказывая, как одна старушка «делала бизнес» на продаже номера его домашнего телефона в длинных очередях в приемных Генеральной прокуратуры и Верховного суда. Да, он действительно талантлив, очень много работает, неприхотлив в быту. У него хорошая закалка – шестнадцать лет службы в милиции[1]. […]

Мне кажется, что Кузнецов, выступая в суде, очень похож на режиссера. Ведь именно неожиданная трактовка фабулы в первую очередь помогает ему выигрывать процессы. Он умеет убеждать и побеждать. Конечно, блестяще знает законы. Но еще он – тонкий психолог и к каждому делу подходит, как настоящий художник. Удивляешься, когда он в труднейших ситуациях, докапываясь до правды, находит такие детали, такие почти невидимые оттенки событий, которые в мнимой жертве выявляют преступника, а в предполагаемом преступнике – жертву.

Поэтому его процессы очень часто напоминают детективы с непредсказуемым концом. Таким образом Кузнецов защитил от обвинения в умышленном убийстве артиста Георгия Юматова, вернув ему честь и достоинство в глазах всех, кто знает и любит его. Многие, очень многие оппоненты Кузнецова в полной мере ощутили на себе редкостный адвокатский дар этого человека.

Адвокат – не просто его профессия. Это у него от Бога, его призвание, его жизнь, его суть. К нему приходят разные люди. Нравственность или безнравственность того или иного клиента ему, естественно, небезразличны. Но главное для него – истина. Я задаю себе вопрос: «Кто же он, Борис Кузнецов?» Мне думается, очень хороший человек, бродящий по Земле и делающий людям добро».

Свое кредо Борис Кузнецов формулирует так: «Если доказательства невиновности человека находятся в куче дерьма, а у меня связаны руки, я достану их зубами».

Глава 1.
Из записок адвоката-камикадзе.
Предисловие ко второму изданию

«Записки адвоката-камикадзе» – моя новая книга. Она еще не дописана. Мой рабочий стол стоит под окном, из которого открывается замечательная панорама на Гудзон, Манхэттен и мост Джорджа Вашингтона. Политэмигрантом я стал шесть лет назад.

Дело «Курска» является едва ли не самой главной причиной того, что я оказался в эмиграции не по собственной воле.

Жизнь в ночь с 10 на 11 июня 2007 года изменилась полностью. В 15 часов 10 июня Тверской районный суд города Москвы начал рассмотрение представления прокурора города Юрия Семина о наличии в моих действиях признаков состава преступления, предусмотренного частью I статьи 283 Уголовного кодекса РФ (разглашение государственной тайны). В 2006 году я принял защиту члена Совета Федерации от Республики Калмыкия Левона Чахмахчяна, которого обвиняли в мошенничестве.

В материалах, представленных Генпрокуратурой в Верховный суд, я обнаружил справку-меморандум ФСБ России с грифом «секретно» о том, что телефоны Чахмахчяна прослушивались. При этом прослушивание началось 22 мая 2006 года, а постановление, которым это прослушивание санкционировалось, вынесено членом Верховного суда Анатолием Бризицким только 23 мая. Конституция России предусматривает неприкосновенность для членов Совета Федерации и депутатов Государственной Думы. Лишить их неприкосновенности может лишь соответствующая палата, а такого решения верхней палаты российского парламента – Совета Федерации – не было. По законодательству, неприкосновенность распространяется и на средства связи. А это означает, что и санкция судьи Верховного суда, и само прослушивание сотрудниками ФСБ были незаконны, поэтому фонограммы телефонных переговоров не могут служить доказательством.

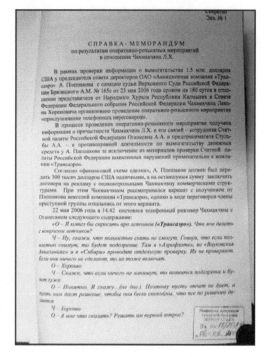

Первый лист справки ФСБ РФ.

Доказательства, полученные с нарушением закона, не имеют юридической силы – важнейший постулат конституции и уголовно-правового законодательства.

Необычайная ценность справки-меморандума, с точки зрения защиты, заключалась именно в том, что в ней говорилось об установлении прослушивания телефонов самого Чахмахчяна, а не его контактов. На этом прослушивании строились все доказательства, и развалить такое дело при нормальном правосудии не составляло труда. Что касается грифа «секретно», то закон предусматривает ответственность за разглашение не самого секретного документа, а сведений, представляющих собой государственную тайну.

А теперь представьте, что вы защищаете убийцу и вам в руки попал секретный документ, согласно которому, убийство совершил не ваш подзащитный, а кто-то другой. Что должен сделать адвокат с таким документом? С учетом провозглашенного конституцией приоритета интересов личности над интересами государства, несомненно, адвокат не только может, но и обязан использовать этот документ для защиты клиента.

Проигнорировать такой подарок судьбы, а также идиотизм нынешнего поколения чекистов, самим себе создавших проблему, я, конечно, не мог. Поэтому мне удалось заполучить фотокопию справки с единственной целью – признать прослушивание телефонных переговоров Чахмахчяна нарушением Конституции и федеральных законов России и добиться в суде их признания в качестве доказательств недопустимыми. Верховный суд на мое обращение с приложением этой справки-меморандума не отреагировал, судья Мосгорсуда возвратила мне жалобу, кстати говоря, несекретной почтой, и я направил ее в Конституционный суд России, приложив фотокопию секретной справки как доказательство того, что прослушивали именно Чахмахчяна. Меня обвинили в разглашении этой самой справки перед сотрудниками Конституционного суда.

Обжаловать действия должностных лиц, если сведения, содержащиеся в документах под грифом «секретно», «совершенно секретно», «особой важности», нарушают права человека, обязанность адвоката. В таком случае направить жалобу в Конституционный суд, как говорится, сам Бог велел.

Во-первых, Закон о государственной тайне недвусмысленно утверждает, что сведения о нарушении прав человека и о злоупотреблении должностными лицами своего служебного положения к государственной тайне не относятся и засекречиванию не подлежат.

Во-вторых, жалоба была направлена через полтора месяца после прекращения прослушивания телефонов Чахмахчяна, а содержание телефонных переговоров из сведений, полученных в результате проведения оперативно-розыскного мероприятия, превратилось в доказательство по уголовному делу и, следовательно, не могло содержать государственную тайну. Стенограммы, которые попали в справку-меморандум ФСБ РФ, в рассекреченном виде были приобщены к материалам уголовного дела в отношении Чахмахчяна.

Незаконность обвинения была совершенно очевидна. Но, судя по первому дню процесса в Тверском суде, когда судья Елена Сташина[2] отклоняла все ходатайства, поданные мной и моими защитниками Робертом Зиновьевым и Виктором Паршуткиным, а также не дала возможности полностью ознакомиться с материалом, я понял, что на следующий день суд санкционирует возбуждение уголовного дела. Но тревожило меня не столько предстоящее решение суда, сколько наружка[3], которую я, впрочем, замечал и раньше. Появление вблизи суда и у офиса адвокатского бюро накачанных ребят в черной униформе с надписью «ФСБ» на спине очевидно означало перспективу задержания и ареста.

Камера в Лефортово меня не устраивала, я хорошо понимал, что из СИЗО защищать себя будет непросто.

Нужно было выиграть время. Решение об отъезде из России я принял немедленно, сказав жене, что уезжаю в срочную командировку на Украину. Наблюдение за домом в тот период велось непрерывно, одна машина – закрытый фургон на базе «Газели» – уже несколько недель торчала на перекрестке в 100 метрах от дома, вторая машина находилась у поста ГАИ на повороте к моей даче с Рублево-Успенского шоссе. Контрнаблюдение, которое я организовал, вычислило еще одну машину скрытого наблюдения. Важно было отвлечь хотя бы две машины наружки.

Пригласив на дачу нескольких клиентов и убедившись в том, что минимум две машины отвлеклись на наблюдение за моими посетителями, я в 3 часа ночи с небольшим чемоданчиком пробрался задними дворами и соседними участками к своему ничего не подозревающему приятелю, и на его машине к 8 утра мы добрались до российско-украинской границы. Перед отъездом я изъял жесткий диск стационарного компьютера, положил его в металлическую коробку, а рядом поставил бутылочку с концентрированной соляной кислотой, чтобы в случае задержания уничтожить диск с 300 гигабайтами информации.

Самый известный переход границы был под Белгородом, но шоферы в придорожном кафе рассказали о недавно оборудованном новом переходе. И хотя крюк составлял около 20 километров, я решил пересечь границу там, надеясь на бардак в новом пункте. Пограничники забрали у нас паспорта, приятелю вернули документ сразу, а мне велели ждать в машине. Сердце екнуло лишь однажды, когда забравший мой паспорт офицер крикнул второму офицеру: «Валя, подойди». Но все обошлось. В ближайшем городке я пересел в такси, а мой приятель вернулся в Россию. Почти три месяца я прожил у дочери в Париже, а потом оказался в США. 29 декабря 2007 года я обратился в иммиграционную службу с просьбой о предоставлении политического убежища, которое и получил месяц спустя.

Кое-кто из знакомых высказал осторожное предположение, что получить убежище в такие короткие сроки можно только при контакте с американскими спецслужбами. Продать американцам мне нечего, разве что сведения о коррупции в судебной и правоохранительной системах, но этой информации полно и в открытом доступе. Впрочем, за два года до описываемых событий я по случаю приобрел несколько десятков личных дел кэгэбэшной агентуры 1960–1980-х годов. С помощью дипломатов вывез их сначала в Европу, а затем – в США. Покупал я эти дела с намерением использовать в будущей книге, но, встретившись в Израиле с пожилым художником-иллюстратором, стучавшим когда-то по 5-й линии[4], у которого внуки говорят по-русски с акцентом, я понял, что опубликовать эти материалы я не смогу. В конце концов это не моя тайна, а пожилой художник не занимает должность в органах российской власти.

Конечно, не только дело о гибели «Курска» и не только дело Чахмахчяна стали причиной моей вынужденной эмиграции. Перефразируя знаменитую фразу Ильфа и Петрова из «Записных книжек», я могу заявить: «Никто не любил меня больше КГБ, которое меня тоже не любило». Еще в 1990–1991 годах я представлял в судах, в целом небезуспешно, интересы генерала КГБ Олега Калугина по жалобам на действия президента СССР Горбачева, председателя Совета министров СССР Николая Рыжкова и председателя КГБ СССР Владимира Крючкова, лишивших опального генерала наград, звания и пенсии.

В те же годы я защищал капитана II ранга, военного журналиста Владимира Вербицкого, обвиненного в шпионаже в пользу Швеции (уголовное дело в отношении Вербицкого было прекращено Главной военной прокуратурой из-за отсутствия состава преступления). О тех временах рассказывает книга Евгении Альбац «Мина замедленного действия. Политический портрет КГБ», вышедшая в 1992 году и содержащая рапорт прапорщика Лариной о том, что в 1991 году на акустическом контроле среди большого числа лиц стоял и я. Еще раз моя фамилия была упомянута как находящегося под контролем 17 августа 1991 года в числе Э. Шеварднадзе, И. Силаева, А. Яковлева и М. Полторанина. (Приложение № 1)

В середине 1990-х годов мы с адвокатом Мишей Ботвинкиным защищали подполковника ГРУ Ткаченко. Он был задержан ФСБ и стал заложником противостояния двух спецслужб – ФСБ и ГРУ[5]. Под «крышей» военной разведки космические снимки территорий арабских стран продавались офицеру израильской разведки. Еще я защищал подозреваемых в шпионаже американских граждан – Кента Ли, незаконно выдворенного из России, и Александра Шусторовича, который обвинялся в совершении экономических преступлений, но на всех следственных действиях неизменно присутствовали сотрудники ФСБ в звании не ниже полковника. ФСБ подозревало, что Шусторович вложил по заданию ЦРУ миллионы долларов в издательскую деятельность Российской Академии наук.

Последние годы отмечены уголовными делами с моим участием, в которых непосредственно участвовало и ФСБ, например, дело по обвинению в шпионаже в пользу американской военной разведки сотрудника Института США и Канады РАН Игоря Сутягина (вместе с адвокатами Анной Ставицкой, Владимиром Васильцовым и Германом Гаврюниным).

Не улучшило отношения ко мне руководства ФСБ мое участие в ряде других уголовных дел, за которыми торчали длинные кэгэбэшные уши: представительство родственников убитой, не без участия ФСБ, Анны Политковской (вместе с адвокатами Кариной Москаленко и Анной Ставицкой), дело Мананы Асламазян и некоммерческой организаций «Образованные медиа» (вместе с адвокатом Виктором Паршуткиным), дело Владимира Хуцишвили, более известное как дело об убийстве банкира Ивана Кивилиди с помощью боевого отравляющего вещества (вместе с адвокатами Оксаной Возняк и Сергеем Забариным).

По делу Игоря Сутягина мне удалось доказать, что в число присяжных заседателей ФСБ внедрило бывшего сотрудника службы внешней разведки Григория Якимишина. Это стало одним из оснований решения Европейского суда по правам человека, согласно которому, приговор по делу Сутягина был незаконен, а судья Московского городского суда Марина Комарова[6] манипулировала присяжными.

Надо сказать, что и сейчас ФСБ не оставляет меня в покое. Именно чекисты, по инициативе которых было возбуждено уголовное дело, не дают мне доступа к правосудию. Меня объявили в федеральный, межгосударственный и международный розыск, при том что число писем, направленных прокурорами, руководителями следственных подразделений и судей на мой американский адрес, превысило сотню. Недавно я обнаружил в своем почтовом ящике письмо от одного из руководителей Следственного управления Следственного комитета РФ по городу Москве такого содержания: *«Признать незаконным постановление об объявлении вас в розыск нет оснований, т.к. нам неизвестно место вашего нахождения».*

Зачем искать человека, если он не только не скрыл свое местонахождение, но и представил доказательства своего местожительства? Ответ прост: срок давности составляет 6 лет, но если лицо скрывается от следствия и суда, исчисление срока давности приостанавливается. А это значит, что вернуться в Россию я не смогу никогда. Между США и Россией заключен договор об оказании помощи по уголовным делам.

Поэтому российские правоохранительные органы через американские компетентные органы должны предъявить мне постановление о предъявлении обвинения, допросить меня, дать возможность опровергнуть обвинение, предоставить доказательства. В последнем ходатайстве я просил рассмотреть уголовное дело в мое отсутствие, что уголовно-процессуальное законодательство допускает.

В ответе следователь отказал в удовлетворении этого ходатайства на том основании, что моя подпись нотариально не заверена. А то, что законодательство этого не требует, и то, что мои многочисленные заявления и жалобы рассматривались, хотя нотариально не заверялись, для следователя не имеет значения.

Несмотря на объявление в международный розыск, я посетил Францию, Испанию, Италию, Израиль, но ни на одной границе ни разу не был остановлен. Российское бюро Интерпола отказалось принимать документы о моем объявлении в розыск, сославшись на статью 3 Устава Интерпола, которая гласит, что розыск по политическим делам эта международная полицейская организация не осуществляет.

Мои телефонные переговоры с абонентами в России до сих пор прослушиваются, специалисты обнаружили несанкционированные вторжения в мой компьютер.

Летом 2009 года на дачном участке под Санкт-Петербургом сгорела баня, и осматривавшие место происшествия сотрудники пожарной инспекции нашли признаки поджога. Ни до, ни после этого происшествия таких случаев в дачном кооперативе не было. Баня находилась на территории дачного участка, где жили моя дочь и ее семья, и за неделю до пожара баня была заполнена 3000 томов моего архива, который я собирал с 1962 года.

В возбуждении уголовного дела было отказано, виновные в поджоге лица установлены не были. В пожаре сгорели 15 томов материалов по делу подводной лодки «Курск». В том, что заказчиком и организатором этого являлось ФСБ, у меня сомнений нет.

Из адвоката, занимающегося профессиональной защитой, путинский режим превратил меня в политика с радикальными взглядами.

Один из моих приятелей – известный доктор, которого уважают и к чьему мнению прислушиваются в Кремле, изо всех сил старался помочь мне вернуться в Россию и по поручению одного из стоящих у кормила власти и хорошо понимавшего глупость и бесперспективность обвинения спросил у меня:

– На каких условиях ты можешь вернуться в Россию? Откажешься ли ты от политического убежища?

Я ответил:

– Это возможно в том случае, если будет пересмотрен ряд дел и отменены судебные и процессуальные решения по ним. – И перечислил эти дела. – Я вернусь тогда, когда власти в России будут соблюдать законы, а суды будут свободны от давления власти и спецслужб.

И первым я назвал дело о гибели АПРК «Курск».

Об этом же я написал в открытом письме президенту России Дмитрию Медведеву. На результат я особо не рассчитывал и сделал это лишь для того, чтобы потом не смог себя упрекнуть в том, что не дал шанса руководителю государства.

Сразу должен оговориться: я не хочу видеть ни бывшего командующего флотом, ни других высокопоставленных и ответственных начальников и командиров ни в лагере, ни даже на скамье подсудимых. Просто мне и тем семьям членов погибшего экипажа, которые поверили в меня в 2002 году, нужна вся правда, а не взвешенные и дозированные продажными прокурорами, судьями и экспертами ее куски.

Открытый судебный процесс с участием руководителей учений, независимых экспертов и потерпевших мог бы поставить в этом деле точку. Но то, что происходило на заседаниях военных судов, однозначно характеризует российскую судебную систему как встроенную в вертикаль исполнительной власти. Главная военная прокуратура и лично Александр Савенков оказывали не просто давление на военные суды – я убежден, что тексты ряда судебных решений готовились в переулке Хользунова⁷. Да и вообще нужен ли независимый суд в условиях тоталитарного режима, при отсутствии выборов, оппозиции, свободы слова и других основных институтов демократии? Со справедливым разрешением дела «Курска», как и с историей разворовывания российского Военно-морского флота, фактического его уничтожения, как и с судебными процессами над видными российскими адмиралами, которые этому разворовыванию препятствовали, придется ждать до смены режима, которая неминуема.

Русская служба Би-би-си опубликовала материал «Эхо «Курска»: 10 лет спустя». Корреспондент Артем Кречетников изложил позицию отца легендарного Дмитрия Колесникова, чьи слова «Не надо отчаиваться» стали символом мужества подводников нашего времени.

«В 2005 году Роман Колесников и еще несколько родственников погибших, недовольных прекращением расследования в России, обратились в Страсбургский суд по правам человека, однако и там их надежды не оправдались. Колесников возмущен тем, что вопрос о принятии дела к рассмотрению решался почти пять лет. За это время оказывавший юридическую поддержку истцам адвокат Борис Кузнецов получил политическое убежище в США, контракт с ним истек, да и вообще страсти улеглись, желание судиться перегорело, и в результате иск был отозван.
За последние годы взгляды Романа Колесникова претерпели существенную метаморфозу. В интервью Русской службе Би-би-си он сказал, что Владимир Путин, по его мнению, в 2000 году не должен был отвечать за недофинансирование ВМФ и упадок ремонтной и спасательной базы в предыдущую эпоху. «Разборки в суде только принесут вред государству. Надо заниматься совсем другими делами – восстановлением флота», – заявил он».

Я не осуждаю Романа Колесникова, но и не разделяю его позицию. Некоторые из «моих» родственников упрекают меня в том, что среди подписантов оказался только один Роман Колесников.

Они правы, это моя ошибка. Меня гипнотизировала героическая личность Дмитрия Колесникова и жесткая позиция его родителей. Сожалею, что преувеличил роль наследственности. Я убежден, что свое решение об

Роман Колесников.

отзыве жалобы из Европейского суда по правам человека Роман Колесников принял под давлением, не поставив в известность ни других родственников, которые настаивали на доведении дела до конца, ни меня.

И дело вовсе не в причинении вреда государству, о чем говорит Роман Колесников. Речь идет о конкретных людях, для которых собственная карьера дороже человеческих жизней, а понятия «честь» и «совесть» существуют в абстрактном виде и с должностью не пересекаются. Это их преступная халатность и показуха привели к трагедии.

Меня привела в бешенство даже не гнусная полуулыбочка нашего президента на одном из американских телеканалов, а тот факт, что, гоняя по примыкающей к президентской резиденции акватории Черного моря, он знал и о гибели большей части экипажа, и о том, что из кормовых отсеков «Курска» звучали сигналы SOS. Когда встал вопрос об ответственности виновных адмиралов и офицеров, именно Путин через своих подручных опричников Устинова, Савенкова, Куроедова, Попова и Моцака заставил следователей и экспертов лгать и фальсифицировать доказательства. Согласиться с такими результатами расследования я не могу. К счастью, еще не вечер: дело по иску Колкутина к «Новой газете» лежит в Страсбурге, и Европейский суд еще скажет свое слово.

За эти годы я много потерял, и меня нередко спрашивают: «Зачем тебе это надо?! Ты был успешным, небедным, уважаемым... Зачем?..»

Для меня самого было бы странно, если бы я поступил иначе. Я бы удивился.

Во втором издании книги я описываю события, которые произошли после выхода первого издания, опровергаю некоторые версии гибели «Курска», появившиеся или получившие развитие после 2005 года, и пересматриваю роль некоторых лиц, определивших судьбу уголовного дела по факту гибели корабля и экипажа. В первую очередь речь идет об оценке действий и решений Владимира Путина.

Однажды в Интернете я наткнулся на опрос фонда «Общественное мнение», проведенный в годовщину гибели экипажа «К-141». Приведу некоторые цифры из него.

81% опрошенных хочет знать истинные причины гибели корабля и экипажа, притом что 68% считают, что истинные причины трагедии так и не узнают. На вопрос о причинах гибели корабля и экипажа 32% респондентов в России и 48% в Москве считают, что причина кроется в действиях российских военных, а в версию о причастности к трагедии иностранных государств верят 27% российских граждан и 26% москвичей. Действиям российских властей оценку «плохо» и «очень плохо» поставили 60% опрошенных, а 55% так оценили действия военно-морского руководства. Норвежским спасателям оценки «хорошо» и «очень хорошо» поставили 76% опрошенных. За необходимость принять иностранную помощь высказались 89% респондентов, а 84% признали, что обращение за помощью было запоздалым.

Спустя 11 лет цифры наверняка были бы другими. И я не исключаю, что властям России и руководству ВМФ за действия по спасению экипажа поставило бы положительные оценки подавляющее большинство опрошенных.

Второе издание книги «Она утонула...» нужно для того, чтобы люди знали, кто сегодня правит Россией, у кого кровь на руках и пятна на совести.

Памятник морякам-подводникам, погибшим в мирное время, в Мурманске. Памятник включает в себя часть рубки подводной лодки «Курск».

***

Когда книга уже была закончена, договор с издательством подписан, а редактор Эмма Дарвис вычитывала рукопись, мне позвонил почтовый служащий, конторка которого расположена на первом этаже нашего 31-этажного билдинга, и сообщил, что поступил пакет из Москвы.

Я знал, что один из моих бывших подзащитных – командующий Северным флотом адмирал Олег Александрович Ерофеев – написал книгу «Как это было. Аварийность в Военно-морском флоте страны». Естественно, мне захотелось иметь эту книгу с автографом, и я набрал номер адмирала. И вот спустя несколько недель, расписавшись у почтового служащего, я в лифте разрываю плотную целлофановую упаковку бандероли и читаю автограф Ерофеева.

В дальнейшем я не раз буду обращаться к книге адмирала Ерофеева. Самой трагедии «Курска» он посвятил всего несколько страниц, но в описании других аварий и катастроф просматривается некая закономерность и взаимосвязь. Я включаю Олега Александровича Ерофеева в число экспертов, поэтому представлю его.

Олег Ерофеев родился 10 июля 1940 года в Петропавловске-Камчатском в семье летчика морской авиации. В 1961 году окончил Каспийское высшее военно-морское училище им. С. М. Кирова в Баку по штурманской специальности и был направлен для дальнейшего прохождения службы на Северный флот. С октября 1961 года по июнь 1963 года служил командиром рулевой группы средней дизельной подводной лодки проекта 633, а затем – командиром электронавигационной группы атомной подводной лодки «К-50» 1-й флотилии ПЛА СФ. В феврале 1965 года назначен командиром штурманской боевой части атомной подводной лодки «К-14», которая в этом же году осуществила переход с Северного на Тихоокеанский флот подо льдами Арктики.

В 1969 году с отличием окончил Высшие специальные офицерские классы ВМФ по специальности командир подводной лодки и был назначен помощником командира атомной подводной лодки с крылатыми ракетами «К-116» 10-й дивизии 15-й эскадры ПЛ Камчатской военной флотилии КТОФ. С 1969 по 1971 год был старшим помощником командира ПЛА «К-14», а с 1971 по 1974 год – командиром стратегической подводной лодки «К-451». В 1976 году с отличием окончил Военно-морскую академию. В 1976–1980 годах был начальником штаба, заместителем командира 25-й дивизии стратегических подводных лодок КТОФ, а в 1980–1982 годах – командиром 45-й дивизии многоцелевых подводных лодок КТОФ. С 1982 по 1985 год являлся начальником штаба, первым заместителем командующего 2-й флотилией подводных лодок КТОФ.

Адмирал Ерофеев руководил освоением первого в России авианосца «Адмирал Флота Советского Союза Кузнецов» и выполнением полетов с его палубы истребительной авиации Северного флота. Большое внимание уделял научно-исследовательской работе. Лично разработал ряд тактических приемов по повышению боевой устойчивости подводных лодок.

Ерофеев – заслуженный специалист Вооруженных сил СССР, кандидат военных наук, действительный член Академии военных наук и ее профессор. Он регулярно выступает с научными статьями в военных средствах массовой информации. С мая 1999 года находится в запасе и ведет большую военно-патриотическую работу. Является членом общественного совета Федерального агентства морского и речного транспорта, заместителем председателя Клуба адмиралов и генералов ВМФ, почетным членом Ассоциации моряков-подводников России и клуба им. А. И. Маринеско в Одессе.

Награжден орденами Ленина, Октябрьской Революции, «За военные заслуги» и многими медалями.

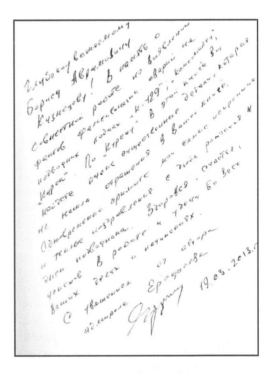

Автограф Олега Ерофеева.

Автор с адмиралом Ерофеевым обеде в чест 100-летия п водного фло России.

***

Обычно я встаю рано. В 5 часов утра, когда на моем рабочем столе дымился кофе, а рядом с чашкой лежала еще непрочитанная, а только пролистанная книга адмирала Ерофеева, волновавшая меня предвкушением познания и нового открытия, раздался телефонный звонок.

— Борис Аврамович, здравствуйте. Меня зовут... — И он назвал незнакомую мне фамилию.

— Мы с вами мельком встречались в Главной военной прокуратуре, вы вряд ли меня помните. Я вам звоню из ... — И он назвал одну из стран дальнего зарубежья. — Вы знаете о том, что следователь Егиев кроме постановления о прекращении уголовного дела вынес еще дополнительное постановление?

— Какое еще постановление?

— Это дополнение, хоть и несекретное, тщательно скрывалось от вас. Оно не использовалось ни в докладе Устинова президенту, который был опубликован, ни в книге Устинова. Я могу выслать вам текст по электронной почте.

Спустя несколько часов я уже читал этот документ, сфотографированный на современный цифровой фотоаппарат с высоким разрешением. Кончики волос на голове задымились.

За что боролись?! Такой вопрос возник вполне логично.

Многое из того, что я приводил в своих жалобах, что обсуждалось, ставилось под сомнение в печати, служило доводами многочисленных мнений, судебных решений, уже давно опровергнуто самим следствием.

Второй вопрос: зачем Егиеву это дополнение потребовалось? Он выполнил все, что предписывалось ему его руководством: гибель «Курска» и экипажа — стечение роковых обстоятельств, где виновных нет. Государственная награда, повышение по службе и в звании, он уже генерал-майор юстиции. И тут это дополнение...

На второй вопрос однозначного ответа у меня нет. Есть только версии.

Могу предположить, что мое общение со следователем Артуром Егиевым отложило отпечаток на его позицию. Мне кажется, в нем боролись два противоречивых чувства. С одной стороны, ему нужно было завершить расследование, не дать возможность защите причинить ущерб выводам следствия, возможно, свою роль сыграли и карьерные соображения. С другой стороны, Артур как бы абстрагировался от Савенкова и Устинова, не раз давал понять, что он — человек подневольный. Думается, его не покидала мысль, что в случае отмены постановления о прекращении дела «Курска» и обнаружения подтасовок и фальсификации заключения экспертиз Колкутина и Козлова он станет крайним.

Не исключаю, что его беспокоила совесть. Во всяком случае, во время моего общения с ним Егиев производил впечатление порядочного человека, не раз краснел, несколько раз подчеркивал свою подневольность. Его отношение ко мне, к тем доводам, которые я использовал, чтобы опорочить основное постановление, не было агрессивным, что резко отличало его от Колкутина, Савенкова и Устинова.

В дополнительном постановлении речь идет о законности принятого решения относительно участия атомного подводного ракетного крейсера «Курск» в учениях, о качестве подготовки, обеспеченности, технического состояния средств и проведения спасательной операции.

10 из 21 пункта дополнения посвящены стукам – их происхождению и оценке выводов экспертов, включая экспертизы с участием главного судебно-медицинского эксперта Министерства обороны Виктора Колкутина и главного штурмана ВМФ Сергея Козлова. Говорится также об оценке показаний командующего Северным флотом адмирала Вячеслава Попова и его заместителя вице-адмирала Юрия Бояркина о присутствии в районе учений иностранной подводной лодки. Несколько моментов касаются времени объявления лодки аварийной.

В последнем резюмирующем пункте перечисляются причины, помешавшие спасти подводников из 9-го отсека «Курска».

Чтобы избежать повторов, я включаю экспертное мнение адмирала Олега Ерофеева и доводы, указанные в дополнительном постановлении Егиева, в те разделы книги, которые посвящены соответствующим аспектам трагедии.

Глава 2.
Про то, как поменялось название первого издания книги. Предисловие к первому изданию

Когда я правил последние строчки рукописи первого издания этой книги, позвонил мой старый знакомый из Генеральной прокуратуры и предупредил, что из печати выходит книга Владимира Устинова «Правда о «Курске». Надо же, и у меня такое же название!

Поначалу возникла мысль: Устинов прочитал опубликованные в середине сентября 2004 года в журнале «Коммерсантъ-Власть» фрагменты из моей книги, а также статью Юлии Латыниной и оперативно отреагировал. Но я тут же отбросил ее – за несколько дней написать и издать книгу невозможно. Еще летом 2002 года, когда адвокат Дмитрий Гаврилин и мой помощник Дмитрий Раев ксерокопировали некоторые материалы из уголовного дела по факту гибели «Курска» и когда шло их первичное осмысление, кто-то из ребят сказал мне, что одновременно ксерокопируется еще один экземпляр уголовного дела.

На традиционной встрече в кабинете главного военного прокурора Александра Николаевича Савенкова я спросил:

– Зачем еще одна ксерокопия дела?

– Шеф собирается написать книгу, – ответил Савенков.

– Сам что ли?

– Сам, – ответил Александр Николаевич. – Он всегда пишет сам.

Когда я еще только знакомился с уголовным делом и прощупывал уязвимые места следствия, тот же Александр Савенков и Главком ВМФ Владимир Куроедов обхаживали меня, чтобы «помочь» мне сформировать позицию по делу. Тогда я о книге и не помышлял. В Израиле, где мы с женой отдыхали, почти неделю мы провели в беседах с моим старым приятелем Игорем Губерманом. К тому времени дело «Курска» прошло все круги судебного ада. Я рассказал Игорю обо всех перипетиях и получил мудрый совет: «Садись за книгу».

К октябрю 2004 года книга была почти готова, а 29 октября 2004 года появилось первое сообщение о презентации книги Устинова «Правда о «Курске». Как только первые экземпляры устиновской книги появились в книжных магазинах, я купил ее, засел за чтение с карандашом в руках и только тогда осознал, какой бесценный подарок сделал мне генеральный прокурор! И хотя мой авторский договор по срокам предоставления рукописи издателю затрещал по швам, не воспользоваться подарком Устинова я не мог. В судебном процессе тоже адвокат выступает последним.

Посоветовавшись с издателем, я решил книгу концептуально не перерабатывать. Переделал подзаголовок. Первоначально он был такой же, как у Устинова, – «Правда о «Курске». Но двух правд, двух истин быть не может. Появилась новая глава – «Диалоги с оппонентами», в которой опровергались основные доводы Устинова. Моя книга стояла на полках книжных магазинов рядом с книгой Устинова, и заинтересованный читатель мог сравнить и оценить, где правда о «Курске», где – полуправда, а где – ложь.

На прилавках магазинов книга простояла недолго – через пару месяцев она исчезла с полок, несмотря на немалый по нынешним временам тираж – 10 000 экземпляров. Еще какое-то время ее можно было купить в Интернете, но вскоре она закончилась и там. Запросы и обращения ко мне с просьбой подарить или продать книгу продолжают поступать до сих пор. Поэтому и выходит второе издание книги.

Глава 3.
Почему вредно врать и зачем нужна эта книга

До гибели АПРК «Курск» советский и российский флот терял корабли, терял моряков, но ни одна потеря никогда ранее не вызывала такого общественного резонанса в стране и в мире. Никогда – и это я не раз повторял – не было столь масштабного и квалифицированного расследования. Никогда ранее материалы о гибели военных кораблей не становились достоянием публичной дискуссии такого масштаба.

В деле «Курска», которое будут изучать историки флота, конструкторы будущих субмарин, дети и внуки подводников, не должно быть ни капли лжи. Полуправда, которая хуже лжи, порождает безнаказанность, поощряет безответственность и халатность. А это ведет к новым потерям. Гибель девяти моряков на «К-159», по моему глубокому убеждению, – результат того, что о «Курске» не сказана вся правда. Кстати, так же считал бывший в то время министром обороны Сергей Иванов.

Несколько слов о самом расследовании. Целый ряд следственных действий и экспертиз вызывает у меня чувство профессионального восхищения. (Кто-то может счесть такой тон при таких трагических событиях неуместным.) Например, с точки зрения криминалистической тактики, осмотр отсеков «Курска» – не что иное, как новое слово в практике. Осмотр ведется пообъектно. Сначала вырабатывается маршрут движения следователей, специалистов и понятых при осмотре отсека. Затем осматривается и описывается положение тел моряков. В осмотре участвуют специалисты – судебные медики. При повторном движении по тому же маршруту с участием специалистов по устройству корабля осматриваются и описываются механизмы и приборы, фиксируется состояние каждого из них: внешний вид, целевое назначение, положение вентилей, показания приборов. При третьем прохождении осматриваются и описываются книги и журналы, снаряжение, а также другие предметы, привнесенные в отсек извне. Специалисты дают пояснения.

Следует отметить также тяжелейшие условия – значительную часть осмотра вскоре после подъема «Курска» приходилось делать в противогазах.

Атомная подводная лодка проекта 627А «Кит» затонула 30 августа 2003 года при буксировке на утилизацию. Погибли 9 человек.

Представьте себе, что нужно осмотреть и описать каждую квартиру 6-этажного 6-подъездного дома в условиях, когда большинство этих квартир и комнат завалены искореженными конструкциями, трубами, кабелями. Я ни секунды не сомневался в том, что за этот криминалистический подвиг рядовые следователи должны быть награждены государством. Не могу не отметить координирующую роль бывшего заместителя главного военного прокурора Юрия Яковлева, который, в отличие от Александра Савенкова, не стал телезвездой, но его организующая рука ощущалась в каждом томе уголовного дела.

Юрий Яковлев, в 2000 году – заместитель главного военного прокурора.

Особо следует отметить высокий профессионализм руководителя следственной группы Артура Егиева, который определил и охватил все разделы и направления, которые необходимо изучить при расследовании катастроф такого масштаба. Были изучены конструкция корабля, его история с точки зрения установления причин катастрофы и условий, при которых она стала возможной, дана оценка состояния вооружения, включая торпедное оружие, условий хранения и эксплуатации боезапаса.

Следствие тщательно исследовало вопросы, связанные с подготовленностью экипажа к применению оружия, с борьбой за выживание, с использованием средств спасения. Большой раздел расследования был посвящен оперативной подготовке самих учений, выбору полигона, дана оценка действиям руководителей учения по проведению ПСО, состоянию средств спасения и еще многого другого, что может иметь отношение не только к установлению причин гибели, но и тем условиям, которые привели к трагедии. К сожалению, и Егиев был ограничен в выборе таких причин. Военно-промышленный комплекс – священная корова, недостатки и провалы которого озвучивать запрещено.

Приведу несколько примеров. Для спасения экипажа на корабле имеется всплывающая спасательная камера, объявленная чуть ли не апофеозом конструкторской мысли. Но ее расположение обеспечивает выход только 70% экипажа, остальные подводники в аварийной ситуации оказываются отрезанными от нее.

На сайте Александра Викторова avtonomka.org опубликована рукопись вице-адмирала Валерия Рязанцева «В кильватерном строю за смертью». Он также участвовал в качестве эксперта в оперативно-тактической экспертизе, которая проводились в ходе предварительного расследования по делу гибели «Курска». Экспертизы с участием Валерия Рязанцева отличаются высоким профессионализмом и честностью. На выводы экспертизы с участием вице-адмирала я ссылался и в первом издании этой книги. По сути, экспертиза Валерия Рязанцева отвечала на вопрос «Был ли «Курск» готов к участию в учениях, к стрельбе перекисно-водородной торпедой?»

По мнению Рязанцева, всплывающая спасательная камера нужна на АПЛ проекта 949А не подводникам, а... конструкторам. Дело в том, что в кормовой части этой подводной лодки располагается тяжелое оборудование ядерной энергетики и межотсечных переборок реакторного отсека. Чтобы уравновесить кормовую и носовую части АПЛ, на носу необходимо разместить такую же весовую нагрузку, как и на корме.

В носовой части подводной лодки тяжелого оборудования нет. Конструкторы АПЛ нашли решение этой проблемы. В 1-м отсеке под арсеналом боевых торпед они разместили одну из групп аккумуляторной батареи, а центральный пост АПЛ расположили во втором отсеке. В носовой части, в легком корпусе, поместили часть контейнеров с ракетами. Таким образом, центральный пост, откуда происходит управление всей подводной лодкой и где сосредоточено около 60% экипажа, расположился на пороховой бочке: с правого и левого бортов ЦП окружают контейнеры с ракетами, на носу, за переборкой ЦП находится склад боевых торпед, а под ЦП размещена вторая группа аккумуляторной батареи.

В мировой практике подводного кораблестроения пост управления подводной лодкой не располагается в рискованной зоне оружия и технических систем. Любая нештатная ситуация с торпедами, ракетами или аккумуляторной батареей на АПЛ проекта 949А приводит к выводу из строя главного командного пункта! Только советские и российские конструкторы АПЛ располагали и располагают аккумуляторную батарею подводной лодки под боевыми торпедами. Любой взрыв водорода в аккумуляторной батарее

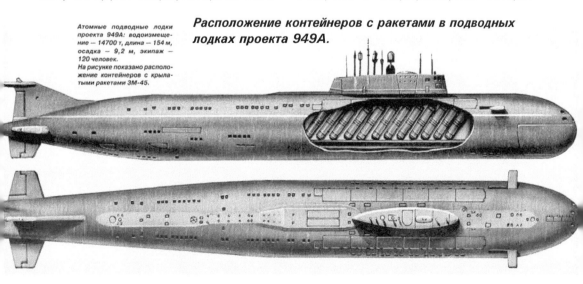

Атомные подводные лодки проекта 949А: водоизмещение — 14700 т, длина — 154 м, осадка — 9,2 м, экипаж — 120 человек.
На рисунке показано расположение контейнеров с крылатыми ракетами 3М-45.

Расположение контейнеров с ракетами в подводных лодках проекта 949А.

может привести к детонации боевых торпед. Аккумуляторные батареи подводных лодок взрываются часто, но конструкторы подводной лодки проекта 949А на это не обратили внимания.

При залповой стрельбе для предотвращения повышения давления в 1-м отсеке нужно открывать переборочные двери или переборочные захлопки системы вентиляции между 1-м и 2-м отсеками. Таким образом, происходит разгерметизация 2-го отсека. Конечно, не все конструктивные недостатки находятся в причинной связи с гибелью корабля и экипажа, но следствие даже не касалось этих вопросов.

При передаче нового подводного корабля в состав ВМФ проводятся швартовые[8], ходовые[9] и государственные испытания[10]. На совмещение этих испытаний наложен категорический запрет. Но при приемке «Курска» Главком ВМФ отменил собственный приказ – ходовые испытания были совмещены с государственными. С согласия Главкома ВМФ такое совмещение было разрешено.

Спуск на воду подлодки «Курск». Кораблю еще предстоят швартовые и государственные испытания.

В России сохранилась советская система получения вооруженными силами от ВПК различных видов вооружений. В Главном штабе ВМФ и на всех флотах созданы специализированные управления, а на предприятиях судостроения есть военные специалисты – военпреды. При приемке новых образцов корабельной техники приказом Главкома ВМФ создается государственная комиссия, в которую включаются специалисты флота и флагманские специалисты соединений кораблей. Естественно, в состав комиссий включаются военпреды.

За всю историю советской и российской госприемки случаев непринятия кораблей госкомиссиями не было. Даже если корабль передавался на баланс ВМФ с недоделками и недостатками, акты приемки подписывались, корабль включался в состав флота, а недостатки устранялись за счет средств, выделенных на строительство других кораблей.

Я уделяю так много внимания вопросам приемки кораблей отнюдь не случайно.

День подписания акта государственной комиссии о приемке «Курска» – 30 декабря 1994 года – стал первым актом преступной халатности, которая шесть лет спустя привела к гибели корабля и 118 моряков российского Военно-морского флота.

Государственная комиссия начала работать 1 ноября 1994 года. За 60 дней деятельности комиссии крейсер только 6 дней находился в море, 12 дней «устранялись» выявленные недостатки, остальное время выполнялись покрасочные работы. Подводная лодка не испытывалась на рабочей глубине погружения, не проверялись комплексы целеуказания и наведения, отдельные системы штурманского оборудования, гидроакустического комплекса и многие другие системы и механизмы.

Когда в августе 2000 года командование Северного флота осознало, что аварийный корабль лежит на дне Баренцева моря, надежды возлагались на спасательные аппараты АС-32[11] и АС-34. В ноябре-декабре 1994 года с построенным подводным крейсером эти аппараты не состыковывались. Если бы при государственных испытаниях была проверена возможность их присоса к комингс-площадке спасательного люка, то почти со стопроцентной вероятностью можно утверждать, что 23 моряка, находившихся в 9-м отсеке, остались бы живы.

Комплекс торпедной стрельбы 650-миллиметровыми перекисно-водородными торпедами не испытывался, контрольные стрельбы из него не проводились.

Я не знаю, кто утверждал акт приемки «Курска», Главкомом ВМФ тогда был адмирал флота Феликс Громов, один из главных виновников развала российского Военно-морского флота. Это при нем корабли продавались по цене металлолома и уводились за границу десятки судов. Это при нем преследовались адмиралы, которые противодействовали воровству на флоте. В состав 1-й флотилии подводных лодок Северного флота «К-141» принимал Михаил Моцак, бывший в то время контр-адмиралом и командующим этой флотилией. Именно он руководил боевой подготовкой основного и резервного экипажа. Это он – один из виновников гибели «Курска».

Но вернемся к расследованию уголовного дела.

Не могу не отметить некоторые концептуальные ошибки следствия. К участию в расследовании, впрочем, как и к работе правительственной комиссии, были привлечены лица и организации, которые проектировали и строили корабль, имели отношение к его эксплуатации и к боевой подготовке экипажа. То же самое касается специалистов ВМФ, которые служат, носят погоны и в той или иной мере зависят от руководства Военно-морского флота.

Почему в качестве экспертов не привлекли отставных подводников и специалистов в области военно-морского дела, например, бывшего руководителя спасательной службы ВМФ России контр-адмирала Юрия Сенатского[12], авторитет которого признан во всем мире? Благодаря конгрессам, в которых ежегодно участвует Санкт-Петербургский клуб моряков-подводников, я встречался с подводниками многих стран. Куроедов, например, известен единицам, а Сенатского знают все, кто так или иначе связан или интересуется спасением моряков в море. В период работы над делом «Курска» и над книгой я встречался с Юрием Константиновичем, получил от него немало ценных советов и рекомендаций. Впрочем, в списке «моих специалистов» – десятки действующих и отставных подводников, судебных медиков, водолазов-спасателей, которым я очень признателен за помощь.

Любое расследование – это прежде всего исследование события, которое произошло в прошлом, и лишь потом – юридическая квалификация событий и деяний. А любое исследование требует научной чистоты. Если в науке результат не достигнут или выводы исследования ошибочны, это может и не причинить вреда, особенно когда речь идет о научных теориях и фундаментальных исследованиях.

Более того, отрицательный результат научного эксперимента, скорее всего, приведет к новому открытию либо обозначит правильный путь. А за ошибками юристов часто стоят живые люди, и недобросовестность, необъективность следователя, судьи, прокурора, бездеятельность или ошибки адвоката могут сломать их судьбы. Неумышленные ошибки и заблуждения в юридической практике принято называть судебными ошибками, которые чаще хуже, чем преступления.

> В деле, которому посвящена эта книга, речь идет о намеренных действиях верховной власти, органов расследования и суда, руководителей ВМФ и Северного флота, о действиях, направленных на сокрытие истины. А это уже – самое обычное преступление.

Власть присвоила себе право не только судить, но и эксклюзивное право на «правду». Это она решает, что мы должны знать или чего мы знать не должны. Это она «ломает позвоночники» людям, которые не хотят жить по ее правилам. Это она калечат людские души, ломая характеры, затаскивая их в свое сообщество и делая из них соучастников-пособников.

Представители власти лгут. Иногда откровенно и нагло, иногда – наукообразно. Лгут по утрам и вечерам, даже во сне. В дождь и в снег, в ветер и в штиль.

Где лгут и себе, и друг другу,
И память не служит уму,
История ходит по кругу
Из крови – по грязи – во тьму.

Игорь Губерман

Итак, о вранье. Вранье на флоте не относится к явлениям сугубо современным. В книге ныне покойного Николая Мормуля[13] «Катастрофы под водой» я обнаружил любопытные факты, связанные с учетом побед наших подводников в годы Второй мировой войны.

«Долгое время, – пишет автор, – никто вообще не подвергал сомнению достижения советских подводников, считающихся у нас асами. Например, еще пару лет назад в победном списке Валентина Старикова значилось 17 уничтоженных единиц, Ивана Травкина – 13, Николая Лунина – 13, Мамеда Гаджиева – 10, Григория Щедрина ~ 9, Михаила Калинина – 6, Владимира Коновалова – 7, Петра Грищенко и Александра Матиясевича – 18. Однако флотский историк Вячеслав Красиков утверждает: в докладах командиров подлодок и высшего командования имели место банальные приписки. Красиков приводит красноречивый пример с докладом командира «Щ-406», капитана III ранга Е. Я. Осипова. Летом 1942 года тот рапортовал: потоплено пять транспортов *водоизмещением 40 тысяч тонн! Как известно, лодку за это наградили орденом Красного Знамени, а самому Осипову присвоили звание Героя Советского Союза. Но ни одно из этих потоплений не подтверждается послевоенными исследованиями! Подобные «нестыковки», по мнению историка, встречаются у легендарных командиров сплошь и рядом.*

Не подтвердились сведения о количестве потопленных кораблей и судов: у И. В. Травкина (из 16 заявленных – один), Н. А. Лунина (из почти двух десятков заявленных – один), И. И. Фисановича (из 13 заявленных – один), В. Г. Старикова (из 11 заявленных – один) и т.д.

Не более объективными выглядят после исследований и доклады высшего командования Военно-морского флота. В декабре 1943 года нарком ВМФ Н. Г. Кузнецов сообщает в своей докладной записке Сталину, что 42 подлодки Северного флота потопили 137 вражеских транспортов водоизмещением около миллиона тонн и 43 боевых корабля.

Увы, Красиков вынужден вновь прибегнуть к мягкой формулировке «не подтверждается», поскольку документально обоснованные цифры выглядят куда скромнее: потоплено 18 транспортов суммарным водоизмещением чуть более пятидесяти тысяч тонн и 10 военных кораблей».

Далее Мормуль пишет о том, что в 1950-х годах комиссия, созданная Георгием Жуковым и Никитой Хрущевым, сравнила наши военные достижения с документами противника и цифры наших побед значительно снизились, но эти данные до сего времени не опубликованы.

Ярким примером фальсификации истории на флоте стала легенда о торпедировании подводной лодкой «К-21» немецкого линкора «Tirpitz». Альманах «Подводник России» опубликовал материал «Подводники – Герои Советского Союза (1940–1945)». В разделе, посвященном Николаю Лунину, утверждается, что он *«[...] в июле 1942 года торпедировал в Норвежском море немецкий линкор «Tirpitz». Эта атака стала классической для многих поколений наших подводников, такой она остается и сейчас».*

Даже в своей домашней библиотеке я нашел десяток книг, которые упоминают об этом событии. Сам же «Tirpitz» и не подозревал, что был торпедирован – в вахтенном журнале линкора никаких записей на этот счет нет. В качестве оправдания отсутствия записей в вахтенном журнале «Tirpitz» об атаке Лунина приводится утверждение о том, что в документы корабля внесены изменения. Но экипаж линкора насчитывает 2340 человек. Даже во время войны, не говоря уже о послевоенном времени, удержать в тайне факт повреждения одного из лучших кораблей Германии невозможно.

Послевоенное изучение документов противника и опросы свидетелей не обнаружили доказательств нашей замечательной победы на море. Современные историки тоже стали осторожнее: в ряде последних исследований и публикаций по истории Второй мировой войны «победа» «К-21» уже не упоминается. Когда об атаке на «Tirpitz» пишет Валентин Пикуль в романе «Реквием каравану PQ-17» и когда по этому роману снимается художественный фильм, это воспринимается нормально.

Я преклоняюсь перед героизмом наших подводников в годы войны. И Николай Лунин не перестанет быть героем и не будет лишен звания Героя Советского Союза, которое, кстати, ему присвоили до этой «атаки», если станет известна правда. В учебниках по тактике и истории подводного флота эта легенда должна оставаться легендой, а не фактом истории.

Вывод, сделанный Николаем Григорьевичем Мормулем, меня потряс: *«Самое вредное в нашем лукавом умолчании заключается вовсе не в том, что мы не знаем правды о своем прошлом. На этих мифах строятся все учебные программы военно-морских учебных заведений страны. [...] Мы по-прежнему не сделали тех выводов, которые помогли бы нам что-то существенно изменить в своем настоящем».*

От себя добавлю: и учесть в будущем. В учебных пособиях, которые будут изучать студенты-кораблестроители, не опишут выявленные в ходе расследования конструктивные недостатки проекта 949А, следовательно, они не будут учитываться при проектировании новых подводных лодок. Что, кстати, и происходит. Курсанты военно-морских училищ никогда не узнают об ошибках в ходе учений, при поиске и спасении экипажа, а студенты-медики, изучая судебную медицину, возьмут на вооружение безумную «методику» Виктора Колкутина.

> А это значит, что корабли будут тонуть, моряки – гибнуть, судебно-медицинские эксперты – выносить заключения, по которым в зону по приговорам отправятся невиновные люди, а виновные снова уйдут от ответственности.

Мы же... будем не просто наступать на грабли, а ходить по военно-морским граблям. Ради чего? Ради того, чтобы удачно сложилась карьера одного или нескольких адмиралов, которые хотят еще немного порулить? Или из-за боязни, что военный заказ на очередной «Курск» будет передан другому конструкторскому бюро? Мне страшно от такой перспективы. Для этого я и сел за книгу.

Гибель атомной подлодки «Курск» в Баренцевом море с каждым днем все дальше уходит в историю. В августовские дни 2000 года в ожидании замер весь мир. Миллионы глаз, не отрываясь от телевизоров, следили за развитием событий и желали морякам только одного – спасения. Люди восприняли гибель 118 подводников как личное горе. Подавляющее большинство российских граждан по-прежнему считают, что власти скрывают истинные причины катастрофы, а военные и чиновники не сделали всего возможного для спасения экипажа АПЛ «Курск». Общество хочет знать правду, почему «она утонула».

Об этой трагедии изданы десятки книг, написаны тысячи статей и снято несколько документальных фильмов. Представители государственной комиссии вместе с прокуратурой однозначно заявили: в гибели субмарины виновата одна из торпед. В результате утечки из торпеды огнеопасного пероксида водорода в 1-м отсеке возник пожар с последующей детонацией боезапаса.

Помню, как в июле 2002 года по телевидению смотрел пресс-конференцию генпрокурора Владимира Устинова на Большой Дмитровке. За свою жизнь я видел огромное число брифингов. Многие и не вспомню. Но пресс-конференция Устинова в памяти осталась: до сих пор перед глазами стоят его колючий, исподлобья, взгляд, поджатые губы, скованная бумажкой речь. К тому моменту доступа к делу я еще не имел, но с первого дня гибели корабля собирал публикации, записывал телепередачи и, слушая Устинова, видел очевидные недомолвки.

Теперь ими изобилует книга генпрокурора. Факт взрыва торпеды и детонации боезапаса сейчас никто не оспаривает, за исключением нескольких яйцеголовых борцов с американским империализмом. Но есть причины, которые к этим взрывам привели.

АПРК «Курск» в Баренцевом море.

О недостатках и расхлябанности в книге Устинова упоминается, но они существуют как бы сами по себе, вне связи с трагедией. Вне этой связи существуют и грубейшие нарушения, связанные с проведением учений, спасательной операцией, подготовкой экипажа, условиями хранения торпедного оружия. Они как бы есть, и в то же время их нет. Потому что причина – «роковое стечение обстоятельств».

Почему Устинов не затронул в книге вопросы, связанные с конструктивными недостатками самой субмарины? Например, почему он «не заметил» ошибки при конструировании комингс-площадки аварийного люка 9-го отсека, которая сделала практически невозможным спасение подводников с помощью спасательных аппаратов, на которые адмиралы, да и президент России, возлагали главную надежду?

Мне понятны недомолвки генерального прокурора. С одной стороны, он оберегал священную корову – военно-промышленный комплекс, а с другой стороны, как я считаю, спасал командование ВМФ и Северного флота от скамьи подсудимых.

Не факт, что суд признал бы Попова и других руководителей виновными. Более того, если бы я увидел, что между деяниями отцов-командиров, их конкретными действиями или бездействием и гибелью корабля и экипажа нет причинной связи, я отказался бы представлять интересы потерпевших в уголовном деле, как сделал это в деле о гибели «К-159».

Владимир Устинов повторил в книге главный обман этого дела –

о 8 часах жизни моряков в 9-м отсеке, повторил это в книге пять (!) раз! Но многократно повторенная неправда не приблизит истину ни на дюйм.

> Правда же заключается в том, что подводники просили о помощи и отчаянно стучали кувалдой или другим металлическим предметом больше двух суток – с 2 часов ночи 13 августа до вечера 14 августа.

В гидроакустических журналах кораблей и судов последние стуки зафиксированы в 11 часов 14 августа, а по показаниям свидетелей стуки продолжались до вечера того же дня. Их сигналы SOS зафиксированы, записаны на магнитную ленту гидроакустической службой флагмана СФ «Петра Великого». Экспертиза магнитных записей утверждает, что стуки производил человек по межотсечной переборке подводной лодки. А вот вывод следствия: *«Многократно упоминаемые в показаниях по делу шумы и стуки, ранее классифицированные экспертами как сигналы бедствия, издавались не из АПЛ «Курск», а из подводной части надводного корабля, находившегося вне пределов гибели подводного крейсера».*

Какой же идиот мог сидеть в трюме корабля и двое суток выстукивать молотком по переборке позывные SOS, когда у него под килем боролись за жизнь, надеялись на спасение, гибли в огне 23 боевых товарища?! Это кощунство. Когда главный судебно-медицинский эксперт Министерства обороны Виктор Колкутин, возглавлявший судебно-медицинских экспертов в этом уголовном деле,

обратился с иском о защите чести и достоинства к «Новой газете» и корреспонденту Елене Милашиной, я, представляя интересы редакции и журналиста, заявил, что иск не подлежит удовлетворению, поскольку отсутствует предмет посягательства. В этой книге подробно рассказано, как фальсифицировались две экспертизы, как действовал механизм «спасения» адмиралов, где, когда, кто и во имя чего скрывал правду от общества, от семей членов погибшего экипажа.

По процессуальному положению я – представитель потерпевших, с точки зрения уголовно-процессуального закона, моя позиция – не что иное, как позиция одной из сторон в процессе. Раньше эта позиция излагалась в ходатайствах и жалобах. Сегодня, когда я почти достиг предела процессуальных возможностей, я озвучиваю ее перед судом общества. Позиция прокуратуры, стороны обвинения, отличается от позиции тех потерпевших, чьи интересы я представляю, хотя по закону потерпевшие тоже относятся к стороне обвинения. Я стараюсь показать позицию обвинения именно такой, какая она есть на самом деле. Оценки, которые даются в книге по мотивам принятых решений, – это не более чем мой личный взгляд и мои личные оценки.

Взять на себя защиту интересов семей экипажа, а позже сесть за книгу меня заставили страх и стыд. Страх за наших детей и внуков, а стыд даже не за то, что такая катастрофа произошла. В конце концов, ни один флот, даже флот таких морских держав, как США или Великобритания, не застрахован от подобных трагедий. Но скрывать причины и обстоятельства, укрывать виновных – прямой путь к повторению катастрофы.

В деле «Курска» я уперся в стену, возведенную властью. Пробить эту стену из судебных и прокурорских решений может только общество, которое очень хочет, но пока не может называться гражданским. Я сделал все или почти все, чтобы добиться возобновления расследования по факту катастрофы. Я проиграл все сражения, но это не значит, что проиграл войну. Есть еще ресурсы, есть силы и есть убежденность в правоте.

После того как Московский гарнизонный военный суд отклонил мою жалобу на постановление о прекращении уголовного дела и это постановление вступило в законную силу, можно было бы успокоиться. Но я доведу это дело до конца в память о лучшем российском экипаже подводной лодки, для детей тех подводников, кто успел в своей короткой жизни ими обзавестись, для моряков, которые служат сейчас и будут служить после нас.

Точка в деле еще не поставлена. Уйдет в небытие чекистский режим, и новая власть, не желая связывать себя с преступлениями нынешней, придет к осознанию необходимости возобновить дело о гибели «Курска» и 118 подводников и осудить виновных. И пусть это будет не приговор – сроки давности для привлечения к уголовной ответственности уже истекли. Но правда будет сказана.

Уголовное дело, возбужденное и прекращенное прокуратурой по факту гибели АПРК «Курск».

Глава 4.
Предчувствие беды

За три дня до выхода «Курска» в море на боевые учения и за пять дней до гибели инженер группы управления ракетной боевой частью старший лейтенант Андрей Панарин написал родным и близким письмо.

«Здравствуйте, мама, папа Оля, Таня и Миша.

У меня все нормально. Все по-старому. Морячим потихоньку, только от этих морей уже тошно. Не успел прийти из морей со старым экипажем, к которому привык и знаешь их всех в лицо и по имени, как меня перевели на другой экипаж (141 эк. или Куряне). С этим экипажем я и пойду на боевую службу, как я не хочу. 10 июля ушли в море сдавать задачу, а 20 июля пришли в Зап. Лицу. По телефону я говорил, что мы пришли на ремонт. Это была неправда. Просто не мог сказать это по телефону.

Мы выгружали боевые ракеты, чтобы потом ими стрелять по мишеням. Стрельба будет на приз главкома. До 26 июля возились с ракетами, загружать и выгружать несложно, только вот всякая ерунда получалась, когда проверяли ракеты (боевой режим для проверки борта ракет). То ракета неисправна, то комплекс сломался или опять какая-нибудь залипуха. Вот и копались до 4-х часов утра, спать, а в семь утра подъем. Завтрак. В 9 часов подъем андреевского флага и атас. Опять работа. Целый день с перерывом на обед и ужин и до 4 утра. Вот так целые дни напролет. Доходило до того, что с закрытыми глазами включали комплекс, нажимали кучу кнопок и тумблеров, садились в кресла, ноги на приборы (выше человека) и с закрытыми глазами сидели, ждали и молили бога, чтобы все прошло нормально. И, наконец, все проходит нормально. Остается нажать кнопку «залп», чтобы проверить, отойдет ли борт-разъем, и когда все проходит замечательно, бегали на посту, как малые дети, кричали «ура», а в это время весь экипаж спит.

29 июля пришли на Северо-морский рейд (гб. Окольная), поучаствовали в параде на якоре (на бочке). 31 июля пришвартовались к пирсу, выгрузили еще две ракеты и загрузили другие, которыми будем стрелять. И тут опять всю ночь пришлось помучиться. Были моменты усталости, сидел в контейнере под ракетой, подсоединял кабель и кричал. [...]

И вот 9 августа мы опять уходим в море и должны прийти 14 августа. А меня как самого единственного инженера группы управления БЧ-2 на все три экипажа и самого подготовленного кидают из одного экипажа в другой, чтобы сходить с ними в море, сдать задачу. 15 августа опять в море, только с другим экипажем, а после опять в море со своим экип. на стрельбу. [...] Если бы не эти моря, мама, ты давно бы приехала ко мне. Я не знаю, когда будет у меня время, чтобы ты могла приехать. Вот и все новости. Всем привет! До свидания!

Старший лейтенант Панарин 07.08.00»

4. Предчувствие беды

Кожей чувствуешь, что Андрею Панарину не просто «тошно от морей» и от службы. Он очень не хотел идти в море. Но что поделаешь, если на всем Северном флоте был только один подготовленный ракетный инженер. Впрочем, хорошо, что был.

В минно-торпедном отделении АПРК «Курск» не оказалось ни одного специалиста по перекисно-водородным торпедам. И это вина не экипажа, это вина его начальников. По сути, Панарина и служивших на «Курске» таких же честных офицеров и матросов послали на смерть.

Глава 5.
Вспышка в пять рублей

12 августа 2000 года в 11 часов 09 минут в ходе учений в Баренцевом море командир гидроакустической группы ТАРКР «Петр Великий» старший лейтенант Андрей Лавринюк, вглядываясь в экран локатора, обнаружил характерный сигнал. Он отметил в журнале обнаружение подводной лодки, ведущей гидроакустический поиск. Спустя 21 минуту на экране вспыхнуло большое светлое пятно, и через мгновение в динамиках раздался хлопок. Вспышка и хлопок отличались от взрывов штатных боеприпасов, которые используются на учениях флота. Пеленг вспышки был 96 градусов.

Необычное явление наблюдал не один Лавринюк. Взрыв зафиксировали две американские подводные лодки, находившиеся в 300–400 км[14] от района учений, и норвежская сейсмическая обсерватория Norsar. Она зарегистрировала два сейсмических события с интервалом 135 секунд. Второе сейсмическое событие произошло в море и по силе было соизмеримо с подводным толчком примерно 4 балла по шкале Рихтера.

Через несколько месяцев гидроакустик Лавринюк будет вспоминать эти события на допросе в Главной военной прокуратуре (стилистика и орфография показаний участников событий здесь и далее полностью сохранена):

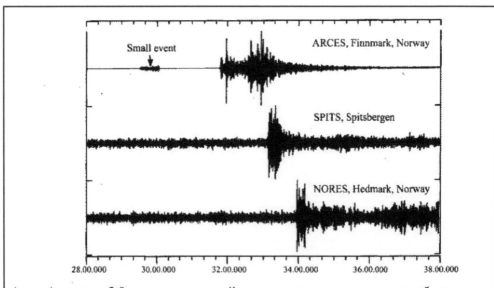

Автографы смерти... Сейсмограммы взрыва на «Курске», записанные на трех норвежских сейсмостанциях. Поскольку все три станции находились на разных расстояниях от «Курска», графики несколько разнятся; «всплеск» главного взрыва зафиксирован с небольшим запозданием. Первый, небольшой взрыв помечен стрелкой «Small event» (небольшое событие). Его зарегистрировала станция в поселке Оркей в провинции Финмарк

«В 11:30 на индикаторе кругового обзора я наблюдал сигнал, который выглядел на экране как вспышка размером в пятирублевую монету. Одновременно с этим в динамике послышался хлопок, похожий на звук лопнувшего шарика. Об этом я доложил в боевой информационный центр, на ходовой мостик и на центральный командный пункт. Сразу, в момент вспышки и хлопка из динамика, я почувствовал, что по кораблю прошел гидродинамический удар, который выразился в дрожи корпуса «Петра Великого». На мой взгляд, такого эффекта в виде дрожи корпуса, включения какой-либо аппаратуры на «Петре Великом» произойти не могло. Это был внешний динамический удар. Сразу же после этого я взял пеленг и определил направление, откуда пришел хлопок. Он был по курсу 96 градусов от того места координат, где находился наш крейсер».

ТАРКР «Петр Великий» в это время шел в координатах 69 градусов 40,9 минуты северной широты и 36 градусов 24,6 минуты восточной долготы. Это примерно в 40 километрах к северу-западу от места катастрофы «Курска». Несложно представить себе, какой силы был этот взрыв, если подводный удар от него прошел десятки километров и потряс морского исполина водоизмещением 24 тысячи тонн!¹⁵

«На мой взгляд, – продолжил старший лейтенант Андрей Лавринюк, – тогда на мой доклад не обратили внимания. Однако я думаю, что квалифицированный командир гидроакустической группы, обладающий большим опытом, может классифицировать этот шумовой сигнал как взрыв с вероятностью 90%. Я же, как 12 августа, так и в настоящее время, с уверенностью в 80% говорю – сигнал явился следствием взрыва».

По иронии судьбы, в момент взрыва на «Курске» на ходовом мостике «Петра Великого» стоял руководитель учений, командующий Северным флотом Вячеслав Попов. Неожиданная вибрация тяжелого крейсера не могла не удивить адмирала.

– Чего это тут у вас трясет? – поинтересовался он у начальника штаба оперативной эскадры контр-адмирала Владимир Рогатина.

– Включили антенну радиолокационной станции, – сходу выпалил тот.

И все присутствующие на мостике, не усомнившись ни на йоту, поверили контр-адмиралу. Хотя даже далекому от флотских проблем человеку ясно, что от включения антенны «Петр Великий» так сотрястись не мог.

ТАРКР «Петр Великий».

«Я поднимался по трапу на ходовой мостик, чтобы изучить обстановку перед заступлением на вахту, – вспоминал на допросе другой офицер «Петра Великого», капитан-лейтенант Вячеслав Самарцев. – *Неожиданно для себя почувствовал встряску корабля, и непроизвольно подогнулись колени. Ощущение было такое, когда корабль при волнении моря примерно в 5 баллов переходит с волны на волну. Однако в тот момент море было спокойным. Я допускаю, что это можно назвать гидравлическим ударом. Поднявшись на мостик, я увидел, что вахтенный офицер запрашивал в ПЭЖ, что за встряска была. Не связана ли она с работой электромеханической боевой части. При этом на лицах офицеров было недоумение».*

Если в квартире запахло дымом, любой разумный человек начнет искать источник запаха. Во время боевых учений, за которыми следят корабли и самолеты НАТО, игнорирование взрыва равносильно преступлению. Действующие флотские инструкции обязывали командира «Петра Великого» капитана I ранга Владимира Касатонова без промедления классифицировать все гидроакустические сигналы, обнаруженные службой корабля, определять их источник и координаты. В правилах использования полигонов прямо говорится, что если лодка не всплыла в течение часа после назначенного времени, она считается аварийной.

Даже если не брать в расчет данные гидроакустика, любой нормальный командир должен был задаться вопросом, почему ни на одном корабле ордера не видели выпущенных с «Курска» торпед. Как утверждают специалисты, практические торпедные стрельбы осуществляются при соблюдении ряда условий. Так, в момент залпа субмарина обязана показать свое местонахождение, сигнализируя ракетой, которую подводники называют КСП. Совокупность всех факторов должна была быть проанализирована.

Все говорили, что на «Курске» как минимум возникла нештатная ситуация. Решение должно было быть принято незамедлительно. На военно-морских флотах большинства стран мира существует сигнал *subsunk*, сокращение от *submarine has sunk* – «подводная лодка затонула». Если какая-нибудь лодка в течение часа не передает планового донесения, командующий подводными силами района запрашивает разрешение на проведение операции *submiss* – «подводная лодка пропала без вести». После этого военные немедленно приступают к поиску субмарины, для чего задействуются все находящиеся поблизости суда и самолеты.

Ни расследование, ни правительственная комиссия не задались вопросами, почему ни один из кораблей, кроме «Петра Великого», не обнаружил взрыв, равный по мощности среднему землетрясению, и почему аппаратура гидроакустического комплекса флагмана Северного флота не зафиксировала первый взрыв в 30–40 км от него, в то время как атомные подводные лодки США «USS Memphis» и «USS Toledo», а также лодка Королевских ВМС «HMS Splendid» зафиксировали оба взрыва, хотя находились от места взрыва в десять (!) раз дальше.

Вернемся в 12 августа 2000 года в РБД-1.

В 13:59[16] Вячеслав Попов, так и не дождавшись планового донесения о торпедной атаке и всплытия подводной лодки «Курск», улетел вертолетом сначала на авианесущий тяжелый крейсер «Адмирал флота Советского Союза Кузнецов», а затем – на берег, сообщив журналистам, что боевые учения прошли успешно.

Это была ложь. Да, Попов не знал о гибели «Курска», но учения еще не закончились. Единственное, что смогли позволить себе руководители учений, это потратить время на сброс за борт серии гранат, что приказывает всем подводным лодкам всплыть.

После того как лодка не всплыла, ее должны были, обязаны были, объявить аварийной и начать поисково-спасательную операцию. «Курск» не всплыл, но аварийным подводный корабль объявлен не был.

Следователь Егиев в дополнительном постановлении уточняет время, когда АПРК «Курск» фактически был объявлен аварийным: не в 23 часа, как показывает на допросе командующий Северным флотом адмирал Попов, а на 30 минут позже.

«С. 113 (6-й абз.) После фразы о начале вызова подводной лодки с помощью гранат и по звукоподводной связи.
Дополнить словами:
С учетом вызова подводной лодки с помощью указанных выше средств, в соответствии со ст. 30 «Инструкции по организации практических стрельб торпедами …», атомная подводная лодка должна была быть объявлена аварийной в 15:18 12 августа 2000 года, так как после подачи сигналов экстренного вызова взрывными источниками или гидроакустическими средствами подводная лодка обязана всплыть в надводное положение независимо от того, какой суточный план флота у нее имеется или какие действия в районе она производит в подводном положении. «Если в течение 1 часа после назначенного времени всплытия или после подачи с корабля сигнала экстренного вызова подводная лодка не всплыла на поверхность, считается, что она потерпела аварию, и руководитель учения обязан немедленно донести об этом КП флота» (ст. 30 Инструкции). (Заключение экспертизы, т. 67, л.д. 67)»

По плану учений АПЛ «Курск» входила в РБД-1 в 10-мильном коридоре. На морской карте пеленг в 96° от места нахождения «Петра Великого» в 11:28 12.08.2000 точно ложится на место вхождения «К-141» в район, откуда он должен был отстреляться торпедами.

Других кораблей и подводных лодок в этом районе быть не могло. Почему же «Курск» не объявили аварийным сразу? В своих показаниях Вячеслав Попов отрицает, что знал о докладе гидроакустиков. Но я, простите, не верю. Вину за это бездействие следствие возложило на командира «Петра

Великого» капитана I ранга Владимира Касатонова, который *«не выполнил своих обязанностей по организации классификации обнаруженных гидроакустиками целей и сигналов и, получив доклад о «вспышке» и «хлопке», не дал приказание классифицировать контакт. Это не позволило получить своевременно дополнительную информацию для правильной оценки ситуации в связи с событиями на 11 час. 30 мин. 12 августа 2000 г.»* (Постановление о прекращении уголовного дела от 22.07.2002, с. 22)

Думаю, что Владимир Касатонов взял вину на себя. Он был капитаном I ранга, а стал контр-адмиралом, хотя на должности командира «Петра Великого» звание капитана I ранга – потолок[17]. Не думаю, что он стал адмиралом только за то, что прикрыл своего командира, но, наверное, и за это тоже.

Тот факт, что Вячеслав Попов покинул флагманский корабль, не получив доклада командира «Курска» Геннадия Лячина, на мой взгляд, говорит не только о профессиональных качествах, но и о человеческих. Даже профессиональное любопытство должно было заставить руководителя учений выяснить, почему подводная лодка не выполнила стрельбу и не вышла на связь.

Командир «Петра Великого» в 2000 году Владимир Касатонов.

Глава 6.
Чем учения лучше сбор-похода?

Какая разница, как назвать боевую учебу? Как оказалось, разница есть, и весьма существенная.

В августе 2000 года соединения Северного флота, в соответствии с годовым планом боевой подготовки ВМФ России, должны были провести в Баренцевом море сбор-поход кораблей во главе с флагманом «Петром Великим». Вместо этого с 10 по 13 августа командование флота запланировало проведение комплексной боевой подготовки.

Такая форма учений, как комплексная боевая подготовка, не предусмотрена ни одним руководящим документом ВМФ. Я пытался выяснить, почему произошла замена одного вида боевой учебы на другой, но однозначного ответа не получил. Нет его и в материалах уголовного дела.

В неформальных беседах моряки говорят, что все дело в деньгах. Когда на полноценные учения средств не хватает, проводят то, что можно профинансировать. Состав сил комплексной боевой подготовки, количество и качество упражнений, сроки проведения показывают, что по всем параметрам это мероприятие соответствует полномасштабным учениям. Для проведения полномасштабных учений необходимо разработать целый пакет документов. План учений сбор-поход утверждает Главком ВМФ. Следовательно, если бы это был сбор-поход, все аспекты плана должны были бы рассматриваться и оцениваться в Главном штабе ВМФ, где собраны первоклассные специалисты. Более того, в этом случае службы и флагманские специалисты не только должны были бы согласовать разделы плана учений, но и проверить их исполнение как при подготовке кораблей, так и в районе учений, обеспечивая в том числе и поисково-спасательную операцию.

При комплексной боевой подготовке от Главкома ВМФ утверждения плана не требовалось, а поэтому ответственность за ее проведение целиком лежала на руководстве Северного флота. При подготовке и проведении сбор-похода запрещены массовые отпуска в штабах, на кораблях, авиаподразделениях. При той форме боевой учебы, которую использовали в августе 2000 года, такого запрета нет, так как нет самой такой формы обучения. Поэтому целый ряд руководителей, например, командир 7-й дивизии атомных подводных лодок, в состав которой входил «Курск», контр-адмирал Михаил Кузнецов и командующий флотилией вице-адмирал Олег Бурцев отдыхали, а это не могло не сказаться на качестве подготовки кораблей и экипажей, а также на обеспечении поисково-спасательной операции.

В заключении экспертизы, проведенной с участием вице-адмирала Валерия Рязанцева, а также в его книге дана оценка этим учениям Северного флота. Не могу не процитировать эту не опубликованную в бумажном варианте книгу.

«Главный штаб ВМФ молчаливо согласился с тем, что на Северном флоте самовольно изменили годовой план боевой подготовки и в очередной раз решили провести липовые тактические учения. Москва также не возражала, что при подготовке «комплексного выхода на боевую подготовку» не были выполнены две директивы Главного штаба ВМФ, которые предписывали в период учений провести совместные учения спасательных сил ВМФ и спасательных сил флота, а также контрольные испытания торпеды УСЭТ-80[18]. Учения спасательных сил вообще не разрабатывались, а на контрольные испытания торпеды командование флота направило совсем не тех офицеров, которые должны были эти испытания проводить».

Согласно разработанному плану, подписанному начальником управления боевой подготовки СФ, вице-адмиралом Юрием Бояркиным и утвержденному адмиралом Вячеславом Поповым, в учениях были задействованы 6 подводных лодок, 9 надводных кораблей, 9 вспомогательных судов, 22 самолета, 11 вертолетов, а также 10 сухопутных частей. На первом этапе флот переводился с «мирного» на «военное время», производилось развертывание сил на предполагаемом театре военных действий. Второй этап предусматривал отработку боевых задач кораблями авианосной многоцелевой группы и разнородными силами флота по разгрому корабельных группировок противника. Было запланировано нанесение условного ядерного удара по определенной акватории.

Одновременно с этим проводились государственные испытания зенитно-ракетного комплекса «Петра Великого» и автоматизированной системы управления большим противолодочным кораблем «Адмирал Чабаненко».

Видимо, желание совместить несовместимое, провести учения и сходить в отпуск, побудило адмиралов проявить смекалку, и они придумали «комплексную боевую подготовку». Главком ВМФ Куроедов смотрел на инициативы североморцев сквозь пальцы, обеспечивая себе спокойную жизнь.

Сама подготовка проходила в упрощенных условиях. Все документы ВМФ требуют, чтобы подобные учения проводились при противодействии разнородных сил флота. Тем не менее, надводные корабли, по которым должна была вестись стрельба, обладая самыми современными гидроакустическими средствами, поиск подводных лодок почему-то не вели. Не занимались этим ни самолеты на дальних

Большой противолодочный корабль «Адмирал Чабаненко».

рубежах противолодочной обороны, ни вертолеты на ближних рубежах, в чьи обязанности теоретически входило обеспечение противолодочной обороны ордера кораблей авианосной многоцелевой группы. В противном случае пилоты противолодочной авиации могли бы обнаружить «Курск». Более того, осуществляя слежение за подводной целью, они, возможно, собственными глазами увидели бы столб воды, взметнувшийся после взрыва на десятки метров над поверхностью моря.

Когда я знакомился с выписками из вахтенных и гидроакустических журналов больших противолодочных кораблей «Адмирал Харламов» и «Адмирал Чабаненко», меня удивило, что гидроакустические службы этих кораблей не зафиксировали взрыв в 11:30 12 августа. Создается впечатление, что руководство учениями решило создать для АПРК «Курск» легкую жизнь и идеальные условия и поэтому намеренно не включило гидроакустические комплексы. Может быть, я неправ. Может быть. Но речь снова идет о том, что кто-то случайно забыл нажать какую-то кнопку. А может, у этих кораблей, основной задачей которых является поиск и уничтожение подводных лодок противника, было неисправное оборудование? В материалах дела ответов на эти вопросы нет.

Слова командующего Северным флотом о том, что в районе учений свободно «разгуливают» аж три натовские подводные лодки, шокировали меня не меньше, чем гибель корабля. Что же это за флот, который, выполняя задачу по поиску и уничтожению подводных лодок, допустил в полигон иностранные корабли?! Что же это за командующий, который выдвигает версию столкновения с иностранной подводной лодкой на полигоне вблизи российских границ?! Только за одно это нужно понижать в звании до мичмана и отправлять на менее руководящую должность, например, на камбуз.

> Скрупулезное и пунктуальное соблюдение приказов и наставлений, выстраданных поколениями моряков, исключило бы дурацкие версии и не привело бы к катастрофе.

Устинов в своей книге вопрос учений не обошел. Однако странность этих оценок – в их полярности. На разных страницах они отличаются друг от друга столь же разительно, как сантехник от балерины. На странице 195 он говорит, что *«учения планировались в строгом соответствии с руководящими нормативными документами»*, а на странице 40 утверждает противоположное: *«В соответствии с планом на 2000 г. командование Северного флота в августе 2000 г. запланировало провести сбор-поход кораблей СФ под руководством командующего флотом. Вместо этого командование флота организовало комплексную боевую подготовку кораблей авианосной многоцелевой группы в Баренцевом море в период с 10 по 13 августа 2000 г. Такая форма подготовки сил флота не предусматривается ни одним руководящим документом ВМФ»*.

Вот так «объективности ради» можно превращаться то в обвинителя, то в защитника.

Но вернемся к учениям. 11 августа «Курск» нанес ракетные удары по эскадре надводных кораблей условного противника, а на следующий день, закрепляя успех, должен был добить «уцелевшие» корабли торпедами. Для этого единственный российский авианосец «Адмирал флота Советского Союза Кузнецов», а также «Петр Великий», ракетный крейсер «Маршал Устинов», большие противолодочные корабли «Адмирал Харламов», «Адмирал Чабаненко» и сторожевой корабль «Легкий»[19] в установленный промежуток времени должны были пройти через РБД-1, чтобы быть атакованными учебными торпедами.

Единственный тяжелый авианесущий крейсер в составе Военно-морского флота РФ «Адмирал флота Советского Союза Кузнецов».

В материалах расследования есть заключение экспертов, которые утверждают, что руководство флота неправильно выбрало район проведения учений, в частности они указывают на мелководье. Вот что сообщает в рукописи вице-адмирал Валерий Рязанцев: *«Морские районы подводных лодок были определены таким образом, что, выполняя боевые упражнения, каждая АПЛ могла получить серьезные повреждения от учебного оружия соседней подводной лодки. Одной из атомных подводных лодок была назначена глубина погружения больше, чем имеющиеся в районе отличительные глубины (отличительные глубины – глубины возвышенностей морского дна, которые резко отличаются от окружающих глубин и которые создают опасность для мореплавания). «К-141» «Курск» запланировали морской район, который не предназначался для совместного плавания противолодочных надводных кораблей и атомных подводных лодок».*

Действительно, средние глубины Баренцева моря в этом районе составляет 110 метров. Если условно поставить «Курск» в месте катастрофы на попа, винтами на дно, его нос будет возвышаться над водой метров на 40. Очевидно, что для лодки подобных габаритов выбранный командованием район боевых действий мелковат. Инструкция по управлению атомной подводной лодкой гласит, что минимальная глубина под килем субмарины должна составлять 40 метров, а при скорости свыше 12 узлов – 100 метров и больше. В целом для нормального маневрирования глубина не должна быть меньше 220 метров.

Впрочем, реальные боевые действия могут развернуться и на небольших глубинах. Например, в Чукотском море, где средняя глубина – 88 метров. А если необходимо пройти подо льдом? Разве не нужно обучать моряков плавать на небольших глубинах, характеризующихся эффектом снижения шумности подводных лодок? И как оценивать действия легендарного Александра Маринеско, который во время войны с Германией, вопреки всем действующим инструкциям и нормативам, атаковал вражеские корабли со стороны берега на малых глубинах и добивался выдающихся результатов?[20]

Как бы то ни было, но глубоководный район существенно затруднил бы поисково-спасательную операцию. А так шанс был, но его бездарно упустили. Нет, я не призываю нарушать руководящие документы. Претензия по выбору полигона вполне справедлива. Но, может быть, стоит вернуться к суворовскому принципу и обучать личный состав действовать в условиях, максимально приближенных к боевым?

В этом отношении любопытно мнение генпрокурора, которое он изложил в своей книге: *«Полигоны, на которых было запланировано проведение учений, являлись штатными и отвечали мерам безопасности. Подводные лодки проекта 949А ранее неоднократно принимали участие в учениях на этих полигонах, в том числе и в районе боевых действий № 1 (район учений), где в последующем погиб АПРК «Курск». Выбор района действия для АПРК «Курск» осуществлялся в строгом соответствии с базовыми документами. Каких-либо нарушений при выборе района действий АПРК «Курск» допущено не было».*

А вот что написал следователь Егиев в постановлении о прекращении уголовного дела (с. 17): *«Район действия АПРК «Курск» РБД-1, по замыслу учения, включал часть полигонов боевой подготовки СФ, не предназначенных для совместной отработки задач боевой подготовки атомными подводными лодками и противолодочными надводными кораблями»*.

Вы кому верите – генпрокурору Устинову или следователю Егиеву? Я – Егиеву.

Следователь по особо важным делам ГВП Артур Егиев.

Хотя выбор полигона в причинной связи с гибелью корабля и экипажа не находится, но он позволяет понять, что «боевая учеба» – это лишь фикция, желание создать видимость боеспособности флота. Вообще-то «Курску» было запрещено погружаться на глубину более 290 метров при рабочей глубине 400 метров, а максимальной – 600 метров. Это ограничение, наложенное специалистами отдела безопасности мореплавания, водолазных и глубоководных работ Северного флота, связано с тем, что корабль не выполнял погружений на рабочую глубину в течение четырех лет.

О глубине моря в районе полигона можно было бы поговорить

подробнее, и это имело бы правовое значение, если бы корпус «Курска» коснулся дна, что и стало причиной гибели. Но причина аварии – в другом. Поэтому оставим различные точки зрения по этому вопросу на усмотрение специалистов.

С 1998 года «Курск» не проводил обязательных ежегодных торпедных стрельб. Почему подводный крейсер первой линии[21] не занимался этим? Как можно вообще выполнять что-либо – прыгать в высоту, лететь в космос, участвовать в соревнованиях по стрельбе из пневматической винтовки – без тренировки? Мне, наверное, не дано это понять. В учениях участвовали также подлодки «К-119» и «К-410». Однако эти субмарины в море не выходили, а «громили» условного противника у пирса.

Позже Попов пояснил, что их участие было чисто теоретическим. Как бы виртуальным. Дескать, на базе «К-119» и «К-410» производили учебные пуски ракет, торпедные атаки, отслеживали движение «вражеских» авианосцев. Что это было? Очковтирательство? Или из-за недостатка средств командование приняло решение хоть как-то обучать экипажи? Не знаю. Но все эти учения представляются мне большим блефом.

А где был Главный штаб ВМФ, который не мог не знать, что руководители Северного флота произвольно изменили годовой план боевой подготовки? Очевидно, очковтирательство началось у нас с потемкинских деревень, а может, и раньше. В советское время создание видимости деятельности было весьма распространено.

Было это и на флоте. Было, есть, и, к сожалению, видимо, будет.

Я вспоминаю одно уголовное дело по факту разглашения одним из морских офицеров тактико-технических характеристик мини-подлодки «Пиранья» (проект 865), предназначенной для диверсионных и разведывательных целей.

Лодки, построенные в 1988–1989 годах Адмиралтейским объединением тогда еще в Ленинграде, имели конструктивные недостатки, не позволяющие им выходить в море. Несмотря на это, две «Пираньи» были приняты в состав Балтийского флота, но из-за угрозы жизням моряков по указанию заместителя Главкома ВМФ СССР вице-адмирала Анатолия Кузьмина маленькие субмарины стоимостью несколько десятков миллионов рублей каждая были поставлены на пирс в порту Лиепая. А тем временем завод наклепал еще 18 заказанных флотом «малюток». Стоявшие на пирсе лодки были перекрашены в «спасательные цвета» и накрыты брезентом, со всеми атрибутами сохранения секретности, с часовым. На них составлялись планы боевой учебы экипажей, проходили доклады, присваивались звания.

Мужественный офицер, капитан III ранга Александр Шахов отказался принимать командование дивизионом таких лодок. Он обратился с письмом к президенту СССР Михаилу Горбачеву и Главкому ВМФ СССР, рассказав о творимом на флоте безобразии. Шахова в буквальном смысле слова отправили пасти свиней – на подсобное хозяйство. Он положил партийный билет на стол и написал рапорт об увольнении. По данным А. Гусева, эти лодки утилизировали на Кронштадтском судоремонтном заводе в 1999–2000 годах и получили около 200 тонн титанового лома.

Пример с «Пираньями» – свидетельство того, что все недостатки ВМФ СССР перетекли в наше время.

Вернемся к учениям августа 2000 года. Еще одним летучим голландцем стал сторожевой корабль «Легкий», в обязанности которого входили своевременное обнаружение иностранных подводных лодок и недопущение их в район боевых действий.

У «Легкого» не работала гидроакустическая станция, а в ходе «комплексной подготовки» вышел из строя и радар. По некоторой информации, в конце учений у него сломался двигатель, и сторожевик отбуксировали на базу. А чему удивляться, если из более чем двух десятков российских кораблей, находящихся в Баренцевом море, взрыв на «Курске» запеленговала только гидроакустическая служба «Петра Великого».

Наконец, самое главное.

> В это трудно поверить, но в ходе боевых учений в море не было ни одного спасательного судна с глубоководным комплексом.

Получается, что тактику разработали, задачи определили, район боевых действий худо-бедно выбрали, а о средствах спасения никто не подумал. Не были назначены дежурные спасательные группы по разным видам аварий, их численный состав и руководители. Не выбран способ обозначения мест затонувших кораблей – буями, вехами, гидроакустическими маяками. Не закреплен береговой автотранспорт для обеспечения поисково-спасательных работ и дежурные барокамеры.

Вячеслав Попов.

По сей день от Вячеслава Попова нет внятного ответа на вопрос, почему в спасательный отряд Северного флота не были включены плавучий кран и госпитальное судно «Свирь».

Провидцем оказался начальник Главного штаба ВМФ адмирал Виктор Кравченко, который 26 июля, за две недели до начала учений, направил на СФ телеграмму с требованием *«обеспечить дежурство спасательного судна с подводным аппаратом в составе спасательного отряда [...] при нахождении в море подводной лодки»*. Главный штаб ВМФ предлагал провести в августе 2000 года совместные учения *«по оказанию помощи экипажу подводной лодки, лежащей на грунте, и аварийному высокобортному кораб-*

лю с массовым спасением личного состава и с привлечением тяжелого атомного ракетного крейсера «Петр Великий».

Командование флота проигнорировало этот приказ, и учения по спасению запланированы не были. История не знает сослагательного наклонения, но выполнение распоряжения адмирала Виктора Кравченко автоматически предполагало нахождение в районе учений спасательных судов и дежурных барокамер.

В распоряжении командования Северного флота было два спасательных судна, способных оказать помощь лежащей на грунте подводной лодке, – «Михаил Рудницкий» и «Георгий Титов», носители подводных аппаратов, оснащенных водолазными комплексами, барокамерами и средствами поиска.

Несколько лет назад приказом Главнокомандующего ВМФ России все корабли с глубоководными водолазными комплексами были исключены из боевого состава из-за выхода сроков службы или отсутствия средств на поддержание технической готовности. Если верить приказу, сделано это было *«в рамках выполнения программы реформирования Вооруженных сил России»*. Вот уж действительно благими намерениями вымощена дорога в ад.

Реально же в августе 2000 года на Северном флоте в строю было лишь одно действующее спасательное судно – «Михаил Рудницкий». «Георгий Титов» не имел командира, барокамер, стыковочных узлов для декомпрессии и был сослан в глубокий резерв. На бумаге в плане боевых учений «Михаил Рудницкий» был включен в силы поисково-спасательного обеспечения для оказания помощи подводной лодке, лежащей на грунте. По сути это оказалось профанацией.

Командир судна «Михаил Рудницкий» капитан II ранга Юрий Костин на допросе 28 августа 2000 года признал, что в конце июля слышал об августовских учениях, но их точные сроки известны ему не были. В связи с этим никаких задач о вступлении в силы ПСО судну и экипажу не ставилось.

По словам Юрия Костина, была лишь директива командования о том, что готовность к выходу в море составляет 4 часа. Кстати, готовность других сил, например авиации, составляла 1 час.

Спасательное судно «Михаил Рудницкий».

Неясно, по каким причинам командование Северного флота проигнорировало действующий приказ начальника Главного штаба ВМФ об обязательном нахождении в составе дежурных сил флота спасательного отряда и отдельных спасательных судов с готовностью выхода в море до 1 часа в условиях повседневной жизни флота. Разумеется, непосредственно перед учениями и в ходе них степень готовности спасательных сил должна повышаться. В дополнительном постановлении следователь Артур Егиев в двух позициях уточняет – можно сказать, усиливает – обвинительную составляющую неготовности Северного флота к проведению поисково-спасательной операции.

«С. 120 Несмотря на указания ст. 2.6.6 Приказа Командующего Северным флотом, «Инструкция по организации поисково-спасательной операции на Северном флоте», которая определяет, что часовая готовность объявляется на период мероприятий боевой подготовки подводных лодок в море: ракетных и торпедных стрельб, совместной боевой подготовки подводных лодок и надводных кораблей», и п. 18 НПСО ВМФ-95, где указано, что время готовности к выходу дежурного спасательного отряда, дежурных сил поисково-спасательной операции – 1 час, «Михаил Рудницкий» с подводными аппаратами на борту имел готовность 4 часа; «Алтай» – 24 часа.

В Плане же поисково-спасательной операции не определялось, на каком этапе будет объявлена готовность № 2 (1 час), в связи с чем корабли были в готовности № 3 (4 часа).

При этом «Михаил Рудницкий» является единственным судном-носителем с подводными аппаратами на Северном флоте, так как «Георгий Титов» находится в резерве.

С. 124 (после абз. 2) дополнить словами:

Согласно НПСО ВМФ-95 предусмотрены следующие правила организации дежурства сил оказания помощи экипажу аварийной подводной лодки, лежащей на грунте, п. 94 к решению задач спасения привлекать:

– спасательные суда с глубоководными водолазами и ГВК и др., подводные лодки, однотипные с аварийной;

– п. 95 В дежурство назначать одно из следующих спасательных судов: судно-носитель подводных аппаратов со спасательными и рабочими;

– судно с ГВК со спасательным колоколом (для рекомпрессии);

– спасательное судно с подводными аппаратами и ГВК со спасательным колоколом;

– п. 96 Задачу проведения рекомпрессии возлагать на суда с барокамерами и медицинские учреждения флота (Том 29, л.д. 205).

Согласно п. 94 НПСО ВМФ-95, в СПР должны участвовать глубоководные водолазные комплексы, водолазы-глубоководники и барокамеры.

Как видно из последствий аварии, в противном случае (в случае отсутствия ГВК, водолазов и барокамер) поисково-спасательная операция не может считаться организованной.

Имеющиеся на СФ водолазные комплексы ограничены по глубине до 40 м и до 60 м. АПЛ затонула на глубине 108 м».

Опять сошлюсь на вице-адмирала Валерия Рязанцева: «*Перед выходом кораблей Северного флота в море 10 августа 2000 года, когда никто еще не знал, чем закончатся эти учения, руководители флота разработали убогий и примитивный план спасательного обеспечения сил в море. Этим планом аварийной подводной лодке флота предусматривалось оказывать только такую помощь, как буксировка ее на базу. Никаких других спасательных действий этим планом предусмотрено не было. Вот поэтому спасатели так безграмотно вели спасательную операцию. Действовали при фактической аварии подводной лодки в полном соответствии с планом спасательного обеспечения.*

Чтобы читателю окончательно стало ясно, как «профессионалы подводного дела» Северного флота дурачили общественность и руководство страны в отношении принимаемых мер по спасению экипажа затонувшей АПЛ, как в средства массовой информации поступала ложь и дезинформация о проводимых спасательных работах [...]».

О причинах выхода в море и маршруте движения личный состав спасательного судна «Михаил Рудницкий» не знал.

Хронометраж движения спасателя выглядит так: приказ о часовой готовности был отдан судну в 20:20 12 августа, к этому времени с момента взрыва прошло 8 часов 50 минут. В 01:04 13 августа «Михаил Рудницкий» со спасательными глубоководными аппаратами АС-32 и АС-34 вышел в море. Старший на борту начальник УПАСР капитан I ранга Александр Тесленко отдал приказ идти к острову Кильдин, где находился буксир СБ-523. В результате ошибочных расчетов «Михаил Рудницкий» совершил неверный маневр и с буксиром не встретился. Из-за перемены курса было потеряно полтора часа. В 08:59 «Михаил Рудницкий» пересек юго-западную границу района боевых действий и установил связь с руководителем сил поиска на «Петре Великом». Сейчас можно утверждать, что потеря этого времени стоила жизни 23 морякам из 9-го отсека. Правда, это не единственная причина.

Владимир Устинов приводит в книге показания командующего флотом Вячеслава Попова: «*В соответствии с нормативными требованиями к данным учениям, был подготовлен отдельный план ПСО. Его разработкой занимался начальник Управления поисковых и аварийно-спасательных работ СФ по согласованию с начальником Управления боевой подготовки штаба СФ. Утверждался план начальником штаба. Участие сил УПАСР СФ в данных учениях было организовано в соответствии с нормативными документами и было полностью обеспечено силами и средствами. Все необходимые силы находились на дежурстве в базе. Был сформирован спасательный отряд, находившийся в состоянии повышенной готовности. На учениях были задействованы спасательные суда «Михаил Рудницкий», «Алтай», буксир «МБ-100» и другие».* «*Как он считает, – пишет генпрокурор, – силы ПСО были готовы выполнить поставленную им задачу».*

Эти свидетельские показания Попова в своей книге Устинов не подвергает сомнению и не опровергает. А это значит, что читатель воспринимает эти показания бывшего командующего флотом как истину. Но истина не здесь.

Александр Тесленко, который возглавлял УПАСР Северного флота, лично разработал план поисково-спасательного обеспечения. В этом плане эксперты нашли целый ряд грубых просчетов. Например, кораблем оказания первой помощи был определен ракетный крейсер «Маршал Устинов», который при аварии «Курска» никаких реальных действий по поиску и спасению экипажа не выполнял.

> План был написан исключительно для того, чтобы формально соблюсти условия проведения учений. Ни спасения людей, ни проведения спасательной операции он не обеспечивал.

Не мог этого не понимать и сам Тесленко, и тот, кто утверждал этот план, – начальник штаба Северного флота вице-адмирал Михаил Моцак. Справедливости ради надо сказать, что Тесленко, на которого впоследствии повесили всех собак за слабую организацию поисково-спасательной операции, в ноябре 1999 года послал телеграмму в Главный штаб ВМФ, в которой сообщил, что лишь одно из двух спасательных судов – «Михаил Рудницкий» – способно спасать экипаж затонувшей подводной лодки, и просил профинансировать его ремонт. Вероятно, Тесленко нужно было требовать денег не на ремонт, а на новое оборудование. АС-32 и АС-34 не имели современных средств навигации и систем автоматического позиционирования с ЗПЛ. Поэтому только на дополнительный поиск уже обнаруженного «Курска» аппараты тратили два часа драгоценного времени. Аккумуляторные батареи имели просроченные сроки годности, заменить их было нечем, поэтому они быстро разряжались, их нужно было подзаряжать, а это сокращало срок работы аппаратов.

Заинтересованный читатель наверняка помнит, что сразу же после гибели корабля по инициативе президента Путина распоряжением премьера была создана правительственная комиссия во главе с тогдашним вице-премьером Ильей Клебановым. Она должна была выявить причины аварии и выработать предложения по исправлению ошибок. Комиссия работала автономно от следователей, но ее выводы были приобщены к материалам уголовного дела и, несомненно, повлияли на ход расследования.

По вопросам «Курска» я встречался с Ильей Иосифовичем Клебановым несколько раз. В первые недели после катастрофы Клебанов, в отличие от многих военных, был гораздо аккуратнее в высказываниях и ни разу не допустил откровенной глупости и лжи. По многим проблемам наши позиции полностью совпадали, в частности в оценке действий руководства флота и причин катастрофы.

Задачи следствия и правительственной комиссии часто пересекались. И комиссии, и следователям нужно было ответить на вопрос о причинах гибели корабля, кроме того, комиссия изучала вопросы, связанные с недостатками в проектировании корабля, и технические вопросы проведения спасательной операции. Выявление причин и предпосылок трагедии – задача как следствия, так и комиссии. Некоторые выводы комиссии представляют безусловный интерес. Так, например, исследования фрагментов легких и прочных корпусов СПМБМ «Прометей» и ЦНИИ им. академика А. Н. Крылова[22] не выявили факторов внешнего силового воздействия на исследованные фрагменты, а также отметили отсутствие повреждений головного обтекателя практической торпеды 65-76. Комиссия пришла к выводу, что причиной неприсоса АС-32 и АС-34 являлось не повреждение коминкс-площадки спасательного

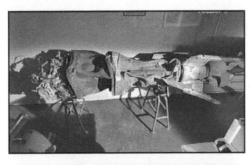

Фрагменты практической торпеды, взорвавшейся в 1-м отсеке АПРК «Курск».

люка 9-го отсека, а углубление коминкс-площадки относительно уровня резинового покрытия корабля. Эти выводы позволяют воссоздать картину и динамику событий.

Но участие в исследованиях представителей ЦКБ «Рубин», которое проектировало «Курск», или включение в состав правительственной комиссии адмирала флота Главкома ВМФ Владимира Куроедова вызывают сомнение в объективности комиссии. Военно-промышленный комплекс – это священная корова, а потому были выявлены лишь отдельные малозначительные недостатки при проектировании и строительстве подводной лодки проекта 949А.

Мне попалось на глаза любопытное письмо ЦКБ «Рубин» на имя следователя Артура Егиева от 14 мая 2002 года № 32/2-181, в котором представитель «Рубина» объясняет, что перегородка 22-го шпангоута даже при наличии давления 40 кг/см² не выдержала бы силу взрывов[23]. Эти выводы и легли в заключение правительственной комиссии. А включение в ее состав Владимира Куроедова автоматически выводило Главкома ВМФ России из числа подозреваемых по уголовному делу.

Я убежден, что комиссия была не вправе включать в заключение вопросы, которые она не исследовала. В частности речь идет о выводах комплексной комиссионной экспертизы под руководством Виктора Колкутина относительно того, что подводники в 9-м отсеке были живы не более 8 часов с момента трагедии.

Клебанов ничего не ответил на мой прямой вопрос о том, подчищались ли в штабе СФ документы перед началом работы правительственной комиссии и были ли случаи пропажи каких-либо важных документов. Не ответил потому, что скрывал или не знал. Может быть, и не знал.

В акте правительственной комиссии ставились вопросы о необходимости воссоздания и оснащения ВМФ глубоководными спасательными комплексами и снятия с вооружения перекисно-водородной торпеды, а также опровергалась широко распространенная легенда о повреждении взрывом комингс-площадки 9-го отсека.

За последнее время издано немало книг о нашем Военно-морском флоте. Книг с прекрасной полиграфией, с впечатляющими фотографиями и схемами. Если бы я был министром обороны какой-нибудь Гваделупы, непременно покупал бы только российские корабли. В качестве примера приведу две книги: «Оружие России. Каталог. Том III. Корабли и вооружение ВМФ. 1996–1997, «Военный Парад» и «Оружие и технологии России. Корабли Военно-морского флота. Том VI. Издательский дом «Оружие и технологии», М., 2003. Листаешь их и поражаешься мощи и оснащенности флота.

Возьмем раздел, касающийся средств спасения экипажей ЗПЛ. Спасательное судно «Михаил Рудницкий» проекта 536 предназначено для оказания помощи аварийным подводным лодкам и выполнения водолазных работ. На его борту должен быть один водолазный колокол и телевизионное оборудование МТК-200. Спасательный колокол СК-64[24] рассчитан на максимальную глубину погружения 500 метров. Опыт использования колоколов для спасения экипажей аварийных подводных лодок имеет 60-летнюю историю. В 1939 году с помощью спасательного колокола были вызволены 33 члена экипажа подводной лодки ВМС США «Сквалус», затонувшей на глубине 74 метра у восточного побережья Северной Америки. В России колокола применялись для ремонта подводной части судов с 1904 года.

Был ли СК-64 на «Михаиле Рудницком», когда он вышел на место гибели «Курска»? Нет. Из отчета о выполнении поисково-спасательных работ следует, что на 1 августа 2000 года на Северном флоте спасательные суда с глубоководными водолазными комплексами отсутствовали. Сами «спасатели» флота замалчивают информацию о наличии и готовности своего оборудования: почему, например, «Михаил Рудницкий» был оснащен подводными аппаратами АС-32 и АС-34, но не имел простого и надежного водолазного колокола.

На встрече с родственниками погибшего экипажа Владимир Путин сказал: *«Мы считаем, что если бы сразу же военные наши не понадеялись на свои спасательные средства, на которые они, естественно, надеялись...»* (Приложение № 29)

В любом случае, для использования колокола при спасении моряков из ЗПЛ необходимы водолазы-глубоководники, которые обеспечивают стыковку СК с аварийным люком субмарины. На Северном флоте таковых не оказалось. В конце концов норвежские, а не отечественные водолазы 21 августа 2000 года открыли люк в 9-й отсек и убедились, что в живых не осталось никого. 25 октября в 17 часов 44 минуты уже наши водолазы извлекли из отсека на палубу надстройки подводной лодки тело первого подводника, а затем подняли его на поверхность.

Удивительная вещь: водолазная служба была создана в Советском Союзе грозным председателем ВЧК еще в 1923 году и называлась Экспедицией подводных работ особого назначения (ЭПРОН). Детище Феликса Дзержинского вскоре стало элитным подразделением ВМФ. Даже большевики в послереволюционный период, когда по стране гуляли голод и разруха, понимали важность такой службы.

Командованию Северного флота было не до водолазов. Лучше бы на флоте стало на одну подводную лодку меньше, а высвободившиеся сотни миллионов долларов были направлены на создание квалифицированной водолазной службы с исправными спасательными аппаратами. Кстати, вопрос о воссоздании ЭПРОНа, который занимался бы проведением спасательных работ на море, не раз ставился гражданскими и военными специалистами. В 1992 году был создан Комитет подводных работ особого назначения (КОПРОН), который просуществовал недолго и перекочевал в структуру МЧС, в соответствии с указом президента РФ № 10 от 06.01.1994[25].

Если вам скажут, что в России вообще нет глубоководных акванавтов, не верьте. Помните, они появились словно ниоткуда осенью 2000 года, когда извлекли первые тела подводников из 9-го отсека? При подъеме «Курска» в 2001 году наши водолазы вырезали в корпусе лодки несколько десятков технологических отверстий. Фамилии этих водолазов до сих пор не названы, известно только, что эти парни из 328-го экспедиционного аварийно-спасательного отряда ВМФ, дислоцирующегося под Санкт-Петербургом в городе Ломоносове.

Всем известно имя командира спусков, Героя России капитана I ранга Василия Величко, испытателя-глубоководника из 40-го НИИ аварийно-спасательного дела, водолазных и глубоководных работ Анатолия Храмова, главного водолазного специалиста ВМФ капитана I ранга Алексея Пехова. Фирма Halliburton выдала всем российским глубоководникам свои сертификаты. Это первый в истории компании случай выдачи сертификатов иностранцам, не прошедшим специального обучения.

Значит, водолазы-глубоководники у нас есть и были. Почему же их не оказалось на «Курске» в первые часы его обнаружения? Этот вопрос следователи должны были адресовать руководству ВМФ России и Северного флота, но он так и не был задан.

Я обратил внимание на осведомленность руководителей Северного флота и ВМФ о характере и масштабах повреждений на «Курске» буквально в первые часы после обнаружения корабля на дне, хотя объективно получить их было неоткуда. Так, Владимир Устинов в своей книге пишет: *«Из хроники событий 13 августа [...] 18 часов. Главком ВМФ России адмирал Владимир Куроедов говорит, что лодка серьезно повреж-*

дена, и расценивает шансы на успех спасательной операции как не очень высокие».

Откуда Главком ВМФ получил сведения о характере повреждений на лодке уже 13 августа?

Николай Черкашин в книге «Унесенные бездной. Гибель «Курска»: Хроника. Версии. Судьбы» рассказывает, что лодку снимали не со спускаемых аппаратов «Бестер» или «Мир», а с тех самых «дроновских лодок» со специальным оборудованием». Что же это за «дроновские лодки»? А «Дронов» – это фамилия или место дислокации? В справочнике географических обозначений я такого названия не нашел. Значит, фамилия. А вот что сообщает Николай Мормуль в книге «Запас плавучести»:

«Мы беседуем с человеком, который просил не называть его фамилии, потому что его, по мнению российских чиновников, не существует и никогда не существовало в природе. Это старший морской офицер, который в течение десяти лет возглавлял засекреченное специальное подразделение водолазов-спасателей аварийно-спасательной службы Северного флота для оказания помощи подводным лодкам, попавшим в беду, в составе команды погружался на глубину 120–150 метров и выводил личный состав из подводных лодок, лежащих на грунте. Причем проводил эти операции и в Баренцевом море, и даже в том самом квадрате, где произошла трагическая гибель «Курска». [...] В течение года с момента гибели «Курска» я искал этого человека, зная, что только он сможет сказать мне, был ли у моряков «Курска» хоть один шанс выжить. Но только три дня назад он позвонил в редакцию. Интервью не получилось, был некий монолог. Монолог человека, который мог бы спасти многих ребят с «Курска». Но не спас. Не по своей вине».

Я не верю, что это специальное подразделение существует как спасательное, иначе зачем его секретить. Я не верю, что если это подразделение и существует, то подчинено оно Северному флоту. В Интернете на сайте Леонида Харитонова есть сообщение: *«Кроме того, в ночь с 12 на 13 августа и утром 13 августа носовая часть «Курска» была обследована подводной лодкой Главного разведывательного управления».*

Вероятнее всего, речь идет о каком-нибудь специальном подразделении ГРУ, которое ни руководство Северного флота, ни Главком ВМФ самостоятельно задействовать не могли, иначе бы задействовали. Вероятно, они могли спасти моряков, выживших после аварии. Но почему их не использовали в первые дни спасательной операции, остается вопросом, выходящим за рамки уголовного дела и моего адвокатского расследования. Я полагаю, что всему виной синдром секретности, который существует в Вооруженных силах как разновидность психического заболевания. Причем секретность эта распространяется не только на «противника» и на граждан, но и на самих моряков. Убежден, что любой северо-

Владимир Николаевич Дронов.

АС-15 в районе спасательной операции на «Курске». Секретная подлодка случайно попала в объектив телекамеры.

морский мальчишка не только покажет на карте, где расположено «дроновское хозяйство», но и подробно расскажет, чем оно занимается.

В 2003 году в составе делегации Санкт-Петербургского клуба моряков-подводников я был на Международном конгрессе моряков-подводников в Великобритании. В делегацию входил также контр-адмирал, герой России Владимир Николаевич Дронов, который на сайте «Герои страны» значится как офицер-испытатель специальной войсковой части Министерства обороны Российской Федерации. Мы с ним общались, но вопросов, связанных с его бывшей службой, я не задавал (с 2000 года Дронов был в запасе).

В опубликованной в Интернете биографии контр-адмирала значится, что он окончил минно-торпедный факультет Высшего военно-морского училища подводного плавания имени Ленинского Комсомола, служил командиром минно-торпедных частей подводных лодок (БЧ-3), а затем занялся прикладной гидронавтикой.

Нетрудно сделать вывод о том, что Владимир Николаевич возглавлял военно-морское подразделение Главного разведывательного управления, которое выполняет разведывательно-диверсионные задачи и задачи, связанные с уничтожением средств обнаружения российских подводных лодок в случае войны. Это подтверждается также функциями подводных аппаратов, состоящих на вооружении подразделений Министерства обороны, часть которых не имеет спасательных функций.

Вероятнее всего, исследовавшие «Курск» подводные аппараты либо не могли обеспечить спасение экипажа, либо было решено не использовать их, чтобы не допустить рассекречивания или самого подводного аппарата, или этой специальной войсковой части и ее задач. Тайна обследования «Курска» 13 августа 2000 года до сих пор не раскрыта.

Фотография АС-15 была опубликована в газете «Версия»[26]. Вовсе не убежден, что эта мини-лодка заснята на месте гибели «Курска», впрочем, утечек информации об обследовании корпуса затонувшего корабля мини-лодкой достаточно.

В книгах Владимира Шигина «АПРК «Курск». Послесловие к трагедии» и «АПРК «Курск». 10 лет спустя» неоднократно говорится о работе АС-15 на месте гибели подлодки, но источники этих сведений автором не указываются.

«Глубина аварийного залегания «Курска» была совсем невелика – современная техника давно прошла 100-метровые рубежи. Еще в 1915 году водолаз, использовавший обычный резиновый скафандр с медным шлемом, опустился на глубину 65 метров. В том же году Джон Стилсон установил мировой рекорд – 83,4 метра, а через несколько дней Фрэнк Крили погрузился на 90 метров.

После Второй мировой войны в водолазном деле начали широко применяться гелиево-дыхательные смеси и глубина погружения водолазов значительно возросла. В 1961 году швейцарец Ганс Келлер погрузился на 300 метров. В 1971 году в Институте подводной медицины Пенсильванского университета четыре водолаза опустились на глубину 360 метров. Там же была проведена серия испытаний на 490-метровой глубине. В 1976 году фирма COMEX провела экспериментальное погружение на 610 метров и на этой глубине водолазы пробыли 60 часов.

Клод Риффо в книге «Будущее – океан» писал: «В октябре 1977 года COMEX и CNECO провели совместный глубоководный эксперимент «Янус IV», во время которого водолазы совершали полезную работу (устанавливали головку подводной буровой скважины) в море вблизи Марселя на глубине 457 м. Кроме того, были совершены кратковременные спуски с выходом под воду на глубину 501 м».

Рекорд погружения ныряльщика без дыхательных аппаратов, по сообщениям прессы, составил 171 метр с нахождением на этой глубине в течение трех минут.

Не стоит думать, что все достижения в покорении глубин принадлежат исключительно другим странам. В Советском Союзе проводились точно такие же эксперименты, однако, к сожалению, из-за пресловутого режима секретности имена наших героев неизвестны широкой общественности. А переводная книга о зарубежных достижениях всегда под рукой».

Эта цитата — из статьи «Почему не использовали русских водолазов» инженера-кораблестроителя Олега Тесленко (не путать с начальником УПАСР Северного флота Александром Тесленко). Олег Германович Тесленко несколько лет проработал в Центральном конструкторском бюро «Лазурит», занимался проектированием специальных подводных аппаратов. Он писал мне, что в 1988 году лично участвовал в проектировании и постройке водолазного комплекса проекта 10472, предназначенного для обслуживания морских газонефтяных скважин и выхода водолазов на глубину 300 метров.

Почти за год до трагедии в Баренцевом море была опубликована заметка Владимира Рогозы «Как Леонид Солодков стал последним Героем Советского Союза». Капитану III ранга Леониду Михайловичу Солодкову было присвоено звание Героя Советского Союза 24 декабря 1991 года. Если считать днем смерти Советского Союза 8 декабря 1991 года — день подписания Беловежских соглашений, то Солодков получил награду уже не существующего государства.

Интересно, что вручение ордена Ленина и Золотой Звезды Героя (№ 11664) — наград несуществующего государства — состоялось 16 января 1992 года не в Кремле, как обычно, а в Министерстве обороны министром этого уже не существующего ведомства, маршалом Евгением Шапошниковым. Вместо обычного в этих случаях «Служу Советскому Союзу!» Леонид Солодков просто сказал «Спасибо».

Награда военному моряку, уникальному специалисту, водолазу-глубоководнику была вручена за руководство и участие в уникальном эксперименте — имитировании работы на глубине 500 метров в течение 15 суток. Аналогов такого длительного пребывания на запредельных глубинах в мире нет.

Знал ли Главком ВМФ Куроедов, а также его предшественник адмирал флота Феликс Громов имя последнего Героя Советского Союза? Вспомнили ли его, уволенного в запас по причине невостребованности и отсутствия финансирования экспериментов, когда стуки живых подводников раздавались всего со 100-метровой глубины?

Традиции советских водолазов-глубоководников сохранили в Азербайджане, где потребность в них обусловлена необходимостью проведения водолазных работ по добыче нефти со дна Каспийского моря. Азербайджан практически сразу, в первые же дни трагедии «Курска», предложил свои услуги, но российские власти оставили эти предложения без ответа.

И еще одна мысль, возникшая после прочтения книги «Корабли Военно-морского флота». Она издана в 2003 году под общей редакцией министра обороны Российской Федерации Сергея Иванова. На одной из первых страниц президент России Владимир Путин вместе с тезкой, Главкомом ВМФ Куроедовым обходит строй военных моряков. В одной из глав сообщается, что наш флот имеет на вооружении спасательную подводную лодку проекта 940, способную опускаться под воду на 300 метров. Она предназначена для поиска и спасения экипажей аварийных субмарин. На борту размещены несколько декомпрессионных камер, два спасательных аппарата с максимальной глубиной погружения до километра. Что стало с этой лодкой, рассказывает капитан I ранга Владимир Шигин: *«В 1990 году была поставлена в ремонт спасательная подводная лодка БС-257 (проект 940. – Б.К.). Затянувшийся из-за отсутствия денег ремонт обернулся ее медленной смертью в 1996 году. Бывший Главком ВМФ Феликс Громов одним росчерком пера отправил ее на слом. Вместе с БС-257 были списаны оба подводных аппарата. Ныне остатки уникальной лодки, которая так бы пригодилась при спасательных работах на «Курске», ржавеют на берегу моря в каких-то 80 км от места разыгравшейся трагедии».*

Аналогичная судьба постигла и вторую спасательную лодку, входившую в состав Тихоокеанского флота.

«Развал флота», «отсутствие денег», «десятилетие безвременья»... Все это мы слышали. Не говорю, что все это неправда и всего этого не было. Отрицать очевидные истины глупо. Но когда при всем при этом присутствуют расхлябанность и разгильдяйство, нужно отделять мух от котлет.

Я защищал контр-адмирала Юрия Кличугина, боевого офицера, который начинал свою службу на эсминцах Балтийского флота, прослужил 42 года, в том числе 19 лет непосредственно в плавсоставе. На его счету более 12 дальних походов по Северной Атлантике, в районах Кариб-

Контр-адмирал Юрий Авенирович Кличугин – настоящий моряк, настоящий Герой России.

ского бассейна и Средиземного моря. Его последняя должность – начальник Вспомогательного флота ВМФ России. Заступив на эту должность, Юрий Авенирович тут же обнаружил, что флот России распродается, и стеной встал перед «пароходной мафией». Он не только вытащил из-под ареста в зарубежных портах несколько принадлежащих военному флоту судов, но и разрушил преступные планы адмиралов-бизнесменов, сорвал несколько сделок и поставил под угрозу прекрасно отлаженную схему.

Причем откаты от продажи судов поступали не на счет ВМФ и не в бюджет России, а в карманы высокопоставленных военных и гражданских чиновников. В 1992–2000 годах был продан 41 боевой корабль, включая 6 сторожевых кораблей, 5 эскадренных миноносцев, 9 больших противолодочных кораблей, 6 крейсеров, в том числе 3 тяжелых авианосных крейсера, 9 десантных и разведывательных кораблей, 6 плавбаз, плавмастерских и измерительных кораблей.

Такая же судьба постигла суда вспомогательного флота (танкеры, сухогрузы, буксиры). Большинство кораблей не выслужили и половины эксплуатационного срока, их продавали по цене металлолома. От продажи 110 кораблей и судов ВМФ России получил всего около 36 миллионов долларов США. ТАВКР «Минск» был продан на металлолом за 4 236 100 долларов США, а спустя десятилетие он был выставлен на аукцион по стартовой цене 16 миллионов долларов США.

Была использована также схема сдачи в тайм-чартер[27] судов иностранным компаниям и гражданам, как правило, нашим бывшим соотечественникам. По договору, ремонт судна, содержание экипажа и иные постоянные издержки возлагались на судовладельца (ВМФ России). Но поскольку у ВМФ денег не было, судно арестовывалось в каком-либо иностранном порту, чаще всего в Сингапуре, а затем продавалось с аукциона по цене 1 доллар. Покупал его, естественно, фрахтователь, говорящий на русском языке с одесским прононсом.

После того как рапорт Кличугина о разворовывании флота лег на стол тогдашнего Главкома ВМФ России, адмирала флота Феликса Громова, на Кличугина возбудили уголовное дело за продажу судна-дока «Анадырь» за 21 285 000 долларов. При этом судно было подготовлено к уводу за рубеж: оно стояло на балансе коммерческой организации, и на нем был спущен андреевский флаг, но Кличугин его выцарапал. Продать судно-док Кличугину поручил Главком ВМФ, цена была согласована, а позже одобрена тем же Феликсом Громовым и бывшим в то время министром обороны Павлом Грачевым.

Сначала военная прокуратура обвинила Кличугина в том, что он продал «Анадырь» по цене ниже балансовой (остаточной) стоимости. В суде выяснилось, что балансовая стоимость составляет чуть больше 13 миллионов долларов США, а Кличугин подписал договор купли-продажи на 21 миллион долларов. Тогда военный суд, взяв на себя функции прокуратуры, предъявил Кличугину «новое обвинение» в том, что он продал судно-док по цене ниже рыночной, причем рыночную стоимость суд определил сам — 26 миллионов. Юристы знают, что суд не вправе менять содержательную часть обвинения, а должен вернуть дело прокурору.

Первоначальная договоренность с норвежской компанией составляла 26 миллионов при условии, что российская сторона приведет судно в мореходное состояние: произведет доковый ремонт, получит разрешение морского регистра и снабдит корабль необходимыми для мореплавания приборами, механизмами и вещами (бинокли, сигнальный пистолет, радиооборудование, гирокомпасы, барометры, анемометры, дальномеры, эхолот, метеостанция, навигационный инструмент, водолазное имущество, аварийно-спасательное имущество, включая огнетушители, пеногенераторы, водоотливные средства и т.д.). Но у флота на ремонт денег не было, поэтому с покупателем была достигнута договоренность о снижении продажной цены на размер стоимости ремонта. Окончательная сумма 21 285 000 долларов поступила в полном объеме на счета ВМФ России.

Уголовное дело в отношении Кличугина уникально уже тем, что на скамье подсудимых оказался контр-адмирал, который за два десятилетия существования российского флота организовал и подписал единственную сделку о продаже судна ВМФ по его реальной стоимости, не положив в карман ни копейки (это подтвердили и прокуратура, и суд). За самую выгодную сделку в современной истории российского ВМФ Кличугин был приговорен к четырем с половиной годам лишения свободы, но сразу был освобожден по амнистии. Апофеозом этого дела стало то, что за якобы причиненный Министерству обороны вред с контр-адмирала в судебном порядке взыскали 136 066 228,30 рубля при пенсии в 9000 рублей в месяц (срок выплаты составит 1259 лет, если у Кличугина будут удерживать всю пенсию).

Подробности распродажи российского Военно-морского флота заслуживают отдельной книги[28].

Приведу некоторые характеристики спасательной подводной лодки проекта 940, шифр «Ленок», о которой я уже упоминал. Лодки, а их было две, обладали прекрасными тактико-техническими характеристиками: предельная глубина погружения – 300 метров; дальность плавания – 5000 миль (13 узлов); автономность – 45 суток; экипаж – 94 человека, из них 17 офицеров; скорость хода под водой и над водой – 11,5 и 15 узлов соответственно.

Спасательная лодка проекта 940.

На вооружении этих лодок были два спасательных снаряда проекта 1837, предназначенные для эвакуации личного состава из затонувшей подводной лодки с глубины 500 метров; водолазное снаряжение для обеспечения работы водолазов на глубинах до 300 метров при длительном пребывании на глубине; комплекс поточно-декомпрессионных камер (ПДК) и отсека длительного пребывания (ОДП), предназначенных для спуска и последовательного вывода шести пар водолазов с глубин до 200 метров по рабочим режимам декомпрессии, а также длительного (до 30 суток) пребывания в ОДП шести водолазов (акванавтов) в условиях искусственной среды при повышенном давлении (до 30 кг/см²) и проведения в случае необходимости лечебной рекомпрессии[29] водолазов и спасенных подводников; кроме того, для спасения с аварийной подводной лодки «мокрым» способом с последующей декомпрессией 50 подводников.

21 октября 1981 года в 19 часов 37 минут судно-рефрижератор, выходя из пролива Босфор-Восточный, столкнулось в Уссурийском заливе с нашей подводной лодкой «С-178». Лодка получила пробоину и затонула на глубине 31 метр. 23 октября к спасательным работам подключилась спасательная подводная лодка Тихоокеанского флота, и в 19 часов 15 минут из 1-го отсека аварийной подлодки начался выход через торпедные аппараты сразу 16 подводников.

Вторая лодка, дислоцировавшаяся на СФ, в подобных операциях не использовалась, но участвовала в подъеме судна из экспедиции Витуса Беринга, а во время глубоководных исследований нашла на дне один из погибших транспортов конвоя PQ-17.

Спасательные подводные лодки были списаны, а лодка проекта 940 с бортовым номером «С-257» выведена из состава Северного флота в 1999 году, всего за год до гибели «Курска». Заменить их оказалось нечем.

Александр Емельяненков на страницах «Российской газеты» по этому поводу писал: *«Увы, видно, теперь нахимовские заповеди у звездных командиров больше не в чести. А на флоте – особенно. Не подготовили учений – пришлось учиться заколачивать гробы».*

В результате медлительности и бессистемных решений флотского начальства АПРК «Курск» был объявлен аварийным только в 23 часа 30 минут 12 августа, а обнаружен лежащим на грунте – через 31 час после взрыва, хотя в непосредственной близости от него находилось несколько десятков кораблей.

Вывод следствия сух и беспощаден: должностные лица Северного флота и подчиненные им силы оказались неготовыми к оказанию помощи экипажу «Курска», не справились с задачами, которые возлагаются на поисково-спасательный отряд Северного флота в конкретной аварийной ситуации.

С каким опозданием командование флота объявило «Курск» аварийным? Однозначного ответа на этот вопрос нет.

В постановлении о прекращении уголовного дела следователь Артур Егиев указывает: *«В 23 часа 30 минут*

6. Чем учения лучше сбор-похода?

Статья Равиля Зарипова в «Московском комсомольце» от 07.09.2000.

АПРК «Курск» объявлен аварийным. Таким образом, вследствие незнания адмиралом Поповым В.А. и подчиненными ему должностными лицами конкретной обстановки после прохода кораблями авианосной многоцелевой группы района РБД-1 и невыполнения ими требований руководящих документов ВМФ, определяющих действия должностных лиц флота в случае отсутствия всплытия подводной лодки в установленное время в надводное положение, а также из-за принятия ошибочных решений в процессе ожидания всплытия подводного крейсера он был объявлен аварийным с опозданием на 9 часов. (Постановление о прекращении уголовного дела от 22.07.2002 г., с. 23»*

С какого момента следствие ведет отсчет времени, не совсем понятно. Точка отсчета при таком опоздании приходится на 14 часов 30 минут. По плану учений во временном коридоре с 11 часов 40 минут до 14 часов 30 минут «Курск» должен был провести торпедные стрельбы. Значит, следствие считает, что момент, когда «Курск» надо было объявлять аварийным, приходится на время окончания торпедных стрельб.

С моей точки зрения, подводный крейсер надо было объявлять аварийным в тот момент, когда гидроакустики «Петра Великого» зафиксировали и запеленговали взрыв, который руководство учений должно было классифицировать и с учетом того, что он совпал с местом вхождения «Курска» в РБД. Даже с большим (часовым) запасом можно утверждать, что опоздание составляет минимум 11 часов.

Начальник Главного штаба ВМФ адмирал Виктор Кравченко оказался пророком. Какое по счету чувство подсказало ему послать на Северный флот телеграмму о необходимости нахождения спасательных судов в районе учений, не знаю. Кравченко словно предвидел катастрофу. К сожалению…

Глава 7.
Буи-призраки

Итак, 10 августа 2000 года в 22:30, в полном соответствии с планом учений, «Курск» вышел из губы Западная Лица и к 10 утра следующего дня прибыл в район учебных боевых действий. До 13 часов 11 августа корабль маневрировал. После получения приказа произвел пуск по назначенной цели одной крылатой ракетой «Гранит». Наблюдатели зафиксировали попадание. На следующий день, 12 августа, с 11:30 до 13:30 корабль должен был произвести торпедную атаку двумя выстрелами учебных торпед по авианосной многоцелевой группе в составе тяжелого атомного ракетного крейсера «Петр Великий», больших противолодочных кораблей «Адмирал Чабаненко» и «Адмирал Харламов».

Напомню, что в одной из практических торпед калибра 650 мм в качестве окислителя используется пероксид водорода[30]. Этой торпедой «Курск» не стрелял с момента своего рождения, не стрелял даже на государственных испытаниях в 1994 году[31]. И вот как изящно обходит этот вопрос генпрокурор Устинов: *«Ранее, в 1997 году, на «Курске» проводились учебные стрельбы подобными торпедами, но то были другие варианты снаряда».*

А какие другие варианты? И какого снаряда?

Принципиальное отличие торпеды – виновницы гибели корабля и экипажа от всех других состояло в том, что опасность представляла не боевая часть, а компоненты горючего, которое приводило торпеду в движение. От личного состава БЧ-3 требовалось произвести ряд действий, связанных со спецификой перекисно-водородной торпеды, но об этом мы поговорим ниже.

Второй выстрел «Курска» по АМГ должен был быть произведен универсальной электрической торпедой УСЭТ-80, укомплектованной аккумуляторной батареей нового типа. Она тоже была практическая, то есть без боевого заряда. Применение этой торпеды совмещалось с контрольно-серийными испытаниями батарей. Именно этим объясняется присутствие на борту лодки гражданского лица, ведущего конструктора предприятия «Дагдизель» Мамеда Гаджиева, тело которого, как и тела двух моряков, найти не удалось, и военпреда Арнольда Борисова.

Нормативы Военно-морского флота запрещают совмещение боевых упражнений с испытаниями оружия. Это не чья-то прихоть. Согласитесь, что в ходе учений, где на первый план выходит Его Величество Результат, при проведении учебной атаки существуют определенные правила маневрирования, скоростного режима, глубины погружения подводной лодки, а при испытании торпедного оружия главная задача – получение достоверной информации об основных параметрах новой торпеды или ее компонентов. Поэтому при испытаниях для носителя (подводной лодки) создается специальный режим – скорость, глубина, расстояние до цели, а также режим движения цели. Поэтому на испытаниях цели задают конкретные параметры. В противном случае можно принять на вооружение и кота в мешке. То же самое касается испытаний зенитно-ракетного комплекса «Петра Великого» и автоматических систем управления «Адмирала Чабаненко».

12 августа в 06:08 на командный пункт поступило радиосообщение «Курска» о занятии установленного района действий и готовности к выполнению торпедных стрельб. Двумя часами позже был нанесен условный ракетный удар по надводным кораблям «противника» крылатыми ракетами, о чем в 08:51 доложено на командный пункт СФ.

12 августа в 11:09 командир гидроакустической группы «Петра Великого» Лавринюк обнаружил посылки гидролокатора в виде импульсов. Они были распознаны как сигналы подводной лодки, производящей замер дистанции до цели. И хотя пеленг взят не был, ясно, что импульсы исходили от «Курска». Это была последняя весточка с «Курска». В 11:28 последовал первый взрыв, а через 2 минуты 15 секунд – второй.

Выполнив упражнение практическими торпедами, «Курск» должен был безопасно разойтись с надводными кораблями, всплыть и выйти на связь с первым кратким донесением, а чуть позже – со вторым. Но «Курск» молчал. Корабли во главе с «Петром Великим» прошли через весь РБД, в 14:15 вышли из него и легли в дрейф. Торпедные атаки зафиксированы не были.

До 15:30 ракетный крейсер ждал всплытия «Курска», а потом начал вызывать его по звукоподводной связи. Ответа не было. Чего ждало командование Северного флота? Непонятно. На допросе в Главной военной прокуратуре Попов заявил, что ожидал очередного радиодонесения, которое было намечено на 18:00. Неуклюжее лукавство: в шесть вечера с «Курска» должна была прийти третья радиограмма об освобождении РБД.

В 17:20 начальник штаба СФ вице-адмирала Моцак отдал приказ спасательному судну «Михаил Рудницкий» готовиться к выходу в море. Около 19 часов Моцак приказал поднять в воздух самолет ИЛ-38 для обследования района предполагаемого нахождения «Курска».

Михаил Моцак.

В 19:30[32] командующий СФ адмирал Попов назначил руководителем поисковых работ вице-адмирала Юрия Бояркина. «Петр Великий» снова вошел в район боевых действий и, как видно из материалов уголовного дела, с 19:50 до 22:35 произвел на море несколько серий взрывов шумовыми гранатами. «Курск» не отозвался.

Только тогда, около одиннадцати часов вечера, вспомнили о докладе офицера гидроакустической службы и вызвали его к Юрию Бояркину. *«Видел вспышку размером в пятирублевую монету,* – повторил Андрей Лавринюк. *– В динамике слышал хлопок».*

Ничего нового он не сказал. Однако по прошествии многих часов его сообщение наконец восприняли всерьез. В 23:30 лодку объявили аварийной. *«Таким образом,* – говорится в постановлении о прекращении уголовного дела (с. 23), – *вследствие незнания адмиралом Поповым В. А. и подчиненными ему должностными лицами конкретной обстановки [...] и невыполнения требований руководящих документов ВМФ, а также из-за принятия ошибочных решений в процессе ожидания всплытия подводного крейсера он был объявлен аварийным с опозданием на 9 часов».*

Я же считаю, что опоздали они не на 9, а на 11 часов. Опытным руководителям учений необходимо несколько минут, чтобы адекватно оценить ситуацию и объявить субмарину аварийной.

12 августа поисковые действия «Петра Великого» фактически ограничились непрерывными перемещениями в районе гибели «Курска», что серьезно мешало гидроакустикам в поисках субмарины. Показания Бояркина о том, что маневрирование производилось способом «клеверного листа», не выдерживает никакой критики, поскольку, если судить по данным навигационного журнала, маршрут «Петра Великого» больше напоминал броуновское движение. Остальные корабли с отличными гидроакустическими службами, если верить материалам уголовного дела, в поиске подводной лодки участия не принимали.

Бездарность организации поисковой операции проиллюстрирую и на другом примере.

«Дежурные силы ПСО, – сказано в отчете о ходе спасательной операции, – *вышли на место аварии с опережением установленных командующим (приказ № 354) сроков готовности».*

И далее, после скрупулезного перечисления судов и летательных аппаратов, принимавших участие в поиске, написано: *«В настоящее время вертолеты КА-27 являются единственными авиационными средствами, способными эффективно осуществлять поиск и подъем личного состава, находящегося на воде. Однако дальность полета вертолета КА-27 составляет только 200 километров от аэродрома. Таким образом, в районе поиска «Курска» вертолет мог находиться не более 40 минут. Расширение радиуса действия вертолетов можно осуществить за счет использования в качестве аэродромной базы авианосцев. Однако недостаток финансирования на кораблях, а следовательно, и отсутствие керосина делает невозможным выполнение с них поисковых действий вертолетами. Поэтому главным средством поиска и спасения в ближней зоне были вертолеты МИ-14, радиус действий которых 350 километров».*

В районе боевых действий находились аж четыре корабля, каждый из которых способен принять и заправить десяток вертолетов КА-27, что сократило бы подлетное время до минимума. Кроме того, экипажи КА-27, в отличие от МИ-14, имеют, несомненно, больший опыт в поиске подводных лодок, а сами вертолеты оснащены более совершенным оборудованием. Впрочем, если вертолеты и принимали участие в поиске, то только на бумаге. Реальные вылеты осуществляли самолеты ИЛ-38.

Рано утром 13 августа «Петр Великий» вошел в район катастрофы «Курска». В 08:31 с борта флагмана Северного флота наблюдали светло-зеленый буй, заглубленный на 3 метра диаметром около 70 сантиметров. Чуть позже эхолот показал уменьшение глубины со 104 до 84,86 метра.

Предметы с лодки обнаружили летчики. В 16:30 в точке с координатами 69° 42′ северной широты и 37° 52′ восточной долготы заместитель командира эскадрильи майор В. Пономарев увидел на поверхности моря канат, кусок бирюзовой материи размером 1 x 1 м, пластик светлого цвета и продолговатый предмет красного цвета длиной 3–4 метра. О находке было немедленно доложено командованию «Петра Великого». При втором заходе пилот наблюдал выход на поверхность воды свежего масляного пятна круглой формы радиусом около 100 метров.

В уголовном деле по факту гибели «Курска» фигурирует несколько буев. Многие их видели, но ни один не был представлен следствию в качестве вещественного доказательства. В частности упомянутый светло-зеленый буй по каким-то причинам не подняли на борт. Если верить записям в вахтенном журнале «Петра Великого», 13 августа в 10:35 был обнаружен еще один буй. Кому он принадлежал и какого цвета был, неизвестно. В 12:40 со спасательного судна «Михаил Рудницкий» доложили начальнику штаба Северного флота Моцаку о том, что в районе боевых действий плавает бело-красный буй. Его также не выловили. Приблизительно через час с БПК «Адмирал Харламов» наблюдали буй белого цвета. Моряки определили его координаты. Но он тоже как в воду канул.

Позднее буи-призраки, не имевшие никакого отношения к «Курску», приводили в качестве основного доказательства версии о столкновении с иностранной подлодкой. Одним из первых ее озвучил тогдашний министр обороны Игорь Сергеев. Он сообщил, что в районе катастрофы российские моряки видели всплытие аварийных буев, которые на отечественных субмаринах не применяются: *«Буи видели вахтенные службы с «Петра Великого» и с тральщика. Когда же мы послали к ним вельбот, он их не нашел. Главным образом, из-за волнения на море».*

Игорь Сергеев в 2000 году занимал пост министра обороны.

В конце концов следствие установило, что в Баренцевом море буев – как муравьев. Это и потерявшиеся рыбацкие буйки, и буи, предупреждающие о мелководье, которые сорвало штормом. Иногда их даже путали с крупными медузами.

Много лет назад я возглавлял группу экологической экспертизы в Институте биологических проблем Севера. Стационар института располагался на берегу Охотского моря у устья реки Тауй. После каждого шторма мы садились на ГАЗ-66 – двухосный военный грузовик с четырьмя ведущими колесами – и проезжали несколько километров по галечному пляжу, собирая необходимые для жизни экспедиции бревна. Иногда штормом выбрасывало на берег 200-килограммовые бочки с селедкой, а однажды мы подобрали 100-килограммовую бочку с красной икрой и спасательный плот с американского военного корабля с запасом продуктов, топлива, сигнальных средств. Буи встречались каждый раз, чаще всего они были рыболовецкие.

Но главное в том, что ни один из буев в районе поиска «Курска», которые наблюдали с борта военных кораблей, так не был выловлен.

Почему же не всплыл буй с «Курска», автоматически подающий аварийные радиосигналы в радиусе до 3000 километров? Дело в том, что на подводном флоте сложилось весьма негативное отношение к аварийным буям. Частенько самопроизвольное отстреливание буя происходило в ходе экстренного погружения подлодки. Разумеется, тогда командирам доставалось – за рассекречивание местонахождения лодки и за потерю флотского имущества. Известны случаи, когда аварийные буи просто приваривали к корпусам.

На «Курске» же, несмотря на три предпоходные проверки, система сигнализации В-600-1-1 о месте затопления оказалась заблокированной. Аварийный буй должен был сработать автоматически при затоплении 3-го отсека на глубине свыше 85 метров. Однако в штатном месте пульта управления буя почему-то отсутствовал ключ пуска, что и явилось основным препятствием для срабатывания выпускного аварийно-информационного устройства. Об аварийном буе «Курска» вспоминает в своей книге и Владимир Устинов, но делает из этого факта неожиданный вывод: *«Но, как показало следствие, если бы даже ключ пуска прибора КА-01 был вставлен в штатное место и буй, сработав, всплыл и передал информацию о месте затопления АПРК, то, с учетом расчетного времени подхода из места базирования спасательных кораблей и обнаружения лодки, своевременно выполнить весь комплекс спасательных мероприятий и спасти моряков все равно не удалось бы».*

Если верить утверждению следствия, что 23 моряка в 9-м отсеке жили после катастрофы 8 часов, то спасти их действительно не успели бы. Но если исходить из того, что в живых они оставались двое суток и более, тогда сразу возникает вопрос: как можно было допустить выход «Курска» в море, если при аварийной ситуации корабль не имел возможности обозначить место своего нахождения?

Кто проводил проверку соответствующего оборудования?

16 августа 2000 года в Сочи президент России Владимир Путин заявил, что операция по спасению экипажа подводной лодки «Курск» началась сразу после аварии, и подчеркнул, что никто не ждал ни одной минуты, никакого промедления не было и спасательные работы с самого начала проводились в полном объеме.

Это ложь. Достаточно вспомнить 11-часовую задержку с объявлением подлодки аварийной.

Для справки сообщу: командующий СФ Вячеслав Попов прибыл в район поиска и возглавил силы спасения через 27 часов 15 минут[33] после гибели корабля. А Главком ВМФ Владимир Куроедов прилетел на флот спустя пять (!) суток! Конечно, и у Куроедова есть начальство – министр обороны, президент, наконец. Вероятно, он получил приказ оставаться в Главном штабе и оттуда руководить поисково-спасательной операцией.

Я неоднозначно отношусь к советским временам, но тогда такое было просто невозможно. 24 июня 1983 года на Камчатке в бухте Саранная на глубине 41 метр из-за технической ошибки экипажа затонула атомная субмарина «К-429» 2-й флотилии подводных лодок Тихоокеанского флота. Так вот, Главком Военно-морским флотом СССР, адмирал флота Советского Союза Сергей Георгиевич Горшков прилетел из Москвы на Камчатку через 10 часов после аварии и лично возглавил поисково-спасательную операцию. С подлодкой быстро установили связь, и подводники регулярно получали рекомендации о необходимых действиях на борту. Спасение 106 моряков проводилось методом свободного всплытия, для подачи недостающих индивидуальных спасательных средств использовали водолазный колокол. Операция осуществлялась с участием водолазов. Всего они совершили 1666 водолазных спусков с общим временем пребывания под водой 3806 часов.

Уверен, что уцелевшие подводники не забывают ставить свечку адмиралу в день своего второго рождения.

Глава 8.
Непотопляемый «Курск»

«**К**урск» утонул???!!! Нет, это невозможно!» Такая реакция была не только у каждого, кто строил и эксплуатировал подводный крейсер проекта 949А, но даже у тех, кто хоть раз постоял рядом с кораблем. Конечно, беспечное поведение руководства учениями отчасти объясняется чисто психологически – бесконечной верой в абсолютную надежность подводного крейсера.

13 августа «Новости» Первого канала со ссылкой на Министерство обороны безмятежно сообщили: *«В Баренцевом море закончились учения Северного флота России. В них приняли участие ВВС России и Украины».* В то время уже было известно, что «Курск» не вышел на связь и что был взрыв.

Характеристики подводного крейсера потрясают воображение[34]. Надводное водоизмещение подлодки – 14 820 тонн, подводное – 22 500[35] (для сравнения: водоизмещение крейсера «Аврора» – 6731 тонна), длина – 154,8 метра, ширина – 18 метров, осадка в крейсерском положении на миделе – 9,3 метра, высота от киля до верха ограждения рубки – 28 метров. 8-этажный дом длиной с полтора футбольных поля – это и будет «Курск».

Несмотря на внушительные габариты, крейсер развивал надводную скорость 15 узлов (28 км/час), подводную – 32 узла (59 км/час).

Чтобы пустить ко дну атомный двухкорпусной подводный крейсер проекта 949А, разделенный на 10 водонепроницаемых отсеков, нужна не одна, а несколько торпед. Запас плавучести такой лодки составляет 29%, что значительно больше любой из американских лодок[36]. Основная задача подводных лодок проекта 949 и 949А – борьба с авианесущими ударными группировками противника.

С экономической точки зрения этот проект наиболее выгодный. По состоянию на середину 1980-х годов стоимость одной лодки проекта 949А составляла 226 миллионов рублей, что по номиналу равнялось лишь 10% стоимости многоцелевого авианосца «USS Theodore Roosevelt» (2,3 миллиарда долларов без учета стоимости его авиационного крыла).

По мнению специалистов ВМФ, один атомный подводный ракетный крейсер может вывести из строя один авианосец с несколькими кораблями сопровождения.

Еще в начале 1980-х годов некоторые эксперты высказывали мнение, что этот проект устарел, главным образом по техническим аспектам, и выступали против развития крупной серии подводных крейсеров этих проектов.

Главные технические проблемы подводных лодок этой серии – проблемы целеуказания и опознавания. При подавлении противником разведывательных возможностей, включая космические, собственные средства целеуказания этих кораблей не превышали 100 км при дальности противокорабельного оружия 700 км.

По мнению тогдашнего руководства Военно-морского флота СССР, решить проблему преодоления авианосной системы ПРО-ПВО можно было традиционным способом – наращиванием количества ПЛАРК, нацеленных на каждую АУГ, с одной до двух-трех. Всего же предполагалось построить в 1982–1996 годах 18 кораблей; построено – 12, одна лодка потеряна, строительство одной законсервировано, строительство остальных отменено.

Валерий Рязанцев имеет свой взгляд на оценку уникальности проекта 949А:

«Генеральный директор ФГУП ЦКБ «МТ Рубин» с гордостью заявляет, что АПЛ 949А проекта занесена в Книгу рекордов Гиннесса как самая большая атомная подводная лодка в мире. Хотелось бы напомнить уважаемому академику, что после Второй мировой войны ведущие морские державы не оценивают боевую мощь своих кораблей линейными размерами и калибром орудий. США, имея колоссальные научно-технические и производственные мощности, не строят подводные лодки огромных размеров. Для них важны не размеры, а тактико-технические характеристики АПЛ и эффективность применяемого ею оружия. Американская атомная подводная лодка типа «Los Angeles» имеет подводное водоизмещение порядка 7000 тонн и несет 12–20 крылатых ракет «Томагавк» разных модификаций. Ее ракеты могут поразить любую цель на берегу на расстоянии до 2500 км и морскую цель – на расстоянии до 700 км. Размеры крылатой ракеты «Томагавк» существенно затрудняют ее обнаружение противоракетными системами наших кораблей и самолетов. [...]
Американский командир подводной лодки выпускает крылатую ракету в ту цель, которая предназначена для поражения. Российский командир подводной лодки пускает ракету в надежде, что система самонаведения ракеты захватит какую-нибудь цель. Наши уважаемые академики утверждают всему миру, что российские атомные подводные лодки-гиганты по уровню подводного шума не уступают американским подводным лодкам, которые в 3–4 раза меньше наших по водоизмещению. [...]
Кто-нибудь может поверить в то, что легковой автомобиль марки «Форд» при движении по дороге создает такой же шум, как грузовой автомобиль марки «Камаз»? Возможно, уровень подводного шума наших атомных подводных лодок 4-го поколения в абсолютных цифрах и не отличается от цифровых показателей подводного шума американских подводных лодок. Но это не значит, что они шумят одинаково.
Нужно знать, какой эталон шума взят за нулевую точку отсчета. В России и в США он разный, и, чтобы сравнивать наши цифровые показатели подводного шума АПЛ с цифровыми показателями шума американских АПЛ, нужно применять корректирующий коэффициент, который увеличивает наши показатели. Оттого, что наши академики говорят о ликвидации имеющегося разрыва между уровнем подводного шума наших и американских АПЛ, наши подводные лод-

ки не могут осуществлять длительного скрытного слежения за американскими АПЛ, а американцы это делают с большой результативностью. Для этого у них есть все необходимое: огромный научно-технический потенциал, конструкторско-проектная и исследовательская базы, современные технологии производства, современные взгляды и теории подводной войны, современные средства разведки и наблюдения в воздушной, надводной и подводной среде, эффективные подводные боевые системы оружия и техники, профессионально подготовленные кадры.

И самое главное – США строят атомные подводные лодки не для Книги рекордов Гиннесса, а для обеспечения национальной безопасности государства и своих союзников. Россия не ликвидировала отставания от США в области строительства малошумных атомных подводных лодок, она лишь сократила ту огромную дистанцию в области обесшумливания подводных лодок, которая существовала между СССР и США в 80-х годах XX столетия. Сегодня в России широко внедряются компьютерные программы и технологии, но это не значит, что мы ликвидировали разрыв между нашей страной и экономически развитыми государствами в области высоких технологий. […]

К сожалению, эта грозная крылатая ракета, кроме хороших боевых качеств, имеет существенные недостатки. Во-первых, малая дальность стрельбы. Для применения этих ракет подводной лодке необходимо входить в зону противолодочной обороны соединения боевых кораблей противника, где имеется высокая вероятность ее обнаружения. Во-вторых, большая следность ракет. Старт этой ракеты противник может обнаружить за несколько сот километров и предпринять необходимые меры обороны. В-третьих, чтобы ракета могла поразить морскую цель, ей необходимо целеуказание в реальном масштабе времени. Эффективных систем целеуказания в ВМФ нет. В-четвертых, система самонаведения этой ракеты подвержена радиоэлектронным помехам, что существенно затрудняет ведение прицельной стрельбы».

Чтобы рассказывать о механизме гибели корабля и уровне живучести, нужно остановиться на описании внутреннего устройства лодки. Всего в «Курске» 10 отсеков, но есть еще отсек 5-бис. 10-й отсек необитаемый. Раздел между зонами спасения проходит по реакторному отсеку.

В носовой части подводной лодки средством спасения является всплывающая камера. Камерой, которая может принять весь экипаж, подводники «К-141» воспользоваться не

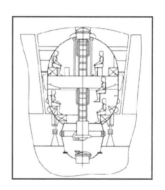

Всплывающая камера проекта 949А.

могли. Экипаж носовых отсеков «Курска» погиб в первые минуты взрыва, а моряки кормовых отсеков подводной лодки были отрезаны отсеками, которые затопило в первые минуты после взрывов.

Продольный разрез АПЛ проекта 949А

1. Антенны гидроакустического комплекса
2. Стеллажи комплекса торпедно-ракетного вооружения
3. Носовой (торпедный) отсек
4. Аккумуляторные батареи
5. Ходовой мостик
6. Второй (центральный) отсек
7. Всплывающее спасательное устройство (ВСУ)
8. Третий отсек
9. Выдвижные устройства
10. Четвертый (жилой) отсек
11. Контейнеры с пусковыми установками ПКРК «Гранит»
12. Пятый отсек (вспомогательные механизмы)
13. Шестой отсек (вспомогательные механизмы)
14. Баллоны ВВД
15. Седьмой (реакторный) отсек
16. Реакторы
17. Восьмой (турбинный) отсек
18. Носовая паротурбинная установка (ПТУ)
19. Носовой главный распредщит (ГРЩ)
20. Девятый (турбинный) отсек
21. Кормовая ПТУ
22. Кормовой ГРЩ
23. Десятый отсек (ГЭД)
24. Гребной электродвигатель (ГЭД)

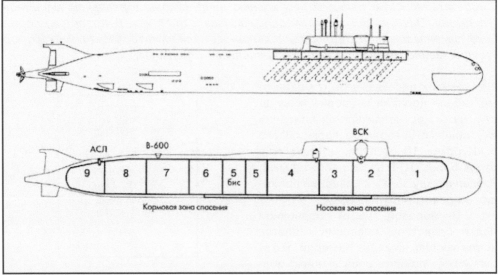

Продольный разрез АПЛ проекта 949А по отсекам и зонам спасения.

Вернемся к описанию внутреннего устройства «К-141» и списку экипажа по штатному расписанию[37].

1-й отсек

1-й отсек – носовой. Его еще называют торпедным, поскольку в нем расположены 6 торпедных аппаратов. Он трехпалубный. На стеллажах верхней палубы хранится весь боевой запас. В 6 торпедных аппаратов торпеды подаются специальным подъемным механизмом, так называемым устройством быстрого заряжания, позволяющим перезарядить торпедные аппараты за 5 минут. На нижней палубе размещены аккумуляторные батареи. Поскольку у них высокая степень возгораемости, батареи отделены от боезапаса специальными настилами.

В 1-м отсеке несли службу:

Ильдаров Абдулкадыр Мирзоевич
старший мичман, старшина команды торпедистов (БЧ-3)

Шульгин Алексей Владимирович
матрос, трюмный машинист (БЧ-5)

Зубов Алексей Викторович
мичман, техник гидроакустической группы (БЧ-7)

Нефедков Иван Николаевич
матрос, командир отделения торпедистов

Боржов Максим Николаевич
матрос, торпедист (БЧ-3)

Гаджиев Мамед Исламович
инженер завода «Дагдизель» (прикомандированный)

Борисов Арнольд Юрьевич
старший лейтенант, военпред завода «Дагдизель» (прикомандированный)

2-й отсек

2-й отсек – мозг лодки – имеет четыре палубы. Верхняя – это главный командный пункт и рабочее место командира. Там сосредоточено все управление кораблем: центральный пульт управления и другие пульты, в том числе гидроакустических систем, воздушный пульт. Здесь расположены системы микроклимата, два перископа (командирский и штурманский), а также посты вахтенных офицеров и навигационные спутниковые комплексы, позволяющие определять местонахождение лодки. На третьей палубе 2-го отсека располагаются гиропост и посты комплекса «Гранит».

В самом конце отсека находится трап, ведущий в рубку, которая возвышается над лодкой гигантским плавником. Там есть всплывающая спасательная камера с неприкосновенным запасом продуктов, воздуха, аккумуляторами и радиосвязью. При помощи ручного привода ее можно вентилировать. В случае затопления лодки весь экипаж может всплыть на поверхность.

Во 2-м отсеке несли службу:

Лячин Геннадий Петрович
капитан I ранга, командир подводной лодки (командование корабля)

Тылик Сергей Николаевич
старший лейтенант, командир электро-навигационной группы (БЧ-1)

Дудко Сергей Владимирович
капитан II ранга, старший помощник командира (командование корабля)

Бубнив Вадим Ярославович
старший лейтенант, инженер электро-навигационной группы (БЧ-1)

Шубин Александр Анатольевич
капитан II ранга, заместитель командира по воспитательной работе (командование корабля)

Силогава Андрей Борисович
капитан III ранга, командир боевой части (БЧ-2)

Сафонов Максим Анатольевич
капитан-лейтенант, командир боевой части (БЧ-1)

Шевчук Алексей Владимирович
капитан-лейтенант, командир группы управления (БЧ-2)

2-й отсек

Панарин Андрей Владимирович
старший лейтенант, инженер группы управления (БЧ-2)

Хивук Владимир Владимирович
мичман, техник (БЧ-5)

Гелетин Борис Владимирович
капитан-лейтенант, командир группы старта (БЧ-2)

Садков Александр Евгеньевич
капитан III ранга, командир боевой части (БЧ-7)

Узкий Сергей Васильевич
старший лейтенант, командир группы целеуказания (БЧ-2)

Родионов Михаил Олегович
капитан-лейтенант, командир вычислительной группы (БЧ-7)

Саблин Юрий Борисович
капитан II ранга, командир боевой части (БЧ-5)

Ерахтин Сергей Николаевич
старший лейтенант, инженер вычислительной группы (БЧ-7)

Милютин Андрей Валентинович
капитан III ранга, командир дивизиона живучести (БЧ-5)

Самоваров Яков Валерьевич
мичман, начальник секретной части

Кокурин Сергей Сергеевич
капитан-лейтенант, командир трюмной группы дивизиона живучести (БЧ-5)

Рузлев Александр Владимирович
старший мичман, главный боцман (БЧ-1)

2-й отсек

Козырев Константин Владимирович
мичман, техник электронавигационной группы (БЧ-1)

Леонов Дмитрий Анатольевич
старшина II статьи к/с, командир отделения рулевых сигнальщиков (БЧ-1)

Фесак Владимир Васильевич
старший мичман, техник электронавигационной группы (БЧ-1)

Рванин Максим Анатольевич
старший лейтенант, инженер электротехнической группы (БЧ-5)

Полянский Андрей Николаевич
мичман, техник электронавигационной группы (БЧ-1)

Дрюченко Андрей Николаевич
матрос, электрик (БЧ-5)

Кислинский Сергей Александрович
мичман, техник группы старта боевой части (БЧ-2)

Иванов-Павлов Алексей Александрович
старший лейтенант, командир боевой части (БЧ-3)

Грязных Сергей Викторович
мичман, техник вычислительной группы (БЧ-7)

Парамоненко Виктор Александрович
мичман, техник гидроакустической группы (БЧ-7)

Миртов Дмитрий Сергеевич
матрос, рулевой-сигнальщик (БЧ-1)

2-й отсек

Во 2-м отсеке находился походный штаб:

Багрянцев Владимир Тихонович
капитан I ранга, начальник штаба 7-й дивизии подводных лодок

Шепетнов Юрий Тихонович
капитан II ранга, флагманский ракетчик

Белогунь Виктор Михайлович
капитан II ранга, заместитель начальника электромеханической службы

Исаенко Василий Сергеевич
капитан II ранга, помощник начальника электромеханической службы

Байгарин Марат Ихтиярович
капитан III ранга, временно исполняющий обязанности флагманского минера

3-й отсек

3-й отсек – радиоэлектронный, включающий в себя несколько многопрофильных антенн связи, в том числе космической, радиолокационные антенны, радиоразведки и приема целеуказаний из космоса или от самолетного пункта наблюдения.

В 3-м отсеке несли службу:

Репников Дмитрий Алексеевич
капитан-лейтенант, помощник командира (командование корабля)

Логинов Сергей Николаевич
капитан-лейтенант, командир гидроакустической группы (БЧ-7)

Рудаков Андрей Анатольевич
капитан III ранга, командир боевой части (БЧ-4)

Коровяков Андрей Владимирович
старший лейтенант, инженер гидроакустической группы (БЧ-7)

Фитерер Сергей Геннадьевич
капитан-лейтенант, командир группы автоматики корабельных систем (БЧ-4)

Коробков Алексей Владимирович
старший лейтенант, инженер гидроакустической группы (БЧ-7)

Носиковский Олег Иосифович
капитан-лейтенант, командир группы засекреченной связи (БЧ-4)

Гудков Александр Валентинович
старший лейтенант, командир группы радиоразведки (БЧ-7)

Солорев Виталий Михайлович
капитан-лейтенант, командир группы автоматики дивизиона живучести (БЧ-5)

Безсокирный Вячеслав Алексеевич
капитан III ранга, начальник химической службы (химслужба)

3-й отсек

Ерасов Игорь Владимирович
старший мичман, специалист связи/шифровальщик (секретная часть)

Белов Михаил Александрович
мичман, техник гидроакустической группы (БЧ-7)

Свечкарев Владимир Владимирович
старший мичман, техник группы засекреченной связи (БЧ-4)

Таволжанский Павел Викторович
мичман, техник гидроакустической группы (БЧ-7)

Калинин Сергей Алексеевич
старший мичман, техник группы засекреченной связи (БЧ-4)

Власов Сергей Борисович
старший мичман, техник (БЧ-7)

Федоричев Игорь Владимирович
старший мичман, техник боевой части (БЧ-7)

Рычков Сергей Анатольевич
мичман, техник (химслужба)

Вишняков Максим Игоревич
мичман, техник группы целеуказаний (БЧ-2)

Анненков Юрий Анатольевич
старшина 2-й статьи к/с, боевой части (БЧ-2)

Чернышов Сергей Серафимович
мичман, техник группы космической связи (БЧ-4)

Котков Дмитрий Анатольевич
матрос, механик (БЧ-2)

3-й отсек

Павлов Николай Владимирович
матрос, механик (БЧ-2)

Тряничев Руслан Вячеславович
матрос, трюмный машинист (БЧ-5)

4-й отсек

4-й отсек – жилой. В нем, кроме спальных кубриков, размещены кают-компания, спортзал, сауна, душевые, комната эмоциональной разгрузки с оранжереей и аквариумами с рыбками. В 4-м отсеке находятся также системы управления пожаротушения.

В 4-м отсеке несли службу:

Кириченко Денис Станиславович
старший лейтенант, инженер дивизиона живучести (БЧ-5)

Кичкирук Василий Васильевич
старший мичман, старшина команды снабжения (служба снабжения)

Станкевич Алексей Борисович
капитан медицинской службы, начальник медицинской службы (медслужба)

Беляев Анатолий Николаевич
старший мичман, старший кок-инструктор (служба снабжения)

Романюк Виталий Федорович
мичман, фельдшер (медслужба)

Янсапов Салават Валерьевич
главный корабельный старшина к/с, кок-инструктор (служба снабжения)

4-й отсек

Витченко Сергей Александрович
матрос, кок (служба снабжения)

Халепо Александр Валерьевич
матрос, турбинист (БЧ-5)

Евдокимов Олег Владимирович
матрос, кок (служба снабжения)

Коломийцев Алексей Юрьевич
матрос, турбинист (БЧ-5)

Старосельцев Дмитрий Вячеславович
матрос, трюмный (БЧ-5)

Логинов Игорь Васильевич
матрос, турбинист (БЧ-5)

5-й отсек

В 5-м отсеке расположены дизель-генератор для выработки электроэнергии и вспомогательные механизмы: компрессоры высокого давления, запас дизельного топлива и масла, щит берегового питания и электролизная установка для регенерации воздуха.

В 5-м отсеке несли службу:

Мурачев Дмитрий Борисович
капитан III ранга, командир группы дивизиона движения (БЧ-5)

Пшеничников Денис Станиславович
капитан-лейтенант, командир группы дистанционного управления (БЧ-5)

5-й отсек

Любушкин Сергей Николаевич
капитан-лейтенант, командир группы дистанционного управления (БЧ-5)

Троян Олег Васильевич
мичман, техник (химическая служба)

Щавинский Илья Вячеславович
капитан III ранга, командир электротехнического дивизиона (БЧ-5)

Неустроев Александр Валентинович
старшина 1-й статьи, электрик (БЧ-5)

Васильев Андрей Евгеньевич
капитан-лейтенант, командир группы автоматики дивизиона движения (БЧ-5)

Ларионов Алексей Александрович
матрос, трюмный (БЧ-5)

Белозеров Николай Анатольевич
капитан III ранга, командир электротехнической группы (БЧ-5)

Шаблатов Владимир Геннадьевич
мичман, техник-электрик (БЧ-5)

Цымбал Иван Иванович
мичман, техник-электрик (БЧ-5)

Отсек 5-бис

В отсеке 5-бис производится дезактивация личного состава, работающего в реакторном отсеке. За ним следует отсек с двумя ядерными установками. Практически это центр лодки. Над реактором проходят два коридора, соединяющие концы лодки. Общий объём отсека – 641 м³.

В отсеке 5-бис несли службу:

Кузнецов Виталий Евгеньевич
старший лейтенант, инженер электротехнической группы (БЧ-5)

Горбунов Евгений Юрьевич
старший мичман, техник-дизелист (БЧ-5)

Хафизов Наиль Хасанович
старший мичман, старший инструктор (химическая служба)

Байбарин Валерий Анатольевич
мичман, старший команды трюмных дивизиона живучести (БЧ-5)

6-й отсек

6-й отсек – реакторный.

В 6-м отсеке несли службу:

Аряпов Рашид Рамисович
капитан-лейтенант, командир дивизиона движения (БЧ-5)

Баланов Алексей Геннадьевич
мичман, старший команды трюмных дивизиона движения (БЧ-5)

6-й отсек

Митяев Алексей Владимирович
старший лейтенант, инженер группы автоматики дивизиона движения (БЧ-5)

Коркин Алексей Алексеевич
матрос, спецтрюмный (БЧ-5)

Майкагашев Вячеслав Виссарионович
главный старшина к/с, спецтрюмный (БЧ-5)

После аварии моряки перешли в 9-й отсек.

7-й отсек

7-й отсек – турбинный. В нем расположены пульт аварийного управления главной энергетической установкой, главный распределительный щит, электростанция, а также агрегаты, обеспечивающие ход подводной лодки. Объем отсека – 1116 м³.

В 7-м отсеке несли службу:

Колесников Дмитрий Романович
капитан-лейтенант, командир трюмной группы дивизиона движения (БЧ-5)

Садовой Владимир Сергеевич
старшина 2-й статьи к/с, командир отделения турбинистов (БЧ-5)

Ишмуратов Фанис Маликович
мичман, техник трюмной группы дивизиона движения (БЧ-5)

Кубиков Роман Владимирович
матрос, турбинист (БЧ-5)

7-й отсек

Некрасов Алексей Николаевич
матрос, турбинист (БЧ-5)

Аникеев Роман Владимирович
старшина 2-й статьи к/с, турбинист (БЧ-5)

Зубайдуллин Рашид Рашидович
главный старшина к/с, электрик (БЧ-5)

Козадеров Владимир Алексеевич
старший мичман, техник-турбинист (БЧ-5)

Налетов Илья Евгеньевич
матрос, турбинист (БЧ-5)

После аварии моряки перешли в 9-й отсек.

8-й отсек

8-й отсек идентичен 7-му, в нем расположены турбины, приводящие в движение винты подводной лодки, турбогенератор для обеспечения корабля электроэнергией, водоопреснительные установки, электростанция. Объем отсека – 1072 м³.

В 8-м отсеке несли службу:

Садиленко Сергей Владимирович
капитан-лейтенант, инженер группы дистанционного управления (БЧ-5)

Кузнецов Виктор Викторович
мичман, старший помощник турбиниста (БЧ-5)

8-й отсек

Гесслер Роберт Александрович
главный старшина к/с, командир отделения турбинистов (БЧ-5)

Сидюхин Виктор Юрьевич
матрос, турбинист (БЧ-5)

Борисов Андрей Михайлович
старший мичман, техник группы автоматики дивизиона движения (БЧ-5)

Борисов Юрий Александрович
матрос, турбинист (БЧ-5)

Мартынов Роман Вячеславович
матрос, турбинист (БЧ-5)

После аварии моряки перешли в 9-й отсек.

9-й отсек

9-й отсек очень маленький, его объём – всего 542 м³. Здесь расположены насосы, гидравлика рулевой системы, компрессор воздуха высокого давления, станции управления электродвигателями. В кормовой части – боевой пост резервного управления рулями. Есть небольшой токарный станок, душевая кабина, 6-суточный запас продуктов, аварийный люк с тубусом, предназначенный для индивидуального свободного всплытия. Он же является отсеком-убежищем. Поэтому в 9-м отсеке находятся 6 надувных плотов на 20 человек каждый, 120 противогазов и спасательных комплектов для индивидуального всплытия, в том числе утепленные гидрокостюмы.

В 9-м отсеке несли службу:

Бражкин Александр Владимирович
старший лейтенант, инженер группы дистанционного управления (БЧ-5)

Иванов Василий Эльмарович
мичман, старший команды электриков (БЧ-5)

9-й отсек

Бочков Михаил Александрович
мичман, техник трюмной группы дивизиона живучести (БЧ-5)

По штатному расписанию в 6–9-м кормовых отсеках должны находиться 24 моряка. В 9-м отсеке не обнаружено тел мичмана Алексея Баланова (6-й отсек), старшего лейтенанта Алексея Митяева (6-й отсек) и мичмана Василия Иванова (9-й отсек). Из 9-го отсека подняты тела двух моряков, которые по штатному расписанию занимали места в других отсеках: старшины II статьи Дмитрия Леонова (2-й отсек) и старшины I статьи Александра Неустроева (5-й отсек).

Остается добавить, что все отсеки отделены друг от друга межотсечными переборками, рассчитанными на давление в 10 атмосфер[38], и сообщаются люками, которые при необходимости герметизируются.

При конструировании крейсера особое внимание уделяется живучести, поэтому все основные механизмы в нем продублированы: два реактора, две турбины, два винта. Был случай, когда у подлодки «Смоленск» такого же типа, что и «Курск», в Саргассовом море вышел из строя один из двигателей – лодка благополучно дошла до базы на одной линии вала. Аналогичная ситуация приключилась с «Омском» на Тихоокеанском флоте. Субмарина тоже вернулась домой без аварийного всплытия.

Об одной из задач, выполненных «Курском», в 1999 году узнал весь мир. Во время бомбежек Югославии он внезапно появился с полным боевым вооружением в Средиземном море, где дислоцировалась американская авианосная ударная группировка. Идею направить «Курск» в Средиземное море для слежения за авианосцами первым, как он сам утверждал, выдвинул командующий Северным флотом Вячеслав Попов.

В нашей прессе средиземноморский поход «Курска» был представлен как подвиг моряков. Самым трудным, как писали СМИ, было незамеченным пройти через Гибралтар, поскольку этот пролив находится в зоне повышенного внимания натовцев. Командир «Курска» Геннадий Лячин попытался скрытно проскользнуть, пристроившись к каравану из 69 кораблей. Его хоть и засекли, но нашим морякам удалось быстро раствориться в глубинах Средиземного моря. «Курск» оказался на редкость бесшумным, чего американское командование не ожидало. Для обнаружения русской подлодки было выставлено 1200 гидроакустических буев, но ни один из них не смог точно определить место субмарины. Среди натовцев началась паника.

Как рассказывает в книге «АПРК «Курск» Владимир Шигин, лениво плавающие американские эскадры с появлением нашей субмарины начали разбегаться. Можно себе представить психологическое состояние военных, когда самый современный убийца авианосцев недружелюбно дышит им в затылок. «Курск» объявили «главным врагом» США и назначили внушительную денежную премию за его обнаружение. На поиск русской подлодки американцы одного только топлива истратили на 1,5 миллиона долларов, а в целом, по оценке Шигина, эта операция обошлась США в 20 миллионов.

С Владимиром Шигиным не согласен вице-адмирал Валерий Рязанцев, который в 1999–2000 годах являлся заместителем начальника Главного штаба ВМФ России по боевой подготовке. Как рассказал Валерий Рязанцев, по плану подготовки к походу в Средиземное море экипаж АПЛ «К-141» «Курск» с середины января 1999 года должен был начать обучение в Учебном центре ВМФ города Обнинска. Атомная подводная лодка на период обучения первого экипажа передавалась в эксплуатацию второму экипажу. При этом командование Северного флота решило сократить учебную подготовку экипажа в учебном центре, несмотря на запрет Главкома ВМФ сокращать сроки обучения подводников в учебных центрах.

В заключительном акте проверки командование учебного центра ВМФ отметило, что экипаж «К-141» в полном объеме не прошел обучение по вопросам боевого применения торпедного оружия и по ряду других вопросов. На эту запись в штабе Северного флота никто не обратил внимания. По плану подготовки экипажа к дальнему походу первый экипаж фактически не провел испытания корпуса подводной лодки и ее систем погружением на рабочую глубину, хотя по отчетным документам подводная лодка глубоководные испытания выполнила.

Второй пункт плана подготовки, который экипаж «Курска» не выполнил, касался боевых упражнений.

Перволинейные экипажи подводных лодок должны ежегодно выполнять стрельбы практическим (учебным) торпедным оружием. Такие же требования были установлены и в отношении тех экипажей, которые готовились к дальним походам. Первый экипаж «К-141» «Курск» не выполнял практических торпедных стрельб ни в 1998 году, ни в 1999-м, ни в процессе подготовки к походу в Средиземное море. Чтобы скрыть факт неготовности АПЛ «К-141» «Курск» к походу, командование Северного флота в докладе в Главный штаб ВМФ сообщило ложную информацию, будто экипаж и подводная лодка полностью готовы к походу, и получили разрешение Москвы на его выполнение. Недостатков в подготовке экипажа и корабля к походу Главный штаб ВМФ не заметил.

Послушаем вице-адмирала Валерия Рязанцева:

«АПЛ «Курск» вышла в море и в течение почти трех месяцев в Средиземном море и в Атлантическом океане выполняла задачи поиска и слежения за авианосными ударными группировками потенциального противника. О результатах похода мне известно из СМИ. Командование Северного флота назвало этот поход

«уникальным и героическим» и представило командира подводной лодки к званию Героя России, а членов экипажа – к высоким государственным наградам. Какой героизм проявили подводники во время похода, в средствах массовой информации не сообщалось. Совсем недавно подобные походы в Средиземное море с такими же задачами, какие были поставлены экипажу «Курска», совершали сотни атомных и дизельных подводных лодок, и ничего героического в этом не было. Подводники выполняли свои повседневные обязанности и учебно-боевые задачи. Но командование Северного флота отличное выполнение поставленных задач в море экипажем «К-141» посчитало подвигом. На Северном флоте руководители уже давно признавали любой выход кораблей и подводных лодок в море героическим поступком. […]

«Трубадуры» Главного штаба ВМФ, военные писатели Н. А. Черкашин и В. В. Шигин написали об этом походе такую чушь, что читать их лживое сочинительство просто невыносимо. «Новейшая российская подводная лодка, «убийца авианосцев», вызвала в рядах 6-го флота США настоящую панику. Наверное, нечто подобное бывает, когда в центре овечьей отары внезапно появляется матерый волк. А потому с появлением «Курска» среди лениво плавающих американских армад все стали разбегаться», – так пишет о действиях подводной лодки в Средиземном море капитан 1 ранга В. В. Шигин. Какой-то бред незадачливого пропагандиста 70-х годов XX столетия. Назвать Средиземноморский флот США, который постоянно ведет боевые действия на Ближнем Востоке и в Персидском заливе, «лениво плавающими армадами» может только человек по меньшей мере несведущий».

Командующий Северным флотом адмирал Попов этот поход «Курска» называл не иначе как «прорывом через Гибралтар». Но Гибралтарский пролив, согласно международно-правовым соглашениям о свободе мореплавания, рассматривается как часть открытого моря[39]. Он всегда свободен для плавания судов и боевых кораблей всех наций.

По утверждению Владимира Шигина и Николая Черкашина, американская АУГ зафиксировала вход «Курска» в Средиземное море и там его потеряла, подводный крейсер снова был обнаружен при выходе через Гибралтарский пролив в Атлантику. Вероятнее всего, «Курск» засекли стационарные английские системы обнаружения подводных лодок, установленные на военной базе в Гибралтаре. Не секрет, что военно-морская разведка США осуществляет слежение за каждой атомной подлодкой. Эта система сложилась еще в 1960-х годах. Слежение осуществляется целым комплексом технических средств, включая спутниковое наблюдение и перекрытие средствами обнаружения подводных лодок целых районов Мирового океана.

Мой старый приятель, к сожалению, уже покойный, Николай Александрович Шашков, который, командуя атомной ракетной подводной лодкой «К-172» (бортовой номер 310), в 1968 году вывел зараженный ртутью корабль из восточной части Средиземного моря, рассказывал мне, что тогдашнее руководство ВМФ СССР категорически отказывалось признавать факты длительного слежения за нашими подводными лодками, закрывало глаза на техническую отсталость нашего флота, хотя американские моряки не раз давали понять, что подводные лодки обнаружены путем демонстрации атак. Но для командира, чья лодка была обнаружена, это было чревато крупными неприятностями, поэтому даже при очевидном обнаружении этот факт тщательно скрывался.

Маловероятно, что пребывание «Курска» в Средиземном море в какой-то мере способствовало прекращению бомбежек Балкан. По возвращении подводного крейсера домой командир Геннадий Лячин был представлен к званию Героя России, однако получил его уже посмертно. Кроме

Командир АПЛ «Курск» Геннадий Лячин.

него за этот поход к государственным наградам были представлены 72 члена экипажа.

По итогам года АПРК «Курск» признали лучшим кораблем Северного флота. Геннадия Лячина вместе с Главкомом ВМФ Владимиром Куроедовым принял лично Владимир Путин. В июле 2000 года «Курск» последний раз участвовал в военно-морском параде в честь дня ВМФ. Валерий Рязанцев пишет:

«Флотоводцы эпохи Горшкова» считали учение о войне на море как иностранных, так и своих теоретиков военно-морского искусства буржуазным учением. Они критиковали научные труды П. Госта, А. Мехэна, Ф. Коломба, С. О. Макарова, Н. Л. Кладо, А. В. Немитца, Б. Б. Жерве по вопросам развития военно-морских сил и морской стратегии, не видели ничего поучительного для советского ВМФ в тех морских операциях, которые проводили ВМС США, Великобритании, Германии, Японии во Второй мировой войне. Настольной книгой о войне на море для «мирных флотоводцев» стало произведение их непосредственного начальника С. Г. Горшкова «Морская мощь государства», где излагался один-единственный взгляд на проблему современной войны на море – советский океанский ракетно-ядерный флот по боевой мощи способен противостоять флотам США и НАТО на всех морях и океанах и может проводить стратегические наступательные и оборонительные операции на океанских театрах военных действий.
Нельзя ошибаться и лгать в любом деле, но сознательно врать в военном деле – значит, сознательно подвергать опасности уничтожения миллионы своих со-

граждан. «Неправильное знание хуже, чем незнание», – говорил немецкий педагог А. Дистервег. Советские начальники ВМФ сознательно врали о том, что наш флот способен решать любые задачи в океане, что наши боевые корабли по боевым возможностям не уступают американским кораблям, что наши военные моряки – лучшие в мире профессионалы морского дела, что три сотни атомных и дизельных подводных лодок вместе с морской ракетоносной авиацией способны разгромить любого морского врага. Сегодня ученики «мирных флотоводцев» эпохи С. Г. Горшкова сознательно вводят в заблуждение общественность страны, говоря о том, что тяжелый атомный крейсер «Петр Великий» – это корабль XXI века, что еще не построенная атомная подводная лодка «Юрий Долгорукий» является лучшей в мире, что наши атомные подводные лодки огромного водоизмещения по уровню шумности не отличаются от современных американских атомных подводных лодок. На самом деле советский Военно-морской флот после окончания холодной войны в одночасье развалился и перестал существовать.

Оказалось, что самые новые и современные боевые надводные корабли и атомные подводные лодки СССР имеют низкие боевые характеристики, вооружены неэффективным оружием, дороги в повседневном обеспечении и обслуживании. Оказалось, что ВМФ СССР не имел сил и средств боевого обеспечения, что в его составе имелась масса разношерстных проектов боевых кораблей, а возможности предприятий судостроительного комплекса страны не обеспечивали потребности флота в ремонтах этих кораблей. Оказалось, что флоту СССР не нужны были подскальные сооружения для укрытия кораблей, на которые израсходованы огромные денежные и материальные средства, не нужны были атомные корабли разведки и наблюдения за космическими объектами, не нужна ракетная система «Тайфун». И вообще, был сделан вывод о том, что советский океанский ракетно-ядерный флот не был сбалансирован по боевому составу, по целям и задачам. Такой вывод сделали те же «флотоводцы», которые этот флот строили».

Традиция врать, преувеличивать собственную боеготовность и техническую оснащенность, преуменьшать возможности противника из советского прошлого перекочевала практически без изменений в российское настоящее.

Вот еще одно описание достижений российского ВМФ в изложении Рязанцева:

«Апофеоз лжи и обмана на Северном флоте пришелся на 1996 год, когда военачальники рапортовали «о блистательном походе» в Средиземное море отряда боевых кораблей в составе ТАРКР «Адмирал Кузнецов», эсминца «Бесстрашный», сторожевого корабля «Пылкий» и девяти судов обеспечения. Поход посвящался 300-летию российского флота.

Я уже рассказывал, в каком бедственном положении в то время находились все флоты нашей страны. Руководство ВМФ для подготовки этого похода направило практически все бюджетные деньги, выделявшиеся на содержание кораблей ВМФ, на Северный флот. Запасы корабельного топлива, которое предназначалось для всех кораблей флотов, были отправлены на Северный флот. Такие действия «флотоводцев» Главного штаба ВМФ поставили Тихоокеанский, Балтийский и Черноморский флоты на грань полной утраты боеготовности. «Адмирала Кузнецова» с первым заместителем Главнокомандующего ВМФ на борту в первые недели похода из-за различных поломок материальной части чуть было не пришлось буксировать обратно в базу. Кое-как восстановив часть вышедшей из строя боевой техники, корабль дошел до Средиземного моря. И полетели с борта крейсера по всем флотам служебные телеграммы: «Флот России вернулся в Средиземное море», «Впервые в небе Адриатики российские палубные истребители», «6-й флот США шокирован появлением российских кораблей в водах Средиземного моря». Несколько месяцев два первых заместителя Главнокомандующего ВМФ, сменяя друг друга, руководили этим «героическим» походом, выступали в роли свадебных адмиралов на различных многочисленных заграничных приемах, банкетах и раутах. Другие задачи не требовали присутствия на борту крейсера столь высокопоставленных начальников.

Возвратившись с похода, истратив огромные материальные и денежные средства, тяжелый авианесущий крейсер стал на долгие годы в дорогостоящий ремонт. «Флотоводцы» Главного штаба ВМФ отрапортовали президенту и правительству России о том, что флаг ВМФ вернулся в Средиземное море. О том, что демонстрация флага в Средиземном море обошлась российскому государству в копеечку, а для ВМФ – в годовую стоянку всех боевых кораблей флотов у пирса, «флотоводцы» предпочли промолчать. Они промолчали и о том, что этот поход «сожрал» всю валютную выручку за проданные на металлолом корабли. Ведь изначально эти деньги предназначались на постройку жилых домов офицерам и мичманам флотов.

«Средиземноморский круиз» еще больше усугубил плачевное состояние флота. На это никто не обращал внимания, нужны были яркие праздничные мероприятия, и их «флотоводцы» проводили, не считаясь ни с какими затратами».

Описание вице-адмирала Рязанцева, кажется, не имеет прямого отношения к гибели «Курска», который вошел в состав ВМФ России в январе 1995 года[40]. Но оно яркими красками рисует обстановку, которая царила в годы командования нашим Военно-морским флотом адмиралами Феликсом Громовым и Владимиром Куроедовым.

В это же время активно шел «распил» кораблей и судов и велись подковерные адмиральские игры. В это же время мне пришлось защищать бывшего командующего Тихоокеанским флотом и начальника Главного штаба ВМФ адмирала Игоря Хмельнова, командующего Северным флотом адмирала Олега Ерофеева, представлять интересы потерпевших по делу о гибели подводной лодки «К-159», по которому был осужден адмирал Геннадий Сучков.

Адмиралы Хмельнов, Ерофеев и Сучков в разное время реально претендовали на должность Главкома ВМФ, а эти «посадки», инспирированные тогдашними руководителями ВМФ России при деятельном участии Главной военной прокуратуры, лишили флот профессиональных флотоводцев. И хотя никто из адмиралов реальных сроков не получил, а дело Олега Ерофеева вообще не дошло до суда, в результате подковерных адмиральских игр во главе военно-морского ведомства длительное время находились некомпетентные и вороватые адмиралы.

Обстановка, царящая в стране и на флоте, дух безответственности, бесхозяйственности, воровство, страх за свои адмиральские задницы, обильно посыпанные пеплом секретности для сокрытия бардака и казнокрадства, и явились, наверное, главной причиной гибели «К-141» и экипажа.

Глава 9.
Что прячет в своей книге генеральный прокурор

Устинов скрывает немало. Но есть неправда как заблуждение, есть неправда во благо, а есть умышленное сокрытие истины, иначе – просто ложь.

Вернемся к поисковой операции. 13 августа в 15:41 с «Михаила Рудницкого» было доложено, что аппарат АС-34 готов к спуску под воду. Причем еще до его погружения руководители поиска на 99% были уверены, что на дне лежит именно «Курск». В 18:15, согласно отчету о поисках, АС-34 обнаружил засветку на экране эхолокатора и через 17 минут после этого произвел аварийное всплытие. Аппарат ударился о стабилизатор подводной лодки – об плавник, вертикально возвышающийся над кормовой частью субмарины. При этом командир визуально наблюдал ее винты.

Таким образом, местонахождение АПРК «Курск» на грунте было подтверждено через 31 час после взрыва.

> Точка с координатами 69 градусов 36 минут 59,6 секунды северной широты и 37 градусов 34 минуты 28,7 секунды восточной долготы навсегда останется местом безутешной скорби и покоя.

А были ли в это время живы члены экипажа «Курска», сумевшие перебраться после взрыва в 9-й отсек?

Генеральный прокурор Владимир Устинов во всеуслышание сообщил, что нет. 23 моряка якобы жили не более 8 часов. Первое подобное заявление он сделал по РТР 27 октября 2001 года, когда подлодка была поднята со дна Баренцева моря. Его комментарий непосредственно с поврежденной субмарины сопровождал подготовленный Генеральной прокуратурой видеоматериал, впервые позволивший телезрителям воочию убедиться в ужасающих масштабах разрушений на «Курске».

Владимир Устинов предстал перед телезрителями на фоне аварийной подлодки.

«У моряков не было ни малейшего шанса спастись. В этом аду уцелеть что бы то ни было не могло. [...] Оставшийся в живых экипаж, который перебрался в 9-й отсек, жил всего 6–7 часов. [...] Я категорически не согласен с мнением, что была возможность спасти моряков. Смерть моряков, тела которых мы сейчас достаем, наступила от удушья. Мы имеем подтверждение тому, что лодка была полностью залита водой за шесть, семь, ну самое большое эксперты дают нам до восьми часов. Спасательная экспедиция по всем нормативным нормам, к сожалению, была уже беспомощна что-либо сделать».

27 июля 2002 года, в преддверии Дня Военно-морского флота, Генпрокурор России Владимир Устинов на пресс-конференции, которая началась с минуты молчания в память о 118 погибших моряках-подводниках, сказал:

«Я только что был с более чем 100-страничным докладом у президента Российской Федерации Владимира Владимировича Путина. Подробно рассказал ему о ходе расследования и причинах гибели атомохода. Он все внимательно изучил. Теперь вот встречаюсь с вами. [...] Согласно выводам экспертов, все находившиеся в 9-м отсеке 23 человека погибли не позднее чем через 8 часов после взрывов. К моменту обнаружения затонувшего крейсера спасти кого-либо из них было уже невозможно».

Открываем книгу Устинова «Правда о «Курске».

«Согласно заключению экспертов, не позднее чем через 8 часов после взрывов, то есть еще до объявления крейсера аварийным, все находившиеся в 9-м отсеке подводники погибли от отравления угарным газом».

«Погибли наши моряки-подводники, и, конечно, страна сделала бы все, чтобы их спасти. Однако, по мнению квалифицированных экспертов, через 8 часов после трагедии искать живых было уже поздно, к сожалению».

«Должен сказать, что проведено было более 200 экспертиз, по самым разным техническим и хронологическим моментам. В результате было подтверждено: увы, уже через 8 часов никого из подводников, собравшихся в 9-м отсеке «Курска», уже не было в живых».

К слову сказать, у меня нет претензий к экспертизам, о которых упоминает Устинов, но о том, что 23 моряка жили не более 8 часов, существует лишь одна экспертиза, проведенная с участием и под руководством главного судебно-медицинского эксперта Министерства обороны полковника Виктора Колкутина[41].

И далее у Устинова: *«Личный состав 6-го, 7-го, 8-го и 9-го отсеков после второго взрыва перешел в 9-й отсек, где через 8 часов погиб в результате отравления угарным газом».*

Дальше эти пресловутые 8 часов фактически превратились в аксиому. Эта цифра кочевала из одного официального документа в другой, и никто не ставил ее под сомнение. А зря. В те трагические августовские дни те же адмиралы и прокуроры думали и говорили иначе.

Средства массовой информации сообщали, что с «Курском» у отряда спасательных кораблей налажен акустический контакт. 14 августа в 18:25 РИА «Новости» и Интерфакс одновременно распространили заявление командования Северного флота: *«Опасности для жизни членов экипажа атомной подводной лодки «Курск», потерпевшей аварию в Баренцевом море, нет. С лодкой восстановлена связь, [...] осуществляется подача топлива, кислорода и продув систем подводного крейсера».*

Утром 15 августа информационные агентства и телеканалы цитировали представителя Главного штаба ВМФ Игоря Дыгало: *«Командование Северного флота принимает все меры по спасению АПЛ «Курск». [...] На лодке предположительно находятся до 130 человек. Экипаж жив, с подводниками поддерживается акустический контакт».*

В 15:30 того же дня министр обороны России Игорь Сергеев заявляет: *«В Баренцевом море началась операция по эвакуации экипажа подводной лодки «Курск».*

16 августа в 16:42 Интерфакс приводит слова главкома Куроедова: *«Экипаж АПЛ «Курск» жив и борется за живучесть корабля. Моряки знают, что помощь идет, и это удесятеряет их силы. [...] Кислорода на борту корабля должно хватить до 25 августа».*

17 августа пресс-служба ВМФ дает отпор западным инсинуациям вокруг «Курска». В 01:43 РИА «Новости» распространяет официальное опровержение: *«Сообщение, основанное на данных Пентагона о том, что с подлодки «Курск» после момента аварии не подавалось никаких условных сигналов, — полная дезинформация».*

Сам Устинов, видимо по оплошности, приводит в книге сообщение службы Би-би-си из Лондона от 17 августа 2000 года, которое цитирует И. Клебанова: *«Клебанов сказал, что команда «Курска» уже давно не подает акустических сигналов. Сколько отсеков залито водой, неизвестно. Система регенерации воздуха не работает, и количество оставшихся в живых моряков зависит от того, сколько кислорода осталось в лодке».*

Уже давно экипаж не подает сигналов, утверждает Клебанов 17 августа, значит, такие сигналы экипаж «Курска» все же подавал. Почему же Устинов, не считая уже упомянутого прокола, ни разу, ни на одной из 314 страниц книги, больше не сказал про стуки? Почему ни разу не упомянул о позиции части родственников, чьи интересы я представляю? Не хочет «делать рекламу адвокату Кузнецову»? Но мне не претит опуститься до уровня Генерального прокурора Российской Федерации, если этого требует истина, если этого требуют интересы тех людей, которые мне доверили защищать свои права и интересы, среди которых — и конституционное право знать правду.

Конечно, большую часть экипажа спасти было невозможно — она погибла непосредственно от двух взрывов, произошедших с интервалом 135 секунд. Но 23 моряка они обязаны были вызволить из холодной западни. Жили они больше двух суток.

Чтобы это понять, я проанализировал записи трех журналов «Петра Великого»: вахтенного, навигационного и гидроакустического. Анализ записей позволяет последовательно описать характер стуков в месте гибели «Курска», их пеленги, местонахождение «Петра Великого» и его перемещения во времени и в пространстве[42].

Ночью 13 августа в 02:22 гидроакустик крейсера «Петр Великий», который вел поиск «Курска», следуя по пеленгу, проложенному на зафиксированный взрыв, услышал серию однородных стуков. Флагман Северного флота находился в координатах

69 градусов 38,3 минуты северной широты и 37 градусов 33 минуты восточной долготы. Звуки доносились по пеленгу 174 градуса и имели странный характер. О них было немедленно доложено на мостик. Дежурный офицер приказал классифицировать стуки и в случае повторения записать на магнитофон. Через три минуты стуки повторились. После посылки кодового сигнала опознавания выяснилось, что звуки имеют металлический тон. Штатное записывающее устройство на флагмане Северного флота оказалось сломанным, но, к счастью, у офицера акустической службы был собственный магнитофон. На него он и стал писать. Правда, не сразу, и не все.

Я привожу полную выписку стуков из гидроакустического журнала:

13 августа 2000 года
02:22, пеленг 281,0. Появление серий однородных стуков;[43]
02:57, пеленг 174,0. Серии стуков;
03:00, пеленг 174,4. Серии стуков в ответ на посылку кодового сигнала опознания;
03:02, пеленг 157,4. Серии стуков;
03:05, пеленг 157,7. Серии стуков;
03:07 пеленг 156,3. Серии стуков;
03:10, пеленг 225,0. Серии стуков в ответ на посылку кодового сигнала опознания;
03:11, пеленг 227,7. Серии стуков, появился периодический шум;
03:14, пеленг 240,0. Серии стуков;
03:17, пеленг 240,0. Серии стуков;
03:20, пеленг 273,0. Прослушиваются стуки;
03:21 пеленг 297,0. Серии стуков;
03:23, пеленг 247,0. Серии стуков. Осуществляем маневрирование для выявления места шумов по пеленгам;
03:46, пеленг 108,0. Серии стуков;
03:47, пеленг 117,0. Серии стуков;
03:48, пеленг 115,0. Постоянные стуки на протяжении 30 секунд;
03:52, пеленг 117,0. Серии стуков;
04:03, пеленг 117,0. Прослушиваются стуки;
05:05, пеленг 237,0. Прослушиваются стуки;
05:08, пеленг 230,0. Прослушиваются стуки;
05:27, пеленг 80,0. Серии стуков;
08:17, пеленг 276,0. Через шум прослушиваются стуки;
09:39, пеленг 140,0. Прослушиваются стуки (1 продолжительный, 7 коротких);
10:17, пеленг 185,0. Наблюдалась серия стуков из 11 ударов;
15:49, пеленг 239,0. Прослушиваются одиночные стуки;
15:53, пеленг 279,8. Прослушиваются тройные стуки;
22:25, пеленг 4,5. Прослушиваются стуки SOS;
22:26, пеленг 4,5. Прослушиваются стуки SOS;
22:27, пеленг 4,5. Прослушиваются стуки SOS;

22:30, пеленг 4,5. Прослушиваются стуки SOS, работа ЗПС;
22:31, пеленг 4,5. Прослушиваются стуки SOS, работа ЗПС;
22:33, пеленг 4,5. Прослушиваются стуки SOS, вызовы в телефонии;
22:34, пеленг 4,5. Прослушиваются стуки SOS;
22:36, пеленг 3,6. Прослушиваются стуки SOS, работа ЗПС;
22:39, пеленг 4,6. Прослушиваются стуки SOS;
22:41, пеленг 4,5. Работа ЗПС, опознавание, прослушиваются стуки SOS;
22:45, пеленг 4,5. Прослушиваются стуки SOS, работа ЗПС;
22:46, пеленг 4,5. Работа ЗПС, прослушиваются стуки SOS;
22:48, пеленг 4,5. Работа ЗПС, опознавание, прослушиваются стуки SOS;
22:52, пеленг 4,5. Начали запись на кассету магнитофона;

14 августа 2000 года
00:16, пеленг 1,5. Прослушиваются стуки SOS;
00:26, пеленг 5,3. Прослушиваются стуки, произошло опознавание от «Рудницкого»
00:28, пеленг 5,1. Прослушиваются стуки;
00:35, пеленг 4,5. Прослушиваются стуки SOS;
01:43, пеленг 277,0. Ряд тройных ударов;
01.44, пеленг 277,0. Серия стуков;
02:05, пеленг 4,5. Наблюдаю стуки SOS, работа ЗПС;
02:08, пеленг 4,5. Наблюдаю стуки SOS, работа ЗПС, прошу ответить поотсечно: 9, 8, 7, 6, 5, 4, 3, 2, 1 к вам пришла помощь;
02:14, пеленг 4,5. Наблюдаю стуки SOS;
03:19, пеленг 306,0. Ряд тройных ударов (медленные тройные стуки непрерывно)
03:21, пеленг 4,5. Прослушиваются стуки SOS;
03:28, пеленг 315,0. Ряд тройных ударов;
03:44, пеленг 38,0. Непрекращающиеся тройные удары;
04:49, пеленг 280,1. Ряд тройных ударов;
05:03, пеленг 4,5. Ряд тройных ударов;
05:22, пеленг 4,5. Ряд тройных ударов;
05:35, пеленг 4,5. Прослушиваются стуки;
05:56, пеленг 13,8. Стуки;
06:07, пеленг 7,0. Прослушиваются стуки;
11:00, пеленг 338,0. Дробь (прослушиваются одинокие стуки);
11:02, пеленг 335,0. Стуки;
11:08, пеленг 306,0. Стуки прекратились. Звук, похожий на хлюпанье, прекратился.

Попов в уже упомянутой книге Шигина утверждает, что *«корабли он расставил так, чтобы было по два пеленга на источник звука»*. Как говорил Станиславский: «Не верю!» Никакой специальной расстановки кораблей для определения источников стуков не было. Это видно из вахтенного, навигационного и акустического журналов «Петра Великого». Да и сам Попов прибыл в район, где была обнаружена ЗПЛ, в 14 часов 45 минут 13 августа, когда корабли и суда, участвовавшие в поиске и проведении спасательной операции, включая СС «Михаил Рудницкий», уже находились в этом районе. Никакой специальной расстановки кораблей и судов в районе гибели «Курска» не было по простой причине: ни у кого – от командующего флотом до любого матроса-новобранца – не было сомнений, что стуки шли из корпуса затонувшей подводной лодки.

Убежден, что моряки стучали и 12 августа. Но услышать их смогли только тогда, когда вплотную подошли к месту катастрофы «Курска». В 15:43 пришел доклад со спасательного судна «Михаил Рудницкий»: *«Обнаружил по пеленгу 199»*. С 15:53 до 15:57 на «Петре Великом», «Михаиле Рудницком» и «Адмирале Харламове» постоянно слышали подводные удары и стуки.

Эти звуки слышали не только гидроакустики. Из свидетельских показаний командира штурманской части крейсера «Петр Великий» капитана III ранга Е. Голоденко следует, что примерно в 1 час 20 минут 13 августа, находясь на ходовом мостике, он слышал стуки, которые представляли собой серию из 6–7 ударов на каждый запрос кодовой связи. Присутствовавший на мостике флагманский специалист радиотехнической службы пояснил, что отвечает в автоматическом режиме станция на борту подводной лодки. Кроме того, через динамики ходового мостика он также слышал стуки, которые можно было принять за сигнал SOS.

Командир инженерной группы БЧ-2 «Петра Великого» Вячеслав Самарцев показал на допросе, что около часа ночи 13 августа он, находясь на ходовом посту, лично слышал с прибора ГАС, который после посылки импульса с корабля работал в режиме ШП, серию стуков металлическими предметами по металлу из-под воды.

А вот свидетельство гидроакустика матроса Олега Зырянова:

«Очередной раз на вахту заступил в 8 часов утра 13 августа 2000 года, при этом сам слышал стуки после заступления. Они представляли собой серию тройных ударов, которые повторялись через некоторое время. […] Однако через данные стуки иногда прослушивались и стуки другого рода. Они были более глухими, металлического тона. При этом они, согласно азбуке Морзе, звучали как три точки и три тире или наоборот. Все данные по поводу стуков заносились в вахтенный журнал […]».

Как я писал раньше, в журналах кораблей и судов последние стуки были зафиксированы в 11 часов 08 минут 14 августа. Это же подтверждает в своих показаниях гидроакустик «Петра Великого» Лавринюк. Другие свидетели говорят о стуках, которые были слышны до вечера этого же дня.

Командир радиотехнического дивизиона «Петра Великого» капитан-лейтенант Олег Острянин показал на допросе: *«[…] они [стуки] представляли собой серию строенных звуков. […] Вполне возможно было их принять за сигнал бедствия SOS. При этом моментами, когда стуки прекращались, с ходового мостика шла команда гидро-*

акустику дать активную посылку, после чего данные стуки возобновлялись. 14 августа 2000 года на протяжении всего дня были слышны звуки в виде серий тройных стуков. Сам я их слышал, насколько мне известно, согласно сигналам перестукивания, они означали: «Покинуть отсек». К вечеру стуки перешли на одиночные, а затем совсем прекратились» (т. 44, л.д. 125).

То есть, по утверждению офицеров, моряки в 9-м отсеке стучали, а значит, жили, дышали больше двух суток.

Когда слухи об адвокатском расследовании просочились в печать, ко мне начали обращаться десятки неравнодушных людей с предложениями помочь. Одним из них был Олег Тесленко. Он собрал свидетельства моряков, которые служили на «Петре Великом» и участвовали в поиске «Курска». Рассказывает мичман «Петра Великого» Федор Н.:

«Курск» мы начали искать на следующий день после последних стрельб. Числа не помню. Когда находишься в море, все дни сливаются. До места трагедии, после того как объявили о поиске подлодки, мы добирались часа четыре (это произошло в 3 часа ночи 13 августа. – **Б.К.**). «Курск» обнаружил «Петр Великий». Это я знаю точно. Сначала гидроакустики услышали посторонние звуки в море. Сообщили командованию. После этого поступил приказ всему рядовому составу выйти на палубу в дозор. Дали бинокли. Высматривали буи. Прошли весь квадрат, где могла находиться подлодка, но буи не обнаружили.

Тогда командование приняло решение передавать звуки, которые принимали гидроакустики, по корабельной трансляции, чтобы все на корабле их слышали. Это сделали, чтобы ребята сосредоточились и отнеслись к дозору более серьезно. Нам, конечно, не сказали, что на «Курске» был взрыв. Просто сообщили, что подлодка не вышла вовремя на связь и мы ее ищем. В какой-то момент звук стуков стал стихать. Тогда «Петр Великий» развернулся и лег на обратный курс. Стуки снова стали слышны. Гидроакустики определили, откуда поступают сигналы.

Что касается характера звуков, они были очень глухими, у меня даже были сомнения, что стучат по железу. И похожи на набат. Я считал их. Каждый раз со дна доносилось по девять ударов с постоянными интервалами. Может, это были какие-то специальные аварийные сигналы подводников, я не знаю».

Связист старшина 2-й статьи Андрей Б.:

«[...] с вахты меня сменили в полночь. Но поспать удалось всего три часа. В 3 часа ночи всю команду корабля подняли по боевой тревоге. Личный состав выстроился на левом и правом шкафутах. Кто-то из командования – то ли капитан I ранга Касатонов, то ли его заместитель капитан II ранга Зелинский (спросонья точно не помню) – сообщил: «Потеряна связь с подводной лодкой. Задача: все ищем красный аварийный буй»[44]. В это время в тех широтах стоит полярный день, поэтому в 3 часа ночи достаточно светло. Весь личный состав рассредоточился вдоль бортов, и все утро и день мы только тем и занимались, что высматривали в море буй. […]

«Курск» обнаружили в тот же день. По стукам под водой. При помощи специального прибора – гидрофона. Стуки эти слышались явственно. Мы поняли, что это была азбука Морзе: три коротких удара – точки, потом три более продолжительных – тире и снова три точки. Пауза – и все по новой. Все без исключения на корабле знали, что это SOS – сигнал бедствия, который подавали моряки с затопленной подлодки. Место аварии мы обозначили специальными буями. «Петр Великий» все время, пока проходили работы по спасению, находился в районе затопления «Курска». Стуки были слышны три дня. На четвертый они стали беспорядочными. Было ощущение, что там внизу кто-то колотит из последних сил. Потом стуки пропали совсем».

Матрос Сергей Н.:

«На учениях «Петр Великий» […] 12 августа находился за островом Рыбачий. В 12 часов дня подлодка «Курск» должна была произвести условную атаку крейсера и всплыть. Но этого не произошло. Следующее контрольное время всплытия было 16 часов. Но снова не всплыла. […] Акустики крейсера уловили упорядоченные стуки SOS. На следующий день весь свободный от вахты экипаж «Петра Великого» вывели на шкафут и приказали высматривать в воде аварийно-спасательный буй. […] Рядовой состав «Петра Великого» в течение 13, 14, 15 августа ночевал на боевых постах, так как места в кубрике отводились под спасенных с подлодки. Некоторое время все были убеждены, что подводников спасут.

По прибытии на берег на борт «Петра Великого» поднялись сотрудники ФСБ и конфисковали все фотопленки и аудиозаписи, имевшиеся у экипажа. […] По возвращении офицерский состав собрали отдельно и провели инструктаж о неразглашении. После чего офицеры собрали матросов и настоятельно рекомендовали с журналистами не общаться. Однако никаких подписок с нас не брали, и документально это нигде не фиксировалось»[45].

Я не склонен полностью и безоговорочно принимать свидетельства такого рода. Один из главных принципов юридической практики – все подвергать сомнению. Есть такое расхожее выражение: врут, как очевидцы. Спустя годы после неудачной спасательной операции прокуроры и военные доказывают всем, что никаких стуков со дна вовсе не было. Но ведь их слышал по корабельной трансляции весь экипаж огромного крейсера «Петр Великий», а это – 600 свидетелей!

А вот показания главного свидетеля – вице-адмирала Юрия Бояркина, который руководил поиском:

«При выходе на пеленг внезапно, после очередной кодовой посылки, услышал в ответ ряд (8) стуков. После их классификации и уточнения места лодки путем маневра кораблем предположил, что сработала аварийная автоматическая акустическая станция. После этого ПВ начал маневрирование для определения места объекта способом «кленовый лист». Таким образом, было установлено примерное местонахождение АПЛ. Каждый раз на нашу посылку со дна были слышны стуки. Кроме того, через выносной прибор П-1 гидроакустического комплекса я сам лично слышал четкие сигналы SOS, скрежет металла, шипение воздуха».

А что же по этому поводу говорят следователи?

В постановлении о прекращении уголовного дела представители ГВП утверждают, что *«многократно упоминаемые в показаниях по делу шумы и стуки, ранее классифицированные экспертами как сигналы бедствия, издавались не из АПРК «Курск», а из подводной части надводного корабля, находившегося вне пределов гибели подводного крейсера».*

Я как-то спросил у Егиева:

— Ну, хорошо! Вы утверждаете, что стучали не подводники. Если не они, то кто?

Егиев мне тогда ответил, что это не вопрос следствия, главное, что стучали не члены экипажа подводной лодки.

Как говорил известный герой, «кто бы ему дал безобразия учинять?» Но даже если предположить, что таковой нашелся, то почему хулиган не установлен и не допрошен? Может быть, поэтому отставные североморцы высказали еще одну фантастическую версию о происхождении стуков: дескать, это могли быть проделки норвежского разведывательного судна «Marjata». Для чего это нужно норвежцам, вразумительного ответа, правда, никто из них не дал.

Олег Тесленко считает, что подобные высказывания псевдоэкспертов оглупляют российских военных гидроакустиков. Определить направление на звук и вычислить его источник они могут на раз-два-три. Во всем мире эта технология отработана до автоматизма еще несколько десятилетий назад. В 1968 году в Атлантическом океане затонула американская атомная подлодка «Scorpion». Несколько месяцев ее безуспешно искали кораблями и самолетами, пока не догадались взять из архива и проверить записи подводных гидрофонов системы SOSUS. На магнитной пленке был зафиксирован звук, похожий на взрыв обычной электрической лампочки.

После сопоставления данных гидрофонов и разности времени полученных буями сигналов был установлен примерный район гибели лодки, в 400–450 милях к юго-западу от Азорских островов. Если американцы еще в 1968 году с помощью гидрофонов смогли найти свою ЗПЛ, так неужели российские акустики в 2000 году не способны были определить, от кого и откуда доносились звуки?

Норвежское судно «Marjata».

А находящееся в доброй сотне миль от места катастрофы «Курска» судно «Marjata», было, конечно, ни при чем.

И еще.

Как утверждают свидетели, 13–14 августа с моряками «Курска» была установлена связь, но она носила кодированный характер. Люди, находившиеся в 9-м отсеке, не понимали кодовые сигналы, хотя после каждого запроса отвечали ударами, похожими на сигнал SOS.

У моряков существует так называемая открытая звукоподводная связь, позволяющая разговаривать открытым текстом. Для этого в подводной части «Петра Великого» размещена специальная аппаратура. Надо было спросить у моряков, что случилось с «Курском», сколько их осталось в живых, каково их состояние. Однако сообщения им посылались закодированными сигналами. Эта связь – секретная, она кодируется автоматически, и ее невозможно понять на слух. Офицеры и матросы из 9-го отсека оставались в неведении. Правда, они догадывались, что их ищут, и в ответ стучали морзянку. В отсеках вывешены таблицы сигналов на случай аварийной ситуации, но они предназначены для связи между отсеками, а не с внешним миром. Эти шпаргалки так и называются – «таблицы перестукивания».

Привожу очень важное соображение адмирала Олега Ерофеева:

«В заключении правительственной комиссии ни слова не говорится о причинах, по которым не удалось установить хотя бы одностороннюю связь с находящимися в 9-м отсеке подводниками. До этого такой опыт наш флот имел при оказании помощи экипажу затонувшей в 1983 году ПЛАРК «К-429», но, к сожалению, в данном случае не использовался. Была только одна попытка установить гидроакустическую связь с попавшими в беду моряками. При этом руководители этого процесса, видимо, наивно полагали, что чем ближе к лодке излучающий гидрофон станции, тем должна быть надежнее связь. К сожалению, в гидроакустике этот процесс имеет более сложную структуру, и зачастую, напротив, для надежной связи требуется удалить излучающий гидрофон от ЗПЛ, расположив его на траверзных курсовых углах лодки и со стороны минимальной помехи в районе спасательной операции на расстоянии 1–1,5 каб.

Вызывает удивление и тот факт, что за все время этой операции, в периоды получения сигналов с лодки и попыток связаться с ней, в районе при наличии большого количества кораблей и судов ни разу не был объявлен сигнал «Тишина». Это впоследствии дало повод недобросовестным экспертам и следователям сделать вывод о том, что эти сигналы передавались с неизвестного корабля. Я уже не говорю о том, что не было организовано пеленгование этих сигналов с различных кораблей, которое позволило бы немедленно иметь суждение об источнике сигналов и его местонахождении. Даже при проведении спасательных работ на наземных объектах, особенно после землетрясений, разрушения зданий, такие меры являются обязательными, и это в условиях хорошей визуальной видимости в районе работ. В случае же с «Курском» пренебрежение ими при поиске в подводной среде объяснению не поддается».

В материалах уголовного дела нет никаких сведений о тактике использования звукоподводной связи, но с учетом, например, тактики пеленгации стуков могу предположить с большой долей вероятности, что руководители поисково-спасательной операции этой тактикой не владели.

На спасательном судне «Михаил Рудницкий» была аппаратура «Оредеж» для связи с затонувшей подводной лодкой. По непонятным причинам спасатели только раз попытались использовать ее для связи с подлодкой, и то неудачно. Может, из-за невыгодного расположения гидрофона относительно корпуса субмарины, а возможно, из-за плохих гидрологических условий.

Судя по вахтенным, навигационным и акустическим журналам, в ходе этого сеанса «режим тишины» не объявлялся. Напротив, спасательные аппараты беспрерывно переговаривались с командным пунктом, что создавало дополнительные помехи гидроакустической системе. Другие попытки наладить связь, вызвать лодку с другой дистанции или направления не предпринимались.

Назревает резонный вопрос: почему с подлодкой не была установлена открытая звукоподводная связь? Как позднее объяснили военные, служебными инструкциями это категорически запрещено — могут подслушать иностранные разведывательные суда.

Впрочем, даже это не совсем правда. Те же нормативы в крайних случаях допускают использование открытого текста. Получается, что мнимая «тайна», о которой 14 августа узнал весь мир, дороже жизней моряков? Чудовищно.

На одной из встреч с семьями погибших адмирал Вячеслав Попов поклялся, что обязательно заглянет в глаза тому, кто, по его мнению, является действительным виновником катастрофы. Даже если для этого потребуется целая жизнь. Все это красивые слова. Не более.

Глава 10. SOS

Версия о стуках «из подводной части надводных кораблей» родилась летом 2002 года в момент прекращения уголовного дела. В постановлении (с. 117) она звучит так: *«[...] следствие пришло к выводу, что указанные шумы (стуки), классифицированные экспертами как сигналы бедствия, издавались не из АПРК «Курск», а из подводной части надводного корабля, находившегося вне пределов района гибели подводного крейсера».*

В этой главе мне предстоит доказать, что:

- стучали подводники «Курска», которые были живы минимум до 11 часов 14 августа;
- по стукам подводников «К-141» надводные корабли могли быстро обнаружить лежащую на дне подлодку;

ответить на вопрос:

- зачем следствию понадобилось утверждать, что стучали не подводники, а неизвестно кто и неизвестно зачем;

а также рассказать:

- как фальсифицировалась экспертиза по установлению источников стуков;
- как руководители поисковой операции присвоили подвиг 23 подводников во главе с Дмитрием Колесниковым по обнаружению в короткие сроки погибшего корабля.

Есть одно важнейшее обстоятельство, которое не приняли во внимание ни Главная военная прокуратура, ни суды, ни писатель В. Устинов.

В латинском языке есть понятие *nuda veritas* – нагая истина, голая правда. Голая правда о поисках «Курска» состоит в том, что, начав поисковую операцию в 23:30, «Петр Великий» шел по пеленгу взрыва, который был зафиксирован гидроакустиками в 11:28 12 августа.

Почти через три часа, в 02:22, гидроакустик Андрей Лавринюк зафиксировал металлические стуки, которые раздавались из глубины. В 02:29 гидроакустический комплекс «Петра Великого» начал посылать импульсы кодовой связи. В 03:00 после посылки кодового сигнала опознания прослушивались стуки металлического тона, в 03:10 после посылки кодовых сигналов гидроакустическим комплексом «Полином» вновь прослушивались стуки. На тот момент никаких кораблей и судов в районе поиска, кроме «Петра Великого», не было, и источником стуков, исходивших из глубины, могли быть только оставшиеся в живых подводники.

В журнале была сделана запись: *«Маневрирование переменными курсами и ходами для определения источника стуков»*. Впоследствии на допросе Бояркин назовет его «движением способом «клеверного листа». Мне представляется, что переменное маневрирование «Петра Великого» по курсу и скорости в непосредственной близости от нахождения «Курска» давало большой разброс пеленгов на стуки. Даже незначительная ошибка счисления пути корабля могла дать большую погрешность при пеленговании. Крейсер маневрировал на расстоянии 15–20 кабельтов от затонувшей лодки.

Еще бóльшей глупостью кажутся мне попытки запеленговать стуки при циркуляции «Петра Великого». Для непосвященного читателя поясню: невозможно точно определить направление в градусах на небесное светило, если ты непрерывно двигаешься по кругу. Следовало, как я считаю, отойти на 20–30 кабельтов, лечь на курс, равный пеленгу на стуки, и пройти по нему, затем то же самое проделать с перпендикулярным курсом. Мне кажется, можно было организовать пеленгование стуков двумя кораблями, оснащенными современными гидроакустическими комплексами «Полином», предварительно расставив их и привязав друг к другу радиолокацией.

Этого, к сожалению, сделано не было. В процессе поиска отсутствовало взаимодействие не только между кораблями и силами поиска, но и между боевыми частями ТАРКР «Петр Великий». Когда гидроакустики пеленговали стуки, штурманы не определяли место своего корабля, а командир или вахтенный офицер не задерживали циркуляцию. В момент стуков продолжались переговоры по звукоподводной связи и «режим тишины» не объявлялся.

Как показывает размещение кораблей и судов на карте, «Курск», «Петр Великий» и «Михаил Рудницкий» находились практически на одной линии, в створе, как говорят моряки.

Конечно, такое расположение не способствовало точности установления места стуков, а наоборот, создавало дополнительные помехи.

Говоря о привлечении к расследованию заинтересованных лиц, я имел в виду не только включение в правительственную комиссию Клебанова Главкома ВМФ Куроедова, но и, в качестве эксперта, – заместителя главного штурмана ВМФ России капитана I ранга Сергея Козлова, который определял местонахождение источников стуков. Проводя экспертизу, он не мог не увидеть ошибок и просчетов своих подчиненных, тем не менее он согласился быть экспертом, что не могло не сказаться на его объективности. Вообще же об этой экспертизе разговор еще впереди.

Но вернемся к утру 13 августа. В 10:17 вновь была зафиксирована по пеленгу серия из одиннадцати ударов. Крейсер следовал курсом по направлению стуков, и в 10:34 эхолот показал две аномалии, отстоящие друг от друга на несколько сот метров. Процитирую Валерия Рязанцева: *«В качестве доказательства своей бредовой версии «профессионалы подводного дела» превратили косяк трески в «неопознанный подводный объект», лежащий рядом с затонувшей АПЛ «Курск», а морскую медузу – в «полупритопленный аварийно-сигнальный буй» английской подводной лодки».*

Если первая аномалия, обнаруженная моряками «Петра Великого», была зафиксирована в навигационном и гидроакустическом журналах, то записей о второй там нет. О не обозначенной на карте аномалии по возвращении на базу штурман корабля должен доложить в гидрографическую службу флота, но и такого доклада не последовало. Запись об обнаружении двух аномалий есть только в вахтенном журнале флагмана Северного флота. Эта запись выглядит следующим образом:

«10 часов 34 минуты. Выявлены две аномалии глубины с центрами координат

O = **6903,8** N, O = **37033,3,03** E, вторая
O = 69038,8 N, O = 37039,01 E. Отличие»

Что означают в записях выделенные мною жирным шрифтом минуты и секунды, я не понимаю. Мне казалось, что минуты и секунды обозначаются двумя цифрами, например, O = **69003,08** N, O = **37033,03** E. Может быть, это чисто техническая ошибка при перепечатке, потому что в остальных случаях запись координат пишется так, как в учебниках по навигации. Впрочем, я допускаю, что запись появилась позднее. Основания так считать у меня есть – поддельными оказались многие документы.

Поговорим о времени обнаружения «Курска». Что считать моментом его обнаружения? По этому вопросу в материалах дела царит полный диссонанс. Я представляю это так: гидроакустики корабля, например, надводного, фиксируют шумы, классифицируют их как шум винтов подводной лодки, берут пеленг – и это означает, что подводная лодка обнаружена. Все последующие действия: определение дистанции, координат, скорости хода – не что иное, как уточнение параметров по обнаруженному объекту.

Адмирал Попов на допросе назвал время обнаружения затонувшего корабля: *«Около 2 часов 30 минут 13 августа 2000 года. Как пояснил свидетель, акустики «Петра Великого» услышали под водой стуки, скрежет и шумы стравливания воздуха. Позже в этой точке эхолот обнаружил лежащий на грунте объект. С приходом в район спасательного судна «Михаил Рудницкий» по работе гидроакустической станции подводного крейсера объект был опознан как АПРК «Курск», а в 18:30 подводный спасательный аппарат уже распознал его визуально».* (Постановление о прекращении уголовного дела от 22.07.2002, с. 113).

Во времени, когда была обнаружена аномалия, много неразберихи. В постановлении о прекращении дела (с. 114) отмечается, что в 00:30 13 августа «Петру Великому» была поставлена новая задача – поиск «Курска», а вскоре была обнаружена аномалия.

Генпрокурор Устинов в книге указывает разное время установления места гибели «Курска». Первый раз: *«Воскресенье, 13 августа 3:21. Эхолот крейсера «Петр Великий» обнаружил на морском дне «аномалию», которой, как стало ясно впоследствии, оказался лежащий на дне «Курск». Второй раз: «13 августа 2000 года в 9 часов [...] на глубине около 108 метров обнаружен лежащий на грунте крейсер».*

Я больше верю вахтенному журналу. Согласно записи в нем, аномалия зафиксирована эхолотом в 10:34 13 августа 2000 года.

Зачем адмиралы максимально сокращают время уточнения места гибели «Курска» эхолотом? Это понятно. Надо показать выдающееся достижение командования флота по поиску затонувшего корабля в сроки, значительно превышающие нормативы. А зачем это нужно Устинову? Ведь в его руках были материалы уголовного дела. На самом деле и 11 часов, которые потребовались для обнаружения места гибели «Курска», – время небольшое.

Подведем итог.

Скорость, с которой был обнаружен «Курск» и которой так гордятся адмиралы, на самом деле обусловлена пеленгацией акустиками «Петра Великого» взрыва, произошедшего на «Курске» в 11:28 12 августа, о котором руководители учений вспомнили спустя 12 часов после гибели корабля и обнаруженных ими же стуков из глубин моря.

Не вызывает никакого сомнения тот факт, что стучали подводники из 9-го отсека, совершая свой последний подвиг и помогая обнаружить место гибели корабля. Их досрочно «похоронили» Колкутин, потом – Савенков с Егиевым, затем – военные суды, а следом – и генеральный прокурор в своей книге.

То, что сделали гидроакустик «Петра Великого» Андрей Лавринюк и другие гидроакустики крейсера, а также обреченные на гибель моряки, в заслугу себе приписало бывшее руководство Северного флота. Я не удивлюсь, если кое-кто из руководителей СФ обиделся, не получив государственную награду за быстрое обнаружение ЗПЛ.

Теперь о важном.

Генпрокурор Владимир Устинов пишет в книге: *«Из хроники событий.* *10:00 утра* (13 августа. – **Б.К.**)*. Первый спасательный корабль прибыл на место происшествия и начал попытки спасения подводной лодки».*

Заглянем в вахтенный журнал ТАРКР «Петр Великий» за 13 августа: *«11:11 – С пеленга 255° подошли СС «Михаил Рудницкий» и СБ-523. Начали наведение судов на выставленную веху. 11:40 – СС «Михаил Рудницкий» встало на якорь. Подошли БПК «Адмирал Чабаненко», «Адмирал Харламов».*

Что это означает? А то, что, по свидетельству самого генерального прокурора и записям в вахтенном журнале, кораблей и судов в районе гибели «Курска» не было, а следовательно, не было и не могло быть неустановленных лиц, которые стучали из подводной части надводных кораблей. Таким образом, сам генеральный прокурор делает версию следствия о стуках с какого-либо другого корабля, кроме «Курска», несостоятельной.

Но не могли же следователи Главной военной прокуратуры с потолка взять такую смехотворную версию о происхождении стуков – стуков, производимых неизвестными лицами из подводной части неизвестных кораблей! Она основана на выводах одного из разделов акустико-фонографической экспертизы, проводившейся в июне 2002 года заместителем главного штурмана ВМФ России капитаном I ранга Сергеем Козловым почти два года спустя после катастрофы.

Теперь объясню, почему акустико-фонографическую экспертизу решили сделать только через два года. Дело в том, что в 2000 году подобные исследования провели специалисты нескольких войсковых частей, но тогда происхождение стуков однозначно определено не было. Например, согласно экспресс-анализу специалистов войсковой части 56020-1 Северного флота от 2 сентября 2000 года, выявить *«сигналы перестукивания, несущие аварийные информационные сообщения»*, им не удалось. А специалисты войсковой части 69267 пришли к выводу, что *«сравнение амплитудно-временных и частотных характеристик ударов, полученных в ходе эксперимента в районе «Курска», позволяют заключить о единой природе их возникновения, обусловленной человеческой деятельностью»*.

Северный флот проводил исследования и собственными силами. В письме от 4 января 2001 года вице-адмирал Михаил Моцак сообщил следователю Главной военной прокуратуры Артуру Егиеву, что *«[...] на копиях кассеты командира ТАРКР «П. Великий» и диктофонной кассеты, записанных с выносного динамика ГАК МГК-355[46] в ходовой рубке, выявлены стуки механического характера, производимые человеком»*.

Назначение новой акустико-фонографической экспертизы, с учетом противоречивых выводов исследований, было вполне логичным. Кроме того, исследования, произведенные Северным флотом и другими военными специалистами, не соответствовали процессуальной форме и требованиям Уголовно-процессуального кодекса и не могли быть признаны доказательствами.

Корректное название этой экспертизы должно было выглядеть так:

«Комплексная комиссионная акустико-фонографическая и навигационная экспертиза». Читатель спросит: какое значение имеет название, ведь главное – это содержание. В юридической практике философская категория соотношения формы и содержания имеет важнейшее значение. Уголовно-процессуальный закон предусматривает формы, в которых проводится судопроизводство. Несоблюдение процессуальных форм ведет к тому, что процессуальное действие, процессуальное решение признается недействительным, а доказательство – недопустимым.

Проиллюстрирую это на примере акустико-фонографической экспертизы. Статья 200 УПК РФ предусматривает проведение судебной экспертизы не менее чем двумя экспертами одной специальности, а комплексной судебная экспертиза (статья 201 УПК РФ) становится тогда, когда в ней участвуют эксперты разных специальностей.

Часть 2-я статьи 201 УПК РФ выглядит так: *«В заключении экспертов, участвующих в производстве комплексной судебной экспертизы, указывается, какие исследования и в каком объеме провел каждый эксперт, какие факты он установил и к каким выводам пришел. Каждый эксперт, участвовавший в производстве комплексной судебной экспертизы, подписывает ту часть заключения, которая содержит описание проведенных им исследований, и несет за нее ответственность»*.

Обращаю внимание читателя: экспертиза называется акустико-фонографическая; эксперты – старший научный сотрудник капитан III ранга Михаил

Иванов и старший научный сотрудник Анатолий Банников – специалисты в области фоноскопии и гидроакустики. А что делает в составе экспертов при проведении акустико-фонографической экспертизы заместитель главного штурмана ВМФ капитан I ранга Сергей Козлов, который в фоноскопии, простите, ни ухом, ни рылом?

Если название экспертизы отражает ее содержание неточно и неполно, то о самом ее содержании можно судить по специализации экспертов и их квалификации (образование, специальность, стаж работы, ученая степень и ученое звание, занимаемая должность), по вопросам, которые следователь ставит перед экспертами, а также по перечню тех объектов, которые он предоставляет экспертам для исследования.

Смотрим лист 1 заключения акустико-фонографической экспертизы.

В заключении этой экспертизы специализация экспертов Иванова и Банникова не указана, зато отмечено, что оба имеют высшее техническое образование, оба – старшие научные сотрудники со стажем работы 9 и 36 лет соответственно. Что касается «эксперта» Козлова, то в заключении есть ссылки на занимаемую им должность и воинское звание. Он отвечает на один из вопросов, который ставит следователь в постановлении о назначении экспертизы: установление географических координат расположения источника звуков.

На экспертизу были представлены 14 аудиокассет. Из них 8 записаны на личный магнитофон акустика «Петра Великого» Лавринюка и 6 – с записями, выполненными на спасательном судне «Михаил Рудницкий». Достоверно известно, что экспертам были переданы не все кассеты. Согласно имеющимся в моем распоряжении документам, 6 сентября 2000 года в прокуратуру с гидроакустической станции судна «Михаил Рудницкий» было передано 8 аудиокассет с копиями записей стуков. Там же сообщалось (цитирую дословно): *«18 мая 2002 года из ЦКБ МТ «Рубин»* (каким образом в ЦКБ «Рубин» оказались кассеты с записями стуков, если в проектной организации не может быть специалистов по фоноскопии, данных в деле нет. – **Б.К.**) *в Главную военную прокуратуру поступило 11 аудиокассет с записями стуков, произведенными на*

«Заключение...» Лист 1.

ТАРКР «Петр Великий» в районе гибели АПРК «Курск».

Не хватает трех аудиокассет с «Петра Великого» и двух – с «Михаила Рудницкого». Я могу только предположить, что на них записаны стуки, сделанные во второй половине дня 14 августа. Более того, в материалах уголовного дела есть письмо от 21 сентября 2000 года командира войсковой части 62267 капитана I ранга В. Тимошенко, который направляет в Военную прокуратуру Северного флота 8 аудиокассет с записями стуков.

СФ по боевой подготовке, а также записи экспериментов с БПК «Адмирал Чабаненко» и двух подводных лодок. Что на этих кассетах – загадка.

Вопросы, поставленные перед фоноскопистами и «экспертом» Козловым, звучат так:

Вопрос 1. В соответствии ли с действующими нормативными документами были произведены записи подводных стуков на ТАРКР «Петр Великий»? Имеются ли на аудиокассетах сведения, свидетельствующие о времени, датах и условиях производства записей?

Вопрос 2. Являются ли стуки, записанные на аудиокассетах, представленных ЦКБ МТ «Рубин», сигналами SOS и произведены ли они человеком? Если звуки произведены человеком, то каковы механизмы образования данных стуков, а также их дата и время?

Вопрос 3. Являются ли стуки, записанные на аудиокассетах, представленных войсковой частью 69267, сигналами SOS и произведены ли они человеком? Если стуки произведены человеком, то каков механизм образования данных стуков, а также их дата и время?

Вопрос 4. Какие конкретные шумы имеются на аудиокассетах, записанных на спасательном судне «Михаил Рудницкий»?

Вопрос 5. Если на представленных для исследования кассетах записаны сигналы SOS, то в какой конкретно точке (глубина, координаты) находился их источник?

Вопрос 6. Находился ли источник SOS в движении?

Вопрос 7. Имеются ли различия в подаче сигналов аварии и бедствия между российскими и иностранными кораблями?

Вопрос 8. Могли ли данные сигналы исходить из подводной части надводного корабля?

Эксперты-фоноскописты получили в свое распоряжение объекты исследования – аудиокассеты. А что

Письмо В. Тимошенко.

Кроме записей стуков с «Петра Великого» имеются записи с кассеты командира ТАРКР «Петр Великий», с кассеты заместителя командующего

исследовал «эксперт» Сергей Козлов? Никаких объектов для исследования капитану I ранга следователь не передавал. У дактилоскописта нет ни отпечатков с места происшествия, ни отпечатков подозреваемого, а следователь ставит перед ним вопрос: Оставлены ли следы пальцев рук на месте происшествия подозреваемым? Это возможно? Судя по этой экспертизе, вполне.

Что нужно для экспертного исследования, которое должен провести Сергей Козлов? Вахтенные, навигационные и гидроакустические журналы кораблей и судов, которые записывали стуки, данные о гидроакустических комплексах кораблей и судов, которые фиксировали звуки, гидрологическая обстановка в этом районе Баренцева моря.

«Заключение...» Лист 2.

Вопросы, поставленные следователем на листе 2 «Заключения...», целиком относятся к компетенции экспертов-фоноскопистов, исключение составляет лишь вопрос № 3, и то только в части даты и времени стуков. Дата и время записи указаны на кассете, по самим стукам время их звучания установить невозможно. Время стуков устанавливается осмотром кассеты и допросом лица, которое эту запись производило, а также журналами гидроакустиков, где фиксируются и время стуков, и местонахождение корабля или судна в момент фиксации стуков. В этих же журналах указывается пеленг стуков.

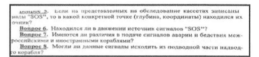

«Заключение...» Лист 3, фрагмент 1.

Первый фрагмент листа 3 заключения экспертизы.

Ответить на вопросы №№ 5, 6, 7 эксперты-фоноскописты не могут. Это способен сделать только эксперт, обладающий познаниями в области морской навигации.

Дальше, как это и положено по закону, в экспертном заключении идет исследовательская часть. Статья 25 федерального закона «О государственной судебно-экспертной деятельности в Российской Федерации» (от 31 мая 2001 года № 73-ФЗ) требует: *«В заключении эксперта или комиссии экспертов должны быть отражены: [...] содержание и результаты исследований с указанием примененных методов; оценка результатов исследований, обоснование и формулировка выводов по поставленным вопросам».*

Чтобы ответить на вопросы №№ 6, 7, 8, эксперт в области навигации должен описать в исследовательской части заключения, из каких навигационных, вахтенных и гидроакустических журналов каких кораблей и судов, которые пеленговали стуки, Козлов получил исходные данные для определения пеленгов, каковы координаты этих кораблей и судов в момент пеленгации стуков, а также показатели пеленгации. Кроме того, эксперт должен описать и оценить показатели ГАК и степень погрешности фиксации звуков.

Оценка гидрологической ситуации может включать знание гидрологии моря в это время года и характера влияния неравномерного прогрева воды на искривление звуковых лучей –рефракции. И наконец описание гидробиологической ситуации в августе в этой части Баренцева моря, например, шумовые помехи от нереста креветок. Исследовательская часть такого рода исследований предполагает также использование морской карты соответствующего масштаба и нанесение на нее точек нахождения корабля или судна, ведущего пеленгование, а также прокладку соответствующего пеленга.

Но если исследовательская часть экспертов-фоноскопистов нареканий не вызывает, то навигационного раздела в исследовательской части экспертизы просто нет.

Я неслучайно привожу полный текст заключения экспертизы. Важно, чтобы читатель своими глазами увидел, какими средствами и способами фальсифицируются материалы уголовного дела.

«Заключение…» Лист 3, фрагмент 2.

Второй фрагмент листа 3 заключения экспертизы.

В исследовательской части на втором фрагменте листа 3 заключения в первом же абзаце сделана ссылка на то, что представленные магнитные записи выполнены с нарушением директивы Главкома ВМФ № ДФ-009 от 12.05.1997 и инструкции «По записям шумов и сигналов на надводных кораблях», а также ссылка на отсутствие двух аудиокассет, указанных в постановлении следователя, – кассета с записями с ТАРКР «Петр Великий» и кассета начальника управления БП СФ. Напомню, что Управление боевой подготовки Северного флота возглавлял вице-адмирал

Юрий Бояркин, на которого командующий флотом возложил обязанность по поиску ЗПЛ. Думаю, что недостающие аудиозаписи стуков связаны с моментом обнаружения затонувшего корабля.

Группируя стуки, эксперты выделили в отдельную группу сигналы, которые классифицируются как SOS – сигналы, подаваемые при аварийной ситуации.

На этом же листе в разделе «По вопросу 5» указывается на невозможность установления географических координат источника стука, принятого ГАК ТАРКР «Петр Великий», вследствие большого разброса пеленгов, который является либо результатом большой погрешности пеленгования, либо пеленгования разных источников сигналов.

Стоит обратить внимание и на следующую запись (см. последний абзац второго фрагмента листа 3 и первый абзац листа 4 заключения»:

«Количество выявленных фрагментов (11 шт.) не может характеризовать об[щ]ую обстановку в районе на период с 11 ч. 30 мин. 12.08.00 г. по 14.08.00 г. [вк]лючительно, так как представленные записи имеют прерывистый во времени [хара]ктер и небольшую суммарную продолжительность. Большую часть времени [зап]иси искажены посторонними шумами в боевом посту, а на СС «М.Рудниц[кий] – сеансами звукоподводной связи со специальными аппаратами».

Очевидно, что экспертам аудиокассеты передавались выборочно. Тщательно скрывался период стуков с 12 по 14 августа, когда подводники в 9-м отсеке были живы.

В записях гидроакустического журнала «Петра Великого» 13 августа было зафиксировано 42 группы сигналов, 14 августа – 22. Если Козлов не имеет данных о местонахождении кораблей, если у него нет данных по пеленгам на стуки, то о каком «разбросе пеленгов» вообще может идти речь?

Дальше на листе 4 заключения Козлов пишет, что ТАРКР «Петр Великий» специального маневрирования для пеленгации источника стуков не применял, и делает вывод, что 85% пеленгов находятся за пределами местонахождения лежащего на дне «Курска».

Следователь Артур Егиев не верит «эксперту» Козлову, в допол-

«Заключение…» Лист 4.

нительном постановлении выводы о том, что 85% пеленгов не приходится на место, где лежит АПРК «Курск», им дезавуируются. Вот что пишет Артур Егиев в дополнительном постановлении:

«С. 116 (после абз. 6).
Большая часть (85%) пересечений пеленгов на источник сигналов находится в области радиусом 1800 м с центром в точке с географическими координатами Ш – 69 37,98 сев. Д – 37 33,64 вост. (Том 56, л.д 302).
Дополнить словами:
Действительные координаты «Курска»: Ш – 69 37,0 сев. Д – 37 34,25 вост. (Сведения из постановления).
Хотя большая часть пересечений пеленгов не находится в точке, в которой затонул «Курск», но:
При этом, согласно «Отчету о ходе спасательной операции», гидроакустические средства поиска подводных лодок на Северном флоте морально и технически устарели.
«Михаил Рудницкий» при наведении подводного аппарата на затонувший объект использует гидроакустический пеленг с точностью плюс-минус 3 градуса. Кромс того, при анализе записей в Журнале учета сигналов можно установить, что координаты подводной лодки даже после ее обнаружения устанавливались с большими ошибками.
Например:
Согласно Журналу учета сигналов «Петра Великого», стуки были слышны в точке: Ш 69 37,8 Д 37 33,3
Координаты удара АС-34 о винты «Курска» и последующего всплытия АС-34: Ш 69 36,85 Д 37 34,6
Координаты подводной лодки с точностью 0,9 на 19:50 (13 августа): Ш 69 37,8 Д 37 33,3
Из Журнала учета сигналов «Петра Великого». Координаты подводной лодки на 11:28 (14 августа): Ш 69 37,07 Д 37 4,58 (Том 37, л.д. 132).
Свидетели говорят о том, что сигналы могли подаваться иностранной подводной лодкой, но в материалах дела нет никаких подтверждений тому, что иностранная подводная лодка присутствовала в районе аварии подводной лодки или рядом с этим районом. Нет никаких доказательств того, что сигналы СОС подавались с подводной части надводного корабля».

Позиция следователя Артура Егиева как минимум любопытна. Заканчивается расследование, очевидна виновность руководителей учений, но Егиев назначает две экспертизы: одна из них, колкутинская, выдает заключение, что 23 подводника жили после катастрофы не более 8 часов, а вторая, козловская, – что стуки были не из «Курска», уводя таким образом руководителей учений от ответственности.

В дополнительном постановлении и ту, и другую экспертизу он отметает, однако выводы постановления о прекращении уголовного дела остаются прежними – виновных нет.

Что это?

Однозначного ответа у меня нет.

О чем говорит фраза об отсутствии «специального маневрирования»? Как мне представляется, командир «Петра Великого», а также руководители ПСО не считали нужным предпринимать такое маневрирование для определения местонахождения источника стуков, ибо были уверены, что источник находится в прочном корпусе «Курска».

То же самое касается и ссылки экспертов-фоноскопистов (см. лист 4 заключения): *«Большую часть времени [запи]си искажены посторонними шумами в боевом посту, а на СС «М.Рудницкий» – сеансами звукоподводной связи со специальными аппаратами».*

Не было необходимости устанавливать «режим тишины», так как было совершенно ясно, что стучали оставшиеся в живых подводники. У тех, кто находился на бортах кораблей и судов, сомнений в этом не было. Нет сомнений у руководства страны и руководства флота, нет сомнений у прокуроров и следователей, нет их и у меня.

Но отвлекусь от текста экспертного заключения. Давайте посмотрим на статью 23 упомянутого федерального закона «О государственной судебно-экспертной деятельности в Российской Федерации»:

«Статья 23. Комиссия экспертов разных специальностей

При производстве комиссионной судебной экспертизы экспертами разных специальностей (далее – комплексная экспертиза) каждый из них проводит исследования в пределах своих специальных знаний. В заключении экспертов, участвующих в производстве комплексной экспертизы, указывается, какие исследования и в каком объеме провел каждый эксперт, какие факты он установил и к каким выводам пришел. Каждый эксперт, участвующий в производстве комплексной экспертизы, подписывает ту часть заключения, которая содержит описание проведенных им исследований, и несет за нее ответственность».

Применительно к акустико-фонографической экспертизе эксперты-

«Заключение…» Лист 5.

фоноскописты должны провести свое исследование и сделать свои выводы, а эксперт в области навигации – свое исследование и свои выводы. Но следователь умышленно пошел на нарушение законодательства, чтобы затушевать объективные выводы экспертов-фоноскопистов и перекрыть их заведомо ложным заключением Сергея Козлова.

«Заключение…» Лист 6.

Эксперты Михаил Иванов и Анатолий Банников по изменчивости ритма ударов пришли к выводу, что стуки производились человеком и не имели механической природы. Стучали люди. Некоторые сигналы соответствуют аварийному сигналу SOS. Стуки, записанные на борту «Петра Великого» и «Михаила Рудницкого», имеют единую природу – все они произведены людьми.

Фоноскописты повторили ссылку на нарушение требований инструкции и директивы по записи гидроакустических шумов и сигналов и исключили механическое происхождение сигналов: *«[…] в то же время интервалы между импульсами ударного типа (стуками), подчиняясь общей закономерности в чередовании, не [и]меют постоянной величины длительности между импульсами (что характерно [д]ля механизмов), а меняются в некоторых пределах незакономерным образом…»*

На листе 6 «Заключения…» отмечается: *«По вопросу 2. […] Субъ-*

«Заключение…» Лист 7.

ективным анализом установлено, что стуки производились металлическим предметом по металлу, вероятнее всего, аварийным молотком по межотсечной переборке, жестко связанной с прочным корпусом пл.»

По вопросу № 3 этот же тезис повторен экспертами и в отношении всех остальных стуков.

Ответы на вопросы №№ 5, 6, 7 на листе 7 заключения должен дать эксперт – специалист в области штурманского дела. Никаких исследований для ответа на эти вопросы читатель в заключении акустико-фонографической экспертизы не обнаружит.

Давайте попробуем найти логику в ответах экспертизы на вопросы №№ 5, 6.

Посылка № 1

Определить координаты источника стуков невозможно из-за:

а) разброса пеленгов;

б) погрешностей при пеленговании (каких?);

в) «Петр Великий» не производил специального маневрирования.

Посылка № 2

Определить координаты источника стуков невозможно, но они не с «Курска», хотя имели место:

а) разброс пеленгов;

б) погрешности при пеленговании;

в) «Петр Великий» не производил специального маневрирования.

Умозаключение:

Определить координаты источника стуков невозможно, но очень нужно, чтобы они были не из прочного корпуса АПРК «Курск».

«Заключение…» Лист 8, фрагмент 1.

Первый фрагмент листа 8 заключения экспертизы.

Ответ на вопрос № 8 – самый важный.

У любого корабля, любого судна, лежащего в дрейфе или стоящего на якоре, работают вспомогательные котлы и механизмы, которые обогревают экипаж, освещают помещения, снабжают энергией навигационные и другие комплексы. Все они издают специфические звуки, которые являются фоном. В данном случае стуки были без специфического фона работающих механизмов и агрегатов надводных кораблей и судов, поэтому эксперты-фоноскописты пришли к обоснованному выводу, что стуки исходили из прочного корпуса подводной лодки.

И еще: шумы работающих механизмов надводного корабля, ведущего гидроакустическое прослушивание стуков, не должны прослушиваться благодаря специальным устройствам и средствам вибро-звукоизоляции. Иными словами, шумы собственного корабля ГАК не слышит.

Еще раз отвлекусь от текста заключения. Напомню, что каждый эксперт, участвующий в комплексной экспертизе, подписывает ту часть заключения, которая содержит описание проведенных им исследований, и несет за нее ответственность. Ознакомимся с выводами акустико-фонографической экспертизы, текст которой я привожу ниже. Вы увидите, что выводы подписаны всеми тремя экспертами.

Абзац первый: *«[...] содержатся сигналы аварийного характера, произведенные человеком путем ударов металлическим предметом по металлу (вероятнее всего молотком по межотсечной переборке пл».*

Абзац второй: *«Стуки зафиксированы на аудиокассетах в период времени с 22 ч. 25 мин. 13.08.2000 г. по 00 ч. 10 мин. 14.08.2000 г.»*

Абзац третий: *«Определить географические координаты источника гидроакустических сигналов, принятых ГАК ТАРКР «Петр Великий», не представляется возможным в связи со значительным разбросом акустических пеленгов».*

«Заключение...» Лист 8, фрагмент 2.

Второй фрагмент листа 8 заключения.

Это означает, что выводы экспертов, а также главного штурмана ВМФ Сергея Козлова однозначно утверждают, что подводники в прочном корпусе «Курска» были живы как минимум до 14 августа 2000 года.

Как же интерпретирует выводы акустико-фонографической экспертизы следователь Артур Егиев в постановлении о прекращении уголовного дела? Цитирую этот раздел постановления (с. 116):

«Из заключения акустико-фонографической экспертизы, произведенной специалистами войсковой части 56020 и заместителем главного штурмана ВМФ, следует, что записанные на аудиокассетах фонограммы (записи выполнены на ТАРКР «Петр Великий» и спасательном судне «Михаил Рудницкий») содержат сигналы аварийного характера, произведенные человеком ударами металлическим предметом по металлу.

Сигналы зафиксированы на аудиокассетах в период времени с 22 час. 25 мин. 13 августа 2000 г. до 00 час. 10 мин. 14 августа 2000 г.

Определить географические координаты источника гидроакустических сигналов, принятых ГАК ТАРКР «Петр Великий», не представилось возможным в связи со значительным разбросом пеленгов, который может являться следствием большой погрешности пеленгования либо пеленгования различных источников сигналов.

В то же время большая часть (85%) пересечений пеленгов на источник сигналов находится в области радиусом 1800 метров с центром в точке с географическими координатами Ш = 69° 37,98′ северная, Д = 37° 33,64′ восточная.

Точка нахождения АПРК «Курск» на грунте находится за пределами указанной области. Определить глубину нахождения источника сигналов невозможно.

Сигналы могли исходить из подводной части надводного корабля. Но в случае нахождения источников стуков на другом надводном корабле они должны прослушиваться на фоне работающих механизмов и винтов, что при субъективном анализе отмечено не было».

Из первого абзаца выводов экспертизы следователь удалил фразу о том, что стуки производились металлическим предметом по межотсечной переборке подводной лодки. А затем вставил два абзаца из исследовательской части заключения, смысл которых сводился к тому, что стуки были не из «Курска». Последний абзац, который приводит следователь Егиев, говорит о том, что стуки были не из подводной части надводных кораблей.

> Логика Егиева проста: важно, что стуки были не из «Курска», а кто стучал и почему, следствие не интересует.

Следствие использует все методы: подлоги, процессуальные нарушения, манипуляцию фразами и терминами, приемы софистики, чтобы процессуально закрепить политические решения.

В конце концов, речь идет о нарушении Конституции, присяги, о предательстве истины и правды. И все это относится к одной из самых громких трагедий последних десятилетий, за которой следила вся Россия, весь мир. Конечно, зачищать концы можно было бы и без таких грубых ошибок и нарушений. Как я полагаю, Артур Егиев махнул рукой на недостатки экспертизы, времени было мало, а адмиралов надо было спасать срочно.

В конце лета 2002 года, когда уголовное дело было прекращено, я, мой коллега Дмитрий Гаврилин и помощник Дмитрий Раев приступили к его изучению. Естественно, на глаза нам попалась акустико-фонографическая экспертиза. Как-то встретив в коридорах Главной военной прокуратуры следователя Артура Егиева, я спросил у него: «Как же так, голубчик? Ведь в экспертизе по установлению источника и происхождения стуков отсутствует исследовательская часть». Тогда мне еще казалось, что ошибки и недочеты не носят умышленного характера. Егиев, недолго думая, предложил увидеться с Сергеем Козловым и уточнить, откуда он брал данные координат кораблей и пеленгов, на основании которых он пришел к выводу, что большинство зафиксированных стуков не совпадает с местом гибели «К-141».

Мы встретились солнечным днем у меня на даче. Расстелили на полу морскую карту района боевых действий. Я сразу же обратил внимание на отсутствие ссылок на данные гидроакустических, навигационных и вахтенных журналов, на то, что эксперт не указал названия приборов, которые фиксировали стуки, определяли показатели пеленгов и координаты кораблей, не учитывал погрешности приборов, наличие рефракции с учетом глубин, солености воды и биологических особенностей Баренцева моря в августе, когда концентрация планктона наибольшая и он создает дополнительные помехи.

Ни на один из моих вопросов я не получил однозначного ответа от Козлова. Он суетился, отвечал невпопад, производил жалкое впечатление и вел себя, как нашкодивший школьник. Позднее в Московском гарнизонном военном суде представитель прокуратуры представил «Дополнение к экспертизе», изготовленной экспертом Сергеем Козловым, а также карту с наложенными пеленгами.

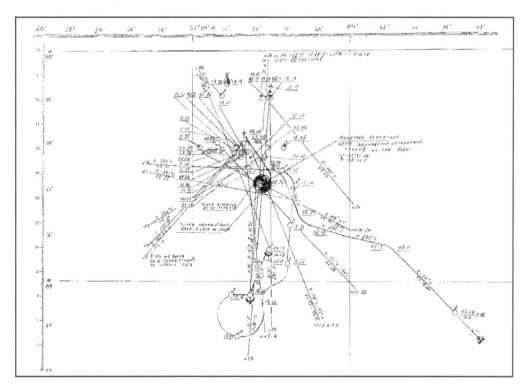

Карта прокладки пеленгов, изготовленная в дополнение к экспертизе главным штурманом ВМФ России капитаном I ранга Сергеем Козловым.

В пояснении к этой карте Козлов так и не сослался на источники полученных им данных о пеленгах. Пришлось анализировать карту Сергея Козлова и сравнивать взятые им пеленги с вахтенными, навигационными и акустическими журналами кораблей и судов, пеленговавших стуки (анализ пеленгов, проложенных Козловым на стуки, см. в приложении № 2).

Штурманские курсы, диплом яхтенного капитана и кое-какая морская практика позволили мне без труда сделать немудреные расчеты и проложить пеленги на источник стуков. Я взял записи навигационного, вахтенного и гидроакустического журналов ТАРКР «Петр Великий» за 12–14 августа 2000 года и проанализировал их. В качестве образца публикую ксерокопию выписки из вахтенного журнала тракта связи и опознания МГК-355. (Приложение № 3) Данные журналов я свел в единую таблицу. (Приложение № 4) Демонстрирую первый лист этой таблицы.

Первый лист составленной мною сводной таблицы.

Я нанес на карту места нахождения корабля в момент пеленгации стуков и проложил пеленги. Это ни в коей мере не является экспертизой – я не собирался подменять Сергея Козлова. Просто я сам хотел убедиться в том, что установить координаты источников стуков с помощью пеленгов было возможно. Впрочем, ни в тексте акустико-фонографической экспертизы, ни в «Дополнении» Козлова нет разъяснения следователем прав экспертов, отсутствует и их предупреждение об уголовной ответственности за дачу заведомо подложного заключения. Не исключаю, что эти разъяснения к экспертизе и предупреждение об уголовной ответственности экспертов есть в материалах дела в виде отдельного документа, но в «Дополнении» его точно нет.

Только по этому основанию следствие и суды не вправе были принимать в качестве доказательств эти заключения экспертов. Не раз и не два по моему ходатайству суды не признавали протоколы допросов свидетелей, где отсутствовала подпись свидетеля, предупреждающая его об уголовной ответственности за дачу заведомо ложных показаний.

По данным пеленгам с учетом их осреднения местонахождение источника стука определяется координатами

$O = \mathbf{69037',8\ N}$; $O = \mathbf{37034',5\ Ost}$. Данное место находится на расстоянии 0,8 кабельтов от координат места ЗПЛ, что соизмеримо с длинной корабля. В данной точке пересекаются 84% пеленгов. Это дает основания утверждать, что стуки исходили от подводников АПРК «Курск».

Результат получился прямо противоположным выводам Козлова – 84% пеленгов пересекаются в точке гибели «Курска» с учетом среднеквадратического отклонения, а также длины самого корабля, лежащего на грунте.

Не могу не отметить, что я пользовался данными, полученными теми же приборами, без учета их погрешностей, не учитывались также данные о маневрировании кораблей в момент пеленгации. К моим вычислениям также можно и нужно относиться с долей скепсиса. Разница состоит в том, что исходные данные «эксперт» Сергей Козлов брал с потолка кабинета в Большом Козловском переулке, д. 6, где до последнего времени располагался Главный штаб ВМФ России, а мной они получены из документов.

Поэтому я не претендую на истину в последней инстанции, но суды должны были высказаться по доводам защиты, согласиться с ними или аргументированно опровергнуть, но суды их не заметили. На судебном заседании Московского гарнизонного военного суда сотрудник Главной военной прокуратуры полковник юстиции Игорь Шаболтанов заявил (цитирую по протоколу судебного заседания):

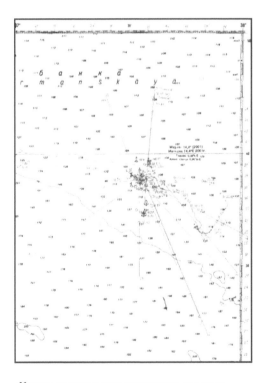

Карта прокладки пеленгов по данным навигационного, вахтенного и гидроакустического журналов ТАРКР «Петр Великий» за 12–14 августа 2000 года.

«Согласно полученному мною в ходе подготовки к судебному заседанию устному пояснению следователя Егиева А. Л., исследовательская часть акустико-фонографической экспертизы в части установления местонахождения источника стуков представляет собой две схемы с расчетами, которые были приложены к заключению. Однако по технической ошибке кого-то из членов следственной группы при формировании материалов уголовного дела эти приложения не были подшиты ни в один из 133 томов дела».

Схемы, которые представители Главной военной прокуратуры рассматривают как исследовательскую часть акустико-фонографической экспертизы, были переданы мне вместе с «Дополнением». На «Дополнении» стоит дата 23 декабря 2002 года, то есть через пять месяцев после прекращения уголовного дела. Но даже если предположить, что схемы существовали, то они явно были сделаны без учета записей в навигационном, вахтенном и гидроакустическом журналах ТАРКР «Петр Великий».

Соврал Игорь Шаболтанов.

Как говорил английский писатель Сэмюэль Батлер, лгать – значит признавать превосходство того, кому вы лжете.

У объективного следователя не должно возникать даже мысли о привлечении заинтересованного человека к проведению экспертизы. Что же получилось на практике? «Курск» проектировало конструкторское бюро «Рубин», но его сотрудники участвовали в проведении многих следственных действий и экспертиз. Сергей Козлов проводил экспертизу, включающую информацию штурманов, находящихся в его прямом подчинении. Во многих экспертизах в качестве экспертов участвовали представители Северного флота, Военно-морского флота, связанные с вероятными виновниками.

Я не раз подчеркивал хороший уровень проведения следствия. При этом я имел в виду не только высокий профессиональный уровень расследования, но и отменную способность манипулировать фактами, умалчивать о том, что не вписывается в генеральную линию, и акцентировать внимание на тех моментах, которые в нее вписываются.

Немного о самом Сергее Козлове.

В Интернете я нашел фотографию бывшего главного штурмана ВМФ России. Симпатичный парень, хорошее открытое лицо, словом – не прокурор Устинов.

На пресс-конференции, которая была проведена как ответная акция на мою жалобу, в отличие от Колкутина, Сергей Козлов[47] молчал, исков в суды о защите чести и достоинства не подавал. Было видно, что история с «Курском» и его собственная роль в ней для него тягостны. Во всяком случае, я это воспринял так. Он гораздо менее одиозен, чем главный судебно-медицинский эксперт Министерства обороны Виктор Колкутин, о котором мне еще предстоит рассказать, более умен, лучше воспитан. Общаясь с Козловым, я чувствовал, что он испытывает некую неловкость за то, что ему приходилось делать.

Сергею Козлову принадлежит одна из ключевых ролей в расследовании катастрофы «Курска».

Впрочем, это не помешало Сергею Козлову позже выступить экспертом по делу о гибели 9 подводников на «К-159», но, как писала «Новая газета», он отличился и там:

«В деле «К-159» Козлов подтвердил «курский» уровень своего профессионализма: прокуроры даже дважды вызывали его в суд. Просто потому, что первые (очень нужные прокуратуре) показания главного штурмана страны были поставлены под сомнение рядовым капитаном первого ранга – экспертом, не зависимым от количества звездочек на погонах».

Так созданная Путиным система ломает в общем-то порядочных людей и настоящих профессионалов.

Я убежден, что начальник Следственного управления Главной военной прокуратуры генерал-майор юстиции Виктор Шеин добровольно покинул свою должность перед самым окончанием расследования дела «Курска», потому что был несогласен с фальсификациями. Однако не высказался он ни разу – то ли связал себя честным словом, то ли просто побоялся озвучить правду.

Как я уже говорил, в предисловии к дополнительному постановлению теме «Стуки» посвящено 10 пунктов из 21. Сначала Артур Егиев делает некую подводку к основным выводам и дополняет постановление оценками выводов исследования стуков, которые производились различными подразделениями Министерства обороны.

Вот один из фрагментов:

«С. 116 (абз. 1) Представлена экспертиза, заканчивающаяся словами «сигналы перестукивания, несущие аварийные информационные сообщения, выявлены не были».

Дополнить словами:

Указанная экспертиза произведена с использованием лишь двух кассет с «Петра Великого».

Она была проведена уже 3 сентября 2000 года (сведения из постановления). Сама же экспертиза носит название «экспресс-анализа».

Эксперты не отрицают наличия ударных импульсов, но сомневаются в том, что они несут информацию об аварии. (Том 56, л.д. 32)».

Очевидно, что Егиев в этом дополнительном постановлении отсекает заключения тех экспертов и специалистов, которые пришли к выводам, что источником стуков был не «Курск», или сомневаются, что стучали моряки. Одновременно он усиливает доказательства того, что стучали именно подводники. Вот один из фрагментов дополнительного постановления:

«С. 114 (4 абз.) Дополнить словами: Командир гидроакустической группы ПВ в протоколе допроса и Вахтенном журнале гидроакустического комплекса МГК-355 указал, что в 02:57 (13 августа) после очередного запроса кодовой связи он визуально наблюдал на индикаторе кругового обзора сигналы, которые в динамике слышались как удары металлическим предметом по металлу, в виде серии стуков, примерно по 6–10 стуков.
В период с 02:57 до 15:53 он наблюдал и прослушивал сигналы, которые были похожи на удары металлическим предметом по металлу. Однако это были серии звуков, которые по таблице азбуки Морзе расшифровке не поддаются, таких условных обозначений в последней не имеется. Данные удары он классифицирует именно как удары металлическим предметом по металлу, и перепутать их он ни с чем не мог, на стук двигателя это непохоже.
В период с 15:53 до 22:25 (13 августа) никаких стуков не наблюдалось.
В 22:25 стали слышны звуки стука металлического предмета по металлу в виде «СОС» согласно азбуке Морзе. Данные стуки были слышны с различной периодичностью до 03:21 (14 августа).
В период с 03:28 (14 августа) до 11:00 (14 августа) стуки продолжались, но уже сигналов «СОС» не обозначали, а выглядели в виде тройных стуков. В 11 часов тех же суток мною обнаружен сигнал опять же металлическим предметом по металлу в виде дроби, который продолжался непрерывно около 30 секунд, после чего стуки прекратились и их в последующем больше не было. Звуки он периодически записывал на личный магнитофон (Сони и Шарп – кассеты). Запись на магнитофоне (не личном, а корабельном) не получилась из-за плохого технического состояния последнего.
В приложении к допросу имеется выписка из Вахтенного журнала гидроакустического комплекса МГК-355. (Том 56, л.д. 139)».

Ничего нового в этом дополнении к постановлению нет, я приводил показания гидроакустика «Петра Великого» Андрея Лавринюка, а также текст акустико-фонографической экспертизы. Но важность этого дополнения в том, что следователь Егиев концентрирует внимание на стуках, подчеркивая их и подводя читателя этого постановления к тому, что стучали моряки «Курска». А вот еще фрагменты:

«С. 116. В Постановлении ничего не говорится об экспертизе части 69267 от 18 и 21 сентября. При этом экспертами указанной части было проведено ис-

следование, результатом которого стали следующие выводы: «Произведенный анализ показывает, что источником происхождения сигналов являются удары металла о металл, производимые человеком». (Том 56, л.д. 6)

«Сравнение амплитудно-временных и частотных характеристик ударов, полученных в ходе эксперимента и в районе атомной подводной лодки, позволяет заключить о единой природе их возникновения, обусловленной человеческой деятельностью». (Том 56, л.д. 16)

С. 116. Дополнить словами:

Заключительная экспертиза была произведена 5 июля 2000 года. Экспертиза производилась частью 56020. Было использовано 25 аудиокассет с записями сигналов. Причем исследовались записи не только с «Петра Великого» (как в других случаях), а также и с «Михаила Рудницкого». Экспертиза проводилась после получения результатов всех иных экспертиз.

Эксперты пришли к выводу, что:

Сигналы зафиксированы на аудиокассетах в период времени с 22:25 (13 августа) по 00:10 (14 августа).

Сравнение амплитудно-временных характеристик фрагментов записей, выполненных на «Михаиле Рудницком» и «Петре Великом», а также субъективный анализ и сравнение позволяют сделать вывод о единой природе их возникновения.

В оригиналах и копиях записей на аудиокассетах (записи выполнены на «Петре Великом» и «Михаиле Рудницком») содержатся сигналы аварийного характера, произведенные человеком путем ударов металлическим предметом по металлу (вероятнее всего, аварийным молотком по переборке между отсеками ПЛ). (Том 56, л.д. 297, 302)».

Опять же – ничего нового, но дословное воспроизведение выводов уже известной нам экспертизы в постановлении о прекращении уголовного дела дискредитирует само решение о прекращении дела. В книге я еще не раз буду возвращаться к дополнительному постановлению, но сейчас поговорим о «спасательной операции».

Глава 11.
Спасение негодными средствами

Снова вернемся к спасательной операции. Первое погружение аппарата АС-34 13 августа в 15:41 было крайне неудачным. Он ударился о стабилизатор подводной лодки и всплыл.

Спасательный аппарат АС-34.

Позже командование Северного флота объяснит это тем, что при погружении команде не ставилась задача присосаться к аварийному люку 9-го отсека. Цель была куда скромнее — всего лишь обнаружить лодку. Оператор наблюдал в иллюминатор винты «Курска» и уточнял координаты. Хотя зачем понадобилось их уточнять? Надо было спасать людей, которые отчаянно стучали по переборкам! Не знаю, повредился ли спасательный аппарат во время удара о стабилизатор лодки — таких данных я нигде не нашел, но следующее погружение АС-34 пришлось на 04:30 14 августа. Лично меня убивает та медлительность, с которой совершались спуски под воду. Правда, в 22:35 спускался еще один спасательный аппарат АС-32. Зачем — непонятно: он не мог присосаться к аварийному люку, поскольку не имел стыковочного узла.

Впрочем, аппараты не смогли присосаться к комингс-площадке спасательного люка ни 14 августа, ни 15-го, ни 16-го, хотя предприняли 8 попыток и провели под водой в общей сложности 14,5 часа. Спасательный люк открыли 21 августа норвежские водолазы.

Чтобы понять, почему так произошло, необходимо пояснить технологию. Стыковка производится в два приема: грубая посадка и точная посадка с присосом.

Аппарат зависает над аварийным люком на расстоянии 2–3 метра, экипаж выбирает курс посадки с учетом направления течения, а также положения и состояния палубных конструкций («Курск», как мы знаем, лежал на грунте практически без крена и дифферента). Центрирующий штырь крышки люка должен оказаться внутри камеры спасательного аппарата. После этого специальное закрепляющее устройство выводится в рабочее положение и захватывает штырь. Далее с помощью руля аппарат центрируется так, чтобы опорное кольцо камеры присоса совместилось с комингсом аварийного люка по всему периметру. Наконец происходят стыковка, герметизация, и насос отсасывает лишнюю воду. После этого можно открывать верхний аварийный люк и проходить в камеру, ведущую в 9-й отсек.

Так вот, при повторном погружении АС-34 не только не состыковался, но даже не сел на комингс-площадку. Он поднялся так же быстро, как и в первый раз. В «Новостях» неудачную попытку стыковки объяснили неспокойным морем. Для убедительности по телевизору показали шторм. Однако волнение достигло 4 баллов только к вечеру 14 августа, а утром, когда спускался спасательный аппарат, море было спокойным. После этого в средства массовой информации была запущена еще одна утка, объясняющая, почему спасательный аппарат не смог состыковаться с подводной лодкой – якобы из-за сильного подводного течения. Со ссылками на командиров экипажей, от которых неоднократно поступали доклады о сносе спасательных аппаратов.

Согласно руководству по использованию СА (АС-34), его движительно-рулевой комплекс и система управления движением обеспечивают возможность посадки на комингс-площадку при скорости подводного течения до 0,6 узла. Океанологом хорошо известно, что в Баренцевом море не такое уж и сильное придонное течение, не более 0,4–0,8 узла, а иногда даже равно нулю. Поэтому в заключении о причинах нестыковки спасательных аппаратов с лодкой ни течение, ни шторм фигурировать не будут. Все дело в квалификации экипажа и ошибках при конструировании подводной лодки.

Игорь Спасский, генеральный конструктор ЦКБ МТ «Рубин», где был разработан проект 949А, в 2003 году выпустил книгу «Курск». После 12 августа 2000 года». В целом издание посвящено операции по поднятию подводной лодки со дна Баренцева моря. Но одна из глав под названием «Некоторые мысли вслух» вызвала у меня, мягко выражаясь, неоднозначные чувства. В ней «выдающийся ученый и талантливый организатор» (так написано об авторе издателем) попытался проанализировать ошибки, которые привели к гибели «Курска». Однако критика больше напоминала отеческое нравоучение. Военных он просто пожурил: дескать, разрешительная процедура при выходе субмарин в море формальная, а наличие трех комиссий размывает ответственность. Несмотря на многочисленные проверки, средства сигнализации о месте затопления лодки оказались на «Курске» заблокированы. И все. Одни общие рассуждения да призывы к педантичности и порядку.

Зато Спасский ни с того ни с сего вдруг поставил под сомнение своевременность посмертного награждения экипажа «Курска»:

«*Откровенно скажу, эта оперативность* (имеется в виду то, что моряки были награждены правительственными орденами и медалями практически сразу после гибели. – **Б.К.**) *очень крепко связывала руки комиссиям, которые вели расследование причин катастрофы и действий личного состава. Задавал себе вопрос: почему государство это делает? Думаю, что в этом проявлялось желание каким-то образом уменьшить огромное горе, свалившееся на родных и близких.* […]

Мне кажется, что можно оценивать это двояко: многие помнят, какие тяжелые эпизоды сопровождали вручение наград родственникам погибших – душевные раны были обнажены».

Следующие рассуждения Игоря Спасского, о том, что «ничем нельзя уменьшить великое горе людей», сильно отдают цинизмом.

И в заключение генеральный конструктор, как водится, прошелся по средствам массовой информации, где «не все благополучно». Корреспонденты спешат, пользуются непроверенной информацией, обращаются к случайным «озлобленным» экспертам и даже, что особенно ужасно, допускают «вульгаризацию» русского языка: *«У журналистов – полная, зачастую высокомерная, а то и – чего греха таить – оплаченная по заказу вольница»,* – растекается мыслью по древу Спасский. Только у меня вопрос: кто же платил журналистам за «заказные» статьи по «Курску»? Назовите хоть одного человека, господин Спасский. Может, это адвокат Кузнецов?

Во всем виноваты журналисты! Мы уже слышали это от людей, рассматривающих публикации о своих ошибках и просчетах как умышленные действия прессы, направленные на дискредитацию... армии, флота, государства. А почему автор ничего не пишет о сокрытии информации, более того, о дезинформации пресс-службы Северного флота? Вспомните хотя бы заявления о том, что в «Курск» подавали все – чуть ли не горячий кофе! В своей книге на странице 38 Спасский черным по белому утверждает, что 23 моряка из 9-го отсека оставались живыми около 8 часов. Спасский – один из немногих, кто с самого начала владел всей информацией. Ему хорошо известно, что моряки стучали по переборкам и просили о помощи 13 и 14 августа. Ничего не сказано в книге и о многочисленных конструктивных ошибках проекта 949А. Сделать это за генерального конструктора придется мне.

Начнем с того самого плавника-стабилизатора, о который ударился спасательный аппарат АС-34 при первом погружении.

Конструктивное расположение комингс-площадки «Курска» совершенно не учитывает особенности использования спасательных аппаратов. Она сделана недопустимо близко от кормовых стабилизаторов, всего в трех метрах. Это значительно снижает возможность маневрирования спасательного аппарата. Впрочем, в 4-м отсеке конструкторы вообще забыли оборудовать выходной люк комингс-площадкой. А если бы моряки укрылись не в 9-м, а в 4-м отсеке? Как бы тогда их спасали?

Да и сама комингс-площадка сделана с существенными недостатками. Резиновое уплотнение верхней крышки люка конструктивно рассчитано на предельно допустимое давление из шахты (камера, соединяющая верхний и нижний выходящие в отсек люки) 6 атмосфер, а резиновое уплотнение нижней крышки – на 2 атмосферы. Если там давление больше, выкачать воду из камеры присоса невозможно. Вода перетекает в камеру. Такая конструкция делает практически невозможным спасение подводников. «Курск» долго лежал на глубине 100 метров, и давление там постоянно повышалось.

Поэтому если бы спасательный аппарат сел на лодку не 16 августа, а 13-го или 14-го, когда моряки еще были живы (для меня это очевидно), смогла бы команда АС-34 присосаться и открыть люк? Это большой вопрос. Спустя двое суток после катастрофы давление в отсеке могло быть больше 2 атмосфер.

Еще одной причиной, сделавшей присос фактически невозможным, стало то, что комингс-площадка 9-го отсека не возвышалась над покрытием палубы на 5–10 мм, а была, наоборот, углублена до 7 мм. Дело в том, что стыковку обеспечивает манжета узла уплотнения, которая вместе с опорным кольцом камеры присоса спасательного аппарата должна плотно садиться на комингс-площадку. Но до опорного кольца, обрамляющего спасательный люк подводной лодки, манжета аппарата не доставала, в результате чего через зазоры в камеру поступала вода. Почему комингс-площадка на субмарине была углублена, никто в ходе расследования объяснить не смог. Вероятно, это либо конструкторский просчет, либо заводской брак – еще один камень в огород российского разгильдяйства, только на этот раз он угодил в «Рубин».

Кроме того, квалификация экипажей спасательных аппаратов оставляла желать лучшего. АС-34 первый раз сел на «Курск» только 16 августа. А до этого двое суток бессмысленно плавал вокруг лодки. В одно из погружений аппарат, неловко маневрируя, задел центрирующий штырь на верхней крышке спасательного люка и загнул его на левый борт. Какой конкретно экипаж это сделал, так и не выяснили. Или не захотели выяснить. Из записей переговоров с пилотами и из подводных съемок известно лишь, что произошло это в период с 17 по 19 августа. Дальнейшие спуски под воду больше напоминали труд Сизифа, чем реальную спасательную операцию.

Причем чтобы хоть как-то оправдать нерадивых спасателей, начальник пресс-службы ВМФ Дыгало и его коллега с Северного флота Игорь Бабенко озвучили версию о том, что присос не произошел из-за деформации комингс-площадки. Эта версия муссировалась не только Поповым, который год спустя после трагедии заявил: *«Нашим акванавтам надо было обеспечить герметичный вход в лодку через кормовой аварийно-спасательный люк, что оказалось невозможным не из-за плохой техники или малоопытности спасателей, а из-за глубокой трещины на комингс-пощадке».*

Генеральный конструктор АПРК «Курск» Игорь Баранов.

Следствие это не подтверждает. В постановлении о прекращении уголовного дела сказано:

«Из заключения экспертов (от 04 июля 2002 г.), производивших судебно-техническую экспертизу, усматривается, что присос камеры СГА АС-34 и АС-36 УПАСР СФ к комингс-площадке АПРК «Курск» оказался невозможен вследствие негерметичности внутреннего объема комингс-площадки АПРК «Курск» из-за углублений на комингсе верхней крышки спасательного люка и повреждения манжеты, которые были получены вследствие нештатных воздействий при эксплуатации или, что наиболее вероятно, при аварии и привели к негерметичности спасательного люка».

О повреждении комингс-площадки следствие говорит предположительно.

А что же генеральный прокурор? Он повторяет затасканную легенду:

«16 августа 2000 г. в период с 00 часов 38 минут до 01 часа 30 минут АС-34 4 раза заходил на комингс-площадку АПЛ «Курск» и 3 раза предпринимал попытку присоса к аварийно-спасательному люку крейсера, однако присос не происходил. Не получалось. Так бывает при сильном взрыве, когда вся конструкция испытывает сильные деформации. То же самое может произойти при сильном ударе о грунт. В данном случае произошло повреждение комингс-площадки, к которой должен пристыковаться аппарат».

На самом деле комингс-площадка – это цельная литая конструкция большой толщины, гораздо прочнее примыкающей к ней лодочной обшивки. При аварии может смяться все что угодно, только не комингс. Сказки военных звучали до тех пор, пока норвежские водолазы не сообщили, что люк цел. Один из них, Джим Маллен, на вопрос корреспондентки «Комсомольской правды» Наталии Грачевой «Как долго вы открывали первый люк?» заявил: «Он открылся очень легко».

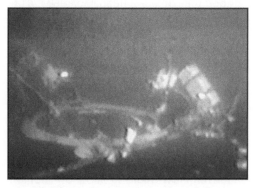

Норвежские водолазы легко открыли спасательный люк.

В акте обследования спасательного люка «Курска», проводившегося после его подъема в ноябре 2001 года, указывается, что *«на комингсе верхней крышки спасательного люка обнаружены два углубления длиной по 15 мм, глубиной 0,5 мм, шириной 1 мм каждое».* В этой связи возникает несколько вопросов. Могли ли эти царапины стать причиной неприсоса спасательных аппаратов? Где, когда и каким образом они могли быть получены?

По мнению Александра Тесленко, мелкие трещины не влияли на ход спасательных работ. Это подтвердили две комиссии – правительства и Северного флота; в качестве причин, по которым спасательные аппараты не смогли присосаться, царапины они не упоминают. В заключении, подписанном командиром 40-го ГосНИИ Министерства обороны РФ Ю. Сухачевым, заместителем командира 1-го ЦНИИ МО РФ Л. Яшенькиным и генеральным конструктором АПРК «Курск» И. Барановым, по поводу царапин сказано следующее:

«Имевшийся на забоинах налет продуктов коррозии темного цвета исключает их образование в первые дни после постановки АПК «Курск» в док ПД-50 (до проведения обследования состояния спасательного люка с комингс-площадкой). В связи с этим наиболее вероятно, что указанные повреждения комингса верхней крышки спасательного люка были получены до 10 августа 2000 года в результате нештатных воздействий при эксплуатации АПК».

Красноречивый вывод, не правда ли?

Мой любимый писатель-подводник Александр Покровский в статье «О «Курске» писал:

«О спасении. Спасательная операция проведена так, что о ее руководителях ничего приличного сказать нельзя. Это позор. Причем вселенский. Особенно удручает то, что они начинают всем «баки заколачивать» насчет того, что люди жили 6 часов. Это же просто бессовестно. По моим расчетам, они должны были жить минимум 3, максимум 7–10 суток.

Самое странное, что в ходе этой позорной «спасательной операции» на лодку даже не пытались подать воздух через систему «Эпрон», чтобы провентилировать кормовые отсеки и тем спасти людей хотя бы от отравления угарным газом. Через ту же систему «Эпрон» на затонувшую лодку можно подать электричество, через нее можно продуть ЦГБ. Черт те что можно через нее делать, а они пытались несколько суток пристыковать эту плавающую спасательную ерунду на дохлых аккумуляторах. Даже если б и пристыковали. Даже если б и взяли несколько человек, то остальные, дожидающиеся своей очереди, могли бы хоть дышать нормально и свет бы у них был – ничего не сделано. Об «Эпроне» – ни слова. А нас учили, что это азбука спасения».

Александр Покровский отлично знаком со всеми проблемами Военно-морского флота России.

Покровский понимает ситуацию как военный моряк, знающий кухню военно-морской машины, все ее винтики, все ее приводные ремни. Он без материалов уголовного дела, без консультаций и экспертиз несколькими мазками нарисовал маслом картину бардака на флоте и психологию начальственных «спасателей».

Привожу эту статью полностью в приложении № 5.

Адмирал Попов и прокурор Устинов с упорством, достойным лучшего применения, продолжают твердить: первый – о трещине в комингс-площадке, второй – о ее повреждении, не упоминая о том, что повреждение – это лишь царапина, которая, по мнению создателя лодки И. Баранова, вероятнее всего, появилась еще до выхода «Курска» в море, и продолжают покрывать непрофессионализм экипажей спасательных аппаратов, а также, не дай бог, конструктивные недостатки корабля.

Как «Курск» никогда, даже на государственных испытаниях, не стрелял перекисно-водородной торпедой, точно так же не было проведено ни одного испытания и ни одного учения по спасению экипажа с применением автономных глубоководных спасательных аппаратов.

Кто должен отвечать за эти просчеты? Руководство и конструкторы ЦКБ «Рубин», которые не осуществляли авторский надзор? Руководство ВМФ России и Северного флота, которое при проведении государственных испытаний, при включении корабля в состав ВМФ и при эксплуатации в течение четырех лет не озаботилось проведением хотя бы одного учения по спасению экипажа из ЗПЛ?

На эти вопросы однозначных ответов у меня нет. Они должны быть у бывшего главкома ВМФ, у командующего Северным флотом, у его начальника штаба, у прокуроров...

Следователь Егиев в дополнительном постановлении отвечает на эти вопросы, но его вывод о том, что виновных нет, остается без изменения.

«С. 127. В постановлении написано: «Вместе с тем предварительным следствием достоверно установлено, что даже при более раннем обнаружении местонахождения «Курска» на грунте спасти экипаж не представилось бы возможным ввиду скоротечности его гибели».
Дополнить словами:
1. Как следует из изложенного выше, поисково-спасательный отряд Северного флота не был готов к оказанию помощи подводной лодке, лежащей на грунте. В связи с этим изначально не было технической возможности организации должных поисково-спасательных работ.
В связи с этим учения с использованием подводных лодок вообще не должны были проводиться.
2. В результате ошибок командования Северного флота подводная лодка была объявлена аварийной с 9-часовым опозданием, в связи с чем с опозданием были начаты поисково-спасательные работы.
3. В результате ошибок командования силы ПСО оказались неготовы в необходимое время прибыть в район аварии.
4. Спасти личный состав атомной подводной лодки не представилось возможным в связи с отсутствием для этого необходимых технических средств.

5. Следствием не доказано, что личный состав АПЛ «Курск» жил не более 8 часов. Напротив, материалами дела подтверждается, что сигналы из района аварии АПЛ «Курск», в том числе аварийные сигналы, поступали вплоть до 11:00 14 августа 2000 года и фиксировались в Вахтенном журнале и на кассеты.

Техническая возможность спасения личного состава ПЛ могла иметься только в случае, если:

— подводная лодка была бы своевременно объявлена аварийной;

— спасательные суда с глубоководными водолазными комплексами (до 110 м), глубоководными водолазами и необходимым числом барокамер, современными навигационными и гидроакустическими приборами находились бы в районе учений или пребывали бы в 1-часовой готовности к выходу;

— на судах и подводных аппаратах был бы опытный экипаж (командование, акустики и др.);

— на вооружении флота имелись бы современные подводные аппараты с необходимым навигационным и гидроакустическим оборудованием, новыми аккумуляторными батареями;

— после обнаружения АПЛ «Курск» было бы установлено, что аварийно-спасательный люк деформирован и что открыть его способны лишь водолазы;

— в распоряжении Северного флота имелись бы водолазные колокола, инструменты для открытия аварийно-спасательного люка;

— на судах-носителях подводных аппаратов имелись бы стыковочные узлы для перевода пострадавших из аппаратов в барокамеры для рекомпрессии».

Если ни следователь Артур Егиев, ни бывший главный военный прокурор, ни бывший генеральный прокурор, ни бывший, он же действующий, верховный главнокомандующий не могут найти виновных в гибели 118 моряков и лучшего подводного крейсера ВМФ России, может быть вы, уважаемые читатели, используя лишь материалы следствия, поможете им сделать это?

Для этого нужно всего лишь ответить на вопрос: если Егиев утверждает, что при такой организации поисково-спасательных работ учения с использованием подводных лодок не должны были проводиться, то кто виноват в том, что такие учения с участием погибшего крейсера «К-141» все же были проведены?

А если вы соотнесете этот вопрос со всеми остальными тезисами следователя, то я не сомневаюсь, что вы придете к однозначному выводу: виновными в катастрофе следует считать верховного главнокомандующего, руководство ВМФ и Северного флота.

Глава 12.
«У нас на борту смерть»

Начнем эту главу с описания вооружения «К-141». Перед выходом в свой последний поход 10 августа 2000 года на борту АПРК «Курск» были:

- 24 крылатые ракеты (22 боевые крылатые ракеты с обычными боевыми частями и 2 практические ракеты);
- 24 торпеды, в том числе 20 боевых торпед калибра 533 мм;
- 1 серийная практическая торпеда[48] калибра 533 мм (предназначена для учебных стрельб), укомплектованная практическим зарядным отделением без взрывчатого вещества;
- 2 торпеды калибра 650 мм: одна – практическая, вторая – боевая.
- 3 боевые торпеды калибра 533 мм и 1 боевая торпеда калибра 650 мм находились в трубах торпедных аппаратов № 1, № 5, № 6 и № 3, 1 боевая торпеда калибра 650 мм – на стеллаже торпедного аппарата № 3;
- 1 практическая торпеда калибра 533 мм – на стеллаже торпедного аппарата № 2;
- 17 боевых торпед калибра 533 мм – на основных и дополнительных стеллажах;
- 1 практическая торпеда калибра 650 мм – на стеллаже торпедного аппарата № 4.
- Кроме того, на борту находилось стрелковое оружие.

Расположение боевых и практических торпед перед выходом в море имеет большое значение. Торпеда, которая будет интересовать нас больше других, – это практическая торпеда калибра 650 мм на стеллаже торпедного аппарата № 4.

Торпеда «Кит» № 65-76 разработана в ленинградском ЦНИИ «Гидроприбор» на рубеже 1960–1970-х годов. Конструкторам была поставлена задача создать дальнобойное, скрытное и мощное оружие, которое позволило бы советским подводным лодкам поражать различные надводные цели (авианосцы и другие крупные корабли противника), не входя в зону поражения их противолодочной обороны.

Разрезной макет торпеды «Кит».

Торпеда 65-76 ПВ – парогазовая. Основной компонент топлива – керосин, а в качестве окислителя применяется маловодная перекись водорода концентрации 83–85%. В процессе разложения 1 кг перекиси выделяется около 0,5 кг кислорода, вода и 197,5 кДж тепла. При соединении керосина с окислителем вследствие высокого давления и высокой температуры создается парогазовая струя, которая при попадании на лопатки турбины преобразует тепловую энергию в механическую и заставляет вращаться винт. Этот принцип движения позволяет достичь высокой скорости, а главное – большой дальности торпеды.

Пероксид водорода очень опасен. Даже в обычном стакане жидкость дымится, нагревает стеклянные стенки и воспламеняется. Такая реакция характерна для соединения перекиси водорода с органическими веществами.

Еще мальчишкой, только-только освоив азы химии, я с дворовой шпаной изготавливал взрывпакеты – в пакетик с марганцовкой мы добавляли несколько капель обычной перекиси водорода, и через несколько десятков секунд происходил тепловой взрыв. За эксперименты с марганцовкой и перекисью, с бертолетовой солью и красным фосфором меня поставили на учет в детскую комнату милиции.

Николай Мормуль в книге «Запас плавучести» пишет, что этот вид торпеды с жидкостным двигателем появился на вооружении советского ВМФ в начале 1970-х годов (на самом деле раньше. – **Б.К.**). Ее скорость – 50 узлов. Ни одна из существующих торпед такую скорость не развивает. Ракета имеет головку наведения, реагирующую на кильватерный след надводного корабля, что обеспечивает практически стопроцентное поражение цели. Вес боевого заряда этой торпеды – ядерной или простой – больше полутонны.

Самым слабым местом торпеды с жидкостным двигателем является использование в ней в качестве топлива крайне агрессивных элементов – жидкого кислорода и перекиси водорода (вместо жидкого кислорода использовался керосин). Когда эти вещества попадают в открытую среду и соединяются, объемный взрыв с температурой до 3000 градусов неминуем, а в замкнутом пространстве, например, в торпедном аппарате, сила взрыва может достигать 1–2 тонн в тротиловом эквиваленте. Если учесть, что эти торпеды постоянно «текли» (в процессе непрерывной модернизации ученые так и не смогли добиться их полной герметичности), риск возникновения пожара висел дамокловым мечом над кораблем всегда. При обнаружении протечки топлива из торпеды по инструкции ее следует немедленно отстрелить.

Торпеда заправляется пероксидом водорода непосредственно перед погрузкой на лодку, а при хранении торпеды этого проекта на минно-торпедных складах резервуар окислителя заполняется азотом для предотвращения химических реакций в резервуаре. Но в этот раз то ли кончился азот, то ли по привычному российскому разгильдяйству резервуар окислителя заполнили обычным атмосферным воздухом, который вблизи Баренцева моря континентальной сухостью не отличается.

Перекисно-водородная торпеда – не отечественное изобретение. Первыми до этого додумались немцы в середине 1940-х годов, однако на вооружение такую торпеду поставить не успели. Во время Второй мировой войны у них на вооружении стояли электрические торпеды, работающие на аккумуляторах. Если такую торпеду заметить вовремя, то при грамотном маневрировании от нее можно уклониться. И таких случаев было немало. Всю войну в Германии шла непрерывная работа по усовершенствованию торпед, и в 1944 году была разработана торпеда «Steinwal» 533 мм, работавшая не на сжатом воздухе, а на маловодной перекиси водорода. К 1945 году было изготовлено 12 экспериментальных образцов, но из-за дефицита перекиси водорода, которая использовалась в качестве компонента топлива к баллистическим ракетам V2[49], «Steinwal» в серию не пошла.

А вот как выглядят тактико-технические характеристики торпеды 65-76: калибр – 650 мм, длина – 11,3 м, масса – 4,45 т, скорость – до 50 узлов (92 км/ч), по другим данным – до 70 узлов, дальность – 50 км. При крейсерской скорости 30–35 узлов (60 км/ч) дальность возрастает до 100 км. Субмарины могли стрелять торпедой с больших (до 480 м) глубин при движении подлодки со скоростью 13 узлов. Система наведения – акустическая, по кильватерному следу. Вес заряда обычного взрывчатого вещества в боевой части – 530 кг (могли применяться и ядерные боеприпасы). Торпеда имела электромагнитный неконтактный и контактный взрыватели. В 1976 году торпеда 65-76 была принята на вооружение подводных лодок проектов 671РТ и 671ТМ[50].

Чтобы окончательно разобраться в том, что произошло на «Курске», есть смысл вспомнить события 1994 года. Тогда с 10 ноября по 1 декабря проводились испытания комплексов торпедных аппаратов лодки. На глубине 280 метров их испытывали на герметичность, скрупулезно проверяли передние и задние крышки с кремальерами, арматуру, механизмы и многое другое. Все работало безукоризненно. Тогда же прошли стрельбы имитаторами и торпедами. Стреляли из первого, второго, третьего и пятого аппаратов торпедами калибра 533 мм. Стрельбы перекисно-водородными торпедами не было. На Северном флоте на подводных лодках проекта 949А оружие такого типа по прямому назначению не использовалось никогда.

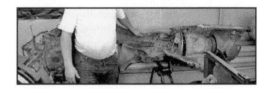

Торпеда 65-76, взорвавшаяся на «Курске».

Торпеда, из-за которой погибла лодка, была изготовлена в Алма-Ате на «Машзаводе» в 1989 году, год спустя передана российскому ВМФ и хранилась на торпедо-технической базе Северного флота. Ее общий срок службы – 20 лет. Через каждые 10 лет, независимо от того, пролежали торпеды на складе или их активно эксплуатировали, они должны пройти капитальный ремонт. Ремонт торпеды был, но здесь есть смысл процитировать генпрокурора:

«В 2000–2001 гг. при проведении контрольных проверок Минно-торпедным управлением СФ и авторским надзором выявлен ряд недостатков по приготовлению, обслуживанию и хранению торпед на Северном флоте:

– допускалось повторное использование уплотнительных колец, бывших в употреблении;

– не полностью выполнялись предусмотренные Инструкцией по эксплуатации проверки […] целостности электрической цепи от сигнализатора давления СТ-4 до устройства АЭРВД боевых и практических торпед, а также проверка функционирования системы дегазации и срабатывания указанного сигнализатора.

На торпедах, которыми был вооружен крейсер «Курск», аналогичные недостатки выявлены не были. В то же время имел место ряд нарушений при организации приготовления торпеды».

А как могли быть выявлены недостатки торпеды, которая была загружена в «Курск» и послужила причиной гибели корабля и экипажа, если осмотр оставшихся на складе торпед этого проекта и оценка их состояния производились не до выхода «Курска» в море, а после катастрофы? Еще одна уловка, чтобы спрятать концы в воду.

При проверке состояния торпед, хранящихся на базе Северного флота, были выявлены многочисленные факты повторного использования уплотнительных резиновых прокладок, непосредственно контактирующих с пероксидом водорода. Это грубое нарушение инструкции по эксплуатации этих торпед, так как резиновые прокладки со временем теряют эластичность и через них происходит утечка легковоспламеняющейся жидкости.

На наружной поверхности торпед в местах сварных швов зафиксированы ржавые раковины глубиной до 5 мм. А это тоже прямой путь к аварии. У одних торпед отсутствовали специальные сигнализаторы, контролирующие давление пероксида водорода в резервуарах, у других был превышен срок годности. В частности в ходе следствия установлено, что на торпеде с «Курска» дважды использовалось уплотнительное кольцо и вышел срок годности сигнализатора СТ-4.

«У нас на борту находится смерть», – сказал матери за шесть дней до аварии старший лейтенант Сергей Тылик.

Надежда Тылик в феврале 2001 года расскажет об этом на пресс-конференции в фонде «Право матери». Во время первой встречи родственников с официальными представителями власти у женщины случилась истерика, и ее широко транслировали по телевидению. Позже Тылик выскажет сожаление по поводу истерики. По ее словам, нужно было просто подойти к главкому Куроедову и сорвать с него погоны.

После того как в торпеду закачан пероксид водорода, любая, даже легкая встряска может повысить давление в резервуаре. В промежутке между заправкой торпеды окислителем на минно-торпедном складе и погрузкой ее на лодку к торпеде подключается специальный прибор – СКО. Он же подключается к торпеде на стеллаже в 1-м отсеке подводной лодки. СКО контролирует уровень давления в резервуаре с окислителем. Если давление повышается во время плавания, на командном пункте загорается лампочка-сигнализатор, а излишки пероксида сбрасываются за борт. В случае нештатной ситуации командир обязан немедленно отстрелить торпеду и предотвратить трагедию. Он принимает это решение самостоятельно, без согласования с флотским начальством.

На должность командира минно-торпедной части после прохождения курса соответствующей подготовки был назначен старший лейтенант Алексей Иванов-Павлов. Ранее он служил командиром боевой части подводной лодки проекта 945 и прибыл на «Курск» в день загрузки практической торпеды на борт корабля.

Руководство Северного флота прятало концы в воду. Если верить документам, представленным следствию командованием флота, Иванов-Павлов проходил обучение в составе экипажа «Курска» 20 июля 2000 года и был допущен к самостоятельному управлению БЧ-3. Но в его зачетном листе вопросы эксплуатации торпед калибра 650 мм не отражены[52]. Более того: когда экипаж «Курска» проходил обучение, Иванов-Павлов не учился вместе с экипажем, а служил на другой подводной лодке.

При допросе В. Попова и М. Моцака следователи не задали вопросы о том, кто сфальсифицировал документы об обучении Иванова-Павлова в составе экипажа «Курска», кто выпустил в море корабль для выполнения самостоятельных торпедных стрельб с командиром БЧ-3, незнакомым с боевой техникой? Отмечу, что показания свидетелей – старших офицеров флота похожи друг на друга, как однояйцовые близнецы – корабль был готов, экипаж обучен. Видимо, следователи просто раздали свидетелям бланки протокола допроса, а те заполняли эти бланки под диктовку командования.

Старшиной команды торпедистов был старший мичман Абдулкадыр Ильдаров. Из его личного досье следует, что с 1981 года он проходил службу на подводной лодке проекта 671 РТ и имел дело с перекисно-водородными торпедами. Однако торпеды калибра 650 мм существенно отличаются от тех, которыми вооружался «Курск», и прежде всего – конструкцией системы контроля окислителя. Ильдаров, как и исполняющий обязанности флагманского минера дивизии подводных лодок в составе походного штаба на борту «Курска» Марат Байгарин, прошел теоретический курс в учебном центре ВМФ и практиковался лишь на тренажере.

Что касается торпедистов из числа матросов по призыву Ивана Нефедкова и Максима Боржова, то их включили в состав экипажа подводной лодки накануне выхода в море. Они не прошли полного курса, в том числе подготовки оружия к применению. К системам контроля окислителя матросы-призывники допущены не были.

Кстати, еще в декабре 1999 года представители ЦНИИ «Гидроприбор», разработчики торпеды проекта 65-76, должны были провести с флагманским минером и другими командирами «Курска» теоретические занятия по обучению и допуску к эксплуатации систем торпеды. Но из-за отсутствия на тот момент штатного минера занятия отменились. Никто из перечисленных офицеров, матросов и мичманов не знал, как подключить торпеду к системе контроля окислителя.

Простите меня, отцы, матери и жены ребят, имена которых я здесь упоминаю. В том, что их недоучили, их вины нет. В обязанности руководства флота входит все, что связано с подготовкой личного состава, в том числе – обучить моряков применять оружие, с которым они ранее не сталкивались. Это вина того же Попова и других отцов-командиров.

Еще один щекотливый момент. А знал ли Геннадий Лячин, что никто из боевой части № 3 не имел практических навыков обращения с перекисно-водородной торпедой проекта 65-76? Думаю, не мог не знать. А мог ли он отказаться от стрельбы именно этой торпедой? Думаю, что мог, но только теоретически. На практике приказы не обсуждаются, а выполняются. Далеко не каждый командир способен жестко сказать вышестоящему начальству: «Нет». А если к тому же в Москве лежит представление на присвоение тебе звания Героя России? Не хочу бросать тень на кого-либо из экипажа, но существующая система в армии, флоте и в Главной военной прокуратуре не позволяет озвучивать свою позицию, если она существенно отличается от мнения руководства.

В голову приходит тирада, приписываемая заместителю командующего Северным флотом, вице-адмиралу Владимиру Доброскоченко: *«А старпом тяжелого ракетного крейсера «Адмирал Ушаков» обнаглел до такой степени, что мерзкий рапорт написал на имя командующего Северным флотом с просьбой оградить его от моих нападок и оскорблений. Такое не забывается никогда – я все сделаю, но этот рапорт постараюсь ему даже в гроб положить».*

Чтобы отстаивать свое мнение, нужно иметь большое гражданское мужество, полную выслугу лет и готовность в случае чего немедленно отправиться в отставку, как это сделал начальник Следственного управления Главной военной прокуратуры генерал-майор юстиции Виктор Степанович Шеин.

Ну, а что же офицеры, которые готовили торпеду к практической стрельбе? В соответствии с приказом, «толстушка»[51] должна была быть подготовлена к учениям расчетом цеха минно-торпедного склада с 21 по 27 июля. Поначалу операцией руководил старший лейтенант Алиферов, но с 28 июля подготовка осуществлялась под руководством старшего мичмана Козлова, который не был допущен к выполнению обязанностей в качестве командира расчета. В контрольно-приемном листе стоит ряд подписей. В графе «принял/исп» расписался заместитель начальника цеха, капитан Шевченко, который не имел права самостоятельно руководить действиями по подготовке торпеды.

3 августа заместитель командира по торпедным вооружениям войсковой части капитан II ранга А. Коротков произвел контрольную проверку. На

ней от АПРК «Курск» присутствовали Алексей Иванов-Павлов и Абдулкадыр Ильдаров. Они были опрошены на предмет знания правил эксплуатации торпеды, после чего состоялось ее принятие. Опрос должен был проводить Коротков, но, если верить документам, это сделал старший мичман Козлов, который, как уже упоминалось, не имел права проверять подготовку экипажа. Процедура была как минимум формальной, а с большой степенью вероятности можно предположить, что эти документы и подписи появились после трагедии.

Здесь также следует отметить, что приказ от 20 июня 2000 года о допуске к приему и эксплуатации торпед калибра 650 мм подписан неправомочным лицом. Свой автограф на документе поставил врио командира дивизии капитан I ранга А. В. Краснобаев. В тот момент он являлся заместителем начальника штаба дивизии по оперативной и боевой подготовке, и его служебное положение, согласно инструкциям и приказам, не позволяло выдавать такие санкции.

В экспертизе вице-адмирала Рязанцева недвусмысленно указывается на различия в подписях, а экспертизы, которые есть в уголовном деле, это подтверждают. Правда, следователи ограничились констатацией факта подделки документов, но выяснять, кто именно эти документы фальсифицировал, кто давал указание об их подделке, следствие не стало. В постановлении о прекращении уголовного дела о фальсификации документов не упоминается.

Еще раз процитирую Александра Покровского: *«О причинах взры-*

вов говорить можно до утра, одно бесспорно — они погрузили неисправную торпеду для этой стрельбы. Кроме того, она перекисная. Согласен, торпедисты на «Курске» именно этой торпедой чуть ли не первый раз в жизни должны были стрелять. Я не знаю, какой Попов командующий (не берусь судить), но то, что торпедисты были «сырые», это на его совести и на совести его офицеров».

Александр Покровский не изучал материалы уголовного дела, ему неизвестны фактические обстоятельства подготовки корабля и экипажа, но он попал в яблочко.

Вопрос о готовности корабля к выходу в море — один из наиважнейших. Готов корабль к выходу в море — есть разрешение на выход, не готов — выход запрещен. На вопрос о готовности «Курска» Устинов в своей книге прямого ответа не дает:

«Из заключений экспертов, в частности вице-адмирала В. Д. Рязанцева, можно было бы сделать косвенный вывод, что к учениям подводная лодка не была подготовлена полностью должным образом. Но это не стало и не могло стать причиной катастрофы. Однако такое предположение необходимо было подтвердить тщательным и полным расследованием. Повторюсь, версий в первое время было очень много».

Устиновская книга вышла после окончания расследования, и если следствие не сделало выводов и не связало установленный факт неготовности корабля к выходу в море и к стрельбе перекисно-водородной торпедой с последующей трагедией — это проблема следствия и самого Устинова, а также свидетельство того, что того самого устиновского «тщательного и полного расследования» не было. Придя к таким выводам, которые Устинов излагает в книге, его прямая обязанность – возобновить предварительное следствие.

Но одно дело – словесное утверждение, что экипаж не был подготовлен к стрельбе перекисно-водородной торпедой, а другое – наличие документальных подтверждений того, как фактически экипаж «работал» с этой торпедой. В постановлении о прекращении уголовного дела (с. 15) сказано: *«Погрузку боезапаса на подводную лодку также контролировал флагманский минер капитан II ранга Кондратенко А. В. Он же контролировал подключение торпеды после ее загрузки на автоматизированный стеллаж к системе контроля окислителя».*

Но флагманский минер остался на берегу!

По утверждению Валерия Рязанцева, старшина команды торпедистов «Курска» попросил знакомого торпедиста – мичмана, контрактника с соседней подводной лодки – показать ему, как производится подключение торпед к системам контроля окислителя. Именно этот безымянный мичман и подключил боевые торпеды на борту «Курска» к системе контроля окислителя и поинтересовался у приятеля, могут ли торпедисты эксплуатировать эти торпеды.

Мы имеем беспрецедентный случай неготовности экипажа к боевому применению и эксплуатации оружия, которое ему вверено. Но, как я уже говорил, это не вина экипажа, это его беда.

Есть еще один важный момент, который не упоминается в материалах уголовного дела. Ходили слухи, что торпеду во время транспортировки уронили. Однако этот факт, что называется, под протокол никто не подтвердил. Генеральный конструктор «Рубина» Игорь Спасский по этому поводу написал следующее:

«Необходимо иметь в виду, что при транспортировке торпеды от технической базы, при ее погрузке на подводную лодку и затем – в торпедный аппарат корпус торпеды даже при самых идеальных условиях выполнения операций несет определенные нагрузки, в основном изгибные. Это обстоятельство может существенно повлиять на развитие скрытых дефектов в швах корпуса торпеды и вызвать протечку перекиси. Если предположить, что в течение восьми дней нахождения большой практической торпеды на стеллажах в отсеке протечки не были обнаружены, то это значит, что негерметичность появилась и развивалась после погрузки торпеды в торпедный аппарат, которая осуществляется обычно за три часа до стрельб».

Налицо целый ряд нарушений инструкций и приказов по эксплуатации, хранению и использованию перекисно-водородной торпеды калибра 650 мм. Каждое из них может находиться в причинной связи с взрывом торпеды, приведшим к гибели корабля и экипажа. Однако, поскольку точную причину утечки пероксида водорода установить невозможно, Главная военная прокуратура сделала вывод, что доказать вину того или иного должностного лица, допустившего мелкое, среднее или крупное нарушение, нельзя.

Существует философский закон перехода количества в качество.

> Множество ошибок, которые объединены не очень цивильным, но емким словом «бардак», привели к катастрофе. А за нее должно отвечать командование Северного флота. Форма ответственности очень проста: выпуск неподготовленного корабля и экипажа привел к его гибели и смерти 118 подводников, а это значит, что между халатностью и тягчайшими последствиями есть причинная связь.

Генеральный прокурор Владимир Устинов пишет о каких-то «косвенных выводах». Простите, но такого понятия нет ни в теории права, ни в юридической практике. Могут быть косвенные доказательства.

За псевдонаучными фразами Устинов скрывает факты и доказательства, а названием своей книги «Правда о «Курске» скрывает эту правду. Давайте посмотрим на выводы эксперта так, как пишет Артур Егиев в постановлении о прекращении уголовного дела (с. 35–39):

«Как следует из заключения эксперта Рязанцева В. Д., заместителя начальника Главного управления боевой подготовки Вооруженных сил РФ, от 13 мая 2002 г., отработка и сдача задачи Л-1 личным составом экипажа АПРК «Курск» 22 июня 2000 г. проведена некачественно, во многих случаях формально отработано большинство элементов специальных курсовых задач по боевым частям и службам подводной лодки и в целом вышеуказанной задачи.

Так, в журнале «Планы тренировок, занятий минно-торпедной боевой части АПРК «Курск» имеются отметки о том, что 30 мая 2000 г. с личным составом минно-торпедной боевой части проведено восемь занятий и три тренировки по специальности. Планы занятий и тренировок БЧ-3 утверждены командиром АПРК «Курск» 31 мая 2000 г., то есть после проведения этих занятий. Судя по отметкам в данном журнале, с личным составом БЧ-3 в период с 30 мая по 14 июня 2000 г. были проведены занятия и тренировки в объеме годового плана специальной подготовки личного состава БЧ-3, что практически невозможно сделать. Разработанные командиром БЧ-3 и утвержденные командиром АПРК «Курск» планы занятий и тренировок не соответствуют методике разработки подобных занятий, существующей в ВМФ. Организационные приказы БЧ-3 не откорректированы с 1998 г. План подготовки личного состава БЧ-3 к выходу в море 10 августа 2000 г. на комплексную боевую подготовку не утвержден командиром подводной лодки и не согласован с флагманским минером.

Формуляр системы контроля окислителя не заполнен после погрузки 20 июля 2000 г. торпед. В журнале минно-торпедной боевой части нет записи о погрузке практической торпеды калибра 650 мм от 3 августа 2000 г., хотя записи о погрузке других торпед имеются. Экипаж АПРК «Курск», в нарушение КАПЛ-87, требующего, что при подготовке экипажей подводных лодок первой линии «в целях поддержания достигнутого уровня боевой подготовки, установленной боевой готовности подлежат обязательному выполнению боевые упражнения

НТ-З, НТ-4 (НР-4), ПТ-З (ПР-3)» (то есть, ежегодно выполнять хотя бы одну стрельбу практической торпедой), не выполнял торпедные стрельбы практическими торпедами с 1998 г. [...]
В журнале осмотра корпуса, устройств и систем корабля с 18 декабря 1999 г. отсутствуют записи о работе постоянной корабельной комиссии по осмотру корпуса, устройств и систем АПРК «Курск». [...] Боевая подготовка перед выходом АПРК «Курск» в море на учения в августе 2000 г. осуществлялась со значительными недостатками, многие мероприятия боевой подготовки проводились совместно с другими мероприятиями, которые по своему назначению не могли совмещаться друг с другом.
Так, согласно записям в вахтенном журнале АПРК «Курск» от 1 августа 2000 г., на подводной лодке проводилось следующее:
16:34 – окончена тренировка КБР по выходу в ракетную атаку;
16:35 – начата тренировка КБР по выходу в торпедную атаку;
16:56 – учебная тревога для погрузки ракетного оружия;
17:10 – начата погрузка ракетного оружия;
17:41 – окончена тренировка КБР по выходу в торпедную атаку.
[...] «Сборник инструкций по хранению, уходу, окончательному приготовлению изделий и систем для их обслуживания», обнаруженный на борту АПРК «Курск» в ходе осмотра, подписан капитан-лейтенантом Маратом Байгариным, ранее проходившим службу на АПРК «Курск» в качестве командира минно-торпедной боевой части[53].
Инструкции, содержащиеся в вышеуказанном сборнике и касающиеся обслуживания перекисно-водородных торпед, не соответствуют «Инструкции по обслуживанию торпеды...» и порядку обслуживания торпедных аппаратов и систем, которые установлены на АПРК «Курск», а применяются для обслуживания торпедных аппаратов, установленных на подводных лодках 671 РТМ проекта, имеющих существенное отличие в порядке эксплуатации и обслуживания во время торпедной стрельбы. Исходя из даты и подписи командира минно-торпедной боевой части АПРК «Курск» капитан-лейтенанта Байгарина, данный сборник инструкций длительное время находился на подводной лодке, что является нарушением требований «Технического описания и инструкции по техническому обслуживанию и хранению на подводной лодке торпеды калибра 650 мм».

Иными словами, готовились к стрельбе одной торпедой, а руководствовались инструкцией... по другой.

Из экспертизы вице-адмирала В. Д. Рязанцева я привел только те выдержки и те факты, которые касались перекисно-водородной торпеды, сама же экспертиза занимает не один десяток страниц. Экспертиза проведена просто блестяще, ее вместе с комментариями военных специалистов можно выпустить отдельным изданием.

Торпеда с таким двигателем представляет наибольшую угрозу для лодки и экипажа. Об этом говорит и мировой, и собственный опыт.

16 июня 1955 года в порту Портленда (Великобритания) на пришвартованной к причалу дизель-электрической подводной лодки HMS «Sidon» раздался взрыв, погибли 13 английских моряков. Взорвалась высокоскоростная торпеда Mark-12 «Fancy» с окислителем на основе перекиси водорода. Королевским флотом этот тип торпед больше никогда не использовался.

Мы же из этой аварии полувековой давности выводов не сделали. Может быть, потому, что у нас не было подобных катастроф? Ничего подобного! Аварии с торпедами случались: в 1966 году на Черноморском флоте на подводной лодке «С-384», в 1970 году – на Тихоокеанском, а в 1972 году – на Северном. Один человек погиб. Мы не учимся ни на чужих ошибках, ни на своих. После «Курска» перекисно-водородные торпеды сняли с вооружения.

Адмирал Олег Ерофеев в упомянутой мною книге пишет: *«Думаю, что, если бы в свое время объективно и глубоко было проведено расследование взрыва боезапаса на ПЛ «Б-37»*[54] *в Полярном, а самое главное, если бы результаты этого расследования были доведены до личного состава ВМФ, не произошло бы взрыва боезапаса и на ПЛАРК «Курск».*

Глава 13.
Как «Она тонула...»

С 19 по 27 июля 2000 года на «Курске» проводился планово-предупредительный ремонт. Статья 566 Корабельного устава ВМФ запрещает проведение мероприятий по боевой подготовке в дни осмотров и ремонтов. Но несмотря на запрет в эти же дни экипаж «Курска» подвергался тотальным проверкам: 20 июля – офицерами Главного штаба ВМФ, 25 июля – штабом дивизии, 26 июля – штабом флотилии, 27 июля – штабом Северного флота.

Даты проверок и иерархия проверяющих представляют для нашего исследования большой интерес. Руководящие документы ВМФ гласят, что разрешение на выход корабля в море дает командир дивизии на основании проверки его штабом. После доклада командира вышестоящему начальству готовность лодки может проверить штаб флотилии, затем – штаб флота и наконец – Главный штаб Военно-морского флота. Только такая давно апробированная последовательность исключает любое давление большезвездных адмиралов на офицеров и повышает их ответственность за принятые решения.

В случае с «Курском» все поставлено с ног на голову. Первыми 20 июля субмарину проверили офицеры Главного штаба ВМФ и сделали вывод о полной готовности корабля. А если уж самое высокое начальство после проверки не предъявило претензий, то все остальные проверки, вероятнее всего, носили формальный характер.

Во время проведения проверок личный состав занимался боевой подготовкой: 20 июля – учение по погрузке и выгрузке боезапаса, погрузке двух боевых торпед; 21 июля – отработка по борьбе за живучесть на учебно-тренировочном судне; 22 июля – сборы личного состава БЧ-4 под руководством флагманского специалиста флотилии; 24 июля – тренировка в учебном центре по выходу в торпедную атаку.

О каком ремонте в таких условиях идет речь? О чем думали командиры? И почему они не заглянули в Корабельный устав ВМФ?

12 августа с 11:30 до 13:30 «Курск» по плану учений должен был произвести два выстрела торпедами калибра 533 мм и 650 мм из аппаратов № 2 и № 4. Обычно торпеду загружают в торпедный аппарат за три часа до выстрела. Последовательность действий личного состава отсека должна быть следующей: до стрельб моряки 1-го отсека отсоединяют «толстушку» от прибора контроля окислителя и на подъемнике загружают в торпедный аппарат, где снова подключают к системе контроля окислителя.

Инструкций по эксплуатации и боевому применению торпеды 65-76 должно быть две: первая – заводская, вторая – флотская. Заводской инструкции на борту не обнаружено.

Специалисты Северного флота такую инструкцию не разрабатывали. Почему? Ответа на этот вопрос следствие не дало.

Для выталкивания торпеды любого типа из трубы торпедного аппарата необходим сжатый воздух, который подается из резервуара воздуха высокого давления (ВВД). Кроме выталкивания торпеды из торпедного аппарата в перекисно-водородных торпедах ВВД по системе трубопроводов поступает в торпеду и служит средством перемещения компонентов топлива внутри торпеды. В торпеде имеется пусковое устройство, своеобразный стартер, выражаясь автомобильным языком. Это устройство состоит из небольших резервуаров, из которых на первом этапе, сразу после выхода торпеды из торпедного аппарата, с помощью ВВД компоненты горючего поступают в камеру сгорания и лишь затем подаются из основных резервуаров. Чтобы исключить самопроизвольное возгорание окислителя, система трубопроводов подачи воздуха должна быть обезжирена и очищена от пыли и органических масел. Очевидно, трубопроводы очистке не подвергались.

Напомню, что перекисные торпеды экипажами «Курска» не использовались никогда. В материалах уголовного дела присутствует акт проверки и обезжиривания трубопроводов технического воздуха АПЛ «Курск» от 15 декабря 1999 года, но подписи членов комиссии и командира подводной лодки поддельные.

В одном из сохранившихся вахтенных журналов, найденных при осмотре поднятого со дна «Курска», обнаружена запись Иванова-Павлова: *«11 августа 2000 года 15 часов 50 минут. Произвели замер давления (роста) в резервуаре окислителя за 12 часов. Давление возросло до 1 кг/см. Произвели подбивку ВВД в воздушный резервуар до 200 кг/см».*

Валерий Рязанцев пишет в своей книге:

«[...] Во-первых, эта информация относится к перекисной практической торпеде 65-76 ПВ. Во-вторых, состояние окислителя этой торпеды длительное время, с 3 по 11 августа 2000 года, было в норме и не вызывало у личного состава каких-либо опасений. В-третьих, в перекисной практической торпеде через неплотности воздушной магистрали имелись микропротечки воздуха высокого давления. Это не является аварийной ситуацией. В торпедах (боевых и практических) пополнение воздуха высокого давления является обычной технологической операцией. Как автомобилисты перед рейсом проверяют давление в колесах автомобиля, так торпедисты перед стрельбой проверяют давление ВВД в воздушном резервуаре торпеды. При необходимости воздух в торпеде пополняют.

Делается это просто. В горловину торпеды вставляется специальная колонка, открывается запирающий воздушный клапан, и через корабельную систему технического воздуха в торпеду нагнетается воздух до нужного давления. Эта технологическая операция проводится с разрешения командира подводной лодки. В обнаруженной вахтенной документации не зафиксировано разрешение командира АПЛ на пополнение ВВД. Не зафиксировано также и время открытия-закрытия запирающего воздушного клапана в торпеде 65-76 ПВ. Имеется запись только о том, что происходила такая работа, как набивка воздуха в воздушный резервуар торпеды до требуемого давления».

Запись в журнале произведена Ивановым-Павловым в тот момент, когда практическая торпеда должна была находиться на стеллаже. Следовательно, химические процессы, которые привели к первому взрыву, начались в торпеде, загруженной в торпедный аппарат № 4.

Каждая торпеда имеет несколько степеней защиты, но мы не будем касаться защиты боевых торпед. Наша «толстушка» имеет два предохранительных устройства для несанкционированного запуска двигателя. Запирающийся воздушный клапан, который может открываться на стеллаже, служит только для подкачки ВВД.

Следующая степень защиты – курковой воздушный кран. Предварительно предохранение снимается перед загрузкой торпеды в аппарат торпедистами БЧ-3, затем ВВД подается на курковой воздушный кран, а окончательно предохранение снимается механическим срабатыванием курка через специальный зацеп в момент выхода торпеды из торпедного аппарата. После этого ВВД подается в резервуары окислителя и горючего, вытесняя их в камеру сгорания.

Еще раз подчеркну: никаких данных о нештатных ситуациях на борту корабля в то время, когда практическая торпеда калибра 650 мм находилась на стеллаже, зафиксировано не было. Ни записи, ни показания приборов, снятые после подъема «Курска», не дают материала для построения версии. Перед катастрофой аппаратура комплексной системы управления техническими средствами «Сталь» функционировала в режиме нахождения АПЛ в перископном положении. В ограждении выдвижных устройств перископы и антенны были выдвинуты. АПЛ шла на перископной глубине со скоростью около 6 узлов (11 км/час). Это означает, что экипаж проводил поиск и коррекцию цели для торпедной атаки.

Эксперты, исследовавшие природу взрывов, смоделировали несколько вариантов, по которым могли развиваться события в торпедном аппарате № 4.

Утечка пероксида водорода происходила через микротрещины, которые были либо заводским браком, либо появились в результате неправильного хранения, либо образовались при загрузке торпеды. Не исключена утечка окислителя через резиновые прокладки, которые из-за длительной эксплуатации сверх срока годности потеряли свою эластичность. Таким образом, излишки пероксида водорода под давлением начали вытекать в трубу торпедного аппарата.

Наиболее вероятно, и здесь я разделяю позицию вице-адмирала Валерия Рязанцева, процесс начался именно в пусковом баллоне после помещения торпеды в торпедный аппарат. Пуск ВВД начался с загрузки торпеды в аппарат. В пусковом баллоне из-за необезжиренного воздуха началось бурное разложение перекиси водорода с выделением теплоты и быстрым нарастанием давления. Просроченный сигнализатор давления

СТ-4, скорее всего, не сработал. Поэтому на командном пункте о возникновении нештатной ситуации в 1-м отсеке могли не знать. В противном случае опытный командир Геннадий Лячин немедленно отдал бы приказ на отстрел торпеды.

А может, он и отдал, но его не успели выполнить. Версия о том, что Лячин связывался со штабом Северного флота по поводу «проблемной» торпеды, была весьма популярной. Подогревала ее информация о поднятых на «Курске» выдвижных устройствах.

В Интернете на сайте Американского географического общества (American Geophysical Union) появилось следующее сообщение: *«[...] it had radioed for permission to fire ordnance just before the first explosion»*[55]. К сожалению, по непонятным причинам ответ на свои запросы в Американское географическое общество об источнике этих сведений я так и не получил. Если и был радиоперехват, то его могла осуществить Военно-морская разведка США (Office of Naval Intelligence).

Однако спецслужбы любого государства в переписку не вступают. Не скрою, я обладаю сведениями о том, что на Северном флоте подчистили документы еще до того, как правительственная комиссия Клебанова приступила к работе. Нужны подтверждения, которых пока нет. В любом случае, если такое произошло, то рано или поздно оно станет достоянием общества.

Сомневаюсь, что, получив доклад о проблемах в торпеде, Лячин стал бы связываться с командованием флота, он имел право произвести отстрел проблемной торпеды самостоятельно.

После изучения фрагментов злополучной торпеды на обтекателе ее головной части были обнаружены следы удара о внешнюю (наружную) крышку торпедного аппарата. Это означает, что катастрофа произошла в тот момент, когда крышка была закрыта, а открывается она непосредственно перед выстрелом. Наличие повреждения на головной части торпеды подтверждает мое предположение о том, что первый взрыв не нарушил герметичность корабля. Это объясняется тем, что при нахождении «Курска» на перископной глубине торпедные аппараты находились на глубине 16–20 метров, следовательно, кроме гидравлических сил, удерживающих внешнюю крышку торпедного аппарата в закрытом состоянии, на нее оказывала давление в 1,5–2 атмосферы вода. С учетом того, что люк межотсечной переборки между 1-м и 2-м отсеками был открыт, сила первого взрыва была направлена от носа к корме вдоль диаметральной плоскости корабля. Кроме того, повреждение головной части торпеды исключает версию о взрыве торпеды в момент стрельбы.

Никаких признаков тревоги или попыток противодействия развитию катастрофы при осмотре АПЛ зафиксировано не было. Все члены экипажа находились на своих местах, согласно боевому расписанию.

Фрагменты торпеды подняли со дна Баренцева моря, но металлические осколки пережили два взрыва и пожар, поэтому установить, в каком точно месте торпеда «слезилась», оказалось невозможно. Ученые не исключают, что струйка окислителя сначала вытекла на настил отсека и загорелась, а затем пламя обратным ходом перекинулось в торпедный аппарат, где и произошел взрыв.

При осмотре следователи обнаружили заднюю крышку торпедного аппарата, которую взрывной волной закинуло в чрево корабля. По проводу задней крышки торпедного аппарата Устинов в своей книге пишет:

«Аварийная, как считается, торпеда находилась в трубе аппарата в штатном режиме. То есть задняя крышка была задраена. Взрыв топливной смеси внутри аппарата выбил эту крышку, и она, словно ядро, пролетев расстояние в десяток метров, буквально вварилась в переборку между первым и вторым отсеками. Крышка эта стала своего рода роковой печатью, открыв тайну которой можно раскрыть и тайну гибели "Курска". Но вся загадка заключается в том, что этого не должно было случиться!»

Да не так это было, господин генеральный прокурор! Кремальера на задней крышке торпедного аппарата была недовернута на два часа. Как можно писать книгу по предмету, с которым совершенно не знаком?

В беседах с Артуром Егиевым мы много раз обсуждали варианты развития событий. Их могло быть два. Торпедисты могли просто не докрутить в связи с тем, что началась неконтролируемая ситуация с вытеканием пероксида водорода. Но более вероятной представляется другая причина: моряки поняли, что с торпедой происходит что-то неладное, и решили визуально проверить ее состояние. Как только они начали отворачивать кремальеру, чуть ослабив жим крышки, огонь, сорвав ее, под огромным давлением вырвался из аппарата в 1-й отсек.

Вот как описывает первый взрыв Игорь Спасский:

*«Протечки перекиси, попадая в кольцевой зазор (пространство между корпусом торпеды и корпусом торпедного аппарата), в основном концентрируются в этом районе в нижней части аппарата и могут вызывать возгорание смазки, капроновых направляющих дорожек и лакокрасочного покрытия торпеды. Естественно, при этом происходит повышение температуры с распространением ее в верхнюю часть кольцевого зазора. При исследовании поднятого со дна моря фрагмента верхней части корпуса торпеды, идентифицированного как фрагмент отсека перекиси водорода, на его внешней поверхности выявлены следы температурного воздействия величиной 450–500 градусов. [...] При давлении в 22 атмосферы срабатывает предохранительный клапан, и продукты разложения перекиси (газожидкая фракция), в основном кислород, попадая в зону горения, усиливают данный процесс. [...]
Корпус резервуара, имея хорошую пластичность материала, раздувается до очертаний внутренней поверхности торпедного аппарата (как показали исследования, отсек с окислителем был действительно раздут. – **Б.К.**), и при*

давлении около 140 атмосфер происходит разрушение переборок резервуара. Фрагменты разрушенной носовой переборки буквально выстреливаются в носовой отсек торпеды, разрушают хранилище керосина и 80-литровую воздушную емкость с давлением 200 атмосфер. Происходит очень эффективное смешение керосина, кислорода и воздуха (все эти компоненты представлены в достаточно больших количествах), причем все это протекает в герметичном объеме корпуса торпеды, что в итоге вызывает так называемый тепловой взрыв. [...]

Взрыв полностью разрушил торпедный аппарат № 4 и часть носовой оконечности лодки в этом районе. Фрагменты торпеды, торпедного аппарата и конструкции носовой оконечности найдены на дне на расстоянии около 70 метров за кормой лежавшей на грунте погибшей подлодки, то есть в районе взрыва.

Одновременно воздействие взрыва, направленное в сторону кормы, привело к разрушению казенной части торпедного аппарата. Фрагменты конструкций вместе с частью элементов большой торпеды со скоростью около 200 метров в секунду, разрушая все на своем пути, достигли переборки между первым и вторым отсеками, где впоследствии и были найдены. Летящая масса металла (около 3 тонн) однозначно разрушила аналогичную боевую торпеду 650-го калибра, лежавшую на ее пути на стеллаже, что привело к выбросу из этой торпеды в отсек полного объема перекиси водорода и керосина. Боевой заряд торпеды разрушился, но не сдетонировал.

Через разрушенную часть торпедного аппарата в первый отсек взрывом было выброшено большое количество газообразного кислорода (продукт разложения перекиси водорода) и керосина в дисперсном состоянии. Одновременно через это разрушение в отсек хлынула вода».

Я долго размышлял над этим вариантом развития событий: почему моряки, вместо того чтобы отстрелить торпеду, решили открыть крышку аппарата, что привело к роковым последствиям. Выскажу предположение. У Артура Хейли есть прекрасный роман «Аэропорт». В книге на трагическом примере наглядно разъяснено, чем отличается психология военного летчика от гражданского. В одной из глав диспетчер, слишком поздно заметивший опасное сближение двух самолетов, дал команду одному пилоту отклониться влево, другому – вправо. Летчик в погонах немедленно выполнил команду, а штатский начал озираться по сторонам, пытаясь понять, чем вызван столь поспешный приказ. В результате промедления произошло столкновение. То же самое могло случиться в последние секунды перед первым сейсмическим событием: возможно, моряки стали обсуждать, что случилось, почему и как, и стереотип «есть опасность – отстрели торпеду» не сработал.

Самый реальный вариант говорит о том, что подводники 1-го и 2-го отсеков погибли при первом взрыве. Это был тот самый первый взрыв, который в 11:28 зафиксировала сейсмическая станция в Норвегии. Ерофеев пишет:

«Очевидно каждому подводнику, что причиной катастрофы явился взрыв торпеды. Причина этого взрыва пока не установлена. Возможно, здесь была и ошибка личного состава. Вероятнее всего, что это именно так и было. Но мало кому известно, что при проектировании комплексов оружия должны быть обеспечены как минимум три степени защиты. Раньше их называли «поправкой на дурака». Не думаю, что при выполнении этого условия мог произойти взрыв, даже в результате ошибки экипажа или при столкновении субмарины с другим объектом, на чем настойчиво настаивало командование флота. Хотелось бы, чтобы результаты работы комиссии были предельно объективными, а выводы позволили конкретно определить комплекс мер по недопущению подобных трагедий.

Кроме того, данное событие могло произойти только при недостаточном контроле над состоянием перекисно-водородной торпеды в трубе торпедного аппарата. В этом, несомненно, просматриваются недостатки как в обучении личного состава, так и в воспитании его ответственности при выполнении Инструкции по эксплуатации данного вида торпеды. Как говорится – утрачено чувство опасности. Хотя, к слову сказать, система контроля над состоянием этого оружия устарела за более чем 40-летний срок его эксплуатации. Стыдно признаться не только читателю, но и нашим партнерам, и даже воинам африканских стран, что наши подводники до недавнего времени оценивали безопасность торпеды по визуальному подсчету количества пузырьков, стравленных из торпеды в единицу времени. Неужели конструкторы торпедного оружия не понимают, что рано или поздно такой контроль закончится трагедией?

Справедливости ради следует сказать, что на последних лодках, в том числе и на «Курске», данная система контроля за состоянием перекисных торпед была усовершенствована. Она позволяет оценивать их безопасность даже из центрального поста ПЛ, но при этом контроль ведется только за основным баком окислителя, пусковой же бак продолжает оставаться бесконтрольным. Кроме того, Инструкцией по эксплуатации этих торпед разрешено (т.е. гарантирована безопасность торпеды) хранение их в течение трех часов без подключения системы контроля».

Мы возвращаемся к проблемам, связанным с конструктивными недостатками. Ерофеев говорит о ненадежности и недостатках торпеды и системы контроля, а мы продолжим тему конструктивных недостатков других аспектов проекта 949А.

По оценкам экспертов, в отсек было выброшено около 200–300 кубов энергетических компонентов, в том числе газообразный кислород. Давление в отсеке поднялось до 40 атмосфер и произошло короткое замыкание электрических цепей. Лодка моментально погрузилась во мрак. В результате обесточивания включилась аварийная система обоих реакторов, и они в ту же секунду были заглушены. Не случись этого, могло произойти радиоактивное заражение окружающей среды.

Спасский продолжает: *«Переборочная дверь во второй отсек была закрыта, а переборочные захлопки системы вентиляции открыты. Через них пневмоудар прошел во второй отсек с пиком давления в нем до 3 атмосфер. Как известно, для человека критическим является повышение давления около 1 атмосферы за 1 секунду, что вызывает баротравму легких».*

Здесь стоит остановиться. Спасский в своей книге упорно избегает упоминаний о конструктивных недостатках проекта 949А. Случайно или нет переборочные захлопки системы вентиляции открыты при торпедной стрельбе? Неслучайно. Торпедные аппараты на современных российских (советских) подводных лодках беспузырные (пневмогидравлические). Торпеда выстреливается из торпедного аппарата сжатым воздухом. Чтобы воздушный пузырь не выходил вместе с торпедой и тем самым не обнаруживал лодку, перед Второй мировой войной был разработан принцип беспузырной стрельбы. После того как торпеда набрала необходимое ускорение и прошла 2/3 длины трубы, клапан открывается и воздух перезапускается из торпедного аппарата внутрь прочного корпуса. Чтобы избежать баротравмы личного состава, избыточное давление распределяется по соседним отсекам через систему вентиляции.

Иными словами, при торпедной стрельбе нарушается главное условие живучести подводной лодки – соседний отсек оказывается разгерметизированным. Но соседний отсек – это центральный пост, где расположено управление всеми корабельными системами. В 1-м отсеке, кроме десятков тонн взрывчатки, расположены носовые аккумуляторные батареи, выделяющие водород, которые представляют дополнительную опасность. Сокрытие этого конструктивного недостатка на «Курске» привело к тому, что на новейших многоцелевых атомных подводных лодках с крылатыми ракетами четвертого поколения[56] торпедный отсек также соседствует с центральным постом.

Но вернемся к книге Спасского. Далее, по его мнению, события развивались так: одновременно с первым взрывом в отсек хлынула забортная вода. Даже она не могла потушить огонь. Окислитель продолжал гореть. Лодка, приняв большое количество воды, получила дифферент на нос и под углом приблизительно в 26 градусов начала двигаться в направлении дна. Падала она по инерции, так как из-за обесточивания крейсера реакторы уже не влияли на этот процесс.

Здесь я не могу согласиться с мнением Спасского, так как убежден, что первый взрыв герметичность прочного корпуса не нарушил и вода в 1-й отсек не хлынула. При попадании большого количества воды пожар был бы потушен в самом начале и не вызвал бы детонацию остального боезапаса.

Дальше читаем у Спасского: *«Через минуту с небольшим лодка достигла дна и, пропахав носом около 30 метров, остановилась, зарывшись в грунт на 2,5 метра. В это время в субмарине температура горения, по оценке экспертов, доходила до 5000 градусов. В 11 часов 30 минут 44,5 секунды из-за пожара сдетонировал боезапас. Взорвались как минимум 10 из 20 торпед.*

В каждой было по 300–400 кг тротила. Это был действительно ад».

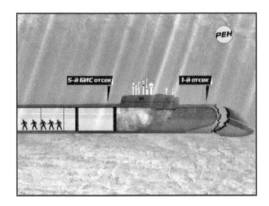

Схема развития событий в отсеках подлодки после взрывов.

И здесь я не могу согласиться с Игорем Спасским. Обломки трубы торпедного аппарата обнаружены за кормой лежащей на дне лодки. Но за пределами корабля эти фрагменты могли оказаться только в результате второго взрыва, о чем я еще скажу. Значит, второй взрыв произошел, когда лодка была на ходу, а не на дне.

> Второй взрыв привел к полному разрушению носовой части «Курска», конструкций и механизмов 1-го, 2-го и 3-го отсеков. В результате взрывного воздействия смерть всех моряков, тела которых были извлечены из 2-го, 3-го, 4-го и 5-бис отсеков, наступила в короткий промежуток времени – от нескольких десятков секунд до нескольких минут.

Взрывная волна дошла только до реакторного отсека и дальше не пошла.

Офицеры, находившиеся в 6-м, 7-м и 8-м отсеках, перевели личный состав в 9-й отсек. Все это было сделано без паники, о чем свидетельствуют вынесенные средства индивидуальной защиты, спасательные комплекты и регенерирующие пластины.

Это еще одно бесспорное доказательство того, что подводники в 9-м отсеке жили значительно дольше 8 часов. Моряки выполнили все необходимые действия по герметизации отсека и его систем для предотвращения поступления воды. Это установили эксперты. По их мнению, вода проникала через верхние коммуникации, технические трубопроводы, что подтверждает очередность затопления отсеков – от носовых к кормовым. В противном случае уровень воды во всех отсеках повышался бы одновременно и одинаково, по принципу сообщающихся сосудов.

В постановлении о прекращении уголовного дела написано:

«Из-за поступления воды в 7-й отсек началось повышение давления, а затем – и затопление 9-го отсека, что в 13 часов 58 минут 12 августа 2000 г. было замечено и зафиксировано капитан-лейтенантом Колесниковым Д. Р. в записке. Возможными путями поступления воды в 9-й отсек являлись системы и оборудование этого отсека, а также негерметичность переборки между 8-м и 9-м отсеками.

Затопление 7-го отсека при наличии воздушных связей между 7-м и 8-м отсеками привело к затоплению 8-го отсека, а затем, с учетом таких же связей между 8-м и 9-м отсеками, – и к затоплению 9-го отсека. Осталась открытой переборочная захлопка вентиляции на 130-м шпангоуте, что и стало основным путем затопления 9-го отсека после подъема воды в 8-м отсеке до уровня расположения захлопки».

В одной из записок Дмитрия Колесникова чуть ниже перечня фамилий личного состава имеется выполненная от руки запись синего цвета:

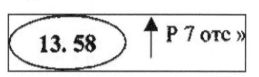

Одна из записей Дмитрия Колесникова.

В постановлении о прекращении уголовного дела следователь утверждает, что эта запись сделана 12 августа. Однако никаких подтверждений тому, что эта запись сделана в первые сутки, я не нашел.

Если предположить, что Колесников писал 12 августа, тогда нарастание давления в 7-м отсеке отмечено через два с половиной часа после взрывов, а это значит, что на тот момент 9-й отсек был сухой.

Дата в записке отсутствует. В записке Сергея Садиленко, которая тоже не датирована, говорится о том, что избыточное давление в 9-м отсеке составляет 0,6 кгс/см, то есть менее 1 атмосферы.

В исследовании, проведенном ЦКБ «Рубин» (в деле оно представлено в виде письма за подписью А. А. Завалишина), указано, что в первые часы после аварии дыхание 23 человек обеспечивалось за счет свободного объема отсека. При начальной концентрации кислорода в 20% его хватило бы на 14 часов, то есть примерно до 01:30 13 августа. Подчеркну: этот расчет сделан только на основе объема 9-го отсека, без учета того, что затопление шло от 6-го к 7-му, от 7-го к 8-му, от 8-го к 9-му отсекам, следовательно, вода подгоняла морякам дополнительный кислород. Кроме того, подводники использовали 11 пластин для регенерации воздуха В-64. И у них оставалось еще несколько десятков. То есть чего-чего, а воздуха им хватало.

Вода затопляла 9-й отсек не очень интенсивно. Об этом свидетельствует полностью открытая захлопка корабельной вентиляции. Почему моряки ее не закрыли? Видимо, этот канал они использовали для сброса нарастающего давления в соседний отсек. Не исключаю, что захлопку моряки открывали периодически, когда становилось совсем невмоготу.

Возможности использования всплывающей спасательной камеры у моряков не было, поэтому оставшиеся в живых начали готовиться к выходу на поверхность через спасательный люк. Это подтверждается протоколом осмотра места происшествия и запиской капитан-лейтенанта Колесникова. Подводники глубиномером определили, на какой глубине лежит подлодка, и отрезали трос буй-вьюшки необходимой длины. На нем через каждые десять метров расположены узлы (мусинги), на которых моряки с помощью карабинов задерживаются и выравнивают давление. Выводы следствия таковы:

«С учетом комплектующих изделий спасательного снаряжения подводника, обнаруженных в 9-м отсеке АПРК «Курск», и числа моряков (23 чел.), боровшихся за живучесть в этом отсеке, полной комплектностью ССП для самостоятельного выхода с глубины 98 метров способом свободного всплытия при шлюзовании в спасательном люке с блоком БПВ могли быть обеспечены только 6 человек из 23. Для выхода вторым способом – способом свободного всплытия при шлюзовании без блока БПВ от системы воздуха среднего давления – из всех 23 человек были обеспечены 19 человек. Для выхода третьим способом – способом всплытия по буйрепу – были обеспечены также 19 человек. В связи с отсутствием в 9-м отсеке одного из основных элементов ССП – четырех комплектов СГП-К-1, 4 человека из 23 выйти из 9-го отсека АПРК «Курск» не могли ни одним из трех возможных способов». (Постановление о прекращении уголовного дела от 22.07.2002, с. 95)

Однако ни одной попытки выхода моряки не предприняли. Съемный вертикальный трап в шахте, по которому можно было подняться к спасательному люку, остался нетронутым.

Чем это объяснить? Не исключено, что моряки опасались кессонной болезни. Об этом в своей записке написал инженер группы БЧ-5, капитан-лейтенант Сергей Садиленко (правда, найдена она почему-то в кармане командира трюмной группы дивизиона движения капитан-лейтенанта Рашида Аряпова): *«При выходе на поверхность не выдержим компрессию. [...] Не хватает [...] Отсутствуют [...]»*

А может, они не захотели покидать четырех товарищей, которым не хватило гидрокостюмов? Или надеялись на помощь извне? Следствие, твердо отстаивая позицию о 8 часах жизни, сделало вывод, что моряки не могли выйти способом свободного всплытия, поскольку были обессилены и рано погибли.

В одном из заключений КБ «Рубин» я обнаружил запись, которая, вероятно, может дать ответ на вопрос, почему подводники не попытались выйти на поверхность: *«В спасательном люке отсутствовал водолазный шланг ВШ-5, что исключало возможность выхода личного состава через аварийно-спасательный люк методом свободного всплытия с глубины более 100 метров».*

По некоторым данным, этот водолазный шланг снят с вооружения.

Прояснение этого вопроса могло бы стать предметом исследования при дополнительном расследовании, в проведение которого уперлась Генпрокуратура. В материалах уголовного дела других упоминаний о ВШ-5 я не нашел.

Умышленно следователь Артур Егиев упустил замечание «Рубина» или нет, но отсутствие шланга, который исключал выход подводников из 9-го отсека, вызвало бы новые вопросы: кто и почему не проверил готовность аварийно-спасательного оборудования и разрешил выход корабля в море?

А виновные, как известно, остались на берегу.

Глава 14. Экспертиза лжи и предательства

Главная военная прокуратура, а следом и генеральный прокурор заявили на всю страну, что оставшиеся в живых подводники жили не более 8 часов, а стуки из-под воды – это чьи-то шутки. Нужно обладать определенной долей мужества, чтобы признать стуки, о которых вещали пресс-службы Северного флота и ВМФ России, а за ними повторяли многочисленные средства массовой информации, бредом и фантазией, а Главкома ВМФ Владимира Куроедова и председателя правительственной комиссии Илью Клебанова – людьми, которые говорили о стуках еще в первые дни, – ненадолго выпущенными из психиатрической больницы имени Кащенко.

А как быть с мнением первого заместителя начальника Главного штаба ВМФ России вице-адмирала Владислава Ильина, который на презентации книги Владимира Шигина «АПРК «Курск» 20 марта 2002 года в «Александр-Хаусе» заявил: *«Я скажу, что по тому подводному закону и по тому характеру развивающихся событий, по всей видимости, все-таки жизнь в 9-м отсеке оборвалась где-то на третьи сутки после катастрофы»*[57].

В интервью 16 августа 2000 года капитан I ранга Борис Коляда[58], который был старшим на борту погибшей ПЛ «Комсомолец», на вопрос «Борис Григорьевич, что, на ваш взгляд, происходит сейчас в отсеках «Курска», ответил:

«– Сейчас не столько важно, что произошло, сколько то, есть ли у экипажа шансы на спасение. Каждые прошедшие сутки резко их уменьшают. Ребятам сейчас там очень тяжело. Могу себе представить: лодка обесточена, по отсекам ходят только с аварийными аккумуляторными фонарями. Холодно. Температура забортной воды не выше четырех градусов тепла. Связи практически нет. Всплывающая спасательная камера расположена в рубке. Насколько мне известно, затоплены 1-й и 2-й отсеки, значит, доступа в рубку к спасательной камере нет. По этой же причине не отдан и носовой аварийный буй. Версия мощного лобового удара при таком характере повреждений весьма вероятна.

– На сколько им хватит воздуха? Британские эксперты сообщили по радио, что подводники могут продержаться только 48 часов...

– Если отсеки сухие, то при наличии обычных РДУ – регенеративных дыхательных установок – они могут продержаться неделю. Если отсеки подтоплены, меньше... Обычно затопление сопровождается возгораниями электротехники с неизбежным задымлением. С момента аварии уже прошло почти четверо суток. Это снижает шансы».

Это – мнения специалистов-подводников. А вот – официальные сообщения.

«Новости России». *Среда, 16 августа 2000 года. Акустические сигналы с подлодки «Курск» уже не поступают. Сегодня днем на спасатель-*

ных судах, работающих в Баренцевом море, не регистрировали акустических сигналов с терпящей бедствие подлодки «Курск». В штабе Северного флота отмечают, что эти сигналы могут заглушать работающие под водой аппараты или волнение моря. С другой стороны, не исключено, что членам экипажа не удавалось стучать по корпусу с силой, достаточной для того, чтобы сигналы зарегистрировали на спасательных судах.

NEWSru.com. 15 августа 2000 года. 20:00: В 20:00, после того как шторм несколько утих, попытки пристыковать к лодке спасательный колокол продолжились. Все они оказались безуспешными. В этот день оставшиеся в живых члены экипажа перестали подавать сигналы бедствия. Главнокомандующий ВМФ Куроедов заявляет, что запасы воздуха на лодке кончатся к середине дня 18 августа.

Газета «Сегодня». № 137 (638), 16.08.2000: Грунт, на котором лежит подводная лодка, представляет собой илистый песок, и подводные опускаемые аппараты испытывают трудности из-за крайне плохой видимости на глубине. По мнению Главкома ВМФ России Владимира Куроедова, «исход операции по спасению подводников в значительной мере зависит от состояния корпуса подводной лодки». Пока неизвестно, отметил адмирал Куроедов, какое количество отсеков затоплено. На борту подводной лодки «Курск» нет ядерного оружия.

Говоря о возможных причинах аварии, Главком ВМФ России заявил: «Вероятно, трагическое совпадение ряда объективных и субъективных факторов привело к таким последствиям». Средствами шумопередачи – «перестукивания» – установлено, что члены экипажа подводной лодки «Курск» живы, но есть ли среди них раненые, пока неизвестно.

На борту подлодки находятся 103 человека. Как подчеркнул представитель штаба ВМФ России, самостоятельно она всплыть не может – главная энергетическая установка заглушена. Пока питание на борту поддерживается за счет аккумуляторных батарей.

Точные причины аварии подлодки, подчеркнули в штабе, не могут быть установлены до тех пор, пока не произведен детальный осмотр ее внешнего корпуса и не будет осуществлен непосредственный личный контакт с экипажем. В пресс-службе сообщили, что с экипажем не прекращается гидроакустическая связь, что значит, что «люди живы, и это пока главное».

Глава правительственной комиссии Илья Клебанов.

16 августа председатель правительственной комиссии, вице-премьер Илья Клебанов сообщил, что стуки из корпуса «Курска» прекратились, о чем я уже писал. Что касается Владимира Устинова, то вряд ли Генеральный прокурор Российской Федерации настолько бесшабашен, что станет выставлять себя на всю страну болтуном, утверждая, что подводники в 9-м отсеке погибли в первые 8 часов. Значит, у него были «убийственные» доказательства?

Да, были. Это судебно-медицинская экспертиза, проводившаяся при участии главного судебно-медицинского эксперта Минобороны Виктора Колкутина.

Колкутин утверждает, что моряки в 9-м отсеке жили не более 8 часов. На основании этой экспертизы следствие сделало вывод о том, что между бездарно проведенной спасательной операцией и гибелью людей нет причинной связи.

Главный судебно-медицинский эксперт Министерства обороны Виктор Колкутин.

Краткое пояснение для читателя, далекого от юридической науки и практики. В уголовном праве есть целый ряд составов преступлений, в которых законодатель в качестве обязательного условия предусмотрел наступление общественно-опасных последствий. Такие составы преступления именуются материальными составами. Так, например, статья 143 Уголовного кодекса устанавливает ответственность за нарушение правил охраны труда. Ответственность за нарушение правил техники безопасности или иных правил охраны труда в отношении лиц, на которых была возложена обязанность соблюдения этих правил, может наступить лишь в том случае, если это причинило тяжкий вред здоровью или привело к смерти. При таких материальных составах обязательным условием является наличие причинной связи между деянием (действием или преступным бездействием) и последствиями. Одно из важнейших условий наличия причинной связи: деяние должно предшествовать наступлению последствий.

В нашем случае если моряки 9-го отсека погибли до начала спасательной операции, то причинной связи между бездарной спасательной операцией и последствиями – гибелью людей – не будет. Если же в момент начала спасательной операции они были живы, то состав преступления есть. Вот почему время наступления смерти подводников имеет принципиальное значение с точки зрения ответственности должностных лиц Северного флота.

Следствие рассматривает наличие причинной связи между спасательной операцией, тогда как причинная связь между ненадлежащей подготовкой экипажа или выпуском в море корабля, который руководители флота не имели права выпускать на учения, даже не рассматривается. А следовало как минимум дать оценку и аргументировать наличие или отсутствие такой связи.

Впрочем, обо всем по порядку.

Из 23 тел моряков, находившихся в 9-м отсеке, 12 были подняты водолазами в октябре 2000 года, остальных извлекли спустя год, когда «Курск» был поставлен в сухой док. После вскрытия тел в 2000 и 2001 годах эксперты, среди которых был и Виктор Колкутин, сделали вывод о причинах смерти: гибель моряков наступила в результате отравления угарным газом из-за возникшего в 9-м отсеке пожара.

После подъема тел подводников 30 ноября 2000 года была проведена судебно-медицинская экспертиза. Вот как в ней изложены причины гибели подводников 9-го отсека:

«[...] установлен факт возникновения в 9-м отсеке пожара. Образовавшиеся при этом продукты горения, в первую очередь угарный газ (СО), существенно сократили время, в течение которого воздух 9-го отсека мог быть пригоден для дыхания. Это подтверждают наличие копоти в дыхательных путях и предельно высокая, с учетом индивидуальных особенностей организма, концентрация карбоксигемоглобина[59] в крови. Признаки посмертного поражения тел некоторых подводников открытым пламенем свидетельствуют о наличии в атмосфере достаточного для поддержания горения количества кислорода на момент возникновения пожара».

По мнению специалистов, вероятнее всего, после возникновения пожара моряки погибли с разницей от нескольких десятков секунд до нескольких минут.

С этим я не спорю.

В выводах судебно-медицинских экспертиз, проведенных с участием того же Виктора Колкутина в 2000 году (экспертиза причин смерти и времени ее наступления проводится по каждому подводнику) записано:

«Ответить на вопрос о давности (конкретной дате и времени) наступления смерти (фамилия и инициалы подводника) в рамках настоящей экспертизы не представляется возможным, так как решение этого вопроса (учитывая уникальные обстоятельства дела и многофакторный характер воздействия различных неблагоприятных факторов на организм подводника) выходит за пределы компетенции судебно-медицинских экспертов».

Установить время жизни подводников можно только с момента возникновения пожара, но само время пожара не установлено. Специалисты сочли, что для установления времени жизни подводников необходимо проведение комплексной экспертизы с привлечением специалистов в области технического обеспечения глубоководных спусков, физиологии подводного плавания, аварийно-спасательного дела и патологической физиологии.

Эти выводы также никто не оспаривает. Именно при пожаре возникает угарный газ, который явился причиной гибели моряков в 9-м отсеке, именно он является травмирующим фактором, а не какие-либо другие причины, например, взрывы на «Курске», которые унесли жизни большей части экипажа.

Факт возникновения пожара в 9-м отсеке, помимо всего прочего, подтвержден пожарно-технической экспертизой отдела экспертиз пожаров и взрывов Центра судебных экспертиз при Министерстве юстиции. Причина возгорания известна: попадание масла на пластины для регенерации воздуха В-64. Основу этих пластин составляют перекиси калия и натрия, выделяющие кислород. Время возникновения пожара, равно как и время смерти моряков, ни эксперты-пожарные, ни судебные медики поначалу установить не смогли.

Отложим на время судебную медицину и поговорим об экспертизах, которые прямо или косвенно могли бы свидетельствовать о времени возникновения пожара в 9-м отсеке.

Осмотр лодки после ее поднятия показал лишь то, что пожар возник при уровне воды на 0,5 метра выше первого настила, что соответствует 2/3 объема 9-го отсека. Логично было бы попытаться определить момент возгорания, подсчитав, за сколько часов кормовой отсек мог быть затоплен. Такая техническая экспертиза проводилась специалистами ЦКБ «Рубин» и 1-м ЦНИИ МО РФ, но она мало что прояснила.

«Курск» обследовался, когда его подняли. Все коммуникации, ведущие в 9-й отсек, были заполнены водой, которая сразу замерзла. Температура в районе Баренцева моря в конце осени

Фрагменты АПЛ «Курск», поднятые со дна моря в 2001 году и обследованные специалистами в ходе комплексной экспертизы.

стабильно минусовая. Магистрали полопались и вместе с технологическими отверстиями, проваренными в корпусе лодки, в ходе операции по ее подъему превратились в дополнительный источник поступления воды. Поэтому эксперимент оказался бесполезным.

Однако предположительные выводы эксперты сделали. Они рассчитали скорость затопления 9-го отсека по двум вариантам: по первому варианту отсек мог быть затоплен примерно за 400 часов (16,5 суток), а по второму – за 6,5–24,7 часа. Конечно, предположительные выводы не могут использоваться ни следователем, ни адвокатом, ни судьей, но это – книга, а не приговор суда и высказывать предположения она позволяет. Поэтому я предположу, что истина находится посередине.

Оставались только стуки, которые слышали сотни человек, на «Петре Великом» они передавались по громкой связи. Стуки свидетельствовали о том, что после момента катастрофы моряки жили более двух суток.

Следствие должно было оценить качество поисково-спасательной операции и дать юридическую оценку действиям руководителей Северного флота. Результат был бы очевиден – за бездарную работу адмиралам предъявили бы обвинение в должностных преступлениях.

В январе-феврале 2002 года расследование уголовного дела приближалось к концу. Главной военной прокуратуре пора было принимать принципиальное решение. Но вместо того чтобы направить дело в суд, она устроила, как это часто бывает в России, политический фарс, не имеющий с правосудием ничего общего: адмиралов начали выводить из-под огня.

> Мне неведомы все обстоятельства и мотивы такого решения, я располагаю лишь слухами, но сегодня могу утверждать, что знаю фамилии четырех человек, которые принимали или участвовали в принятии политического решения – спустить на тормозах дело «Курска»: Владимир Путин, Владимир Устинов, Владимир Куроедов и Александр Савенков.

Президент на встрече с родственниками членов экипажа сказал: *«Как вы догадываетесь, я такой же морской специалист, как и многие из вас, кто приехал сюда со всей страны, поэтому все свои действия я основываю на действиях специалистов».* (Приложение № 29) Поэтому думаю, что Путин принял решение никого из адмиралов к ответственности не привлекать, а технику исполнения решения отдал на откуп Генпрокуратуре и командованию ВМФ.

Для вывода адмиралов из-под огня потребовалась дымовая завеса, которой и стала новая судебно-медицинская экспертиза. Она должна была доказать и доказала, как считают следствие и генпрокурор, непродолжительность жизни моряков. Чтобы состряпать – другого слова подобрать не могу! – подобную экспертизу, необходимы изощренный ум и особая психология профессионального фальсификатора. Заключение экспертов, датированное 17 июня 2002 года, за месяц и пять дней до прекращения уголовного дела, было как раз кстати.

Юридическая конструкция выглядит вроде бы безупречно: спасательная операция проведена бездарно, и виновные должны понести наказание, но только не уголовное. Для уголовной ответственности должна быть установлена причинная связь между действием или бездействием адмиралов и смертью подводников. А такой связи как бы и нет, если экспертиза установит, что моряки в 9-м отсеке погибли до начала спасательной операции.

В новой судебно-медицинской экспертизе участвовали специалисты в области судебной медицины Виктор Колкутин и Владимир Ляненко, которые ранее исследовали тела моряков. К ним присоединились начальник кафедры физиологии подводного плавания и аварийно-спасательного дела Военно-медицинской академии МО РФ Виктор Кулешов, главный водолазный врач ВМФ Сергей Никонов, главный токсиколог ВМФ Валерий Барчуков, старший научный сотрудник 40-го ВНИИ МО РФ Владимир Советов, начальник службы ядерной безопасности ГТУ ВМФ Виктор Барсук, старший офицер службы РХБЗ ВМФ Александр Дядык и начальник отдела барофизиологии и водолазной медицины Института медико-биологических проблем РАН Борис Павлов.

Ясно, что это специалисты самых разных направлений, вплоть до экспертов в области химической и радиационной безопасности. Уголовно-процессуальный кодекс России требует в этом случае назначения и проведения комплексной экспертизы. При такой экспертизе каждый из экспертов должен указать, какие исследования, в каком объеме он провел, какие факты установил и к каким выводам пришел. Каждый эксперт подписывает ту часть заключения, которая содержит описание проведенных лично им исследований.

Но следователь назначает, а эксперты проводят не комплексную, а комиссионную экспертизу, которая не требует собственных исследований каждого эксперта. Таким образом, все «исследователи» являются ширмой, прикрытием для выводов, которые подготовил Колкутин вместе со следователем.

Конституция Российской Федерации (статья 50, часть 2) запрещает использование доказательств, полученных с нарушением федерального закона. А это значит, что даже по формальным основаниям принимать процессуальное решение по новой экспертизе нельзя и предварительное следствие основывать на ней свои выводы не может.

Перейдем к содержательной части этой экспертизы. Здесь важно понимать, что тела моряков к этому времени давно были похоронены и экспертиза основывалась на результатах вскрытий, проведенных в 2000–2001 годах. Если подписи Колкутина и второго судебного медика Ляненко стояли и под первыми экспертизами, они видели тела моряков, участвовали в их вскрытии, то остальные эксперты могли довольствоваться только документами.

Следователь Егиев поставил перед экспертами следующие вопросы:

Какое время члены экипажа, находившиеся в 9-м отсеке «Курска» после катастрофы, оставались живыми?

Каково время наступления их смерти?

Вопросы были поставлены в отношении всех 23 моряков.

Ответ экспертов однозначен: «*Члены экипажа АПРК «Курск», находящиеся в 9-м отсеке после второго сейсмического события (11 часов 30 минут 12 августа 2000 года) оставались живыми в течение 4,5–8 часов, что подтверждается...*»

Таким образом, надо полагать, специалисты сделали вывод в отношении всех 23 подводников из 9-го отсека. Но в исследовательской части новой экспертизы есть описание вскрытия тел только 12 из 23 подводников, которых подняли осенью 2000 года. Возникает вопрос: можно ли в этом случае экстраполировать выводы на всех?

Ответ однозначный: нет!

Напомню, что по каждому моряку проводится отдельное и вскрытие, и исследование. Это понятно, так как каждый организм имеет свои биологические и физиологические особенности. Достаточно сказать, что даже смертельное количество вдыхаемого угарного газа у каждого человека разное. Так, у подводников 9-го отсека количество в крови карбоксигемоглобина, который характеризует насыщение крови угарным газом, колеблется в пределах 40–98%, что само по себе уже вызывает сомнения в истинности вывода экспертов об одновременной гибели всех моряков 9-го отсека.

Эксперты пишут:

«*У большинства* (из 23 подводников. – **Б.К.**) *имелись выраженные морфологические и биохимические признаки переживания острой стрессовой ситуации, а именно:*

– *множественно сформировавшиеся кровоизлияния в слизистую оболочку желудка;*

– *отсутствие гликогена* (форма хранения углеводов в организме и источник энергии. – **Б.К.**) *в печени и мышцах;*

– *повышенное в 3–5 раз, по сравнению с нормой, содержание глюкозы в крови*».

Идея Колкутина – а в том, что это его идея, я не сомневаюсь – состоит в следующем: моряки 9-го отсека испытывали стресс; на стрессовую ситуацию организм реагирует морфологическими и биохимическими изменениями; по количественным признакам, обнаруженным в организме, можно определить момент возникновения фактора, который привел к стрессу.

В экспертизе эта концепция изложена так: «*Из практики судебно-медицинских исследований известно, что для образования аналогичных кровоизлияний в слизистую оболочку желудка и формирования подобного соотношения гликогена и глюкозы требуется около 4–8 часов*».

Предположим, что теоретические изыски Колкутина соответствуют науке, рассмотрим пока только количественные показатели.

В книге я приведу сводную таблицу (Приложение № 6) по результатам исследований всех 23 подводников. Из нее следует, что кровоизлияние в слизистую оболочку желудка обнаружено у 6 моряков из 23, отсутствие гликогена в печени и мышцах – у 9 подводников, а повышенное в 3–5 раз, по сравнению с нормой, содержание глюкозы – только у одного.

Вопрос к вам, дорогие читатели: корректно ли распространять все эти признаки на 23 подводника?

Каждый человек воспринимает стрессовую ситуацию по-своему и по-разному на нее реагирует: один теряется, другой паникует, третий мобилизуется. И это проявляется не только в поведении, но и в физиологических реакциях организма. Поэтому распространять эти признаки на всех моряков из 9-го отсека нельзя.

Теперь немного о научности. Применяемые в науке методы должны быть апробированы и детально исследованы. Если признаки наступления смерти от отравления угарным газом хорошо знакомы еще древним врачевателям, то метода установления времени гибели «по степени выраженности морфологических и биохимических признаков переживания острой стрессовой ситуации» в природе не существует. На эту тему нет ни одной монографии, не защищено ни одной диссертации.

После смерти в теле происходят резкие изменения. Результаты анализов зависят от того, как давно наступила смерть и в каких условиях хранились тела. В «Курске» подводники долго находились в крайне агрессивной среде – морской воде.

Как бы ни был подкован адвокат в тех или иных областях знаний, очевидно, что без помощи специалистов тут не обойтись. Я обратился к двум крупнейшим отечественным экспертам в области судебной медицины: Анатолию Александровичу Солохину, профессору, доктору медицинских наук, заслуженному врачу РСФСР, действительному члену Российской медико-технической академии, имеющему экспертный стаж более 50 лет, и к Эдуарду Николаевичу Растошинскому, судебно-медицинскому эксперту со стажем работы 43 года. Оба работали[60] в Федеральном центре судебно-медицинской экспертизы Минздрава.

В их консультационном заключении утверждается:

«Вывод экспертной комиссии о том, что погибшие в 9-м отсеке АПЛ «Курск» в момент аварии находились в стрессовой ситуации, основан только на результатах «биохимического» анализа гликогена печени и мышц, [...] не аргументирован и научно не обоснован. Известно, что биохимия изучает процессы жизнедеятельности и химическую природу веществ, входящих в состав живых организмов. Поэтому нельзя однозначно и некритически оценивать результаты «биохимических» исследований трупного материала. /М. И. Авдеев, 1976; Е. И. Пахомова, 1966; В. В. Жаров, 1978; В. П. Новоселов, Г. В. Панасюк, 1985; Т. М. Уткина, 1972; Э. Н. Растошинский, 1963, 1972, 1976, 1978 и др./.

В работах этих авторов и многих других обращалось внимание на то, что после смерти в трупе происходят резкие изменения «биохимических» процессов. Поэтому получаемые результаты зависят от давности смерти. При этом нельзя ориентироваться на прижизненные показатели. Так, остаточный азот и кальций в крови в несколько раз возрастает с первых часов после смерти; увеличивается количество воды в миокарде; там же меняется содержание АТФ (химическое соединение, которое вырабатывается организмом и содействует сокращению мышц. – **Б.К.**); *в первые часы после смерти за счет гликогенолиза (распада гликогена. – **Б.К.**) исчезает углевод в печени и мышцах и т.д. Причем это наблюдается не только при отравлениях СО, но и, например, при утоплении, переохлаждении и при других состояниях».* (Приложение № 7)

В тексте последней колкутинской экспертизы есть ссылка на письмо 40-го ГосНИИ МО РФ, в котором сказано: *«Проведенный анализ открытых источников для заключения о возможном времени полного выхода гликогена из печени и мышц, а также временных параметров процесса утилизации глюкозы в крови человека, находившегося под влиянием специфических физических, химических и психических травмирующих факторов, не позволяют дать полную и исчерпывающую оценку динамики утилизации глюкозы из периферической крови водолазов и акванавтов».*

Данные судебно-медицинских исследований водолазных происшествий и случаев гибели подводников, имеющиеся в институте, носят фрагментарный характер и их систематизация исключена. Более того, далее в письме говорится: *«По нашему мнению, достаточно точно определить временные рамки полного истощения углеводных резервов организма при возникновении аварийных условий, в частности в отсеке аварийной АПЛ, не представляется возможным».*

Трудно сказать, почему Виктор Колкутин, человек опытный, не изъял этот документ из текста заключения экспертизы. Скорее всего, он рассчитывал, что ни читать, ни тем более проверять экспертизу никто не будет. В этой связи необъяснима позиция старшего научного сотрудника того же 40-го ГосНИИ Владимира Советова, чья подпись стоит и под письмом, и под заключением. Как это понимать? Означает ли это, что подпись под письмом отзывается? А может, эксперт Владимир Советов ставил свои автографы на чистых листах бумаги?

Впрочем, это вопросы – не только правовые, они касаются также профессиональной чести и человеческой совести.

В компетентности Солохина и Растошинского я не сомневался, но на всякий случай решил проконсультироваться у зарубежных специалистов и через наших дипломатов познакомился с Джованом Раджсом (Jovan Rajs), профессором судебной медицины Королевского технологического института в Стокгольме. Он прочел заключение Виктора Колкутина, долго сидел в задумчивости, а потом произнес два слова: *«It's criminal»*[61].

В литературе по судебной медицине часто упоминается имя норвежского судебно-медицинского эксперта Инге Морилда (Inge Morild). Я разыскал его и направил почтой все судебно-медицинские экспертизы по телам моряков, находившихся в 9-м отсеке. Норвежский профессор оказался деликатным человеком. Он сообщил, что *«мировой науке неизвестны методы определения давности смерти»*, используемые в экспертизе, но, может быть, российская судебная медицина ушла далеко вперед. Дословно профессор Бергенского университета написал следующее:

«Мое сомнение вызывает обоснование вывода о содержании гликогена. В одном из последних исследований в США были проведены гистологические исследования отделов печени и измерялось содержание гликогена. После стресса гликогена не было обнаружено в печени через 3–10 часов. Это соответствует промежутку времени, определенному экспертной группой. Однако в телах с признаками разложения гликоген никогда не находили. Это также документировано в других исследованиях. По моему мнению, это означает, что когда вы имеете дело с посмертным периодом около 2,5 месяца, результаты исследований разложившегося материала должны проверяться очень тщательно. В гистологических описаниях ткани печени членов экипажа были обнаружены очевидные изменения гнилостного саморазрушительного характера. Таким образом, мне не совсем понятно, можно ли результаты данных исследований содержания гликогена использовать таким же образом, как в случае нормальной ткани». (Приложение № 8)

Заведующий кафедрой судебной медицины Российского государственного медицинского университета, доктор медицинских наук, профессор В. О. Плаксин в своем заключении нашел столько недостатков экспертизы с участием Колкутина, что считает необходимым повторное проведение комплексной комиссионной судебно-медицинской экспертизы. (Приложение № 9)

В заключении Колкутин предпринял еще одну сомнительную попытку доказать свою правоту. Эксперты изучили записи капитан-лейтенанта Дмитрия Колесникова. По тексту экспертизы: *«Моряки [...] оставались живыми в течение 4,5–8 часов, что подтверждается [...] временем последней записи одного из членов экипажа Колесникова. [...] Зафиксированное в записке время – 15 часов 45 минут 12 августа 2000 года».*

Эта часть «доказательства» вызывает у меня самое большое омерзение. Адмиралы приписывают себе в заслугу скорость обнаружения лежащего на грунте «Курска», забывая упомянуть, что скорость обнаружения

Судебно-медицинский эксперт из Норвегии Инге Морилд.

корабля связана с фиксацией взрыва и его пеленгацией гидроакустиком «Петра Великого» Андреем Лавринюком и стуками Дмитрия Колесникова и его товарищей.

Используя записку Колесникова, Колкутин пытается также доказать время наступления его смерти – не более 8 часов с момента гибели корабля.

Как известно, моряки оставили несколько посмертных записей. Записи Колесникова состоят из трех фрагментов, которые различаются не только адресатами, но и условиями их написания. Первый фрагмент начинается так: *«Список л/с 6, 7, 8, 9 отс., находящиеся в 9-м отсеке после аварии 12.08.2000 г.»*

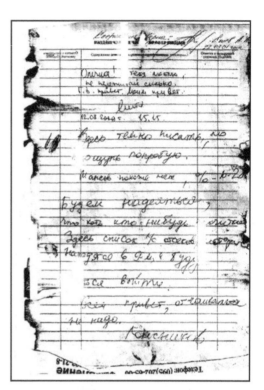

Второй и третий фрагменты записки Дмитрия Колесникова.

Первый фрагмент записки Дмитрия Колесникова со списком моряков 9-го отсека.

Второй фрагмент записки обращен к жене: *«Олечка...»* Она датирована 12.08.2000 года 15:15, а не 15:45, как указали эксперты.

Следующая часть записки начинается словами: *«Здесь темно писать, но на ощупь попробую»* и заканчивается легендарными словами: *«Всем привет, отчаиваться не надо. Колесников».* Этот фрагмент с последними словами, дошедшими к нам со дна Баренцева моря, не датирован. По топографии его расположения на листе и по содержанию очевидно, что он написан позднее и в другой обстановке. В третьей части записки, которая тоже не датирована, налицо дезорганизация почерка офицера, снижение координации движений, появление извилистости и изломанности прямых штрихов, угловатости овалов, неравномерности размера, наклона и размещения букв.

Из приведенных текстов можно сделать следующие выводы:

- В 15 часов 15 минут 12 августа 2000 года в 9-м отсеке был свет.

- Последняя часть написана в темноте.
- Подводники готовились к выходу в то время, когда света в отсеке уже не было.
- Капитан-лейтенант Колесников вполне реально оценивал шансы на спасение.

В тексте и в почерке Колесникова признаков стресса я не нашел.

В уголовном деле есть еще одна записка капитан-лейтенанта Сергея Садиленко. Она также подтверждает подготовку к выходу на поверхность, описывает трудности покидания корабля и тоже не обнаруживает никаких признаков стресса.

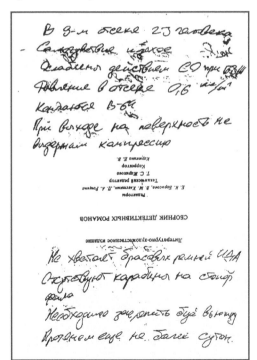

Записка капитан-лейтенанта Сергея Садиленко.

Примечательно, что в период обучения в 1999 году в Учебном центре ВМФ качествам, характеризующим психоэмоциональную выносливость, адекватность, реалистичность (стрессоустойчивость) Колесникова Д. Р., дана оценка выше средней, Садиленко С. В. и Аряпова Р. Р. – средняя. По результатам изучения личностей этих офицеров сделан вывод, что каждому из них присущи такие индивидуальные профессионально важные качества, как уравновешенность, смелость, организованность, требовательность к себе, самодисциплина, психическая выносливость и устойчивость. Кроме того отмечено:

«*Садиленко С. В. – предусмотрителен, энергичен, вместе с тем испытывает затруднения при встрече с непредвиденными обстоятельствами.*

Колесников Д. Р. – энергичен, активен, обладает критическим мышлением, ощущает уверенность в себе и в своих силах, адекватно относится к требованиям действительности, чувствует достаточную приспособленность к обстоятельствам, сохраняет хороший контроль над своими переживаниями, стремится сохранять оптимизм, [...] держится уверенно, хорошо переживает сильные эмоциональные нагрузки, с упорством добивается выполнения своих намерений, полагается на свой рассудок, стремится к практичным поступкам.

Аряпов Р. Р. – предусмотрителен, активен, мыслит критически, адекватно относится к требованиям действительности, хорошо владеет собой, не идет на поводу своих слабостей и колебаний настроения, стремится к добросовестности и ответственности в делах, проявляет выдержку и спокойствие в делах, реально оценивает свои силы и обстоятельства, имеет хорошую работоспособность, умеет контролировать свое отношение к неудачам».

И все-таки я решил и здесь заручиться заключением специалиста. Ксерокопии записок Дмитрия Колесникова и Сергея Садиленко, а также ксерокопии писем, которые они писали при жизни и которые любезно прислали мне их родители, я направил академику Алексею Алексеевичу Леонтьеву[62], всемирно известному психолингвисту.

С Алексеем Леонтьевым я знаком десяток лет и не раз обращался к нему за консультациями. Самым впечатляющим было его заключение по делу Артема Тарасова против редакции газеты Washington Post. В Королевском суде Великобритании адвокаты газеты представили в качестве доказательства черновик записей, которые корреспондент якобы делал в процессе интервью с Артемом. Эти каракули, по мнению газеты, подтверждали, что Тарасов в беседе с журналистом сам рассказал, что отмывал деньги членов российского правительства. Леонтьев смог не только убедить суд, что записи в блокноте выполнены не во время интервью, но и установил, с какой стороны падал свет на лист бумаги. По сути дела, его заключение обязало редакцию Washington Post опубликовать опровержение и выплатить Артему Тарасову компенсацию.

Вывод академика Леонтьева однозначен: в записках Дмитрия Колесникова и Сергея Садиленко признаков стресса не зафиксировано. (Приложение № 10)

Вообще-то вопрос прижизненной стрессовой ситуации является предметом посмертной психологической экспертизы и к судебно-медицинскому исследованию не относится. В составе комиссии, которая проводила экспертизу, нет ни одного специалиста в области психологии.

В одной из телевизионных передач тот же Колкутин заявил:

«Судя по тем запискам, которые мы исследовали, пишущие их люди вполне владели собой, т.е. их стрессовая ситуация, она оставалась внутри, наружу никак не проявлялась, и почерк и одного автора записки, и другого автора записки свидетельствует о том, что даже когда вторая часть записки Колесникова писалась в темноте, тем не менее можно утверждать, что это не состояние паники или нервного срыва. То есть человек вполне владел собой».

О психологической устойчивости моряков говорит и мой оппонент, генпрокурор Устинов:

«Странно только, что письмо написано ровным почерком в состоянии уравновешенности (это установили эксперты), при том что Борисов прекрасно знал о смертельной опасности. Казалось бы, о чем разговор? Дело нехитрое. Но когда человек находится в состоянии готовности к смерти, такая его предусмотрительность вызывает уважение. Русский офицер способен превозмочь себя ради дела, которому он посвятил жизнь. К сожалению, приходится высказывать это в адрес героев посмертно».

Устинов говорит о третьей записке, которая носит исключительно личный характер и неинформативна. А вот еще цитата от Устинова: *«В почерке исследуемой записки не имеется признаков, указывающих на наличие у Садиленко С. В. в момент исполнения записки болезненных изменений нервной системы и опорно-двигательного аппарата».*

Как же может господин Устинов, с одной стороны, на основании заключения Колкутина утверждать, что подводники в 9-м отсеке жили не более 8 часов, и тут же, ссылаясь на те же записки, которые приводит Колкутин в качестве доказательства стресса, заявлять, что стресса не было?! Не стал бы я, Владимир Васильевич, держать вас в адвокатском бюро даже в качестве помощника адвоката – только уборщиком.

Глупо утверждать, что моряки 9-го отсека вообще не испытывали стресс. Вопрос в том, какие события привели к стрессу и как моряки адаптировались к ситуации. Факт гибели корабля вызвал стресс? Безусловно. Но, судя по тому, что подводники «действовали по инструкции», готовились к выходу, подавали сигналы, можно говорить о том, что они достаточно быстро пришли в себя. Понимали ли они, что шансов спастись мало или их вообще нет? А это, безусловно, – сильнейший стрессообразующий фактор. Но они и с этим справились. Об этом пишет Дмитрий Колесников, это подтверждает «свидетель» Устинов. А сам пожар – разве это не стрессовая ситуация? Вне всяких сомнений. Вот только когда именно он возник, похоже, мы уже не узнаем.

Единственным свидетельством жизни моряков в 9-м отсеке остаются стуки, которые продолжались до 14 августа 2000 года включительно.

Обеспокоенные судебным разбирательством, представители Главной военной прокуратуры изобрели новые доводы, которые с готовностью были подхвачены военными судьями. В определении Судебной коллегии по уголовным делам Московского окружного военного суда от 29 июня 2004 года доказательствами непродолжительности жизни моряков были признаны найденные при осмотре 9-го отсека частично нетронутые запасы хлеба и питьевой воды.

Если бы следствие установило, что в отсеке находилось 100 упаковок хлеба, а съедена только одна, в этом случае можно было бы, и то на уровне предположений, рассуждать, почему при наличии пищи подводники ее не ели. Но никто не считал, сколько хлеба оставалось и сколько пустых целлофановых упаковок от него найдено. Кроме запаса хлеба, предназначенного для всего экипажа, в каждом отсеке есть аварийный запас других продуктов, главным образом калорийных. Сведений об его использовании в материалах уголовного дела нет.

Разливная вода хранится в лодке в бочонках, а консервированная – в банках. В 9-м отсеке следователи обнаружили 83 пустые банки объемом 200 мл. Это значит, что подводники выпили 16,6 литра только консервированной питьевой воды, то есть чуть более 700 мл на человека. Не так уж и мало. Но никто не считал, сколько воды было в бачках.

Обратимся к мнению адмирала Олега Ерофеева, который приводит в своей книге новый и крайне важный довод.

«В одной из записей Д. Колесникова ниже перечня фамилий подводников, находившихся в 9-м отсеке, имеется запись 13.58 (в овале) со стрелкой, направленной вверх, рядом с которой буква Р 7 отс. Эта запись сделана синим цветом, и на ней не указана дата. Для подводников это означает, что в это время обнаружено повышение давления в 7-м отсеке, т. е. через два с половиной часа после взрыва. Таким образом, даже если считать, что эта запись выполнена 12 августа, в это время 8-й и 9-й отсеки не были под давлением и обстановка в них была относительно благополучной.

В записке С. Садиленко говорится, что давление в 9-м отсеке 0,6 кг/см^2 и кончается регенерация. Следовательно, она была написана значительно позднее вышеуказанной записи Д. Колесникова (после этого должно было повыситься давление в 8-м отсеке и только затем – в 9-м, на что указывает С. Садиленко). Даже если предположить, что сразу после взрыва подводники начали снаряжение РДУ (хотя это противоречит здравому смыслу, поскольку не истекло время предрегенеративного периода), то к этому времени они при всем желании просто физически не успели бы выставить такого количества пластин регенерации, которые хранились во вскрытых банках.

[...] Но мне непонятно, почему следствие не исследовало вопрос, сколько же кислорода поглотили моряки, ведь в любой ситуации они вынуждены были дышать, а на дыхании особенно не сэкономишь, хотя и это возможно, о чем будет сказано ниже. Результаты осмотра 9-го отсека после подъема корабля, которые опубликованы в «Российской газете», показывают, что в отсеке было обнаружено 9 пустых банок из-под регенеративных пластин В-64. Следовательно, личный состав использовал их для обеспечения дыхания. В Правилах химической службы, основные положения которых можно найти в Интернете, приведены нормативные показатели использования регенеративных пластин как по количеству обслуживаемого личного состава, так и по времени.

Несложные арифметические расчеты показывают, что, исходя из количества использованных пластин и количества находящегося в аварийном отсеке личного состава – 23 человека (для нормального функционирования 24 человек в течение суток требуется 4 банки пластин В-64), даже при поддержании предельно допустимой концентрации углекислого газа, равной 1,3%, люди могли жить и функционировать не менее 2 суток. И это без учета предрегенеративного периода, который для этого отсека составляет не менее 8 часов. За это время они могли произвести две перезарядки РДУ (либо использовали соответствующее им количество пластин и начали третью). К сожалению, в акте осмотра отсека количество РДУ в 9-м отсеке не отражено. И только при третьей перезарядке произошли возгорание пластин и гибель людей».

Отвлечемся от дела «Курска» и вспомним вторую трагедию подводного флота России в новейшей истории – гибель 9 подводников при транспортировке на утилизацию подводной лодки «К-159» (подробнее об этой истории я расскажу в одной из следующих глав). Судебно-медицинские эксперты во главе с Виктором Колкутиным сделали категоричные выводы о причинах смерти подводников, тела которых покоятся на дне моря.

Как в деле затонувшего «Курска» главный штурман Военно-морского флота России Сергей Козлов, не имея пеленгов и данных о местонахождении проводивших пеленгацию кораблей, сделал вывод о том, что большинство пеленгов на стуки находится за пределами местонахождения ЗПЛ, так и по другому делу Виктор Колкутин вынес заключение в отношении тел моряков, которых и в глаза не видел.

Я тоже полагаю, что находившиеся на «К-159» моряки погибли от механической асфиксии – утонули. Но я – полагаю, а Колкутин – утверждает. Представьте себе, что такими «научными» методами будут проводить исследования эксперты других специальностей, например, графологи или дактилоскописты – без образцов почерка и отпечатков пальцев. Сколько тут всего можно наворотить... Что Колкутин и делает.

Теперь о третьей записке.

Записка эта сугубо личная и малоинформативная. Было много разговоров о том, что эта записка утаивается следствием. Это не так. Никаких признаков стресса – и тут я с Устиновым согласен – ни содержание записки, ни почерк не обнаруживают. Я публикую ее по единственной причине: во французском фильме «Курск. Подводная лодка в мутной воде» есть ссылка на якобы найденную в 9-м отсеке записку одного из подводников со словами «Нас убили». Таких слов ни в одной из найденных записок подводников не было.

Экипаж «Курска» был убит, но записки такой не было.

В делах по иску Колкутина ко мне, к «Новой газете» и к Лене Милашиной главным доводом истца и его адвокатов (см. главу 19) было признание следствием по делу о гибели «Курска» заключения судебно-медицинской экспертизы с участием главного судебно-медицинского эксперта Министерства обороны Российской Федерации Виктора Колкутина в качестве доказательства.

При этом суды, рассматривая гражданские дела, принимали факт признания следствием экспертизы в качестве доказательства как некую

Записка старшего мичмана Андрея Борисова.

преюдицию⁶³. Иными словами, сама экспертиза с точки зрения наличия или отсутствия фальсификаций и ее объективности и научности судами не рассматривалась.

Как жаль, что в тот момент я ничего не знал о дополнении к постановлению Егиева. Будь у меня тогда это постановление, «убойный» довод моего оппонента был бы убиенным.

Привожу дополнение следователя Артура Егиева в той части, которая касается судебно-медицинской экспертизы:

«С. 127 В постановлении написано: «Вместе с тем предварительным следствием достоверно установлено, что даже при более раннем обнаружении местонахождения «Курска» на грунте спасти экипаж не представилось бы возможным ввиду скоротечности его гибели».

Дополнить словами:

[...] 5. Следствием не доказано, что личный состав АПЛ «Курск» жил не более 8 часов. Напротив, материалами дела подтверждается, что сигналы из района аварии АПЛ «Курск», в том числе аварийные сигналы, поступали вплоть до 11:00 14 августа 2000 года и фиксировались в Вахтенном журнале и на кассеты».

Этим дополнением следователь Артур Егиев забил спелый астраханский арбуз в судебно-медицинскую задницу «эксперта» Виктора Колкутина.

Глава 15.
Телешоу «Фуражки горят»

30 декабря 2002 года в 14 часов я положил на стол теперь уже бывшего главного военного прокурора генерал-лейтенанта Александра Николаевича Савенкова (впоследствии – генерал-полковника; вместе с Устиновым он покинул Генеральную прокуратуру и стал заместителем министра юстиции, сейчас заседает в Совете Федерации) 44-страничное ходатайство (Приложение № 22) об отмене постановления о прекращении уголовного дела и возобновлении предварительного расследования. В ходатайстве опровергались последнее заключение главного судебно-медицинского эксперта Министерства обороны Виктора Колкутина и та часть акустико-фонографической экспертизы, которую проводил штурман Сергей Козлов.

За время работы на адвокатском поприще я оспорил сотни различных экспертиз. Помню, как в Магаданском городском суде я защищал Щербину, обвиняемого в убийстве соседа по общежитию. Щербина признал вину и подробно изложил следователям все обстоятельства нанесения побоев, которые и привели к смерти. Ознакомившись с заключением судебно-медицинского эксперта, я понял, что получить такие повреждения способом, который описывал мой подзащитный, жертва не могла. В суде, вопреки признанию Щербины, я утверждал, что он невиновен, а преступление совершил другой человек. Этот другой – указать на него пальцем я по правилам адвокатской этики не мог – сидел рядом со Щербиной по поводу кражи, которую совершил при убийстве. Суд, естественно, встал на позицию государственного обвинителя, и, с учетом чистосердечного признания, мой подзащитный получил 12 лет тюрьмы. Каково же было изумление судьи Петра Чуликова, который за 8 лет не имел ни одной отмены приговора, когда областной суд вернул дело на новое рассмотрение, согласившись с моими доводами.

Впоследствии меня поддержал Евгений Танцура, заведовавший в то время Магаданским областным бюро судебно-медицинской экспертизы. Четыре года шла борьба с прокуратурой, следствием, экспертом, подзащитным, пока наконец суд не вынес оправдательный приговор. Но случаев, когда эксперт болезненно реагирует на позицию адвоката, в моей практике не было.

22 января 2003 года информационные агентства распространили сообщение о пресс-конференции Виктора Колкутина и Сергея Козлова. На ней Колкутин обвинил меня в попытке *«поднять свой рейтинг в глазах общественности»*. Он уверял, что адвокат *«не располагает достоверными фактами и ссылается на некомпетентных специалистов»*. Главный судмедэксперт Минобороны назвал мои высказывания *«оскорбительными для науки и персонально для экспертов»*.

Вот что писала пресса о той пресс-конференции:

«Выступая сегодня на пресс-конференции в Москве, Виктор Колкутин назвал необоснованными заявления адвоката Бориса Кузнецова, который ранее поставил под сомнение результаты проведенной экспертизы. В частности адвокат, представляющий интересы 30 семей погибших подводников, утверждает, что моряки в 9-м отсеке были живы после катастрофы еще более двух суток, а следовательно, их можно было спасти. Подобные утверждения – это «попытка бросить тень как на репутацию ведущих специалистов, так и на работу всей комиссии», заявил сегодня военный эксперт. По мнению Виктора Колкутина, тем самым адвокат пытается поднять свой рейтинг в глазах общественности».[64]

К обвинению в желании «поднять свой рейтинг на крови» я отнесся спокойно. Друзья, знакомые, члены семей экипажа «Курска», военные моряки из Санкт-Петербургского клуба моряков-подводников звонили, интересовались, не сильно ли я огорчен. Успокаивали как могли. Резко увеличилось число родственников, которые были готовы подписать договор с адвокатским бюро, и направляли доверенности на представительство. Позже я подал исковое заявление в суд о защите чести и достоинства. Результаты и детали рассмотрения этого дела описаны в главе 19 этой книги.

Та пресс-конференция не стала разовой акцией. Была развернута целая кампания, призванная заставить меня замолчать. Свой брифинг провел начальник Организационного управления Главной военной прокуратуры генерал-майор юстиции Александр Никитин. «Общество должно знать объективную истину по этому делу, а не мнение пусть и уважаемого адвоката», – сказал он.

Общество правильно оценило эти заявления. В одной из газет вышла статья с заголовком: «Прокуратура хочет заткнуть рот адвокату».

30 января 2003 года ударила тяжелая артиллерия в лице ведущего и автора программы «Человек и закон» Алексея Пиманова. В передаче участвовал первый заместитель главного военного прокурора Анатолий Пономаренко. Стенограмма передачи приведена в приложении № 11.

Автор и ведущий программы «Человек и закон» Алексей Пиманов.

Здесь я хочу прокомментировать несколько фрагментов этой передачи.

Пиманов: *Здравствуйте! Честно скажу, был уверен, что очередной адвокатский иск[65] с просьбой пересмотреть результаты следствия о гибели атомохода «Курск» не стоит того, чтобы вновь на пальцах объяснять, что же произошло в августе 2000 года в Баренцевом море. Летом, когда де-*

лали фильм «Гибель «Курска», наша группа так эмоционально выплеснулась, постаравшись предельно четко и честно ответить на все вопросы, что сил продолжать этот разговор почти не осталось.

Но так как вокруг очередного иска продолжается информационная возня, а сам он выглядит очень странно с точки зрения людей, изучавших многотомные результаты следствия, мы решили всю сегодняшнюю программу посвятить теме погибшего атомохода. Назвали выпуск «Жизнь после «Курска». Попросили ГВП и командование ВМФ разрешить съездить на Северный флот и постараться ответить на вопросы. Что происходит там сейчас? Почему было отправлено в отставку все руководство Северного флота? Возможно ли повторение трагедии? Почему не стали поднимать 1-й отсек? Каково моральное состояние людей, выходящих в море после «Курска»?

Впрочем, об этом чуть позже. А сейчас – повтор небольшого фрагмента фильма, вышедшего в эфир в годовщину гибели лодки, т. е. в августе. Дело в том, что одним из основных пунктов нового нашумевшего иска является утверждение, что люди в 9-м отсеке жили двое суток, а данные следствия о том, что моряки погибли максимум через восемь часов – неправда.

Я спросил у следователей ГВП, встречались ли они с адвокатом и пытались ли объяснить человеку на реальных фактах, как все было на самом деле? «Да», – говорят. «И что он?» – «Почти не возражал. Да и что он может возразить?!»

Мой комментарий:

Из этого фрагмента можно сделать вывод о том, что адвокат с мнением следователей согласился, но жалобу подал.

Действительно, следователи со мной встречались. Главный военный прокурор и даже Главком ВМФ России Владимир Куроедов изложили свое видение причин гибели корабля и экипажа, а когда я докопался до истинных причин, меня пытались купить, но не грубо и примитивно, например, деньгами, а предложением принять защиту интересов Военно-морского флота. А защищать там есть что, можете мне поверить: деньги огромные и, естественно, гонорары немалые. Я согласился, но с оговоркой: после завершения дела «Курска».

В ходе ознакомления с материалами дела на многочисленных встречах со следователем Артуром Егиевым обсуждались многие обстоятельства трагедии, с некоторыми доводами обвинения я соглашался тогда и согласен сейчас. Но с последней «экспертизой» Колкутина и с навигационной частью акустико-фонографической экспертизы Козлова я не соглашался никогда.

Пиманов: И опять о последних исках. Знаете, что в них коробит тех, кто знаком с подлинными результатами следствия? Об этом не говорится, но между строк читается – недоверие к специалистам, проводившим расследование. Выполняли, мол, заказ, поэтому не договаривают, опять говорят неправду. Подленькая такая позиция. То, что пережили следователи на «Курске», не пожелаешь никому. Обвинять их в чем-то могут либо люди недалекие, либо...

> **Мой комментарий:**

Только целиком ангажированного человека – «сливного бачка», каким, по моему убеждению, и является Алексей Пиманов – может раздражать позиция человека вообще и адвоката в частности, который не согласен с выводами следствия. Подчеркну: не со всеми выводами, а лишь с некоторыми, включая два заключения экспертов.

> Более того, я считаю, что такие специалисты, как Колкутин и Козлов, а также лица, которых использовали в своих целях такие деятели, как Савенков, Куроедов, Устинов и «окончательный потребитель» Путин, продали честь и совесть, нарушили клятву Гиппократа, присягу, Конституцию России, наконец.

В передаче обсуждались не конкретные доводы защиты, а лишь сам факт того, что адвокат позволил себе усомниться.

Пономаренко: У нас вызывает недоумение позиция одного человека в адвокатском звании, который через некоторые СМИ навязывает не основанные на материалах следствия домыслы и предположения. Он заявил нам ходатайство о возобновлении следствия по данному уголовному делу, мы его внимательно изучили и каких-либо оснований для возобновления следствия по делу и выяснения тех вопросов, которые он указал в своем ходатайстве, не нашли.

> **Мой комментарий:**

Ходатайство на 44 листах, как я уже говорил, 30 декабря 2002 года в 14 часов 00 минут я отдал прямо в руки главному военному прокурору, а спустя 50 минут пресс-служба ГВП распространила пресс-релиз, в котором было указано, что жалоба адвоката Бориса Кузнецова изучена и в ее удовлетворении отказано. Первый заместитель главного военного прокурора Анатолий Пономаренко называет это «внимательно изучили». Даже исходя из расчета 2 минуты на страницу чтение ходатайства о возобновлении следствия требует 88 минут. А если еще и подумать?

Заместитель главного военного прокурора утверждает, что мое ходатайство основано на домыслах и предположениях. А как быть со стуками, например?

Пиманов: На сегодня все. Ревнители правил журналистской работы могут предъявить мне претензии, почему я не позвал в программу того самого адвоката, подавшего иск от имени части родственников погибшего экипажа. Честно – собирался, но не смог через себя переступить. Своим иском, вернее, его качеством, он все сказал. А делать человеку имя на крови погибшего экипажа я не собираюсь, пусть это делают другие.

> **Мой комментарий:**

Я подготовил иск о защите чести и достоинства к Пиманову и к Первому каналу, но в суд его не подал. Почему? Комплекс имплицитных следствий, выражающих, скорее всего, мнение. Хотя формально так могут выражаться и утверждения. Что-то по этому поводу сказать можно, но, вероятнее всего, это все-таки выражение мнения. Во всяком случае, можно однозначно утверждать, что выражение «не смог через себя переступить» свидетельствует о негативной оценке действий адвоката самим Пимановым, оценивающим происходящее на основе собственного представления о морали и этике.

Но не только чисто юридическая, хотя и неоднозначная позиция помешала мне судиться с передачей «Человек и закон». Я счел, что при таком характере иска добиться в судебном решении ссылок на конкретные доводы, опровергающие позицию прокуратуры, я не смогу. А развязывать судебную тяжбу ради своего тщеславия я не стал.

В этой передаче Колкутин и следователь Егиев убеждали телезрителей, что следствие проведено в полном объеме, всесторонне и объективно. Затем на экране появились Владимир Куроедов и командующий Северным флотом адмирал Геннадий Сучков. Последний вполне искренне и разумно говорил о причинах развала флота. Анатолий Пономаренко появлялся в передаче дважды: первый раз он поведал, что 19 должностных лиц Северного флота привлечены к строгой, *«я бы даже сказал – к суровой дисциплинарной ответственности»*, а 12 из них уволены из рядов Вооруженных сил.

Хочу напомнить ведущему и автору передачи, что подвергать сомнению выводы следствия – это непосредственная обязанность адвоката. А если он этим не занимается, то ему прямая дорога – в ведущие и авторы программы «Человек и закон».

Появилась на экране и вдова командира АПЛ «Курск» *Ирина Лячина*: *«Я верю, что много сил, времени, нервов затрачено людьми для выяснения причин гибели «Курска». Не позволяю думать о том, что все, что нам говорят, – это неправда. Я глубоко убеждена в том, что сомнения родственников, которые возникают, приводят к тому, что появляются люди, которые пользуют, простите за такое слово, которые делают имя «Курска» разменной картой в каких-то своих... Но это делается, я считаю, не для того, чтобы была сказана правда о гибели «Курска». Я очень хочу, чтобы родственники не отдавали этим людям в руки гордое имя «Курск».*

Оставляю сказанное на совести Ирины Лячиной.

Ирина Лячина.

Во время работы над книгой я имел честь представлять интересы 55 членов семей подводников из 118, то есть менее половины. Семья командира «Курска» ко мне не обращалась. На третьей годовщине памяти «Курска» после открытия мемориала на Серафимовском кладбище в Санкт-Петербурге был траурный обед, на котором присутствовали адмиралы Северного флота, военно-морской базы в Питере, представители администрации Мурманской области. Пригласили и меня.

Я оказался по соседству с Ириной Лячиной и ее сыном. Произносились речи, я тоже попросил слово, желая довести до присутствующих основную мысль: предпринимаются попытки бросить тень на героических подводников, и я, представляя интересы их родных и близких, защищаю от грязи весь экипаж «Курска». Но не успел я закончить первую фразу, как из-за стола поднялся пьяный вице-адмирал Михаил Моцак и, перебивая меня, стал что-то орать. Я пожал плечами и сел на свое место. Лячина по этому поводу заметила, что не стоит обижаться на подвыпившего адмирала. Дескать, большие погоны не свидетельствуют о соответствующем уровне культуры.

У меня есть еще одна запись телевизионной передачи. Главный судебно-медицинский эксперт Минобороны России Виктор Колкутин несколько лет назад выступал в качестве приглашенного специалиста в программе «Независимое расследование» на ОРТ с ведущим Николаем Николаевым. Тема передачи – Недобросовестные врачи, врачебные ошибки, расследование случаев врачебных ошибок, защита корпоративных интересов, проведение

Могилы 32 членов экипажа на Серафимовском кладбище в Санкт-Петербурге.

судебно-медицинских экспертиз по делам о врачебных ошибках, защита законом пациента от врача, допустившего ошибку. Обсуждался случай в одной из больниц Омска. Врачи не сделали обязательные предварительные анализы, и после применения наркоза пациент впал в кому. Экспертиза показала, что это произошло не по вине врачей. Вот фрагмент записи передачи.

Николаев: Вопрос к судебно-медицинскому эксперту Виктору Колкутину, которому мы накануне этой передачи отдали все необходимые материалы по омскому случаю. Скажите, может быть, просто врачи столкнулись с какими-то непредвиденными трудностями во время операции?

Колкутин: Если и можно в данном случае сказать о столкновении врачей с непредвиденными трудностями, то тут же надо оговориться: в их задачу как раз и входило выявить эти трудности и избежать тех последствий, которые имеют место в настоящее время. Более того, все необходимое и достаточное у них для этого было.

И поражает в данной ситуации то противоречие, которое уже прозвучало здесь и которое присутствует в заключении экспертизы. С одной стороны, комиссия экспертов добросовестно выявляет все ошибки, изумительно по качеству представляет их на суд читателя, а последним абзацем делает совершенно фантастический вывод, что, оказывается, все эти ошибки не находятся в причинной связи с наступившими ухудшениями у данного пациента, следовательно, квалифицировать их как вред здоровью нет оснований. Где тут логика, я не понимаю.

Николаев: Вы же все медики, судебно-медицинские эксперты, хирурги, клиницисты. Есть вот на этом уровне корпоративность изначально? Поймите правильно мой вопрос. Поэтому можно считать, что и заключение судебных медиков в данном случае, ну, такое, достаточно «круглое», что называется, дабы не подставлять своих коллег?

Колкутин: […] В данном случае, если говорить о конкретном заключении, повторюсь – своих коллег, то вообще все выводы «по уму» надо было бы строить иначе. Надо было бы нивелировать каждую ошибку, выводить ее на уровень казуса. […]

Николаев: Ну, не надо, не учите их, а то они еще воспользуются. Хорошо […]

Колкутин: Но так, как это сделано, вот так, как это […].

Мой комментарий:

Сначала Колкутин возмущается заключением судебно-медицинской экспертизы, а потом вдруг начинает учить, как этот документ «по уму» нужно было сфальсифицировать. Причем так квалифицированно, что ведущий попросил этого не делать, дабы никто не воспользовался. *«Но так, как это сделано…»* – продолжал сетовать Колкутин на «непрофессионализм» товарищей.

То, чему Колкутин пытался научить своих коллег на телевизионном экране, спустя несколько лет он с успехом использовал при проведении экспертизы по «Курску». И здесь тот же подход: выводить на уровень казуса. Казус в данном случае касается применения метода определения времени морфологических и биохимических изменений в организме умерших 2,5 месяца назад моряков.

Много лет назад, после очередного исключения из коллегии адвокатов, меня пригрел Институт биологических проблем Севера Академии наук СССР, где возглавляемая мною группа экологической экспертизы, ученые института и привлеченные специалисты похоронили несколько грандиозных строек коммунизма, включая проект строительства Амгуэмской ГЭС на Чукотке. По поручению ученого совета института я участвовал в служебном расследовании фактов научной подтасовки результатов исследований, которую допустил один из видных биологов, свято веривший в одну из собственных теорий. А поскольку отдельные результаты полевых исследований никак не вписывались в эту теорию, он пошел на подлог. Несмотря на высочайший авторитет в научном мире, в институте он больше работать не смог, ушел на пенсию и уехал с Севера «на материк».

Если ученые создадут такую же атмосферу вокруг судебно-медицинского эксперта Виктора Колкутина, ему придется проделать обратный путь – с «материка» в солнечный Магадан.

Все эти передачи и пресс-конференции, никчемные обвинения и оправдания экспертов в погонах позволили мне в очередной раз убедиться в том, что на головах некоторых адмиралов, военных прокуроров и экспертов «фуражки горят».

К предателям я отношусь спокойно – как к данности, по знаменитому изречению Бруно Ясенского[66] из «Заговора равнодушных»: *«Не бойся врагов – в худшем случае они могут тебя убить. Не бойся друзей – в худшем случае они могут тебя предать. Бойся равнодушных – они не убивают и не предают, но только с их молчаливого согласия на земле существует предательство и убийство».*

Я предателей не боюсь. Я их... не люблю.

Был у меня друг – Игорь Курдин, капитан I ранга, бывший командир атомного подводного крейсера, председатель Санкт-Петербургского клуба моряков-подводников. У нас были схожие взгляда на состояние флота, на морские трагедии, примерно одинаково мы оценивали позиции политических и общественных деятелей, руководителей флота разных времен. Познакомились мы с ним за круглым столом на одной из демократических тусовок. Его комментарии были профессиональны и убедительны. Именно Игорь Курдин предложил мне взять на себя защиту семей, погибших на «К-141»[67]. Он полностью разделял мои взгляды на причины гибели корабля и экипажа, на роль руководства флота и ВМФ, следователей и экспертов, а также на мою книгу.

Привожу дословно слова Курдина на «Радио Свобода» с ведущим Владимиром Кара-Мурзой 14 ноября 2011 года в передаче «Следует ли возобновить расследование гибели экипажа подводной лодки «Курск»?» В этой передаче участвовал и я.

Курдин: *По этому поводу хорошо сказал Борис Аврамович, если я не прав, он поправит. Он высоко оце-*

нил в своей книге, которая носит такое же название со слов президента «Она утонула», качество проведенного следствия. Я тоже был ознакомлен со многими материалами дела и могу это только подтвердить. Однако выводы совершенно не соответствуют материалам следствия. И когда, казалось бы, прочитал информацию, а никто не виноват. К сожалению, и мы всегда говорили об этом, и мы, и родственники, никто не требовал кого-то обязательно посадить, расстрелять, привлечь к ответственности. Но закономерно было бы, закончив следствие, провести не показательный, как в 1930-х годах, судебный процесс, а нормальный судебный процесс, который помог бы выявить недостатки, которые есть в Военно-морском флоте. Потому что главная польза, как это ни странно звучит, которую можно извлечь из трагедии «Курска», – это сделать так, чтобы такого не повторялось.

Еще раньше он не раз выступал с оценкой моей книги, сравнивал ее с устиновской. (Приложение № 12)

После моего побега из России Игорь «потерялся». Не он один. Ничего удивительного в этом нет, люди живут в России. А чтобы выжить, нужно сотрудничать с властью, контакты со мной – с «государственным преступником» – могут их скомпрометировать. Что говорить о друзьях, если близкие люди, в которых я вложил душу и, не скрою, деньги, которые использовали и меня, и мое имя для собственного благополучия, от меня отказались.

В газете «Санкт-Петербургские ведомости» (№ 149 от 12.08.2010) появилось интервью Игоря Курдина корреспонденту Наталье Орловой. Цитирую его фрагмент:

*Орлова: Но кроме этого клуб (Санкт-Петербургский клуб моряков-подводников. – **Б.К.**) еще попытался юридически защитить интересы родственников погибших [...]?*

Курдин: Не совсем так. Мы всего лишь нашли адвоката Бориса Кузнецова, который взялся представлять интересы родственников в уголовном деле. Он действительно сделал все, что необходимо, чтобы трагедия была расследована. Его целью было доказать, что имела место преступная задержка в объявлении лодки аварийной, что и привело к гибели всего экипажа. Когда в 2003 году Военная прокуратура РФ окончательно закрыла уголовное дело, не найдя в действиях должностных лиц состава преступления, Кузнецов дошел до Страсбургского суда. [...] А в 2008 году он получил политическое убежище в США. Это обстоятельство, признаюсь, до сих пор мучает меня. Неприятный осадок: то ли действительно, как заявил адвокат, его в России преследовали за ведение дела «Курска», то ли он просто воспользовался этим делом, чтобы эмигрировать.

Возможно, вы, дорогой читатель, спросите у меня: а какое отношение имеют ваши личные дела с Курдиным к делу «Курска» и почему о них надо говорить в этой книге? Главная проблема гибели моряков и дела о трагедии 12 августа лежит, в первую очередь, в области морали и нравственности, в отношениях людей, в оценке жизни человека как самой главной ценности, в таких понятиях, как честь, совесть, достоинство.

Я написал письмо редактору газеты «Санкт-Петербургские ведомости». Его не опубликовали. Я исключил Курдина из числа друзей не только на Facebook, но и из своей жизни. Впрочем, с Курдиным все не так плохо: он меня не продавал – он предал меня даром.

Во втором издании книги я пересмотрел свои взгляды и оценки на роль и действия целого ряда лиц, прикоснувшихся к делу «Курска». Пересмотр оценок и взглядов никак не касается фактических обстоятельств, которые во втором издании не изменились ни на йоту.

В моей жизни было несколько моментов, когда мне пришлось в корне менять свои взгляды, в том числе и отношение к людям. В свое время я приветствовал избрание Владимира Путина, более того, способствовал этому: адвокаты бюро на общественных началах помогали людям в общественной приемной кандидата в президенты Владимира Путина. Но по мере того, как ситуация в стране менялась, я превратился сначала в его критика, а затем – в непримиримого противника.

Привожу свое послесловие к первому изданию.

«Хочу от имени родственников погибших моряков, чьи интересы я представляю, и от себя поблагодарить президента Российской Федерации Владимира Владимировича Путина за то, что он сделал для родных и близких подводников, для увековечения памяти героев. Моряки, господин президент, граждане нашей страны этого не забудут.

Искренняя благодарность всем гражданам России и зарубежных стран, организациям и предприятиям, государственным и общественным деятелям стран мира, которые болели за судьбу подводников, помогали деньгами, письмами, сочувствием и поддержкой детям, вдовам и родителям членов экипажа. Признательность норвежским и российским водолазам, специалистам, которые сделали все, что было в их силах, для спасения подводников и подъема корабля, позволили предать земле тела погибших моряков. Спасибо членам правительственной комиссии, Илье Клебанову, экспертам, специалистам военным и гражданским, следователям следственной группы, которые сделали все или почти все для установления истины.

Поклон вам всем низкий».

Я отзываю свою благодарность, которая была высказана от себя и от имени семей погибших моряков, которых я представлял, президенту Владимиру Путину. Он действительно выполнил все обещания, которые дал родственникам погибших членов экипажа: лодка поднята, памятники установлены, компенсации выплачены, квартиры предоставлены (правда, не всегда своевременно и безоговорочно – см. приложения № 30–37). Именно этим я руководствовался, когда выражал ему благодарность. К сожалению, многие обстоятельства участия Путина в сговоре с руководством ВМФ и прокуратурой тогда мне известны не были.

Я отзываю свою благодарность членам правительственной комиссии и Илье Клебанову, которые подтвердили заведомо подложные выводы экспертизы с участием Колкутина, а также «не обнаружили» целый ряд конструктивных недостатков проекта 949А, сгладили углы, оставили в своих рядах одного из главных виновников гибели корабля, бывшего Главкома ВМФ России Владимира Куроедова. Признаюсь, что, выражая благодарность, проявил слабость, руководствовался личными дружескими чувствами к Илье Клебанову.

Отзываю свою благодарность экспертам – участникам комиссионной судебно-медицинской экспертизы под руководством Виктора Колкутина, а также руководителю следственной группы Артуру Егиеву.

За годы, прошедшие с момента выхода первого издания книги, некоторые участники событий сначала рассказывали кое-какие подробности шепотом, на ушко, затем начали говорить вслух. Я много раз цитировал вице-адмирала Валерия Рязанцева и целые абзацы его книги «В кильватерном строю за смертью». За это время появились и весьма любопытные высказывания действующих военно-морских командиров и даже следователей.

24 июля 2010 года в эфире «Эха Москвы» бывший Главком ВМФ адмирал Владимир Высоцкий заявил, что причины гибели атомной подводной лодки «Курск» и ее экипажа во многом были организационными. В частности в управленческой деятельности были допущены серьезные промахи.

12 августа 2010 года, в десятую годовщину гибели «Курска», «Комсомольская правда» опубликовала интервью корреспондента газеты Михаила Беликова с бывшим следователем прокуратуры Северного флота Игорем Чуйковым.

Беликов: Игорь Дмитриевич, почему же все-таки утонул «Курск»?

Чуйков: Думаю, что в стране точную причину гибели знают лишь несколько человек. Ее вряд ли обнародуют. А само расследование напоминало фарс. [...] Впрочем, не так это важно! Атомоход привели к гибели не столько взрывы на его борту и ошибки экипажа, сколько тот голодный паек, на котором государство сегодня держит флот. Нельзя списывать все на промахи подводников и состояние лодки.

Беликов: По-вашему, власти заинтересованы в сокрытии причин ее гибели?

Чуйков: А где, спрашивается, результат? Прошло уже десять лет, а следствие до сих пор не закончено. Кроме того, во время операции по подъему крейсера остатки развороченного взрывом 1-го отсека отпилили и оставили в море. Официально это объяснили двумя причинами. Во-первых, там могут находиться неразорвавшиеся торпеды. Во-вторых, остатки 1-го отсека во время подъема могли оторваться. Но, возможно, причина и в другом: чтобы никто не смог их увидеть.

Беликов: А почему вы назвали расследование фарсом?

Чуйков: Мы не всю лодку обследовали. Пришел прокурор флота и скомандовал: «Заканчивайте!» Ушли. А потом я услышал, что при окончательной разделке лодки в 3-м отсеке нашли тело еще одного подводника, которого при следствии не обнаружили. С рабочих взяли подписку о неразглашении. Потому что моряков не только официально опознали, но и успели выдать родственникам! А тут на тебе – лишний труп...

Кстати, опознание – отдельная тема. Никто не проводил генотипоскопическую экспертизу, в просторечии – анализ ДНК. Она стоит достаточно дорого, примерно тысячу долларов. Сэкономить решили, наверное. Жене другого подводника долго пытались вручить остатки черепа. Мол, вот все, что осталось от вашего мужа. Она отказалась. Вдову долго уговаривали, пока она не произнесла: «У мужа не было вставных зубов!

Во втором издании книги приведено немало эпизодов, связанных не только с ошибками руководителей следственной группы и вышестоящих руководителей следствия, но и с умышленными действиями, направленными на сокрытие истины.

Дело «Курска» – первое преступление путинского режима.

Глава 16. Диалоги с оппонентами

В этой главе я приведу некоторые высказывания, которые, как мне кажется, заслуживают отдельного комментария. Они могут быть связаны и не связаны с гибелью «Курска» и экипажа, они могут касаться истории флота, его бед, а также мыслей, которые в рамки остальных глав не укладываются.

Название этой главы весьма условное. Вообще-то вся эта книга, да и все противостояние с прокуратурой и с судами – по сути, диалог. Другое дело, что в реальной жизни этот диалог частенько напоминает разговор слепого с глухим.

Эту книгу, а заодно и мою позицию будут судить другие судьи, их мнение может быть самым разным, но важно то, что они будут независимыми. Многие из тех, кого я называю оппонентами, – весьма уважаемые мною люди, просто в чем-то я с ними несогласен.

Диалог № 1 с Игорем Спасским

В предисловии к книге «Курск». Операция «Подъем» авторы (читай – И. Спасский) пишут, что после гибели лодки в средствах массовой информации началась кампания по очернению флота: *«Были предприняты многочисленные и очень искусные меры, чтобы использовать трагедию как информационный повод для подрыва того политического курса, который породил у населения даже еще не оптимизм, а надежду на оптимизм»*.

Мой комментарий:

Как же знакома эта риторика! Создается впечатление, будто мы вернулись во времена борьбы с троцкистско-зиновьевской бандой или как минимум – с безродными космополитами.

Не буду защищать и журналистов. К сожалению, они могут в угоду тиража, сенсационности, а иногда – и по прямому оплаченному заказу оклеветать, вмешаться в личную жизнь людей. Этим грешат не только журналисты, но также политики и коммерсанты. Я провел не один десяток процессов против редакций газет и телевидения, среди которых такие издания, как «Известия», «Комсомольская правда», «Московский комсомолец», «ТВ-Новости», Би-би-си, Washington Post, Gerald Tribune, а среди журналистов в числе моих «жертв» значатся В. Симонов, А. Хинштейн и А. Караулов. Однако если в трагические дни августа 2000 года и были недостоверные публикации, то обуславливались они двумя факторами: отсутствием достоверной информации и дезинформацией, источниками которой выступали пресс-службы СФ и ВМФ, официальные и неофициальные должностные лица. Но не стоит доводить проблемы безответственности и халатности адмиралов ВМФ России до абсурда и возводить до мнимого политического заговора против флота.

Здесь уместно привести «показание главного свидетеля» – генпрокурора Устинова из его книги: *«Первое сообщение для прессы о том, что «на подводной лодке произошли неполадки, в результате которых она была вынуждена лечь на грунт в районе боевой подготовки Северного флота в акватории Баренцева моря», было сделано пресс-центром ВМФ в 10:45».*

Вот вам и дезинформация о мелких и несущественных «неполадках». Не надо искать козни журналистов там, где их нет. Мы с Владимиром Васильевичем Устиновым доказали вам это, господа военные моряки.

Диалог № 2 с Игорем Спасским

Еще одна цитата из книги «Курск». Операция «Подъем»: *«Но и в условиях этого информационного террора руководство страны, командование флота не потеряли хладнокровия».*

Мой комментарий:

Руководство ВМФ России и Северного флота, представители ЦКБ «Рубин» не теряют спокойствия и сейчас. С помощью Главной военной прокуратуры и военных судов, по моим оценкам, они в любой момент готовы переложить ответственность на кого угодно – на политическую ситуацию в стране, на развалившие флот демократов, списать аварию на недостаток средств, на американский империализм, на экипаж, наконец. Только свои ошибки и свое бездарное руководство эти люди признавать не хотят.

Диалог № 3 с Николаем Черкашиным

Писатель Николай Черкашин: *«По-видимому, мы никогда не узнаем, почему рванули торпеды в 1-м отсеке. Это не укладывается в голове. Это бесит. Это заставляет придумывать все новые и новые версии. Даже специалисты сбиваются в группы по принципу – «верю, не верю».*

Как же так, неужели наука не скажет своего слова? Но наука еще не научилась вызывать из небытия души тех, кто знает...»

Мой комментарий:

На самом деле наука сказала, отчего рванули торпеды, – из-за утечки окислителя, пожара и детонации боезапаса. Когда Николай Черкашин издал свою книгу, расследование еще не было завершено. А вот почему произошла утечка пероксида водорода из резервуара торпеды, ответа, по-видимому, не будет дано никогда. С этим придется смириться.

Произошло ли это через трещину в корпусе? Была трещина заводским браком или образовалась в процессе ненадлежащего хранения, транспортировки или погрузки торпеды на корабль? Стала ли утечка результатом повторного использования резиновых уплотнителей, потерявших свою эластичность, или всему виной неправильно подключенный прибор системы контроля окислителя?

Можно бесконечно гадать о том, успели ли доложить о протечке «толстушки» командиру и дал ли он приказ отстрелить ее. Мы никогда не узнаем о том, открыли ли моряки торпедный аппарат, чтобы посмотреть, что там происходит, или просто недовернули кремальеру задней крышки аппарата. Это до конца дней будет волновать тех, кто хоть как-то причастен к трагическим событиям августа 2000 года.

16 августа 2006 года мы встретились с Николаем Черкашиным в передаче «Ищем выход» на «Эхе Москвы», которую вела Ксения Ларина. Он всегда отдавал предпочтение версии столкновения «Курска» с американской подводной лодкой, но опровергнуть мои доводы не смог.

Диалог № 4 с Вячеславом Поповым

Вячеслав Попов: *«В 1987 году, когда группа советских атомных подводных лодок, отклонившись от обычного маршрута, только вошла в западную часть Атлантики, в американском парламенте начались истерические запросы по поводу того, куда смотрит Пентагон и зачем русские подводные лодки идут к берегам Америки.*

Замечу, что до тех берегов были еще тысячи миль. А здесь международная группировка из трех атомоходов рыщет у самой кромки морской госграницы России, да еще в полигоне, где проводятся учения со стрельбой».

Мой комментарий:

На месте Попова я бы не стал строить глазки. Дескать, советский или российский флот святее папы римского, а вот американцы – настоящие стервятники. Напомню адмиралу Попову, как осенью 1966 года подводная лодка «К-181» осуществляла слежение за авианесущей ударной группировкой в составе авианосца, крейсера и пяти фрегатов, находясь в середине ордера, передавая радиограммы и фотографируя авианосец с большим риском.

В период Карибского кризиса вблизи Перл-Харбора действовала подводная лодка «Б-88». В 1963 году у побережья США были развернуты подводные лодки «Б-139», «Б-77», «Б-74», «К-153», а «С-141» подверглась бомбометанию со стороны американских кораблей.

Напомню также, что и «К-19» затонула не в Клязьминском водохранилище, а в Северной Атлантике близ норвежского острова Ян-Майен, где дислоцируется станция дальней навигации (Loran-C), а «К-8» погибла в 300 милях к северо-западу от Испании. Ни для кого не секрет, что в период холодной войны, когда была возможность, наши атомоходы бороздили океаны. Это было оправдано.

Да и в 1999 году Попов сам отправил «Курск» в Средиземное море не медуз пугать. Будь сегодня у России возможности, то под каждым американским кустом сидело бы по подлодке.

Но суть не в этом. По словам Попова, три подводные лодки НАТО находились в районе учений, а противолодочные корабли не смогли их даже обнаружить, не говоря уже о том, чтобы вытеснить. Более того, корабли, которые предназначены для обнаружения, а в военное время – для потопления неприятельских субмарин, позволили им подавать сигналы SOS, имитируя аварию!

Скажите мне, господин Попов, чего стоит такой флот под вашим руководством? Чего стоите Вы как командующий таким флотом? Простите меня, но я вам не верю. Вы клевещете и на флот, и на моряков, и на себя. Не было никаких подводных лодок НАТО в полигоне. Нет ни одного достоверного свидетельства их пребывания в районе гибели атомной подводной лодки «Курск».

Давайте обратимся к свидетельству адмирала Олега Ерофеева, который имеет опыт противостояния американскому флоту.

«А самое главное в опровержении версии столкновения является то, что наши торпеды не могут взрываться при столкновении лодки с другим кораблем, льдиной, при навале на причал, посадке на мель и в других случаях физического контакта торпедного аппарата с препятствием, поскольку имеют не менее четырех ступеней предохранения, срабатывающих от разных датчиков и в строго определенной последовательности, достичь которую при случайном столкновении просто невозможно.

Эти вопросы следовало бы знать профессионалам, а не вводить в заблуждение обывателей и не пугать наших партнеров подобными заявлени-

ями о технических характеристиках нашего оружия.

Теперь что касается преднамеренной атаки торпедным оружием нашей лодки. Отдельные крупные начальники говорят о том, что, обнаружив приготовление нашей торпеды к выстрелу (по данным гидроакустики), у командира американской лодки не выдержали нервы, и он упредил нашу лодку в применении торпед. Чем можно возразить на данную фантастику?

Во-первых, наша подводная лодка находилась на перископной глубине, а, как известно, перископные атаки не выполняются на нашем флоте со времен Великой Отечественной войны. Кроме того, выполняя перископную атаку, командир АПРК «Курск» сразу же, еще до стрельбы, обрекал свой корабль на снижение оценки за боевое упражнение, поскольку атака в этом случае выполнялась бы нескрытно (см. руководящие документы по оценке торпедных стрельб). Я знаю, что Геннадий Петрович Лячин был умный и грамотный командир и никогда не позволил бы себе такой глупости.

Да, действительно, американские подводники ведут упрямые, настойчивые, иногда наглые действия по вскрытию особо охраняемых тактико-технических характеристик приготовления к боевому применению нашего как торпедного, так и, особенно, ракетного оружия, впрочем, как и наши подводники. Но подобная разведка всегда ведется с соблюдением повышенных мер безопасности, а в данном случае американцам достоверно было известно о проводимых нами учениях с применением практического оружия (мы сами давали оповещение о закрытии районов учения).

Кроме того, я уверен, что подобные сведения о наших тридцатилетней давности торпедах они имели значительно раньше, то есть рисковать своим кораблем и кораблем партнера ради получения сомнительной информации было бы просто неразумно.

В моей практике было два случая, когда нашим подводникам при проведении практических стрельб приходилось применять оружие по американским подводным лодкам, но несмотря на это американские моряки в ответных действиях никогда не позволяли себе подобного поведения, о котором говорят сегодня досужие эксперты.

Первый раз это было на Тихоокеанском флоте, когда мы выполняли практическую торпедную стрельбу по своей лодке-цели. После получения приказания из-за технических причин подводная лодка-цель не сумела погрузиться, а стреляющая лодка погрузилась первой. Обнаружив подводную лодку-цель, наша лодка атаковала ее с применением практической торпеды.

Мы наблюдали наведение торпеды на цель, которая с обнаружением залпа увеличила ход и стала интенсивно уклоняться. Только после всплытия мы узнали, что наша лодка-цель не погружалась, а после разоружения торпеды был установлен факт не только ее наведения, но и неоднократного срабатывания неконтактного взрывателя. Ясно, что мы стреляли по иностранной лодке, и к чести ее командира надо признать, что он действовал хладнокровно и грамотно с соблюдением международных правил плавания. А это было в разгар «холодной войны», когда ответный залп можно было бы убедительно обосновать, но американцы этого не допустили.

Второй случай произошел уже в 1990-х годах при утилизации наших новейших баллистических ракет методом отстрела со стратегической подводной лодки. Несмотря на оповещения об этих действиях и приглашение наблюдателей из Соединенных Штатов Америки, американцы для записи шумовых характеристик при подготовке и проведении стрельбы послали свою подводную лодку, которая была обнаружена нашими силами, но попытки вытеснить ее из района стрельб результатов не дали.

Тогда было принято решение произвести глубинное бомбометание. И только после этого американская подводная лодка вышла из запретного района, но при этом не применила в ответных действиях своего оружия. Так что американцы очень пунктуально выполняют международные соглашения по безопасности плавания».

А мой свидетель господин генеральный прокурор Устинов еще раз подтверждает это на страницах своей книги «Правда о «Курске»:

«Осмотром самого подводного крейсера, а также поверхности морского дна на территории четырех квадратных миль не было обнаружено присутствия каких-либо следов другой подводной лодки или предметов, оставшихся от нее».

Диалог № 5 с Владимиром Устиновым

Владимир Устинов уделяет в книге много внимания запущенности военно-морского хозяйства, дырам в военном обеспечении флота, низкому уровню исполнительской дисциплины, разгильдяйству.

Мой комментарий:

По сути, я согласен с Устиновым, все это имеет место. Но он рассуждает об этом не в связи с посещением Центрального военно-морского музея, а в связи с гибелью 118 человек и корабля многомиллионной стоимости в долларах, а также в связи с утратой боевой единицы флота. Уместно ли в таком случае мыслить категориями не юриста или генерального прокурора, а девки, лузгающей семечки на завалинке?

Скажите, Владимир Васильевич, было ли внесено представление на увольнение Главкома ВМФ Владимира Куроедова, отвечающего за бардак, о котором Вы говорили? Мне об этом ничего не известно. Хотя, если честно, мне Куроедов импонирует. Веселый мужик, с юмором, на пианино играет. Может пошутить так, как с «Петром

Великим»: весь мир лежит, сначала – от страха, потом – от смеха[68].

Диалог № 6 с Владимиром Устиновым

В книге Устинова есть упоминание гибели линкора «Новороссийск» и экипажа в результате подрыва.

Мой комментарий:

Во-первых, подрыв – не более чем одна из версий (см. книги «Гибель линкора «Новороссийск»: Документы и факты./Сост. и автор коммент. Каржавин Б. А. СПб.: Политехника, 1992. 208 с.; Костиченко В. В. Гибель без тайн: Трагедия линейного корабля «Новороссийск». Приложение к журналу «Страницы морской истории». Севастополь, 1999. 36 с.; Никольский Н. И., Никольский В. Н. Почему погиб линкор «Новороссийск»? М.: Сезам-Маркетинг, 1999. 120 с., Каржавин Б. А. Тайна гибели линкора «Новороссийск»: Документальная историческая хроника. СПб.: Политехника, 1991. 271 с. – эти книги есть у меня в библиотеке, на самом деле литературы значительно больше).

В выводах правительственной комиссии так и указано: *«[...] п. 3. Нельзя полностью исключить, что причиной подрыва линкора является диверсия»*.

На линкоре погибли 609 человек и были ранены 129 моряков при численности экипажа линкора 1542 человека. И, наконец, гибель линкора послужила поводом для расправы с Главкомом ВМФ СССР адмиралом флота Советского Союза Николаем Герасимовичем Кузнецовым. Хотя правительственная комиссия претензий к главкому не предъявила, так как он в течение нескольких месяцев до гибели «Новороссийска» был болен и не исполнял свои обязанности, постановлением Совета министров СССР Кузнецов Н. Г. 8 декабря 1955 года был снят с должности, а в начале 1956 года понижен в звании и уволен без объяснения причин.

Решение было политическим. На заседании правительства вопрос о причинах и виновных не рассматривался, а 16 ноября 1955 года этот вопрос был рассмотрен Президиумом ЦК КПСС. А как у нас? Узнаем, если доживем.

Диалог № 7 с Владимиром Устиновым

Владимир Устинов: *«Вообще-то я считаю, что еще больший ущерб причинила политическому реноме России (а в свое время – СССР) практика умолчаний и оглашения полуправды, которая бытовала в те времена. И с этим надо было когда-то все же покончить»*.

Мой комментарий:

Согласен, с Вами, Владимир Васильевич, что бытовала практика умолчаний и полуправды, согласен, что с этим надо покончить. Причем не на словах, а на деле. И неплохо было бы начать с себя.

Диалог № 8 с Владимиром Устиновым

Устинов пишет: *«Совместными усилиями следственной группы Ген-*

прокуратуры и госкомиссии удалось описать практически целиком картину произошедшей катастрофы и роль основных действующих лиц в этой драме. Я буду свидетельствовать об этом, хотя для прокурора, особенно генерального прокурора мировой державы, роль свидетеля – не слишком привычная роль.

Зато я с уверенностью могу сказать, что мое свидетельство – чистая, правда. Не скрою, многим моим сотрудникам понадобилось определенное гражданское мужество, чтобы расследовать все обстоятельства времени и места этой трагедии, а также все доказательства представить в том виде, как они есть. А это не всегда оказывается просто».

Мой комментарий:

Возможно, потому, что роль свидетеля для прокурора, особенно генерального прокурора мировой державы, – не слишком привычная роль, господин Устинов не знал, а может, знал, но забыл, что за дачу заведомо ложных показаний свидетелем установлена уголовная ответственность по статье 307 Уголовного кодекса Российской Федерации.

Но генеральному прокурору волноваться не стоит, хотя его свидетельство, мягко выражаясь, – не совсем чистая правда. Он же – не свидетель с точки зрения уголовного процесса. Кроме того, должно быть предупреждение об ответственности за отказ от дачи показаний или за дачу заведомо ложных показаний. А его не предупредили.

Диалог № 9 с Владимиром Устиновым

Владимир Устинов:

«Если честно, как генеральный прокурор я чувствовал тогда тяжелейший груз на своих плечах, словно звезды на погонах превратились в пудовые гири. Ведь я не мог объявить то или иное свое мнение стране, не подкрепив его полноценными и обоснованными доказательствами. Впервые, наверное, я с такой ясностью понял, что вообще-то не имею сейчас права на собственное мнение. На самую малейшую отсебятину. Я должен отталкиваться только от конкретных материалов дела. А мое решение должно основываться на здравом смысле и быть в полном смысле слова государственным и в высшей степени обоснованным».

Мой комментарий:

Тяжело в погонах, понимаю. Не мучайтесь. Мне тоже было тяжело много лет назад. Снял погоны в 38 лет, не мучился и не жалею. Зато приобрел возможность говорить то, что думаю. А если и оглядываюсь, то исключительно на закон.

Есть одна хорошая пословица, которую я впервые услышал в прокуратуре Российской Федерации. Из-за грубых и простонародных выражений я ее перефразировал: если организм не хочет выполнять функцию, возложенную на орган, то не нужно мучить этот орган.

Что касается отсебятины, то я согласен: ее не надо пороть и начинать опять же нужно с себя.

Глава 17.
Флотские дыры латают деньгами вдов и сирот

Государство выполнило все свои обязательства перед семьями погибших. Каждая семья получила квартиру, если в ней нуждалась, и все официальные выплаты: 720 тысяч рублей и военную страховку (от 40 до 70 тысяч рублей, в зависимости от воинского звания погибшего).

Для оказания помощи семьям погибших подводников было создано несколько благотворительных организаций. Вот только основные: Фонд Санкт-Петербургского клуба моряков-подводников, Общественный фонд памяти АПЛ «Курск», фонд «Подлодка «Курск», организованный Борисом Березовским. Были открыты благотворительные счета «Нахимовский» Северного флота и в администрации Мурманской области. Главный благотворительный счет – «Нахимовский», на него поступило больше всего пожертвований.

Привожу лишь некоторые сообщения, которые появлялись на телеэкранах, в печатных средствах массовой информации и в Интернете.

«Счета для внесения пожертвований:
рублевые:
ПУ ЦБ РФ «Нахимовское» г. Мурманск, БИК 044780002 Счет № 40302810700000000001
Получатель: Финансово-экономическое управление Северного флота, ИНН 5192160332. Назначение платежа: Благотворительная помощь родственникам погибших на АПЛ «Курск»

Корр. счет Внешэкономбанка № 30101815000000000060 в ОПЕРУ ГУ Банка России по г. Москва, БИК 044525060. Получатель: Фонд «Подлодка Курск», расчетный счет № 40703810959855030500

валютные:

Счет Внешэкономбанка, Москва, Россия № 23916401 в The Chase Manhattan Bank, London в пользу Фонда «Подлодка Курск», счет № 40703840259855030500

Сбор пожертвований в Германии: Spendenkonto «KURSK» bei der Sparkasse Vorpommern KONTO:1414 BLZ:150 505 00».

Если честно, точное число фондов и благотворительных счетов мне неизвестно до сих пор. Сразу после катастрофы они росли как грибы. Правда, не успев появиться на свет, обрастали многочисленными скандалами.

Естественно, что родственников погибших членов экипажа интересовали вопросы расходования средств, которые собирали всем миром, и меня просили проконтролировать поступления и расходы этих средств. Я направил несколько писем. Сначала это было письмо-запрос о предоставлении информации на имя заместителя командующего Северным флотом вице-адмирала В. Г. Доброскоченко. (Приложение № 13) Ответ меня не удовлетворил, и я направил второе письмо. (Приложение № 14) Пришлось побеспокоить и командующего Северным флотом адмирала Геннадия Сучкова. (Приложение № 15) Запросил я и сведения по другим фондам. (Приложение № 16)

Использование пожертвованного имущества регламентируется законодательством. В статье 582 Гражданского кодекса Российской Федерации пожертвованием признается дарение вещи или права в общеполезных целях. При пожертвовании имущества гражданину жертвователь должен, а юридическому лицу – может обусловить использование этого имущества по определенному назначению. При отсутствии такого условия пожертвование имущества гражданину считается обычным дарением, а в остальных случаях пожертвованное имущество используется одаряемым в соответствии с его назначением.

Если использование пожертвованного имущества в соответствии с указанным жертвователем назначением вследствие изменившихся обстоятельств становится невозможным, оно может быть использовано по другому назначению лишь с согласия жертвователя или ликвидации юридического лица – жертвователя по решению суда.

В конце 2000 года Совет Федерации дал поручение Счетной палате проверить расходование средств в этих фондах. Самые большие злоупотребления были выявлены при проверке счета «Нахимовский», куда, кстати, пришла наибольшая сумма пожертвований – свыше 100 миллионов рублей.

Счет «Нахимовский» был открыт по приказу руководителей Северного флота *«[...] для,* – как указывалось в приказе, – *финансовой помощи членам семей экипажа «Курска» и их бытового обеспечения во время пребывания на флоте».* Этим же приказом была создана комиссия по расходованию средств во главе с заместителем командующего вице-адмиралом Владимиром Доброскоченко. На первом же заседании комиссии 8 сентября 2000 года (протокол № 1) было принято решение направить 40% средств *«на ремонт, благоустройство, подготовку к зиме пос. Видяево»,* а 10 тысяч рублей выделить вдове капитан-лейтенанта Маляра А. А., погибшего на подводной лодке «Ленинский комсомол» в 1967 году.

Дальше – больше. 14 сентября перечислено 79,5 тысячи рублей на счет в/ч 20599 – за израсходованные горюче-смазочные материалы. 16 сентября выделено 9,5 миллиона рублей на ремонтно-строительные работы в Видяево, более одного миллиона – на обустройство хлебопекарни, издание брошюр и оплату табачных изделий морякам. 21 сентября 148 тысяч рублей ушло на ремонт чайной в поселке Ара-Губа. И так – до бесконечности. В графе «обоснования расходов» я нашел следующие позиции: ремонт изоляции трубопроводов, наружных теплосетей, фасадов жилых домов... До середины ноября 2000 года 10–15% средств счета «Нахимовский» были потрачены на цели, не связанные с назначением – оказанием помощи семьям погибших.

Сумма пожертвований, использованных на оказание материальной помощи семьям погибших на подлодке «Курск» военнослужащих, на момент проверки составила всего 20 122 рубля.

Отмечалось, что фактов нецелевого использования указанных средств не установлено. Между тем, как сказано в акте, предпосылки такого использования заложены в протоколах

№ 1–4 комиссии СФ. Обращает на себя внимание ссылка в приказе командующего СФ № 53 от 23.01.2001 на представление Счетной палаты РФ по результатам проверки (согласно ст. 23 ФЗ «О Счетной палате Российской Федерации», представление направляется Счетной палатой для принятия мер по устранению выявленных нарушений, возмещению причиненного государству ущерба и привлечению к ответственности должностных лиц, виновных в нарушении законодательства РФ и бесхозяйственности). Каковы эти нарушения, в акте не указывается.

Я обращался в Счетную палату с просьбой провести дополнительную проверку. (Приложение № 17) Копии ответа у меня не сохранилось, но, как мне помнится, основанием отказа было то, что это деньги не бюджетные, а Счетная палата занимается исключительно вопросами бюджетных денег. На мое обращение откликнулся депутат Государственной Думы Сергей Адамович Ковалев, который в сентябре 2003 года сделал запрос командующему Северным флотом.

Я надеялся, что жертвователи обратятся с иском о возврате средств, использованных не по назначению, но обращение не сработало. Ответ пришел только от одного предприятия из Казани и частного лица из Самары.

Я не знаю ни одного случая, когда жертвователи – юридические лица и граждане – соглашались на то, чтобы перечисленные ими деньги для семей погибших членов экипажа использовались на ремонтные цели военными.

Ничего не дали и запросы к командованию Северного флота с требованием предоставить финансовые документы. Формальный отчет мне прислали без расшифровки расходов. Адмирал Доброскоченко написал: *«Исходя из морально-этических соображений, принципов и в соответствии с пожеланиями членов семей погибших моряков, командование флота не собирало информацию о размерах выплаченных средств каждому из родственников».*

У меня были все основания заняться исками о возврате денег, которые использовались не по указанному жертвователем назначению, я даже поместил в «Российской газете» и в «Известиях» объявление о том, что я разыскиваю лиц и организации, которые жертвовали деньги.

Но на очередной встрече с родственниками было принято решение отказаться от исков к ВМФ России.

19 октября 2000 года газета «Комсомольская правда» опубликовала открытое письмо вдовы командира «Курска» Ирины Лячиной. Она сообщила, что уходит из комиссии по оказанию помощи семьям погибших моряков, созданной губернатором Мурманской области. По словам Ирины Лячиной, в составе комиссии из 10 человек 9 представляли областную администрацию и командование Северного флота, поэтому об оказании помощи говорить не приходится.

Вдова командира привела два факта. За счет фонда было предложено напечатать благодарственные письма от имени губернатора организациям, оказавшим помощь членам экипажа. И кроме того все из того же фонда было решено потратить 23 тысячи рублей на покупку книги о трагедии «Курска». При голосовании по этим вопросам, как пишет вдова командира, ее мнение и мнение членов других семей учтено не было.

Газеты писали, что другие члены комиссии и руководители Мурманской области не прокомментировали заявление Ирины Лячиной, объясняя это необходимостью проведения тщательной проверки всех документов. «Известия» писали тогда:

«Но не учел губернатор того обстоятельства, что страна-то, в отличие от него, сразу и безоговорочно поверит вдове погибшего подводника и «копии документа» дожидаться не будет. Промахнулось и подавляющее большинство членов губернаторского фонда – они, не замечавшие голоса Лячиной, в глазах общественности отныне не отмоются никогда. Не учли казенные «доброхоты», что убитая горем женщина станет вникать в детали дележа благотворительных сумм. А тем более возвысит голос, «неблагодарная». Однако она не промолчала. И то, что по привычке лишь угадывалось искушенными обывателями – политические и финансовые махинации вокруг «Курска», – стало очевидно всем. Можно предположить, что приоткрылась лишь часть мародерства».

С помощью специалистов я проверил банковские документы санкт-петербургского Фонда памяти «Курска», которым руководит Ирина Руденко, и Санкт-Петербургского клуба моряков-подводников, возглавляемого капитаном I ранга Игорем Курдиным. Деньги там хотя и небольшие, но все до копейки перечислены вдовам, детям и родителям погибших подводников.

С большим трудом мне удалось заполучить списки жертвователей. Списки были неполные, сумма поступивших на счет средств не совпадала с суммой, которая была обозначена в списках. На тот момент, когда списки оказались на моем письменном столе, уже было принято решение «моих» родственников не обращаться в суды с исками.

В списках жертвователей – организаций и частных лиц, перечисливших деньги в фонд «Нахимовский», – попадались знакомые фамилии. Майя Плисецкая перечислила деньги, полученные от редакции газеты «Московский комсомолец» за публикацию о несуществующей дочери. Как сообщила газета «Ведомости», многие банкиры и известные предприниматели направляли деньги непосредственно семьям. Гендиректор Промышленно-страховой компании Дмитрий Маркаров заявил, что ПСК всегда оказывает только адресную благотворительную помощь, минуя любые фонды. Пробизнесбанк готовил совместную акцию с Российским фондом помощи. Председатель совета директоров Альфа-Банка Михаил Фридман отдал распоряжение филиалам банка в регионах оказать прямую помощь семьям моряков. Самостоятельно разыскивала семьи и нефтяная компания «СИДАНКО», ТНК, «Лукойл» и «Газпром» помогали родственникам погибших не только деньгами, но и организацией отдыха или учебы. «Славнефть», по словам ее президента Михаила Гуцериева, оплатила фрахт самолета для доставки семей погибших в Мурманск и выделила деньги на лекарства и психологическую помощь. Новолипецкий металлургический комбинат, по словам его руководителя Владимира Лисина, перевел деньги на счет в полевом учреждении ЦБ, указанный военными, и, подобно другим компаниям, зарезервировал некоторую сумму для адресной помощи родственникам моряков. А президент Wimm-Bill-Dann Давид Якобашвили заявил, что хочет оказать помощь, но пока не знает, как ее организовать технически. Многие компании просили не афишировать их участие в помощи семьям экипажа «Курска». Общая сумма пожертвований опрошенных «Ведомостями» компаний превышала 500 тысяч долларов.

В мае 2002 года заместитель командующего Северным флотом вице-адмирал Владимир Доброскоченко телеграммой сообщил о том, что выплата благотворительных средств со счета «Нахимовский» будет произведена после поднятия фрагментов 1-го отсека «Курска» и проведения траурных мероприятий по случаю второй годовщины гибели корабля. Взаимосвязь между подъемом 1-го отсека и распределением денег руководство Северного флота объяснить не смогло. Я направил телеграммы руководству Северного флота, начальнику Главного штаба ВМФ России адмиралу Виктору Кравченко и вице-премьеру Валентине Матвиенко, а также дал интервью нескольким газетам. Вопросы я ставил конкретные: как выплата собранных для членов семей денег зависит от подъема фрагментов лодки и кто именно принял это решение?

Реакция была незамедлительной. Оставшиеся после ремонтов чайных деньги, не дожидаясь подъема 1-го отсека (1-й отсек так и не был поднят), разделили на 352 равные доли (по количеству членов семей – детей, вдов, матерей) и направили на личные счета.

У меня перед глазами лежит письмо Галины Афанасьевны Саблиной – матери погибшего на «Курске» гвардии капитана II ранга Юрия Саблина, командира БЧ-5. После его смерти она перенесла три инфаркта и операцию на сердце. При этом из многочисленных фондов ей не выделили ни копейки. Мать офицера написала:

«Убили сына. Это была радость, гордость и опора моя. [...] Кому-то надо убить и меня. Все обещания и сочувствие только на бумаге».

Галина Афанасьевна живет в Севастополе. Свою приватизированную квартиру она подарила Черноморскому флоту Российской Федерации. Тяжело ей подниматься без лифта на пятый этаж, тем более «скорые» часто приходится вызывать. Взамен командование пообещало ей предоставить в собственность другое жилье. Обманули.

Стыдно, господа, стыдно! Нельзя допускать, чтобы флотские дыры латали деньгами вдов.

Глава 18.
«Прокурор дал течь»

Две книги – моя и устиновская – стояли рядом на полках книжных магазинов всего два месяца. Мою раскупили. В мае 2005 года я смог найти несколько экземпляров только в одном из московских книжных магазинов. Кроме естественного желания знать правду о трагедии, за которой следила вся Россия, интерес

Книга Владимира Устинова появилась почти одновременно с моей.

подогревало название книги, синопсис[69], материалы Елены Милашиной, опубликованные в «Новой газете» (см. приложения № 18, 19) и несколько рецензий в журналах и газетах.

28 марта 2005 года журналист, обозреватель и писатель Юлия Латынина, с который впоследствии у меня возникли, мягко говоря, сложные отношения, прочитав мою книгу, опубликовала «Еженедельном журнале» и на сайте «Эхо Москвы» рецензию о книге, в дальнейшем она не раз говорила, что это самая правдивая книга о гибели «Курска». (Приложение № 21)

Устиновская «правда» вполне удовлетворяла тогдашнего президента, руководителей ВМФ и Северного флота. Презентация книги состоялась 29 октября 2004 года, на которую, судя по прессе, пришли главы силовых и прочих федеральных ведомств, военные моряки и кораблестроители, ученые и руководители крупнейших средств массовой информации. ИТАР-ТАСС сообщило, что среди приглашенных на презентацию были председатель Счетной палаты Сергей Степашин, помощник президента РФ Виктор Иванов, полпред президента в Северо-Западном округе Илья Клебанов, директор ФСБ Николай Патрушев, Главком ВМФ Владимир Куроедов, председатели Верховного и Высшего арбитражного судов Вячеслав Лебедев и Вениамин Яковлев, глава МЧС Сергей Шойгу, полпред президента РФ в Центральном округе Георгий Полтавченко, секретарь Совбеза РФ Игорь Иванов. Не все упомянутые руководители удостоили презентацию своим посещением, а отзывы о книге, которую еще никто не успел прочитать, были достаточно скромными.

9 декабря 2004 года Русский биографический институт совместно с Российской государственной библиотекой наградил лучшие книги и издательства 2004 года. Одним из лучших изданий года названа книга «Правда о «Курске» – документальное расследование, проведенное Генпрокурором России Владимиром Устиновым.

27 января 2005 года на книгу Устинова откликнулся журналист «Российской газеты» Александр Емельяненков, правда, памфлет был опубликован не в правительственном издании, где журналист числился в штате, а в «Новой газете», которая не раз печатала мои комментарии о деле «Курска». Привожу текст полностью.

Прокурор дал течь

В книге о «Курске» Устинова прорвало на откровения о своем детстве и Божьем промысле.

В интервью ко Дню работников прокуратуры, который отмечается с недавних пор почти одновременно с Днем печати, Генеральный прокурор России Владимир Устинов назвал главным для себя событием «со знаком плюс» в 2004 году написание книги «Правда о «Курске». В выходных данных (Устинов В. В. Правда о «Курске». – М.: Олма-Пресс. 2004, 319 с.) она заявлена как литературно-художественное издание.

Однако тут же уточняется: в работе над книгой принимали участие главный военный прокурор А. Н. Савенков и первый заместитель военно-

го прокурора Дальневосточного военного округа А. Л. Егиев.

«Это динамичное повествование, в котором впервые предаются гласности многие факты, до сего дня неизвестные, – интригует «Олма-Пресс» потенциальных читателей (заявленный тираж – 10 000 экземпляров). – Трагедия АПЛ «Курск» потрясла всех, мир замер в ожидании: не повторится ли новый Чернобыль? Автор убедительно и аргументированно дает ответы на многие вопросы, излагает собственную точку зрения человека и гражданина».

– Конечно, это событие, – не удержался от комплимента в собственный адрес и сам генпрокурор. – Долгожданное, выстраданное.

Ну как после этого не пойти в «Библио-Глобус» и не поскупиться потратить 219 рублей, чтобы заполучить собственный экземпляр «Правды...» о том, что столько времени держало в напряжении страну, а кого-то не отпускает до сих пор?

С самой первой страницы, буквально с первой строчки, автор заявляет о себе как набивший руку писатель-маринист:

«Наш катер вышел из гавани, когда только занимался холодный октябрьский рассвет над Баренцевым морем [...]».

Тут интересно все – и сугубо цивильное «гавань», и непременно «холодный» рассвет, который, конечно же «занимался». Но самое любопытное – знать, что в октябре солнце за Полярным кругом в районе Североморска показывается над горизонтом (если вообще пробивается из-за плотных в эту пору облаков) около полудня. Однако у генпрокурора свои ощущения времени, он пишет про «утренний холод и морось», которые заставляют его «мобилизоваться до конца».

За бортом, по мысли автора, не просто холодная вода, а непременно «воды», причем обязательно «свинцовые» или «свинцово-черные». И почему-то не Баренцева, как учили нас на уроке географии, а Баренцевого моря. Где отыскали такое море автор и его редакторы, надо бы у Сенкевича спросить, да не дожил Юрий Александрович до таких географических откровений.

Зуд сочинителя-мариниста пробуждается в авторе не раз и в самые неожиданные моменты. А порой переходит в сакральные признания, которые просто нельзя не процитировать:

«Грозовое небо окончательно потемнело, а вместе с ним – и море. Оно ведь – отражение неба. Когда я несколько лет назад понял, что из атеиста (каким волей-неволей был любой прокурорский работник советского времени) становлюсь верующим человеком, то почувствовал в себе нечто подобное. В человеке отражается Бог, как в воде – небо. Надо понять Бога. И теперь моя задача – распознать грозный и в то же время мудрый Божий промысел [...]».

Божий промысел – это, надо понимать, про тот самый «первичный импульс», что привел к катастрофе? Кара с небес? Что же тогда искать в море и на берегу – и зачем?

«Была и другая задача, которая определялась моей собственной профессиональной и жизненной позицией, – открывает карты генеральный прокурор. – Утвердить сам эталон истины [...]. Этот символ эталона (я его видел однажды в парижской Палате мер и весов – такой небольшой стальной кубик-килограмм [...]) должен стать мерилом всех наших действий – от адмирала до мич- мана и от инженера до лоцмана. Конечно, дойти до такого эталона, расследуя настолько сложное дело, было непросто [...]».

Забегая вперед, хочется спросить: и что – дошли? До эталона? По мысли автора, у прочитавшего его книгу никаких сомнений в этом оставаться не должно. Все 133 тома уголовного дела в литературном сопровождении самого генпрокурора – хоть сейчас в Палату мер и весов...

На прокурора с ломом не ходи

Для описания исключительной, беспрецедентной важности и даже величия павшей на него миссии Владимир Устинов красок не жалеет. Уже при первом выходе в море выглянувшее из-за туч светило он расценил как знак свыше:

«Словно само солнце давало нам надежду на раскрытие истины [...]».

И в последующем автор не скупится на описание своих чувств и специфических ощущений:

«Нервы буквально болели. [...] Но я собрался как пружина и решил идти вперед, невзирая ни на что. В буквальном смысле слова [...]».

«Как Генеральный прокурор я чувствовал тогда тяжелейший груз на своих плечах, словно звезды на погонах превратились в пудовые гири [...]».

«Продувные ветра на Баренцевом море кого угодно способны заморозить. Но я упрямо стоял на специальном мостике и контролировал первичные работы по проведению следствия. Спасибо, сердобольные помощники и члены спасательной группы подтаскивали время от времени термос с горячим чаем или кофе [...]».

«Именно тогда я понял, что, невзирая на адские условия, я должен войти в эту Преиспод-

нюю. Надо было не только войти, но и [...] откомментировать масштабы трагедии. Рассказать о том, что мы здесь обнаружили, над чем работаем и что произошло. Это было частью поручения Президента. Меня отговаривали: дескать, это небезопасно [...]. Но выбор был мною сделан, и на этом пути меня не могло остановить ничто и никто. И очень скоро этот репортаж состоялся. Я стоял в чреве атомной субмарины и вел его в прямом эфире. Он тогда обошел весь мир.

Потом, встречаясь с зарубежными коллегами, я много раз слышал от них трепетные слова, иногда удивленные, о том, как я мог рискнуть и провести столько времени на борту развороченной взрывом атомной субмарины [...]».

Когда в 25-й раз натыкаешься на выспренние слова про особую генпрокурорскую ношу («*Понимал, что легкой жизни в предстоящий период не получится*»), служебный долг («*Невзирая на лица, даже самые важные. Невзирая на погоны, в том числе и на свои собственные*»), невольно начинаешь задумываться о подлинной цене прокурорского героизма, когда президентом страны дана установка провести максимально полное и открытое расследование и в этом деле гарантирована поддержка.

А еще – не можешь отделаться от мысли, что автор все время опровергает каких-то невидимых оппонентов и, главное, тщится доказать свое рвение в исполнении президентской воли. И когда переворачиваешь последнюю страницу, понимаешь, что спор он не выиграл, но по службе отличился.

Из книги г-на Устинова узнаешь много удивительного и, прямо скажем, неожиданного. В том числе о нем самом, его детстве. Особенно подкупает, что эти воспоминания художественно надвинулись в тот момент, когда сухопутный человек, генерал юстиции, страдал от качки в адмиральском катере, идущем к месту гибели «Курска». Узнали мы, что родился будущий прокурор мировой державы не где-нибудь, а в семье прокурора. Так что тяга к «эталону истины» у него не просто в крови – в генах. Каким же был в детстве Вова Устинов?

«*Помню, где-то, в каком-то городке, почти все пареньки-подростки стреляли друг в друга из рогаток. Были такие загнутые закорючки из толстой проволоки. Было кое-что и посерьезнее. Я всегда давал отпор. И у меня выработался бойцовский характер, так что я никому спуску не давал. Один раз, сознаюсь, так наподдал одному парню (тот был постарше и повыше меня), что тот в канаву улетел. А ведь он замахнулся на меня обычным, банальным ломом, против которого, в соответствии с пословицей, нет приема... Одним словом, приемы я начал искать еще тогда*».

В полном восхищении от прочитанного заметим: шел парнишке в ту пору... восьмой год от роду. Из той же книги узнаем, что у автора «*в связи с расследованием гибели «Курска» появилось совершенно новое понимание смысла жизни и смерти*».

Вслед за этой явно затянувшейся преамбулой, патетической увертюрой, экзерсисами личного характера хочется наконец узнать что-нибудь о деле – как и почему погиб боевой корабль и весь его экипаж?

Однако напрасно искать под обложкой с портретом розовощекого прокурора на фоне искореженного «Курска» внятное объяснение причин «нештатного импульса», вызвавшего взрыв торпеды. Не найти и заключения экспертов, как развивались события дальше, отчего взорвался почти весь боезапас торпедного отсека, который не должен взрываться (детонировать).

Имея в своем распоряжении 133 тома уголовного дела, десятки технических экспертиз и актов осмотра поднятой субмарины, дав слово читателю «сказок не сочинять» и призвав к этому других, автор «Правды о «Курске» на последних страницах своего полотна впадает в откровенное мифотворчество. Пытаясь «своими словами» прокомментировать выверенное заключение следственной бригады о последних минутах «Курска», он почему-то решает призвать на помощь капитана I ранга в запасе Михаила Волженского. И, с его слов, пишет:

«После первого взрыва личный состав центрального поста, то есть «мозг» лодки, был сильно контужен, поэтому никаких записей в бортжурналах больше не производилось. Это резонно. При этом командование лодки правильно оценило характер нарастающей угрозы и, судя по всему, предприняло попытку экстренного подвсплытия «Курска» на перископную глубину. Это было необходимо для того, чтобы попытаться в надводном положении затопить первый отсек, где бушевал огонь, и не допустить взрыва всего боекомплекта [...]».

О последних записях в вахтенном журнале центрального поста говорить излишне, потому что этот журнал не найден. А тот, что обнаружен, вела предыдущая вахта, и записи в нем заканчиваются за три с половиной часа до катастрофы. Это во-первых. Во-вторых, еще более странно говорить о попытке подвсплытия на перископную глубину с целью «затопить первый отсек». Но допустим, что автор оговорился, не понимая разницы между всплытием под перископ и всплытием в надводное положение, а редакторы-литзаписчики в очередной раз «зевнули» — так и тут неувязка. Никакой нужды принудительно затапливать первый отсек не было — море уже ворвалось в него через разрушенные трубы двух торпедных аппаратов, в том числе через тот, где находилась злополучная «толстая» торпеда диаметром более полуметра.

Оно же, море, и не дало разрастись объемному пожару в первом отсеке, о чем свидетельствуют уцелевшие журналы, другая документация и бумажные ленты регистраторов-самописцев, обнаруженные при разборе завалов в носовых отсеках.

Буйреп и мусинги для красного словца

С первого известия о трагедии «Курска» самым щемящим был и остается вопрос о шансах на спасение оставшихся в живых членов экипажа. Однако в книге генерального прокурора, сколько ее ни перелистывай, не найти аргументов, однозначно доказывающих, что уцелевшие после второго взрыва подводники во главе с капитан-лейтенантом Дмитрием Колесниковым оставались живы в девятом отсеке более 8 часов.

А подводные стуки, запеленгованные и сутки, и двое спустя? А первые заключения судмедэкспертов, упрятанные в томах уголовного дела? А сомнения непосредственных руководителей следственной бригады? Один-единственный абзац в 300-страничной книге, отсылающий к мнению безымянных «экспертов», никого не может убедить. Адвокат Борис Кузнецов, защищающий интересы тех, кто потерял на «Курске» своих близких, обращал внимание на это обстоятельство еще полтора года назад – сразу после прекращения следственных действий. Но автор, похоже, и впрямь уверовавший в богоизбранность своей миссии, не утруждает себя доказательствами. Он изрекает сентенции и называет это истиной.

«Для прокурора, особенно Генерального прокурора мировой державы, роль свидетеля – не слишком привычная роль. Зато я с уверенностью могу сказать, что мое свидетельство – чистая правда».

Не оказалось, как ни искали, и внятной оценки действий спасательных служб Северного флота. Скажу больше: порой закрадывается подозрение, что автор НЕ ЧИТАЛ рукопись книги перед тем, как ее сдали в типографию. Иначе как объяснить хронологическую абракадабру, которой то и дело угощают читателя?

Сначала из допроса бывшего командующего Северным флотом, адмирала В. А. Попова мы узнаем: 13 августа спасательные аппараты не могли пристыковаться к аварийному люку 9-го отсека. В следующем абзаце, уже от своего имени, генпрокурор сообщает, что *«Россия официально обратилась к Норвегии за помощью по извлечению тел погибших […].»* Рассказывает о том, как проходили эти работы, сколько и для чего было сделано технологических вырезов в корпусе лодки.

Пригасив недоумение, заметим: операция по извлечению тел погибших проходила в октябре, то есть два месяца спустя, но в голове у автора (или его литературных имиджмейкеров) все перепуталось. В следующем абзаце читаем: *«21 августа 2000 г. 9-й отсек был вскрыт норвежскими водолазами; он оказался затопленным».*

А дальше – опять про поисково-спасательную операцию, бездарно начатую и бесславно завершившуюся. Но гроза-прокурор тут почему-то превращается в овечку-адвоката и вслед за пресс-лгуном ВМФ господином Дыгало, только уже четыре года спустя, имея в своем распоряжении фактические данные о том, что действительно происходило в точке гибели «Курска» в те августовские дни, начинает повторять басни про сложную розу ветров, переменчивое течение, неожиданно возникающие шторма.

«Именно поэтому, – сокрушается генеральный прокурор, – *поисково-спасательная операция была существенно затруднена […]. «АС-34» […] три раза предпринимал попытку присоса к аварийно-спасательному люку крейсера, однако присос не происходил […]».*

Ах, какой негодник, этот «присос» – ну, не происходил и все тут! Даже железный прокурор расчувствовался! А стоило ли? Если бы внимательно читал материалы, собранные подчиненными, или хотя бы постановление о прекращении следствия по делу, которое было направлено в его адрес, то увидел бы жесткое, но честное заключение эксперта: реальная возможность пристыковаться к комингс-площадке 9-го отсека была лишь 17 августа, когда аппаратом АС-34 управлял капитан III ранга Шолохов, и 19 августа, когда аппаратом АС-36 управлял капитан II ранга Перцев. Все прочие попытки – и до, и после – лишь обозначали видимость работы, а реального результата дать не могли в силу объективных обстоятельств — неисправности самих аппаратов, их оборудования, а также неадекватной квалификации специалистов, допущенных к управлению.

Уж что-что, а об этом черным по белому сказано в материалах расследования. Но у автора, видимо, какая-то своя задача — на протяжении многих страниц он описывает «героические» попытки пристыковаться — то своими словами, то цитатами из протоколов допроса, то выдержками «Из прессы» — как правило, анонимными, без указания источника.

Спроси у генпрокурора, где находятся и для чего нужны буйреп, буйвьюшка, мусинги, про которые он пишет с видом знатока, ничего ведь не сможет сказать — даже после книжек Александра Покровского про подводников и ликбеза, устроенного на этот счет герою Сергея Маковецкого в фильме «72 метра» режиссером Владимиром Хотиненко. А туда же — в малозначащие технические тонкости, но ни полслова о других подробностях, вопиющих в материалах уголовного расследования.

А в тех редких случаях, когда о чем-то вспоминает, говоря о разгильдяйстве на берегу и в море, тут же находит «отмазки» — как, например, в случае с аварийно-сигнальным буем, который не сработал. Но даже если бы он всплыл и передал, как положено, сигнал об аварии и координаты лодки, по версии Устинова, «спасти моряков все равно не удалось бы». Спасателям все равно не хватило бы времени — реабилитировал их генпрокурор своей книгой, благословив и дальше нести службу для галочки. Случись, паче чаяния, новая беда — опять начнем надувать щеки, твердить, что у нас все есть, сил и средств хватает. А потом, упустив драгоценное время, запрячем в известное место державный апломб и снова станем бить поклоны не великим и не ядерным, а попросту адекватным норвежцам да голландцам: подсобите Христа ради...

Какая сила подняла «Курск»?

Обещанное издателями «динамичное повествование, в котором впервые предаются гласности многие факты, до сего дня неизвестные», похоже, где-то затерялось. Никаких таких фактов в книге «Правда о «Курске» попросту нет. Зато есть много упреков прессе — и своей, и западной. Ее обильно цитируют и тут же критикуют. В одном месте автор поднимается до тотального обобщения:

«К сожалению, должен констатировать, что пресса нам не очень помогала. А ведь бывает иначе. Грамотно проведенная аналитическая работа журналиста порой дает существенный материал для работы следователей. И с этим я сталкивался не раз. Многие громкие расследования начинались с обоснованной газетной статьи. Но на этот раз было не совсем так».

Правда, в другом месте, позабыв об этой оценке, генпрокурор вдруг вспоминает каких-то безымянных, но «героических журналистов», которым «давали аккредитацию». Кто давал и куда — не уточняется.

«Разные ветви власти занимают разное положение в системе взаимоотношений с гласностью», — глубокомысленно заключает автор и пускается в комплименты президенту Путину, приседает в неуклюжих реверансах: «Сегодня западным странам выгоднее дружить с Россией, чем порочить ее. Этот неожиданный парадокс я извлек из одного разговора с В. В. Путиным».

Подъем «Курска» в трактовке Владимира Устинова стал «символом победы политической воли над разными мелкими соображениями. Именно политическая воля, как я считаю, стала главным фактором в поднятии [...]».

Кто именно мешал торжеству этой воли и какими «мелкими соображениями», остается загадкой. Но автор, чтобы не заподозрили чего в свой адрес его тогдашние и нынешние визави, всем без исключения слагает панегирики – Илье Клебанову, Сергею Иванову, Николаю Патрушеву, Владимиру Куроедову, Игорю Спасскому, Юрию Евдокимову, которые «сделали все возможное и невозможное».

По меньшей мере странно, если не сказать неуместно, выглядит в устах прокурора неуемная восторженность по поводу подъема «Курска» – как будто всех погибших воскресили, с того света вернули родственникам. И это при том, что вскрыли люк, извлекли тела первых погибших, а год спустя подняли наконец субмарину, отделив от нее торпедный отсек – лишь с помощью специалистов Норвегии и Голландии.

А отрезанная часть лодки, вопреки всем обещаниям и хвастливым заявлениям Главкома ВМФ – поднимем сами! – так и осталась на дне. Несмотря на демарши и настойчивые напоминания непосредственных руководителей следственной группы – Егиева и Чернышова, подчиненных генерального прокурора.

И – несмотря на собственное признание в книге:

«Прокуратура исходно настаивала на том, чтобы были подняты все части АПЛ [...]».

Правда, через несколько десятков страниц это признание прокурор дезавуирует:

«Носовой отсек [...] было решено уничтожить на месте [...], но только после того, как будут собраны все необходимые для следствия предметы. А именно все вещественные доказательства и были к тому моменту собраны [...]».

Даже если и были собраны «все доказательства», зачем уничтожать следы на месте происшествия, а может статься – преступления?! Вдруг откроются новые, не известные сегодня обстоятельства по делу – что тогда делать следствию? Останется лишь развести руками...

Пафос и выспренние прокурорские тирады соседствуют с неприкрытым равнодушием, переходящим в пренебрежение. Говоря о том, что обнаружили следователи в 9-м отсеке, он скороговоркой упоминает «записку Борисова». И – ни слова, о чем она, ни полслова о самом авторе. Даже инициалы погибшего, дважды упоминая в тексте его фамилию, юрист Устинов не счел нужным привести! Впрочем, откуда руководителю и координатору знать, что на борту «Курска» было трое Борисовых – два члена экипажа и прикомандированный военный представитель завода «Дагдизель».

Генеральному прокурору мировой державы, видно, не к лицу снизойти до таких малозначительных подробностей – с высоты его положения это так мелко. Ну, подумаешь, напряглись в нескольких семьях, потерявших близкого человека: значит, была весточка, а нам почему о ней не сказали?

При этом автор не скупится на пространные цитаты из материалов, добытых следственной группой, – это протоколы допросов, заключения экспертов. Несколько раз приводит выдержки из дневниковых записей генерал-лейтенанта Ю. П. Яковлева, заместителя главного военного прокурора, который лично участвовал в первых осмотрах «Курска» в доке завода в Рослякове. Пожалуй, именно в этих местах книги наиболее приличный русский язык. А идущие следом авторские рассуждения и комментарии – или косноязычный трюизм, или чушь несусветная.

Неожиданно приходит догадка: может, книгу писали для западного читателя и сразу на английском языке? А нам подсунули корявый, неотредактированный перевод-подстрочник? Тогда есть хоть какое-то объяснение бесконечным повторам, пережевыванию одних и тех же событий, неумеренной патетике и реверансам в адрес силовиков-тяжеловесов в высших эшелонах российской власти.

О разноплановых аспектах подсознания

С державной риторикой в этой книге могут конкурировать, пожалуй, лишь потуги на глубокомыслие, что соответствует уровню переростка-девятиклассника, мечтающего продолжить и превзойти прокурорскую карьеру отца. Иногда понять воспаленную мысль автора кажется делом недостижимым для простого смертного. Я, как ни силился, так и не смог одолеть глубинный смысл многих прокурорских изречений. Например, такого:

«Даже высокоинтеллектуальный человек не всегда способен справиться с быстрым анализом множества показаний приборов, да и просто совместить это с внутренним инстинктивным чувством. Или же, извините, с внутренней расхлябанностью. И думаю, решение здесь кроется не в том, чтобы поголовно перевести нашу армию на контрактную основу. Если говорить в принципе, то готовить призывников надо лучше. Как до армии, так и в учебных подразделениях. И говоря так, я считаю, что мы являемся великой мировой державой, которой суждено быть таковой весь XXI век. Это, по меньшей мере [...]».

Убей, не понимаю, что значит «в новом качестве вернуться к парадигме единства народа и власти, которая заложена была еще в XIX веке». А именно такой рецепт предлагает автор для «восстановления государственной мощи России».

От подобных умозаключений, преследующих тебя почти на каждой второй странице, не знаешь, куда деваться, но автор все продолжает философствовать:

«Весь мир находился по сей день во власти прагматической идеологии. Это – духовно убогая, но необычайно практически привлекательная концепция личного счастья, достигаемого через материальное благополучие. Она доступна всем, потому что своей сутью обращается к «базовым инстинктам» человека. Это я позволил себе процитировать мыслителей прошлого [...]».

А следом – глубокие мысли уже от себя самого:

«Не хочу никого обидеть, но материальная, физиологическая основа всего того, что мы делаем, остается фактом. Остается ли в таком мире место для духовной миссии человека? Зачем она?»

Таким неожиданным образом автор подводит нас к своему объяснению героического поведения подводников в 9-м отсеке:

«А что такое героизм, проявленный сегодня нашим русским подводником в нечеловеческих условиях, когда разум кипел у него, возможно, в самом буквальном смысле (отравление угарным газом!), то есть он с трудом водил ручкой по бумаге в почти полной темноте, но все-таки оставил для следствия важные свидетельства [...]».

Вот, оказывается, что двигало Дмитрием Колесниковым и другими членами экипажа, кто вместе с ним оказался в аварийном 9-м отсеке, – помочь будущему следствию...

Страницей ниже генпрокурор рассуждает уже о новом характере войн, подводит их под статью, а точнее – отсылает к другой свой книге «Обвиняется терроризм». Тут все смешалось: Кутузов, осада крепостей, виртуальный Чапаев, раскладывающий картошку на штабном столе, минные поля и танковые колонны, Наполеон и компьютерные хакеры... Мимоходом автор дает установку министру обороны – нынешнему и тем, что придут после него:

«Как будем водить по морям субмарины, если компьютерные системы дадут сбой? Кивать на хакеров, которые взломали какие-то секретные коды? Чушь. Как проводить танковые колонны через предполагаемые минные поля? Как атаковать с воздуха цели, откуда могут ответить выстрелом из "Стингера"? Следовать приказам и здравому смыслу – вот что должно держать армию в боеспособном состоянии».

Для тех, кто не видел фильма «Титаник», автор подробно описал, как спасались пассажиры и команда, и сделал заключение:

«Примерно так, видимо, обстоят дела у современного человечества. Надо ли говорить, что такая схема спасения абсолютно не направлена на выживание как можно большего числа людей с тонущего корабля? Для спасения людей с аварийных плавсредств существуют мудрые инструкции, но главная задача – воплотить их в жизнь [...]».

Что и говорить, в иных местах отдыхает даже Виктор Степанович Черномырдин. Вот нас берут под руку и приглашают:

«Взглянем на ситуацию глазами непредвзятых экологов, или, точнее сказать, гидрогеологов [...]».

По мысли генпрокурора, именно гидрогеологи – самые большие спецы по части радиации, им можно верить. И тут же добавляет – видимо, чтобы закрыть свой же вопрос про Чернобыль:

«В самое скорое время на глубине вокруг реактора стали устанавливать дозиметры [...]».

Двигаемся дальше.

«Какие главные факторы принимались во внимание при выработке технологии выполнения данного решения?» *– задает автор сам себе вопрос. И некоторое время спустя ответствует: –* «Имелось множество неясных вопросов, немало разноплановых аспектов и соображений [...]».

О предстоящем подъеме он высказался афористично, но емко – мог бы позавидовать Козьма Прутков:

«Это была сложная проблема и с технологической, и с климатической стороны».

Не менее ярко – о видениях у края:

«В Североморске мне впервые привелось увидеть северное сияние. Такой природный феномен, который никогда не возникает в умеренных широтах. А тут – Север, и природа экстремальна. Здесь край, через который нельзя переступить [...]».

А еще – о невысказанном: «Были и другие невеселые, но важные соображения».

Расследователь с чистого листа

Только для того, чтобы поехидничать над сочинительской стряпней генерального прокурора и сказать, что ничего нового про «Курск» из его новой книги узнать нельзя, не стоило и браться за перо. Смолчать нельзя по другой причине. В книге со словом «правда» на обложке искажаются факты и тиражируется невежество.

Уже в самом начале автор взялся перечислять все аварии и катастрофы с подводными лодками, начиная с дизельных – с 1952 года. Упомянул и малозначительные инциденты, но «забыл» – помощники не доложили? – о двух тяжелейших катастрофах (не авариях, а именно катастрофах) с атомными подлодками. Это затопление «К-429» в полигоне боевой подготовки у берегов Камчатки в июне 1983 года (погибли 14 человек) и безвозвратная потеря стратегического ракетного крейсера «К-219» с пятнадцатью МБР в ядерном снаряжении и двумя ядерными реакторами в Саргассовом море в октябре 1986 года – в самый канун встречи в Рейкьявике президентов Михаила Горбачева и Рональда Рейгана (недосчитались 4 человек из экипажа).

По одному и другому делу проводились расследования с участием военной прокуратуры, собранные материалы до сих пор хранятся где-то в архивах ГВП. Более того – командир «К-429» капитан II ранга Суворов, принужденный командованием в нарушение действовавших инструкций и наставлений выйти в море не на своем корабле и с наспех собранным экипажем, оказался в итоге главным виноватым. По спешно подготовленному военной прокуратурой обвинению он был осужден и несколько лет отбывал наказание – в то время как начальники, по сути, вытолкнувшие его в море, отделались легким испугом и продолжали подниматься по карьерной лестнице. Вплоть до тех пор, пока под их командованием и по весьма схожей, что на «К-429», причине не отправился на дно «Комсомолец»...

Этих страниц нашей флотской истории не знал или не захотел узнать г-н Устинов, приступая к расследованию века. Оттого и представляется генпрокурору проделанная под его началом работа «беспрецедентной», «не имеющей аналогов в мире»... Однако сказать на сей счет «святая простота!» – язык не поворачивается. Это по-другому называется – самомнение и некомпетентность.

Да, по размаху следственных действий, привлеченных сил и потраченных средств и при той индульгенции, что была выдана прокуратуре самим президентом, – случай для нашей страны, действительно, беспрецедентный. Но только для нашей. Потому что в США, например, когда там в первый раз потеряли на испытаниях атомную подлодку, было назначено парламентское расследование, а его результаты докладывались в Конгрессе. Да, они не стали поднимать свой «Трешер» – потому что поднимать с огромной глубины корабль, разрушенный давлением, как яичная скорлупа, не было никакого смысла.

Зато нашу подводную лодку «К-129» – дизельную, но с ядерным оружием на борту, погибшую со всем экипажем при неизвестных обстоятельствах где-то у Гавайских островов, они, в отличие от нас, не только нашли, но и подняли – с глубины более 5000 метров! Это, мягко говоря, раз в пятьдесят поболе той глубины, на которой больше года пролежал «Курск». Мало того – погибшую советскую подлодку «янки» подняли втайне от нас, организовав сверхсекретную операцию «Дженифер». Правда, не все у них прошло гладко – корпус лодки при подъеме разломился надвое, но носовую часть с ядерными торпедами, секретной документацией и останками погибших американцы заполучили.

Однако когда самая первая информация об этом была подброшена доброжелателем в наше посольство в Вашингтоне, из Москвы последовала установка считать ее провокацией – мы, мол, никаких подводных лодок не теряли. И лишь скандал, поднятый американскими газетами, вынудил наш МИД задним числом заявить протест – по какому праву осквернили место гибели советских моряков? Вместо извинений советской стороне передали документальную кинозапись, из которой видно, что останки наших подводников были захоронены со всеми подобающими воинскими почестями.

Я не берусь оценивать эту ситуацию на весах политики и человеческой этики – важен сам факт: все это было. Поэтому оставлю без комментариев очередную сентенцию генпрокурора:

«Операция по подъему 154-метровой атомной подводной лодки водоизмещением 24 000 тонн по своим масштабам является беспрецедентной и не имеет аналогов в истории человечества. Во-вторых, любому государству не по силам в одиночку справиться с такой задачей».

Вернемся к хронике морских катастроф в изложении Владимира Устинова. Про две трагедии он даже не вспомнил, зато дизельную лодку «М-200» помянул дважды. В первый раз, по утверждению генпрокурора, она *«погибла в Балтийском море 21 ноября 1956 года. Погибли 28 членов экипажа»*. А менее года спустя, 26 сентября 1957-го, та же *«дизельная подводная лодка «М-200» затонула в Балтийском море»*. В этот раз, по версии автора, погибли 35 членов экипажа. Прямо и не знаешь, как такое возможно.

На самом деле, генеральный прокурор (или тот недобросовестный помощник, кто вызвался таскать каштаны из огня для своего могущественного начальника) просто перепутал разные инциденты. В сентябре 57-го на Балтике затонула совсем другая лодка – «М-256»...

Как слышим, так и пишем

По этому принципу рассуждает г-н Устинов в своей книге и о многих других событиях и фактах из нашего прошлого. Глубоководная АПЛ «К-278» «Комсомолец», оснащенная лишь торпедными аппаратами, под пером (или диктовкой) генпрокурора становится «ракетным крейсером». Институт океанологии РАН скрещивается с неопознанным «институтом океанографии». Продольная остойчивость (профессиональный термин, известный подводникам, конструкторам и строителям ПЛ) превратилась в... «вертикальную устойчивость» — несусветную глупость, способную вызвать гомерический хохот в кругу профессионалов.

Ничего не слышал прежде про «*теракт французских диверсантов против принадлежащей организации «Гринпис» большой океанской яхты, пришвартованной в Новозеландском порту*» — так у Владимира Устинова. Зато знаю другое: судно «Рейнбоу Уорриор», под флагом «Гринпис» направлявшееся с акцией протеста против ядерных испытаний на атолле Муруроа во Французской Полинезии, действительно было подорвано в порту. Но до сих пор считалось, что это дело спецслужб Франции. Это акт государственного устрашения, продиктованный политикой тех лет, а никак не частный случай террора неизвестных диверсантов.

Советский линкор «Новороссийск», подорванный на рейде в 1955 году, генпрокурор наделяет способностью «*нести ядерные артиллерийские заряды дальнего действия*». Если под этой смысловой абракадаброй подразумеваются ядерные артиллерийские снаряды, так они стали поступать на вооружение много позже гибели «Новороссийска».

Но прокурор не устает демонстрировать свои познания в разных областях. Например, заводит речь о возможной утечке «*радиоактивных топливных элементов в акваторию Баренцева моря*». Не надо быть ученым-ядерщиком, чтобы увидеть: не понимает человек значения тех слов, которыми берется оперировать. В одну бессмысленную кучу смешались разные понятия — радиоактивные элементы, которые присутствуют и нарабатываются в реакторе (то есть химические соединения) и само ядерное топливо в виде тепловыделяющих элементов (ТВЭЛов).

Про виртуальные «дозиметры», которые расставляли, по словам Устинова, «*на глубине вокруг реактора*», я уже упоминал. Но автор, походив вокруг да около, ведет нас прямо в реакторный отсек. Оказывается, «*наши подводники заглушили ядерные реакторы вручную, в дополнение к автоматике. Они не просто вспомнили об этом, они потратили на это свои последние минуты, свои последние жизненные усилия [...]*».

Откуда вдруг родился этот миф — можно только гадать. Ни из материалов уголовного дела, ни из разговоров со специалистами, детально обследовавшими реакторные помещения «Курска», ничего похожего не следовало. Более того — на всех уровнях атомщики с гордостью твердили, что автоматика в реакторном отсеке сработала безукоризненно и чисто. «Глушить вручную» ничего не требовалось, разве что для красного словца.

И это, как ни печально, не последний прокурорский перл. На мой взгляд, апофеозом профессионального невежества стали рассуждения про тросы, с помощью которых якобы пытались поднять в 1997 году подлодку «Комсомолец», да вышла незадача. «*Капроновый шнур оборвался при рывке*», — со знанием дела свидетельствует генеральный прокурор.

Вот, действительно, слышал звон...

Да было бы ему известно, что «Комсомолец» и не пытались поднимать — несмотря на бурную и многолетнюю активность директора ЦКБ «Рубин» г-на Спасского, главного инициатора судоподъемной риторики в нашей стране. Поднять решились только ВСК – всплывающую спасательную камеру от «Комсомольца», которая была найдена на грунте в непосредственной близости от самой подлодки. В ней, как известно из обстоятельств той катастрофы, находятся останки командира АПЛ капитана I ранга Евгения Ванина и еще двух членов экипажа.

Поднять на поверхность эту стальную капсулу, ставшую братской могилой, решили силами ВМФ, без должной проработки проекта и необходимых расчетов. И действительно потерпели фиаско, знакомое почти каждому начинающему удильщику: при резком рывке не выдерживает даже очень прочная леска. Кормовая лебедка на военном спасателе и была той удочкой, с помощью которой решили поднимать ВСК специалисты-двоечники, позабывшие о том, что в море бывает качка. Когда трос был почти полностью выбран и ВСК оказалась у поверхности, корма судна-спасателя опустилась на волне, а в следующее мгновение ее резко подкинуло. И трос, действительно, лопнул (в этом генпрокурор не ошибся) – всплывающая камера с останками подводников опять ушла на дно.

Но в эти детали, похоже, не посвящали генерального прокурора ни Главком ВМФ Владимир Куроедов, ни шеф «Рубина» Игорь Спасский. А может, их собеседник просто невнимательно, в одно ухо слушал. Другим – старался уловить, откуда ветер дует: кого велят казнить, кого решат помиловать.

Прокурором можешь и не быть, но стать писателем обязан

Теплый ветер, против ожиданий, подул из Европы.

«В Брюсселе той осенью возникла новая организация, в дополнение к НАТО и ко многим прочим, – решается на смелое сравнение прокурор. – Это международный фонд «Курск», главная цель которого – облегчить задачу подъема российского атомного ракетоносца».

Вот уж никогда бы не подумал, что мы так неожиданно легко найдем альтернативу Варшавскому договору – да там, где и представить себе не могли!

Короче, пусть ожиревшая Европа помогает нам деньгами, не сдает державных позиций генеральный прокурор. А мы и дальше будем жить своим умом, расхлебывать старые проблемы и заваривать новые – для себя и всех соседей. Уж кто-то, а г-н Устинов знает, что почем на Западе, и может сравнивать:

«Мы строим армию в основном на принципах призыва, на том основании, что каждый гражданин, способный защищать Родину, должен хотя бы уметь это делать. Поэтому и порядок в армии должен быть образцовый, а не так, как в некоторых зарубежных армиях: подписал контракт – значит, служу. Надоело служить – разорвал контракт, ушел на гражданку. Кто получится из такого контрактника? В лучшем случае – недоучка. Причем во всех отношениях. Нам нужна не только боеспособная армия, но и умные, сильные, здоровые мужчины, прошедшие эту школу жизни и патриотизма».

Реакция министра обороны Сергея Иванова на эту установку неизвестна – шеф военного ведомства не значился среди участников официальной презентации прокурорского бестселлера, что была организована 29 октября 2004 года Интерфаксом. Уклонился от развернутых оценок, хоть и пожаловал на презентацию бывший вице-премьер и руководитель правительственной комиссии по расследованию причин гибели «Курска», а ныне полпред президента в Северо-Западном федеральном округе Илья Клебанов. Агентство распространило лишь одну его фразу: «Генеральный прокурор был просто обязан написать эту книгу с учетом всего того, что он знает об этой трагедии».

Присоединившийся к нему Сергей Степашин, председатель Счетной палаты, усмотрел в сочинении генерального прокурора «элемент открытости нашей страны».

Но всех афористичнее оказался секретарь Совета безопасности Игорь Иванов. «Самое главное в этой книге – это ее название», – цитирует Интерфакс его крылатые слова.

Что ж, в дипломатичности бывшему министру иностранных дел не откажешь. И впрямь, если все главное сказано в названии, то о чем еще говорить...

Емельяненков порвал Устинова на «британский флаг» и, выдав свой блестящий памфлет, вытер и Устиновым, и его книгой свою журналистскую задницу.

В своей книге творения Устинова коснулся и адмирал Олег Ерофеев:

«В материалах расследования спасательной операции, несомненно, отчетливо проявляется страстное желание замаскировать конструктивные и производственные недостатки как корабля, так и торпеды. Я внимательно следил за проведением операции, изучил документы, опубликованные в «Российской газете», прочел книги генерального прокурора В. В. Устинова «Правда о «Курске» и И. Д. Спасского «Курск». После 12 августа 2000 года». Ни в одном из этих материалов я не нашел убедительных доказательств того, что личный состав, эвакуированный в 9-й отсек, жил около 8 часов и поэтому его нельзя было спасти.

Особенно меня удивило название книги генерального прокурора, из которого следует, что расследование, проведенное его подчиненными, ставит под сомнение его объективность, а многократные повторы в книге о том, что личный состав жил в 9-м отсеке не более 8 часов, нельзя объяснить только недостаточным литературным талантом ее автора. Сам В. В. Устинов в доказательствах этого факта ссылается на малое количество воды, продовольствия, которое потребили подводники за время их оставшейся жизни, на сомнительные выводы судебно-медицинской экспертизы, первые результаты которой получены более чем через два месяца после гибели людей и только поэтому не имеют права на объективность.

[...] Передаваемые же с подводной лодки сигналы SOS генеральный прокурор В. В. Устинов легко приписывает действиям неизвестного надводного корабля, поиском которого не утруждают себя следователи. Возразить В. В. Устинову очень просто – в той экстремальной ситуации, в которой оказались подводники «Курска», не до еды и питья, и, как всякие здравомыслящие люди, они пытались экономить и воду, и продовольствие. Это понятно любому человеку, даже не имеющему отношения к подводной службе».

Глава 19.
Закон неравных прав:
Чем страшнее преступление, тем больше денег государство потратит на юридическую защиту

Я в то время еще наивно верил в российское правосудие. В 2000–2003 годах прошла удачная серия гражданских и арбитражных процессов, но крупных дел, получивших широкое освещение в прессе, не было. Много времени ушло при всей, казалось бы, простоте сюжета на дело о защите чести и достоинства Майи Михайловны Плисецкой с ее «вновь народившейся», всплывшей в Израиле и в Лондоне «дочерью». Тогда же в Нью-Йорке шел процесс против Bank of New York, который занимал немало времени.

Дело по обвинению Игоря Сутягина, в котором я поначалу участия не принимал, удачно прошло в Калужском областном суде. Судья, возвращая уголовное дело на дополнительное расследование – в то время еще можно было возвращать на доследование уголовные дела, если были нарушены права обвиняемого, – указал в определении:

«Обвинительное заключение надлежит составить в соответствии со ст. 205 УПК РСФСР. Обвинительное заключение должно содержать конкретную формулировку обвинения, существенно не отличающуюся от предъявленного обвинения и не ухудшающую положение обвиняемого: содержание и анализ доказательств, на которые ссылаются органы следствия, в том числе содержание и анализ показаний обвиняемого по предъявленному обвинению, доводы обвиняемого, приводимые им в свою защиту, и результаты проверки этих доводов, другие обстоятельства, указанные в ст. 205 УПК РСФСР. При наличии к тому оснований, с соблюдением требований уголовно-процессуального закона, в том числе и с соблюдением права обвиняемого на защиту, следует назначить и провести экспертные исследования конкретных сведений, предъявленных в обвинении Сутягину».

В тот же период был убит мой близкий друг – губернатор Магаданской области Валентин Цветков, с которым я был знаком с 1969 года. Спустя несколько дней после похорон Владимир Колесников возбудил уголовное дело в отношении помощницы Цветкова Виктории Тихачевой, и мне пришлось этим делом заняться. Вторая половина 2002 года была занята изучением 133 томов дела «Курска» и подготовкой первоначальной жалобы.

После подачи ходатайства о возобновлении предварительного следствия и формального отказа ГВП, а также после активной кампании, организованной Александром Савенковым, озвученной Виктором Колкутиным и призванной дискредитировать меня на основании того, что я якобы поднимаю свой рейтинг на горе людей, мне пришлось тщательно продумать стратегию защиты.

Я считал, что основной жалобе в Военный суд о признании незаконным постановления о прекращении уголовного дела по факту гибели АПРК «Курск» должно предшествовать, кроме, естественно, тщательной подготовки, судебное решение по одному из узловых вопросов трагедии. Идея состояла в том, чтобы заполучить решение суда, которым признавалось, что заключения «экспертов» Виктора Колкутина и Сергея Козлова не выдерживают критики. Было также необходимо, чтобы заключения российских и иностранных судебных медиков, которые признавали заключение Виктора Колкутина о времени смерти 23 подводников в 9-м отсеке антинаучным, стали официальными документами, принятыми судом как доказательства, иными словами – чтобы они были легализованы. Я воспользовался опубликованным на сайте ДНИ.РУ отчетом о пресс-конференции экспертов Виктора Колкутина и Сергея Козлова и подготовил исковое заявление.

Кроме того, обвинять меня в попытке улучшить свои имидж на горе людей – это запрещенный прием, удар ниже пояса, удар подлый. Не хочу излишне детализировать эту тему, но не могу не отметить весьма приличную сумму, в которую обошлось мне мое участие в процессах и оплата экспертов, а также бессонные ночи с дикими головными болями и многодневную апатию, которыми сопровождалась каждая встреча с родственниками членов погибшего экипажа.

В те годы Игорь Тюленев был судьей в Пресненском районном суде. Невысокий и худощавый парень держался застенчиво и не ассоциировался с общепринятыми представлениями о судьях. Он рассматривал дело Майи Плисецкой и еще несколько дел с моим участием. Как-то раз он посетовал, что в суде нет бумаги и конвертов. Через пару дней я отправил водителя в суд, и он отвез секретарю Тюленева несколько коробок с бумагой и конвертами. Думаю, что Тюленев догадался, кто облагодетельствовал его. Бывая в Пресненском суде, я не раз заходил к Тюленеву, и мы обсуждали различные правовые проблемы.

Когда исковое заявление было готово, я понес его в суд. Канцелярия оказалась закрыта, и я по обыкновению зашел в кабинет Тюленева. Он поинтересовался, что за дела у меня в суде, и я кратко изложил ситуацию по делу «Курска». Он живо заинтересовался подробностями, высказал возмущение Колкутиным, посмотрел исковое заявление и сказал, что у него нет сомнения по поводу обоснованности иска.

Я сдал исковое заявление (см. приложение № 23) в канцелярию, но повестки в суд не было довольно долго. Узнав, что дело будет рассматривать Тюленев, я успокоился: он был известный волокитчик.

На судебное заседание явился представитель Министерства обороны и «надзирающий» сотрудник Главной военной прокуратуры, представители Колкутина и Козлова не участвовали. Я приобщил к материалам дела альтернативные заключения экспертов, и ничто не предвещало отрицательного решения. Судья удалился в совещательную комнату и через десять минут огласил резолютивную часть решения – в иске отказать.

Привожу только одну цитату из полного текста решения: *«Суд рассматривает проведенную пресс-конференцию как опровержение доводов Кузнецова Б. А. в публикациях в СМИ и как публичную научную дискуссию».*

Надо ли это понимать в том смысле, что высказывание Виктора Колкутина о том, что я пытаюсь «поднять свой имидж в глазах общественности за счет гибели экипажа АПЛ «Курск» – это и есть научная дискуссия?

Через некоторое время со слов одного из работников суда я узнал, что Тюленев и уже бывший председатель Пресненского суда Иванов окончили один военно-юридический факультет. Целая группа сотрудников Главной военной прокуратуры сначала несколько дней «убеждала» Тюленева, а затем приготовила мотивировочную часть решения. Мне рассказали, что Тюленев был на крючке у председателя суда за пристрастие к рюмке. Соответствует это истине или нет, точно не знаю, но однажды я встретил судью с тяжкого похмелья. Позже я столкнулся с Тюленевым – он уже работал в Хамовническом суде, вид у него был, как у нашкодившего щенка: он покраснел, засуетился, протянул руку. Я ее «не заметил».

В феврале-марте 2004 года я подготовил жалобу в Московский окружной военный суд на отказ Главной военной прокуратуры в удовлетворении ходатайства о возобновлении предварительного следствия и направил ее по почте. (Приложение № 24) Московский окружной военный суд передал жалобу на рассмотрение в Московский гарнизонный суд.

День 21 апреля 2004 года был ясным и солнечным. В пустом зале за прокурорским столом сидел прокурор – старший военный прокурор отдела 6 Управления надзора Главной военной прокуратуры, полковник юстиции Игорь Шаболтанов, в уголочке пристроился следователь Артур Егиев, уже назначенный на должность первого заместителя военного прокурора Дальневосточного военного округа, получивший это повышение после окончания расследования дела «Курска», председательствовал военный судья Михаил Кудашкин.

Кроме нас с адвокатом Димой Гаврилиным на процессе присутствовала корреспондент «Новой газеты» Елена Милашина. Меня многое связывает с «Новой газетой», где трудятся мои друзья-приятели Дима Муратов, Леня Никитинский. Здесь работала честная и бесстрашная Аня Политковская. Хороших журналистов в России немало, но честных, бескомпромисс-

Елена Милашина.

ных, неподкупных и бесстрашных – единицы: Сережа Соколов, Вера Челышева, Юра Рост и, конечно же, Лена Милашина. Она писала материалы по «Курску», по Беслану, по делу контр-адмирала Юрия Кличугина о разворовывании российского Военно-морского флота. Вполне заслуженно в октябре 2009 года Лена стала лауреатом ежегодной премии международной правозащитной организации Human Rights Watch, на вручении которой в Нью-Йорке присутствовал и я.

Состязательность в этом процессе носила весьма условный характер. Я предъявил заключения специалистов, заявил ходатайство о приобщении их к материалам дела, кратко пересказал доводы жалобы, выслушал возражения прокурора, а затем ответил на них. Задать вопрос представителю военной прокуратуры судья мне не позволил.

Некоторые доводы прокурора можно было включать в очередную жалобу, настолько они противоречили выводам экспертов и подтверждали мои доводы. Без сомнения, прокурор прошел инструктаж у Колкутина, но, вероятно, предмет, о котором он рассуждал, был для него достаточно сложен, он не все усвоил, много путал, иногда нес откровенную чушь.

Прокурор: Следует особо отметить, что биохимические процессы распада гликогена с образованием глюкозы, имеющие ферментную природу, осуществляются при нормальной температуре тела и резко замедляются при ее снижении, а при температуре, близкой к нулю, эти процессы практически прекращаются. Априори можно утверждать, что прекращению процессов распада гликогена в трупах способствует консервирующее действие морской воды с довольно высокой (около 3,5%) концентрацией солей.

Адвокат: Колкутин говорит, что в печени и мышцах гликоген отсутствует и в крови переходит в глюкозу, а прокурор говорит, что он консервируется морской водой. Другими словами, говоря о гибели подводников в 9-м отсеке в течение 4,5–8 часов с момента катастрофы, Колкутин в качестве довода о времени наступления смерти приводит факт отсутствия у них гликогена в мышцах и печени и переход его в глюкозу в кровь, а прокурор объясняет, почему гликоген не перешел в глюкозу – из-за низких температур и морской воды.

Прокурор: Необходимо отметить, что 12 трупов членов экипажа были извлечены из 9-го отсека в октябре 2000 г., а остальные 11 трупов – в октябре 2001 г. В связи с резкими изменениями тканей и органов, обусловленными пребыванием трупов в морской воде (частичное образование жировоска), морфологические изменения, в частности слизистой оболочки желудка, у трупов второй группы, обнаруженных в 9-м отсеке после подъема АПРК «Курск» более чем через год с момента катастрофы, не описывались и не расценивались. Поэтому утверждение об отсутствии таких кровоизлияний у трупов второй группы не соответствует действительности.

Адвокат: Я не писал в жалобе, что кровоизлияния в слизистую желудка у подводников отсутствовали. У первых 12 подводников, поднятых в октябре 2000 года, они были, а у остальных

11, поднятых в октябре 2001 года, эти признаки не обнаружены. Главный мой довод как раз в том и состоит, что при отравлении угарным газом – а это причина смерти всех моряков, находившихся в 9-м отсеке, – кровоизлияние в слизистую оболочку желудка – первейший признак и он, конечно же, никакого отношения ко времени наступления смерти не имеет.

Прокурор: [В заключениях судебно-медицинских экспертиз, проведенных в 2000 году] указано что смерть их [подводников, находившихся в 9-м отсеке] наступила в течение нескольких часов от момента возникновения пожара в отсеке лодки. Указанный вывод сделан (и это нашло отражение в выводах первых 12 экспертиз, т. 3, л.д. 199–370, т. 4, л.д. 1–110) в период отсутствия данных о характере очага пожара, концентрации окиси углерода и других газов в атмосфере 9-го отсека и т.д., которые появились осенью 2001 года после подъема подводной лодки.

Адвокат: Да, я согласен с прокурором на все 100%. Проблема в том, что время наступления пожара не установлено. Если бы Колкутин написал в заключении то, что говорит прокурор, я бы не оспаривал его заключение, но Колкутин говорит о смерти в течение 4,5–8 часов с момента взрыва, а не пожара.

Прокурор: Вопреки изложенным в жалобе доводам, заключение экспертов не основывается на времени, указанном в записке Колесникова. В нем всего лишь указано, что время, проставленное автором, не противоречит результатам исследований, которые позволили сделать вывод о времени жизни – не более 8 часов.

Адвокат: «Члены экипажа АПРК «Курск», – сказано в экспертизе Колкутина, – находившиеся в 9-м отсеке после второго сейсмического события (11 часов 30 минут 12 августа 2000 года), оставались живыми в течение 4,5–8 часов, что подтверждается [...] временем последней записи одного из членов экипажа (капитан-лейтенанта Д. Р. Колесникова), зафиксированным в записке, извлеченной из 9-го отсека вместе с его телом – 15 часов 45 минут 12.08.2000 г., т.е. через 4 часа 15 минут после 2-го сейсмического события».

Тот факт, что моряки были живы в 15 часов 45 минут, ничем не подтверждается и ничем не опровергается. Прокурор использует типичный прием софистики. Можно с таким же успехом заявить, что на момент выхода «Курска» с базы подводники были живы, следовательно, они жили не более 8 часов после взрыва. Вы вводите суд в заблуждение, господин прокурор.

Прокурор: Согласно данным заключений судебно-медицинских экспертиз трупов, у всех членов экипажа, находившихся в 9-м отсеке АПРК «Курск», зафиксировано одинаковое состояние содержимого желудочно-кишечного тракта – отсутствие пищевых масс в желудке и наличие их в тонком отделе кишечника, начиная с проксимальной (ближайшей к желудку) части тонкой кишки. В то же время в ходе осмотра трюмных помещений 9-го отсека (т. 2, л.д. 1–53) обнаружены нетронутые запасы хлеба.

Мой комментарий:

Я задал прокурору вопросы:

– Что означает нетронутые? Вы можете, утверждать, господин прокурор, основываясь на материалах дела, что в 9-м отсеке до аварии было 20 кг хлеба и при подъеме лодки были обнаружены нетронутыми те же 20 кг хлеба? Вы можете документально опровергнуть, что в отсеке было не 20, а все 40 кг? А как объяснить, что в 7-м отсеке на штатном месте отсутствует бачок аварийного питания, который, по выводам следствия, был перенесен в 9-й отсек? Не описывается и наличие бачков с аварийным питанием в других кормовых отсеках. Следовательно, подводники принимали пищу.

И воду подводники пили. В 9-м отсеке обнаружены 83 металлические банки из-под аварийного запаса питьевой воды. Каждая банка объемом примерно 200 мл, на крышке отмечается два неправильной формы отверстия, содержимое банок отсутствует. Но следствие не удосужилось выяснить, сколько банок с водой было на борту и находилось в кормовых отсеках, были ли в кормовых отсеках бачки с водой (я видел такие бачки для питьевой воды на другой однотипной подводной лодке), была ли в бачках вода, в каком объеме, сохранились ли на стенках бачков отметки, свидетельствующие об уровне воды.

Впрочем, руководство следственной группы на начальном этапе расследования понимало бесперспективность определения времени жизни подводников по израсходованным продуктам и по объему пресной воды, которые не дают точных цифр. В то же время следствие располагало достоверными и проверенными сведениями о времени прекращения стуков.

Следствие предприняло попытку установить скорость заполнения водой 9-го отсека, но проведенная экспертиза не смогла дать однозначного ответа. Эксперты описали два вероятных пути затопления 9-го отсека. Первый вариант: последовательное затопление сначала 7-го и 8-го, а затем и 9-го отсеков с учетом данных, указанных в записке капитан-лейтенанта Сергея Садиленко, о давлении в отсеке 0,6 кг/м^2. При этом варианте затопление 9-го отсека до уровня воздушной подушки произошло примерно за 400 часов (16,5 суток). Но норвежские водолазы открыли люк на 9-е сутки, отсек уже был затоплен. Второй вариант: одновременное затопление, при котором вода одновременно поступает в кормовые отсеки. По этому варианту затопление 9-го отсека под подушку произошло за 6,5–24,7 часа.

Вероятно, вода поступала из соседнего 8-го отсека, а также по магистралям, проходящим через все отсеки корабля, но размер этой протечки установить невозможно, так как экспертизу проводили при минусовой температуре и залитые водой километры труб на морозе полопались.

Вот как это описано в протоколе осмотра:

«Выявленное выше состояние АПК «Курск», его корпуса, систем и оборудования в значительной степени отличается от того состояния, в котором он находился на дне в период затопления кормовых отсеков. Длитель-

ное нахождение АПК в доке в зимних условиях усугубило ситуацию, так как замораживание многих заполненных водой систем может приводить к их последующей разгерметизации».

Но важнейший вывод экспертизы о времени затопления звучит так: «Оставшийся в живых личный состав кормовых отсеков выполнил необходимые действия по герметизации 9-го отсека и его систем для предотвращения поступления воды в отсек».

Для меня очень важно показать и доказать еще раз, что подводники кормовых отсеков сделали максимум для собственного спасения, их подвиг состоит в том, что они действовали по инструкциям.

Привожу выдержку из протокола осмотра 8-го отсека, который производился следственной группой с 25 октября по 15 ноября 2001 года:

«[...] – в металлических ящиках, крышки с которых сорваны, отсутствуют пластины В-64 для регенеративного двухъярусного дыхательного устройства (РДУ-2), которые личный состав, вероятно, унес в 9-й отсек;

– в шланговых дыхательных аппаратах отсутствует сжатый воздух, что свидетельствует об их использовании;

– в проходах обнаружены отработанные портативные дыхательные аппараты (ПДА);

– автоматы щитов РЩП (распределительные щиты постоянного тока) отключены, что свидетельствует о том, что экипаж вел борьбу за живучесть, поскольку в штатном режиме автоматы включены;

– обнаруженные ящики и сумки из-под ИП-6 являются пустыми;

– два переборочных стакана в 9-й отсек завинчены; [...]».

Очевидно, что личный состав покинул 8-й отсек, перешел в 9-й отсек, предпринял все необходимые действия по герметизации отсека и перенес спасательные средства и оборудование для очистки воздуха и дыхания.

Расчеты времени жизни в кормовых отсеках, тоже приблизительные, могли основываться на оценке количества использованных пластин для регенерации воздуха, а также на оценке запасов воздуха в индивидуальных дыхательных аппаратах. Такие расчеты сделаны по моей просьбе одним знакомым адмиралом, который, впрочем, как и многие другие военно-морские специалисты, не пожелал получить известность в широком кругу работников прокуратуры и ФСБ. По этим расчетам воздуха должно было хватить на неделю. Но в каком отсеке с какого времени моряки начали пользоваться дыхательными устройствами и индивидуальными дыхательными аппаратами, достоверно установить невозможно.

Но вернемся в суд. Судья Гарнизонного суда в постановлении указал:

«Доводы адвоката Кузнецова, подвергшие сомнению достоверность выводов комиссионной судебно-медицинской экспертизы о времени жизни моряков в 9-м отсеке и судебной акустико-фонографической экспертизы в части невозможности определения координат источника сигналов, не могут быть признаны объективными и достаточными для того, чтобы признать *необоснованными и незаконными не только заключения указанных экспертиз, но и решения органов предварительного следствия о прекращении уголовного дела и об отказе в возбуждении уголовного дела».*

Если рассмотреть приведенный тезис с точки зрения формальной логики, демагогия судебного решения станет совершенно очевидной.

Посылка № 1:
Между бездарно проведенной спасательной операцией и гибелью 23 подводников нет причинной связи, так как подводники погибли в течение 4,5–8 часов, то есть до начала спасательной операции.

Посылка № 2:
Кузнецов подвергает сомнению выводы судебно-медицинской экспертизы о гибели подводников в течение 4,5–8 часов.

Умозаключение:
Доводы Кузнецова не могут повлиять на решение следствия о прекращении уголовного дела и на отказ в возбуждении уголовного дела.

Судебное решение в этом отношении мало чем отличается от липовой экспертизы Колкутина, только выводы Колкутина опровергаются экспертами, которые высказывают независимое суждение, а в России пока не нашлось суда, который высказал бы такое же независимое суждение по выводам следствия.

Хочу привести еще один довод из постановления гарнизонного судьи.

В постановлении указывается, что доказательство того, что подводники в 9-м отсеке жили не более 8 часов, подтверждается *«[...] заключением отдела экспертизы пожаров и взрывов РФ Центра судебных экспертиз при Министерстве юстиции РФ [...]».*

Как можно подтвердить время жизни подводников, если той самой экспертизой, на которую ссылается суд, не установлено время возникновения пожара?

Еще один пассаж судебного решения:

«Оценивая представленные адвокатом Кузнецовым: консультативное заключение специалистов Плаксина В. О., Кизлика В. А., консультативное заключение специалистов Солохина А. А., Растошинского Э. Н., заключение эксперта Леонтьева А. А., заключение Инге Морилда, суд приходит к выводу, что данные заключения не могут являться основанием для отмены постановлений о прекращении уголовного дела и об отказе в возбуждении уголовного дела в отношении должностных лиц Северного флота, поскольку не влияют на правильность принятых органами предварительного следствия обжалуемых постановлений».

Эксперты мягко говорят, что экспертиза Колкутина антинаучна, но именно она лежит в основе заключения следствия о времени наступления смерти подводников. Если представленные мною заключения специалистов судом не приняты, в постановлении должны быть указаны основания. Но они отсутствуют.

Суд пошел на прямой подлог: *«Неубедительным является утвержде-*

ние адвоката Кузнецова о фальсификации акустико-фонографической экспертизы [...]».

Я не только нигде и никогда не ставил под сомнение выводы этой экспертизы, но и, наоборот, приводил ее выводы в подкрепление моей позиции в том, что стуки, в том числе сигналы SOS, производились человеком (не были механическими стуками) по межотсечной переборке подводной лодки. А это подтверждало, что подводники, находившиеся в 9-м отсеке, стучали как минимум до 14 августа. Следовательно, были живы до этого времени.

Суд утверждает применительно к этой же экспертизе: *«В заключении имеется и исследовательская часть, что опровергает доводы адвоката Кузнецова об ее отсутствии»*.

Не писал я, что в акустико-фонографической экспертизе нет исследовательской части вообще! Речь шла об отсутствии исследовательской части в том разделе экспертизы, где «эксперт» Козлов пытался доказать по пеленгам, что стуки производись не из места, где на грунте лежал «Курск».

Отсутствие исследовательской части – это не только формальное нарушение закона «О государственной судебно-экспертной деятельности в Российской Федерации», который требует наличия исследовательской части в качестве обязательного раздела. Но в данном случае из-за отсутствия этого раздела Козлов не указывает, откуда у него сведения о пеленгах, которыми он пользуется, и приходит к ложному выводу, что стучали не подводники погибшего «Курска».

Рассмотрение моей кассационной жалобы (см. приложение № 25) ничего не изменило, определением Московского окружного военного суда постановление суда первой инстанции было оставлено без изменения, а в удовлетворении жалобы отказано.

Нет смысла пересказывать все доводы военной коллегии, хочу остановиться лишь на нескольких изобретенных военными судьями аспектах, касающихся экспертизы имени тов. Колкутина, – не сомневаюсь, что изобрели они их не без помощи Колкутина.

Вот что пишет суд в кассационном определении:

«Метод определения давности наступления смерти по соотношению гликогена в печени и мышцах достаточно давно используется в экспертных учреждениях Минздрава России, при этом разработана не только научно-методическая база данных исследований, но имеется и статистический анализ практических экспертиз».

В соответствии с Уголовно-процессуальным кодексом, любая экспертиза является лишь одним из доказательств, выводы которой могут быть оценены судом наряду с другими доказательствами. Вместе с тем суд не вправе подменять экспертов и высказывать суждение о правильности применения той или иной методики. В данном случае речь идет не об общеизвестной методике, как, например, генная идентификация, а о такой специфической методике, как определение наличия гликогена в трупном материале.

И далее в определении суда:

«Биохимические процессы распада гликогена с образованием глю-

козы, имеющие ферментную природу, осуществляются при нормальной температуре тела и резко замедляются при ее снижении, а при температуре, близкой к нулю, что имело место на глубине 100 метров в районе гибели АПЛ «Курск», эти процессы практически прекращаются. Кроме того, замедлению процесса способствовало консервирующее действие морской воды с высокой (около 3,5%) концентрацией соли.

Поэтому доводы специалистов Солохина и Растошинского, на которые ссылаются в своей жалобе адвокаты, о крайней относительности результатов биохимических исследований трупного материала с учетом большой давности смерти и посмертных процессов, происходивших с первых часов после наступления смерти, с учетом среды, в которой находились трупы подводников, не могут являться достаточным основанием для признания выводов экспертов об имевшемся у моряков стрессе недостоверными».

Во-первых, ссылки на замедление биохимических процессов в трупном материале при понижении температуры и солености воды с высокой концентрацией соли нет ни в одном экспертном заключении. Суд по сути превратился в экспертное учреждение.

Во-вторых, Колкутин говорит, что при стрессе гликоген из мышц и печени переходит в глюкозу в кровь в течение 4,5–8 часов, а приглашенные мной эксперты утверждают, что методики определения гликогена в трупном материале не существует.

Приглашенный мною специалист – заведующий кафедрой судебной медицины Российского государственного медицинского института, доктор медицинских наук, профессор Олег Плаксин пишет:

«В экспертизах не указано, что эксперты брали на исследование ткани на обнаружение глюкозы и гликогена, хотя в ранее представленных экспертизах данные исследования проводились. Встает и вопрос о том, почему не было проведено данное исследование в данных случаях».

Иными словами, исследование на наличие гликогена в мышцах и в печени эксперты не проводили, а поэтому совершенно бессмысленно говорить о стрессе и о 4,5–8 часах жизни подводников с момента катастрофы «Курска».

Приведу еще один пассаж судебного решения:

«Не могут ставить под сомнение экспертные выводы о подтверждении стрессовой ситуации наличием кровоизлияний в слизистую оболочку желудка доводы, которые приводят Солохин и Растошинский в своем заключении в части идентичности данных кровоизлияний проявлениям при охлаждении (пятен Вишневского) и при отравлении окисью углерода. Пятна Вишневского имеют характерную макро- и микроморфологию. В заключении о специфической морфологии кровоизлияний нет ни слова, что позволяет дифференцировать их от кровоизлияний иного происхождения. Кровоизлияния, образующиеся при остром отравлении окисью углерода, также обоснованно могут рассматриваться как возникшие именно в связи с неспецифической стрессовой реакцией».

Еще раз повторюсь: не судейское это дело – приводить новые доводы в области, где требуются специальные судебно-медицинские познания. Чтобы распознать истинный смысл этого абзаца судебного решения и увидеть его абсурдность, надо вчитаться и сопоставить несколько изложенных в нем мыслей.

Мысль первая:
Кровоизлияние в слизистую может быть как при стрессе, так и при отравлении и переохлаждении.

Мысль вторая:
Характер пятен Вишневского обуславливается разными факторами, и по нему можно определить причину их возникновения.

Заключение:
Кровоизлияния при отравлении могут также рассматриваться как возникшие при стрессе.

Как видит читатель, логикой здесь не пахнет.

Когда в суде появляются две экспертизы, противоречащие друг другу, по общему правилу назначается третья экспертиза. Однако третью экспертизу можно назначить только в ходе предварительного расследования, а это означает, что надо отменять постановление о прекращении уголовного дела и возобновлять предварительное следствие. Главная военная прокуратура и военный суд этого допустить никак не могли, поэтому военные судьи сами выступили в качестве судебно-медицинских экспертов.

Военная коллегия оставила постановление Гарнизонного военного суда без изменения, а мою жалобу – без удовлетворения.

Сейчас я думаю, что напрасно не привлек внимание общественности к процессам в Военном суде. Кроме Елены Милашиной, журналистов в зале суда не было. К участию в процессе я не привлек членов семей погибших подводников, руководствуясь исключительно гуманными соображениями. Не пригласил я в суд специалистов, не было в прессе моих комментариев содержания судебных решений. Наверное, это была ошибка.

Но от экспертизы Колкутина вернемся к самому Колкутину.

У Колкутина уже разработана методика фальсификации судебно-медицинских экспертиз, которую он успешно применил при расследовании обстоятельств гибели 23 подводников «Курска» и в деле об убийстве Дмитрия Холодова. В заключении по делу «Курска» Колкутин применяет методику определения стрессовой ситуации для живых людей к трупам, к тому же долгое время находившимся в морской воде. Он же ссылается на записки подводников, которые уж точно не являются предметом судебно-медицинского исследования.

Я уже приводил диалог Колкутина в телевизионном эфире на канале НТВ в передаче «Независимое расследование» с Николаем Николаевым (см. главу 15). В том диалоге Колкутин продемонстрировал теорию фальсификации экспертизы. В деле «Курска» – это уже практика самого Колкутина.

Как сообщает пресса, дело «Курска» – не единственное, где Колкутин применил свои методы фальсификации экспертиз. По делу о гибели журналиста «Московского комсомольца» Дмитрия Холодова тот же Колкутин в качестве главного судебно-медицинского эксперта Министерства обороны проводил экспертизу по делу, где подозреваемыми были военные. «Московский комсомолец» от 16.10.2004 сообщил, что на судебном процессе разразился скандал. Комиссия экспертов под председательством Колкутина установила, что в дипломате-ловушке было 50 г тротила, хотя до этого следствием было установлено, что в кейсе находилось не менее 200 г. «МК» пишет.

«Чтобы прийти к новому сенсационному выводу, минобороновским экспертам во главе с Колкутиным пришлось сильно потрудиться. Для этого они ставили эксперименты почему-то на... березовых брусках (они имитировали ноги человека) и даже перепутали схему расположения предметов в кабинете, где был взорван Дима. Холодов-старший, хороший физик, уличил их даже в том, что они использовали не те формулы для расчетов».

За «заслуги перед отечеством» Колкутин с должности главного судебно-медицинского эксперта Министерства обороны пересел в кресло главного судебно-медицинского эксперта Российской Федерации. В июле 2009 года он стал директором федерального государственного учреждения «Российский центр судебно-медицинской экспертизы Министерства здравоохранения и социального развития», главным внештатным специалистом по судебно-медицинской экспертизе Министерства здравоохранения и социального развития Российской Федерации.

Правда, ненадолго – до декабря 2010 года. Кроме активной хозяйственной деятельности, которая, если следовать Уголовному кодексу, должна быть заменена на лесоповал, ибо речь идет о банальном воровстве, Колкутин превратил государственное экспертное учреждение в акционерное общество абсолютно закрытого типа. Кроме судебно-медицинских экспертиз возглавляемый Колкутиным Центр начал проводить почерковедческие, технические, баллистические, дактилоскопические, автотехнические и другие экспертизы. Эти виды деятельности противоречат уставу Центра, но вопрос не только в формальной стороне дела. Представляю, какое количество невиновных осуждено, а виновных – оправдано благодаря заключению «специалистов». За период, когда Центром руководил Колкутин, было проведено 623 экспертизы, в том числе 200 платных. Что теперь делать с этими экспертизами? А что делать с приговорами судов, по которым осуждены люди?

Я – не прокурор и никаких обвинений Колкутину не предъявляю. Но читатель должен представлять облик человека, который, как я считаю, используя профессиональные знания и навыки, помогал властям России, помогал Путину лгать обществу об обстоятельствах гибели 118 моряков. Именно с дела «Курска» началась повальная ложь российской власти. Мы ей это разрешили.

Но вернемся к основному делу.

У меня было два пути: я мог обжаловать судебные решения по делу о гибели «Курска» в порядке надзора, вплоть до президиума Верховного суда, и мог обжаловать решения в Европейском суде по правам человека.

К сожалению, новый Уголовно-процессуальный кодекс, при всех своих плюсах, изменил порядок обжалования судебных решений в порядке надзора. Если раньше адвокат мог записаться на прием к члену Верховного суда или к кому-то из заместителей председателя, доложить суть жалобы, представить аргументы и доказательства, убедить в незаконности приговора или судебного решения, то сейчас все идет по переписке, ответы часто дают советники, специалисты и помощники. Ответы формальные, без рассмотрения конкретных доводов и аргументов. В 1995–1996 годах в порядке надзора по моим жалобам было отменено 47 приговоров и решений. С момента введения нового порядка обжалования в порядке надзора у меня не было отменено ни одного судебного решения. В такой ситуации смысла обжаловать судебные решения в порядке надзора я не видел.

Сначала нужно было получить согласие семей погибшего экипажа, и я полетел в Питер. Собрание должно было пройти в одной из школ, где завучем работала жена одного из офицеров «Курска». В дверях я столкнулся с Ириной Лячиной, которую инструктировал Артур Егиев. С Артуром мы поздоровались за руку, и, кивнув Лячиной, я прошел в класс. В классе кроме тех родственников, от которых я имел доверенность, были и те, интересы которых я не представлял.

Стоя у классной доски, я объяснил свою позицию, обрисовал перспективы дела и спросил мнение родственников.

Меня поддержали Митяевы, Колесниковы и другие «мои» родственники, возражала Лячина. Я заметил, что представляю интересы не всех родственников, а только тех, которые заключили со мной соглашение на представление их интересов. Поэтому я могу предпринять какие-либо действия, руководствуясь только их желаниями. Я признателен за мнение, высказанное всеми родственниками погибших.

Выступил и Артур Егиев. В нашем с ним очном споре родственники поддержали меня. Роман Дмитриевич Колесников подписал доверенность по форме, установленной Страсбургским судом.

24.01.2005 в «Новой газете» появилась очередная статья Елены Милашиной «Дело «Курска» – в Европейском суде», а уже на следующий день мне позвонил Роман Дмитриевич Колесников.

— Борис Аврамович, меня приглашают в военную прокуратуру. Что мне делать? – спросил он.

— Вы вправе не ходить, тем более что нет официального вызова. Но я думаю, что сходить стоит. Важно знать, что они затевают, – посоветовал я.

Как я узнал позднее, у Романа Дмитриевича пытались выяснить, подписывал ли он обращение в Европейский суд. Ему также предъявили текст моей жалобы в этот судебный орган. Саму жалобу к тому моменту он еще не успел от меня получить.

В печати были опубликованы две версии события. Со слов помощника прокурора Ленинградского военного округа Дмитрия Гаврилюка, беседу с Романом Колесниковым вел сам прокурор ЛенВО Игорь Лебедь:

«Роман Колесников был приглашен именно на беседу, а не вызван для допроса, как сообщали некоторые СМИ. [...] господин Колесников даже не знал о том, что от его имени была написана и подана жалоба в Европейский суд по правам человека, он отрицает свое участие как в написании жалобы, так и в ее подаче».

По словам помощника прокурора, Роман Дмитриевич Колесников не был признан потерпевшим по делу о катастрофе (потерпевшей была признана мать Дмитрия Колесникова), а значит, и подавать жалобы от своего имени не мог:

«Мы показали ему эту жалобу, он с ней ознакомился, а затем рассказал, что журналисты из «Новой газеты» сами позвонили ему, сообщили, что узнали о подаче жалобы и решили написать. Роман Колесников сказал им: пишите».

Уже 26 января прокуратура Ленинградского военного округа распространила заявление о том, что отец погибшего на атомной подлодке «Курск» офицера Дмитрия Колесникова Роман Колесников, чья подпись в числе других стоит под жалобой в Европейский суд по правам человека, не имеет отношения к этой жалобе. Как писал «Коммерсантъ», в прокуратуре таким образом пытаются представить жалобу незаконной.

Со слов Колесникова, он поддерживает действия адвоката Кузнецова, однако отмечает, что не имеет отношения к некоторым приписываемым ему «Новой газетой» высказываниям. Больше всего его возмутила следующая фраза:

«Общеизвестно, что основные «герои» дела о «Курске» не только не понесли заслуженного наказания, но фактически получили повышения, награды и особое расположение президента Российской Федерации».

Колесников заявил газете «Коммерсантъ»:

«Никаких высказываний против президента я не делал. Поэтому не надо на это дело наворачивать политические мотивы. В нем нужно объективно разобраться».

Газета цитирует Романа Дмитриевича:

«Я разговаривал с Борисом Кузнецовым и поддерживаю его действия. Мы готовы идти до конца, лишь бы наши аргументы были услышаны – хоть в Европейский суд. Если следствие по делу о гибели наших детей будет возобновлено, мы готовы отозвать нашу жалобу из Европейского суда».

Такое же заявление прессе сделал и я.

В те дни мне позвонил бывший работник Главной военной прокуратуры, с которым я сталкивался по многим делам:

– Боря, против тебя действует не только Савенков, но и Куроедов, а также Генеральная прокуратура и администрация президента, про суды я не говорю. Очень тебя прошу, остановись. Они тебя либо убьют, либо сгноят на Колыме.

— Знаешь, на Колыме не сгноят, там вечная мерзлота, даже трупы сохраняются годами, все-таки двадцать лет там прожил.

Жалоба была принята к рассмотрению Европейским судом по правам человека (см. приложение № 26), однако ее судьба оказалась плачевной. Об этом я расскажу чуть позже.

Активность Главной военной прокуратуры вылилась в ряд судебных процессов. Колкутин обратился в Басманный районный суд Москвы по иску к «Новой газете» и Елене Милашиной в связи с публикацией статьи «Дело "Курска" надо открывать заново» в номере от 11.08.2003. (Приложение № 19) Статья подвергала сомнению выводы эксперта о том, что моряки, находившиеся в 9-м отсеке затонувшей подлодки «Курск», прожили не более 8 часов.

Претензии эксперта вызвали три фразы, в одной из которых утверждалось, что «целью» составленной им экспертизы было *«вывести из-под ответственности офицеров [...], руководивших спасательной операцией»*. Как представитель газеты я представил доказательства грубых нарушений и подтасовки фактов экспертом, передав суду мнения целого ряда специалистов — российских и зарубежных — относительно необоснованности проведенной им экспертизы. В частности в суд было передано мнение специалистов Федерального центра судебно-медицинской экспертизы Минздрава России.

Басманный районный суд под председательством Станислава Вознесенского 06.11.2003 отклонил иск Колкутина, но этим дело не закончилось. Кассационная инстанция Московского городского суда по жалобе истца отменила решение и направила его в тот же суд для нового рассмотрения. При повторном рассмотрении судьей того же Басманного суда Софоновым иск Колкутина был удовлетворен. При новом рассмотрении суд саму экспертизу по существу не рассматривал, а ограничился тем фактом, что экспертизу под руководством Колкутина в качестве доказательства признало предварительное следствие. Сам Колкутин ни разу не удостоил суд личным присутствием не только при рассмотрении этого дела — в залах судебных заседаний он вообще не появился ни разу. Вместо очного спора была задействована тяжелая артиллерия.

Конечно, я не прослушивал телефоны председателя Московского городского суда Ольги Егоровой, через которую Кремль и другие представители исполнительной власти творили правосудие в Москве, и не располагаю доказательствами того, что она отдавала команды членам судебной коллегии по гражданским делам, а также судье Басманного суда Софонову, который вторично рассматривал иск Колкутина к «Новой газете» и Елене Милашиной, но опыт общения с Егоровой по другим делам не вызывает сомнения, что указание от нее было. Она же, полагаю, получила «рекомендации» от тогдашнего главного военного прокурора Александра Савенкова.

Лет десять назад я защищал судебного пристава, которого обвиняли в получении взятки. Доказательств ее вины не было, и судья районного суда вынес оправдательный приговор, который был отменен Мосгорсудом, а судья районного суда был уволен. Второй судья того же суда снова оправдал подсудимую и тоже был уволен.

В третий раз дело рассматривал судья по гражданским делам, у меня были с ним неплохие отношения. Я зашел в его кабинет, и он, немало смущаясь, сказал: *«Я получил прямое указание председателя Мосгорсуда Егоровой вынести обвинительный приговор. Если я оправдаю вашу подзащитную, меня выгонят, как и предыдущих судей. Но моя совесть не позволяет приговорить ее к реальному лишению свободы, я вынесу приговор с условным сроком».* Для моей подзащитной важно было прекратить судебную эпопею, и я не стал обжаловать условный приговор.

Станислав Вознесенский, отказавший в иске Колкутину, вскоре был изгнан из судейского сообщества, а судья Станислав Софонов, удовлетворивший его иск, пошел на повышение – стал судьей Московского городского суда. Это совпадения? Думаю, нет.

Последнее судебное дело слушалось в Санкт-Петербурге. 20 мая 2005 года в питерской газете «Ваш тайный советник» была опубликована статья «Кривда о восьми часах жизни», где в моем интервью была такая фраза: *«[...] и пригласили Виктора Колкутина, который просто прохиндей и жулик и никакой не эксперт. И он выдает абсолютно липовое заключение про гликоген».*

Моя позиция имела следующую конструкцию: слова «прохиндей и жулик» являются моей оценкой, моим мнением, суждением о личности Колкутина, которое сложилось на основании его деятельности при проведении экспертиз по уголовному делу о гибели «Курска», а также его участия в ряде других дел и публичных выступлений. Слова «никакой не эксперт» являются коннотацией, то есть эмоциональной, ассоциативной и стилистической оценкой деятельности Колкутина. Тот факт, что он по процессуальному положению в деле о гибели «Курска» является экспертом, не вызывает никаких сомнений, однако, по моей оценке, у него как у эксперта отсутствуют объективность, научность, полнота, а поэтому, с точки зрения моей оценки его деятельности, его нельзя назвать экспертом. Слова «и он выдает абсолютно липовое заключение про гликоген» являются моей позицией как адвоката и представителя потерпевших по отношению к одному из доказательств.

Позиция адвокатов Колкутина была такой же, как и по иску к «Новой газете»: экспертиза Колкутина была принята следствием как доказательство, поэтому оспариванию не подлежит. В последних заседаниях Куйбышевского районного суда Санкт-Петербурга я не участвовал, так как уже находился за пределами путинской России.

Но вернемся к печальной судьбе моей жалобы в Европейский суд по правам человека.

В 10-летнюю годовщину гибели «Курска» из СМИ я узнал, что единственный из числа родственников погибших моряков человек, подписавший жалобу в Европейский суд, отозвал ее. Объяснения причин такого поступка прозвучали из уст Романа Колесникова невнятно. Цитирую публикации.

«Известия» *(11.08.2010):* В свое время уголовное дело по поводу гибели «Курска» было закрыто, и в 2005 году вы подавали жалобу в Страсбургский суд на действия наших органов, требуя продолжить следствие. Какова судьба этой жалобы?

Колесников: Подавали жалобу от родственников погибших всего 30 человек, меня они попросили быть их официальным представителем. Но потом наш адвокат Борис Кузнецов оказался в Америке, попросил там политического убежища, а я сам, не имея ни юридического образования, ни здоровья, ни финансовых и других возможностей, отказался от этого дела. Сегодня дело закрыто.

«Новая газета» *(11.08.2010):*

Елена Милашина. «Курск»: Правосудия не будет

Только на днях мне стало известно, что Роман Дмитриевич Колесников еще в мае прошлого года отказался от своей жалобы. Отказался в тот момент, когда ему позвонили из Страсбурга и сказали, что жалоба принята к рассмотрению. Было очень обидно, что так произошло. Почему он это сделал? Колесников-старший не сразу согласился дать интервью и объяснить свои причины. Но все-таки согласился.

– *Роман Дмитриевич, почему вы один подали жалобу в Страсбург?*

– Я был выбран представителем, потому что сам служил на флоте и разбирался в технических вопросах дела.

– *Другие пострадавшие хотели присоединиться к жалобе?*

– Да! Борис Аврамович (Кузнецов. – **Б.К.**) нам тогда сказал, что это – единственный путь возобновить расследование уголовного дела, которое на тот момент было уже прекращено. Но были и такие, кто не хотел... Например, вдова командира «Курска». (Ирина Лячина, вдова командира АПРК «Курск», капитана I ранга, Героя России Геннадия Лячина. – **Е.М.**) Она говорила в том духе, что пора нам всем успокоиться. Но подавляющее большинство хотело что-то делать дальше.

– *Почему же к вашей жалобе никто не присоединился?*

– В этом на тот момент не было необходимости.

– *После подачи заявления в Страсбург вас вызвали в военную прокуратуру. Зачем?*

– Выясняли, чего я хочу. Объясняли, что если – компенсации, то без всякого Страсбурга могут это сделать. Я объяснил, что хочу суда. Тогда встал вопрос о прокуратуре. Я к ним претензий не имел. Понятно было, что не майор Егиев (Артур Егиев – полковник юстиции, руководитель следственной группы. – **Б.К.**) принимал решение закрыть уголовное дело по «Курску» в тот момент, когда весь мир следил за ходом следствия и ждал результатов.

– *Родственники погибшего экипажа «Курска» довольно часто общались с командованием ВМФ – с командующим Северным флотом Поповым, начальником штаба Моцаком и т.д. Вы когда-нибудь поднимали в этих разговорах тему: сколько времени прожили 23 подводника в 9-м отсеке?*

— Нет. Зачем? Дать четкий ответ на этот вопрос мог только суд, и я к этому стремился. А так... Ну, сидели мы на поминках рядом с Поповым. Мне что, его за грудки хватать что ли? Его моральные качества – это его проблема. Да, Попов владел всей информацией. Врал ли он президенту или главкому, почему он уехал тогда (речь идет о том эпизоде, когда группа кораблей, несмотря на зафиксированный подводный взрыв, ушла из района гибели «Курска», а командующий флотом улетел в штаб и сообщил журналистам, что учения прошли успешно. – **Б.К.**), почему три раза шапку снимал, это его личное дело.

— *Три раза шапку снимал?*

— Ну, этот знаменитый его жест, когда он у нас прощения просит и пилотку на землю бросает. По телевидению показывали. Оказывается, он три раза репетировал.

— *На вас оказывали давление, чтобы вы забрали жалобу из Европейского суда?*

— Нет.

— *Когда вам пришло уведомление из Страсбургского суда о том, что дело принято к рассмотрению?*

— Весной 2009 года. Я думал, что Кузнецову тоже эти документы послали. Но потом мне позвонили из Страсбурга и сказали, что нашего адвоката найти не могут и я должен прилететь и сам все делать. Я сказал, что не юрист, без Кузнецова не могу, у меня нет достаточных средств, я за границей ни разу не был.

— *А попросить помощи у кого-то? Например, у Клуба подводников, который вас всегда поддерживал?*

— Я никого в известность не ставил. Кому я должен говорить, мол, с Кузнецовым это дело сорвалось, давайте что-то придумаем другое... Ни здоровья, ни финансов у меня нет. Ну, вы же видите обстановку? Что я, пойду увещевать «Рубин» (ЦКБ «Рубин» – проектировщик АПРК «Курск». – **Б.К.**), командование флота, которое давно снято?

— *Как я поняла, из Страсбургского суда вам звонили дважды?*

— Да. Первый звонок был предварительный, когда я сказал, чтобы закрывали дело. Второй звонок был окончательный. Меня спросили: «Мы вас правильно поняли?» Да. Сказали, что дело закрыто, и спросили, нужны ли мне какие-то подтверждающие бумаги. Я сказал, что мне ничего не нужно.

— *По телефону вы мне сказали, что десять лет пытаетесь забыть то, что случилось. Почему?*

— Потому что с этим враньем, с коррупцией, с воровством у нас никто не борется, хотя президент и премьер-министр делают очень красивые заявления. А я вот сейчас пойду и буду с этим бороться. Чтобы на меня пальцем показывали, мол, нашелся Дон Кихот? Конечно, все понимают, что это было вранье, что не спасали, что на флоте все давно было продано и разбазарено... И это все расписано в уголовном деле. И при этом принимается решение: дело закрыть. Причина – безысходность нашей системы.

С другой стороны, Путин мог бы сделать так, чтобы состоялся суд и был бы объективный разбор. Тот факт, что ему врали, когда докладывали, что там всех спасают, и он все это дело выслушивал и верил, и в Сочи оставался... Ему так докладывали. Но к развалу флота отношения не имел! И он мог бы в начале своей президентской карьеры разобраться в деле «Курска». Но он принял другое решение. У него, видимо, были совсем другие планы относительно будущего России и своего личного будущего.

Радио «Свобода» (12.08.2010):
Владимир Кара-Мурза: Загадки гибели атомохода «Курск» спустя 10 лет после трагедии обсуждаем с автором сценария документального фильма «Правда о «Курске» Иваном Егоровым и с адвокатом семей погибших подводников Борисом Кузнецовым. (Я участвовал в передаче по телефону из своей квартиры в Северном Нью-Джерси. – **Б.К.**)

Роман Колесников, отец капитан-лейтенанта Дмитрия Колесникова, погибшего на подводной лодке «Курск» и автора предсмертной записки, лишился возможности искать правду.

Колесников: Наш адвокат просто попросил убежища в Соединенных Штатах, получил его там, а без него мы ничего делать не можем, родственники. Он представлял наши интересы, у него были данные экспертизы и так далее. Мы юридически не подкованы настолько, чтобы выступать в суде, поэтому мы это дело просто закрыли на сегодняшний момент.

Тут дело все в причине гибели, а причина гибели, ясно, что это развал государства и последствия этого развала. Структур Вооруженных сил, и в частности Военно-морского флота, недофинансирование. Я думаю, что Путин правильно сделал, он не виноват, он не отвечает за действия Горбачева и Ельцина. Второе – это то, что два месяца он там был, хоть Верховный главнокомандующий, мы прекрасно понимаем, что надо служить на флоте, чтобы все тонкости понимать. Ему как докладывали, исходя из этого, он так и действовал. Осуждать его поведение я не берусь. Что касается в последующем, он во всем разобрался, все обещания выполнены, моряки подняты, лодка поднята, все выплаты, которые положены, были сделаны. То есть государство здесь обвинять не в чем, все было по закону.

В адвокатуре есть принцип: о клиентах либо – хорошо, либо – ничего. Но как быть в случае, если у меня были договоры с 55 членами семей погибших подводников, если большинство из них решили направить жалобу в Европейский суд по правам человека, а решение отозвать жалобу из Страсбурга принял один человек – Роман Колесников, не поставив в известность других родственников? Ссылку на финансовые возможности истца принимать во внимание не следует: Европейский суд не требует денежных затрат.

Привожу выдержку из договора адвокатского бюро «Борис Кузнецов и партнеры» с Колесниковыми от 15.03.2002:

«1. Настоящий договор является безвозмездным.

[...]

4. Оплата труда привлеченных адвокатов, экспертов и специалистов, а также иные затраты, не связанные с

осуществлением адвокатской деятельности, производятся за счет средств Поверенного или за счет привлеченных им средств».

Договор с родственниками у меня бессрочный, для участия в заседании Европейского суда доверенности не требуется.

В июле 2007 года я действительно покинул Россию. Общение с родственниками ограничил, поддерживал связь только с некоторыми из них. Причина вполне понятна: не доставлять им неприятности из-за контактов с «государственным преступником». Связаться со мной можно без труда: в Интернете есть мой e-mail, номера домашнего и мобильного телефонов и даже адрес.

Замечу также, что сотрудники Европейского суда не ведут переговоров с заявителями по телефону, только по переписке. Поэтому у меня есть серьезные сомнения в правдивости Романа Дмитриевича Колесникова. Тональность его высказываний – «страсти улеглись, желание судиться перегорело, и в результате иск был отозван» – свидетельствует о желании оправдать действия Путина, который не принял срочных мер, не привлек иностранных специалистов и продолжал отдыхать, пока сын Колесникова не только боролся за свое спасение и спасение своих товарищей, но и своими стуками помог надводным кораблям найти лежащий на дне «Курск».

> На коленях должен стоять Путин перед вдовами, матерями, детьми и родными, перед всем Военно-морским флотом. Не дождутся этого ни семьи, ни народ России.

«Уголовное дело по «Курску» прекратить, адмиралов уволить с трудоустройством в органы государственной власти, адвоката Кузнецова за разглашение государственной тайны отправить в «Лефортово», заявление Колесникова из Европейского суда отозвать». Не знаю, говорил ли эти слова Путин, но именно так все и произошло. Вот только с «Лефортово» вышла накладочка.

Владимир Путин виноват перед семьями погибших подводников.

Глава 20.
Перекрестный допрос

В этой главе я хочу использовать необычную для публицистики форму: перекрестный допрос. При прямом допросе свидетель рассказывает об обстоятельствах, которые ему стали известны вследствие восприятия событий органами чувств: слышал, видел, чувствовал на вкус и на запах. Перекрестный допрос – это допрос свидетеля после прямого допроса обвинением и защитой для проверки правильности и достоверности его показаний. Во-первых, чтобы заронить у суда сомнения в правдивости показаний, во-вторых, получить новые благоприятные сведения.

Мои свидетели – военные моряки и специалисты, которые высказывались в прессе по тем или иным обстоятельствам, связанным с трагедией 12 августа 2000 года. Моя задача – задать вопросы, ответы на которые должны зародить у читателя сомнения в достоверности тех сведений, которые высказывает специалист.

Вправе ли адвокат, не являющийся специалистом в области подводного флота, допрашивать специалистов? Да. Ни судьи, ни прокуроры, ни адвокаты не являются специалистами в самых разных областях знаний – от психологии и психиатрии до науки и техники. На предварительном следствии, в судебных заседаниях по делам они получают необходимые познания от специалистов и экспертов.

Понимание экспертиз, умение разбить доводы эксперта – высший адвокатской пилотаж. В десятках судебных процессов, которые закончились оправдательными приговорами или благополучными для моих доверителей решениями по гражданским делам, мне приходилось убеждать суды, что эксперты в областях строительства, бухгалтерии, судебной медицины, психиатрии, психологии, авиации, морского дела, биологии, климатологии и других совершали ошибки или умышленно давали ложные заключения.

Ответы свидетелей на мои вопросы, естественно, носят вероятностный характер. В наши виртуальные перекрестные допросы я буду включать доводы экспертов, в первую очередь – вице-адмирала Валерия Рязанцева. Его экспертные выводы и суждения я не раз приводил на страницах этой книги. Представляю его вам.

Валерий Дмитриевич Рязанцев.

Родился в 1947 году. Окончил Высшее военно-морское училище подводного плавания имени Ленинского комсомола, Офицерские классы, Военно-морскую академию, курсы Академии Генерального штаба.

Командир ракетной группы АПЛ, командир ракетной боевой части АПЛ, помощник командира АПЛ, старший помощник командира АПЛ, командир АПЛ, начальник штаба дивизии АПЛ, командир дивизии АПЛ, первый заместитель командующего флотилией АПЛ, заместитель командующего флотом по боевой подготовке – начальник управления боевой подготовки флота, заместитель начальника Главного управления боевой подготовки ВС РФ по Военно-морскому флоту.

Итак, перехожу к допросам условных свидетелей.

Свидетель: Александр Лесков

Бывший подводник, капитан I ранга в отставке, бывший командир подводной лодки «К-147»[70], представитель Общества ветеранов 3-й дивизии атомных подводных лодок Северного флота России.

Предоставим свидетелю Лескову возможность изложить свою позицию.

Источник: Ирина Смирнова, Александр Бушев. «Капитан Александр Лесков: Подлодку «Курск» расстреляли ракетами «земля-земля». («Свободная пресса». 11.08.2009. Опубликовано также в газете El Mundo, Испания)

Александр Лесков: *Официальная версия утверждает, что «Курск» во время взрыва находился под водой. Этого не могло быть, потому что при длине подлодки в 153 метра она не может погружаться там, где глубина моря не превышает 115 метров – а именно такова была глубина в месте затопления «Курска», которое, кстати, является полигоном надводных кораблей, а не подводных лодок. Такая глубина для огромной лодки – как лужа для щуки. Чтобы погрузиться, подводная лодка должна иметь под килем минимум три ее длины, то есть в данном случае – не менее полукилометра. И это знает любой командир АПЛ. При глубинах в 100 метров никто не разрешил бы погружение.*

Во-вторых, официальная версия гласит, что лодка врезалась в дно и произошел второй взрыв. Это тоже не похоже на правду – от удара подлодки об дно никогда в истории подводного флота торпеды не взрывались.

Еще одно доказательство того, что субмарина во время взрыва находилась в надводном положении, – ее фотографии, полученные, когда она уже лежала на дне. Лодка была с поднятыми выдвижными устройствами.

Корреспонденты: Что это означает?

Лесков: Все выдвижные устройства лодки поднимаются только при надводном положении.

Корреспонденты: Хорошо, пусть при взрыве «Курск» был в надводном положении. Что это меняет в данном случае?

Лесков: Во-первых, одна маленькая ложь порождает большое недоверие. Во-вторых, взрыв под водой фигурирует как основная версия. Но взрыва под водой не было. Если бы он произошел под водой, была бы совершенно иная картина повреждений: корпус бы разворотило изнутри, а на самом деле вся обшивка была загнута внутрь. Но повторяю, торпеда сама по себе взорваться не может. Кроме того, торпеды не детонируют, потому что на каждой стоят четыре уровня защиты.

Если бы торпеда рванула сама по себе, это, извините, как укус комара в задницу слона – ерунда для такой подводной лодки. От одной торпеды не могли взорваться и все остальные. Даже при пожаре торпеды все вместе взорваться не могут. Я своими глазами видел на фотографиях, как лодка лежит на боку, а торпеды валяются на дне возле нее. И еще. Если бы, как говорит следствие, разом взорвался весь торпедный отсек, вода бы тут же хлынула в корпус и пожара бы не возникло. Но найденные трупы подводников сильно обгоревшие.

Корреспонденты: А как бывает?

Лесков: Так бывает при очень мощном внешнем воздействии. Иными словами, если в лодку попадают ракеты. Думаю, «Курск» погубили именно ракеты, когда он двигался по поверхности моря в район учений. Наши ракеты.

Корреспонденты: Ракеты?

Лесков: Да, ракеты. Думаю, было одно за другим два смертельных попадания. Но, как видим, даже при таком попадании кормовые отсеки остались целы, а люди – живы. И это отдельная история. Сначала сообщили, что слышали стуки изнутри подлодки – это правда, моряки оставались в отсеках. Моцак тогда сообщил: мы установили связь с ними, перестукиваемся. А потом отказался от своих слов. И это самое постыдное. А ведь они действительно перестукивались. Но прошли сутки, и все погибли. Я уверен: если бы этих ребят спасли, они бы рассказали, как их угрохали своими же ракетами.

Корреспонденты: Их могли бы спасти?

Лесков: Официально утверждалось, что подводный колокол на корпусе затонувшей подлодки установить не могут. Господи! Да наши водолазы за пять минут этот колокол устанавливают, это проще пареной репы. Потом стали говорить, что в стране глубоководных аппаратов не было... Ничего подобного, все есть, и были там наши подводники, и все сфотографировали с глубоководных аппаратов. Один из них вдруг стал после этого Героем России.

Корреспонденты: Как долго подводники ждали помощи?

Лесков: Я думаю, двое суток жили. Больше вряд ли протянули. И водолазы могли попытаться их спасти, если бы получили приказ. Но, увы, не получили. Иначе остались бы свидетели того, что произошло на самом деле, и тайное стало бы явным. Остаются и еще вопросы. Например, зачем нужно было почти год на том месте, где затонул «Курск», держать надводный корабль, который глубинными бомбами не подпускал никого к лодке? Зачем нужно было тратить огромные суммы, чтобы отрезать первый отсек? Вообще первый отсек — самый главный свидетель. Он мог все рассказать о том, что произошло, но его не только отсекли на глубине, его еще там взорвали, уничтожив в пыль все, что могло пролить свет на причины аварии. А ведь операция по отрезанию стоила столько же, сколько сама подводная лодка. Миллиарды были потрачены. Я знаю, что были подняты две записки, одну из которых написал капитан Колесников. Но их содержания мы так и не узнали.

Корреспонденты: Говорили еще о столкновении с американской субмариной.

Лесков: Правду скрывали очень неуклюже. И подкидывали несуразные версии. Одна из них — столкновение с американской подводной лодкой. Да мы много раз сталкивались под водой — и при всплытии, и носами, ну и что?

Вмятины получали, ничего особенного. Одна лодка во время плавания дважды столкнулась с американцами, потом хохотали все над ней. Никогда столкновение под водой не принесет таких фатальных разрушений, какие были у «Курска». Считаю, нужно было сразу признаться в том, что мы своими собственными руками утопили «Курск». Но главная функция штаба ВМФ — скрывать правду. Они прикрываются жупелом секретности во всех авариях, которые были на флоте, — ни об одной из них не сказано правды.

Корреспонденты: Вы считаете, что ракета, которая попала в «Курск», могла быть пущена в рамках учений?

Лесков: Думаю, да. Это береговая ракета, вероятно, класса «земля-земля». Ее могли пустить откуда угодно: из Подмосковья, из Плесецка...

А теперь перейдем к перекрестному допросу.

Борис Кузнецов (БК): Вы знакомы с материалами уголовного дела, с документами, которые касаются проводимых учений?

Александр Лесков (АЛ): Нет, я не входил в состав комиссий (ни правительственной, ни ведомственной (ВМФ РФ), не привлекался в качестве эксперта.

БК: Известны ли вам задачи, которые ставились перед кораблями — участниками учений? В частности задача по преодолению ракетными подводными крейсерами стратегического назначения противодействия противолодочных сил противника в районах боевых действий?

АЛ: С планом учения я незнаком, но предполагаю, что такая задача могла стоять.

БК: Как вы полагаете, в каком положении (надводном или подводном) должен находиться подводный крейсер перед торпедной атакой АМГ в условиях, когда перед надводными кораблями поставлена задача преодоления противолодочной обороны?

АЛ: В подводном.

БК: А вам известно, что в вахтенном журнале «Курска» указано, что непосредственно перед трагедией корабль находился на перископной глубине?

АЛ: Мне об этом ничего не известно.

Валерий Рязанцев (ВР): *Бортовые документы АПЛ, которые были подняты со дна Баренцева моря, подтверждают, что в момент аварии «Курск» был в подводном положении.*

БК: Перископ подводной лодки относится к выдвижным устройствам?

АЛ: Да, относится.

БК: Выдвигается ли перископ, если подводная лодка находится в надводном положении?

АЛ: При плохой погоде или при необходимости увеличения дальности обзора.

БК: Чем объяснить ваше утверждение, что выдвинутые выдвижные устройства подтверждают нахождение «Курска» в надводном положении?

АЛ: Молчание.

БК: Можете ли вы сослаться на приказ или инструкцию, которая запрещает ракетной атомной подводной лодке ходить в подводном положении на глубинах 100 метров и менее?

АЛ: Я не могу сослаться на конкретный приказ или инструкцию.

ВР: *Я знаю инструкцию по управлению атомной подводной лодкой, согласно которой, глубина под килем АПЛ определяется ее скоростью в подводном положении, а не длиной, а также безопасной глубиной погружения от таранного удара надводных кораблей. Эта же инструкция разрешает погружение АПЛ после дифферентовки в районах, где глубины больше 100 метров. АПЛ любой длины погружаются в районах для дифферентовки, где глубины меньше 100 метров, и никогда не «врезаются» (ваше выражение) в грунт. Это элементарные меры безопасности. Кто вас, г-н Лесков, допустил командовать подлодкой, если вы не знаете инструкции по управлению АПЛ? Ведь командир-неуч не только в боевых условиях не выполнит боевую задачу, но и в мирное время поставит под угрозу жизнь экипажа АПЛ, жизнь других людей на море и на суше*[71].

БК: Вы знаете, что средние глубины Чукотского моря составляют 88 метров?

АЛ: Точно не помню.

БК: Как соотносится факт прохождения АПЛ Чукотского моря в подводном положении, где средняя глубина 88 метров, с вашим утверждением «При глубинах в 100 метров никто не разрешил бы погружения»?

АЛ: Молчание.

БК: Вам известны случаи прохождения АПЛ Чукотского моря в подводном положении?

АЛ: Как правило, подводные лодки проходят Чукотское море в надводном положении.

БК: А если проход подводной лодкой Чукотского моря осуществляется в боевой обстановке?

Из постановления о прекращении уголовного дела от 22.07.2002: *«[...] Полигоны, на которых было запланировано проведение учений, являлись штатными и отвечали мерам безопасности. Подводные лодки проекта 949А ранее неоднократно принимали участие в учениях на этих полигонах, в том числе в районе боевых действий № 1 (РБД-1), где в последующем погиб АПРК «Курск». Выбор района действия для АПРК «Курск» осуществлялся в строгом соответствии с «Правилами использования полигонов» (ПИП-91) и «Инструкцией по управлению атомной подводной лодкой». Каких-либо нарушений при выборе района действий АПРК «Курск» допущено не было».*

БК: Вы утверждаете, что «если бы взрыв произошёл под водой, была бы совершенно иная картина повреждений: корпус бы разворотило изнутри, а на самом деле вся обшивка была загнута внутрь». Вы сами осматривали корпус «Курска»? Знакомились ли с протоколами осмотра? Какие именно части корпуса оказались вогнутыми внутрь?

АЛ: Корпус «Курска» я не осматривал, с протоколами осмотра не знакомился. Какие конкретно части обшивки были загнуты внутрь, сказать не могу.

БК: Почему вы публично ссылаетесь на обстоятельства, которые вам достоверно не известны?

АЛ: Молчание.

БК: Вы утверждаете, что «взрыв под водой фигурирует как основная версия. Но взрыва под водой не было». Чем объяснить зафиксированные норвежскими сейсмическими станциями два взрыва? Второй сопоставим с сейсмическим событием магнитудой 4,2, а первый примерно в 100 раз меньше.

АЛ: Молчание.

БК: Вы утверждаете, что «торпеда сама по себе взорваться не может. Кроме того, торпеды не детонируют, потому что на каждой стоят четыре уровня защиты». Следовательно, если рядом с торпедой на полигоне положить полкило тротила и рвануть, торпеда не сдетонирует? А вы когда-нибудь видели, как уничтожают боеприпасы, например, мины и снаряды Второй мировой войны? Являетесь ли вы специалистом в области физики взрыва?

АЛ: Молчание.

БК: Вы утверждаете, что «от одной торпеды не могли взорваться и все остальные. Даже при пожаре торпеды все вместе взорваться не могут». А вам известно, каково количество взрывчатки в боевой части современной торпеды?

АЛ: 450/557 кг.

ВР: Любой не снаряженный детонатором боезаряд может сдетонировать при взрыве рядом с ним другого взрывного устройства, которое станет для боезаряда детонатором[72].

БК: Вы говорите, что «найденные трупы подводников сильно обгоревшие», но в то же время в ваших словах содержится утверждение, что пожара не было.

АЛ: Молчание.

ВР: Вы что, взрывотехник и знаете взрывные характеристики взрыв-

чатых веществ торпед? Вы что, специалист по взрывам в замкнутых пространствах и знаете, как должны выглядеть края пробоин в корпусе при том или ином характере взрыва? О каких четырех уровнях защиты на торпедах вы говорите? Что вы знаете об обнаружении обгоревших трупов подводников? Ответов на эти вопросы я не получу, потому что вы ничего не знаете о том, о чем пытаетесь рассуждать. Это плод вашей фантазии, ваш вымысел.

БК: Вы говорите: «Я своими глазами видел на фотографиях, как лодка лежит на боку, а торпеды валяются на дне возле нее». Вы посчитали количество торпед, которые валялись на дне?

АЛ: *Нет, я их не считал.*

БК: Соответствует факт нахождения невзорвавшихся торпед версии следствия о том, что сдетонировала только часть торпед, а остальные представляли опасность, вместе с отрезанным первым отсеком остались на дне после подъема «Курска» и были уничтожены глубинными бомбами?

АЛ: *Вероятно, соответствует.*

БК: По вашей версии, «Курск» был уничтожен двумя российскими ракетами: «Да ракеты. Думаю, было одно за другим два смертельных попадания». Действительно, было зафиксировано два взрыва с интервалом 2 минуты 15 секунд, но первый взрыв был примерно в 100 раз слабее второго. Чем вы это объясните?

АЛ: *Молчание.*

БК: Как вы полагаете, ракетное нападение имело умышленный или неосторожный характер? Если имел место умысел, означает ли это наличие антигосударственного заговора? А если имел место случай, какова возможность случайности события с точки зрения теории вероятности?

АЛ: *Молчание.*

Я останавливаю допрос свидетеля Лескова и обращаюсь к читателям: господа, у вас есть еще вопросы по этой версии? Полагаю, что нет.

Так рождаются легенды и мифы. Причина их возникновения — вопиющая некомпетентность. Я не удивляюсь тому, что на интернет-форумах о событиях 12 августа 2000 года рассуждают люди, далекие от флота, если командиры лодок, пусть и бывшие, в звании капитана I ранга, несут несусветную чушь.

Свидетель: Валерий Алексин

Бывший подводник, контр-адмирал, служил флагманским штурманом дивизии, а затем – флотилии атомных подводных лодок на Камчатке; главный штурман ВМФ. После выхода в запас работал обозревателем газеты «Независимое военное обозрение». Умер в 2001 году.

Уважаемый моряками Валерий Иванович Алексин ушел из жизни до окончания расследования дела «Курска». Он не был экспертом в этом расследовании, не знакомился с материалами уголовного дела, а пользовался информацией СМИ и, вероятно, мнением моряков-подводников, друзей и сослуживцев. Я бы не стал тревожить его прах, если бы до сих пор сторонники версии столкновения «Курска» с иностранной атомной подводной лодкой не использовали его имя и доводы.

Поэтому я не стану подвергать Валерия Ивановича перекрестному допросу, а просто дам ему слово и потом опровергну его доводы.

Источник: Валерий Алексин. «Вероятнее всего, «Курск» протаранила иностранная субмарина». («Независимая газета». 13.09.2000)

«[Учения привлекли] повышенное внимание руководства НАТО и морских ведомств США, Великобритании и Норвегии, которые направили в район учений, объявленный установленным в международной практике образом, дополнительные силы разведки. В их число входили АПЛ «USS Memphis» и «USS Toledo» ВМС США, а также АПЛ «HMS Splendid» ВМС Великобритании, для которых Баренцево море давно стало основным районом деятельности.

За надводными силами СФ, участвующими в учении, следили надводные разведывательные корабли США и Норвегии, а за нашими подводными лодками следили названные три АПЛ как самые эффективные из всех противолодочных сил и средств. [...]

На 12 августа было запланировано проведение торпедных атак подводных лодок по отряду боевых кораблей (ОБК) «противника», обозначаемых тяжелым атомным ракетным крейсером (ТАРКР) «Петр Великий» (главная цель) с кораблями охранения. Генеральный курс ОБК проходил на юго-восток, вдоль него и были расположены учебные районы боевых действий атакующих подводных лодок, в одном из которых размером 15 на 20 миль находился и «Курск».

Что произошло с «Курском»?

Заняв назначенный ему район и произведя донесение об этом и о готовности к выполнению торпедных стрельб, командир [«Курска»] произвел доразведку района, дойдя до его южной кромки. Затем лодка развернулась на обратный курс в направлении на северо-запад и всплыла на перископную глубину 19 метров для ведения радио- и радиотехнической разведки надводных сил «противника». При этом кроме перископа у нее были подняты выдвижные устройства для ведения такой разведки, антенны связи, радиолокационная станция для обеспечения безопасности плавания в скрытных режимах работы и, возможно, шахта ПВП (пополнения воздуха высокого давления под водой), так как лодка третьи сутки находилась в море и совершила к этому времени мно-

жество всплытий и погружений. Для улучшения управляемости на перископной глубине при волнении моря 3 балла в уравнительную цистерну был принят дополнительный балласт и назначена скорость около 8 узлов. В полдень 12 августа ОБК «противника» маневрировал примерно в 30 милях (55 км) к северо-западу от района, где находился «Курск».

С этого же направления к нашей лодке стремилась встречным курсом следившая за ней двое суток иностранная АПЛ (ИАПЛ), потерявшая из-за указанных маневров гидроакустический контакт с ней и торопившаяся восстановить его. Прошло десять, двадцать минут, а «Курск» все не обнаруживался. И тогда командир ИАПЛ решил всплыть для уяснения обстановки на перископную глубину (ведь «Курск», по его предположениям, мог находиться и в надводном положении). Глубину, опасную для таранного удара (от 50 м до перископной), подводники всего мира проходят быстро, на скорости около 12 узлов. На подходе к перископной глубине (для них 14–15 метров) ИАПЛ неожиданно для себя ударила нижним подзором носовой части с острого курсового угла в верхнюю область правого борта носовой части «Курска», где находился торпедный аппарат (ТА), заряженный боевой торпедой УСЭТ-80.

Из шести ТА нашей лодки только в двух находились практические торпеды, остальные четыре аппарата были снаряжены боевыми торпедами: две УСЭТ-80 и две 65-76, ведь «Курск» – это корабль постоянной боевой готовности. Кроме того, еще 18 боевых торпед штатного боекомплекта находились на стеллажах первого отсека.

Столкновение подводных лодок – это не столкновение двух автомобилей, остающихся в изуродованном виде на месте. Оба подводных объекта: один – массой почти 24 000 тонн («Курск»), другой – 6900 тонн (АПЛ типа «Los Angeles») или 4500 тонн – «HMS Splendid», продолжают двигаться с прежней скоростью (в данном случае относительная скорость встречного движения 5,5 м/сек), разрушая и разрывая все на своем пути, в том числе и свои корпуса. И поскольку АПЛ ВМС США и Великобритании по технологической традиции строятся однокорпусными с толщиной корпуса 35–45 мм, а наши – двухкорпусными, где толщина наружного легкого корпуса всего 5 мм, то при прочих равных условиях большие повреждения получают именно наши лодки. Уже через секунду после первого соприкосновения ТА правого борта с боевой УСЭТ-80 был смят на половину своей длины. Это вызвало детонацию и взрыв боеголовки торпеды, где основная энергия пошла по пути наименьшего сопротивления – в сторону задней крышки ТА, которая взрывом была вырвана, и через дыру более полуметра в диаметре в отсек хлынул поток воды, заполняя его и вызвав короткие замыкания электрических сетей. Стал быстро нарастать дифферент на нос. Возможно, командир «Курска» для его отвода успел дать команду увеличить ход и переложить носовые рули на всплытие. Но исполнить все это времени уже не было. От коротких замыканий электросетей сработала аварийная защита обоих реакторов, лодка лишилась хода,

*управления и с нарастающим дифферентом все быстрее погружалась, пока примерно через минуту не ударилась носовой частью о дно моря.
Далее, мгновенно пройдя полуторометровый слой ила, огромная АПЛ по инерции пробороздила носовой частью скальную основу дна Баренцева моря, пока не смяла передние крышки других торпедных аппаратов, где находились боевые торпеды с тротиловым эквивалентом их боеголовок около 2 тонн, которые и взорвались, приведя к катастрофе корабля. Возможно, при этом сдетонировали и стеллажные торпеды, на что указывает огромная пробоина в прочном корпусе «Курска» (рассчитанном на давление 60 атмосфер) площадью 6 квадратных метров над 1-м отсеком. По записям сейсмических станций, это произошло через две с половиной минуты после первого взрыва. Одновременно были проломлены межотсечные переборки во 2-й, 3-й и 4-й, а возможно, и в 5-й отсеки, так как они рассчитаны на давление всего 10 атмосфер. В эти две с половиной минуты погибли до 78–90 членов экипажа.
От сильнейшего удара о грунт при дифференте около 30 градусов в кормовых отсеках сорвало с фундаментов основные механизмы главной энергетической установки «Курска»: турбины, турбогенераторы, обратимые преобразователи и т.п., а с ними – и гребные валы, которые разгерметизировали дейдвудные сальники и межотсечные подшипники и уплотнения. Через эти неплотности на глубине 108 метров хлынула вода, которая вызвала короткие замыкания и возгорания в кормовых отсеках, что подтвердили норвежские водолазы, заглянув в 9-й отсек. Таким образом, в течение короткого времени погиб и личный состав кормовых отсеков.
Куда же делась обидчица «Курска»? К моменту катастрофического взрыва в 1-м отсеке нашей лодки, то есть через две с половиной минуты после первого соприкосновения, она, распоров правый борт «Курска», также лежала на грунте примерно в 700 метрах по корме от нашей субмарины. Повреждения, которые она получила, определялись первым взрывом УСЭТ-80 и механическими повреждениями ее корпуса и забортной арматуры, полученными при контактном движении обеих лодок относительно друг друга в первые 15-20 секунд. Видимо, она получила пробоину в обтекателе гидроакустического комплекса (ГАК), повреждения носовых антенн ГАК (режимов шумопеленгования и измерения дистанции), пробоины внутренних носовых цистерн главного балласта, носовых (рубочных, если АПЛ ВМС США) и правого кормового горизонтальных рулей и стабилизаторов. Возможно даже, что был затоплен ее 1-й отсек и в нем погибли люди. Но основные жизненно важные механизмы ее остались исправными или получили незначительные повреждения.
Создав противодавление в 1-м отсеке около 11 атмосфер, починив за сутки механизмы, необходимые для обеспечения движения и управления подводной лодкой на глубине, аварийно запустив ядерный реактор от аккумуляторной батареи (она для этого и стоит на АПЛ), иностранная подлодка смогла под-*

всплыть до глубины 40–50 метров, дать малый ход и так, ковыляя, унести ноги с места происшествия.

В это время, 13 августа, вне расписания и прилетали в район аварии два противолодочных самолета «Орион» берегового базирования. Видимо, они обеспечивали прикрытие начала движения лодки в ближайшую ВМБ НАТО. Или, если бы она не смогла двигаться, немедленно донесли бы об этом своему командованию».

Дальше Валерий Алексин рассуждает о реакции политиков: «тайный» визит директора ЦРУ, переговоры Клинтона и Путина, «российские долги» и «американские кредиты»... Эти вопросы мы рассмотрим позже.

Мой комментарий:

Тот факт, что американские подводные лодки выполняли функции разведки, у меня никакого сомнения не вызывает. Вопрос только один: с какого расстояния осуществлялось это наблюдение. Как правильно заметил Алексин, район боевых действий, «объявленный установленным в международной практике образом», закрыт для иностранных кораблей и российских и иностранных судов. Появление американских боевых кораблей в закрытом для них районе чревато дипломатическими осложнениями. Возможно, в период холодной войны и мы, и американцы игнорировали нормы международного морского права, но сейчас время другое. Ракетные стрельбы «К-141» производил из РБД-2, где также находились надводные корабли Северного флота все с той же задачей по противолодочной обороне. Поэтому я исключаю проникновение американских субмарин в эти районы.

Западнее места гибели «Курска» на расстоянии примерно 30 миль находилась АМГ, в которую входили 9 надводных кораблей: ТАВКР «Адмирал Кузнецов», ТАРКР «Петр Великий», РКР «Маршал Устинов», БПК «Адмирал Харламов» и «Адмирал Чабаненко», СКР «Легкий», МРК «Рассвет» и «Айсберг», ТР «Машинист». Кроме того, в учениях были задействованы 2 противолодочных самолета ИЛ-38, 11 противолодочных вертолетов «К-27». Всего к поисково-спасательной операции было привлечено 27 боевых надводных кораблей, подводных лодок и судов, а также 11 летательных аппаратов (самолетов и вертолетов).

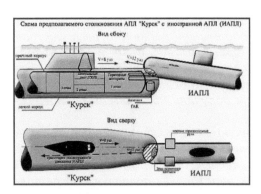

Можно ли, будучи в здравом уме и твердой памяти, утверждать, что возможно проникновение иностранной подводной лодки в район действия такой массы противолодочных сил, имеющих задачу поиска и «уничтожения» подводных лодок?

Я согласен, что конфигурация столкновения может быть различной, но третий закон Ньютона о том, что тела действуют друг на друга с силами, равными по модулю и противоположными по направлению, никто не отменял.

Не вдаваясь в рассуждения о толщине легкого корпуса проекта 969А, замечу, что торпедные аппараты находятся в прочном корпусе подводной лодки и только своей передней частью входят в легкий корпус.

Комментарий эксперта Ерофеева:
(*Источник:* «Как это было. Аварийность в Военно-морском флоте страны»)

«Постараюсь ответить на вопрос о том, почему не могло быть взрыва боеприпаса при таких вариантах развития ситуации. Если говорить о столкновении кораблей в подводном положении, то прежде всего следует знать, что как наши подводные лодки избегают находиться на глубинах, опасных для таранного удара (им просто запрещено так действовать существующими инструкциями по управлению кораблем), так и американские лодки, командиры которых подготовлены по данному вопросу не хуже наших и прекрасно понимают опасность подобных действий.

В случае подобного столкновения ввиду того, что водоизмещение ПЛАРК «Курск» значительно превосходит водоизмещение американской противолодочной лодки, которая не имеет отсечного исполнения, повреждения американской лодки были бы значительно серьезнее, чем у нашей. Рискну предположить, что она просто затонула бы».

Комментарий эксперта Рязанцева:
(*Источник:* «В кильватерном строю за смертью», Глава VI. Сила и мощь «Антея»: пропаганда и реальность»)

«АПЛ 949А проекта имеет 30%-ный запас плавучести. США строили и строят подводные лодки для войны. Архитектура американских атомных подводных лодок однокорпусная, запас плавучести – в пределах 14–18%. Многие наши специалисты подводного дела говорят, что это во многом снижает боевые характеристики американских АПЛ и что такой малый запас плавучести привел к гибели в мирное время двух американских атомных подводных лодок: «Трешер» и «Скорпион».

Я разделяю мнение тех специалистов, которые считают, что при столкновении с «Курском» любая американская подводная лодка получила бы повреждения, как говорят в медицине, несовместимые с жизнью.

Но предположим, что повреждения «американца» были незначительные и, по выражению Алексина, *«иностранная подлодка смогла подвсплыть до глубины 40–50 метров, дать малый ход и так, ковыляя, унести ноги с места происшествия»*. Но, как считает Алексин, таранный удар пришелся на торпедный аппарат, где находилась боевая торпеда УСЭТ-80 калибра 533 мм. И это привело к взрыву боевой части этой торпеды, а крышка торпедного аппарата была вырвана.

Во-первых, вырвана крышка торпедного аппарата от торпеды калибра 650 мм. Во-вторых, как утверждает сам Алексин, взрыв был направлен от носа к корме, *«основная энергия пошла по пути наименьшего сопротивления — в сторону задней крышки ТА, которая взрывом была вырвана, и через дыру более полуметра в диаметре в отсек хлынул поток воды»*, но попадание воды в 1-й отсек исключало возникновение объемного пожара, который объективно зафиксирован протоколом осмотра.

По версии Алексина, через 2 минуты 15 секунд в результате удара о скалу сдетонировали торпеды на стеллажах. Но в месте обнаружения «Курска» не было скалы, а на корпусе отсутствовали повреждения, характерные для такого столкновения.

Фрагменты «Курска», в том числе трубы торпедного аппарата № 4, обнаружены за кормой «Курска», лежащего на грунте, а это означает, что взрыв торпед был не от удара о грунт, а в то время, когда подводная лодка была на ходу.

Как указывает Алексин, иностранная подводная лодка в момент второго взрыва находилась на расстоянии 700 метров от «К-141». Сила второго взрыва соответствовала примерно магнитуде 4,2, а это означает, что эта подводная лодка была обречена на гибель, с учетом уже имеющихся от столкновения повреждений и запаса плавучести.

Свидетель: Анатолий Штыров

Подводник, контр-адмирал, бывший начальник военно-морской разведки Тихоокеанского флота.

Справедливости ради надо отметить, что версию столкновения Анатолий Тихонович Штыров ни разу не аргументировал. Когда речь заходила о гибели атомохода «Курск», он начинал вспоминать случаи столкновения американских и российских (советских) подводных лодок, усматривая аналогию.

Итак, слово Анатолию Штырову.
Источник: Николай Черкашин. «Кто таранил атомоход «Курск»?» («Российская газета». 22.08.2000).

«Есть в морской разведке один тертый жизнью и битый начальством адмирал, из командиров-подводников. Друзья зовут его Канарисом, я считаю, что это Шерлок Холмс в морском варианте, во всяком случае, контр-адмирал Анатолий Тихонович Штыров, поседевший в разведке Тихоокеанского флота, аналитик от Бога, за его спиной самые яростные годы холодной войны. О таких говорят – Зубр. Видит не на три метра под землей, а на три мили под водой. По странному совпадению подводная лодка «С-141», которой командовал в свое время Штыров, имела тот же номер, что и «Курск» – «К-141». Но она оказалась более счастливой.

– Анатолий Тихонович, не напоминает ли вам история с «Курском» гибель другой подводной лодки –«К-129» – в 1968 году?
– Не то что не напоминает, а просто поражает сходством сценариев этих трагедий. Сходством запущенных в оборот версий... Что получается: через несколько суток после бесследного исчезновения в северной части Тихого океана нашей подлодки в японский порт Йокосука заходит атакующая (по классификации ВМС США) американская атомная подводная лодка «Суордфиш». У нее сильно помято ограждение рубки. Ей быстро делают косметический ремонт, после чего она возвращается в свою базу и исчезает из нашего поля зрения на полтора года. Столько времени занял более серьезный ремонт. С экипажа взята подписка о неразглашении обстоятельств столкновения. И сразу же – версия Пентагона, растиражированная всеми нашими СМИ, в том числе активно поддержанная и некоторыми российскими: на советской подлодке произошел взрыв. По всей вероятности, взрыв аккумуляторной батареи. Замечу, что за всю историю подводного плавания ни одна лодка не лишилась герметичности прочного корпуса после взрыва аккумуляторного водорода. Это все же не тротил. К тому же забортное противодавление значительно смягчает ударную силу внутреннего взрыва. Это тоже нужно учитывать, говоря о версии «внутреннего» взрыва на «Курске».
Сегодня все то же самое: на грунте поверженный «Курск» с весьма характерной пробоиной – явно внешнего, судя по информации правительственной комиссии, происхождения. Так же, как и на «К-129», поднят перископ и другие выдвижные устройства. Так же, как «Суордфиш», срочно затребовала захода в ближайший норвежский порт американская атомарина – одна из тех, что была в районе учений Северного флота. Сразу же, как в 1968 году Пентагон говорил о внутреннем взрыве на советской «К-129» («гидроакустические станции Тихого океана зафиксировали хлопок, похожий на звук лопнувшей электролампочки»), так и сегодня его эксперты запустили знакомую до боли версию о внутреннем взрыве на борту «Курска».

– Но хлопок гидродинамического удара был зафиксирован и на нашем «Петре Великом»...
– Да еще двойной – с разносом по времени в 2 минуты 12 секунд. А разве удар двух махин: одной в 18 тысяч тонн, другой, как минимум, в 6 тысяч – не

зафиксируют гидрофоны? А удар о грунт через 2 минуты 12 секунд не вызовет сейсмосигнала? Хлопок мог быть усилен и взрывом раздавленного при таране баллона ВВД – воздуха высокого давления, одного из тех, что всегда размещают в междукорпусном пространстве».

Я не буду обсуждать обстоятельства гибели «К-129» – это другая тема. Отмечу лишь, что официальное расследование причины гибели дизель-электрической подводной лодки проекта 629А[73] так и не установило.

Свидетелю Анатолию Штырову я задам только один вопрос.

Борис Кузнецов: Может ли взрыв баллона ВВД вызвать сейсмическое явление магнитудой в 4,2 балла?

Анатолий Штыров: *Я отвечал на вопрос Николая Черкашина в августе 2000 года, когда не было закончено расследование и не был поднят «Курск». Такая версия была обоснована в связи с тем, что бывали случаи столкновения американских подводных лодок с нашими.*

Мой комментарий:

Появление версии столкновения вполне естественно. На месте обнаружения тела с признаками насильственной смерти возникает несколько версий: убийство с целью ограбления, на почве ревности, с целью сокрытия преступления... и так до бесконечности. Позже выясняется, что вещи и деньги целы, и версия ограбления отпадает, затем отпадают и другие версии, остаются одна-две наиболее реальные. Еще более удивительным представляется «пристрастие» к версии столкновения некоторых адмиралов, причастных к гибели «Курска».

Свидетель: Михаил Моцак

Бывший подводник, вице-адмирал, бывший начальник штаба СФ. Герой России. В 2002 году указом президента освобожден от должности. В настоящее время – помощник полномочного представителя президента РФ в Северо-Западном Федеральном округе.

Моцак, который, с моей точки зрения, является одним из основных виновников трагедии, дал корреспонденту «Известий» Константину Гетманскому интервью с заголовком «Столкновение» («Известия». 17.11.2001). Редакция рассматривает интервью Моцака как смелый шаг, на который не решились ни высокопоставленные военные, ни члены правительственной комиссии.

Подвергнем вице-адмирала перекрестному допросу, оценим его смелость, решительность и правдивость.

Константин Гетманский (КГ): Михаил Васильевич, одним из главных обвинений со стороны СМИ в адрес командования ВМФ и Северного флота сразу после катастрофы «Курска» было то, что флот далеко не сразу принял меры по спасению экипажа. Например, штатный режим связи во время учений – каждые четыре часа. Катастрофа произошла в 11:32. Лодку начали искать только в 23:00. Было пропущено три сеанса связи, и никто не хватился.

Михаил Моцак (ММ): Это не совсем так. По опыту проведения учений мы знаем, что были случаи, когда вследствие неправильной оценки тактической обстановки и маневрирования командир *аналогичной подлодки* пропустил отряд надводных боевых кораблей, который прошел через его район, а он продолжал его искать. Мы прекратили учения и начали искать эту подлодку и, несмотря на то, что вызывали ее по звукоподводной связи, сбрасывали специальные сигнальные взрывные устройства, те продолжали, засунув голову, как страусы, в песок, изображать торпедную атаку. К моменту, когда они всплыли, мы уже стояли на голове от того, что лодка вроде бы есть, а связи с ней нет.

Борис Кузнецов (БК): Михаил Васильевич, гидроакустик «Петра Великого» Лавринюк в 11:28 12 августа зафиксировал взрыв по пеленгу 96 градусов и доложил его на мостик, где, кстати, вы и находились. Пеленг совпадал с коридором, где по плану учений «К-141» должен входить в РБД-1. Почему вы не приказали классифицировать контакт? Почему не проверили и не получили дополнительную информацию об источнике взрыва?
ММ: *Молчание.*
БК: По показаниям свидетелей-моряков, находившихся в 11:28 12 августа 2000 года на борту «Петра Великого», корабль получил сильнейший гидравлический удар. Как вы на допросе в Главной военной прокуратуре классифицировали причину этого удара?
ММ: *Молчание.*
БК: В соответствии с «Инструкцией по организации поисково-спасательного обеспечения на СФ РФ» АПЛ должна быть объявлена аварийной при отсутствии донесения через 1 час после назначенного времени, а с учетом пеленга взрыва и последующего гидравлического удара – немедленно. Почему вы не объявили «Курск» аварийным?
ММ: *[…] «Курск» имел позывной «Винтик». И начиная с 18:30 и далее в 19:30, в 20:30 и даже в 01:30 ночи, когда мы объявили тревогу, по УКВ-связи появлялся неизвестный корреспондент, который работал под этим позывным. То есть даже за три часа до того, как «Петр Великий» обнаружил в 04:30 аварийную подлодку, мы еще имели лживую информацию о том, что имеем связь с «Курском».*
БК: Почему при допросе следователем Главной военной прокуратуры вы скрыли этот факт? Какой корабль, какая станция и какой радист зафиксировали эти позывные? Почему отсутствуют записи в вахтенных и других бортовых журналах надводных кораблей? Почему радиосигнал с такими позывными не был запеленгован?

КГ: Что же это было на самом деле?

ММ: Мы не можем установить до сих пор. Не исключаем ни хулиганства своих, ни преднамеренной работы в эфире «чужих». Все это запротоколировано и находится в материалах следствия.

БК: Но в материалах уголовного дела про позывной «Винтик» нет ни единого слова. Почему вы, Моцак, вводите читателей «Известий» в заблуждение?

КГ: Командующий Северным флотом адмирал Попов заявлял об обнаружении на грунте рядом с «Курском» другой субмарины. Есть ли доказательства этого?

ММ: Была зафиксирована масса косвенных признаков наличия в непосредственной близости от аварийного «Курска» второго подводного объекта, также, возможно, аварийного. «Петр Великий» зафиксировал этот объект гидроакустическими средствами. Это было зафиксировано визуально людьми, которые пытались вытащить из воды аварийные буи.

БК: Почему вы лжете, Моцак? Гидроакустики «Петра Великого» не зафиксировали никакого объекта, была зафиксирована аномалия, которая не была классифицирована как подводная лодка. Почему эта аномалия не была отмечена буями? Почему не было осмотрено место, где находилась аномалия? Моряки, которые наблюдали буи, видели на них надписи, которые бы свидетельствовали о принадлежности буя конкретному кораблю или государству, например «Made in USA»?

ММ: Молчание.

КГ: А буи были иностранные?

ММ: Ну, аварийная раскраска практически у всех одинаковая, а наш буй до сих пор находится на корпусе «Курска».

БК: Михаил Васильевич, о каком буе вы рассказываете корреспонденту? С «Петра Великого» наблюдали буй серо-зеленого цвета в 08:31 12 августа, в 10:35 того же дня с борта того же «Петра Великого» был обнаружен еще один буй, в 12:40 того же дня с борта спасательного судна «Михаил Рудницкий» обнаружили бело-красный буй, о чем вам доложили, а около 2 часов дня с БПК «Адмирал Харламов» наблюдали еще один буй белого цвета. Почему ни один из этих буев не был поднят? Почему их местонахождение не было обозначено радиобуями, впрочем, как и аномалия?

ММ: Молчание.

КГ: Почему же найденный буй не был поднят? Ведь он мог бы являться доказательством столкновения.

ММ: Буй удерживался кабель-тросом на глубине около трех метров. Фактически он как бы висел на якоре. Этим якорем могло быть что угодно.

КГ: В том числе другая подводная лодка?

ММ: Да. И когда офицер пытался подцепить буй багром, у него это не получилось. К сожалению, дальнейшие обстоятельства привели к потере буя из-за ухудшения погоды. К вечеру 13 августа наши летчики на расстоянии примерно 18 миль к северо-западу от «Курска» зафиксировали всплывавшие топливные пузыри. Потом противолодочные самолеты обна-

ружили уходящую из Баренцева моря подводную лодку. Такой же вылет был сделан на следующие сутки, чтобы подтвердить местонахождение этой подлодки, и по всем каналам сигнал наших гидроакустических буев был прицельно подавлен системой подавления «друзей» из НАТО.

БК: Если буй держался на кабель-тросе, то зацепить его обычным багром не составляет труда. Почему этого не было сделано? В материалах уголовного дела отсутствуют сведения о том, что кто-либо видел буй на тросе. Чем вы можете это объяснить?

ММ: *Молчание.*

БК: Почему вы опять, мягко выражаясь, искажаете то, что было в дсйствительности? Командир экипажа противолодочного самолета майор Пономарев во второй половине дня обнаружил не «всплывавшие топливные пузыри», а масляное пятно и плавающие на поверхности воды предметы, о чем доложил в штаб поиска лодки. Вроде бы разница небольшая, но топливные пузыри свидетельствуют о том, что есть некий источник, откуда топливные пузыри всплывают, и расположенный в том месте, где они всплывают, а масляное пятно вовсе не означает, что источник находится в месте, где оно обнаружено. Как известно, масляное пятно может дрейфовать.

А почему вы не выслали надводный корабль? Почему не взяли пробы топлива или масла, хотя масляное пятно было отмечено радиобуем?

ММ: *Молчание.*

БК: Чем вы можете объяснить, что ни командующий морской авиацией Северного флота Н. А. Мордовалов, ни начальник штаба Б. М. Валяев, ни другие офицеры штаба морской авиации Е. В. Бессонов, А. А. Жданов, ни командиры авиационных частей А. А. Зубков, С. В. Чечеров и В. Н. Боев, а также инспектор-летчик ВВС СФ полковник Б. М. Цап, экипажи самолетов А. Н. Леонов, А. А. Богданов, Б. Х. Абдуаминов, А. К. Козыревский, В. Т. Мосейчук, В. Б. Пономарев, В. А. Казаков, майор А. А. Симонов, О. Ю. Максименко и В. В. Тютьков на допросах не подтвердили ваше заявление о том, что они преследовали неизвестную подводную лодку?

Кроме того, показания летчиков о времени и результатах поисково-спасательных работ подтверждаются заключением экспертов, проводивших фонографическую экспертизу и дешифрование магнитных фонограмм переговоров экипажа самолета во время осуществления полетов.

ММ: *Молчание.*

КГ: *Почему же обнаруженный «подводный объект» был потерян – причем такими кораблями, как «Петр Великий», «Адмирал Чабаненко», которые специально предназначены для поиска подводных лодок?*

ММ: *Я как начальник штаба флота признаю, что это упущение. «Петр Великий», когда обнаружил затонувшую подлодку и зафиксировал при этом второй подводный объект, своей главной задачей считал наведение в кратчайший срок на «Курск» сил спасения. Может быть, это было неправильно. В этой ситуации нужно было выполнять и задачу спасения, и задачу выявления истинной причины катастрофы. Наша главная задача* была — доставить к месту катастрофы корабль-носитель спускаемых аппаратов и суметь состыковать спускаемые аппараты с людьми в лодке, которые стучали.

БК: Почему так называемый второй подводный объект не был классифицирован?

ММ: *Молчание.*

КГ: *Кстати, звучали заявления, что это были технические стуки.*

ММ: *Здесь ситуация была сложная. При исходном обнаружении мы зафиксировали два источника стуков: технические и ручные. Технические через некоторое время пропали, да так и не стучат наши станции. А по поводу ручных мое личное мнение, что, может быть, 23 человека в 9-м отсеке и погибли через 8 часов после катастрофы, уже тогда, когда отсек был затоплен. А в 5-м и в 5-бис отсеках могли и дальше оставаться живые моряки, которые продолжали стучать. И последние стуки мы слышали в 11.00 14 августа. Официального суждения по этому поводу я до сих пор не имею, и даже имея личное мнение, я не могу высказывать его, являясь членом правительственной комиссии.*

БК: Членом какой правительственной комиссии вы являлись? В составе правительственной комиссии по расследованию гибели «Курска» под председательством Ильи Клебанова, созданной 14 августа 2000 года, вашей фамилии нет, нет вашей подписи и под актом правительственной комиссии. Зачем вы лжете?

ММ: *Молчание.*

БК: Кто и когда классифицировал стуки как технические?

ММ: *Молчание.*

Интервью Моцака завершается редакционным комментарием:

«Вице-адмирал впервые приводит серию доказательств того, что «Курск» погиб в результате столкновения с иностранной подводной лодкой. Мы не знаем, почему он решил рассказать об этом именно сейчас. Военные, занимающие столь высокие должности, очень редко делают подобные заявления без согласования с руководством — вплоть до президента России. Если такое согласование было — значит, после подъема «Курска» комиссии удалось получить окончательные доказательства столкновения. Если же его не было — значит, вице-адмирал пошел ва-банк, ставя честь офицера выше своей карьеры».

Мой комментарий:

С таким редакционным заключением я согласиться не могу: доказательствами являются такие сведения, которые подтверждают или опровергают обстоятельства, подлежащие доказыванию. Если имеется попытка доказать факт столкновения «Курска» с иностранной подводной лодкой, то такими сведениями были бы показания очевидцев, официальные заявления представителей иностранных государств и, наконец, вещественные доказательства.

Моцак говорит о том, что кто-то выходил на связь с позывным «Винтик», но не сообщил об этом на допросе, не ссылается на источник получения этой информации. Можно ли это сообщение Моцака назвать доказательством?

Вопрос риторический. Наверняка важным доказательством присутствия – не столкновения, а присутствия! – иностранной подводной лодки мог быть буй с этой лодки, но его нет. А можно ли давать оценку того, чего, нет? Моцак – может, а я – нет.

От перечитывания этого интервью Моцака меня начинает подташнивать – от вранья про беспомощность Военно-морского флота, про поиск самолетами неизвестной подводной лодки, про топливное пятно...

> Вице-адмирал Моцак является одним из основных виновников трагедии. Его позиция, выражаясь народным языком, выглядит так: и вашим, и нашим, давай спляшем. С одной стороны, стуки моряков были до 11 часов 14 августа, а с другой стороны, есть заключение комиссии Виктора Колкутина, что моряки в 9-м отсеке жили не более 8 часов с момента второго взрыва. Отказаться от стуков Моцак не может, он наверняка помнит свои собственные многочисленные заявления прессе, а противоречить выводам Колкутина и следствия не хочет. Вот и мечется.

Придумал про живых моряков в отсеках 5 и 5-бис, хотя не может не понимать, что затопление отсеков «Курска» шло от носа к корме. Последним затопленным отсеком, где оставались живыми подводники, был 9-й.

Ни одного доказательства столкновения «Курска» с иностранной подводной лодкой Моцак не приводит и ограничивается исключительно намеками. Эту версию он даже не озвучивает, разделяя личное мнение и официальную позицию. Так что смелости в его словах я не вижу. Что же касается редакционного утверждения о том, что Моцак ставит «честь офицера выше своей карьеры», то нельзя ставить выше карьеры то, чего нет. Он вместе с другими адмиралами послал «Курск» на гибель.

А с карьерой у Моцака все в порядке – с мая 2004 года он является помощником представителя президента Российской Федерации по Северо-Западному федеральному округу и назначен после «скандального» интервью.

Но закончим с интервью и зададим Моцаку несколько вопросов.

Вопрос первый: Михаил Васильевич, начальник Главного штаба ВМФ адмирал Виктор Кравченко 26 июля 2000 года направил вам телеграмму следующего содержания. *«Требую. обеспечить дежурство спасательного судна с подводными аппаратами в составе СпасО ОКВС при нахождении в море ПЛ (рассмотреть вопрос перевода АС-30 или передачи сформированных АБ из района главной базы в район ОКВС). Исполнение доложить 15 августа 2000 года».* Почему указание начальника Главного штаба ВМФ вами выполнено не было и вы, как сами указываете, «наводили» силы спасения, когда спасательные суда должны быть в море, а не на базе?

Вопрос второй: Вы утвердили план «План поисково-спасательного обеспечения комплексной боевой подготовки СФ». Почему:

- в «Плане...» кораблем оказания первой помощи назван РКР «Маршал Устинов», который при аварии АПЛ никаких действий по поиску и спасению не выполнял;

- не были включены в дежурный СпасО СФ или в силы наращивания АС-15, АС-36, ПК-7500, ГС «Свирь»;
- не было определено, какие дежурные спасательные группы должны выделяться, от каких воинских частей и в каком количестве;
- не были определены (где и в каком количестве) дежурные барокамеры флота, дежурный автотранспорт для обеспечения ПСР;
- не были определены командир сил поиска и руководитель спасательных работ по видам аварий;
- не были указаны способы обозначения места затонувшей ПЛ или НК (буями, вехами, гидроакустическими маяками и т.д.);
- не были указаны степени готовности сил ПСО (дежурные силы, силы наращивания);
- командир «Михаила Рудницкого» капитан II ранга Костин не знал о проведении учений и задачу заступить в силы ПСО ему никто не поставил?

Вопрос третий: Почему вы как начальник штаба самого крупного флота России на важнейшем стратегическом направлении не просто допускаете мысль, а убеждены, что иностранные подводные лодки класса «Los Angeles», которые могут атаковать с дистанции 2500 км ракетами с ядерной боеголовкой и 1600 км с обычной, в случае войны должны быть обнаружены и уничтожены на расстоянии предельной дальности, но при этом допустили, что они, вопреки большой концентрации всех противолодочных сил Северного флота, свободно ходят в районе учений? Более того, будучи поврежденной, одна из этих лодок «уползла»... И вы называете это «упущением»? А разве это не преступление, за которое в военное время – трибунал и «стенка»? А разве за такие «упущения» офицерская честь не велит взять в руки пистолет с одним патроном?

Вопрос четвертый: В качестве свидетеля вы показали, что экипаж АПРК «Курск» прошел курс обучения и был допущен к содержанию, эксплуатации и применению данного вида оружия (перекисно-водородной торпеды калибра 650 мм). Во время осмотра поднятого «Курска» удалось обнаружить «Сборник инструкций по хранению, уходу, окончательному приготовлению изделий и систем для их обслуживания», принадлежавший командиру минно-торпедной боевой части капитан-лейтенанту Байгарину.

После исследования «Сборника...» следствие установило: *«Инструкции, содержащиеся в вышеуказанном сборнике и касающиеся обслуживания перекисно-водородных торпед, не соответствуют «Инструкции по обслуживанию торпеды» и порядку обслуживания торпедных аппаратов и систем, которые установлены на АПРК «Курск», а применяются для обслуживания торпедных аппаратов, установленных на подводных лодках 671 РТМ проекта, имеющих существенное отличие в порядке эксплуа-*

тации и обслуживания во время торпедной стрельбы».

Почему после многочисленных проверок готовности «Курска» к учениям на его борту не оказалось «Инструкции по боевому применению и эксплуатации торпед 65-76»? Почему все проверки, в том числе проводимые вашими подчиненными, не выявили отсутствия нужной инструкции?

Вопрос пятый: Чем вы объясните тот факт, что подписи должностных лиц в следующих документах оказались поддельными? Давали ли вы лично команду сфальсифицировать следующие служебные документы?

- Акт проверки системы аварийного выброса на АПРК «Курск» от 15 декабря 1999 года, подписанный командиром БЧ-3 капитаном III ранга Байгариным и утвержденный командиром подлодки капитаном I ранга Лячиным;
- Акт обезжиривания и проверки трубопроводов от 15 декабря 1999 года на АПРК «Курск», подписанный командиром БЧ-3 капитаном III ранга Байгариным и утвержденный командиром подводной лодки капитаном I ранга Лячиным;
- Акт испытания грузовых устройств БЧ-3 АПРК «Курск» от 20 июля 2000 года, подписанный командиром БЧ-3 старшим лейтенантом Ивановым-Павловым и утвержденный командиром подводной лодки капитаном I ранга Лячиным;
- Контрольный лист проверки готовности корабля к приему оружия и боеприпасов на АПРК «Курск» от 20 декабря 1999 года, подписанный председателем комиссии, начальником штаба 7-й дивизии подводных лодок капитаном I ранга Багрянцевым;
- Акт комиссии 7-й дивизии подводных лодок о приеме экзаменов от личного состава БЧ-3 атомного подводного ракетного крейсера «Курск» на допуск к эксплуатации и техническому обслуживанию автоматизированного дистанционного контроля окислителя «Садко»[74] от 26 июля 1999 года, подписанный начальником штаба дивизии капитаном I ранга Багрянцевым как председателем комиссии и утвержденный командиром 7-й дивизии контр-адмиралом Кузнецовым;
- План отработки личным составом атомного подводного ракетного крейсера «Курск» действий по борьбе за живучесть, подписанный капитаном I ранга Геннадием Лячиным;
- Рапорт капитана I ранга Геннадия Лячина на имя командира 7-й дивизии подводных лодок о приеме специальных задач от боевых частей и служб подводной лодки от 17 июня 2000 года;

- Рапорт командира АПРК «Курск» о готовности к сдаче курсовой задачи Л-1 экипажем подводной лодки;
- Записи в журнале учета занятий и тренировок 7-й дивизии подводных лодок о выполнении тренировок корабельного боевого расчета по выходу в торпедную атаку под руководством командира АПРК «Курск», проведенных 11 и 24 июля 2000 года;
- Рапорт командира АПРК «Курск» об устранении замечаний по задаче Л-1 на подводной лодке от 20.06.2000.

Вопрос шестой: Почему в нарушение статьи 25 раздела «Задача Л-2» КАПЛ-87[75] «Курск» не выполнял боевого упражнения НТ-1 по стрельбе торпедой 65-76А после докового ремонта в 1998 году и перед загрузкой торпеды на корабль?

Вопрос седьмой: Почему при проведении «Курском» учебных стрельб 12 августа 2000 года вы приказали использовать торпеды 65-76А, 65-76ПВ, хотя, согласно показаниям замначальника штаба 7-й дивизии подводных лодок по оперативной и боевой подготовке капитана I ранга А. В. Краснобаева[76], подготовкой экипажа по эксплуатации торпед 65-76А, 65-76ПВ никто не занимался из-за отсутствия флагманского минера? В 1998 году из академии прибыл флагманский минер капитан II ранга Горшков, который постоянно пьянствовал и был уволен в 2000 году. Торпедами 298А (65-76А) стрельбы с АПРК «Курск» никогда не проводились.

Вопрос восьмой: Вы показали на допросе, что экипаж АПРК «Курск» прошел курс обучения и был допущен к содержанию, эксплуатации и применению торпед. Допрошенный в качестве свидетеля командир отделения торпедистов в/ч 09616 старшина I статьи контрактной службы П. Ялхов[77] показал, что в конце июля 2000 года он исполнял обязанности дежурного БЧ-3 ПЛ «К-410». Около 10 часов ему позвонил флагманский минер капитан II ранга Кондратенко и попросил помочь личному составу «Курска» подключить систему СКО на загруженные торпеды. Ялхов пошел на «Курск». Две перекисные торпеды были загружены в 3-й и 4-й ТА. Ялхов со старшиной команды торпедистов установил 2 клапана дегазации на 3-й и 4-й ТА, затем проверил механический клапан дегазации, они были им установлены на 3-й и 4-й ТА, присоединил клапан дегазации к автоматическому клапану системы СКО. Чем вы объясните противоречия в ваших показаниях и в показаниях свидетеля П. Ялхова?

Вопрос девятый: Чем вы можете объяснить тот факт, что, несмотря на многочисленные проверки, в приборе КА-01 на штатном месте отсутствует ключ пуска, что и явилось основным препятствием для срабатывания выпускного аварийно-информационного устройства В-600-1-1[78]?

Я не жду от вас ответов на поставленные вопросы, Михаил Васильевич. Просто в заключение задам еще один – десятый и риторический – вопрос: Как у вас с совестью? Впрочем, я не священник и не политработник.

Свидетель: Виталий Люлин

Бывший подводник, капитан I ранга, писатель.

Уже в эмиграции я наткнулся на интервью журналистки Татьяны Никуленко с капитаном I ранга в отставке Виталием Люлиным в украинской газете. Версия о причастности к гибели «Курска» подводной лодки американских ВМС «USS Memphis», которую описал Люлин в интервью, не нова. Она звучала в двух вариантах: столкновение с американской подводной лодкой, повлекшее деформацию пускового аппарата «Курска» и детонацию торпеды, и торпедирование «Курска» американской подлодкой. Не надо быть специалистом, чтобы понять, что версия столкновения исключает версию торпедирования. По сообщению той же газеты, 19 июня 2011 года Люлин скончался. Поэтому вопросы я ему задавать не буду, а приведу основные его доводы и прокомментирую их.

Источник: Татьяна Никуленко. «Капитан первого ранга в отставке Виталий Люлин: «Искушение отомстить за потерю «Курска» было велико, но тогда погибли бы не 118 человек, а 118 миллионов». («Бульвар Гордона». 08.08.2006)

Виталий Люлин (ВЛ): *[...] Как заявил заместитель начальника Генштаба Вооруженных сил России генерал-полковник Валерий Манилов, «При проведении операции по спасению экипажа «Курска» в 50 метрах от него на грунте российские спасатели нашли нечто, похожее на ограждение боевой рубки, устанавливаемой на подводных лодках США и Великобритании». А министр обороны России Игорь Сергеев, выступая по телевидению 16 августа 2000 года, сказал, что «Курск» подвергся тарану. То есть уже в первые дни все было предельно ясно, но затем лица, облеченные властью, постарались максимально запутать ситуацию.*

Татьяна Никуленко (ТН): *Если столкновение действительно имело место, в результате его должна была больше пострадать именно американская подлодка... Ведь водоизмещение «Курска» в три раза больше, чем у «USS Memphis». Это все равно как если бы «газель» врезалась в КамАЗ.*

ВЛ: *Ситуация не столь однозначна. Поинтересуйтесь у инспекторов ГАИ, они вам подтвердят: при таких авариях далеко не все зависит от массы. На исход столкновения влияют угол, под которым двигались* автомобили, их скорость, состояние дороги и так далее...

Мой комментарий:

Я бы не стал интересоваться у гаишника, а вспомнил третий закон Ньютона. Столкновение под водой и разлет объектов несколько отличаются от разлета автомобилей при столкновении на трассе. Читатель сам может сопоставить размеры нашего АПРК проекта 949А и американской подводной лодки класса «Los Angeles». Судя по этим рассуждениям, «Курск» столкнулся с иностранной подлодкой.

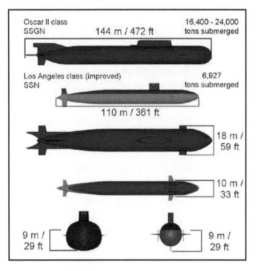

Сравнительные размеры проекта 949А и подлодки класса «Los Angeles».

Люлин продолжает:

ВЛ: Американец долго следил за действиями «Курска». Его система акустического наблюдения, классификации и обработки данных позволяла определить, чем занимается российский атомоход. Но он не понимал, с какой целью идет подготовка торпедной стрельбы. С чего это вдруг? Никаких надводных целей пока не наблюдается. Уж не угрожает ли «стратег» непрошеному гостю? И вот тут – важная деталь.

Если российскому командиру разрешено применить оружие только в ответ на явное нападение и ни в каком другом случае, то на американских многоцелевых субмаринах (они этого и не скрывают) другие инструкции: их командир вправе атаковать первым, если что-то, по его мнению, угрожает безопасности корабля. Это означает: почуял угрозу – лупани первым, упреди нападение. [...]

И зная, что российский атомоход готовится выстрелить торпеды, американец проводит контратаку... Его торпедный комплекс с аппаратами МК-48 позволяет это сделать экстренно.

ТН: То есть у командира «USS Memphis» просто нервишки сдали?

ВЛ: Именно. «Курск» был атакован как минимум двумя торпедами, веером. Одна из них и влепилась в носовую часть. Дистанция боевого соприкосновения была столь мала, а взрыв детонировавшего боезапаса «Курска» столь мощным, что американским подводникам не удалось удержать собственную субмарину на безопасной глубине. Удирающий «USS Memphis» был подброшен взрывом и тоже грохнулся о гранитное дно, своротив носовую оконечность... В это время американский экипаж так швыряло по отсекам, что несколько моряков даже получили смертельные ранения.

Мой комментарий:

Судя по этому фрагменту, «Курск» стал жертвой торпедной атаки. А это значит, что, по логике капитана I ранга, имело место и столкновение в результате нарушений правил мореплавания, и неспровоцированное нападение американской подлодки в районе боевых учений российского флота.

Возникает невольный вопрос: когда «USS Memphis» произвел пуск торпед – до столкновения или после? Если «до», то командир американской подводной лодки просто самоубийца: при дальности хода торпеды МК-48[79] 20 км и весе взрывчатого вещества одной торпеды 295–350 кг американский командир подрывает у своего борта около (более) 600 кг взрывчатки! Уж не думал ли Люлин, что американский подводный флот не имеет аппаратуры, определяющей дальность цели?

А может, торпедный залп из двух торпед произведен после столкновения? Тогда посмотрите на фотографию поврежденной подводной лодки «USS Memphis», представленную Люлиным: способна ли подводная лодка с такими повреждениями произвести торпедный залп?

По мнению Люлина, «USS Memphis» получил повреждения от столкновения, его достал взрыв на «Курске», да еще и *«...грохнулся о гранитное дно»*. К слову сказать, тяжелый атомный ракетный крейсер «Петр Великий» с полным водоизмещением 26 000 тонн, который находился в 30 милях, тряхнуло так, что люди попадали.

ВЛ: По легенде учений, «Курск» вышел в район несения боевой службы для поиска авианосных ударных соединений противника...

Чтобы приблизить обстановку к боевой, подыгрывающую эскадру кораблей расположили на максимальном расстоянии, то есть загнали подальше на север или к Белому морю. По замыслу, атомоход должен был эту группу «обнаружить», «атаковать» и «уничтожить».

Мой комментарий:

С одной стороны, Люлин утверждает, что командир «USS Memphis» не понимал смысл подготовки торпедной стрельбы, так как *«никаких надводных целей пока не наблюдается»*, с другой – отмечает, что «Курск» вышел в район несения боевой службы для поиска авианосных ударных соединений противника».

«Американцы? – как говорит сатирик Михаил Задорнов. – Ну, они такие т-у-п-ы-е...» Они никогда не догадаются, что в районе учений,

Американская подводная лодка типа «Los Angeles» – «USS Memphis».

о которых заранее, в строгом соответствии с международными правилами, своевременно были оповещены российские и иностранные суда, могут производиться пуски торпед или ракет. Они наверняка решили, что авианосная ударная группировка, куда входят единственный российский авианосец «Адмирал Флота Советского Союза Кузнецов», флагман Северного флота тяжелый атомный ракетный крейсер «Петр Великий», противолодочные корабли, подводные лодки и еще несколько кораблей и судов, доставила группу российских адмиралов в закрытый район на пикник.

Теперь о дальности расположения авианосной группировки. Люлинское «подальше» – это всего 30 миль, но, по мнению военно-морского специалиста, американские подводные лодки не в состоянии обнаружить эти боевые корабли. Стрельба торпедой должна была быть произведена с дистанции 50–70 кабельтовых с 11:30 до 13:30 12 августа 2000 года.

Далее Люлин демонстрирует журналисту фотографию подводной лодки «USS Memphis» с развороченной носовой частью, которая и помещена на странице газеты «Бульвар Гордона», и поясняет:

ВЛ: А потом ко мне в руки попали снимки многоцелевой американской подлодки «USS Memphis», которая осенью 2000-го вернулась из похода в Баренцево море на свою базу в Норфолк. Посмотрите! Ее носовая оконечность отсечена, отрезана, загерметизирована...

ТН: Ого! Где эта посудина умудрилась так «стесать» свой нос?

Фотография, которую продемонстрировал Виталий Люлин.

Мой комментарий:

У меня есть такая же фотография. И получил я ее не из таинственных источников, а взял на Википедии из статьи «USS San Francisco (SSN 711)». Это снимок повреждений американской подводной лодки «San Francisco», которые были получены ею 8 января 2005 года недалеко от острова Гуам при столкновении с подводной скалой. Найдите не десять, а хотя бы одно отличие.

На месте журналиста я бы проверял документы у таких интервьюируемых. Может быть, он и не капитан I ранга, а прапорщик, служивший не на подводной лодке, а на складе хранения матрасов, а может быть, чекист и его интервью – не что иное, как проведение антиамериканских «активных мероприятий». Здесь, пожалуй, я перебрал – чекисты пограмотнее будут. Видимо, все-таки прапорщик.

На этом можно было бы и закончить с Виталием Люлиным, но, к сожалению, не могу: его позиция разделяют не только яйцеголовые российские военные, но и некоторые зарубежные «специалисты». Французский режиссер Жан-Мишель Карре совместно с France 2 повторил «американскую» версию (а может, это Люлин повторил за ним?) в фантастическом фильме, который ошибочно назван документальным, «Курск». Подводная лодка в мутной воде», который прошел по каналам французского и канадского телевидения[80].

ВЛ: *12 августа 2000 года в 11 часов 28 минут норвежские сейсмологи зарегистрировали взрыв в Баренцевом море, где российский Северный флот проводил крупномасштабные учения. Спустя 2 минуты 15 секунд раздался второй, гораздо более мощный взрыв, сравнимый по силе с небольшим землетрясением. [...]*

«USS Memphis» получил серьезные повреждения, у него были трупы на борту... Ему пришлось побороться за свою живучесть... Тем не менее, американцам удалось самостоятельно дойти до норвежской базы Берген. Поскольку ее доки не приспособлены для ремонта подводных лодок, там искореженный корпус чуть-чуть залатали, восстановили герметичность субмарины... А через восемь суток «USS Memphis» ушел в британский Саутгемптон, чтобы зашхериться, то есть спрятаться в закрытом доке для более существенного ремонта.

Мой комментарий:

Итак, по версии Люлина, в момент взрыва «USS Memphis» находился в нескольких метрах от взрыва и с повреждениями, с трупами американских моряков, но своим ходом дошел до норвежской базы Берген, затем осенью вернулся в свою базу Норфолк, а «Курск» погиб. Но он ничего не говорит о действительной силе взрыва, не приводит технические характеристики кораблей и их конструктивные особенности. Не объясняет, почему между взрывами был промежуток в 2 минуты 15 секунд.

Технология гибели «Курска» по фактическим, установленным следствием обстоятельствам, не вписывается, на мой взгляд, ни в одну из «американских» версий – ни в версию столкновения, ни в версию торпедной атаки, ни в обе вместе.

АПРК «Курск» проекта 949А класса «Антей» представлял собой двухкорпусную подводную лодку с прочным корпусом цилиндрической формы, разбитым на 10 отсеков, с запасом плавучести в районе 30%. Водоизмещение корабля: надводное – 14 700 м³, подводное – 24 000 м³. «USS Memphis» (SSN-691) класса «Los Angeles» – это однокорпусная подводная лодка, разделенная на два водонепроницаемых отсека, с запасом плавучести около 10%. Водоизмещение: надводное – 6000 м³, подводное – 6527 м³. Даже неспециалисту понятно, что при простом столкновении на камбузе «Курска» даже посуда не побьется, тогда как «USS Memphis» уподобится велосипедисту, столкнувшемуся в лоб с тяжелым, идущим на скорости грузовиком.

Норвежские, российские и британские сейсмические станции зафиксировали два взрыва: первый – слабый, по разным оценкам, он составил от 10 до 40 кг взрывчатого вещества в тротиловом эквиваленте на глубине 30–40 метров, второй, зафиксированный через 135 секунд, – сильный, около 5000 тонн в тротиловом эквиваленте, сопоставимый с землетрясением магнитудой 3,5–4,2. Напомню: Ташкентское землетрясение магнитудой 5,2 оставило без крова 300 тысяч человек. Первый взрыв на «Курске» явно слабее одновременного взрыва двух торпед МК-48 (вес взрывчатого вещества в каждой – 295–350 кг), а второй взрыв на порядки сильнее, чем взрыв этих двух торпед. Если бы «Курск» при его габаритах (длина 154 метра – полтора футбольных поля и высота 28 метров – 8-этажный дом) затонул вследствие последнего взрыва, то от «USS Memphis» осталась бы только груда искореженного металла.

Но представим себе, что «USS Memphis» действительно, как утверждает Люлин, произвел залп двумя торпедами и в результате сдетонировал боезапас «Курска». Тогда чем объяснить первый взрыв? И что происходи-

ло на «Курске» в течение 135 секунд между первым и вторым взрывами? Люлин этот момент опускает.

Не вызывает сомнения тот факт, что первый взрыв вызван самовозгоранием окислителя – пероксида водорода и горючего (керосина) учебной (практической) торпеды калибра 650 мм, которая находилась в торпедном аппарате и была готова к выстрелу. Взрыв вызвал пожар с температурой, которая могла достигать 5000 °C, и продолжался 135 секунд, затем произошла детонация не менее 10 боевых торпед, их, кстати, было 24, а не 28, как утверждает Люлин.

Более того, не вызывает сомнения и тот факт, что первый взрыв не нарушил герметичность АПЛ, он произошел, когда «Курск» был на перископной глубине, а это около 30 метров, следовательно, наружное давление составляло около 3 атмосфер. Взрыв произошел в торпедном аппарате, о чем свидетельствует обнаружение задней крышки торпедного аппарата во 2-м отсеке. Значит, первый взрыв был направлен вдоль диаметральной плоскости корабля, от носа к корме, и не разрушил корпус. Если же предположить, что прочный корпус в результате первого взрыва был поврежден, то масса забортной воды хлынула бы в отсек, ликвидировав возгорание. Пероксид водорода легко растворяется в воде. Более того, в этом случае «Курск» остался бы на плаву.

К сожалению, сейчас невозможно однозначно ответить на вопрос, почему произошла утечка пероксида водорода. Достоверно известно, что некоторые агрегаты торпеды эксплуатировались больше предельно допустимого срока, использовались старые резиновые прокладки (резина, как известно, со временем теряет эластичность), в местах сварных швов имелись раковины. Кроме того, «Курск» торпедами этого типа никогда ранее не стрелял, экипаж не был обучен эксплуатации этих торпед. Перед выходом «Курска» в свой последний поход на его борт был специально приглашен офицер с другой подводной лодки, чтобы подключить эту торпеду к системе контроля окислителя.

Бардак на флоте – главная причина гибели корабля и экипажа «Курска». А ответственные за него руководители ВМФ и Северного флота сразу же выдвинули версию столкновения. Струхнули адмиралы за свои адмиральские задницы. Сегодня, когда обстоятельства гибели установлены, «американская» версия – тема для политических спекуляций.

Капитан I ранга командир боевой части большого противолодочного корабля «Адмирал Чабаненко», обслуживающей системы гидроакустики, Сергей Прокофьев в интервью Интерфаксу и на допросе заявил, что во время учений на Северном флоте РФ не обнаружил в подведомственной зоне подводные лодки иностранного государства. Прокофьев убежден, что если бы такая лодка была обнаружена, он узнал бы об этом «одним из первых».

Да и в самом деле, можно ли так «опускать» российский Военно-морской флот, полагая, что у него под носом в районе учений крутятся НАТОвские подлодки?

ТН: Вы сказали: «Трупы на борту». Откуда такие сведения?

ВЛ: *[…] В Нью-Йорке, Норфолке […] там появились публикации – щадящие, но достаточно авторитетные, – что к приходу «USS Memphis» в Берген прилетали 12 жен подводников. Авторы утверждали, что сначала на борту этой лодки было три трупа, потом их число дошло до девяти – видимо, кого-то из тяжелораненых спасти не удалось. […] В первые дни после аварии, когда информацию в СМИ еще не взяли под жесткий контроль, промелькнуло сообщение о некоем светло-зеленом спасательном буе, замеченном неподалеку от затонувшего «Курска». А ведь на российских подлодках используют только бело-красные буи. […]*

Кстати, когда по тревоге в воздух были подняты две противолодочные эскадрильи, самолеты обнаружили масляные пятна по курсу, которым «уползала» с места происшествия неизвестная подводная лодка. Естественно, подозрение пало на американцев и англичан, чьи субмарины крутились поблизости.

Мой комментарий:

Оставлю за кадром сказки Люлина о 12 трупах на «USS Memphis», о мифических сообщениях американских изданий, о светло-зеленом буе, который якобы видели, но не подняли, о масляных пятнах, что отрицается допросами экипажей. Да и *«найденное ограждение боевой рубки, устанавливаемой на подводных лодках США и Великобритании»*, никто не видел.

Интервью газете «Труд», на которое ссылается Люлин, заместитель начальника Генштаба Валерий Манилов дал 13 сентября 2000 года, через месяц после трагедии, когда не было выводов многочисленных экспертиз, в том числе взрывотехнических, когда гуляло с десяток версий: от столкновения и потопления «Курска» «Петром Великим» до диверсии, а министр обороны Игорь Сергеев вообще озвучил эту версию через четыре дня после гибели корабля.

ТН: Может, флотские чины просто-напросто пытались переложить ответственность с себя на коварного супостата?

ВЛ: [...] когда крейсер «Петр Великий» обнаружил затонувший атомоход, его акустики фиксировали стуки и работу ЗПС (звуко-подводной связи) в закрытом режиме. Кто-то подавал сигналы с 2 часов 22 минут 13 августа до 11 часов 14 августа.

Спасатели надеялись, что это российские подводники, оказавшиеся в ловушке. Мол, ребята замолчали, потому что экономят силы... Но после того как записанные стуки и кодограммы проанализировали, разложили на составляющие, появились большие сомнения насчет того, что они принадлежали морякам «Курска».

Дело в том, что сигналы SOS подавались механическим излучателем — такие на российских субмаринах не ставят, а коды не расшифровывались. По всей вероятности, они шли с иностранной подлодки, находившейся неподалеку. И посмертная записка капитан-лейтенанта Дмитрия Колесникова подтверждает: 13 и 14 августа стучать на борту «Курска» было уже некому.

> **Мой комментарий:**

Действительно, стуки были, в том числе сигналы SOS. Гидроакустики крейсера «Петр Великий» зафиксировали их и записали на бытовой магнитофон. Но эти звуки, как установлено экспертизой, производились человеком путем нанесения ударов металлическим предметом по межотсечной переборке подводной лодки.

ВЛ: Как известно, 16 августа, в разгар поисково-спасательной операции, состоялся очередной разговор Владимира Путина и Билла Клинтона по телефону. О чем беседовали российский и американский президенты тет-а-тет? Неужто все свелось к соболезнованиям? Думаю, шел откровенный разговор о том, во что может вылиться вооруженная конфронтация. А уже 17 августа — на пятый день после катастрофы! — в Москву прилетел инкогнито, на частном самолете, директор ЦРУ Джордж Тенет...

Видимо, американцы и россияне сумели договориться. Не прошло и месяца, как Клинтон объявил, что США отказываются от планов развертывания национальной системы противоракетной обороны. Кроме того, Америка списала России старые долги и предоставила кредит в 10 миллиардов долларов... А откуда взялась внушительная сумма на длительную операцию по подъему тел погибших и корпуса подводного крейсера? Почему подводников наградили орденами Мужества, а их командиру капи-

тану первого ранга Лячину присвоили звание Героя России, не дожидаясь результатов расследования? Почему Верховный главнокомандующий не принял отставку министра обороны и Главкома ВМФ? Почему не названы имена виновных?

Мой комментарий:

Я не знаю, о чем разговаривали Путин с Клинтоном, если они, конечно, разговаривали, Люлин, видимо, сидел на прослушке. Я не знаю, зачем прилетал, если он, конечно, прилетал, в Москву директор ЦРУ Джордж Тенет, переговоры с которым наш капитан I ранга, по-видимому, слушал и наблюдал из-под стола. Но для меня очевидно, что этот визит, а также телефонный разговор не могут быть связаны с «Курском», это не по его ведомству.

Кроме, конечно, выражения соболезнования российскому народу и семьям погибших. Отказ от развертывания американской ПРО в Европе, списание долгов, предоставление кредитов, связь всех этих акций с гибелью «Курска» – это ничем не подтвержденные предположения. По правилам проведения любого расследования, выдвижение любой версии должно быть обоснованным. Теоретически на первом этапе расследования можно было выдвинуть версию и о столкновении, такие случаи уже бывали, но выдвигать версии на голом месте – это фантазии, недостойные серьезного исследователя.

Откуда взялись деньги на подъем «Курска»? Отвечу: Из бюджета. При всей моей, мягко говоря, нелюбви к Путину, при наличии, как я считаю, его вины в гибели по меньшей мере 23 подводников я отдаю ему должное. В том, что касается «Курска», он выполнил все свои материальные обещания и перед страной, и перед родственниками экипажа, и перед памятью погибших подводников.

Вина Путина в том, что не понесли наказания руководители ВМФ и Северного флота, виновные в том, что выпустили в море неподготовленный корабль, вовремя не объявили его аварийным, с опозданием на 11 часов начали поисково-спасательную операцию, не приняли необходимых мер по спасению 23 подводников, которые были живы не менее двух с половиной суток. Не было принято и своевременного решения об обращении за помощью к иностранным государствам. В одном я согласен с Люлиным: Куроедов, Попов и другие руководители должны были сидеть на скамье подсудимых, не обязательно в тюрьме.

На борту АПРК «Курск» ядерного оружия не было, силовая ядерная установка была, но, слава богу, сработала автоматика и заглушила реактор. Никакой угрозы для 118 миллионов «Курск» опасности не представлял. Взрыв в Баренцевом море не мог стать поводом для международного военного конфликта. Но гибель 118 военных моряков, гибель лучшего в ВМФ России экипажа и корабля – слишком большая цена за преступную халатность адмиралов. Спекуляции на памяти экипажа, поиск виновных вовне, шизофрения антиамериканизма – это метастазы холодной войны и попытка свалить вину с больной головы на здоровую.

При проведении своего адвокатского расследования я пользовался материалами уголовного дела, встречался с экспертами и морскими специалистами, моими консультантами были специалисты высочайшего уровня. Знания обстоятельств гибели «Курска» легли в основу многочисленных жалоб и моей книги «Она утонула...» Правда о «Курске», которую скрыл генпрокурор Устинов». А интервью Люлина – компиляция из публикаций в СМИ, соединенная с собственными фантазиями. Это совсем не значит, что люди не имеют права высказываться по любому поводу, в том числе и по специфическим военно-морским вопросам, но информация должна быть достоверной, а мнение – компетентным.

На публикацию люлинского интервью я откликнулся статьей «Лапша по-флотски», отправив ее и по почте, и по e-mail в редакцию газеты. Однако «Бульвар Гордона» ее не опубликовал. Это сделала издающаяся в Лондоне русскоязычная газета «Альбион». Привожу текст полностью.

«С грустью прочитал интервью в газете «Бульвар Гордона» (август 2006 года, № 33(88), которое взяла журналист этой газеты Татьяна Никуленко у капитана I ранга в отставке Виталия Люлина: «Услышьте нас на суше: Капитан первого ранга в отставке Виталий Люлин: «Искушение отомстить за потерю «Курска» было велико, но тогда погибли бы не 118 человек, а 118 миллионов».

Грустно оттого, что Люлин – моряк-подводник, судя по тому, как его представила редакция, был младшим штурманам, дорос до заместителя командира дивизии (только не указано, по какой части он «рос», похоже, по политической) и рассуждает о предмете, в котором, простите, мало что смыслит. Тоскливо, что это произошло в период обострения российско-американских отношений, когда вновь «всплыла» версия причастности американских ВМС к гибели «Курска», а трагедия корабля и экипажа используется в политических целях.

Я – не адвокат американского флота, я представлял интересы 55 семей погибшего экипажа, которые просили меня только об одном: правды и ничего кроме правды. Грустно, что почитаемая в Америке среди бывших наших сограждан газета не показала перед публикацией это интервью кому-нибудь из специалистов. В Киеве немало бывших подводников. В одной всеукраинской ассоциации ветеранов-подводников на сегодняшний день насчитывается порядка 3000 человек, так что спросить было у кого».

Свидетель: Михаил Волженский

Бывший подводник, капитан запаса I ранга. Сайт российского подводного флота rpf.ru сообщает о нем: «[...] был уполномоченным постоянной комиссии государственной приемки кораблей ВМФ, [...] принимал участие в испытаниях «Курска», [...] пытается восстановить картину происходившего 12 августа, им собраны все отчеты и свидетельства, [...] подготовил несколько статей, в которых рассмотрел наиболее вероятные причины гибели АПК «Курск».

Вопросы, которые ставит Михаил Волженский, можно разделить на три группы: вопросы, на которые уже известен ответ, вопросы, которые не относятся к компетенции правительственной комиссии, и вопросы, которые не находятся в причинной связи с гибелью корабля и экипажа. Большинство публикаций Волженского относится к периоду, когда расследование не было закончено. Однако и сегодня, когда заинтересованный человек может получить практически всю информацию, он упорно отстаивает свою версию[81].

Итак, слово Михаилу Волженскому.

Источник: Николай Черкашин. «Унесенные бездной. Гибель «Курска». Глава 10. Версия № 14. (Цитирую целиком, исключаю только комментарий Николая Черкашина)

«[...] 12 августа 2000 года подводная лодка «Курск» в завершение учений должна была стрелять практической торпедой по главной цели отряда боевых кораблей – крейсеру «Петр Великий». Отряд находился на удалении около 30 миль (55 километров).

Капитан I ранга Лячин подвсплыл на перископную глубину, чтобы донести о готовности к выполнению торпедной атаки. Кроме перископа и антенны, были подняты выдвижные устройства для проведения радиотехнической разведки отряда «противника». Следившая за «Курском» иностранная подводная лодка из-за резкого изменения глубины русского подводного крейсера потеряла гидроакустический контакт с целью и тоже всплыла в приповерхностный слой.

Лячин, прослушивая кормовой сектор, начал циркуляцию вправо или влево. Уклоняясь от поворота «Курска», иностранная атомарина неуклонно сближалась с ним, пока ее кормовой стабилизатор не задел носовую оконечность русской подводной лодки. Стальное крыло вспороло легкий корпус (наружную обшивку) «Курска», смяло боковой торпедный аппарат с дежурной ракетоторпедой К-84[82], деформировало ее.

При ударе произошло срабатывание стартового и маршрутного ракетного двигателя. Форс порохового пламени ударил через поврежденную заднюю крышку торпедного аппарата в отсек. Произошел быстрый разогрев головной части ближайшей стеллажной торпеды, и через 120 секунд она рванула, вызвав детонацию всех остальных боевых торпед, коих ни много ни мало по штату восемнадцать штук.

Так что вовсе не обязательно главный взрыв должен был произойти от удара о грунт. Возможно, «Курску» удалось за эти две минуты даже всплыть. Но потушить пожар в носовом отсеке уже не могла никакая сила. Даже если бы его стали затапливать, на это тоже ушло бы время, счет которому шел на секунды.

После чудовищного взрыва стеллажного боезапаса русская подлодка рухнула на грунт. При ударе сдвинулись с фундаментов турбины, реакторы и прочие массивные механизмы, лопнули паропроводы, вспыхнуло электрооборудование, находившееся под напряжением (роторы турбогенераторов какое-то время вращались по инерции). Гибель экипажа была столь стремительной, что никто даже не успел выпустить спасательный буй.

А что же иностранная подлодка? Она, несомненно, тоже получила сильные повреждения, причем не обязательно в носовой части. Если ее кормовой стабилизатор проехался по «Курску», то основные неисправности надо искать именно в корме. При таком соударе могли быть погнуты лопасти гребного винта, чем и объясним столь малый ход в 5 узлов, которым «USS Memphis» добирался до норвежского Бергена. Могли быть проблемы с дейдвудными сальниками, и, чтобы заделать течь, иностранной подлодке пришлось застопорить турбины и лечь на грунт неподалеку от «Курска». Именно удары аварийной партии, подбивавшей дейдвуды, и могли быть приняты акустиками «Петра Великого» за призывы о помощи с «Курска». Они же записали и звукоподводные сигналы SOS на чужой частоте.

13 августа в район инцидента прилетели вне всякого графика два противолодочных самолета «Орион». Зачем? Чтобы прикрыть переход поврежденного «USS Memphis» в ближайший норвежский порт. Пара российских противолодочных самолетов ИЛ-38, совершив облет района катастрофы, засекла с помощью радиогидроакустических буев отходившую на запад атомную подводную лодку с нетипично малой скоростью в 5 узлов. При повторном вылете подводная цель была надежно прикрыта радиоэлектронными помехами».

А теперь мы вместе с инженером-кораблестроителем Олегом Тесленко проведем перекрестный допрос Михаила Волженского.

Борис Кузнецов (БК): А вам известно, что в 06:08 12 августа командир «Курска» Лячин донес о занятии РБД-1 и готовности к выполнению торпедных стрельб и повторного доклада не требовалось, а следующий сеанс связи по плану учений предусматривался после выполнения торпедных стрельб при контрольном времени выхода на связь в 13 часов 30 минут?

Михаил Волженский (МВ): *Мне об этом ничего не известно, я с материалами уголовного дела незнаком.*

БК: Располагаете ли вы информацией о том, что какой-либо корабль или противолодочный самолет и вертолет, находящийся на учениях и выполняющий в том числе задачу по противолодочной обороне, зафиксировал пребывание иностранной подводной лодки в районе боевых действий?

МВ: *Нет, мне об этом ничего не известно.*

БК: Означает ли это, что Военно-морской флот России не обладает кораблями, способными обнаружить подводную лодку противника на дистанции 30 миль?

МВ: Молчание.

БК: Современные средства обнаружения позволяют не только зафиксировать подводную лодку на расстоянии 100–150 миль, но и классифицировать шумы. И вы как капитан-инженер I ранга должны это знать лучше меня. О повреждениях, которые получил «Курск» от удара американской подводной лодки, вы сказали. А какие повреждения получила американская лодка?

МВ: *При таком соударе могли быть погнуты лопасти гребного винта, чем и объясним столь малый ход в 5 узлов, которым «USS Memphis» добирался до норвежского Бергена. Могли быть проблемы с дейдвудными сальниками, и, чтобы заделать течь, иностранной подлодке пришлось застопорить турбины и лечь на грунт неподалеку от «Курска».*

Олег Тесленко[83] **(ОТ):** *Сразу за пером вертикального и горизонтального кормового руля на атомной подводной лодке находится гребной винт – ее главное и единственное средство движения. При любом задевании гребным винтом о носовую оконечность корпуса «Курска» у иностранной субмарины тут же отломились бы все лопасти винта.*

Дело в том, что гребной винт, вращающийся паровой турбиной, не может выдерживать удары о корпусную сталь. Причем особенно тонки лопасти винтов подводных лодок – очень уж они хотят добиться малой шумности. Если уж винты не выдерживают удары даже об лед, то от удара о стальную обшивку корпуса, которая во много раз прочнее льда, лопасти обязательно сломаются.

Представьте себе турбину, вращающуюся силой бьющего пара со скоростью нескольких тысяч оборотов в минуту. Подвесной лодочный мотор «Вихрь» совершает 5050 оборотов в минуту.

Через редуктор ротор турбины жестко соединен с гребным валом. Вес ротора турбины, огромных шестерней редуктора и гребного вала с винтом на нем достигает сотен тонн, и мгновенно остановиться эта вращающаяся система в принципе не может. Поэтому как только одна лопасть винта упрется в препятствие – стальную конструкцию, все лопасти сразу обломаются! А гребной винт с обломанными лопастями в принципе не может толкать вперед субмарину. В этом случае иностранная субмарина должна сразу всплыть на виду у всего российского флота в его оперативном районе (!) и неподвижно замереть на воде, дожидаясь помощи надводных кораблей.

Дело в том, что труба торпедного аппарата весьма прочная и толстая, потому что при выстреле там развивается большое давление. Кроме того, торпедная труба не примыкает к легкому наружному корпусу непосредственно. Сверху располагается крышка легкого корпуса – щиток, и только потом, на некоторой глубине, – носовая крышка собственно торпедного аппарата. Поэтому удар пера стабилизатора иностранной субмарины по «Курску» должен был сначала прорубить две носовые крышки торпедного аппарата и только потом добраться до боеголовки торпеды.

БК: Тот факт, что эпицентр первого взрыва был в резервуаре торпеды 65-76, находившейся в торпедном аппарате № 4, не вызывает сомнения. Во-первых, это обнаруженные остатки раздутого резервуара, где хранился пероксид водорода, во-вторых, крышка именно этого торпедного аппарата оказалась вваренной в межотсечную переборку 2-го отсека. Как известно, эта торпеда была практической (учебной) и не несла боезаряда.

При скорости 5 узлов, с которой иностранная подводная лодка «отползала» от «Курска», за 2 минуты 15 секунд она смогла бы отойти на 331,83 метра. На этом расстоянии она должна была получить гидравлический удар от сейсмического события магнитудой 4,2. Что произошло бы с этой лодкой, окажись она на таком расстоянии при такой силе взрыва?

МВ: Молчание.

Мой комментарий:

Господа оппоненты! У меня для вас есть ответ на все поставленные мною вопросы. Он прозвучал из уст капитана I ранга Николая Черкашина в прямом эфире на радиостанции «Эхо Москвы» с ведущей Ксенией Лариной 14 августа 2006 года:

«И тут я немножко завидую Борису Аврамовичу. Потому что ему несколько легче было в том плане, что больше было материала, больше проверенного материала, материала следствия, с которыми я был незнаком».

И это правда!

Глава 21.
Генпрокурор Устинов: книга Кузнецова не должна появиться на свет

Я не знаю, говорил ли Владимир Устинов, что моя книга не должна появиться на свет, но, судя по его действиям, эти слова должны были прозвучать.

Как только в журнале «Коммерсантъ-Власть» (№ 42(595). 25.10.2004) появился анонс первого издания книги «Она утонула…» Правда о «Курске, которую скрыл генпрокурор Устинов», мне начали звонить знакомые и незнакомые люди, предупреждали и предлагали изменить название книги. Я уперся. В конце концов, Путина никто за язык не тянул, он сам эту сакраментальную фразу произнес. Цинизм Путина шокировал общество, и позже это изречение стало неким символом его правления.

На сайте ilanst.narod.ru/utonula.html я наткнулся на вариант слов российского гимна (автор неизвестен):

«Эта крылатая фраза [Она утонула] имеет глубокий смысл и просится в стихи.

Союз нерушимый распался навеки,
Россия ослабла, осталась одна.
Народ обнищал. Половина – калеки.
Державы уж нет – утонула она!

А где демократия? Слышатся вздохи…
Собчак, Старовойтова – их имена
остались как символы старой эпохи,
которой уж нет – утонула она!

Трагедия в море: опять субмарина
у нас оказалась совсем не годна.
А в чем же была основная причина?
Получен ответ: утонула она!

Должно быть бесспорное право народа
знать правду, к примеру – в чем, чья есть вина.
У всех журналистов должна быть свобода.
Свободы уж нет – утонула она!

И все-таки надо бы верить во что-то!
Пусть истины свет из-за туч нам луна
прольет, чтоб увидеть, где рая ворота.
Но истины нет – утонула она!»

Фрагмент видеозаписи с этими словами Владимира Путина до сих пор гуляет по Интернету, многие политики, политологи и журналисты неоднократно в разных вариациях использовали эту фразу, когда речь заходила о судьбах России. *«В 2024 году старичок-бодрячок Владимир Путин, сидя в студии ведущей американской телекомпании, на вопрос обозревателя «Мистер Путин, что случилось с вашей Россией» ответит со своей фирменной улыбкой: «Она утонула!»*[84]

«Что случилось с «Булгарией»? Она утонула (12.07.2011, Л. А. Рудницкий)»[85].

«Саяно-Шушенская ГЭС: Она утонула» (25.08.2009, В. Надеин)[86]

«Она утонула», работая в море,
Факт – да и только, случилось – прошло…
О том, что трагедия это и горе
В. Путин не знает… Ему хорошо…»[87]

26 января 2005 года мне позвонил Леонид Беррес, директор и владелец издательства «Де-Факто», где издавалась книга:

— Борис Аврамович, в издательстве – работники милиции и пара человек в штатском, они интересуются учредительными документами издательства, договором с вами на издание книги, местом нахождения типографии, но больше всего их интересует, где хранится весь тираж. Они изъяли один контрольный экземпляр книги. Тираж в издательство вести нельзя, у них твердое намерение его конфисковать.

— Леня, пообещай, что выдашь им документы, а сам линяй из офиса, я приму меры.

Позже выяснились некоторые подробности. В офис издательства пришли четыре человека, один из них – в милицейской форме. Представились сотрудниками милиции Московского линейного управления внутренних дел на водном и воздушном транспорте. Старший из сотрудников показал удостоверение на фамилию Волкова. Он предъявил документ, подписанный полковником милиции М. Р. Юсуповым, об изъятии учредительных документов, устава издательства, лицензионных документов и, главное, договоров на выпуск полиграфической продукции в связи с плановой проверкой. Никакого плана по проверке издательства быть не могло – оно существовало около месяца, плана проверки, естественно, не предъявлялось.

Один из сотрудников в штатском заинтересовался сигнальным экземпляром моей книги и долго расспрашивал об авторе и мотивах издательства, обстоятельствах расследования гибели «Курска». Договор на выпуск полиграфической продукции (а именно эти документы особо интересовали «милиционеров») у этого нового издательства был только один – на мою книгу. Не было никакого сомнения, что визит напрямую связан с уже анонсированным выходом книги.

В тот же день из Ульяновска должна была прийти фура со всем тиражом – 10 тысяч экземпляров. Я знал, где и когда нужно встречать трейлер, но первым делом позвонил Андрею Черкизову и поехал на радиостанцию «Эхо Москвы», где выступил в прямом эфире.

Выступление на «Эхе» заставило цензоров в штатском попятиться. Больше они в издательстве не появлялись. Вечером того же дня я встретил трейлер на Московской окружной дороге, и весь тираж был разгружен под Москвой недалеко от Домодедово на строящейся даче моего приятеля. Потом оттуда в феврале-марте книги развозились по распространителям.

Ссылка на Уголовно-процессуальный кодекс в запросе транспортной милиции могла быть только в том случае, если совершено преступление или имеется заявление о его совершении. Ничего подобного в связи с выходом книги быть не могло. В пресс-службе Московского управления внутренних дел на водном и воздушном транспорте корреспонденту газеты «Московские новости» на следующий день сообщили, что в издательство действительно приходил сотрудник. Но не книгой интересовался, а проводил антитеррористическую проверку всех объектов на вверенной территории, конкретно – в Северном порту. И фамилия его не Волков, а Козлов.

На следующий день новость о визите искусствоведов в штатском в издательство целый день транслировалась в новостях «Эха Москвы», «Московские новости» и «Новая газета» публиковали подробности.

Я отправил телеграмму (см. приложение № 27), на которую получил совершенно несуразный ответ. Само письмо не сохранилось, но, как мне помнится, мероприятия проводились в связи с борьбой с терроризмом, печати же было дано совершенно другое объяснение: плановая проверка.

Отбиться удалось, документы издательства так и остались невостребованными, а весь тираж оказался на прилавках книжных магазинов.

28 февраля 2005 года в Санкт-Петербурге на Васильевском острове в кают-компании Клуба моряков-подводников в присутствии родственников погибших состоялась презентация книги. (Приложение № 28) Интерес к книге, несомненно, вырос после выступления и публикации рецензии Юлии Латыниной. (Приложение № 21) Сначала рецензия была озвучена в эфире «Эха Москвы», затем появилась на сайте «Эха» и в «Ежедневном журнале».

Где-то в марте – начале апреля 2005 года, когда книга активно продавалась и в апреле вышла в лидеры продаж в интернет-магазинах, раздался телефонный звонок. Звонивший представился полковником ФСБ и предложил встретиться.

— Если я вам нужен, приезжайте в офис, — ответил я.

— Вы меня не поняли, я хочу встретиться в неофициальной обстановке. Приглашаю вас на обед, — он назвал мне адрес японского ресторана недалеко от Курского вокзала.

В ресторане меня ждали двое, один из них показал удостоверение: из Третьего департамента ФСБ – военная контрразведка.

— Мы хотели с вами познакомиться, попросить автограф и рассказать одну историю, связанную с вашей книгой.

История действительно оказалась замечательной. В конце февраля – начале марта директор Департамента военной контрразведки вызвал одного из оперативных сотрудников и познакомил его с сотрудником Генеральной прокуратуры, у которого был с собой экземпляр вышедшей книги. По мнению прокурорского работника, в книге содержались сведения, составляющие государственную тайну. Генерал предложил оперативному работнику показать книгу сотрудникам 8-го Главного управления Генерального штаба, которые отвечают за сохранность государственной тайны в Вооруженных силах и проводят экспертизы на степень секретности. Они созвонились и поехали в службу, которая курирует сохранность военной тайны в Военно-морском флоте. Встретивший их капитан I ранга повертел в руках контрольный экземпляр книги и предложил зайти завтра утром.

— Почему так быстро? — недоумевал прокурорский работник. — Обычно для проведения экспертизы требуются месяцы.

— Дело в том, — ответил военно-морской секретчик, — что я читал рукопись книги, там не было гостайны.

Мне нужно только сравнить книгу с рукописью, а это дело пары часов.

Прокурорский работник заметно сник. Указание Устинова остановить выход тиража и не пропустить книгу к полкам магазинов оказалось невыполненным.

Утром они ограничились телефонным звонком капитану I ранга, официального ответа не потребовалось, изменений в рукопись, которую я через знакомого офицера военно-морской разведки отправлял в Генеральный штаб для проверки на секретность, не вносилось.

Летом 2005 года меня пригласил к себе один из заместителей управляющего делами президента России. Бюро много лет обслуживало Управление делами, денег мы за это не брали, но нам сдавали в аренду несколько кабинетов в доме № 19 по Новому Арбату, не бесплатно, разумеется. Договор аренды действовал до 2009 года. В то время мы участвовали в нескольких процессах на стороне Управления делами. Одно из дел – о незаконном увольнении руководителя одного из предприятий, подчиненного Управлению делами, – рассматривалось как раз летом 2005 года в Пресненском районном суде.

– Старик, ты знаешь, как мы к тебе относимся, но ситуация такая, что тебе нужно срочно освободить офис. Кожину был звонок из Кремля, мы ничего сделать не можем. Да, я знаю, что у тебя аренда до 2009 года, если ты пойдешь в суд, то выиграешь. Выгонят меня и уволят твоего приятеля, – он назвал имя человека, который подписывал со мной договор аренды.

– Не волнуйся, уволить никого не уволят, в суд я обращаться не буду. Не хочу, чтобы у кого-то из-за меня возникли проблемы.

Через три дня я и мои адвокаты освободили офис.

Никто не скрывал, что преследование связано именно с выходом книги о «Курске».

Но не только я сам и адвокаты бюро стали жертвами «Курской» битвы», пострадала и аналитическая передача «Синие страницы», производимая питерской телестудией «Лушников-фильм», которая выходила на телеканале ТВ-3 в течение шести с половиной лет. Как раз в день закрытия программы 27 января 2006 года я должен был участвовать в передаче о гибели «Курска», которая была анонсирована. Как заявил прессе Алексей Лушников, в процессе переговоров с руководителем Петербургского филиала ТВ-3 ему удалось выяснить, что поводом для закрытия программы стал анонс в «Живом Журнале» о теме ближайшей программы в пятницу, 27 января. Планировалось, что гостями программы будут адвокат по делу АПЛ «Курск» Борис Кузнецов, журналист Даниил Коцюбинский, адвокат Юрий Новолодский, депутат Сергей Андреев, выступающие по актуальным и острым проблемам. Руководство телеканала сообщило, что указание о закрытии программы было получено из Кремля.

Из источника, близкого к окружению тогдашнего и теперешнего президента России Владимира Путина, мне было известно, что указание расправиться со мной дал лично он. Название книги, совпадающее с его ответом Ларри Кингу в интервью, вызвало у него крайнее раздражение.

Мое досье с делом «Курска» сгорело. Дело было так. После моего вынужденного отъезда, а правильнее сказать – бегства, из России архив адвокатского бюро и мой личный архив объемом около 3000 томов был вывезен на дачу одного из моих многочисленных приятелей. Спустя несколько месяцев трейлер с документами отправился в Питер, а моя дочь Юлия и зять забили ими баню на дачном участке под городом. Спустя несколько дней баня загорелась, весь архив сгорел, сгорело и мое адвокатское досье по «Курску». Вывод пожарной инспекции – поджог. Но в возбуждении уголовного дела было отказано. У меня нет сомнений, что движение архива отслеживалось ФСБ и его уничтожение – его рук дело.

Уничтоженный архив хранил немало ценнейших для меня документов, там были записки Бориса Николаевича Ельцина, Анатолия Собчака, Гали Старовойтовой, документы по делам Георгия Юматова, Майи Плисецкой и по многим другим, которые стали историей, во всяком случае, историей современной адвокатуры.

Но с досье по «Курску» мои противники просчитались. Предвидя возможность захвата архива, наиболее важные документы я сканировал, а 12 томов досье по «Курску» полностью ксерокопировал. Это и дало мне возможность написать книгу.

Глава 22.
Мутная вода вокруг «Курска»

Я уже писал о том, что версия столкновения с американской подводной лодкой появилась в первые дни после трагедии как одна из десятка версий, когда информации об обстоятельствах гибели корабля и экипажа было минимум, а затем забылась. Но огонь в печке «американской» версии тлел, его подогревали оголтелые большевики и некомпетентные журналисты при поддержке некоторых адмиралов, в первую очередь виновных в гибели корабля и экипажа.

Но в 2004–2005 годах «американская» версия не только возродилась, но и победоносно прошлась по газетам, журналам и интернет-страницам. Стремительное и массовое развитие точки зрения причастности американцев к гибели «Курска» совпало с ухудшением российско-американских отношений.

Не являясь специалистом в области внешней политики, назову только направления, отмеченные разными подходами США и России. Во-первых, размещение американских систем противоракетной обороны в Европе, во-вторых, расширение НАТО на восток и, в-третьих, претензии американцев к соблюдению гражданских прав в России.

В те годы Госдепартамент США заявил, что арест Ходорковского «вызывает подозрения в произвольном использовании судебной системы» и наносит серьезный вред западным инвестициям. Конгрессмен Том Лантос совместно с сенаторами Джо Либерманом и Джоном Маккейном подготовил проект резолюции Конгресса об исключении России из «большой восьмерки» за арест Ходорковского. Вместо этого в декабре 2003 года американский сенат принял резолюцию, призывающую российские власти обеспечить справедливое и открытое судебное рассмотрение дела. В Палате представителей резолюция о приостановлении членства РФ в «большой восьмерке» была принята лишь комитетом по международным делам в конце марта 2004 года.

В 2004 году США предоставили политическое убежище Ильясу Ахмадову, «министру иностранных дел Ичкерии». МИД России в своем заявлении обвинил США в двойных стандартах в вопросах борьбы с терроризмом. В этом же году США ввели санкции против некоторых российских компаний военно-промышленного комплекса. Этот год характеризовался выступлениями ряда американских политиков и представителей администрации США с критикой реформы российской государственной власти, что вызвало отповедь официального Кремля.

Газета Washington Post опубликовала статью Роберта Кейгана, в которой он назвал планируемые реформы в России «шагом к тирании», не имеющим ничего общего с войной с терроризмом, попыткой «установления диктатуры в духе Фердинандо Маркоса, Анастасио Сомосы или Пак Чжон Хи».

15 сентября президент США Джордж Буш-младший выразил озабоченность «принимаемыми в России решениями, которые могут подорвать демократию»:

«У великих демократий существует баланс власти между центральным правительством и местными правительствами, баланс между исполнительной, законодательной и судебной ветвями власти. Ведя борьбу с врагами демократии, надо придерживаться принципов демократии».

В 2004 году стало известно о том, что создание национальной системы ПРО США вышло на стадию размещения ее передовых элементов за пределами территории США и американского континента вообще.

Антиамериканские настроения, которые и раньше занимали умы части российского общества, стали благодатной почвой для дезинформации и версии о причастности американцев к гибели «Курска». К версии столкновения добавилась версия атаки «Курска» американской торпедой МК-48.

Эту версию выдвинул со слов неизвестного конструктора противолодочного вооружения Александр Изгоев в газете «Завтра» еще в июле 2001 года. В 2005 году она получила раскрутку.

И, наконец, газета «Жизнь»[92] сообщила, что специалист Северного флота, просивший не называть его фамилии, участвовал в обнаружении глубоководными аппаратами ВМФ, названными в публикации «дроновскими лодками», двух хвостовых частей торпед, идентифицированных по маркировке на них как МК-48. «Хвосты» были обнаружены не вблизи лодки, а в квадрате ее затопления размером 4 х 4 км еще до 18 августа 2000 года. Как утверждает газета, эта информация впоследствии не повторялась, что вполне может быть связано со спецоперацией по закрытию этих данных.

Я убежден, что «американская» версия по делу «Курска» – это «активное мероприятие»[93] ФСБ. Для придания достоверности важна не только сама легенда – очевидно, антиамериканская, но и ее детали, степень проработанности, а также выбранный для ее озвучивания рупор. Речь идет о нашумевшем фильме Жан-Мишеля Карре «Курск»: Подводная лодка в мутной воде».

Автор фильма «Курск»: Подводная лодка в мутной воде» Жан-Мишель Карре.

Доказательства причастности российских спецслужб к «изготовлению фильма» есть и в самом фильме. Кадры оперативной съемки ареста Эдмонда Поупа, подводные съемки «Курска» – доступ к этим материалам могли получить только лицо или организация, которые либо выполняют задание, либо сотрудничают со спецслужбами России. Слово в слово пересказывает содержание фильма и выдает его за свою версию контрразведчик Владимир Ефимович в материале «Курск» затонул из-за американской подлодки» («Комсомольская правда», 12.08.2010).

Об «активных мероприятиях» КГБ СССР написано много. С одним из них я столкнулся лично. Несколько лет тому назад мне довелось представлять интересы родственников Никиты Сергеевича Хрущева.

Сын Никиты Сергеевича Хрущева от первого брака, военный летчик старший лейтенант Леонид Хрущев 11 марта 1943 года в составе 2-й эскадрильи 18-го Гвардейского авиационного полка 303-й Истребительной авиадивизии 1-й Воздушной армии трижды вылетал на самолете ЯК-7б для прикрытия наземных войск от авиации противника в районе города Жиздра. При третьем вылете самолет Леонида Хрущева был атакован двумя истребителями FW-190. Один из летчиков эскадрильи видел горящий самолет, который под острым углом падал на землю. Этот воздушный бой наблюдали местные жители, которые видели падающий самолет, но не видели парашютиста.

Когда Никиту Сергеевича Хрущева снимали с должности в октябре 1964 года, КГБ разработал «активное мероприятие», объясняющее хрущевский антисталинизм. Якобы Леонид Хрущев выжил, был захвачен немцами и согласился добровольно сотрудничать с ними. Сталин дал указание Павлу Судоплатову выкрасть Леонида Хрущева и предать военному трибуналу. Никита Хрущев упал в ноги к Сталину и попросил помиловать сына, но приговор был приведен в исполнение. По этой версии, мотивом выступления Хрущева с докладом «О культе личности Сталина и его последствиях» на XX съезде КПСС стала личная месть.

Предложили версию Брежневу, по слухам, он сказал примерно следующее: *«Никита, конечно, говно, но причем здесь его сын, который геройски погиб?»* Эта версия осталась ходить на уровне слухов, а когда в наше время оказалась востребованной персона «вождя народов», появилась в печатном виде.

Доказательств, конечно, никаких нет, но эту версию в предположительной форме озвучивали в своих книгах писатель Владимир Карпов и ГКЧПист, маршал Дмитрий Язов. Я встречался с Павлом Анатольевичем Судоплатовым незадолго до его смерти, по-моему, это был 1992–1993 год, но совершенно по другому поводу. Он сам затронул тему Хрущева и рассказал мне об этой легенде. Когда я готовился к процессу, Павла Судоплатова уже не было в живых, а его сын Анатолий, с которым я встречался, эту историю не знал.

Этот пример показывает, как рождаются легенды, а точнее говоря, как их фабрикуют на Лубянке.

По французскому каналу France-2 фильм Жан-Мишеля Карре показали только один раз, и большой известности он не получил, но пару лет назад фильм прошел по канадскому телевидению и вызвал многочисленные отклики в СМИ и в Интернете. Картина завоевала гран-при Международного фестиваля полнометражного документального кино во Франции (Festival International Du Grand Reportage d'Actualite, FIGRA), а сейчас бродит по Интернету с припиской: «Этот фильм никогда не будет показан в России». Правда, в июне 2007 года он был показан в Государственной Думе.

DVD с фильмом Карре «Курск»: Подводная лодка в мутной воде».

Бес меня попутал поучаствовать в этом фильме. В 2005 году мне позвонил режиссер и пригласил сняться в нем. Общую концепцию ленты он не раскрыл. Речь шла лишь об объективном взгляде на трагедию пятилетней давности. Перед камерой я подробно изложил обстоятельства гибели корабля и экипажа, как я это видел, как описал в жалобах, а потом – и в первом издании своей книги. Но фрагмент с моим участием старательно обкорнали, оставив несколько общих фраз. У тех, кто видел этот фильм, может возникнуть впечатление, что я также являюсь сторонником версии авторов.

Пострадал не я один. В фильме есть кадры с участием Сергея Пархоменко, Сергея Ковалева, которые, я уверен, тоже не разделяют мнения авторов фильма.

В начале 2007 года просмотр фильма состоялся в Музее и Общественном центре им. А. Сахарова. Я пытался связаться с режиссером, но он был недоступен. В августе-сентябре 2007 года я планировал быть в Париже, но в июле 2007-го эмигрировал. Сейчас у меня есть возможность, осмыслив доводы авторов фильма, высказать свое мнение по изложенной в нем версии.

В той части, где речь идет о причинах и обстоятельствах гибели «Курска», фильм – сказка. Ганс Христиан Андерсен, Лафонтен, братья Гримм и русский сказочник Петр Ершов отдыхают. В общих чертах сказочный сюжет выглядит следующим образом: русская подводная лодка «Курск» испытывала новую торпедоракету «Шквал», которую хотели купить китайцы. Китайская делегация присутствовала на учениях. Неподалеку крутились две американские подводные лодки «USS Memphis» и «USS Toledo», которые очень не хотели и не могли смириться с тем, что китайцы могут приобрести это грозное оружие. «USS Toledo» маневрировал в опасной близости от «Курска», а «USS Memphis» вел наблюдение на расстоянии, при этом американские субмарины своими маневрами должны были дать понять, что Америка против продажи Китаю торпедоракет «Шквал». «Курск» сообщил об опасном маневрировании на «Петр Великий», в воздух поднялись истребители, а корабли сблизились с «Курском».

«USS Toledo» в конце концов получил то, что «выпрашивал», и столкнулся с нашим крейсером, как баржа столкнулась бы с маленькой лодкой, а затем медленно «отполз» в США. Экипаж «USS Memphis» слышал, как «Шквал» загружается в торпедный аппарат, и произвел по «Курску» выстрел новой торпедой МК-48 с боеголовкой из обедненного урана. Залп вреда «Курску» почти не нанес, а командир дал команду заделать дыру и потушить пожар. *Сила пожара спровоцировала дезинтеграцию находящегося на борту«Шквала», взрывную мощь которого знают только в России».* Китайцев срочно загрузили на вертолет, и командующий Северным флотом, он же руководитель учений адмирал Попов, высадил их на землю.

«USS Memphis» тоже пострадал, но своим ходом за двое суток «доковылял» до норвежской базы в Бергене, и там его засняли с помощью спутников-шпионов журналисты из еженедельника «Версия» и норвежская журналистка, пробравшаяся на базу. Снимки, естественно, приводятся. При этом так называемый «USS Memphis» находится на плаву, а на его палубе перед рубкой сфотографирована брезентовая палатка, которая якобы закрывает носовой аварийный люк, что свидетельствует о тяжелой аварии. Снимки в порту не позволяют идентифицировать подводную лодку даже по типу. Возникает угроза третьей мировой войны, об этом авторы фильма узнают из достоверного источника – газеты «Правда».

Для предотвращения термоядерной войны президент России, он же главнокомандующий Владимир Путин, остался на отдыхе в Сочи и несколько раз по телефону говорил с Биллом Клинтоном, который уговаривал Путина не начинать мировую войну. В Москву прилетел директор ЦРУ Джордж Тенет, который и утряс конфликт. Америка списала российские долги, а Россия получила кредит в 10 миллиардов долларов. Путин молчит об этом до сих пор, только убрал группу адмиралов, но не за то, что они виновны в гибели корабля и 118 членов экипажа, а за то, что они озвучили «американскую» версию гибели «Курска».

Факты и сведения, которые приводятся в фильме, с достаточной мерой условности можно разделить на следующие группы: ложь в чистом виде, ложь, закамуфлированная под правду, глупость бытовая (недомыслие, некомпетентность), глупость клиническая, версии с надуманными основаниями и предположения без всяких оснований. Сказанное относится к обстоятельствам гибели корабля и экипажа. Кадры фильма, касающиеся спасательной операции и потоков лжи, которые с первых дней трагедии выливали на российских граждан, не отходивших в те дни от телеэкранов, вполне правдивы.

Оспаривая факты, утверждения и выводы, я вынужден прибегать к аргументации, с которой читатель уже познакомился на предыдущих страницах книги, но повторение обусловлено заботой о читателе – во-первых, отпадет необходимость возвращаться к предшествующим главам, а во-вторых, эта глава, по существу, – отдельная книга, в которой опровергаются доводы фальсификаторов трагедии.

Фильм – как бы антипутинский и антиамериканский, так как содержит прямое обвинение Путина в сговоре с американским президентом, но, о точки зрения предотвращения термоядерной третьей мировой войны, – фильм пропутинский: Путин спас цивилизацию и попутно заработал десяток миллиардов долларов для России.

Характерно, что «американскую» версию трагедии «Курска» одной из первых озвучила итальянская газета La Stampa. В материале о «Курске» нет подписи автора, но мне думается, что публикация «американской» версии не обошлась без московского корреспондента этой газеты некого Джульетто Кьезы, бывшего депутата Европарламента, бывшего корреспондента газеты L'Unità, с которым я много лет назад сталкивался в суде.

Журналист Владимир Воронов в журнале «Столица» (№ 2, 1994) опубликовал материал «Новые приключения итальянцев в России», в котором поведал читателю, что Джульетто Кьеза много лет состоял на содержании ЦК КПСС и кормился в КГБ. Его причастность к КГБ доказать в суде нам не удалось, поэтому его иск был удовлетворен частично. Но я не бросил дело, а продолжал заниматься анализом публикаций этого журналиста. И кое-что мне удалось. Действуя окольными путями, КГБ стремился оказать давление на решения правительств других стран, подорвать доверие народа к своим руководителям, дискредитировать своих противников или, во всяком случае, ослабить их позиции.

Были опубликованы два сообщения, отправленные в Вашингтон посольством США в Италии. В них сообщались результаты проводимых ЦРУ мероприятий по обработке общественного мнения. В КГБ СССР существовало специальное подразделение – отдел «А» в Первом главном управлении (разведка), в задачу которого входило практическое обеспечение решений Политбюро ЦК КПСС и международного отдела ЦК КПСС «активными мероприятиями».

Через агентуру влияния, через завербованных политиков, профсоюзных деятелей, местных коммунистов и журналистов в различных странах передавалась дезинформация, публиковались статьи, которые компрометировали политических и общественных деятелей, создавали искаженное впечатление о событиях, представляли в благоприятном свете деятельность СССР и его руководителей[94].

Анализ показал, что публикации Джульетто Кьезы в газетах L'Unità и La Stampa удивительным образом совпали с проводимыми КГБ «активными мероприятиями», часть из которых описана в книге «Москва. Хроника заранее объявленного государственного переворота» (Рим-Бари, 1993).

В последнее десятилетие появился ряд свидетельств антиамериканской направленности журналистской и писательской деятельности этого коммунистического апологета: его книга «Zero» и снятый по ее сценарию фильм «9/11. Расследование с нуля» о трагедии 11 сентября, где он говорит о бездоказательности причастности «Аль-Каиды» к этой трагедии, его постоянные выступления в защиту Северной Кореи, режима Саддама Хусейна во время войны в Кувейте, «рассказы» о непосредственном участии американских политиков в развале СССР (книга «Прощай, Россия!»)... Этот фильм, заказчиком которого, по моему убеждению, выступает ФСБ России или близкие к нему структуры, продолжает традиции КГБ с его «активными мероприятиями», только сейчас антиамериканская риторика фильма совпадает с политикой путинского режима.

Но вернемся к фильму. Я решил применить тот же прием, который уже использовал в этой книге: привожу фрагмент стенограммы фильма, а затем комментирую его. Такой подход обусловлен деталями, в которых, как известно, кроется дьявол. Я выбрал только те фрагменты картины, которые несут смысловую нагрузку с точки зрения обстоятельств гибели «К-141» и экипажа, а также фрагменты и эпизоды, свидетельствующие о полном пренебрежении к судьбам и жизням людей.

Итак, начинаю препарировать фильм. Орфография и пунктуация сохранены и соответствуют субтитрам.

Фрагмент фильма № 1

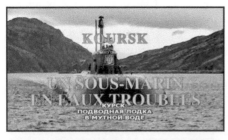

12 августа 2000 г. Курск выполнит показательный выстрел. Он выпустит новую ракетоторпеду «Шквал». Эти торпеды, созданные в России, способны с помощью системы суперкавитации, образуя газовую оболочку вокруг неё, развивать колоссальную скорость. Более 500 км/ч под водой, тогда как обычная скорость не превышает 60 км/ч.

И на это мероприятие в Россию пригласили китайскую делегацию. Можно предположить, что Россия пытается продать Китаю это мощное оружие. Но американцы об этом знают и не могут ни в коем случае смириться с тем, что у Китая будет такое мощное оружие.

М. Стредлинг, инженер по торпедам: «Обладание таким оружием, как «Шквал», поставит Китай в ту же категорию что и Запад, и это опасно для равновесия в мире».

Адмирал Эйнар Скорген, командир норвежского флота: «Были слухи о том, что будут испытания новой торпеды. Я это слышал два месяца назад от наших спецслужб».

Мой комментарий:

О том, что «Курск» был вооружён «Шквалом», авторы фильма сообщают в утвердительной форме, о продаже этого оружия Китаю – в предположительной, все действия американцев – в утвердительной. Сочетание утвердительной и предположительной форм изложения фактов создает у зрителя полное ощущение правдивости того, что он видит на экране, и исключает обвинение создателей фильма во лжи: ведь перед каждым утверждением присутствует предположение. Неважно, что предположения относятся к другим обстоятельствам. Авторы фильма в любой момент могут подтянуть предположение к фактам, которые излагаются в утвердительной форме. Это наше предположение, это наша версия, ответят они любому обвинителю.

В фильме есть такой фрагмент: на экране Путин во время инаугурации на должность президента России поднимается по ступеням Большого Кремлёвского дворца. Сцена сопровождается авторским комментарием:

«Сомнения, молчание и постоянная ложь Путина и его аппарата создают впечатление, что официальная версия была полностью сфабрикована по дипломатическим причинам. Расследование, проведённое в России, США, Великобритании и Норвегии, позволило нам выработать гипотезу правдоподобно разъясняющую эти события. Чтобы понять, нужно попробовать представить, что могло произойти».

Итак, авторы фильма признают, что речь идет лишь о версии. Если факт намерения китайцев приобрести «Шквал» – гипотеза, то и все действия и события – не более чем предположение авторов фильма.

Авторы не называют источника получения сведений о том, что «Курск» был вооружён ракетоторпедой «Шквал» и проводились испытания именно этого оружия. О том, какое оружие находилось на борту «Курска» и какое оружие испытывается, знали многие люди, материалы уголовного дела содержат по этой теме десятки документов, показания сотен свидетелей – это военные, которые хранили торпеды, готовили их и загружали на «Курск», план учений, инструкции по использованию оружия. И ни одно из них не содержит никаких сведений о «Шквале». Можно сделать однозначный вывод, что «Шквала» на борту погибшего корабля не было.

Ссылка на командующего норвежскими ВМС адмирала Эйнара Скоргена ситуацию не проясняет. Во-первых, он пользуется слухами. Во-вторых, конкретный тип торпеды не называет, а «Шквал» не упоминает. Напомню читателю, что одновременно с учениями предполагалось провести испытание электромеханической торпеды калибра 533 мм с новыми аккумуляторами. Может быть, именно об этой торпеде говорит норвежский адмирал?

Фрагмент фильма № 2

[На учениях] будут присутствовать две американские подводные лодки – Мемфис и Толедо, можно ли предположить, что Мемфис выстрелит торпедой в Курск? И что этого 12 августа 2000г мы избежали начала ядерной войны?

Мой комментарий:

Титры на русском сделаны небрежно и непрофессионально. Такое впечатление, что переводчик – иностранец, проучившийся несколько месяцев в университете им. Патриса Лумумбы. Думаю, что авторы на низкое качество перевода пошли сознательно, такой перевод создает у российских телезрителей впечатление достоверности. Текст за кадром – на французском языке, переводится на русский язык с очевидным иностранным акцентом. Менталитет русского человека – иностранец врать не может.

Что означает фраза «Будут присутствовать две американские подводные лодки – Мемфис и Толедо»? В учениях американцы не участвовали. Учения проводили корабли только Северного флота. В материалах дела и в показаниях свидетелей есть информация об уведомлении российской стороной всех стран, обладающих военно-морским флотом, о состоящихся учениях с указанием географических координат их проведения. Это означает запрет захода в район учений всех гражданских судов и военных кораблей зарубежных стран.

По тем материалам, которыми я располагаю, американские подводные лодки «USS Memphis» и «USS Toledo» находились примерно в 350 милях от района боевых действий.

Фрагмент фильма № 3

8 дней спустя после его назначения, Путин подписывает указ об аресте Эдмонда Поупа – американца обвиненного в покупке секрета «Шквала». Суд над ним начинается в конце июля 2000 г., за 2 недели до катастрофы. Поуп будет осужден на 20 лет колонии строгого режима. Он будет освобожден после 9-месячных переговоров между Россией и Америкой. Его арест перед маневрами был наиболее эффективным средством, чтобы лишить американцев информации о «Шквале».

Апрель 2000 г. Оперативная съемка. Эдмонд Поуп был арестован в гостинице с секретными документами и в присутствии российского ученого Анатолия Бабкина – конструктора торпеды «Шквал».

Поуп: «Мы узнали о «Шквале» в программе обмена с Россией в 1995 году».

Он покупает часть чертежей при Ельцине, тогда всё можно было купить более или менее легально.

Поуп: «Я слышал от разных источников, что присутствовали 1 или 2 китайских официальных лица – в качестве наблюдателей. Я знаю что Китай уже покупал «Шквал». Раз китайцы присутствовали, значит Россия собиралась им продать новую версию «Шквала».

Мой комментарий:

В фильме демонстрируется фрагмент видеозаписи приобретения Поупом чертежей ракетоторпеды «Шквал». Обратите внимание на надпись, расположенную под русскими титрами: «Images KGB 1998» («Изображения КГБ 1998»). Почему указан год 1998-й, а не 2000-й, когда был арестован Поуп?

Во-первых, Поуп мог быть в разработке не один год, во-вторых, по-видимому, камера слежения досталась ФСБ в наследство от КГБ СССР. Нет никакого сомнения в том, что по содержанию и качеству изображения эта съемка – не что иное, как оперативная съемка ФСБ РФ, сделанная с видеокамеры, негласно установленной в помещении.

Невольно возникает вопрос: как к создателям этого документального шедевра попали материалы, имеющие гриф «секретно»? Дальше я попытаюсь ответить на этот вопрос.

Обращает на себя внимание и умышленная юридическая безграмотность. Не может президент России подписывать указы об аресте (см. мой комментарий к фрагменту фильма № 2).

Поуп не называет ни одного из своих «разных» источников, а также не говорит, когда ему это стало известно: до учений или после его помилования и возвращения в США. Если «до», то возникает вопрос: как он узнал об этом, находясь в тюрьме ФСБ «Лефортово», где в то время содержался?

В то же время авторы фильма утверждают, что адмирал Попов высаживает на землю китайских наблюдателей и разговаривает с главнокомандующими (с какими?) в момент столкновения «Курска» с «USS Toledo». Не было Вячеслава Попова на борту «Петра Великого» в момент гибели «Курска». Об этом подробно рассказано в главе 5. Ни один из более чем 2500 человек экипажа крейсера не видел ни одного китайца. В то же время сидящий в тюремной камере Поуп о них знал. Классика вранья.

Вооружимся обычной логикой. Китайцы прибыли на учения по поводу ракеты «Шквал», но если предположить, что они приехали посмотреть на испытания, то какой смысл Попову вывозить их до атаки с применением «Шквала»?

Авторы фильма, информируя о китайском участии в учениях, ссылаются на журнал Scientific American. Есть в США такой журнал, научный, солидный. И публикация о китайцах тоже есть, но утверждается, что китайцы (китаец) находились на «Курске», и в качестве источника журнал ссылается на Российскую национальную информационную службу. Найти концы этой информации оказалось невозможно.

«Раз китайцы присутствовали, значит Россия собиралась им продать новую версию «Шквала», – делает вывод автор фильма.

Если китаец (китайцы) находился на «Курске», то он был 119-м моряком на борту корабля. О его (их) присутствии на борту никому известно не было – ни до выхода в море, ни при подъеме корабля, ни при расследовании уголовного дела.

Следовательно, присутствие китайцев на учениях и китайцев на борту «Курска» – выдумка авторов фильма или сценаристов в штатском. Китайцы стали действующими лицами «французской сказки» только для того, чтобы объяснить заинтересованность американцев в срыве учения, а если такого интереса нет, то американцам «Курск» и на фиг не нужен. Тогда не нужно его топить, не нужно ставить мир на грань ядерной войны.

Если даже предположить, что американцы решили лишить китайцев «Шквала» таким хитроумным способом, в этом случае на «Курске» должен был находиться не экипаж, а инженеры, техники, конструкторы-изобретатели «Шквала», а также чертежи и опытные образцы «Шквала». В противном случае торпедная атака «Курска» не предотвратит передачу усовершенствованной модели торпедоракеты Китаю и вообще лишится какого-либо смысла.

Честно говоря, сам факт существования «Шквала» вызывает у меня серьезные сомнения. Это похоже на легенду о «красной ртути», которую контрабандой вывозили из России, ввозили в другие страны, но никто ее никогда не видел. В фильме есть кадры испытания «Шквала», но в кадре видно движение похожего на торпеду объекта и взрыв. По изображению длительностью 1–2 секунды невозможно определить, было это испытание «Шквала» или другой торпеды.

Стоит упомянуть и судебный процесс над Поупом. Он был закрытым. То, что за сбор сведений о «Шквале» признан виновным и осужден Эдмонд Поуп, меня не убеждает. Судя по той информации, которую я получил с этого процесса, главный свидетель обвинения по делу, профессор МГТУ им. Баумана Анатолий Бабкин отказался от показаний, данных им на предварительном следствии. Ранее невиновность Поупа подтвердили разработчики противолодочной торпеды «Шквал» Генрих Уваров и Арсений Мятин и жена профессора Бабкина Галина Бабкина. Все эти свидетели утверждали, что Поуп не пытался получить какие-либо секретные материалы о российских противолодочных торпедах. По словам адвоката Поупа Павла Астахова, из 200 ходатайств защиты были удовлетворены только 3 (!). Если эта ракетоторпеда и существует, то либо в чертежах и эскизах, либо в единичных опытных образцах.

Вспоминаю дело Игоря Сутягина, тоже обвиненного в шпионаже. По одному из эпизодов ему вменяли в вину, что он сообщил американской военной разведке о серийном выпуске нашей промышленностью ракеты Р-77 класса «воздух-воздух». Защита представила доказательства, что этой ракетой вооружены все типы истребителей и истребители российских ВВС и ВМФ, а с 1992 года ракета производится на экспорт. Суду была предъявлена справка завода-производителя о том, что ракета не является секретной. Судья Мосгорсуда Марина Комарова отказалась приобщать эту справку к материалам дела и предъявлять ее присяжным на том основании, что она подписана не директором завода, а его заместителем.

Я думаю, что нечто подобное происходило и на процессе Поупа.

Фрагмент фильма № 4

В субботу 12 августа 2000 года в 8 ч. 51 мин. Курск сообщает крейсеру «Петр Великий», что собирается провести перископическое наблюдение с 18 метровой глубины, чтобы продемонстрировать свою новую торпеду. Почему командир решает прекратить радиосвязь, тогда как выстрел торпеды намечен только через 3 часа?

Мой комментарий:

Начнем с фактов. Начальник штаба Северного флота вице-адмирал Михаил Моцак показал на допросе, что 11 августа 2000 года «Курск» выполнил боевое упражнение РС-2 по мишенной позиции, после чего всплыл и его командир по ЗАС и радио доложил о выполнении боевого упражнения.

В 14 часов 48 минут после выполнения ракетной стрельбы Лячин донес об освобождении района огневых позиций и следовании в РБД-1 через район ожидания и погружении до 18 часов 12 августа. В 6 часов 8 минут 12 августа командир АПРК «Курск» доложил о занятии РБД-1 и готовности к выполнению торпедных стрельб. В 8 часов 51 минуту он донес о выполнении боевого упражнения (условная ракетная стрельба). Больше «Курск» на связь не выходил.

С чего авторы фильма взяли, что в момент подготовки торпедной атаки «Курск» имел сеанс связи со штабом учений, я не знаю. Они не понимают, что Геннадий Лячин не мог нарушить радиомолчание, в ином случае он был бы запеленгован кораблями условного противника и получил «неуд».

«Перископическое наблюдение» – это класс, это – по Александру Покровскому. Из разряда сексуалистического желания дать перископом по фейсотической морде лица.

Фрагмент фильма № 5

Западные спутники сообщают, что многие российские корабли приближаются к Курску. Российские самолёты с атомными бомбами вылетают в зону манёвров. Согласно международным соглашениям по стратегической безопасности НАТО должно было быть предупреждено. Верховное командование Северного флота отказывается дать малейшее объяснение этих полетов. Некоторым подводникам дан приказ надеть защитный комбинезон.

Мой комментарий:

Шендерович, Жванецкий и Задорнов собрались вместе и отдыхают. Спутники сбились в стадо, зависая над районом учения. Истребители с ядерными бомбами – это примерно то же самое, что римские легионеры с противотанковыми гранатометами. По мнению авторов фильма, командование Северного флота, объявив о проведении учений с запретом захода военных кораблей и судов в район учений, должно еще написать докладную записку руководству НАТО по поводу взлета каждого самолета с палубы авианосного крейсера, но не пишет!

Откуда в фильме появились «самолёты с атомными бомбами»? *«Происходит взрыв в торпедном отсеке. Объявлена тревога. Обнаружена первая пробоина. Почему, ведь стоило* только нажать на одну кнопку, командир не даёт команду наполнить воздухом балласты, чтобы моментально поднять Курск? Почему аварийный буй не был отправлен на поверхность? Даже наоборот, двигатели были пущены на максимальную скорость, будто Курск подвергся внешней атаке. 2мин 15сек спустя, происходит второй взрыв».

Откуда режиссер взял, что объявлялась тревога? Откуда в фильме появилась команда «На всплытие»? С чего авторы взяли, что двигатели «Курска» были запущены на максимальную мощность? Почему решили, что при внешней атаке корабль должен увеличивать скорость и всплывать, а не менять курс и погружаться? Получить такую информацию можно было только находясь в 2-м отсеке рядом с Геннадием Лячиным.

Переодевание в легководолазное снаряжение или в индивидуальные дыхательные аппараты перед стрельбой учебной торпедой по своей глупости и некомпетентности можно сравнить только с утверждением, что экипаж перед стрельбой облачился в смокинги. Индивидуальные дыхательные аппараты моряки надевают при выходе из аварийной подводной лодки.

Я специально привел этот фрагмент фильма, чтобы показать степень некомпетентности его авторов. Единственный вопрос, имеющий право на существование: почему автоматически не всплыл аварийный буй?

На этот вопрос отвечает следствие. Я уже писал о причинах невсплытия аварийного буя (см. главу 7), но важность вопроса, неоднократные ссылки на буи как на доказательства вины американских ВМС заставляют меня напомнить, что аварийный буй не всплыл из-за невключения автоматической системы его отстрела.

Фрагмент фильма № 6

Ф. Рингвал, норвежский сейсмолог: «Второй взрыв был невероятно сильный. В 100 раз мощнее первого. Второй взрыв образовал огромную пробоину в носовой части субмарины. Курск тонет на глубине 108 метров в Баренцевом море. Подводники останавливают 2 атомных реактора, 23 человекам из 118 удаётся укрыться в последнем отсеке, снабжённым аварийно-спасательным шлюзом».

Вместо того чтобы приблизиться к Курску адмирал Попов, командующий манёврами, даёт приказ кораблям удалиться. Затем он исчезает на несколько часов, чтобы вернуться на базу.

В это же время, российская сверхсекретная минисубмарина АС-15 осматривает Курск вместе с водолазами из спецотдела разведывательных служб. Эта информация будет оглашена только несколько месяцев спустя.

Мой комментарий:

Здесь почти все – правда. Глубина затопления «Курска» указана верно. Второй взрыв действительно превосходил первый примерно в 100 раз. Единственное замечание: не подводники заглушили ядерные реакторы, а сработала аварийная система их заглушки. Если бы этого не произошло, последствия были бы непредсказуемы. Действительно оставшиеся в живых 23 подводника укрываются в 9-м отсеке.

Когда и каким кораблям адмирал Попов дает команду удалиться от «Курска»? Ясно, и это показало расследование, что Попов и другие руководители учений не знали, что произошло с «Курском» до его обнаружения и обследования подводными аппаратами. Лодка была объявлена аварийной только спустя 11 часов после гибели корабля, а обнаружен «Курск» – только утром 13 августа. Кроме того, сам Попов никаких команд отдать не мог, так как он находился на берегу, о чем сообщается в этом же фильме. Попов вступил в руководство спасательной операцией только в 14:50 13 августа. Передвижение кораблей АМГ 12 августа 2000 года включало прохождение через РБД-1, принятие мер для обнаружения подводной лодки, ожидание сначала торпедной атаки, а затем – выхода «Курска» на связь и всплытия.

В материалах уголовного дела нет сведений об осмотре лежащего на дне корабля специальным подводным аппаратом АС-15, но информация о таком осмотре утекла и попала к французам (о возможном участии в осмотре «К-141» «дроновских» подводных лодок рассказано в главе 6).

Фрагмент фильма № 7

Курск на небольшой глубине для субмарин такого типа, которые проводят боевые учения. Он затонул так неглубоко, что его можно видеть с поверхности. Чтобы хорошо понять, нужно представить Курск в вертикальном положении. Его задняя часть выступала бы на 50 метров над уровнем моря, и люк аварийно-спасательного шлюза оказался бы над водой. Несмотря на все это, российский флот официально заявляет, что ему понадобилось 30 часов, чтобы найти Курск.

Мой комментарий:

Действительно, глубины на так называемой Мурманской банке Баренцева моря небольшие («Курск» затонул на глубине 108 метров), и если бы «Курск» (длина корабля – 154 метра) затонул в вертикальном положении, то спасательный люк 9-го отсека выступал бы над поверхностью. Малые глубины района учений были предметом обсуждения специалистов: допустимо ли проведение учений с участием атомных субмарин на таких глубинах?

Одни специалисты считают, что эти глубины опасно малы, другие, в том числе многие подводники, полагают, что обучение экипажей подводных лодок нужно проводить на малых глубинах. Этого может потребовать боевая обстановка. Но чтобы на таких глубинах видеть «Курск» с поверхности, надо обладать особой чекистской проницательностью. Не исключаю, что фильм «сопровождал» киновед в штатском, а не специалисты.

Прозрачность морской воды – это ее физическое свойство, равно как и плотность, температура, теплоемкость, цвет, соленость, вязкость и др. Различные районы Мирового океана, а также внутренние водоемы имеют разные показатели.

Для Баренцева моря прозрачность составляет 15–40 метров. Увидеть лежащую на дне в горизонтальном положении подводную лодку с учетом расстояния от киля до верхнего ограждения рубки (28 метров) при всем желании невозможно.

При объявлении подводной лодки аварийной проводится поисковая операция, задачей которой является обнаружение аварийного корабля. После обнаружения проводится спасательная операция. Весь этап от объявления корабля аварийным до прекращения спасательной операции на флоте называется поисково-спасательной операцией.

Как правило, поиск осуществляется специально выделенными кораблями и судами, а спасательная операция проводится спасательными судами, имеющими специальное оборудование и снаряжение.

Как я уже писал ранее, гидроакустики «Петра Великого» услышали стуки в 02:22 13 августа, адмирал Попов определил, что «Курск» был обнаружен в 02:30, аномалия на дне – в 10:34, а в 18:15 моряки зафиксировали с аппарата АС-34 засветку на гидролокаторе. В 18:32 командир этого аппарата доложил:

«На ходу 2 узла вошел в соприкосновение с объектом, имеющим резиновый корпус. Свалился на винт, когда обследовал кормовую часть, после чего вынужден был аварийно всплыть. Комингс-площадку кормового аварийно-спасательного люка наблюдал через перископ».

Фрагмент фильма № 8

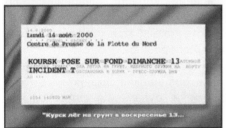

Только 2 дня спустя, в понедельник вечером, по телевидению объявляют о происшествии: в воскресенье 13 августа, Курск утонул со всем экипажем. Факс, отправленный в СМИ, подписанный пресс-службой ВМФ, начинается со лжи: «Курск лег на грунт в воскресенье 13. [...] Произошли технические неполадки, ядерного оружия на борту нет». Адмирал Георгий Костев: «Атомные лодки на грунт не ложатся – это должно быть что-то серьезное, и все подводники это знают».

М. Стредлинг, инженер по торпедам: «Ни одно военное судно не выходит на задание без своего оружия. Даже если собираются использовать только оружие для учения, судно может быть вызвано, в любой момент для участия в настоящем конфликте».

Мой комментарий:

М. Стредлинг прав. «Курск» – корабль первой линии, на нем всегда есть боевые ракеты и торпеды. Но это не значит, что ракеты и торпеды имеют ядерные боеголовки. На корабле были ракеты и торпеды не с ядерными, а с обычными боеголовками. Авторам фильма «ядерный» боезапас «Курска» нужен был лишь затем, чтобы повысить степень мировой опасности.

Фрагмент фильма № 9

Вице-адмирал Моцак, один из ответственных за маневры, сообщает новости, дающие надежду, говоря о том, что точно известно, что там есть живые люди, которые подают сигналы SOS, стуча по корпусу, что эти стуки были проанализированы и что у моряков достаточно кислорода на 10 дней.

Мой комментарий:

Стуки были, но никто их не анализировал, ни у кого не было со- мнения, что стучали моряки «Курска». Информирование о жизнедеятельности «К-141», включая объем сохранившегося кислорода, – ложь. Первое публичное заявление из Главного штаба ВМФ России появилось в 11 часов 14 августа, в нем сообщалось, что подлодка «Курск» легла на дно. Что с ней поддерживается радиосвязь – тоже ложь. Заявление пресс-службы ВМФ об отсутствии опасности для жизни экипажа и том, что через спасательный аппарат «Колокол» осуществляется подача топлива, кислорода и продув систем АПЛ, – тоже ложь. Моцак в одном из интервью признавался:

«*Мы очень дозировано говорили что-то надуманное, хотя всем было ясно истинное положение дел*» и «*Уже 15 августа мы обладали полной информацией о реальном состоянии дел на лодке*»[95]. Один из главных виновников гибели «Курска» и экипажа, по сути, подписал чистосердечное признание в том, что вводил в заблуждение российских граждан. Но это не освобождает его от ответственности.

Фрагмент фильма № 10

Российские и зарубежные СМИ стали сильно оскорблять Путина такими заголовками статей, как «Власть на дне моря», «Власть Путина сокращается, как кислород в «Курске». Через 5 дней В. Путин отвечает журналистам с места его отдыха: «Ситуация критическая, но северный ВМФ имеет всё для спасения без зарубежной помощи».

Мой комментарий:

Путин лжет. Ему уже известно, что произошло на «Курске», ему известно, что большая часть экипажа погибла в первые мгновения, а оставшиеся в живых 23 подводника уже перестали стучать. Он лжет, когда говорит, что Северный флот обладает всем необходимым для спасения людей, он знает, что таких средств российский ВМФ не имеет. Оценка действий президента авторами фильма у меня не вызывает возражений. Авторы внушают зрителям: он, конечно, сукин сын, но он наш сукин сын.

Гибель 118 человек – мелочь, по сравнению с гибелью миллионов, предотвращением третьей мировой войны. Путин с холодной головой и чистыми руками – герой, американцы – суки, все беды от них.

Фрагмент фильма № 11

11 стран НАТО предложили свою помощь России [...], но в Москве не считают необходимой международную помощь. Тем не менее, самолёт вылетает из Англии, на борту у него усовершенствованная спасательная подлодка LR-5.

Адмирал Давид Рассел (командир флота Великобритании): «Вначале мы думали, что нам дадут возможность приземлиться в Североморске. К сожалению Россия не дала нам разрешения на вхождение в их воздушное пространство. Было принято решение поместить подлодку на «Normand Pioneer». Из-за большой дистанции норвежский спасательный корабль «Normand Pioneer» подойдёт к Курску только через 7 дней.

В течение целой недели в России утверждают, что из-за плохой погоды, большого наклона подлодки и повреждений от взрыва невозможно спасти подводников живыми. Очень быстро мы поняли, что поступающая информация была ложной. Видимость была хорошей, море спокойное и положение подлодки хорошо доступно. Мы считали, что можем ещё им помочь».

8 дней после аварии. После настаивания семей и СМИ Путин соглашается на зарубежную помощь. Сразу после прибытия «Normand Pioneer» был помещен под наблюдение российским крейсером. Когда водолазы из «Seaway Eagle» подойдут, у них отберут мобильные телефоны, чтобы им было понятно, что они находятся под контролем. В России, наверное, знают, что среди них есть бывшие разведывательные агенты и что они могут воспользоваться случаем, чтобы раздобыть информацию о шифровании. Несмотря на это, водолазам разрешили спуститься к спасательному люку, но запретили идти к носу, туда где был взрыв.

Адмирал Эйнар Скорген, командующий норвежским флотом: «Наши водолазы быстро спустились. Мы увидели, что подлодка была действительно там, горизонтально, что там не было течения и что люк аварийного шлюза, позволяющий стыкованию во время спасения, не был повреждён, как говорилось раньше. Норвежские и английские водолазы открывают люк за 25 минут, тогда как в России утверждали, что это невозможно. Они констатируют, что Курск заполнен водой и все подводники мертвы. К сожалению, когда стало возможно использовать LR-5, было уже поздно».

> **Мой комментарий:**
>
> Еще одна миска военно-морской лапши, которая навешивается на уши российским гражданам. Теперь – о невозможности присосаться из-за подводных течений, наклона верхней палубы корабля, шторма на море и повреждения комингс-площадки спасательного люка 9-го отсека.

Из слов адмирала Дэвида Рассела вытекает, что единственная причина отказа от привлечения иностранных специалистов – это трогательная забота о сохранении «государственной тайны», даже когда речь идет о спасении человеческих жизней. Но в первые часы обнаружения подводной лодки никто не знал, остались ли на ее борту живые.

Фрагмент фильма № 12

Адмирал Попов обращается к народу: «Горе пришло, но жизнь продолжается. А меня простите, за то, что не уберёг ваших детей». Он добавит вне камер, что посвятит свои следующие дни поиску человека, организовавшему эту трагедию».

> **Мой комментарий:**
>
> Неплохо было бы сегодня спросить у адмирала Вячеслава Попова:

нашел ли он в конце концов этого человека? Если нет, то пусть подумает о том, не стоит ли ему прибегнуть к помощи зеркала?

Фрагмент фильма № 13

В СМИ рождается новая теория о том, что подводники не должны были выжить, чтобы не рассказать то, что будет потом засекречено. Две версии доминируют. Первая – адмиралов ответственных за маневры. Для них это может быть только ответственность американцев или англичан в столкновении или в выстреле торпеды.

Адмирал Эйнар Скорген: «Попов мне чётко сказал: «Наши спецслужбы утверждают, что было столкновение с зарубежной подлодкой». Все зарубежные дипломаты опровергли присутствие своих подлодок в этой зоне. Тогда появляется вторая версия: случайный взрыв старой торпеды из пероксида водорода. Это опасное вещество не используется во всех флотах мира уже больше 50 лет. Эта версия дает народу мысль о том, что военные хотят переложить свою ответственность на других.

Мой комментарий:

Версий гибели «Курска» было около десяти.
Версия № 1. Внутренний взрыв.
Версия № 2. Столкновение с иностранной подводной лодкой.
Версия № 3. Столкновение с надводным объектом.
Версия № 4. Мина Второй мировой войны.
Версия № 5. Поражение собственной ракетой с «Петра Великого».
Версия № 6. Поражение ракетой наземного базирования.
Версия № 6. Террористический акт.
Версия № 7. НЛО.
Версия № 8. Торпедная атака иностранной подводной лодки.
Версия № 9. Пожар в аккумуляторном отсеке.
Кроме версий существуют еще и подверсии.
Например, версия № 1 «Внутренний взрыв» имеет подверсии: человеческий фактор (ошибка экипажа), неисправность торпеды, в том числе повреждение торпеды при загрузке в подводную лодку, заводской брак, неправильное хранение.
Версия № 8 «Торпедная атака иностранной подводной лодкой» имеет подверсии: по государственной принадлежности (американские, английская, наша); по типу используемой торпеды (торпеда с наконечником из обедненного урана, обычная торпеда, американская МК-48, торпеда с медным наконечником для прожигания корпуса корабля; по мотивам атаки: (ракета «Шквал», предупреждение атаки со стороны «Курска»). А также имеют место комбинированные версии, примером может служить версия Виталия Люлина: столкновение с американской подводной лодкой, а затем – торпедная атака другой американской подводной лодкой.

По ходу расследования версии отпадали одна за другой, сохранилась одна – внутренний взрыв. Все последующие версии, а также реанимируемые старые, вызывались причинами политического характера, в том числе обсуждаемый фильм. Некоторые версии возникли, как мне кажется, из желания некоторых мало известных публике морских командиров появиться на страницах газет и на экранах телевизоров. Например, Виталий Люлин и Александр Лесков, а также Валерий Алексин.

И, наконец, поддержка «американской» версии замаранными кровью моряков «Курска» адмиралами и офицерами – не что иное, как попытка снять с себя ответственность за гибель экипажа даже ценой признания, что как военно-морские командиры они оказались полным ничтожеством.

В первые дни после катастрофы Главком ВМФ Владимир Куроедов заявил, что *«более чем на 80% уверен в столкновении «Курска» с иностранной субмариной»*. Похоже, что и сейчас, несмотря на подписанный им акт правительственной комиссии, он придерживается этой же точки зрения. Разговор Попова с норвежским командующим ВМС адмиралом Эйнаром Скоргеном, который приводят авторы фильма, относится как раз к этой последней категории.

Страшное по своему цинизму высказывание о том, что непринятие мер по спасению моряков «Курска» связано с желанием командования российского Военно-морского флота скрыть истинную причину гибели корабля, я не могу принять в силу объективных причин. Спасти большую часть экипажа, погибшую во время взрывов, было просто невозможно, 23 подводника в кормовых отсеках не знали и не могли знать причину трагедии. Трансляция на «Курске» вышла из строя после первого взрыва, члены экипажа, находившиеся в ЦП, тоже погибли сразу. Отдавать команды и информировать оставшихся в живых моряков было некому. Оставленные записки – лишнее тому подтверждение, в трех обнаруженных записках нет ни одного упоминания о причинах гибели корабля. То, что произошла трагедия, Колесников и его товарищи, безусловно, понимали, но истинную причину они знать не могли. А поэтому не могли и разгласить.

Никаких сведений от спецслужб о причастности американских подводных лодок к гибели «Курска» в материалах уголовного дела нет. Что же касается ссылки Попова на российские спецслужбы, то не давали чекисты интервью, за исключением одного выжившего из ума контрразведчика, который педалировал версию теракта.

Как я уже говорил, после первых сообщений о двух взрывах на «Курске» многие профессионалы высказались в пользу версии о внутреннем взрыве торпеды и детонации боезапаса. Приведу мнение бывшего командующего ВМС Франции адмирала Камиля Селье:

«В торпедном аппарате субмарины при пуске взорвалась одна из торпед. Речь идет о тактической ракете, использующей перекись водорода. В 1950-е годы англичане разрабатывали торпеды этого типа, но отказались от них после взрыва на борту субмарины «HMS Sidon», затонувшей в 1955 году. Русские были единственными, кто их использовал, и, по нашим сведениям, никогда не испытывали с ними проблем. Нам неизвестны конкретные причины этого взрыва. Он тут же вызвал «непреодолимую», как мы говорим, течь, которую невозможно остановить».

Хотелось бы чуть подробнее остановиться на версии столкновения с иностранной подводной лодкой. Могло ли быть столкновение в принципе? Могло. Хотя столкновения подводных лодок между собой достаточно редки. «Ядерная энциклопедия» указывает на 14 случаев столкновения атомных подводных лодок СССР/России с военно-морскими кораблями других стран, однако авторы не пишут, какая часть из них приходится на столкновения подводных лодок между собой.

Бывший главный штурман ВМФ контр-адмирал Валерий Алексин пишет, что за период с 1967 по 1993 год при таких же обстоятельствах произошло около 20 столкновений американских ПЛА с нашими лодками, но приводит только два примера:

«В июне 1970 года в полигонах боевой подготовки у берегов Камчатки в подводном положении ПЛА ВМС США «Тотог» столкнулась с нашей ПЛА «К-108» проекта 675, командиром которой тогда был капитан

1 ранга Борис Багдасарян. По данным своих гидроакустиков, командир американской лодки понял, что наша ПЛА погибла, и полным ходом ушел, не всплывая, в Перл-Харбор. Но в невероятно сложных условиях наша лодка сумела всплыть и, выполнив весь комплекс положенных в таких случаях мер, благополучно возвратилась в базу. «Тотог» получил повреждения, очень похожие на те, которые имел всего два года назад «Суордфиш», в борту «К-108» даже остались обломки американского перископа и другая техника «Тотога».

Западные источники этого столкновения не подтверждают, но не буду спорить, контр-адмиралу виднее. По подтвержденным данным, в марте 1993 года в Баренцевом море произошло столкновение ПЛА «USS Grayling» с российским стратегическим ракетоносцем «К-407» проекта 667БДРМ («Дельта-4») также в результате попытки скрытого слежения. К счастью, как и предыдущий, этот инцидент обошелся без человеческих жертв. Российские лодки получили повреждения легкого корпуса и были отремонтированы. Что касается американских подводных лодок, то командование ВМС США решило, что их дешевле списать.

По моим подсчетам, с 1949 года в мире произошло 59 аварий подводных лодок, из них только 3 случая столкновений, подтвержденных фактами, два из которых произошли между подводными лодками США и СССР/России. Во всех случаях столкновений подводных лодок жертв не было и лодки с незначительными повреждениями возвращались на базы. 8 случаев гибели подлодок произошли по неустановленным причинам, среди которых возможны столкновения.

Предположим, что столкновение с иностранной подводной лодкой пришлось на носовую часть «Курска» и этот таранный удар повредил торпедный аппарат с пресловутой перекисно-водородной торпедой калибра 650 мм, нарушив герметичность носовой части корпуса, включая торпедный аппарат. При таком варианте в пробоину хлынет морская вода. Пероксид водорода растворяется в воде, теряя при этом свойства воспламенения, что исключает возникновение пожара.

Допускаю возможность варианта, при котором таранный удар приходится на торпедный аппарат № 4, сминает его, но не разгерметизирует. Однако торпедный аппарат расположен не у борта, часть его находится в прочном корпусе, а часть – в межкорпусном пространстве. Удар под углом 90 градусов к диаметральной плоскости «Курска», способный достичь торпедного аппарата, должен быть значительной силы: чем меньше угол, тем больше сила удара, поскольку скорость сближения иностранной подводной лодки и «Курска» значительно возрастает. Лобовой удар – самый страшный.

Я не специалист в области механики, мои соображения носят умозрительный характер. Как, впрочем, и соображения сторонников версии столкновения. Я могу только порекомендовать авторам этой версии взять учебник «Общей физики», найти раздел «Кинематика столкновений», рассчитать силу удара при столкновении двух подводных лодок, характер и размер повреждения каждой из них. Вот тогда и поговорим.

15 августа, на следующий день после того как о трагедии узнал весь мир, радиостанция «Эхо Москвы» со ссылкой на анонимный источник в американской администрации сообщила: *«Во время происшествия с российской атомной подводной лодкой «Курск» вблизи от нее находились две подлодки ВМС США, акустики одной из которых в субботу зафиксировали звук взрыва».*

К вечеру этого же дня Главнокомандующий ВМФ России адмирал Владимир Куроедов впервые озвучил информацию о возможном столкновении «Курска» с американской подлодкой.

Фрагмент фильма № 14

12 дней после катастрофы. В.Путин назначает своего человека, генпрокурора, В.Устинова на расследование гибели Курска. Устинов говорит, что склоняется к версии взрыва старой торпеды, несмотря на то, что его расследование еще и не началось. Кажется невероятно, что старая 30-летняя торпеда была использована, чтобы демонстрировать мощь и технологии российского флота. Эта неофициальная версия быстро становится официальной, однако её опровергло множество моряков. Но это единственная версия, позволяющая Путину отвести в сторону зарубежную ответственность.

Мой комментарий:

Словами «В.Путин назначает своего человека» хотят убедить зрителя, что Путин «вытаскивает из потайного кармана» своего бывшего сокурсника, питерца, бывшего КГБшника Устинова. Устинов – генеральный прокурор, он, конечно же, человек Путина, но он человек Путина по должности, а не его друг, собутыльник. Именно на Устинова законодательством России возложено проведение предварительного расследования. Путин никого иного не мог назначить в качестве главного следователя.

О тактико-технических характеристиках торпеды 65-76 ПВ калибра 650 мм я уже писал. После трагедии «Курска» она была снята с вооружения ВМФ России. Так что говорить о торпеде 30-летней давности вряд ли справедливо. Соединение горючего с окислителем как принцип движителя в торпедном оружии был применен в Германии в 1930 году (торпеда Вальтера), а опытные образцы были изготовлены к концу Второй мировой войны. Этот же принцип используется в ракетном оружии и сейчас.

Многочисленные аварии с ракетами, работающими на тех же принципах, не стали причиной их снятия с вооружения. Нельзя запретить применение пороха только по той причине, что он может взорваться. Сидя на бочке с порохом, просто не надо курить. При правильной эксплуатации, хранении и обученном экипаже перекисно-водородная торпеда вполне может использоваться, по дальности стрельбы равных ей нет. И уж, конечно, эта торпеда существенно отличается от тех опытных образцов, которые были 30 лет назад. С таким же успехом можно признать устаревшими все торпеды с парогазовыми или электрическими двигателями, которые используются с середины XIX века до настоящего времени.

Фрагмент фильма № 15

В это же время «Петр Великий» сообщает, что спасательная команда обнаружила буй подлодки чужого типа. Капитан Виталий Доценко: «Вот смотрите, вдруг появляется информация о том, что в зоне гибели Курска нашли бело-зеленый буй. Я думаю, что это аварийный буй с подводной лодки Мемфис».

Мой комментарий:

Снова «про буй»... Честно говоря, с этим буем уже достали господа российские адмиралы, а тут еще и французы!.. Со слов Доценко, да и не только с его слов, информация-то появляется, а самого буя как не было, так и нет. Повторюсь: что именно видели моряки с борта «Петра Великого», что именно пытались зацепить багром, так и осталось неизвестным. Достали бы этот буй, определили бы его как буй с американской подводной лодки, можно было бы что-то обсуждать. Но даже тогда мог бы возникнуть вопрос: когда этот буй был утрачен? До учений этот район был свободен для судоходства. Буй, в конце концов, могло принести в этот район течениями. Но нет буя. Виталий Доценко тоже не видел этот буй, до него лишь дошла информация, что буй был. Уверен, что авторы фильма умышленно скрыли дату высказывания Виталия Доценко. Если бы его интервью состоялось в 2005 году, то, полагаю, про буй он бы как минимум промолчал.

Фрагмент фильма № 16

Адмиралы утверждают, что видеосъёмка Курска доказывает участие иностранной подлодки. При осмотре видны разрывы и отверстие в корпусе и что металл вогнут вовнутрь. Только одно сильное столкновение, могло ли оно одно произвести столько повреждений?

Только присутствие американских подлодок Мемфис и Толедо может объяснить эти пробоины на корпусе Курска. Но если американцы вмешались, возможно, это потому, что они узнали о присутствии китайских официальных лиц на этих маневрах.

Для Америки недопустимо, что Китай будет владеть «Шквалом». Американцы не могут его нейтрализовать и таким образом потерять морское превосходство в южно-восточной Азии.

Мой комментарий:

Правы авторы фильма – столкновение не могло причинить таких повреждений «Курску». В картине о пробоинах говорится во множественном числе. А где они, эти пробоины?

На экране мелькают подводные съемки, но это не сами кадры съемок, а морские офицеры во главе с Главкомом ВМФ Владимиром Куроедовым смотрят на телеэкран, где под водой видны какие-то части корабля.

Телевизор расположен под углом к телезрителю. Вопрос первый: Откуда у авторов фильма эти кадры? Может быть, они получили их в «дроновской бригаде»? Но к месту ее базирования иностранцев на сотню миль не допустят. А может, эти кадры получены от заказчика? Попробуйте на стоп-кадре разглядеть фрагменты корпуса, вогнутые внутрь. Вы их не только не увидите, но и не сможете определить часть корабля, которая демонстрируется на экране.

Фрагмент фильма № 17

В корпусе – пробоины от американских торпед МК-48.

Мой комментарий:

За кадром звучит голос одного из офицеров: «...головка перископа». Титры «В корпусе – пробоины от американских торпед МК-48» идут на фоне первой страницы газеты «Версия». Возникает вопрос: «Версия» – это источник информации или доказательство пробоины? Начнем с конца – не с пробоины, а с американской торпеды. Почему именно американская? Обнаружена хвостовая часть или другие части торпеды, на которых имеется надпись:

«Made in USA»? Почему это торпеда не японская, не французская или английская? Авторам фильма не помешал бы серьезный консультант в области минно-торпедного вооружения. Тогда бы они узнали принципы боевого применения торпед вообще и американской торпеды МК-48[96] в частности.

Фрагмент фильма № 18

Но если американцы вмешались, возможно это потому что они узнали о присутствии китайских официальных лиц на этих манёврах.

М. Стредлинг, инженер по торпедам: «Обладание таким оружием, как «Шквал», поместит Китай в ту же категорию, что и Запад, и это опасно для равновесия в мире». Сомнения, молчание и постоянная ложь Путина и его аппарата создает мнение, что официальная версия была полностью сделана по дипломатическим причинам.

Расследование, проведенное в России, США, Великобритании и Норвегии, позволило нам выработать гипотезу, правдоподобно разъясняющую эти события. Чтобы понять, нужно попробовать представить, что могло произойти 12 августа 2000 года.

Мой комментарий:

Идут кадры фильма с группой китайских военных в морской и общевойсковой форме. Надеюсь, что думающий зритель и читатель понимает, что съемки этой группы не имеют никакого отношения к трагедии 12 августа 2000 года в Баренцевом море. Форма одежды – летняя, парадная.

Специалист по торпедам обсуждает на экране геополитические проблемы. Со «Шквалом», по мнению господина Стредлинга, Китай нарушит равновесие в мире. Ни с быстрорастущей экономикой, ни с огромными трудовыми ресурсами, ни с ядерным оружием, а только со «Шквалом» проявится нарушение баланса.

Ни США, ни Великобритания, ни Норвегия никакого расследования в связи с гибелью «Курска» не проводили, а поэтому никакой гипотезы – ни правдоподобной, ни ложноподобной – позволить авторам фильма выработать не могли.

Фрагмент фильма № 19

Утром 2 американские подлодки наблюдают за Курском. Каждая из них получают по заданию. Для Мемфиса – дистанционное наблюдение. Для Толедо – операция более деликатная: производить приближенные маневры вокруг Курска, чтобы Россия поняла, что Америка против этого представления.

Но в этих неглубоких местах существует много мертвых зон для гидролокаторов, а также магнитные помехи, создающие высокую опасность для двух близко находящихся подлодок. Это и объясняет, что Толедо, постоянно преграждая путь, столкнулся с Курском. Эта информация обязательно поступает на «Петр Великий», из-за чего объявляется тревога, дается приказ кораблям приблизиться к Курску и вылетают истребители.

Мой комментарий:

Нет никаких сомнений в том, что одной из задач, поставленных перед американскими субмаринами, было наблюдение за проводимыми учениями. То же самое делал подводный флот ВМФ СССР на протяжении всего периода холодной войны и делал бы ВМФ России, если бы было чем. Вопросы: Наблюдение с какого расстояния? Какими средствами? Я полагаю, что это гидроакустическое наблюдение, возможно, радиолокационное, перехват радиопереговоров. Вероятнее всего, разведка носила комплексный характер: анализ данных, полученных с подводных лодок и надводных кораблей НАТО, спутников-шпионов, радиоперехватов.

Мне нравится утверждение авторов о том, какая американская субмарина какое задание получила. Особенно любопытно про «деликатное» задание для «USS Toledo». Похоже, Жан-Мишель Карре лично зашифровывал радиограмму для капитана подлодки. Думаю, что будь фильм минут на десять длиннее, мы бы точно узнали от Жана-Мишеля, что «USS Toledo» получил приказ таранить «Курск».

Сказки про «мертвые зоны» можно было бы принять за истину, если бы подводные лодки «плавали» под землей. На хрена нам такой ВМФ, если он у себя под носом дает спокойно разгуливать чьим-то подводным лодкам?!

От кого информация о маневрах американских подводных лодок вокруг «Курска» «обязательно поступает на «Петр Великий»? Может быть, от «Курска», который находится под водой? Перед экипажем «К-141» поставлена учебная задача атаковать учебной торпедой группу кораблей. Перед группой кораблей стоит задача обнаружить подводную лодку и «утопить» ее. Поэтому подводная лодка должна выполнять маневр и торпедную атаку, не раскрывая себя.

Я верю информации, которая есть в материалах уголовного дела, о времени выхода АПРК «Курск» на радиосвязь.

Перечислю все сеансы связи, которые имел «Курск» с 11 августа 2000 года:

11.08.2000: 08:51 из надводного положения о выполнении боевого упражнения РС-2 по мишенной позиции;

11.08.2000: 14:48 доклад об освобождении района огневых позиций № 1 и следовании в РБД-1 через район ожидания и погружении до 18 часов 12 августа;

12.08.2000: 06:08 доклад капитана I ранга Г. Лячина о занятии РБД-1 и готовности к выполнению торпедных стрельб.

Это была последняя радиосвязь с «Курском».

Никакой тревоги на Северном флоте, а также кораблям в районе учений не объявлялось. Тревога была объявлена в 23 часа 30 минут после объявления «Курска» аварийным.

Вылет российских истребителей в связи с обнаружением американских подводных лодок – такой же бред, как и кумулятивные свойства торпеды МК-48.

Может быть, истребители понадобились для уничтожения подводных лодок противника? В таком случае оружие, которым оснащаются истребители, так же эффективно, как и пневматическая винтовка.

Фрагмент фильма № 20

Именно в этот момент адмирал Попов высаживает на землю с китайских наблюдателей и разговаривает с главнокомандующими.

Мой комментарий:

Это кадр из первой части фильма, где адмирал Попов высаживается на борту «Адмирала Кузнецова» в сопровождении двух офицеров – ни китайцев, ни чукчей рядом с ним нет. В какой момент Попов высаживает китайцев?

С момента гибели «Курска» прошло 2 часа 31 минута, поэтому не мог Попов одновременно находиться на борту «Петра Великого» и «высаживать китайцев», которых к тому же не существовало в природе. А если бы они и существовали, то зачем им было улетать, когда учение – торпедная атака «Курска», ради которой, по утверждению автора фильма, китайцы и присутствовали на полигоне, – еще не закончилось?

Попов не знал и на тот момент не мог знать, что произошло с «Курском», а поэтому никаких разговоров с «главнокомандующими» (в России есть Верховный главнокомандующий – это президент России, а также Главком ВМФ России) у него не могло быть, за исключением доклада об успешно проведенных учениях.

Фрагмент фильма № 21

Между Курском и Толедо разница в габаритах и мощности огромна, как будто столкновение было между маленькой лодкой и баржей. Толедо, получивший сильное повреждение, пытается поскорей уйти от Курска, а Мемфис – его прикрыть. Но типичный подводный звук загрузки торпеды «Шквал» заставил испугаться, что по их собственной подлодке откроют огонь. «Шквал» настолько быстр, что у них не будет времени ни на уход, ни на всплытие.

Мой комментарий:

Авторы фильма постоянно перескакивают то на тему столкновения, то на тему торпедной атаки. Следуя за ними, я вынужден делать то же самое.

В главе 19 я писал о соотношении водоизмещения и размеров российского проекта 949А и американского класса «Los Angeles». Столкновение этих кораблей приведет неминуемо если не к гибели американской субмарины, то к повреждениям, которые не позволили бы ей даже «переползать». К этому можно было бы добавить, что при столкновении «Курска» и «USS Toledo» у Билла Клинтона были бы все основания сказать о субмарине «USS Toledo»: «Она утонула...»

Взрыв на «Курске» произошел в 11 часов 28 минут 12 августа, по плану учений торпедная атака «Курска» должна была быть произведена в интервале с 11 часов 30 минут до 13 часов 30 минут. Загрузка торпеды в торпедный аппарат производится минимум за 3 часа, поэтому загрузку «Шквала» или любой другой торпеды «USS Memphis» мог «услышать» не позднее 8 часов 30 минут. В этом случае «Курск» должен был погибнуть в 8 часов 30 минут 12 августа.

Фрагмент фильма № 22

Командир Мемфиса мог тогда решить произвести превентивный выстрел новой торпедой с обеднённым ураном, МК-48. Торпеда взрывается внутри, выбрасывая множество зажигательных частиц. Но этот взрыв не подверг Курск опасности. Командир дает приказ на простое заделывание бреши и тушение пожара.

М. Стредлинг, инженер по торпедам: «Были случаи, когда пушки были направлены на противника. Ракеты находились в боевой готовности, но еще никто не нажимал на курок. Но здесь ситуация, когда уже нажали на этот курок».

Мой комментарий:

Про новую американскую торпеду МК-48 с обедненным ураном – бред. Для универсальных торпед характерна комбинированная система взрывателей, которая может быть следующих типов: контактный (как правило, маятниковый); неконтактный электромагнитный и неконтактный акустический. Снятие с предохранителя контактного взрывателя происходит как по временным параметрам, так и по параметру скорости хода торпеды. Условия его срабатывания включают в себя в том числе и удар в корпус цели по касательной. В современных универсальных торпедах зарубежных стран контактный взрыватель применяется главным образом в качестве резервного.

Электромагнитный взрыватель предназначен для использования в качестве прибора, обеспечивающего подрыв БЧ торпеды в случае промаха на малой дистанции. Радиус срабатывания таких взрывателей может составлять от 1 до 5 метров.

Акустический взрыватель срабатывает при достижении торпедой заданной дистанции. Рабочая частота акустического взрывателя лежит в области высоких частот акустического диапазона, обеспечивая надежное срабатывание на дистанции до цели от 1 до 15 метров.

Данных о вооружении этих торпед ядерным боезапасом нет.

Обедненный уран – это смесь изотопов урана с пониженным (ниже природного уровня) содержанием нестабильного изотопа урана-235. Использование обедненного урана в качестве боезаряда связано с его твердостью, способностью в мелкораздробленном состоянии воспламеняться на воздухе при отсутствии нагрева и с высокой температурой плавления (1132 °С). Бронебойные снаряды, содержащие обедненный уран, обеспечивают высокое бронебойное действие и вызывают существенные запреградные разрушения.

МК-48 – это не противотанковая болванка. Принцип боевого применения этой торпеды совсем иной – мощный взрыв в непосредственной близости от корпуса атакуемого корабля, усиленный гидравлическим ударом. Из истории Второй мировой войны известно, что 22 сентября 1943 года британский подводный спецназ проник на мини-подлодках в один из фиордов Северной Норвегии, где базировался немецкий линкор «Tirpitz», подложил подрывной заряд под его днище (замечу – не прикрепив к днищу) и повредил машинное отделение, лишив линкор хода. Эта операция отдалила ввод линкора в строй до весны 1944 года.

Из сказанного можно сделать вывод, что повреждения, причиненные «Курску», не могли быть нанесены американской торпедой даже исходя из характера боевого применения.

Нет никаких свидетельств того, что Геннадий Лячин отдавал какие-либо приказы. Более того, нет никаких доказательств, что моряки, находившиеся в 1-м и 2-м отсеках, остались живы после первого взрыва. Следов тушения пожара и заделывания пробоин при осмотре корабля в доке следственная бригада не обнаружила.

Фрагмент фильма № 23

али.
Однако и моя версия не вполне корре[кт
канская торпеда Мк-48 попала в носову
счетам, она должна наводиться на шуму
. Был ли произведен пуск учебной торпе
" или она выполнила учебную атаку "

Капитан Виталий Доценко: «Все-таки подлодка Курск была торпедирована [...] подводной лодкой Мемфис. Капитан Доценко, историк ВМФ и профессор университета, опубликовал книгу «Кто убил «Курск», отредактированную Ассоциацией офицеров российского флота. Он пишет что «МК-48» попала в Курск.

На экране возникает фрагмент книги Доценко: «Однако и моя версия не вполне корре[ктна] [амери]канская торпеда Мк-48 попала в носову[ю часть] [рас]четам, она должна наводиться на шумы. Был ли произведен пуск учебной торп[еды] или она выполнила учебную атаку».

Мой комментарий:

Блестящего историка флота, широко образованного человека, обладателя самой крупной в России библиотеки по Военно-морскому флоту, профессора Виталия Доценко авторы фильма поставили в один ряд с меднолобыми. Книга Виталия Доценко «Кто убил «Курск» вышла в издательстве «Галея-Принт» в конце 2000 года и предлагала 13 версий гибели корабля и экипажа. Атака «Курска»

американцами рассматривалась Доценко как одна из версий, впрочем, как и атака с «Петра Великого». Но слова о том, что это только версия, авторы фильма удаляют. Не указывая дату интервью с Доценко и дату выхода книги, создатели фильма идут на тот же подлог, что и Люлин с «San Francisco», вырывая из контекста отдельные фразы.

В книге Виталия Доценко нет утверждения того, что МК-48 попала в «Курск». Авторы фильма лгут.

Фрагмент фильма № 24

Второй взрыв погубил Курск, но также взрывной волной, повредил стреляющую подлодку

Никто не мог представить драматические последствия этого удара. Сила пожара спровоцировала дезинтеграцию «Шквала», находящегося на борту, взрывную мощь которого знают только в России. Второй взрыв погубил Курск, но также взрывной волной, повредил стреляющую подлодку. Российский флот пытается найти американскую подлодку. Были замечены большие масляные пятна в нескольких милях от Курска.

Мой комментарий:

Характер фильма все больше напоминает броуновское движение в сплошном тумане, а у развесистой клюквы быстро множатся листочки и ветки. Попробуем хоть как-то отследить ход мысли авторов и сопоставить ее с фактическими обстоятельствами. Итак, судя по фильму, первый взрыв был вызван попаданием в «Курск» американской торпеды МК-48, в результате взрыва боезапаса с обедненным ураном возник пожар, сила которого спровоцировала дезинтеграцию торпеды «Шквал», о взрывной силе которой авторы не имеют понятия.

Как я уже писал, в боеголовке модернизированного «Шквала» может быть не менее 350 кг взрывчатого вещества. Для взрыва такой силы, который погубил «Курск», нужно взорвать не менее 14 «Шквалов». Сила взрыва горючего торпеды «Шквал» несопоставима со взрывом ее боевой части и ничтожна в сравнении со вторым взрывом, который в материалах уголовного дела окрестили вторым сейсмическим событием. Отсюда следует, что гибель «Курска» от взрыва «Шквала» невозможна.

Несколько слов о повреждениях американской подводной лодки «USS Memphis», которая, по мнению авторов фильма, должна их получить. 25 мая 2009 года южнокорейское агентство Ренхап со ссылкой на представителя правящей партии сообщило о возможном испытании в КНДР ядерного оружия. Сейсмографы в Южной Корее зафиксировали «искусственный подземный толчок» магнитудой 4,5.

Сравните: в Северной Корее – сейсмическое событие 4,5 – испытание ядерной бомбы, а второй взрыв на «Курске» – 4,2. А это означает, что «USS Toledo» остался бы лежать на дне после столкновения, а «USS Memphis» лежал бы рядом в результате повреждений при втором взрыве.

Фрагмент фильма № 25

Адмирал Эйнар Скорген: «Два противолодочных самолёта приблизились к нашим берегам. Очень близко к нашей границе и начали искать подводную лодку. Я позвонил Попову и спросил "Что вы делаете?" Он мне ответил: "Мы ищем подводную лодку, движущуюся вдоль вашего берега, скорее всего американскую, которая была повреждена"».

Мой комментарий:

В фильме не сообщается, когда был телефонный разговор между российским и норвежским адмиралами. К участию в поисково-спасательной операции были привлечены 11 летательных аппаратов (самолетов и вертолетов): первый самолет ИЛ-38 в поисково-спасательном варианте был поднят в воздух уже в 18 часов 50 минут 12 августа, он же поднялся в воздух 13 августа в 8 часов под командованием майора Леонтьева, а в 14 часов 10 минут в воздух был поднят экипаж майора Пономарева. Можно предположить, что разговор Попова и адмирала Скоргена состоялся 13 августа 2000 года. Судя по материалам дела и показаниям самого Попова, перед авиацией Северного флота была поставлена задача расчета района возможного местонахождения «К-141», а также визуального и радиогидроакустического поиска подводной лодки.

Я не исключаю, что самолеты приближались к территориальным водам Норвегии, вызвав беспокойство у командующего норвежским флотом, но никаких объективных свидетельств в пользу поиска иностранной подводной лодки не было. Мог Попов предположить, что «Курск» погиб в результате столкновения? Конечно, мог. А мог он сказать об этом норвежскому адмиралу? Тоже мог. Но означает ли это, что иностранная подводная лодка была в районе учений? Нет.

Кстати, экипаж ИЛ-38 под командованием майора Пономарева, вылетевший во второй половине дня 13 августа, обнаружил на поверхности воды плавающие предметы, а также масляное пятно, о чем доложил в штаб поиска лодки. К сожалению, надводные корабли образцы масла и плавающие предметы на борт не подняли и не идентифицировали, поэтому гадать о принадлежности масляного пятна и вещей бессмысленно.

Фрагмент фильма № 26

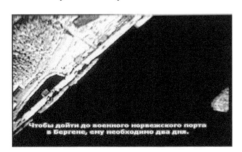

Из-за медленной скорости Мемфис обнаруживается. Чтобы дойти до военного норвежского порта в Бергене, ему необходимо два дня. Мемфис дойдет за 7. Еженедельник «Версия» вместе с «USNews» публикует спутниковые снимки Мемфиса на ремонте на норвежской базе. Норвегия опровергла дату этого снимка.

Несмотря на все это, в редакции «Версии» ФСБ проводит обыск. Это не помешает неделю спустя опубликовать еще один снимок американской подводной лодки, снятой норвежским журналистом. Тут же производится еще один обыск.

Если эта фотография подтверждает ремонт Мемфиса, она также подтверждает, что Мемфис мало пострадал. Все, что видно, – это закрытое чехлом отверстие для выброса аварийного буя, который выбрасывается автоматически в случае неполадок.

Но что случилось с Толедо? Американцы сделали все, чтобы российский ВМФ им не интересовался.

На самом деле то, что якобы Мемфис сильно пострадал, послужило приманкой. Толедо в таком случае мог тогда спокойно скрыться в США. Российские спецслужбы позднее узнают, что он был помещен в док в США. Американцы все время будут отказываться от проведения осмотра Толедо.

Мой комментарий:

Действительно, в газете «Версия» (№ 37(111) за 26 сентября – 2 октября) вышел материал «Убийца «Курска» с публикацией космического снимка, на котором изображен некий порт со стоящими у пирса кораблями. Определить по снимку класс корабля, не говоря уже о национальной принадлежности, невозможно.

Через несколько недель на страницах той же газеты (№ 46(120) появляется новая публикация о том, что оперативные работники ФСБ произвели в редакции «Версии» обыск, допросили журналистов отдела расследований, которые имели отношение к публикации. Их интересовали источники получения спутниковых секретных снимков норвежской военно-морской базы Хоконсверн. Как сообщала пресса, редактор отдела расследований газеты «Версия» Дмитрий Филимонов получил снимки от неизвестного человека, передавшего дискету с информацией в конверте.

В следующем номере «Версии» публикуется фотография носовой части и рубки подводной лодки, в которой по очертаниям угадывается подлодка класса «Los Angeles», на носу которой установлена брезентовая палатка.

Подведем итог этой акции с публикацией снимков.

Мы имеем две фотографии, источники получения которых неизвестны. Зато очевидно, что снимок сделан из космоса с нашего спутника-шпиона[97]. Космическую разведку в России осуществляет один орган – ГРУ. Объективных признаков, позволяющих идентифицировать эту лодку с «USS Memphis» или «USS Toledo», например, бортовых номеров, на фотографии нет.

Получить космические снимки журналисты «Версии» могли только из ГРУ или ФСБ. Российские спецслужбы вбросили эту дезинформацию, чтобы отвлечь внимание общества от истинных виновников трагедии. Обыски в газете «Версия» и допросы сотрудников редакции – детали операции прикрытия.

Встанем на место Попова и согласимся с ним, что две иностранные подводные лодки причастны к гибели «Курска». Допустим, он посылал самолеты на поиск субмарин, не зная ни их класса, ни названия, ни бортового номера, ни национальной принадлежности. Каким же образом американцы отвлекали русский флот от «USS Toledo»? Откуда авторы фильма взяли, что «USS Toledo» «пострадал» больше (или меньше) «USS Memphis»?

Посмотрите еще раз на фотографию подводной лодки, стоящей у пирса. По-моему, открытый люк лодки прикрыт тентом, чтобы внутрь не попадали осадки. Нет никаких признаков аварии, а тем более повреждений, сопоставимых с теми, которые могут произойти в эпицентре взрыва, сравнимого с небольшим атомным взрывом.

Журналисты НТВ[98] посетили военную базу в 10 километрах от Бергена и побеседовали с офицерами. Норвежцы подтвердили, что в августе «USS Memphis» заходил в базу Хавтрюгте.

Норвежские военные утверждали, что никаких повреждений на лодке не было, а визит был плановый. Глава департамента информации базы Хоконсверн капитан Ветлиорд утверждает, что сам видел американскую субмарину.

Гуннар Ветлиорд: *Это была подводная лодка «USS Memphis». Еще в середине июня американцы запросили у нас разрешения зайти в Хоконсверн в августе. Мне кажется, это принципиальный момент. Они сообщили о предстоящем визите заранее, еще в июне.*

Когда лодка появилась, это была пятница, 18 августа, я сам был на пирсе. Кстати, со мной была съемочная группа Государственного телевидения Норвегии. Мы ходили вдоль этой лодки, смотрели на нее, и, как я мог видеть, журналисты не нашли на лодке никаких повреждений. К тому же это был совершенно обычный визит, американские субмарины заходят к нам довольно часто. Как правило, в год бывает от 4 до 6 таких посещений.

Осмотрев фотографию со спутника, опубликованную в газете «Версия», Ветлиорд заявил: *«Здесь указано, что этот корабль называется «Фрегат Осло». Но «Фрегат Осло» затонул в 1994 году в заливе, недалеко от Бергена. К тому же, как видите, здесь между пирсом и берегом – кусочек моря, а он уже давно засыпан землей. Так что это очень-очень старая фотография, снятая, может быть, 6–7 или даже 8 лет назад».*

Корреспондент: *И все же капитан Ветлиорд подтвердил, что это действительно снимок его базы. Мы связались по телефону с военным атташе посольства США в Норвегии, и он также подтвердил, что «USS Memphis» заходил в норвежскую базу и простоял там 6 дней. Но никаких повреждений и ремонта не было.*

Фрагмент фильма № 27

В этот период на сайте «Правды» появляется, на несколько часов, тревожная статья: «В субботу 12 августа, произошёл инцидент в Баренцевом море, который мог повлечь за собой начало 3-й мировой войны. В течение нескольких дней мир держался на волоске. И любое неверное политическое движение могло закончиться ядерными ударами. Игорь Сергеев, министр обороны, доложил президенту о произошедшем. Рассматривалась возможность о его немедленном возвращении в Москву. Но присутствие Путина в центральном командовании могло показать явную подготовку к войне со стороны России. Во время многочисленных телефонных переговоров Путин и Клинтон договорились о мирном решении дела».

Мой комментарий:

Источником «правды» о катастрофе с атомным подводным ракетным крейсером «Курск» является газета «Правда». Классный источник! На уровне газет «Жизнь», «Завтра», «Из рук – в руки».

Фрагмент фильма № 28

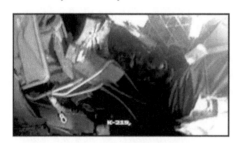

Адмиралы Северного ВМФ во время холодной войны жили в напряжении. Важность подводных лодок в этот период вела к непрерывным инцидентам между СССР и Америкой, которые повлекли за собой гибель сотен моряков. Это были С-117, М-256, К-219, USS-Scorpion, USS-Grelling, «Комсомолец» и другие. Все они – жертвы столкновений.

Мой комментарий:

Я уже писал, что с 1949 года доказанных столкновений советских/российских подводных лодок с американскими всего три. Все остальные случаи гибели – только предположения.

«С-117», которая упоминается в фильме, погибла предположительно 15 или 16 декабря 1952 года в Японском море. В качестве возможных причин гибели лодки были выдвинуты такие версии, как технические неисправности, подрыв на мине, столкновение с надводным кораблем. Была версия и об уводе лодки в США экипажем, а версия столкновения с подводной лодкой даже не рассматривалась.

Гибель «М-256» 26 сентября 1957 года в Балтийском море связывают с навигационной аварией и потерей продольной надводной остойчивости.

Крейсерская ракетная подводная лодка «К-219» Тихоокеанского флота погибла предположительно из-за потери плавучести при поступлении больших масс воды в 5-й дизельный отсек при несрабатывании поплавкового клапана РДП.

Причина гибели «К-278» «Комсомолец» хорошо известна. 7 апреля 1989 года лодка погибла в результате пожара в 7-м отсеке, потери надводной плавучести и продольной надводной остойчивости, разгерметизации и поступления в прочный корпус больших масс воды. Погибла часть экипажа – 42 моряка.

«USS Scorpion» (SSN-589) затонул 22 мая 1968 года в 400 милях к юго-западу от Азорских островов на глубине 3000 метров за 5 дней до возвращения на базу в Норфолк. Официально о потере было объявлено 5 июня 1968 года. Причина гибели корабля до сих пор не установлена.

Подводной лодки с названием «Grelling» в американских ВМС нет, есть «USS Grayling» (SSN-646). Именно эта лодка столкнулась с «К-407» «Новороссийск» и, несмотря на серьезные повреждения, обе лодки своим ходом вернулись в базы. После небольшого ремонта российская лодка вернулась в строй, а американская субмарина была выведена из состава флота и списана на утиль в связи с нецелесообразностью восстановления.

Фрагмент фильма № 29

О чем рассказывают зрителю эти кадры фильма? О том, что были столкновения с американскими лодками. А кто это отрицает? Правда, авторы могли бы тщательнее проверять материал.

Все эти инциденты засекречены, в то время как ядерные реакторы этих подлодок находятся в глубинах морей. Нужно учесть, что подводные лодки с ядерным вооружением – единственные в мире, для которых не существует никакого международного соглашения о взаимном наблюдении.

Две недели после катастрофы, несмотря на первоначальные опровержения, американские спецслужбы допускают в «NY Times», что одна из их подлодок, Мемфис, действительно находилась в зоне в целях наблюдения учений «Курска», атак, необъяснимых кораблекрушений или просто исчезновений.

Мой комментарий:

Насчет засекречивания всех случаев гибели подводных лодок ничего не могу сказать, не знаю. Но дело о гибели «Курска» несекретно, несекретно и дело о гибели «К-159». По-моему, доступно и уголовное дело о гибели АПЛ «К-429», по которому осужден командир корабля, капитан I ранга Николай Суворов.

Само по себе словосочетание «Международное соглашение о взаимном наблюдении», с точки зрения военно-морской тактики, – шизофренический бред. Смысл подводного флота как вида вооруженных сил – в способности скрытого выхода на боевую позицию. Другое дело – обеспечение безопасности плавания подводных лодок. Еще в 1972 году между правительствами СССР и США было заключено соглашение о предотвращении инцидентов между кораблями и самолетами ВМФ СССР и ВМС США в открытом море и в воздушном пространстве над ним, которое не затрагивает вопросов обеспечения безопасности подводного плавания подводных лодок.

В мае 1992 года был разработан проект соглашения между правительством РФ и правительством США о безопасном плавании подводных лодок за пределами территориальных вод. Он предполагает создание «зон безопасности и доверия» в районах базирования подводных сил США и России – конкретный район каждой из сторон за пределами ее территориальных вод, включая район полигонов боевой подготовки, в которых осуществляется взаимное уведомление о деятельности подводных лодок. Например, российская зона безопасности и доверия включает в себя все Баренцево море. Пока обсуждение этого проекта соглашения заморожено. Без сомнения, подписание такого двухстороннего, а может быть, и многостороннего соглашения могло бы существенно повысить безопасность подводного мореплавания. К гибели «Курска» это никакого отношения не имеет.

Статья в New York Times, на которую ссылаются авторы фильма, представляет значительный интерес не только для моего опровержения фрагмента фильма, но и для понимания ситуации с трагедией в Баренцевом море как взгляд со стороны.

Название статьи журналистов Стивена Ли Майерса (Steven Lee Myers) и Кристофера Дрю (Christopher Drew) в газете от 29 августа 2000 года (через 16 дней после гибели «Курска») в переводе звучит так: «Американская шпионская подводная лодка сообщила, что записан взрыв торпеды на борту «Курска».

Статья подтверждает, что подводная лодка «USS Memphis» находилась в Баренцевом море и, наряду с другой не названной в статье лодкой, наблюдала, а по сути, вела разведку учений Северного флота. 18 августа 2000 года она без всяких повреждений вошла в норвежский порт Берген, как и было запланировано, принесла информацию о трагедии, доказательства случившегося шесть дней назад и данные о проведении так называемой поисково-спасательной операции.

Приход «USS Memphis» в норвежский порт наложился на первоначальную версию столкновения с неизвестной подводной лодкой, которая была озвучена тогдашним министром обороны Игорем Сергеевым и породила слухи о наличии повреждений «USS Memphis». Должностные лица Пентагона, на которых ссылаются журналисты, говорят, что наиболее вероятной причиной гибели «Курска» стала дефектная торпеда, которая привела к двум взрывам и стала причиной гибели «Курска» и большей части экипажа. С какого расстояния осуществлялось это наблюдение, представители военного ведомства США не сообщили (я полагаю, чтобы не раскрывать технические возможности американских подводных лодок), но отметили, что никаких столкновений с русскими подводными лодками у американских лодок не было и «USS Memphis» повреждений не имел.

В норвежском порту с «USS Memphis» выгрузили записи гидролокаторов и других приборов и, как я полагаю, отправили самолетом через океан.

Эксперты военно-морской разведки США проанализировали записи и другие материалы и подтвердили версию гибели «Курска» в результате топливного взрыва торпеды с последующей детонацией боезапаса. Американцы имели доказательства взрывов как причины гибели корабля и экипажа через 16 дней после трагедии, к этим же выводам пришла российская прокуратура после осмотра поднятого со дна «Курска», после многочисленных экспертиз и допросов почти через два года. Справедливости ради отмечу, что российские специалисты, в том числе подводники, высказывали аналогичную американской точку зрения задолго до окончания расследования. Версия внутреннего взрыва изначально была основной, это подтверждают и авторы фильма, цитируя генерального прокурора Владимира Устинова.

В статье предполагается, что версия столкновения «Курска» с неизвестной подводной лодкой базировалась на просмотре пятичасовой видеозаписи, снятой подводными аппаратами, которая была в распоряжении правительственной комиссии во главе с вице-премьером Ильей Клебановым и на которой были зафиксированы внешние повреждения на корпусе субмарины.

Внешний корпус «Курска» действительно имел повреждения, но их происхождение обусловлено не столкновением, а взрывами и следами волочения по дну. Эти следы были осмотрены при подъеме корабля, а части иностранной подводной лодки так и не были обнаружены.

В статье со ссылкой на министра обороны России маршала Сергеева упоминается обнаружение второго судна на дне рядом с «Курском», а также неизвестные буи серого и белого цветов, не принадлежащие российскому флоту. Должностные лица Пентагона ставят эти сведения под сомнение, указывая, что спасательные буи на американских и английских подводных лодках оранжевые, а буи экстренной связи – серые.

Сотрудник военно-морской разведки США подтвердил, что вблизи места разыгравшийся трагедии американских подводных лодок не было, но и после 12 августа они продолжали наблюдать за проведением спасательной операции, собирали разведывательную информацию, перехватывали радиопереговоры между кораблями и судами, пытающимися определить, что же случилось с «Курском», и слушали переговоры о попытках скоординировать действия по спасению оставшихся в живых моряков. Из перехваченных переговоров было ясно, что на «Курске» оставались не менее 15 человек, выживших после взрывов и задраивших водонепроницаемые двери в кормовых отсеках. Стуки продолжались в течение двух дней, и в этот период оставалась надежда на их спасение. Сами стуки американские подводные лодки, судя по всему, не зафиксировали, так как находились достаточно далеко и не имели технической возможности их услышать.

Эксперты ВМС США определили силу второго взрыва, а норвежские водолазы, которые спустились к «Курску» через неделю после трагедии, сочли задний аварийный люк деформированным, предполагая, что взрывная волна прошла по всем отсекам. Не могу не отметить, что это, пожалуй, – единственная неточность в публикации: как я уже писал, плоскость опорного кольца комингс-площадки повреждений не имела.

Журналисты задали должностным лицам Пентагона вопрос: могли ли американские подводные лодки оказать помощь при спасении остававшихся в живых моряков? Ответ был однозначный: нет! Американские подводные лодки, которые находились в Баренцевом море, были боевыми и выполняли разведывательные задачи.

Они не несли на борту спасательное оборудование, которое можно было бы использовать для спасения остававшихся в живых моряков.

«Все, что связано с подводным флотом, скрыто завесой тайны, – пишут журналисты New York Times. – Через две недели Пентагон официально не подтвердил факт нахождения двух американских подводных лодок в Баренцевом море в момент гибели «Курска», неофициально это стало известно с момента прибытия «USS Memphis» в норвежский порт. Не сообщалось также их точное местонахождение в момент аварии».

Замечу, что New York Times не является стенной газетой ЦРУ, а факт нахождения «в зоне наблюдения» за морскими учениями в августе 2000 года американских подводных лодок не отрицается. Вопрос в том, где и на каком расстоянии от района учений находится эта зона.

Фрагмент фильма № 30

В это же время поступает информация, что директор ЦРУ, Джорж Тенет, секретно прибыл в Москву три дня спустя после гибели Курска.

Капитан Виталий Доценко, историк: «Раньше никогда к нам не приезжал директор ЦРУ. Зачем он приехал? Наверное, это связано с урегулированием инцидента, связанным с гибелью Курска.

Мой комментарий:

Действительно, 18 августа 2000 года в Москву прилетел директор ЦРУ США Джордж Тенет, и прилетел с официальным (!) визитом. Такие визиты готовятся и согласовываются заранее. Между ЦРУ и СВР существуют партнерские отношения. Официальные представители российской разведки работают в Вашингтоне, американской – в Москве. СВР и ЦРУ обмениваются информацией по вопросам, касающимся международного терроризма, наркоторговли, распространения оружия, ситуаций в горячих точках, что, разумеется, не исключает взаимный шпионаж. Также известно, что Джордж Тенет встречался с тогдашним директором СВР Сергеем Лебедевым.

В декабре 2000 года Национальный разведывательный совет США (National Intelligence Council), высший аналитический орган американского разведывательного сообщества, опубликовал исследование «Глобальные тенденции 2015: диалог с неправительственными экспертами». Этот документ готовился под эгидой ЦРУ и являлся ориентиром для только что избранного президента США Джорджа Буша-младшего.

Как сообщил один мой приятель, действующий сотрудник СВР, обсуждение этого доклада, наряду с разработкой мер по сотрудничеству в области борьбы с терроризмом, составляло главную цель визита Тенета в Москву. Можно с уверенностью сказать, что информация о стратегии и тактике подводного флота России является предметом интереса разведывательной службы ВМС США в значительно большей степени, чем ЦРУ.

Фрагмент фильма № 31

Джеймс Райзен, журналист NY Times: «Думаю что американские спецслужбы, НАБ[99], ЦРУ знают много о том, что произошло на Курске. НАБ владеет самым усовершенствованным оборудованием в мире. Оно не знает в подробностях, что произошло внутри подлодки, но оно знает, как отреагировал российский флот».

Мой комментарий:

Я думаю, что Джеймс Райзен прав. Не вызывает сомнения тот факт, что взрывы на «Курске» зафиксированы не только норвежским разведывательным кораблем «Marjata», американскими подводными лодками и сейсмическими станциями. Конечно же, американцы и сегодня знают о трагедии намного больше, чем говорят об этом. Причины, по которым эти материалы до сих пор не преданы гласности, вполне понятны. По характеру полученных сведений можно определить разведывательные способности американского подводного флота.

Но не только американцы, располагающие целым комплексом информации, определили причину гибели «Курска». Французский адмирал в отставке Камиль Селье в интервью газете Liberation (перевод на сайте Inopressa.ru 12 августа 2005 года) на вопрос корреспондента «Что же случилось?» ответил:

«После первого взрыва, эквивалентного 60 кг тротила, подлодка затонула носовой частью. Единственный выход в таких случаях – ускорить движение, чтобы попытаться всплыть. Но дно было близко – на расстоянии 105 метров, тогда как длина «Курска» составляла 154 метра. Через две минуты он врезался в дно. Если бы глубина была большей, подводная лодка повернулась бы на 90 градусов, пошла ко дну вертикально и погибла под давлением воды на глубине около 800 метров. Но из-за удара, а также из-за того, что первый взрыв сделал ненадежными остальные торпеды, сдетонировали заряды, складированные в носовой части. Мощность взрыва была эквивалентна 6 тоннам тротила. Вода залила всю носовую часть».

Французский адмирал дал очень точную оценку версии о столкновении и об атаке «Курска»:

«Сразу же после катастрофы командующий Северным флотом адмирал Попов выдвинул версию о столк-

новении с американской подлодкой. Они пытались доказать, что это было нападением. Типичная реакция времен холодной войны. Очень скоро, вероятнее всего, уже в сентябре 2000 года, американцы – естественно, присутствовавшие в той зоне, как это бывает на всех крупных учениях, – продемонстрировали президенту Путину записи, которые они сделали. И Путин отправил своих адмиралов в отставку. Правда, кое-кто до сих пор цепляется за версию об американской подводной лодке. Заговор – это то, что хорошо продается!»

Точнее не скажешь.

Фрагмент фильма № 32

Президенты Клинтон и Путин связываются по телефону. «Получит ли Россия от Америки компенсацию за потопленную субмарину?» Через несколько дней Америка прощает российский долг, одновременно она предоставляет заем в 10 миллиардов долларов.

Мой комментарий:

Про американский заем и российские долги мне ничего не известно, знаю только, что внешний долг Соединенных Штатов Америки на 1 января 2000 года составлял 5 триллионов 628,7 миллиарда долларов, а внешний долг России на ту же дату – 158,7 миллиарда.

Был ли разговор у Клинтона с Путиным в этот период? Вероятнее всего, был. Клинтон не мог не выразить соболезнование в связи с гибелью моряков, возможно, он сообщил Путину, что американский флот к гибели «Курска» не имеет отношения. Но никто из авторов или соавторов «американской» версии не выложил на стол стенограмму этих переговоров.

Фрагмент фильма № 33

Рустам Арифджанов, главный редактор газеты «Версия»: «После событий, связанных с Курском, наблюдается все большее приближение России к Америке. Россия ликвидирует свои военные базы на Кубе, Вьетнаме. Россия соглашается с военным присутствием США в Центральной Азии, в бывших советских республиках».

Мой комментарий:

Ликвидация российской базы Камрань во Вьетнаме произошла осенью 2001 года (за три года до истечения срока бесплатной аренды). Одновременно, вопреки настойчивым требованиям кубинского руководства, была закрыта станция радиоэлектронной разведки в Лурдесе. Тогда российские военные говорили про чисто экономические причины. Но если Куба действительно получала плату за российскую базу в Лурдесе в размере около 200 миллионов долларов в год (в основном, товарами), то Вьетнам только заявлял о переходе на рыночные условия аренды после окончания действия предыдущего договора.

Руководство этой страны намекало даже на некий аукцион. Согласно заявлениям, США и Китай предлагали за Камрань по 500 миллионов долларов в год, но Вьетнам был готов пролонгировать договор с Россией за 300 миллионов. В результате Вьетнам все же решил не отдавать предпочтение ни одной великой державе и объявил о намерении превратить Камрань в открытый (фактически нейтральный) порт. Недавний добровольный уход из Камрани был воспринят общественным мнением России достаточно болезненно, и теперь любое осложнение вокруг Черноморского флота может восприниматься Россией через призму «вьетнамского синдрома».

Можно продолжать тему военных баз на Кубе и во Вьетнаме, а также российских баз в Армении, Таджикистане, Киргизии и Казахстане, но это имеет к гибели «Курска» такое же отношение, как насморк у президента гильдии российских адвокатов Гасана Мирзоева – к российскому правосудию.

Фрагмент фильма № 34

Уильям Хартунг, эксперт нью-йоркского Института мировой политики: «Я считаю, что Курск – это российское 11 сентября. Когда это трагическое событие произошло, правительство так и не задало нужные вопросы. Почему это произошло? Не было никакой гласности. Мне кажется, что Москва и Вашингтон имеют общий интерес сохранить тайну и не говорить нам о том, что на самом деле случилось».

Мой комментарий:

Не могу не согласиться с тем, что 12 августа 2000 года для России – то же самое, что 11 сентября 2001 года – для США и всего мира. Однако есть совсем небольшая разница: трагедия в США произошла в результате атаки террористов, а трагедия на «Курске» связана исключительно с собственным распиздяйством. И ответы на эти вопросы есть и в выводах следствия, и в заключении правительственной комиссии.

А в том, что не было никакой гласности, я согласен с Уильямом Хартунгом только отчасти. Вранья было много, даже очень много, оно было связано с адмиральской анальной инконтиненцией[100]. Потом было вранье о том, что подводники в 9-м отсеке жили не более 8 часов. Но при всем этом материалы уголовного дела были доступны. Из них можно было узнать правду, критически оценить выводы следствия и аргументированно ответить авторам версий, статей и фильмов. Вашингтону же имеет смысл сохранять тайну только в части технических возможностей своих подводных лодок.

Фрагмент фильма № 35

Если гибель Курска произошла от американской торпеды, становится ясным молчание Путина. Ему надо найти версию, приемлемую как для российского, так и для мирового сообщества. Парадоксально, но именно в этот момент, когда СМИ не дают ему покоя, Путин показывает свою значимость как главы государства, недоступного для давления со стороны общественного мнения, военной иерархии и СМИ. Он показывает способность на решение большого конфликта.

Мой комментарий:

В этом отрывке фильма обсуждается личность Путина как президента и как человека. В фильме звучит сакраментальная фраза: «Если гибель «Курска» произошла от американской торпеды...» Итак, авторы фильма не утверждают, а предполагают.

А если это предположение, справедливым будет и изложение этой фразы от противного: «Если гибель «Курска» произошла не от американской торпеды...» Следовательно, дальнейшие утверждения в фильме можно представить так: «...становится неясным молчание Путина», «ему не надо искать версию, приемлемую как для российского, так и для мирового сообщества», «парадоксально, но именно в этот момент, когда СМИ не дают ему покоя, Путин не показывает свою значимость как главы государства, недоступного для давления со стороны общественного мнения, военной иерархии и СМИ», «он не показывает способность на решение большого конфликта».

Фрагмент фильма № 36

Когда Путин наконец уезжает из его летней резиденции, он отправится на давно запланированную встречу с представителями церкви. Он упоминает гибель Курска, т.к. знает как любой новый президент, что ему необходима поддержка православного духовенства. Даже несмотря на то, что в течение многих лет оно в основном управляется КГБ. Эта помощь ему необходима т.к. он сталкивается с человеческой драмой, которая не может быть скрыта, как в советский период.

Мой комментарий:

Я не знаю, верит Путин в Бога или прикидывается – судя по делам, прикидывается, но в любом случае он должен был показать скорбь. Впрочем, не исключаю, что ему на самом деле жалко погибших ребят, а с Лячиным он встречался лично. Может быть, ему и не нужна была поддержка. Не исключено, что позже он раскаялся в том, что не согласился на немедленную помощь иностранных специалистов и поверил своим адмиралам.

Взаимоотношения КГБ и РПЦ – «это, – как говорит Леня Каневский, – уже другая история» и к экипажу «К-141» отношения не имеет.

Фрагмент фильма № 37

Первый раз после выборов рейтинг Путина упал на 10%. Он знает, что надо взять политическую инициативу. Он прилетает в Мурманск, где его встречают адмиралы и местные политики. Далее идет на встречу к семьям. Он встречается с женой командира «Курска». Несколько кадров, снятые единственным допущенным телеканалом, показывают разваливающееся жилище командира одной из самых престижных субмарин России.

Вечером Путин встречается с семьями. Собрание длится 3 часа. Два немецких журналиста, которым удалось попасть в зал, дают ошеломляющий отчет этой встречи. Они сообщают, что после выступления Путина, давшего свою версию, семьи стали резко критиковать президента в течение 2,5 часов и дошли до того, что сказали, что он недостоин своего звания, и требовали увольнения многих адмиралов.

Президент объявляет траур в РФ. Семьи отказываются от траура и категорически отказываются от сопровождения президента на место гибели «Курска». Это происходит в России в первый раз.

Мой комментарий:

Этот фрагмент фильма к «американской» версии никакого отношения не имеет. Я думаю, что встреча с родственниками – самый тяжелый момент в жизни Путина. (Приложение № 29) Он наверняка запомнил ее на всю жизнь, воспоминания о трагедии невольно ассоциируются с этой встречей, и тема «Курска» на подсознательном уровне вызывает у него чувство отторжения и дискомфорта. К этому стоит приплюсовать заверения и вранье адмиралов, которым он верил, а также заверения Куроедова. Не исключаю, что та встреча сыграла свою роль и в том, что в 10-летнюю годовщину гибели «Курска» Путин не промолвил ни слова.

Фрагмент фильма № 38

12 августа 2000 г. затонул Курск. Тогда в стане врагов Путина оказались Борис Березовский и Сергей Доренко. Последний рассказывает: «Лгали нам постоянно военные, их слова повторял президент. Ложь. Я всю ложь повторил, дал его слова. Показал весь ужас быта, вдов и так далее. И он позвонил на Первый канал и сказал, что Первый канал нанял шлюх, которые выступили, чтобы дискредитировать его. Я ему потом доказывал, что это были не шлюхи, это вдовы офицеров. Но он по телефону отзвонил и сказал: «Вы нанимаете шлюх специально, дали им по десять долларов, чтобы меня дискредитировать». За «шлюх» Березовский отдал ОРТ, а сам оказался за границей.

Борис Березовский, один из олигархов, теперь окончательно в оппозиции Путину, выбирает этот момент, чтобы создать фонд помощи семьям.

Борис Березовский, олигарх: «Я выделил миллион долларов, чтобы помочь пострадавшим семьям, и реакция Путина была ужасная. И он решил, что государство поможет им сразу, но результат был негативный т.к. бывшие бойцы Афганистана сразу спросили, почему этим семьям помогают, а другим нет. Только ради политической пропаганды?»

Мой комментарий:

На благотворительном Фонде гражданских свобод Бориса Березовского, созданном в августе 2000 года в США, следует остановиться чуть подробнее. Фонд еще до окончания спасательных работ на «Курске» объявил, что успел собрать миллион долларов и перечислит по 10 тысяч долларов на обучение 16-летним детям, чьи отцы погибли. Как сообщала пресса, 11 детей эту сумму получили.

«Ко мне обратились многие предприниматели с предложением организовать сбор средств для помощи родным и близким моряков потер- певшей катастрофу подводной лодки «Курск», – сказал Березовский в интервью Интерфаксу. Однако никто из бизнесменов-активистов перед публикой не предстал. Согласно заявлению, которое распространил офис Березовского, в попечительский совет фонда вошли писатель Василий Аксенов, губернатор Курской области Александр Руцкой и адвокат Генри Резник.

«Ведомости» опросили многих ведущих российских предпринимателей об их отношении к трагедии «Курска». Большинство из них либо уже оказали какую-то помощь семьям погибших моряков, либо собираются это сделать. О намерении перевести деньги в новый фонд Березовского не сказал никто.

Время создания Фонда гражданских свобод удивительным образом совпало с датой последней встречи Путина и Березовского. Вот как описывает эту встречу Александр Гольдфарб при участии Марины Литвиненко в книге «Саша, Володя, Борис... История убийств»:

«– Володя, ты совершил ошибку, оставшись в Сочи. Все станции мира...

– Меня не е...ут все станции мира, – вспылил Путин: – Почему ты это делаешь? Ты же вроде мой друг. Это ты уговорил меня согласиться на эту должность, а теперь – ножом в спину. Я это заслужил?

Заслужил что?

– А то, что у меня здесь рапорт, – он потряс папкой, – что твои люди нанимают каких-то блядей, чтобы те изображали жен и сестер моряков и поносили меня перед камерой!

– Володя, это не бляди, это реальные жены и сестры. Твои идиоты из КГБ скармливают тебе небылицы, а ты, если веришь, недалеко от них ушел».

Я не знаю, был ли такой разговор, поскольку многое из того, что говорит Березовский, у меня не вызывает доверия. Обращаю внимание на то, что авторы фильма говорят о телефонном разговоре Путина с Березовским, а Гольдфарб пишет, что этот разговор был при их личной встрече. С учетом последующей реакции Путина я склоняюсь к тому, что Березовский, пересказывая разговор на встрече с Путиным, говорил правду.

В интервью РТР 28 августа 2000 года Владимир Путин отреагировал на создание фонда Березовского: он возмущен тем, что трагедию подлодки «Курск» пытаются использовать «недобросовестным образом». Президент подчеркнул, что в первых рядах «защитников моряков» как раз оказались «те люди, которые длительное время способствовали развалу армии, флота и государства».

«*Некоторые из них даже по миллиону собрали. С миру по нитке – голому рубаха. Лучше бы они продали свои виллы на Средиземном побережье Франции или Испании. Только тогда им пришлось бы объяснить, почему вся эта недвижимость оформлена на подставные фамилии и на юридические фирмы. А мы, наверное, задали бы вопросы, откуда деньги. Ну да Бог с ними*».

4 сентября 2000 года пресс-центр.ру сообщил о распространенном письме Бориса Березовского Путину. Привожу фрагмент этого письма:

«*Я согласен – в освещении аварии подводной лодки «Курск» СМИ подвергли Вас резкой, но, на мой взгляд, во многом справедливой критике. Ваше желание взять СМИ под контроль понятно: в следующий раз, если, не дай Бог, произойдет нечто подобное – взрыв, катастрофа или скандал, некому будет Вас критиковать и люди будут узнавать о событиях из западных «голосов» – совсем, как в недавнем прошлом. Вам станет легче править, народу будет спокойнее жить, а желающих задавать неприятные вопросы станет гораздо меньше – ведь у них не будет мощной защиты, которую дает массовая телегласность. Вам не придется прерывать отпуск и* срочно изыскивать деньги на помощь семьям погибших. И в один прекрасный день люди, проснувшись, узнают, что они единодушно одобрили ввод российской армии в какую-то далекую страну для оказания кому-то братской помощи. При всех недостатках и проблемах, которые переживает Россия, есть несколько неоспоримых достижений, и важнейшее в том, что миллионы людей перестали бояться власти, а власть вынуждена в какой-то степени быть подотчетной народу. Это стало возможным в первую очередь благодаря независимым от власти СМИ».

Не могу не согласиться с Борисом Абрамовичем: захват первых каналов, а по сути, введение цензуры, стало началом сворачивания демократии в России, которая и без того находилась в эмбриональном состоянии.

Частично версию Березовского подтвердил один из бывших владельцев и руководителей телеканала «Общественное российское телевидение», бизнесмен и политик Бадри Патаркацишвили:

«И когда возникли между нами [с Борисом Березовским] разногласия, это было, когда «Курск» затонул и там, на борту, было сто восемнадцатилетних ребят, которых норвежцы могли спасти, но русские не дали им помочь под тем предлогом, что у них были там секретные объекты. В то время Березовский с ним [с Путиным] часто общался. А в это время Путин был недоступен – отдыхал на яхте с дочками. И вот тогда между ними и возникли противоречия, когда его не могли найти в течение двух дней. Если бы его смогли найти, те дети бы не погибли.

Какие уже такие секреты могли быть у военных, которые бы стоили этих жизней?! Вот тогда у Березовского случилось сумасшествие, и впервые тогда он ударил по Путину публично. Все закончилось тем, что Путин меня позвал и говорит: у тебя сейчас выбор между мной и Борей. Надо выбирать, потому что наши с ним дороги расходятся: я – уже не тот Володя, я – президент державы, и у меня нет права терпеть такие вещи. Я буду уважать любое твое решение, только помни, что если ты останешься с ним, я не смогу с тобой больше общаться».

За все время моей работы по делу «Курска» ко мне всего один или два раза обратились родственники погибших, которые по условиям могли рассчитывать на деньги фонда Березовского, но мои попытки связаться с кем-либо из его руководителей закончились ничем. По адресу фонда в строении 2 дома 9 по Трехпрудному переулку никого не было, двери были на замке.

Недавно я получил письмо по электронной почте:

«Здравствуйте, уважаемый Борис Аврамович! Вас беспокоят семьи погибших на АПРК «Курск» – семья Кичкирук и семья Калининых. Дело в том, что после катастрофы на «Курске» господин Березовский предложил свою финансовую помощь при поступлении детей в высшее учебное заведение. Для чего были созданы счета в Фонде гражданских свобод. Предположительная сумма составляет около 10 000 долларов. С нами связался корреспондент ВВС Крис и предложил нам свою помощь в неразрешимых ситуациях. Мы объяснили ему суть дела, он связался с руководителем Фонда гражданских свобод Александром Гольдфарбом, он не против перечисления этих денег на счета детей. Но этот фонд в РФ считается террористической организацией, и если эти деньги поступят в Россию, то будут заблокированы. Дети Кичкирук остались круглыми сиротами, поверьте, эти деньги необходимы для образования детей. Очень просим Вас помочь нам в получении этих денег. Может, Вы найдете способ решения этой проблемы. С уважением к Вам семьи Кичкирук и Калининых».*

Я созвонился с Александром Гольдфарбом, который возглавлял созданный Березовским в США Фонд гражданских свобод, и встретился с ним в популярном русском ресторане «Самовар» на 52-й улице Манхэттена. Он рассказал, что после отъезда Березовского в Лондон фонд в Москве какое-то время функционировал, на его счету было около 150 тысяч долларов, но Березовского начали обвинять в том, что через фонд финансируются террористы, поэтому представительство фонда в Москве было закрыто. Подтверждения такого рода обвинений я не нашел, но преследование Березовского по делам «Аэрофлота» и «ЛогоВАЗа» не могло не привести к закрытию фонда. Насчет «ЛогоВАЗа» ничего не могу сказать, не знаю, но о деле «Аэрофлота» – а я участвовал в нем в качестве защитника вице-президента компании Александра Красненкера, к сожалению, ныне покойного, – могу с уверенностью сказать, что там есть только «запах Березовского».

В декабре 2003 года и летом 2004 года в прессе и в Интернете появились материалы журналиста Айрата Салафутдинова из Уфы, связанные с адвокатом Березовского Анатолием Блиновым. Как пишет журналист, *«[...] в неофициальном общении корреспондента газеты «Дело №» с представителями следствия те подтвердили, что найденные документы указывают на то, что деньги фонда «Курск», предназначавшиеся семьям погибших подводников, были попросту расхищены. Однако станут ли найденные документы основанием для предъявления Анатолию Блинову новых обвинений, представители правоохранительных органов Башкирии сомневаются.*

Причина тому – участие в деятельности фонда «Курск» Бориса Березовского и его структур. Возникновение имени Березовского в уголовном деле Блинова скорее всего придаст этому делу политический аспект, в котором незаинтересован в первую очередь Кремль. Так что, возможно, эпизод с фондом «Курск» вообще не получит огласки [...] Анатолий Блинов с сентября 2000 года являлся гендиректором и председателем Фонда помощи семьям членов экипажа подводной лодки «Курск». Даже если сейчас будут обнародованы документы, доказывающие серьезные финансовые нарушения в деятельности фонда, Блинов в любом случае получит серьезное доказательство того, что его уголовное дело – издержки тех непростых отношений, которые существуют между Березовским и Кремлем. Разворованные деньги фонда в этом контексте – очень сомнительный аргумент в руках следствия.

Захочет ли Березовский, чтобы на него повесили разворованные деньги семей погибших подводников, неизвестно. Это обвинение вряд ли что-то изменит в жизни олигарха. А вот в судьбе Анатолия Блинова может. Похоже, что деньги, направленные Березовским для святой цели, украдены».

Я отправил письмо Березовскому, в котором просил либо связаться с членами семей и направить деньги на обучение детей, либо официально заявить о прекращении этой программы. Ответа я пока не получил.

Если Борис Березовский и его фонд помогли хотя бы одному ребенку, я считаю, что деятельность этого фонда нужно признать полезной, даже если сама акция использовалась в политических целях.

Фрагмент фильма № 39

В атмосфере недоверия вокруг гибели Курска и моряков В. Путин представляет это как последствие ослабления власти. Для национального подъема ему нужны армия, СМИ и политики. Он сразу же принимает конкретные меры. В. Путин сообщил о повышении зарплат военнослужащим, госслужащим и работникам юстиции на 20% с 1 декабря.

Когда Путин назначил В. Устинова на ведение судебного следствия, он также присоединяет к нему главу ФСБ Николая Патрушева. Устинов, по указанию Путина, ведет также судебные следствия против медиамагнатов. Владимир Гусинский уже в изгнании, и Борис Березовский – следующий на очереди. Он подвергся сильному давлению от правительства, от генпрокурора Устинова, от ФСБ и осенью 2000 г. был вынужден покинуть Россию.

Мой комментарий:

Действительно, именно с «Курска» Путин понял значение СМИ и важность взятия их под контроль. Именно «Курск» раскрыл перед президентом и перед народом состояние наших Вооруженных сил и необходимость их реформирования.

Никому, кроме как Устинову, президент и не мог поручить расследование дела «Курска»: Устинов – генеральный прокурор. Что касается ФСБ, то следов участия этой спецслужбы в материалах уголовного дела мне обнаружить не удалось. Я, впрочем, не исключаю, что военные контрразведчики Северного флота участвовали во внесении в официальные документы, связанные с подготовкой корабля и экипажа, ложных сведений. Кроме того, по-видимому, работники ФСБ проверяли версию террористического акта.

Напомню, что в составе экипажа были прикомандированные: старший лейтенант Арнольд Борисов, ведущий инженер военной приемки, и

Мамед Гаджиев, представитель завода «Дагдизель», которые занимались подготовкой и испытаниями новых аккумуляторов многоразового действия для торпеды калибра 533 мм. В связи с личностью Гаджиева, собственно говоря, и появилась версия теракта. Каждому ясно, что это версия бредовая, но даже через много лет она периодически всплывает.

Фрагмент фильма № 40

Сергей Пархоменко, главный редактор журнала «Итоги»: «Я считаю, что проблема со СМИ была более или менее решена Путиным после Курска. Именно в этот момент власть и Путин лично увидели разницу между свободными СМИ и контролируемыми. Именно тогда он понял, что контроль над СМИ – это важно.

Нильс Бемер, норвежская экологическая ассоциация «Беллона»: «Когда произойдет новая авария, больше не будет журналистов, чтобы задать настоящие вопросы. Народ должен будет верить тому, что говорят газеты и официальное телевидение».

Мой комментарий:

Согласен полностью. Но хотел бы обратить внимание на следующий факт: ни Сергей Пархоменко, ни Нильс Бемер не являются сторонниками версии потопления «Курска» американцами, во всяком случае, в фильме они с этой версией не согласились. Думаю, что их, как и меня, при приглашении к участию в фильме ввели в заблуждение.

Фрагмент фильма № 41

В желании успокоения Путин решает поднять тела. Операция предоставлена американской фирме «Халлибартон», которой руководит Дик Чейни, будущий вице-президент США. Удалось обнаружить и поднять наверх тела 4-х подводников. Один из них опознан. Это командир турбинной группы Колесников.

Мой комментарий:

При чем тут Путин?! Какое успокоение? Как только возникла возможность поднять тела, они были подняты.

В ходе специальной операции по обследованию места катастрофы и затонувшего крейсера с 20 октября по 6 ноября 2000 года из крейсера были извлечены и опознаны тела 12 моряков:

Аряпова Р. Р., Борисова А. М., Бочкова М. А., Бражкина А. В., Гесслера Р. А., Колесникова Д. Р., Коркина А. А., Кубикова Р. В., Кузнецова В. В., Майнагашева В. В., Мартынова Р. В. и Садиленко С. В.

Фрагмент фильма № 42

Борис Кузнецов, адвокат семей: «Там были обнаружены три записки. Две из них – это записка Колесникова и записка Садиленко. Они датированы. Из этих записок было известно, что после взрыва подводники из 7-го и 8-го отсека какое-то время они там жили. (2,5 дня)». Только часть этой записки сообщалась СМИ. Другие страницы – засекречены. В записке было написано: «Нас убили».

Мой комментарий:

Согласие на мое участие в этом фильме было получено обманом. Режиссеры не сообщили, что снимается фильм, где в качестве версии фигурирует столкновение с американской подводной лодкой и торпедирование «Курска». Более того, меня заверили, что в фильме будут изложены все версии гибели корабля и экипажа. Съемки продолжались целый день, записано было не менее часа моего монолога. Все свои соображения по поводу истинных причин трагедии я не просто высказал, но и подтвердил документами и схемами. Все это было вырезано.

Как я писал раньше, датированы были не все записки, а только записка Дмитрия Колесникова. Если быть совсем точным, то датирована только часть записки, написанная ровным почерком, которая, очевидно, написана в 15 часов 15 минут 12 августа. Записки Сергея Садиленко и Андрея Борисова, к сожалению, не содержат ни даты, ни времени написания.

Ни в одной из записок нет фразы: «Нас убили», авторы фильма лгут, цитируя неустановленную газету, которая тоже лжет, если она вообще существует. Если бы моряки кормовых отсеков знали все обстоятельства, которые привели к их гибели и гибели их товарищей, у них было бы право так написать.

Засекреченность записок – тоже ложь. Может быть, у авторов есть основания обвинять следователей следственной группы в этой подтасовке, фальсификации и укрывательстве? У меня в этом случае их нет, в других случаях есть, а в этом – нет. Доказательств авторы фильма не приводят, источники не называют.

Фрагмент фильма № 43

Только 12 тел было поднято. Другие остаются в внутри Курска в ожидании положительного решения на поднятие субмарины. Церемония отмечена, но тела были оставлены для вскрытия.

Журналистке московской газеты «Жизнь» удалось получить сведения от судмедэксперта Игоря Грязнова. Он утверждает, что еще одна записка, написанная три дня спустя после аварии, была найдена в карманах Дмитрия Колесникова. Она написана для главнокомандующих и содержит информацию о гибели Курка. Судмедэксперт настаивает на том, что вице-адмирал Моцак настойчиво просил об этом молчать. Содержание этого письма так никогда и не будет опубликовано.

Эти откровения еще раз подтверждают стремление власти оставить моряков погибать.

Мой комментарий:

В предыдущем фрагменте речь идет о поднятии четырех тел, а в этом фрагменте – о двенадцати. Почему? Я это объяснить не могу.

Про Грязнова – вранье. Публиковался даже текст так называемой записки: «Командир умер... я остался старшим офицером на лодке... Больно... Убили...15 августа». Источником информации стала газета «Жизнь». Человека с фамилией Игорь Грязнов среди судебно-медицинских экспертов, участвовавших в проведении экспертиз или следственных действий, не было.

С газетой «Жизнь» я сталкивался несколько раз. В 1998 году ко мне обращалась актриса Театра на Таганке Татьяна Иваненко. В связи с 60-летием Владимира Высоцкого журналистка газеты «Жизнь» Татьяна Булкина пыталась взять интервью у Иваненко об их отношениях с Высоцким и о ходивших слухах, что Татьяна вырастила дочь Настю от артиста, поэта и барда. Иваненко, никогда не дававшая интервью, отказала Булкиной и на этот раз. Журналистка опросила работников театра, в первую очередь гардеробщиц, уборщиц, некоторых артистов, и вставила их слова в несуществующее интервью с Татьяной Иваненко. Иск о вмешательстве в личную жизнь был предъявлен редакции газеты и Булкиной. Ни журналистка, ни представитель газеты не могли взять в толк, в чем их, собственно говоря, обвиняют. Ведь основная задача газеты – повышать читательский интерес. А то, что персонажам репортажей, статей и интервью, которые живут своей жизнью, имеют детей и внуков, друзей и знакомых, наносится вред, что кто-то из них может не спать по ночам – это неизбежные издержки журналистского производства.

Выдумали господа журналисты персонаж – судебно-медицинский эксперт Игорь Грязнов. И записку тоже выдумали. Но то, что авторы фильма из страны с долгой историей демократии и соблюдения прав человека не проверили реальность личности, на которую они ссылаются, может случиться только при заказном характере фильма.

Фрагмент фильма № 44

Борис Кузнецов, адвокат семей: «Семьи экипажа [...] Курска попросили меня представлять их как потерпевших по уголовному делу».
Простые граждане подают в суд на правительство, это невиданно в России. Может быть, из-за этого Путин решает поднять Курск вместе с телами подводников.
Владимир Митяев, отец подводника: «Наш адвокат [...] работает над делом. Тот, кто виноват, должен отвечать. Иначе будет как всегда, – нет виновных».

Мой комментарий:

В конце концов поводную лодку «Курск» подняли, уголовное дело я изучил, жалобу подал, правду о «Курске» написал и теперь... живу в эмиграции. А виновных как не было, так и нет.

Фрагмент фильма № 45

Тайна гибели Курска хорошо охраняется. Правительство нашло выход из ситуации поднятием субмарины, которое одновременно скроет причину трагедии и в то же время покажет желание Путина быть открытым.

Мой комментарий:

С логикой у Жан-Мишеля Карре серьезные проблемы. Спрашивается: если Путин решил скрыть тайну гибели корабля и экипажа, то какой смысл его поднимать? Не лучше ли оставить ее на дне моря? Отказ от подъема всегда можно было объяснить и обставить несколькими доводами.

Фрагмент фильма № 46

Голландская фирма «Mammoet Transport BV» была выбрана, т.к. оказалась единственной, которая отказалась поднимать торпедный отсек. Все российские и зарубежные проекты, которые предлагали поднять Курск целиком, систематически отклонялись.

Носовая часть субмарины будет отрезана и оставлена на дне, одновременно скрывая то, что не должно быть раскрыто. Операция обойдется в 130 миллионов евро, т.е. в 2 раза больше всего годового бюджета ВМФ для подлодок. Что не так дорого для поднятия рейтинга Путина. Людмила Милютина, мать подводника: «Нам хоть как-то объяснили, зачем отрезали носовую часть. Якобы там были взрывоопасные вещества. Почему же они тогда не боялись его отрезать? Они же могли все взорвать».

Мой комментарий:

Хотел бы обратить внимание читателя на этот кадр из фильма. Видите горизонтальные рули? А теперь посмотрите кадр фильма и фотографию с отверстием, которое некоторые авторы ассоциируют с пробоиной от торпеды, и сопоставьте нахождение оси рулей, меняющих угол, с местом пробоины. Есть вопросы?

Вопрос «Надо ли поднимать «Курск»?» сразу вызвал в обществе дискуссии. Некоторые родственники считали, что могилой погибших подводников должно быть море, просили не тревожить их прах. Противники подъема приводили довод о дорогостоящем характере операции.

Абстрагируюсь от всех иных соображений, кроме одного – установление истины. Как профессиональный сыщик хочу заметить, что нет более важного следственного действия, чем осмотр места происшествия. Поэтому, с точки зрения следствия, подъем «Курска» был необходим, впрочем, как и 1-го отсека. Я даже направлял телеграмму от имени родственников. Привожу позиции непосредственных участников расследования:

Виктор Шеин: *Наша позиция неизменна: чем больше у нас возможностей для получения доказательств, тем лучше. Конечно же, мы заинтересованы в том, чтобы «Курск» был поднят в том виде, в котором он находился в момент катастрофы. Все эти резки – отсек или половина 1-го отсека, – конечно, для следствия нежелательны. Но что мы можем поделать? Ведь по-другому технически невозможно осуществить подъем – это связано с безопасностью. Представьте, если при подъеме сдетонирует неразорвавшийся боеприпас... Тем не менее, мы принимаем все меры к тому, чтобы как можно меньше объектов осталось на дне. Я не думаю, что кто-то хочет оставить 1-й отсек на дне умышленно, чтобы скрыть следы. Я никаких сведений об этом не имею.*

Когда я начал изучать уголовное дело, Следственное управление Главной военной прокуратуры возглавлял генерал-майор Виктор Шеин, кстати, потомок первого русского генералиссимуса Алексея Шеина. Я и раньше сталкивался с Виктором Степановичем по делам, которые расследовала Главная военная прокуратура. И хотя наши позиции зачастую расходились, мы сохраняли подчеркнуто уважительное отношение друг к другу, с моей стороны это было искренне.

Еще одна черта Виктора Шеина – порядочность, он, без сомнения, человек чести. Еще до окончания изучения уголовного дела я узнал, что Виктор Степанович покидает Главную военную прокуратуру. Причина не называлась, но кто-то из следователей прозрачно намекнул, что у него не сложились отношения с главным военным прокурором Александром Савенковым. Я убежден, что отставка Шеина связана исключительно с его протестом против фальсификации результатов расследования этого дела.

Главную причину отказа поднимать 1-й отсек высказал представитель голландской компании «Mammoet Transport BV» в России Вячеслав Захаров журналисту Борису Соколову.

Захаров: Это было категорическое требование ЦКБ «Рубин». Сначала у меня были сомнения на сей счет. В первом варианте проекта, разработанном «Мамутом», но еще не представленном российской стороне, отделение 1-го отсека не предусматривалось. Однако в дальнейшем специалистам «Рубина» удалось убедить нас, что это необходимо сделать. Дело в том, что на разрушенном 1-м отсеке очень трудно было найти места для крепления грузозахватов. Поэтому был риск, что в процессе подъема 1-й отсек может обломиться и упасть на дно. А в результате удара о дно могли сдетонировать находившиеся в 1-м отсеке ракеты и торпеды.

Соколов: Существовала ли теоретическая возможность подъема 1-го отсека вместе с лодкой?

Захаров: Да, существовала. В принципе, можно было разработать вариант, при котором бы даже отломившийся в процессе подъема нос «Курска» был бы все равно удержан тросами и поднят. Если бы эти тросы удалось удачно на нем закрепить. Однако оставалась бы проблема крепления разрушенного отсека к днищу баржи. В этом случае, если бы лодку поднимали целиком, несомненно, потребовалась другая баржа, не Giant-4, а ее еще надо было найти. И все равно оставался риск, что последствия, вызванные разрушением носа, преодолеть не удастся. Поэтому сегодня, когда все позади, я считаю принятое решение резать 1-й отсек абсолютно правильным. Ведь задачу крепления разрушенного носа «Курска» к днищу баржи никто еще не решил. А по сложности она может даже превосходить операцию по отрезанию 1-го отсека.

Соколов: А зачем все-таки надо было отрезать 1-й отсек?

Захаров: Есть еще одно обстоятельство. Если абстрагироваться от опасности взрыва неразорвавшихся торпед, то в случае обрыва тросов, закрепленных от того, что осталось от 1-го отсека, баланс при подъеме был бы нарушен, что могло повлечь срыв всей операции[101].

Нарушение балансировки при подъеме «Курска» – это главная причина, почему следовало отрезать торпедный отсек. Да и маловероятно было найти там следы, важные для установления причины предполагаемого столкновения. Обломки корпуса, приборов и других частей корабля взрывом приведены в такое состояние, что невозможно определить, когда получены те или иные повреждения – до взрыва или после.

Есть в криминалистике принцип достаточности доказательств, это означает, что нет необходимости допрашивать десять тысяч очевидцев, которые видели событие на телеэкране, а достаточно допросить только 20 человек и приобщить к материалам дела видеозапись. Ничего нового, с точки зрения причин гибели корабля, носовой отсек дать не может, хотя, еще раз скажу, для чистоты эксперимента его следовало бы поднять.

Фрагмент фильма № 47

Виктор Баранец, журналист «Комсомольской правды»: «Я считаю, что все было сделано в спешке. Надо было всю лодку поднимать. Дело Курска – уголовное. Его нельзя закрыть за два года».

Мой комментарий:

Во-первых, не всегда качество расследования зависит от сроков его проведения, для качества существуют совершенно другие критерии: объективность и всесторонность. Во-вторых, чтобы иметь суждение о качестве расследования, нужно быть участником процесса, изучить материалы дела.

Тогда можно будет сказать, что та или иная версия не проверена, те или иные следственные действия не проведены.

Думаю, что мнению о качестве и сроках расследования Виктора Баранца, бывшего начальника пресс-службы и пресс-секретаря Министерства обороны, выпускника Военно-политической академии, большого значения придавать не стоит.

Фрагмент фильма № 48

Курск должен будет встать в док судоремонтного завода в Рослякове. Семьи, живущие в этой закрытой военной базе, испугались. Они знают, что реакторы «Курска» того же типа, что и в Чернобыле, и совсем не доверяют начальникам. Население скупает йод во всех аптеках. В школах раздаются противогазы, на крайний случай подготовлены автобусы. Те, кто могут, отправляют своих детей за город.

Мой комментарий:

Власти врали народу про катастрофу в Чернобыле, врали по разным другим поводам. Поэтому страх живет в людях на генетическом уровне. Но какое это имеет отношение к «Курску»?

Фрагмент фильма № 49

На церемонии вручения наград погибших моряков Надежда Тылик неожиданно выступила (это ее год назад вынудили замолчать обезболивающим уколом): «Хочется, чтобы, повзрослев, дети погибших знали, что их отцы погибли из-за халатности, разгильдяйства и бездушия высокопоставленных людей мира. Мне искренне жаль тех людей, которых заставляли врать [...] им придется нести в душе большой, великий грех. И покайтесь, пока еще не поздно».

Мой комментарий:

За прошедшие годы мы не слышали покаяния ни от одного из тех, кто непосредственно виновен в гибели АПРК «Курск» и его экипажа, не говоря о тех, кто скрывал важнейшие обстоятельства и уводил от ответственности виновных лиц. Хотя адмирал Попов и принес публичные извинения родным погибших, но конкретной вины за конкретные провалы и гибель экипажа не признал. Его извинения носили ритуальный характер. В 10-летнюю годовщину гибели 118 моряков экипажа руководители государства постарались забыть об этой трагической дате.

Фрагмент фильма № 50

Голландская баржа доставила Курск в док. Постепенно становится виден двуглавый орел – царский герб, который был выбран для Курска. Прокурор Устинов, следователи и судмедэксперты поднимаются на борт.

(На первом плане – люди, идущие по сходням с правого борта «Курска», видно отсутствие носовой части корабля, у кромки сохранившегося 2-го отсека в средней части корпуса на уровне линии диаметральной плоскости теоретического чертежа лодки – отверстие. Следующий кадр – генеральный прокурор Владимир Устинов рассматривает это отверстие, а затем его дают крупным планом. – Б.К.)

А что значит это отверстие в правом боку подводной лодки?

М. Стредлинг, инженер по торпедам: «Я удивляюсь, глядя на такое четкое отверстие в корпусе Курска. Это похоже на торпедную пробоину, это и есть, скорее всего, торпедная пробоина. Что-то странное произошло, но мы этого не знаем».

Эта правая сторона Курска с пробоиной будет быстро запрещена для съемок. Почему? Только несколько военных знают секрет новой американской торпеды. Один из них нам конфиденциально объяснил, что это отверстие – подпись торпеды МК-48. Ее головка с обеднённым ураном, использующаяся для пробивания танков, и нагрев до высоких температур медного кольца позволяют ей оставлять очень четкий след в корпусе. Ее навигационная программа создана для попадания в заднюю часть торпедного отсека, находящегося рядом с командным отсеком.

Мой комментарий:

Специалист по торпедам М. Стредлинг, конечно же, хорош! Подводная лодка вооружается торпедным оружием для борьбы с танками, а система наведения таких торпед похожа на стрельбу из снайперской винтовки, и не просто по цели, а еще и в конкретное место этой цели.

Снимок, на котором изображено отверстие, не только не запрещен, но присутствует и в фильме, и в многочисленных публикациях в Интернете, а также, не поверите, в книге Владимира Устинова. Правая крайняя фигура человека – генеральный прокурор Устинов (вид со спины). То же самое место съемок, та же кожаная куртка с капюшоном, та же фуражка. Может быть, у кого-то возникнет мысль, что ради собственного пиара генеральный прокурор фотографируется на фоне отверстия, которое необходимо скрывать? Может быть, генпрокурор просто по недомыслию, случайно слил секретный снимок?

Сопоставим две приведенные фотографии. Очевидно, что на них в различных ракурсах изображено одно и то же отверстие, которое, по мнению авторов фильма, образовано попаданием американской торпеды. Первый снимок – ориентирующий кадр. С его помощью можно увидеть расположение отверстия относительно корпуса подводного корабля. Второй снимок сделан методом узловой съемки и позволяет рассмотреть детали.

Рассмотрим первый снимок. Отверстие расположено по линии борта, на максимальной ширине по конструктивной ватерлинии. В диаметральной плоскости отверстие находится в районе межотсечной переборки 1-го и 2-го отсеков.

Теперь рассмотрим второй снимок. С левой стороны (с 7 часов по

1 час) отверстие представляет собой практически правильную окружность и с правой стороны (с 12 по 3 часа) переходит в отсутствующую носовую часть корпуса. Нижняя часть отверстия (с 3 до 6 часов) образует острый угол в 90 градусов по направлению к центру.

А теперь посмотрим на пробоину обычного бронебойного снаряда калибра 76 мм[102].

Для наглядности увеличиваю снимки «пробоины» на «Курске» и на немецком «тигре» и ставлю их рядом.

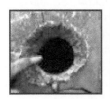

Очевидна разница в форме отверстия? «Пробоина» на «Курске» имеет идеально ровные края, без следов загиба внутрь и без следов оплавления металла, а пробоина в танковой броне, во-первых, практически круглая и воронкообразной формы, а во-вторых, оплавленные края и оплавленный металл выступают за края пробоины. Вероятно, был применен подкалиберный снаряд, а не обычная болванка. Кумулятивный снаряд так же прожигает броню, оставляя следы плавления.

Отверстие на подводной лодке «Курск» находится в зоне вмятины, которая имеет увеличивающуюся глубину от носа к корме и заканчивается отверстием. В результате чего и при каких обстоятельствах эта пробоина образовалась? Кто измерил ее диаметр? Как диаметр пробоины соотносится с калибром американской торпеды МК-48?

Еще при изучении материалов уголовного дела эта круглая пробоина, которую я видел на фотографиях с участием Устинова, меня смущала. Тогда ответа на свои вопросы я не нашел. Могла ли она образоваться от столкновения? Нет, конечно. У подводной лодки нет такого выступающего острого тарана, какой был у «Наутилуса» капитана Немо.

В статье Олега Тесленко «Размер пробоины в носовой части «Курска» есть такие строки:

«[...] *научный сотрудник НИИ «Моргеофизика», наблюдатель Андрей Краснов прибыл на место трагедии через две недели после катастрофы. Вот что он рассказал: «Аппаратуру OCEAN ROVER МК-3 мы получили в 1990 г. в Шотландии. С ее помощью мы исследовали лодку со всех сторон. Работа велась на небольшом научно-промысловом судне «Скалопер», которое арендовали для этих целей. Под воду люди не спускались, только аппараты. Работали на протяжении трех* недель по 18 часов в сутки (можно только представить, какое огромное количество фото- киноматериалов они успели снять за это время. – **О.Т.**). Я [Андрей Краснов] был старшим научным руководителем группы [...].

Я [Андрей Краснов] смотрел результаты исследования в черно-белом и цветном изображениях. Врагу не пожелаешь такого увидеть! Вся носовая часть лодки разворочена и метров на восемь залезла в грунт. Никакой пробоины нет, просто весь 1-й отсек – большая дыра».

Итак, Андрей Краснов никакой пробоины в корпусе лежащей на дне лодки не видел.

Не видел этой пробоины и капитан III ранга Андрей Шолохов, который на спасательном аппарате «Приз» трижды опускался к погибшей подводной лодке:

«То есть там не то что пробоина, а просто отлом передней части [...], а размер составлял по ширине 18 м и по высоте 13 м».

На мой вопрос об этой пробоине следователь Егиев махнул рукой: технологическое отверстие.

А теперь посмотрите. В проекции «вид сверху» на боковой части корпуса в районе между 1-м и 2-м отсеками хорошо видны рули глубины, которые, наряду с такими же хвостовыми, позволяют подводной лодке нырять или всплывать за счет динамических свойств. Эти же рули можно увидеть в проекции «вид сбоку». Для быстрого изменения глубины погружения носовые рули следует положить на полный угол погружения (всплытия), а кормовыми рулями под-

держивать нужный дифферент. Поскольку рули изменяют угол атаки в зависимости от всплытия или погружения, то они должны иметь соответствующую ось и углубление в корпусе подводной лодки.

Отверстие, на фоне которого сфотографировался генеральный прокурор Владимир Устинов, – вероятно, не что иное, как место расположения оси для крепления горизонтальных рулей[103]. Углубление между 1-м и 2-м отсеками хорошо видно на снимке с Устиновым. Оно увеличивается от кормы к носу и упирается в отверстие.

Но даже если я ошибаюсь, то в любом случае – и здесь я убежден – это не бронебойная, не кумулятивная, не торпеда с наконечником из обедненного урана, не торпеда с прожигающим медным наконечником, о существовании которой наука ничего не знает, а знают лишь некоторые «специалисты» и неподготовленные читатели.

Абстрагируемся от предшествующих рассуждений о размерах и формах отверстия и предположим, что оно образовалось от попадания американской (эфиопской, гваделупской, северокорейской и т.п.) торпеды, взрыв которой вызвал детонацию торпед и привел к гибели «Курска».

Но нельзя принимать во внимание обстоятельства, которые являются лишь мнением или предметом обсуждения. Речь идет об установленных фактах – объективных, неоспоримых. Беру пять из них:

1. Два взрыва, первый примерно в 100 раз слабее второго.

2. Между первым и вторым взрывами временная дистанция в 135 секунд.
3. Следы пожара в 1-м отсеке.
4. Вваренная в межотсечную переборку 2-го отсека крышка торпедного аппарата № 4.
5. Обломки оборудования – два фрагмента средней части трубы, фрагмент кольца кингстонного механизма торпедного аппарата № 4 – обнаружены за кормой лодки на дне Баренцева моря.

А теперь включите мозги, господа, и рассмотрите два рисунка Владимира Каневского.

На рисунке под названием «Первое сейсмическое событие» вы, уважаемый читатель, увидите торпедный аппарат № 4 с практической перекисно-водородной торпедой 65-76А. Крышка торпедного аппарата № 4 обнаружена в межотсечной переборке между 1-м и 2-м отсеками со стороны 1-го отсека.

Вопрос для начинающих физиков: где расположен эпицентр первого сейсмического события, то есть взрыва, который отбросил крышку торпедного аппарата к корме и она вварилась в межотсечную переборку между 1-м и 2-м отсеками со стороны 1-го отсека? Правильно: эпицентр первого сейсмического события находился внутри торпедного аппарата № 4.

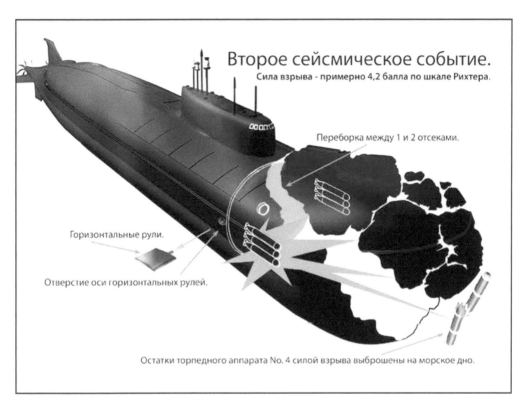

А теперь разберемся с рисунком под названием «Второе сейсмическое событие».

Как я уже писал, через 2 минуты 15 секунд произошел второй взрыв, в результате которого была разрушена носовая часть подводной лодки. Обломки оборудования, в частности два фрагмента средней части трубы, фрагмент кольца кингстонного механизма торпедного аппарата № 4, обнаружены за кормой лодки на дне Баренцева моря.

Мы имеем два фрагмента одного агрегата – торпедного аппарата № 4, которые в результате взрывов двигались в разных направлениях. Задняя крышка торпедного аппарата двигалась от носа к корме, а труба торпедного аппарата оказалась на морском дне за лежащим атомоходом, то есть труба двигалась от кормы к носу, и ее выбросило через огромную дыру, которая ранее была носовой частью подводной лодки. Таким образом, два произошедших взрыва подтверждаются не только фиксацией средствами сейсмического обнаружения, но и разнонаправленным движением различных фрагментов одного и того же торпедного аппарата № 4.

Обнаружение фрагментов торпедного аппарата № 4 за кормой корабля означает, что оба взрыва произошли, когда корабль находился в движении. При этом первый взрыв не разрушил прочный корпус. Второй взрыв был такой мощности, что разрушил носовую часть корпуса и оборудование лодки.

Детонация боезапаса, которая и явилась вторым сейсмическим событием, объективно подтверждена следующими дополнительными факторами:

- Наличием металлических осколков оболочки боевого зарядного отделения торпед калибра 533 мм со следами контактного взрывного воздействия, характерными для детонационного превращения заряда взрывчатого вещества.
- Обнаружением хвостовых частей 17 торпед калибра 533 мм и одной торпеды калибра 650 мм внутри 1-го, 2-го и 3-го отсеков лодки.
- Особенностями деформации и разрушения всего комплекса торпедно-ракетного вооружения, фрагменты которого были обнаружены внутри 1-го, 2-го и 3-го отсеков подводной лодки «Курск».
- Наличием на нескольких металлических балках и направляющих автоматизированных стеллажей торпедных аппаратов № 2, 4 и 6 следов взрывного воздействия (контактного или в ближней зоне), характерных для детонационного превращения заряда взрывчатого вещества.

- Разрушением прочного корпуса лодки в районе 11–15-го шпангоутов, что соответствует штатному расположению боевых зарядных отделений торпед калибра 650 мм и 533 мм на стеллажах в 1-м отсеке.

Некоторые специалисты задавались вопросом, почему первым взрывом не вырвало переднюю крышку торпедного аппарата. Объяснение достаточно простое. В момент начала трагедии «Курск» находился на перископной глубине. Длина перископа – около 10 метров. Высота «Курска» от киля до ограждения рубки – 28 метров. Прибавьте к ним 10 метров перископа, и получится, что расположенные ниже ватерлинии торпедные аппараты находились на глубине 25–30 метров, а это значит, что давление на наружные крышки торпедных аппаратов составляло 2,5–3 атмосферы.

Кроме того, еще нужно преодолеть силу механизма, который открывает наружные крышки торпедных аппаратов, а это не менее 10 атмосфер. Напомню, что кремальера торпедного аппарата № 4 не была довернута на два часа. Если задняя крышка торпедного аппарата летела с огромной силой внутрь, то взрыв распространялся от носа к корме. А это значит, что процесс первого взрыва развивался внутри торпедного аппарата при герметичности прочного корпуса.

Для детонации боезапаса достаточно нагрева свыше 800 градусов в течение 2 минут. Эксперты это проверяли путем экспериментов. В результате объемного взрыва компонентов топлива – керосина и пероксида водорода – такая температура была достигнута.

Надеюсь, эти разъяснения, понятные даже школьникам начальных классов и домохозяйкам, убедят адекватного читателя в бредовости версии «торпедной атаки». Остальным упорствующим я могу только посоветовать сходить в ближайшую аптеку.

Фрагмент фильма № 51

Несколько дней спустя следователи говорят о том, что найден в хорошем состоянии один из аппаратов, записывающих технические данные. После анализа конструктор «Курска» Игорь Баранов объяснит, что этот аппарат «не был включен во время аварии», и что «нет никаких данных в момент взрыва».

Мой комментарий:

Эта записывающая система носит название «Снегирь» – некий «черный ящик», который фиксирует запись переговоров на «Курске». В отличие от «черных ящиков», которые устанавливаются на самолетах, «Снегирь» не защищен от морской воды, а запись ведется на магнитную ленту, а не на магнитную проволоку, которая защищена и от воды, и от огня. Восстановить магнитную запись на ленте специалисты не смогли и передали мне на память фрагмент прибора с пустой катушкой. Может быть, Баранов имел ввиду какой-то другой прибор?

Устройство «Снегирь», извлеченное из разрушенного «Курска».

Фрагмент фильма № 52

Один из следователей найдет тело одного офицера перед сейфом с ключом в руке. В этом самом сейфе хранятся коды, позволяющие запуск ядерных ракет «Гранит». Только 6 из 24 ракет, похоже, были немного повреждены. Они отправлены на секретный судоремонтный завод «Нерпа» для уничтожения. Некоторые специалисты утверждают, что изъятие этих ракет и было главной целью операции по поднятию Курска.

Россия не могла дать зарубежному флоту, а тем более террористическим организациям, возможность взять эти ракеты. Нужно было дождаться окончания этой операции, чтобы наконец услышать признание в том, что Курск имел на борту ядерные боеголовки. Эта катастрофа могла обернуться экологическим бедствием.

Мой комментарий:

Не стану спорить с авторами фильма по поводу причин подъема «Курска», могу утверждать только, что ядерных боеголовок на ракетах «Гранит» не было. Ракета имеет маршевый турбореактивный двигатель КР-93 и кольцевой твердотопливный ускоритель в хвостовой части, начинающий работу под водой. Вариант ракеты с опытным сверхзвуковым прямоточным двигателем позволял ей развивать скорость до 4 Маха. Загрязнение может произойти из-за разлива ракетного топлива, но насколько это опасно для окружающей среды, я оценить не могу.

Фрагмент фильма № 53

Владимир Кузнецов, директор Российского зеленого креста: «Реакторы Курска схожи с реакторами Чернобыльского типа, с теми же дефектами. Европейский Союз добился закрытия Чернобыльской АЭС, но ведь ни у кого не хватает ума требовать [...] остановить все реакторы чернобыльского типа. И в России остается до сих пор 250 негодных атомных подводных лодок. Они находятся у причалов, ржавеют, гниют или просто находятся во всего на нескольких метрах глубины, со своими реакторами и радиоактивными отходами».

Россия шантажирует Европу, чтобы те взяли на себя большие затраты на утилизацию. США и Япония уже заплатили миллионы долларов за эти операции, некоторые страны хотят остановить эту помощь до тех пор, пока Россия будет строить атомные подводные лодки.

Мой комментарий:

Я не специалист в области ядерной энергетики. Привожу показатели мощности ядерных реакторов, и сам читатель может их сравнить. На «Курске» установлены 2 реактора с тепловой мощностью по 190 МВт, каждый, а на Чернобыльской АЭС – 4 реактора с тепловой мощностью каждого по 3200 МВт.

К 2005 году было утилизировано около 120 атомных подводных лодок из 191. Главный инженер судоремонтного завода ФГУП «МП Звездочка» Виктор Фролов сообщил:

«Утилизировать осталось не так уж много лодок – около 15. И хотя вероятность нештатной ситуации исключить нельзя, можно утверждать, что она крайне мала».

Эту, теперь уже «ядерную», лапшу с большим размахом авторы фильма навешивают на уши доверчивым зрителям.

Кстати, до 2002 года Россия получала финансовую помощь на утилизацию только от Соединенных Штатов Америки – по программе «Совместное уменьшение угрозы» (Cooperative Threat Reduction, CTR), известной также как программа Нанна-Лугара и ориентированной прежде всего на своевременное выполнение Россией положений договора СНВ-1 (ликвидация подлежащих сокращению баллистических ракет и разделка пусковых установок баллистических ракет и связанных с ними отсеков корпусов АПЛ), а также по программе Министерства энергетики США (физическая защита ядерных материалов и вопросы ядерного контроля). Ни европейские страны, ни Япония никакого отношения к программам утилизации российских АПЛ не имеют.

Фрагмент фильма № 54

Это не помешает В.Путину торжественно открыть АПЛ нового поколения «Гепардъ». Президент Путин не забудет напомнить морякам на том же месте, где был торжественно открыт Курск, что они должны гордиться этой АПЛ снабжённой стратегическими ракетами.

Мой комментарий:

Каким именно способом вопросы строительства нового поколения подводных лодок связаны с утилизацией выведенных из состава российского флота кораблей, авторы фильма не уточняют.

Фрагмент фильма № 55

Всё это время семьи ожидают заключение расследования генпрокурора Устинова. Тела всех моряков были извлечены из Курска и вскрыты. Устинов хочет минимизировать ответственность Путина, который долго не давал согласия на зарубежную помощь.

Он утверждает, что мощность взрыва и пожара на борту погубила большую часть экипажа. Но всего 3 тела из 118 тех моряков, которые находились в торпедном отсеке, не могут быть опознаны. Доказывается, что только они мгновенно погибли.

Мой комментарий:

Действительно, результатов расследования ждали члены семьи, но не только они. Их ждала вся Россия. Вопрос об юридической ответственности Путина никогда не стоял, но вывод следствия, сделанный по результатам повторной судебно-медицинской экспертизы, освобождал его не только от уголовной, но и от моральной ответственности. Нет никакого сомнения в том, что большая часть экипажа погибла в первые минуты, но 23 моряка, которые собрались в 9-м отсеке, жили не менее двух суток. Непринятие немедленных мер по спасению оставшихся живых подводников и отказ от иностранной помощи, безусловно, остаются одними из самых серьезных политических, а может быть, и уголовных обвинений Путина. Вывод следствия о гибели всех подводников до объявления «Курска» аварийным — спасательный круг, который прокуратура бросила президенту страны.

Фрагмент фильма № 56

Тела наконец-то переданы семьям, после 400 дней. Многие семьи считают, что заплаченная цена для сохранения гостайны слишком велика. Систематические ограничения СМИ не дают им возможность напомнить про ответственность Америки, России и Китая.
И результаты видны. Рейтинг президента поднялся на 20% после его встречи с семьями и после поднятия тел. Но Путин сердится на адмиралов, которые открыто обвиняли Америку.
Пользуясь своей популярностью, он увольняет десяток из них. Попов и Моцак настаивали на том, что никто из них не несет прямую ответственность за катастрофу. Обоих адмиралов аккуратно сместили с должности. В. Путин наводит порядок в политическом аппарате. Илья Клебанов, вице-премьер, снят со своей должности, как министр обороны Игорь Сергеев и министр внутренних дел.

Мой комментарий:

Не знаю ни одного из членов семей погибших подводников, кто бы разделял версию причастности американских ВМС к гибели «К-141» и экипажа. Даже в словах тех членов семей, которые мелькают в кадрах фильма, нет ни слова об американских субмаринах.

Без сомнения, Путин не просто «сердился» на адмиралов, он не простил им ложь в первые дни трагедии о том, что российский флот в состоянии сам обеспечить успех спасательной операции. Именно за это, а также за очевидные просчеты, допущенные при проведении учений, за халатность и безответственность в отставку были отправлены Попов, Моцак и другие офицеры Северного флота. Насколько мне известно, после 12 августа 2000 года Путин прекратил дружбу с Главкомом ВМФ Владимиром Куроедовым.

Ни служебное перемещение Ильи Клебанова, ни отставка Игоря Сергеева не связаны с трагедией в Баренцевом море. Клебанов возглавлял правительственную комиссию, на которую были возложены чисто технические функции – установление причин гибели корабля. Комиссия затронула вопросы организации поисково-спасательной операции, технических причин неприсоса АС-32 и АС-34, состояния и эксплуатации перекисно-водородных торпед. Рекомендации касались снятия этих торпед с вооружения, а также технических и конструктивных вопросов дальнейшего строительства атомных подводных лодок. В акте правительственной комиссии есть ссылка на заключение судебно-медицинской экспертизы под руководством Виктора Колкутина, сделавшей вывод о времени гибели 23 остававшихся в живых членов экипажа.

Единственное, в чем можно обвинить Клебанова и членов комиссии, – это в том, что они, зная, что подводники в 9-м отсеке жили более двух суток, не дали критической оценки выводам комиссии Виктора Колкутина.

Продвижение Ильи Клебанова по служебной лестнице не дает оснований для выводов о недовольстве им со стороны президента: 2000–2001 – заместитель председателя правительства РФ; в качестве вице-премьера курировал военно-промышленный комплекс; октябрь 2001 – февраль 2002 – заместитель председателя правительства РФ, министр промышленности, науки и технологий РФ; 18 февраля 2002 года был освобожден от обязанностей заместителя председателя правительства РФ; февраль 2002 – октябрь 2003 – министр промышленности, науки и технологий РФ; ноябрь 2003 – сентябрь 2011 – полномочный представитель президента Российской Федерации в Северо-Западном федеральном округе; с октября 2011 – председатель совета директоров компании «Совкомфлот». В 2001 году награжден орденом Почета за большой вклад в реформирование и развитие отечественной промышленности.

То же самое можно сказать и о маршале Игоре Сергееве. Нужно иметь в виду, что в 2000 году министру обороны было 62 года, он подал в отставку 28 марта 2001 года, которую Путин принял и назначил Сергеева на должность своего помощника по вопросам стратегической стабильности. В его обязанности входили разработка предложений по обеспечению стратегической стабильности и ее укреплению в сфере военной безопасности государства в условиях изменившейся системы международных взаимоотношений, подготовка предложений по переговорному процессу по проблемам противоракетной обороны, стратегических наступательных вооружений, нераспространения оружия массового уничтожения, ракет и ракетных технологий. Ушел с должности по болезни и через три года скончался от тяжелого гематологического заболевания. В церемонии прощания участвовал президент.

Министр внутренних дел России имел такое же отношение к гибели подводной лодки «Курск», как дворник, убирающий снег с тротуара города Сыктывкара, – к гибели американского «Челленджера».

Фрагмент фильма № 57

Все члены правительства, которые поддерживали версию участия Америки в трагедии Курска, испытывают недовольство президента. США отныне отмыты от всех подозрений. Россия может открыто сближаться с Америкой. Уильям Хартунг, эксперт нью-йоркского Института мировой политики: «Путин и Буш сотрудничают в искусственном контроле вооружения и тем самым делают мир более опасным, а также скрывают их гонку в ядерном вооружении». Они надеются на вооружения, чтобы навязать их власть, и этого недостаточно ни для защиты США, ни для всего мира. Россия продолжает продавать оружие.

Мой комментарий:

Первый тезис этого фрагмента, очевидно, придуман. В фильме эти члены правительства поименно не называются. Я очень внимательно отслеживаю прессу по всем связанным с «Курском» вопросам, но не встречал ни одного высказывания членов правительства, которые бы поддерживали версию причастности американских ВМС к гибели корабля и экипажа. Если в ходе расследования версия внутреннего взрыва признавалась в качестве основной, то с окончанием расследования от «американской версии» отказались окончательно.

В политике отслеживать корреляции между событиями – вещь достаточно неблагодарная, это вам не математика и не физика. Но если построить график взаимоотношений стран в зависимости от появления, развития и отказа от версии причастности США к гибели «Курска», перед нами предстанет такая картинка.

В 1999 году, до гибели «Курска», отношения между США и Россией были не самыми лучшими. В марте началась военная операция НАТО против Югославии, где ключевую роль играли США. В этом же году в НАТО были приняты Чехия, Польша и Венгрия. Эти шаги российское руководство восприняло негативно. С уходом Бориса Ельцина закончилась эпоха «друга Бориса» и «друга Билла», провозгласивших в 1993 году стратегическое партнерство Москвы и Вашингтона.

В год гибели «Курска» отношения наших стран стали еще более напряженными. В октябре 2000 года произошло смещение Слободана Милошевича. Я хорошо помню связанную с этими событиями истерию в печати.

После гибели «Курска» отношения США и России, вопреки утверждению авторов фильма, не только не улучшились, но и, наоборот, ухудшились. Напомню, что в ноябре 2000 года президентом США был избран Джордж Буш-младший, и если не считать поддержку США после теракта 11 сентября 2001 года, между странами возникло серьезное противостояние. Оно было связано с «цветными революциями» в Грузии и на Украине, которые привели к власти проамериканских политиков Саакашвили и Ющенко, и с их намерением вступить в НАТО. Прием в НАТО Латвии, Литвы и Эстонии, денонсирование договора по ПРО, оказание помощи Ирану в осуществлении ядерной программы, развертывание США системы противоракетной обороны в непосредственной близости от границ России... И так далее, вплоть до избрания президентом США Барака Обамы и началом «перезагрузки».

Уильям Хартунг, утверждающий, что «Путин и Буш сотрудничают в искусственном контроле вооружения», нуждается в медицинском обследовании. Впрочем, я не исключаю, что авторы фильма обкорнали или неверно перевели мнение эксперта нью-йоркского Института мировой политики.

Фрагмент фильма № 58

Эдмонд Поуп: «Судя по этим документам, становится ясно, что канадское правительство активно обсуждало с российским правительством покупку торпеды "Шквал". Это очень деликатное обсуждение, настолько деликатное, что с российской стороны представителем был лично В. Путин: Российский ВМФ ничего об этом не знал». Продавая это оружие Канаде, Путин знает, что его получит США. Несмотря на то, что президент арестовал Поупа за шпионаж "Шквала", он хочет лично установить равновесие между двумя странами, замешанными в трагедии Курска: Китаем и США.

Мой комментарий:

Осведомленность Жан-Мишеля Карре впечатляет, как, впрочем, и его логика.

Если Владимир Путин, продавая «Шквал» Канаде, знал, что его получат Соединенные Штаты Америки, то это должны знать и американцы. А если американцы это знали, то какой смысл им атаковать «Курск»?

У меня возник еще один вопрос: о каких-таких документах говорит Поуп? Почему в фильме эти документы не только не опубликованы, но и не названы? По общему процессуальному принципу, свидетель, который не называет источник получения сведений, о которых он дает показания, не является свидетелем, а его показания не могут быть признаны доказательствами.

Фрагмент фильма № 59

Владимир Кузнецов, директор Российского зеленого креста: «Лодка... утонула, народ... утопили, миллиард долларов... растратили. А толку с этого что? Что же будет следующее? Что будет следующее в нашей... стране?»

Во время захвата заложников в «Норд-Осте» Анна Политковская передает сообщение одного из заложников: нам ясно, страна нас бросила, мы – новый «Курск».

Во время первого срока президенту Путину удалось установить контроль над СМИ, армией, партиями, судами и большой частью экономики. Правительственная бюрократия теперь вся состоит из выходцев из спецслужб и военных, с которыми Путин близко связан в результате войны в Чечне. Его цель – продолжать поднимать экономику, в основном благодаря огромным нефтяным запасам. Это ему даст все возможности создать настоящие военные силы, и Россия может стать новой диктатурой в нежных руках рыночной экономики под прямым контролем Кремля.

Два памятника в честь 118 погибших моряков «Курска» были открыты властями. История «Курска» официально завершена. Только семьи моряков еще надеются на вероятное заключение суда против государства.

Уильям Хартунг, эксперт нью-йоркского Института мировой политики: «Это была атомная подлодка, очень опасное оружие. И такая же ситуация в будущем может привести к трагедии. Именно поэтому в Америке, в России и в мире должны знать, что именно произошло. Если мы не можем это узнать, тогда мы далеки от контроля над военными и бюрократическими силами, которые хотят навязать свою власть».

Сергей Ковалев, бывший правозащитник, депутат: «Если же говорить о фильме в общем, я бы сказал тоже слово: ложь, как основа национальной политики в Российской Федерации. Но я бы произнес еще и другие слова по отношению к западным лидерам: трусость, лень и лицемерие. Вот их трусость, лень и лицемерие подкрепляют нашу ложь. И это является чрезвычайно опасно для будущего всех нас».

118 моряков погибли на «Курске», 129 – во время захвата заложников в «Норд-Осте» и тысячи – в Чечне. С начала гласности были убиты несколько сотен журналистов, политиков и ученых. И много других сидят еще в тюрьмах.

Мой комментарий:

Со всем, что сказано в этом фрагменте фильма, я согласен на сто процентов. «Курск» со всеми другими преступлениями режима Владимира Путина объединяют два принципа: ложь и отсутствие желания проводить объективное расследование. Абсолютно прав с оценкой западных лидеров Сергей Адамович Ковалев.

Но какое отношение имеют эти абсолютно правильные выводы последних кадров фильма к самому фильму? Задекларированная в картине объективность не имеет ничего общего с объективностью действительной. Это еще одна ложь.

Слово «ложь» в этой книге повторятся неоднократно. При расследовании, при рассмотрении в судах дел и в прокуратуре жалоб, связанных с трагедией 12 августа 2000 года. Ложь, призванная закамуфлировать виновность адмиралов, а также политические просчеты президента России Владимира Путина, которые привели к гибели 23 подводников.

Жан-Мишель Карре своим фильмом делает то же самое. Я абсолютно уверен, что к фильму причастны российские спецслужбы, которые «разрешили» автору покритиковать Путина «за сговор с американцами». Если читатель пороется в Интернете и почитает комментарии к фильму, то найдет только пару осуждающих слов в адрес Путина, большинство наших граждан, посмотревших фильм, клянут американский империализм и считают Путина героем, предотвратившим мировую войну.

Привожу некоторые из таких публикаций (орфография и пунктуация сохранены):

alex86sandr: *Зря вы так на Владимира валите. Представте себя на его месте. Трагедия, судьба народа в твоих руках. Вот тебе и выбор подвергнуть опасности МИЛИОНЫ людей и спасти 118 каторые в ходе 3-й мировой погибнут всеравно, или пожертвовать и спасти милионы. Задай себе вопрос: – ТЫ РАД ТОМУ ЧТО ДОСИХПОР ЖИВ И НЕ В ПРОТИВОГАЗЕ СИДИШ, ПЕРЕД КОМПОМ??? А он ведь тоже человек и не с плеча их похоронил. А каково человеку приносить свои извенения, предлагать помощи, а в ответ плюют в лицо. Не помогаеш всеравно мордой в грязь тычут А нервы вам скажу у него железные. Ты выдержал бы видеть слезы и крики матерей? Не зря он так долго правил самой великой страной. Политика – это вобще черновуха полная. А моряки отдали жизни за нашу же безопасность. СПАСИБО! Низкий поклн. Вспоминаю и сердце болит.*

Добрыня: *Спасибо фильму только за одно: рассекретили причину гибели! Ясно становится теперь, чтобы могло случиться, если бы все рассекретили. Ответный удар по Америке вызвал бы волну ответных ударов и третья мировая снесла бы нас!*

KrestovskiyAN: *Хороший фильм!!! Слова можно опустить, но вмятина и дыра в лодке очень убеждают в правоте данной версии.*

osvald2008: *Факт 1: Россия лишилась оружия, представляющего единственную и реальную опасность для горячо любимых американцами* авианосцев, в свою очередь, являющихся ключем для решения всех «дипломатических проблем США». И восполнить потерю мы в обозримое время не сможем ни финансово, ни технически».

На сайте газеты «Русь православная» опубликован текст, который предшествует фильму:

«Этот фильм французских тележурналистов, снятый в 2005 году, в целом пронизан откровенной русофобией и страхом перед возрождающейся Русской мощью. Однако та его часть, которая непосредственно посвящена расследованию обстоятельств гибели «Курска», представляет несомненный интерес. Основанная на обширном документальном материале и заключениях многочисленных экспертов, она дает довольно яркое представление о случившемся. О том, как циничные политиканы в своих личных корыстных интересах утаили от общественности, что на самом деле «Курск» был уничтожен американской торпедой».

Справедливости ради надо отметить, что далеко не все попали под обаяние «американской» версии. Специалисты, моряки-подводники по достоинству оценили фильм.

В «Аргументах и фактах» (№32 (66) от 9.08.2007) в материале Надежды Поповой «Столкновение под грифом «Сов. секретно» приводятся оценки фильма уважаемыми и профессиональными подводниками.

Эдуард Балтин[104], адмирал, Герой Советского Союза, подводник: Я не буду ничего говорить о гибели подлодки «Курск». У меня есть мое личное, профессиональное, мнение. Но я не верю, что было столкновение с американской подлодкой. Нет никакой достоверности. Сомнительно. Весьма сомнительно. Что касается фильма. Есть деньги. Есть режиссер. Есть прокат. Нужны жареные факты. И фильм работает!

Владимир Чернавин[105], адмирал флота СССР, Герой Советского Союза, подводник: В те дни я не дал ни одного интервью по поводу гибели подлодки «Курск». И я хочу сохранить свое «алиби». Фильм я не видел, но согласитесь, все это только предположения. Доказательств нет! Есть официальная версия.

Mikhail54: То, что торпеды не имеют «головок из обедненного урана», и «раскаленных колец для плавки корпуса», не наводятся в первый отсек (проще и эффективнее наводить в район винторулевой группы) ясно и первокурснику. Это лишний раз показывает уровень технической грамотности режиссера. Также ему было бы полезно узнать, что «Шквал» предназначен для стрельбы по надводным кораблям, что демонстрационной торпедой стрелять не станут и т.д.

Владимир: Меня разочаровал фильм: «Курск»: подводная лодка в мутной воде». Я ожидал увидеть исследование причины аварии, но обнаружил политический заказ, направленный на подрыв рейтинга преуспевающего политика Путина, рядом с которым президенты остальных держав явно меркнут. Аналогичную версию изложила и «Советская Россия» сразу после подъема лодки в Рослякове. Как и «С.Р.», французский журналист заострил внимание на пробоине в правом борту и совершенно «не заметил» пробоины в левом борту. Кроме того, он допустил, что своим пером руля американская лодка смогла смять торпедный аппарат (толстостенная труба с дополнительными ребрами жесткости) и прорезать (словно ножом колбасу) 100 мм броню «Курска»! Из какого же тогда фантастического сплава сделано это перо руля?! Спросите специалистов по торпедному вооружению, и они вам ответят, что это – бред!

Что же касается пробоины в левом борту, то на ней заострила внимание газета «Жизнь», потому что это укладывалось в ее версию об уничтожении лодки ракетой «Гранит», выпущенной с крейсера «Петр Великий», при этом почти не заметила «какую-то вмятину» на правом борту. А основную версию скрывал правый торпедный аппарат, который так помять и прорезать корпус лодки не смогло бы ни одно плавсредство земного происхождения. Именно поэтому его и не стали поднимать вместе с лодкой, а подняли только через год после подъема основного корпуса лодки. Подняли и... не показали его широкой общественности?..

Если б на самом деле причина была в торпеде, то этот торпедный аппарат был бы рассмакован в СМИ до мельчайших деталей. Кроме того, поверить в то, что две американские лодки приперлись в район учений, напичканный военными кораблями, и пошли на сближение с нашей подводной лодкой... Либо французский журналист сам лох, либо рассчитывал на лохов. Впрочем, судя по комментариям, большинство попало в этот разряд. Истинная причина гибели подводной лодки «Курск» известна, но она секретна не только в нашей стране, поскольку есть опасения паники и непредсказуемых последствий в обществе».

Подвожу итоги. Мне жаль тех людей, которые в очередной раз позволяют себя обмануть, которые не вдумываются в то, что читают и смотрят. Шевелите мозгами, господа, не хавайте все подряд, не копайтесь в помойке, каковой, конечно же, является этот фильм, употребляйте в пищу доброкачественные продукты. И – шевелите мозгами.

Глава 23.
Фигуранты

В современный язык понятие «фигурант» пришло из сленга оперативных работников, которым обозначается лицо, проходящее по делу оперативного учета, подозреваемое в совершении преступления и разрабатываемое как объект оперативной комбинации, например, фигурант агентурного дела. Сейчас политики и журналисты употребляют этот термин по отношению к лицам, обвиняемым или подозреваемым в совершении преступления. Мой слух это коробит. Журналисты употребляют производное от «фигуранта» – «фигурируемый в криминальном процессе».

В Энциклопедическом словаре Ф.А. Брокгауза и И. А. Эфрона это слово определяется так: *«Фигурант – танцор в балете, который выступает лишь в группах или в массе, оттеняя и выделяя танцы главных персонажей. В драме Ф. называются актеры, играющие немые роли – войско, толпу и т. д. (статисты)».*

В этой главе будут названы лица, которые, как я считаю, причастны к трагедии 12 августа 2000 года. Обвинения им не предъявлялись и, вероятно, никогда уже не будут предъявлены, сроки давности преступлений, в которых их можно обвинить, истекли или истекут, но назвать их имена очень важно и даже необходимо. Поскольку «герои» этой главы в уголовно-процессуальном смысле не являются обвиняемыми или подозреваемыми, я назвал главу «Фигуранты».

Перечисляю я не всех, упускаю, например, вице-адмирала Михаила Моцака, бывшего начальника штаба СФ, одного из руководителей учений, который должен в полном объеме разделить ответственность с командующим флотом Вячеславом Поповым.

Пропускаю я и следователя Артура Егиева. Среди прокурорской плеяды (Устинов, Савенков) он меньше других вызывает у меня негативные чувства, хотя его подпись стоит на постановлении о прекращении уголовного дела и он несет такую же ответственность за фальсификацию дела. Он – человек подневольный, без стержня, мотивы его, без сомнения, карьеристские. Он был награжден, по-моему, каким-то орденом, назначен заместителем прокурора Восточного военного округа, сейчас он уже прокурор и генерал-майор юстиции.

Не упоминаю я и «эксперта» – бывшего заместителя главного штурмана ВМФ капитана I ранга Сергея Козлова. Козлов Сергей Викторович вскоре стал контр-адмиралом, главным штурманом ВМФ России, а затем – и начальником Управления навигации и океанографии МО РФ. С июля 2010 года – начальник Военно-топографического управления Генерального штаба ВС РФ, начальник Топографической службы ВС РФ.

Все мои обвинения носят виртуальный характер. Я – не прокурор, не следователь. Не проводил расследования преступной деятельности лиц, которых я перечисляю, не располагаю всей полнотой доказательств.

В декабре 2001 года, через 16 месяцев после катастрофы, указом президента России 12 высших офицеров Северного флота, в том числе адмиралы Вячеслав Попов и Михаил Моцак, были сначала отстранены, а затем уволены с формулировкой «за упущения в организации повседневной и учебно-боевой деятельности флота», а надо было увольнять за гибель АПРК «Курск» и 118 членов экипажа. В июле 2002 года Главная военная прокуратура уголовное дело прекратила. Виновных во взрыве торпеды, которая погубила субмарину, не нашли.

Обращаю ваше внимание на то, что упоминания о гибели 118 моряков в приказе нет: бардак – был, а «Курска» – не было, и этот бардак никак не связан с гибелью корабля и экипажа. Тогда Владимир Устинов заявил:

«Выявленные в ходе следствия нарушения в организации и проведении учений Северного флота и поисково-спасательной операции не состоят в причинно-следственной связи с гибелью АПЛ "Курск"».

А потом это же повторил в книге:

«Никто персонально не виноват – теперь я это знаю твердо. Никто... А может быть, виновато всеобщее пренебрежение в обществе к нашей армии? Или общая расхлябанность, в том числе и армейская? Или недостаток внимания государства к собственным системам безопасности? Не зря ведь Наполеон говорил, что те, кто не хотят кормить свою армию, в конце концов вынуждены будут кормить чужую. Обнаружилось это явление еще в конце 1980-х годов, когда многие структуры государства стали стремительно деградировать. И только сейчас у нас появился шанс на восстановление государственной власти во всей ее полноте».

С момента трагедии 12 августа 2000 года прошло тринадцать лет, вертикаль государственной власти создана, а все по-прежнему тонет, взрывается, падает с неба и взлетает до небес, коррупция растет и качественно, и количественно.

Виноваты в этом мы сами. Мы забыли, что не мы – для власти, а власть – для нас.

Я всегда был в оппозиции к власти уже в силу профессии. Защищая конкретного человека, адвокат противостоит обвинению, которое обвиняет человека от имени государства, то есть противостоит государству. Чаще всего это противостояние носит узкий профессиональный характер: адвокат не согласен с обвинением, находит процессуальные нарушения, ставит под сомнение доказательства. Эта рутинная работа за рамки уголовного процесса не выходит. Но когда суд закрывает глаза на грубейшие нарушения закона, когда судебные решения продиктованы политическими соображениями, в противостоянии с властью адвокат становится политической фигурой.

Законность – выше целесообразности. Это сказал не я, а классик марксизма в статье «О двойном подчинении и законности». Слова очень правильные. Но в нашем государстве происходит все с точностью до наоборот: целесообразно не привлекать виновных – их не привлекают, целесообразно привлекать – привлекают, а вопросы о законности и справедливости – это лирика, это для предвыборной кампании, а не для ежедневной практики.

Эта глава кажется мне важной для понимания того, с какими «мордами лиц» в прямом и переносном смыслах мы живем. Для них интересы политического, экономического, личного, карьерного характера доминируют над нами, над нашими правами, а по большому счету – над народом и страной. Поэтому и Конституция, и законы страны для них – расходный материал.

Владимир Владимирович Путин

Карьера:

Родился 7 октября 1952 года в Ленинграде. В 1975 году окончил юридический факультет Ленинградского государственного университета. По распределению был направлен на работу в органы государственной безопасности. В 1985–1990 годах работал в ГДР. С 1990 года – помощник ректора Ленинградского государственного университета по международным вопросам, затем – советник председателя Ленинградского городского совета. С июня 1991 года – председатель комитета по внешним связям мэрии Санкт-Петербурга, одновременно, с 1994 года – первый заместитель председателя правительства Санкт-Петербурга. С августа 1996 года – заместитель управляющего делами президента Российской Федерации. С марта 1997 года – заместитель руководителя администрации президента Российской Федерации, начальник Главного контрольного управления президента Российской Федерации. С мая 1998 года – первый заместитель руководителя администрации президента Российской Федерации. В июле 1998 года назначен директором Федеральной службы безопасности Российской Федерации, одновременно, с марта 1999 года – секретарь Совета безопасности Российской Федерации. С августа 1999 года – председатель правительства Российской Федерации. С 31 декабря 1999 года – исполняющий обязанности президента Российской Федерации. 26 марта 2000 года избран президентом Российской Федерации. Вступил в должность 7 мая 2000 года. 14 марта 2004 года избран президентом Российской Федерации на второй срок. 8 мая 2008 года указом президента Российской Федерации назначен председателем правительства Российской Федерации. 4 марта 2012 года избран президентом Российской Федерации. Кандидат экономических наук. Владеет немецким и английским языками. Женат. Жена – Людмила Александровна Путина. Имеет двоих детей: дочерей Марию (1985 г.р.) и Екатерину (1986 г.р.)[106].

Обвинение:

Владимир Владимирович Путин, являясь избранным президентом Российской Федерации с 07.05.2000 и, согласно части 1 статьи 87 Конституции Российской Федерации, Верховным главнокомандующим Вооруженными силами Российской Федерации, знал или должен был знать о проведении ВМФ РФ крупнейших в новейшей истории России военно-морских учений на Северном флоте, однако в существо подготовки учений не вникал, руководство ВМФ и Северного флота по этому вопросу не заслушивал, сам участия в учениях не принимал, а в период учений с 10 по 13 августа 2000 года находился в отпуске и вернулся в Москву только 17 августа 2000 года. Неся личную ответственность за состояние обороноспособности страны, отнесся к своим обязанностям халатно, бесконтрольно передоверил организацию и проведение учений руководству ВМФ и Северного флота[107].

В результате этого по вине Главкома ВМФ РФ адмирала флота Куроедова В. И. и командующего Северным флотом адмирала Попова В. А. в нарушение нормативных документов («Наставления по оперативной подготовке ВС РФ», «Руководства по тактической подготовке ВМФ», «Организационно-методических указаний по подготовке ВМФ в 2000 году) вместо запланированного в августе 2000 года сбор-похода кораблей Северного флота командование спланировало и организовало проведение комплексной боевой подготовки кораблей авианосной многоцелевой группы в Баренцевом море в период с 10 по 13 августа 2000 года, которая не предусмотрена ни одним из указанных нормативных документов.

Это привело, в свою очередь, к тому, что план учений разрабатывался и утверждался не руководством ВМФ, как это требуется при проведении сбор-похода, а руководством Северного флота, что снижало уровень и качество подготовки учений, а также порядок подготовки и инспектирования боевых кораблей, участвующих в учениях. В результате в море был выпущен не подготовленный к стрельбе торпедой 65-76 подводный крейсер «К-141», ранее этой торпедой не стрелявший, с не обученным стрельбе перекисно-водородной торпедой экипажем.

Таким образом, бездействие президента Российской Федерации Путина В. В. повлекло причинение крупного ущерба по халатности и смерть по неосторожности 118 человек.

Имея достоверную информацию о том, что на «Курске» после взрывов в живых остались подводники, Путин отверг предложение иностранных государств предоставить немедленную помощь для спасения людей. Своевременная помощь 23 членам экипажа, которые оставались живыми как минимум до 11 часов утра 14 августа 2000 года, оказана не была, и они погибли в результате локального пожара от попадания воды и масла на пластины

В-64 для регенеративного дыхательного устройства РДУ-2.

Таким образом, являясь Верховным главнокомандующим Вооруженными силами России, Путин В. В., будучи обязанным заботиться о жизни военнослужащих Российской Федерации, имея возможность оказать помощь 23 подводникам путем привлечения иностранных специалистов и средств спасения, заведомо оставил без помощи лиц, находящихся в опасном для жизни состоянии и лишенных возможности принять меры к самосохранению.

Пытаясь уйти от правовой, морально-этической и политической ответственности, по завершении предварительного расследования Путин злоупотребил должностными полномочиями и принял политическое решение отказаться от уголовного преследования руководителей ВМФ России и Северного флота.

Во исполнение этого решения генеральный прокурор Владимир Устинов и главный военный прокурор Александр Савенков дали указания следователю Артуру Егиеву прекратить уголовное дело, исключив обстоятельства, связанные со временем гибели 23 подводников, находившихся в 9-м отсеке. Егиев, в свою очередь, назначил проведение повторных и дополнительных экспертиз с участием Виктора Колкутина и Сергея Козлова, которые сфабриковали экспертизы о жизни подводников не более 8 часов после взрывов и о том, что источник стуков SOS находился вне места нахождения атомного подводного ракетного крейсера «Курск».

Президент РФ Путин В. В., таким образом, используя свое служебное положение, приняв политическое решение о непривлечении к уголовной ответственности виновных должностных лиц ВМФ и Северного флота, вмешался в деятельность органов предварительного расследования в целях воспрепятствования всестороннему, полному и объективному расследованию дела.

Таким образом, в действиях президента России Путина имеются признаки преступления, предусмотренные ст.ст. 125[108], 293 ч. 3[109], 294 ч. 3[110], 285 ч. 3[111] УК РФ.

Мой комментарий:

Я не исключаю, что даже при идеальном правосудии формулировка обвинения могла быть иной. Например, отказ от помощи иностранных государств мог быть связан – а вероятно, так и было – с введением Путина в заблуждение адмиралами, которые убедили Верховного главнокомандующего в том, что располагают всеми средствами спасения. Возможно, в этом случае уголовная ответственность Путина и не наступит, но моральная ответственность в любом случае должна быть.

23 августа 2000 года Путин выступил по Центральному телевидению[112]. Прошло 11 дней со дня гибели «Курска». К этому моменту картина в целом была ясна. Привожу отрывки из этого выступления:

«С лодкой была потеряна связь 12 числа в 23 часа 30 минут, с этого момента был объявлен розыск. На ро-

зыск в таких условиях отводится штатно до 7 суток. Лодка была обнаружена в 4:30 утра 13 числа, а в 7 часов утра меня проинформировал министр обороны. Что знали на тот момент военные? Первое, что с лодкой утрачена связь. Второе, что она лежит на дне. Третье. С ней установлен контакт с помощью тех средств, которые на лодке есть. Вот все, что они знали. [...]

Это же военные учения, о чем информировать в данный момент. Можно было, конечно, говорить, что с лодкой утрачена связь, но это же нештатная ситуация. Да? Но это бывает. Можно, конечно, покритиковать, можно поспорить, можно за это покритиковать, но осуждать за это военных я бы не стал».

Связь с лодкой была потеряна в 13:30 12 августа, Путин не мог не знать этого. Он говорит об установлении контакта с лодкой, а затем дает команду прекратить уголовное дело, в том числе на том основании, что стучали не подводники из 9-го отсека, а неизвестно кто. Он знал, что был зафиксирован взрыв, который руководители учений не распорядились классифицировать.

«Проект [...], сам проект лодки, который разрабатывался в середине восьмидесятых годов, был закончен в конце восьмидесятых. Он предусматривал, что лодка производится, а вместе с ней производятся и средства спасения. Вот эти батискафы, которые и применялись нашими моряками. И они были в распоряжении флота. Они были в исправном состоянии. Понятно [...], на них рассчитывали моряки. Когда мне министр обороны докладывал, что у них все есть, он говорил правду».

Средства спасения производились, только за всю короткую жизнь «Курска» спасательные аппараты ни разу не опробовались, да и сами аппараты были с дефектами, а их экипажи – неподготовленными. Впрочем, об этом Владимир Путин мог в тот момент не знать.

«Значит, если же посмотреть, как развивалась ситуация с применением иностранной помощи, то первое официальное обращение с предложением помощи поступило 15 числа и моряки с ним сразу же согласились».

В фильме, снятом французским режиссером Жан-Мишелем Карре, есть кадры, где командующий ВМС Великобритании адмирал Дэвид Рассел рассказывает о запрете пролета самолета в воздушное пространство России со спасательной лодкой LR-5 на борту. В фильме не указана дата, но ясно, что это было до 15 августа. Командованию ВМФ России, а следовательно, и Путину обстоятельства гибели «Курска» были известны 13 августа, без деталей, разумеется. А поэтому сообщение о катастрофе должно было появиться еще 13 августа. Путин стремился избежать позора – «спасения российских военнослужащих силами НАТО».

В книге Рамсея Финна (Ramsey Flynn) «Крик из глубины: Гибель «Курска» – подводное бедствие, которое приковало внимание всего мира и стало тестом для новой России»[113] автор пишет, что характер трагедии для американцев и англичан был ясен в первые часы после взрывов и обсуждался в ситуационном кабинете Белого дома. Более того, различными средствами, в том числе и средствами разведки, было установлено, что имел место внутренний взрыв.

Конечно же, американцы не знали деталей, им ничего не было известно о перекисно-водородной торпеде. Разведка велась на всем протяжении проведения поисково-спасательной операции. Не сомневаюсь, что американцы прослушивали и радиопереговоры. Неслучайно они упоминают о сигналах SOS, хотя сами стуки вряд ли могли фиксироваться средствами разведки.

Белый дом не только информировал правительство Великобритании и других западных руководителей, но и принял решение связаться с секретрем Совета безопасности России Сергеем Ивановым. Уже в обед 12 августа (по московскому времени) советник президента США по национальной безопасности Сэнди Бергер начал предпринимать многочисленные попытки связаться с Ивновым, но Сергей Борисович был недоступен до 14 августа. Американцы попытались связаться с российскими военными и дипломатами по каналам Государственного департамента и Пентагона, но российские военные и дипломаты были не в курсе разыгравшейся трагедии и ничего не могли ни пояснить, ни предпринять, ни решить.

Рамсей Финн задает отнюдь не риторические вопросы: Почему они неоднократно отклоняли международные предложения о спасении, в то время как их собственное спасательное оборудование неоднократно использованное, оказалось неэффективным? Что думали российские чиновники, когда выжидали 48 часов, чтобы признать, что их самая дорогая субмарина была в беде?

Гамбургская Die Welt осудила командование российских ВМФ за попытки затуманить истинную картину случившегося, а Путина – за промедление с реакцией на события:

«Потребовалось 48 часов, чтобы флот признал факт катастрофы, 96 часов – чтобы принять иностранную помощь и 144 часа – чтобы Путин, наконец, прервал свой отпуск. Люди это запомнят. Они увидели, насколько негуманным остается образ мышления кремлевского руководства даже спустя десять лет после падения советской империи».

Путин дружил с Главкомом ВМФ Владимиром Куроедовым. Я не знаю, что могло связывать этих двух совершенно разных людей. Вероятно, Путина как человека штатского, служба в КГБ не в счет, привлекала романтика военной службы, особенно в авиации и на флоте. Неслучайно он поднимается в небо на истребителе и опускается под воду на ракетоносце, хотя это никак не входит в обязанности президента страны.

В случае с Куроедовым его подвела профессиональная выучка. Путин должен был понимать, что служба Куроедова проходила на сторожевых кораблях, командовал он соединениями кораблей охраны водного района и соединениями разнородных сил, не имел практического опыта руководства крупными соединениями кораблей, решающими стратегические задачи. В подводном флоте, судя по мнению профессиональных подводников, Куроедов вообще ничего не смыслил. И еще дальше он был от проведения поисково-спасательных операций.

Став Верховным главнокомандующим, Путин не создал структуру военно-морских советников, поддавшись несомненному обаянию личности Куроедова. Путин перенес личное отношение к Куроедову на отношения служебные. Вообще для второго президента России характерно доминирование принципа личной преданности, совместной службы, университетской или дворовой дружбы над профессионализмом. В этом случае «дружба» с главкомом Куроедовым сыграла трагическую роль.

Куроедов, в свою очередь, ориентировался на доклады руководства Северного флота. Попова и Моцака трудно обвинить в непрофессионализме, но ими руководил страх перед ответственностью. Именно они через Куроедова сообщали президенту страны, что у них есть все необходимое для спасения оставшихся в живых подводников, именно их информация легла в основу отказа от иностранной помощи, а в последующем – и попыток возложить ответственность и вину за гибель корабля и экипажа на американские ВМС.

Интернет буквально набит информацией о причастности самого Путина к многочисленным хищениям, коррупции, связях с криминалом. Его личное состояние, включая членов семьи (в узком смысле слова), по данным британской The Sunday Times и чешской Lidové noviny, составляет 130 миллиардов долларов[114].

Технология хищений раскрывается в материалах покойной Марины Салье, начиная с председательства Путина в Комитете по внешним связям мэрии Санкт-Петербурга, с бартерных договоров, подписанных им самим, которые не были исполнены, а фирмы-посредники, им же подобранные, исчезали.

Упоминается и об уголовном деле № 144128», которое вел следователь Андрей Зыков. Через фирму «Двадцатый трест» прошло 80% средств, выделяемых федеральным правительством на поддержку государственных предприятий, которые были близки к банкротству, были отмыты десятки миллионов долларов. Дело велось вплоть до избрания Путина президентом России. О кооперативе «Озера» семьи Путина (в широком смысле слова) не писал только ленивый.

После ухода Путина следователям предстоит разбираться с эпизодами взяток, коррупции, хищений и отмывания денег им самим и его партнерами. Предстоит выяснить, куда делись активы ЮКОСа, какова роль Путина в уничтожении этой компании, а также соответствуют ли действительности сведения политолога Станислава Белковского о тайном владении Путиным акциями трех крупнейших нефтяных компаний: 4,5% акций «Газпрома», 37% «Сургутнефтегаза» и 75% компании Gunvor[115].

Несомненный интерес будет представлять история возникновения капитала у ближайших друзей фигуранта: Аркадия Ротенберга (около

1 миллиарда долларов), совладельца банка «Россия» Юрия Ковальчука (1,5 миллиарда долларов), совладельца нефтетрейдера Gunvor Геннадия Тимченко (9 миллиардов долларов), совладельца банка «Россия» Николая Шамалова (полмиллиарда долларов)[116].

Эта книга – не предмет исследования преступной деятельности пахана нынешнего режима. Кроме того, чтобы компетентно оценивать, обвинять, судить, наконец, нужно изучать первичные документы, проводить целый комплекс следственных действий, включая экономические и другие экспертизы.

Но на одном аспекте деятельности Путина, помимо трагедии «Курска», следует остановиться. Эта история проливает свет на его отношение к закону и праву, а также раскрывает его ментальность: насколько евангельские заветы соответствуют облику прихожанина Русской Православной Церкви.

В 2006 году американская газета Washington Times со ссылкой на исследователей Брукингского института Вашингтона сообщила, что кандидатская диссертация Путина на тему «Стратегическое планирование воспроизводства минерально-сырьевой базы региона в условиях формирования рыночных отношений» содержит плагиат. В официальной биографии Путина написано, что он стал кандидатом экономических наук, защитив диссертацию в Горном институте Санкт-Петербурга в 1997 году (по другим данным защита состоялась еще в 1996 году).

Клиффорд Гэдди, старший научный сотрудник Брукингского института, профессор экономики университета Джонса Хопкинса, эксперт в области экономики России, владеющий русским языком, получив с большим трудом доступ к диссертации российского президента, установил, что 16 из 20 страниц ключевой части работы Путина были либо скопированы, либо переписаны с минимальными изменениями из статьи «Стратегическое планирование и политика» профессоров Уильяма Кинга (William King) и Дэвида Клиланда (David Cleland), которая была опубликована еще в 1978 году. Шесть диаграмм и графиков из работы Путина почти полностью совпадают с американскими.

Гэдди в интервью заявил:

«Для меня это была наиболее интересная часть его [Путина] работы. Однако было очевидно, что она написана совершено в ином стиле, чем остальная диссертация. Часть диссертации Путина, посвященная стратегическому планированию, базировалась лишь на одном источнике – во всяком случае, только один источник присутствовал в сносках. Существует мнение, что ему помогал ректор Горного института Владимир Литвиненко, который, кстати, дважды возглавлял избирательные кампании Путина в Санкт-Петербурге – в 2000 и 2004 годах. Считается, что он имеет влияние на Путина, он дает ему советы и рекомендации. И если эта персона приобрела свое влияние в обмен на кандидатскую степень, то это, вероятно, не очень хорошая практика, если говорить и о качестве государственного управления, и об уровне прозрачности власти».

«Путин осмотрительно не касается этой темы», – считает итальянское издание La Repubblica.

По данным немецкого источника, сейчас в России более 200 из 450 парламентариев носят титулы докторов наук или профессоров, и большинство из них отрицают все обвинения в плагиате, хотя почти у всех «через глаза видны затылки». Генеральная прокуратура выявила 1,3 тысячи случаев выдачи Высшей аттестационной комиссией дипломов докторов наук. До кандидатских диссертаций, да еще защищенных почти 20 лет назад, у наших правоохранителей руки не дошли и не дойдут, пока фигуранты правят в России[117].

Единственное, что может повысить интерес к диссертации Путина, – это занимая им должность. А с моралью, честью, совестью правителя России многим, во всяком случае мне, и так все ясно.

Лапидарную фразу «Она утонула....», олимпийское спокойствие, с которой она была произнесена, подленькую и гадливую полуулыбочку военные моряки никогда не простят Путину. Он же на всю жизнь запомнит встречу с родственниками погибших, где ему пришлось врать и изворачиваться. С «Курска» Путин начал политику удушения свободы слова. С этого времени ложь и лицемерие стали стилем государственного руководства.

Владимир Иванович Куроедов

Карьера:

Родился на станции Бамбурово Хасанского района Приморского края 5 сентября 1944 года. В 1962 году поступил на штурманский факультет Тихоокеанского высшего военно-морского училища имени С. О. Макарова, которое окончил в 1967 году. После окончания училища служил командиром боевой части сторожевого корабля «СКР-92» (1967–1968), помощником командира сторожевого корабля «СКР-18» (1968–1971), помощником начальника штаба 202-й бригады противолодочных кораблей (1971). В 1971 году стал командиром сторожевого корабля «СКР-46» (до 1973 года). С 1973 года – старший помощник начальника отделения оперативной и боевой подготовки штаба военно-морской базы «Стрелок». С 1976 по 1978 год учился в Военно-морской академии имени маршала А. А. Гречко, которую окончил с отличием. Назначен начальником штаба 47-й бригады кораблей охраны водного района, в 1981 году – командиром 7-й бригады траления Приморской флотилии. В 1984–1987 годах служил начальником штаба Сахалинской флотилии разнородных сил, в 1987–1989 годах прошел обучение в Военной академии Генерального штаба Вооруженных сил имени К. Е. Ворошилова, окончил ее в 1989 году с золотой медалью, в том же году получил звание контр-адмирала. Затем служил командующим Сахалинской флотилией разнородных сил (1989–1990), командующим Приморской флотилией разнородных сил (1990–1993). 2 августа 1993 года назначен начальником штаба Балтийского флота. С 4 апреля 1994 года – командующий Тихоокеанским флотом. В 1997 году несколько месяцев был начальником Главного штаба ВМФ – первым заместителем Главнокомандующего ВМФ. 7 ноября 1997 года указом президента Ельцина назначен Главнокомандующим ВМФ Российской Федерации. 21 февраля 2000 года присвоено звание адмирала флота. В 2000 году вместе с министром обороны Российской Федерации Игорем Сергеевым и командующим Северным флотом Вячеславом Поповым подал в отставку после катастрофы атомной подводной лодки «Курск», но президент Путин отставку не принял. В августе 2005 года произошла авария батискафа АС-28 в 70 километрах от Петропавловска-Камчатского. В успешной спасательной операции решающую роль сыграл британский аппарат «Scorpio ROV». 5 сентября 2005 года, в 61-й день рождения, освобожден от должности и уволен с военной службы.

Доктор политических наук, профессор. Награжден орденами «За заслуги перед Отечеством» III и IV степени, «За военные заслуги», «За службу Родине в Вооруженных Силах СССР» III степени и медалями.

Обвинение:

Владимир Иванович Куроедов, занимая должность Главнокомандующего Военно-морским флотом Российской Федерации с 7 ноября 1997 года, являясь ответственным за боеготовность Военно-морского флота, утвердил план проведения боевой учебы, согласно которому, в августе 2000 года Северным флотом должен был быть проведен сбор-поход кораблей флота.

Документы по подготовке и обеспечению проведения сбор-похода должны были утверждаться им. В нарушение «Наставления по оперативной подготовке ВС РФ», «Руководства по тактической подготовке ВМФ», «Организационно-методических указаний по подготовке ВМФ в 2000 году» Куроедов В. И., злоупотребляя служебными полномочиями, отменил сбор-поход кораблей Северного флота и по согласованию с командующим флотом адмиралом Поповым В. А. дал указание о проведении комплексной боевой подготовки кораблей авианосной многоцелевой группы в Баренцевом море в период с 10 по 13 августа 2000 года, которая не предусмотрена ни одним из указанных нормативных документов.

Это привело, в свою очередь, к тому, что план учений разрабатывался и утверждался не руководством ВМФ, как это требуется при проведении сбор-похода, а руководством Северного флота, что снижало уровень и качество подготовки учений, а также порядок подготовки и инспектирования боевых кораблей, участвующих в учениях.

Как следствие, в море был выпущен не подготовленный к стрельбе торпедой 65-76 подводный крейсер «К-141», ранее этой торпедой не стрелявший, с не обученным стрельбе перекисно-водородной торпедой экипажем. В результате чего погиб АПРК «Курск» и 118 членов экипажа.

Эти действия следует квалифицировать как злоупотребление должностными полномочиями, совершенное из личной заинтересованности. Личная заинтересованность заключалась в том, что Куроедов не хотел брать на себя ответственность за предполагаемые последствия неподготовленных учений.

Главком ВМФ Куроедов в крупнейших в истории современной России военно-морских учениях личного участия не принимал, их ход не контролировал, переложив ответственность на командование Северного флота.

В результате даже составленный с существенными недостатками план обеспечения учений силами спасения не был выполнен, выход в море боевых кораблей, включая подводные лодки, не был обеспечен силами спасения, что привело к тяжким последствиям.

Таким образом, Куроедов В. И., будучи должностным лицом, ненадлежащим образом исполнял свои обязанности вследствие недобросовестного отношения к ним, что повлекло гибель 118 подводников.

Имея достоверную информацию о том, что на «Курске» после взрывов в живых остались подводники, Куроедов ввел в заблуждение президента России Путина о состоянии и готовности Северного флота и ВМФ России к проведению спасательной операции, на основании чего Путин отверг предложение иностранных государств предоставить немедленную помощь для спасения людей.

По окончании расследования уголовного дела, пытаясь уйти от моральной, политической и юридической ответственности и являясь членом правительственной комиссии, Куроедов согласился с выводами предварительного следствия, сделанными на основании сфальсифицированных заключений экспертов, о том, что 23 члена экипажа, находившиеся в 9-м отсеке, жили не более 8 часов, а источником стуков SOS, которые продолжались до 14 августа, не был прочный корпус «Курска».

Таким образом, в действиях бывшего Главнокомандующего Военно-морским флотом России адмирала флота Куроедова имеются признаки преступления, предусмотренные ст.ст. 125[118], 293 ч. 3[119] УК РФ.

Мой комментарий:

Куроедов стал Главнокомандующим Военно-морским флотом России достаточно случайно. Феликс Громов уходил в отставку, и на должность главкома претендовали два адмирала: начальник Главного штаба Военно-морского флота адмирал Игорь Хмельнов и первый заместитель главкома адмирал Игорь Касатонов. Оба были опытными флотоводцами.

Хмельнов не только возглавлял Тихоокеанский флот, но и руководил крупными соединениями надводных кораблей, имел боевой опыт, в период югославского кризиса командовал соединением боевых кораблей в Средиземном море.

Игорь Касатонов – потомственный флотоводец, его отец Владимир Касатонов был первым заместителем Главнокомандующего ВМФ СССР Сергея Горшкова, но так никогда и не стал первым лицом в Военно-морском флоте. Сын командовал Черноморским флотом в самое тяжелое время, в период раздела флота, когда морякам-черноморцам пришлось делать нелегкий выбор – какой стране служить.

Иногда командующий флотом заявлял о себе как политический деятель, что раздражало президента России Бориса Ельцина и не улучшало российско-украинские отношения. Впрочем, в сохранении Черноморского флота, а также значительной части его имущества есть большая заслуга Игоря Касатонова.

Но желание стать Главкомом Военно-морским флотом подавило возможность реально оценить свою «проходимость» на эту должность: Касатонов был заведомо непроходной фигурой не только по политической составляющей, но и по возрасту. Он был моложе уходящего в отставку адмирала флота Феликса Громова всего на два года. Касатонов занялся подковерной борьбой с Игорем Хмельновым, который был значительно моложе и никогда не занимался политикой. На Тихоокеанский флот поступила команда «копать под Хмельнова», и на него по надуманным обвинениям возбудили уголовное дело в злоупотреблении должностными полномочиями. Посадить не посадили, а карьеру испортили[120].

И здесь, как черт из табакерки, появился Владимир Куроедов. Он никогда не помышлял и даже не заикался о политической деятельности, был ровесником Хмельнова, правда, в отличие от последнего, реального опыта командования крупными морскими соединениями не имел и в тонкостях подводного флота не разбирался.

В день, когда исполнилось четыре месяца со дня катастрофы на атомной подводной лодке «Курск», Главнокомандующий ВМФ России Владимир Куроедов предъявил претензии к конструкторам атомной субмарины. По его словам, непонятно, *«почему при нашем запасе плавучести в 30%, а у американцев в 12% при подводном столкновении гибнут именно наши лодки»*. Вывод ясен: техническое несовершенство российского подводного флота стало причиной катастрофы.

Главком критиковал не где-нибудь, а на страницах специального издания, предназначенного для офицеров флота, – в ведомственном журнале «Морской сборник». Попытка переложить ответственность отнюдь не иллюзорна и двусмысленна.

24 октября 2000 года Куроедов на всю страну сообщил журналистам Первого канала телевидения, что знает причину катастрофы атомохода «Курск». По словам Главкома ВМФ, произошло столкновение с другой подводной лодкой. По окончании работ на затонувшем атомоходе адмирал обещал сказать, какая это была лодка[121].

13 января 2001 года сайт NEWSru.com передал слова Куроедова, сказанные им при вручении ордена Мужества вдове погибшего на атомоходе «Курск» сотрудника завода «Дагдизель» Мамеда Гаджиева: главком придерживается версии столкновения с иностранной подводной лодкой[122]. Это же он повторял неоднократно, пока не подписал акт правительственной комиссии, вывод которой был прямо противоположным – внутренний взрыв.

Не люблю проституток – хоть в юбках, хоть в штанах, хоть в военно-морской форме.

Во время масштабных февральских учений «Безопасность-2004» Владимир Куроедов заявил, что *«корабль [ТАРКР «Петр Великий»] находится в таком состоянии, что может в любой момент взлететь на воздух. Это особенно опасно с учетом того, что он оснащен ядерной силовой установкой»*[123].

Генеральный конструктор Северного ПКБ, который проектировал корабль, и генеральный директор Балтийского завода, где он был построен, опровергли заявления Главкома ВМФ. Резонанса на свое заявление об аварийности флагмана Северного флота Куроедов, очевидно, не ожидал. В тот же день через несколько часов в интервью РИА «Новости» он, по сути опровергая самого себя, заявил, будто *«сообщения некоторых СМИ о том, что «Петр Великий» находится в аварийном состоянии, которое может представлять собой угрозу, не соответствуют действительности».*

30 июля 2005 года при подготовке к военно-морскому параду в Санкт-Петербурге по случаю Дня Военно-морского флота из-за подрыва учебной мины на Неве чуть не затонул сторожевой корабль «Неукротимый». Комиссия Балтийского флота установила, что пробоина в борту возникла при отработке одного эпизода праздника – подрыва плавающей мины. Имитатор мины с тремя килограммами взрывчатки сбросили в воду недалеко от корабля, но не учли течение реки. Мину снесло почти вплотную к «Неукротимому». Взрыв произошел на расстоянии 3,5 м от правого борта, и в образовавшуюся ниже ватерлинии пробоину хлынула вода, затопив отсек машинного отделения[124]. Когда-то Михаил Задорнов пошутил: «Наша армия на войне неопасна. Она опасна на учениях». От себя добавлю: «И на парадах».

После этого, судя по всему, терпение друга Куроедова – Владимира Путина – лопнуло, и спустя месяц Главком ВМФ Куроедов был отправлен в отставку.

Сейчас Владимир Иванович Куроедов является членом Академии проблем безопасности, обороны и правопорядка и членом-корреспондентом Российской академии ракетных и артиллерийских наук. Чем занимаются эти академии, предпринятыми мерами розыска мне установить не удалось. Он – председатель правления региональной общественной организации «Клуб адмиралов». Хорошо играет на пианино и, по-моему, на аккордеоне, поет приятным баритоном. Говорю об этом как очевидец – сам слышал.

Как я уже писал, Владимир Куроедов входил в состав правительственной комиссии, которую возглавлял вице-премьер Илья Клебанов, его подпись стоит под заключительным актом, где, кроме выводов о причинах гибели корабля и экипажа, содержится утверждение, что подводники в 9-м отсеке жили не более 8 часов. Вычитывая верстку этой книги, я наткнулся на интервью бывшего главкома «Новой газете» под названием «Сигнал SOS не могут расшифровать 12 месяцев», которое он дал Елене Милашиной 13 августа 2001 года[125]. Привожу выдержки из интервью адмирала флота Владимира Куроедова:

— **Владимир Иванович! Тогда как вы понимаете высказывание Михаила Моцака, процитированное всеми телекомпаниями и газетами: «Весь находившийся личный состав подводной лодки «Курск» погиб в первые же минуты аварии»?**

— Слова Моцака – мне на стол, только не те, что написаны в газетах. И тогда мы с вами будем разговаривать.

— **Владимир Иванович! Но это же так легко проверить, найти в архивах телекомпаний съемку, когда Моцак говорит эти слова, а Попов их повторяет. Что вы, в самом деле?**

— Мы посчитали расчет кислорода, и я еще надеялся до семнадцатого, до восемнадцатого числа, что там есть живые.

— *Владимир Иванович, тогда почему, если вы надеялись так долго, ни одного человека не смогли спасти?*

— Потому что тринадцатого, четырнадцатого максимум, экипажа уже не было в живых.

— *Откуда вы это знали тогда?*

— Первое — записка Колесникова...

— *Но записка появилась только в октябре, а спасательная операция все-таки проходила в августе. Каким образом уже тогда вы знали, что 14 августа на лодке не было живых?*

— Нет, я тогда не знал. Я же вам сказал, что надеялся аж до восемнадцатого. Но последний стук был именно 14-го.

— *Вы можете, наконец, иметь смелость и признать эти стуки сигналами SOS?*

— Не знаю. Сейчас идет расшифровка. В море столько стуков...

— *Но если ребята были живы, писали записки, они не могли не стучать, хотя бы это признайте!*

— Уже почти годичный детальнейший анализ этих звуков в прокуратуре не дает ответа на этот вопрос.

— *Опытные подводники уверяют, что сигналы SOS нельзя перепутать с техническими шумами. Но вы — не подводник, вы служили на тральщиках, сторожевых кораблях, которые не отходят от берега дальше двенадцати километров. Вы могли перепутать SOS и технические шумы?*

— Можно и перепутать. Например, со стукачом на аварийном буе.

— *А «Курск» не выпустил буй?*

— Нет, он на лодке, мы его сняли на камеру, хотите, покажу?

— *Хочу.*

— Нет, я вам не буду показывать, как-нибудь в другой раз.

Читая это интервью, хочется орать, материться, стучать кулаком. Это не просто предательство тех, кто доверил тебе свои жизни, это – заговор против Военно-морского флота России, это – заговор против военных моряков. А в основе заговора лежат примитивные мотивы и инстинкты – самосохранения.

А вот еще один фрагмент.

— *Вы настаиваете на версии столкновения с иностранной подлодкой. По международным морским правилам судовождения в случае столкновения виноваты оба экипажа. То есть вы тоже обвиняете экипаж «Курска» и его командира?*

— Вы неправы. А что мне, впрочем, сказать, я действительно сторонник одной версии. Но это не значит, что она — истинная.

— *Настаивая на версии столкновения, вы ставите под удар репутацию всего флота и делаете комплимент подлодкам НАТО. Ведь они могут совершенно безнаказанно и не обнаруживая себя ходить в нашем военном полигоне, нашпигованном нашими надводными и подводными кораблями.*

— А они и сегодня шмыгают. И потом, наши корабли были в разных полигонах. Возьмите двадцать два корабля и расставьте их по всему Баренцеву морю.

— *То есть учения проходили во всем Баренцевом море?*

— Безусловно. Во всем.

— *Владимир Иванович! Это очень интересно. Из того, что вы сейчас говорите, следует, что все Баренцево море было закрыто для судоходства, потому что представляло собой полигон для учений, так получается?*

— Да нет, ну что вы. Район учений, который закрывался для судоходства, это не все Баренцево море, это его южная часть.

— *И вот в этой южной части спокойно иностранные лодки могут ходить во время учений и оставаться незамеченными?*

— То, что они ходят, — это да, и то, что незамеченные, — это плохо.

Не могу и не хочу комментировать. Хочется просто выкрикнуть: Да, застрелись ты, сволочь! Это по большому счету и есть ИЗМЕНА РОДИНЕ.

Спустя ровно месяц после этого интервью в прессе появилась совместная фотография Путина, Куроедова и Клебанова, где они обсуждают подъем «Курска». Не исключаю, то на этом совещании обсуждался вопрос спасения Куроедова и других адмиралов, утопивших «Курск».

Илья Клебанов, Владимир Путин и Владимир Куроедов на совещании 13 сентября 2001 года.

Вячеслав Алексеевич Попов

Карьера:

Родился 22 ноября 1946 года в городе Луге (Ленинградская область) в семье командира артиллерийского дивизиона майора Алексея Попова, участника Великой Отечественной войны. Старший из трех братьев, каждый из которых стал командиром подводной лодки. В детские годы жил в поселке Осельки Всеволожского района, учился в средней школе поселка Кузьмоловский. Полтора года проучился в Ленинградском политехническом институте имени М. И. Калинина на факультете радиоэлектроники (1964–1965). После трех семестров ушел из института, приняв решение стать командиром подводной лодки. Полгода проработал кочегаром на паровозе, в 1966 году вместе с младшим братом Владимиром поступил в Высшее военно-морское училище имени М. В. Фрунзе. На втором курсе женился (жена Елизавета). Окончил училище в 1971 году. Проходить службу начал в Гаджиево командиром электронавигационной группы БЧ-1 подводной лодки «К-32», командиром БЧ-1 подводной лодки «К-137», помощником командира подводной лодки «К-420» (1971–1975). В 1975–1976 годах обучался в Высших специальных офицерских классах Военно-морского флота. Продолжил службу помощником командира подводной лодки «К-423», старшим помощником командира подводной лодки «К-214», старшим помощником командира подводной лодки «К-137» (1976–1981), командиром подводной лодки «К-245» (1981–1983), командиром подводной лодки «К-137» (1983–1986). В 1986 году заочно окончил Военно-морскую академию имени маршала А. А. Гречко. Служил заместителем командира 31-й дивизии подводных лодок (1986–1989), командиром 19-й дивизии подводных лодок (1989–1991), первым заместителем командующего 11-й флотилией подводных лодок (1991–1993), командующим 3-й флотилией подводных лодок Северного флота (октябрь 1993 – апрель 1996), первым заместителем командующего Балтийским флотом (апрель – ноябрь 1996), начальником штаба Северного флота (20 ноября 1996 – 26 января 1999), командующим Северным флотом (26 января 1999 – 1 декабря 2001).

В 1999 году присвоено звание адмирала. После отставки с поста командующего Северным флотом назначен начальником Управления экологии и снятия с эксплуатации ядерных объектов Минатома. С 4 января 2002 года – представитель в Совете Федерации Федерального Собрания Российской Федерации от Мурманской областной Думы. Заместитель председателя комитета Совета Федерации по обороне и безопасности. В дальнейшем – председатель комиссии Совета Федерации по национальной морской политике.

Награжден орденами Красной Звезды, «За службу Родине в Вооруженных Силах СССР» III степени, «За военные заслуги» и медалями.

Обвинение:

Вячеслав Алексеевич Попов, занимая с 26 февраля 1999 года должность командующего Северным флотом, утвердил план проведения комплексной боевой подготовки кораблей авианосной многоцелевой группы в Баренцевом море в период с 10 по 13 августа 2000 года, которая не предусмотрена ни одним из нормативных документов Министерства обороны и Военно-морского флота, взамен сбор-похода боевых кораблей, который предусматривают «Наставления по оперативной подготовке ВС РФ», «Руководство по тактической подготовке ВМФ», «Организационно-методические указания по подготовке ВМФ в 2000 году».

Это привело, в свою очередь, к тому, что план учений разрабатывался и утверждался не руководством ВМФ, как это требуется при проведении сбор-похода, а руководством Северного флота, что снижало уровень и качество подготовки учений, а также порядок подготовки и инспектирования боевых кораблей, участвующих в учениях.

Как следствие, в море был выпущен не подготовленный к стрельбе торпедой 65-76 подводный крейсер «К-141», ранее этой торпедой не стрелявший, с не обученным стрельбе перекисно-водородной торпедой экипажем. В результате чего погиб АПРК «Курск» и 118 членов экипажа.

Эти действия следует квалифицировать как злоупотребление должностными полномочиями, совершенное из личной заинтересованности — создание видимости подготовки Северного флота и его боеготовности, которое повлекло тяжкие последствия.

В феврале-марте 1999 года экипаж АПРК «Курск» прошел межпоходовую подготовку в учебном центре ВМФ (город Обнинск), где отрабатывал действия по применению оружия и вооружения на тренажерах. Указанный срок обучения экипажа в учебном центре не соответствовал требованиям Главнокомандующего ВМФ России и «Организационно-методическим указаниям по подготовке ВМФ в 1999 году». Вместо положенных 45 суток экипаж обучался только 26. Этого времени недостаточно для качественной подготовки по вопросам обеспечения ядерной и радиационной безопасности.

Кроме того, из-за недостатка времени обучения в учебном центре Военно-морского флота не проводилась подготовка экипажа по обеспечению безопасности плавания при выполнении боевых упражнений с практическим оружием на полигонах боевой подготовки, а также подготовительные и зачетные корабельные учения по борьбе за живучесть при плавании в море.

В июле 2000 года из-за различных проверок и иных мероприятий по боевой подготовке экипаж АПРК «Курск» не имел возможности в полном объеме провести ежемесячный планово-предупредительный осмотр и планово-предупредительный ремонт материальной части, не приобрел достаточных практических навыков по обслуживанию и применению торпеды калибра 650 мм.

Это значит, что «Курск» не был готов к проведению учений и к стрельбе перекисно-водородной торпедой, но, тем не менее, по приказу Попова был включен в число кораблей, принимающих участие в учениях.

Фрагмент постановления о прекращении уголовного дела (с.10):

«2.4. Минно-торпедная боевая часть АПРК «Курск» на момент выхода в море 10 августа 2000 г. была полностью укомплектована по штату подводной лодки проекта 949А и, в основном, подготовлена в соответствии с курсом боевой подготовки. Однако при этом в подготовке личного состава выявлены следующие фактические обстоятельства и недостатки:

— командир боевой части старший лейтенант Иванов-Павлов А. А. назначен на данную должность после отработки кораблем задач Л-1 и Л-2 курса боевой подготовки и ранее являлся командиром боевой части подводной лодки 945 проекта, торпедные аппараты которой имеют отличие от 949А проекта АПРК «Курск» в организации боевого применения торпед калибра 650 мм; прошел обучение в учебном центре ВМФ и допущен к самостоятельному управлению БЧ-3, в его зачетном листе вопросы эксплуатации торпед калибра 650 мм, установленных на АПРК «Курск», не отражены; опыта практического обслуживания данных торпед, за исключением обучения в учебном центре, не имел;

— старшина команды торпедистов старший мичман Ильдаров А. М. с 1981 г. проходил службу на подводной лодке 671 РТ проекта, имел опыт эксплуатации торпед калибра 650 мм, отличавшихся от имевшихся на борту АПРК «Курск» торпед в основном конструкцией системы контроля окислителя; обучался в учебном центре ВМФ в составе экипажа, где прошел курс теоретической и практической подготовки на тренажере; в составе экипажа с момента постройки крейсера и его ввода в состав ВМФ России, то есть с 1994 г.;

— торпедисты из числа матросов по призыву Нефедков И. Н. и Боржов М. Н., в связи с включением в состав экипажа подводной лодки накануне ее выхода в море, не прошли в полном объеме курс боевой подготовки по задачам МТ-1 (приготовление БЧ-3 к бою и походу) и МТ-2 (подготовка БЧ-3 к применению оружия); к эксплуатации системы контроля окислителя торпеды не допущены.

В качестве исполняющего обязанности флагманского минера дивизии подводных лодок в составе походного штаба на борту АПРК «Курск» вышел в море капитан III ранга Байгарин М. И., который до этого проходил службу командиром БЧ-3 данного экипажа, а ранее – в аналогичной должности на подводной лодке другого 671 РТ проекта, где получил опыт эксплуатации торпед калибра 650 мм. Байгарин М. И. также прошел обучение в учебном центре ВМФ в составе экипажа, в том числе курс теоретической и практической подготовки на тренажере; в составе экипажа с момента постройки подводной лодки и ее ввода в состав ВМФ, то есть с 1994 г.

В связи с тем, что торпеды калибра 650 мм (с момента постройки) крейсера и до 20 июня 2000 г. на нем не эксплуатировались, личный состав не был в полной мере подготовлен к эксплуатации и боевому применению указанной торпеды. Нормы ежемесячных тренировок корабельного боевого расчета не выполнялись, надлежащий контроль за уровнем его подготовленности со стороны командира дивизии подводных лодок контр-адмирала Кузнецова и его заместителя капитана I ранга Кобелева не осуществлялся.

Обслуживание материальной части БЧ-3 данного крейсера по обеспечению безопасного хранения данных перекисно-водородных торпед на борту проводилось формально. Перекисно-водородная торпеда калибра 650 мм включена в спецификацию подводных лодок проектов 949, 949А, 971, 945 3 октября 1989 г. АПРК «Курск» проходил государственные испытания в 1994 г., однако стрельбы торпедой данного типа на этих испытаниях не производил.

В декабре 1999 г. представителями Центрального научно-исследовательского института «Гидроприбор» с личным составом БЧ-3 АПРК «Курск» проведены теоретические занятия по обучению и допуску личного состава указанной боевой части к эксплуатации системы контроля окислителя, а также перекисно-водородных торпед калибра 650 мм. Такие занятия должны были проводиться флагманским минером и с группой командования подводной лодки (командиром, старшим помощником командира, помощником командира), однако из-за отсутствия штатного флагманского минера они не проводились.

Приказ командира дивизии подводных лодок от 20 июня 2000 г. «О допуске АПРК «Курск» к приему и эксплуатации торпед калибра 650 мм» подписан врио командира дивизии подводных лодок капитаном I ранга Краснобаевым А. В. Он являлся заместителем начальника штаба дивизии по оперативной и боевой подготовке и по своему служебному положению, как это предусмотрено ст. 96 Корабельного устава ВМФ, не имел права подписывать документы за командира дивизии. Этот приказ подписан также врио начальника штаба дивизии капитаном II ранга Олейником В. П. Таким образом, основополагающий документ, касающийся допуска экипажа подводной лодки к боевому применению торпедного оружия, был подписан неправомочными должностными лицами.

Методика подготовки минно-торпедных боевых частей ВМФ определяется Правилами подготовки минно-торпедных боевых частей подводных лодок ВМФ. Эта методика при отработке личным составом БЧ-3 специальных задач во многом нарушалась. Личный состав БЧ-3 АПРК «Курск» не отрабатывал практические действия по эксплуатации перекисно-водородных торпед на учебных образцах ввиду их отсутствия в месте базирования (п. Видяево). Тренировки же в учебном центре флотилии, где такая материальная часть имеется, не проводились».

Командующий Северным флотом адмирал Попов надлежащего контроля за своими подчиненными не осуществлял, выход «Курска» в море не запретил, учебные стрельбы перекисно-водородной торпедой не отменил, то есть проявил халатность. В результате халатности командующего Северным флотом погиб «Курск» и большая часть экипажа.

При выходе в море адмирал Попов не обеспечил боевые корабли, включая подводные лодки, силами спасения, несмотря на прямое указание начальника Главного штаба Военно-морского флота России адмирала Виктора Кравченко.

Находясь на борту флагмана Северного флота ТАРКР «Петр Великий», адмирал Попов, получив в 11:30 12 августа 2000 года доклад командира крейсера капитана I ранга Касатонова[126] об обнаружении гидроакустиками «Петра Великого» по пеленгу 96 градусов вспышки и хлопка, не отдал приказ классифицировать обнаруженные цели и не наложил на карту учений пеленг взрыва. Это не позволило своевременно получить информацию о том, что взрыв произошел по пеленгу вхождения АПРК «Курск» в РБД-1, и привело к тому, что подводная лодка «Курск» была объявлена аварийной с задержкой на 11 часов.

Адмирал Попов, являясь руководителем учений, не дождавшись их окончания и планового донесения о торпедной атаке и всплытии подводной лодки «Курск», в 13:59 12 августа 2000 года улетел вертолетом сначала на авианесущий тяжелый крейсер «Адмирал Флота Советского Союза Кузнецов», а затем – на берег, сообщив журналистам, что боевые учения прошли успешно.

Таким образом, Попов переложил обязанность по проведению поисково-спасательной операции на других офицеров. В результате не было принято своевременных мер по поиску затонувшей подводной лодки и спасению оставшихся в живых членов экипажа.

Имея достоверную информацию о том, что на «Курске» после взрывов в живых остались подводники, адмирал Попов через Куроедова ввел в заблуждение президента России Путина о состоянии и готовности Северного флота и ВМФ России провести спасательную операцию, вследствие чего Путин принял решение отказать иностранным государствам в предоставлении немедленной помощи для спасения людей. В результате этого погибли 23 подводника, находившиеся в 9-м отсеке.

Таким образом, в действиях бывшего командующего Северным флотом адмирала Попова имеются признаки преступления, предусмотренные ст.ст. 125[127], 294 ч. 3[128], 327 ч. 2[129], 352[130] УК РФ.

Мой комментарий:

Я с Поповым незнаком, никогда не встречался. Он неоднократно, публично и наиболее запоминающе приносил извинения родным и близким погибших. Внешний вид, манера говорить, репутация «отца матросам» и профессионального моряка вызывают симпатию.

В 2000 году адмирал Попов произнес такую фразу: *«Я всю свою жизнь посвящу тому, чтобы взглянуть в глаза человеку, который все это устроил».*

А в 2005 году, когда отмечалось 5 лет со дня гибели подлодки, в одном из своих интервью уже бывший командующий флотом на вопрос корреспондента о гибели АПЛ «Курск» вдруг сказал: *«Я знаю правду о «Курске», но еще не пришло время ее рассказать».*

Другими словами, Попов знает, что официальные выводы расследования не соответствуют действительности и скрываются. Знает и молчит.

В 2003 году несколько депутатов Мурманской областной думы ставили вопрос об отзыве Попова из Совета Федерации. По их мнению, Попов потерял связь с Мурманской областью. Гибель «Курска» и причастность к трагедии уже сенатора Попова продолжают тревожить депутатов.

Привожу выдержки из статьи «Вячеслав Попов сначала потерял доверие президента России, а теперь – и депутатов Мурманской областной думы», опубликованной на мурманском независимом сайте политической информации «Северный оракул» 31.01.03[131].

«Если, будучи адмиралом, Попов не мог открыто высказаться, то и теперь, когда он в статусе члена Совета Федерации имеет неприкосновенность депутата Госдумы РФ, не удосужился разъяснить стране, что он знает о настоящих причинах гибели «Курска, – говорит заместитель председателя Мурманской областной думы Василий Владимирович Калайда. – Ведь это не только его личное дело! Да и где же его личное мужество, слово офицера? Он ведь еще будучи командующим Северным флотом в различных интервью намеками (например: «Я хотел бы посмотреть в глаза тому, кто это сделал…») давал понять, что может открыть истину, но связан обязательствами… Так скажи сейчас!»

Депутат Александр Анатольевич Хмель, член депутатской группы «Народный депутат», один из инициаторов отставки сенатора Вячеслава Попова, так аргументирует свою позицию:

«Нам скрывать нечего: мы еще весной 2002 года требовали, чтобы Попов прекратил играть роль «свадебного генерала», но он не посчитал нужным изменить стиль поведения, не наладил рабочие контакты с Думой. Нам надо, чтобы в лице своего представителя в верхней палате мы имели надежного проводника нашей политики. Для этого – принимай участие в работе сессии. Мы вот сколько ме-

сяцев работаем над законопроектом по бюджету на 2003 год – а его это вроде вообще никак не волнует. Ни одно из наших предложений, инициатив по вопросам, которые нам надо решать в Москве – в правительстве, в министерствах, в Госдуме, – не нашло его поддержки, ни на одно мы не получили ответа. А то, что он где-то с кем-то иногда приватно встречается или созванивается – извините, это не работа. Если говорить о пользе для дела, то ее, конечно, нет! Одним словом: ну не хотим мы, депутаты, чтобы навязанный нам на роль сенатора г-н Попов продолжал числиться нашим представителем! Предоставленные ему на раздумье две недели закончатся 30 января. Посмотрим, что окончательно решит Дума».*

Заслуживает внимания и публикация Ольги Панфиловой «К 2015 году Военно-морской флот России может резко сократиться и перестанет быть океанским флотом». («Новый Регион». 27.11.2009)

Об этом пишет глава комиссии Совета Федерации по морскому флоту, экс-командующий Северным флотом адмирал Вячеслав Попов в статье «Флот и национальная безопасность России»[132]. Если это произойдет, Военно-морской флот Российской Федерации превратится в ограниченно боеспособный прибрежный флот и не сможет защищать жизненно важные интересы России в Мировом океане, предупреждает адмирал.

Причиной ослабления ВМФ Попов назвал недостаточное финансирование строительства кораблей дальней морской и океанской зон[133].

«Выделяемых средств не хватает для серийного строительства новых кораблей дальней морской и океанской зон и одновременно поддержания в боеспособном состоянии наличного корабельного состава», – цитирует Попова Газета.ру.

Сегодня в составе ВМФ РФ практически нет новых боевых кораблей основных классов, подчеркнул адмирал. Оружие, вооружение, системы управления устарели. По заключению экспертов, Россия уступает в морской мощи на Балтике Швеции и Финляндии в два раза, Германии – в три-четыре раза, на Черном море Турции – в два раза, на Дальнем Востоке Японии – в три раза, в целом военно-морским силам Франции и Великобритании – в пять-шесть раз и ВМС США – в 20–30 раз.

«Новая государственная программа вооружения ВМФ до 2015 года хоть и предусматривает увеличение финансирования на вооружение, но это не отдельное финансирование кораблестроения», – считает Попов.

Однако не все военные моряки видят причину утраты боеспособности только в недостатке финансирования. *«Положение ВМФ России является критическим,* – об этом на круглом столе в Москве заявил Валентин Селиванов, адмирал, в 1990-х годах – начальник Главного штаба ВМФ[134]. – *В Военно-морском флоте списано до 80–85 процентов надводных кораблей, подводных лодок, боевых самолетов. Построить собираются только один надводный корабль и одну дизельную подводную лодку. На флотах осталось по 30–35 кораблей, катеров и подводных лодок. Большинство из* них – катера. Подумайте только: 251 атомную подводную лодку построил Советский Союз. В год сдавали флоту по 10–11 субмарин. Сейчас же на Северном и Тихоокеанском флотах – единицы атомных подводных лодок, а дизельных на Северном флоте в постоянной готовности только две, на Балтике и Черноморском флоте – по одной.

Ударной авиации в ВМФ нет вообще, а ведь было четыре морские авианосные авиадивизии. Всего на флоте в готовности – 129 летательных аппаратов. Это в основном военно-транспортная авиация для обслуживания командного состава и несколько десятков противолодочных вертолетов. Нынешние силы не позволяют спланировать и провести хотя бы одну из тех пяти операций, которые должен проводить каждый флот: ни операцию по разгрому врага, ни поиск и уничтожение, ни нарушение коммуникаций противника, ни защиту своих, ни высадку оперативного состава. Вот такое изменение качества произошло».

По его словам, страны НАТО успели обогнать российский флот в техническом оснащении. «У них – чудо! Вы не представляете! Это атомный авианосец на электродвижении. У нас же атомные – на паросиловом. Мы все знаем, что такое паровые катапульты для взлета с палубы. А у них эти катапульты уже электромагнитные», – отметил Селиванов.

Никто не понес ответственности за фактическое уничтожение флота, который достался России от Советского Союза, нет на скамье подсудимых и тех адмиралов и чиновников, которые набили карманы от распродажи флота. Флот, по мнению адмирала Попова, должен развиваться экстенсивно, а адмирал Селиванов стоит за качественное изменение флота, в зависимости от задач, которые он должен решать.

Недавно я наткнулся на письмо капитана II ранга запаса Михаила Ляшенко, опубликованное на сайте «Военные новости России» 13.03.2011. Привожу его полностью.

«Члену Совета Федерации РФ
Попову Вячеславу Алексеевичу
от капитана II ранга запаса
Ляшенко Михаила Михайловича
Без определенного места жительства
Адрес: 192007, г. Санкт-Петербург, ул. Боровая, дом 112-Б. Благотворительная общественная организация «Ночлежка», тел. 8-952-376-53-44
Вячеслав Алексеевич!
Из Вашего письма от 4 февраля 2011 53-13/ВП стало понятно, что, вопреки громким заявлениям Президента РФ и Премьера РФ, на жилье для уволенных военнослужащих, состоящих в очередях еще с прошлого века при ЗАТО (а фактически проживающих за колючей проволокой в РЕЗЕРВАЦИЯХ) средств не нашлось. Но где же тогда справедливость? Сейчас жилье получают те, кто проходил службу гораздо позже и в средней полосе, а не за Полярным кругом. Именно для них при Министерстве обороны создана единая очередь. Не потому ли, что вскоре выборы? И ВЛАСТЬ меньше всего бес-

покоят социальные вопросы в каких-то удаленных ЗАТО. Гораздо важнее, что будет происходить перед выборами в Москве и Питере.

Никогда не думал, что Вы будете считать: сколько раз мне довелось к Вам обращаться. Но согласитесь, что за 12 лет ожидания жилья обратиться к Вам всего ТРИ РАЗА не так уж и много! В среднем раз в четыре года.

Вячеслав Алексеевич, у Вас не совсем верная информация: в 2003 году я пытался стать в очередь на жилье при Жилищном комитете СПб (даже сдал туда документы), но мне в ней отказали, истребовав справку, что я не состою в какой-либо другой очереди (но ведь с 1999 года я уже состоял в очереди при ЗАТО Скалистый и поэтому справку предоставить не смог).

Хочется спросить: а почему же Вы не смогли подсказать мне, куда и когда нужно становиться? Это во-первых.

Во-вторых: Вы пишете, что в муниципальных образованиях отсутствуют материальные ресурсы и именно по этой причине нет возможности реализовать право военных пенсионеров на жилье. Неправда! Вячеслав Алексеевич, Вам ли не знать, что субвенции на отселение из ЗАТО выделяет ежегодно ПРАВИТЕЛЬСТВО Российской Федерации. Но, увы, выделяет все меньше и меньше.

А ведь впереди еще и Олимпийские игры. За чей счет нужно возвести дорогущие спортивные объекты, которые потом никому не будут нужны? Удобнее всего отобрать положенное у пенсионеров! Подумаешь, ждали более 10 лет в резервациях, подождут еще! А если сдохнут не дождавшись, то и проблема отпадет.

Все это напоминает позорную помощь ВЛАСТИ при спасении оставшихся после взрыва в живых в кормовых отсеках подводной лодки «Курск». Только в нынешней ситуации и извиняться никому не придется. Некоторые уволенные, так и не дождавшись заслуженного жилья, уже ушли из жизни.

Удивительно, я помню Вас на партийных собраниях в штабе нашей флотилии. В те времена Вы были преданным коммунистом-ленинцем! Учили нас, как честно жить и служить. Актуальными вопросами Ваших выступлений оставались вопросы, связанные с заботой о подчиненных. Ваша любимая фраза была – «ЧЕСТЬ ИМЕЮ!» Не употребляйте больше эту фразу, ведь Вы так и не смогли отстоять заслуженное право на жилье ВАШИХ БЫВШИХ ПОДЧИНЕННЫХ. Очевидно, в своей работе, уже перейдя в ЕДИНОРОССЫ, Вы не решились обратиться к господину Путину В. В. более ТРЕХ РАЗ.

Наиболее приемлемым для остающихся в резервациях Северного флота является лозунг «Каждому – свое» (из Бухенвальда).

Сытого Вам БЛАГОПОЛУЧИЯ, Сенатор, в Единой России! А денег на жилье не будет и через два года. Ведь за Олимпийскими играми уже виден Чемпионат мира по футболу, не говоря обо всем остальном, что еще пролоббирует Ваш сегодняшний ЛИДЕР.

1.03.2011
*Капитан II ранга запаса
М. Ляшенко»*

Ответ сенатора с отказом – формально-бюрократический. Слухи об адмирале Попове как об «отце матросам», пожалуй, сильно преувеличены. Как же мне стыдно, как стыдно...

Владимир Васильевич Устинов

Карьера:

Родился 25 февраля 1953 года в городе Николаевск-на-Амуре Хабаровского края в семье прокурорского работника. В 1968–1972 годах работал токарем на Кореновском сахарном заводе (Краснодарский край), в 197–1974-х служил в армии, в 1978 году окончил Харьковский юридический институт. 1978–1983 – стажер, помощник, старший помощник прокурора Кореновского района Краснодарского края. С 1983 года – заместитель прокурора Динского района, затем – прокурор Гулькевичского района Краснодарского края. С 1985 года – прокурор Хостинского района Сочи, с 1992-го – прокурор Сочи, с 1994-го – первый заместитель прокурора Краснодарского края. 15 октября 1997 года назначен заместителем Генерального прокурора РФ. С июня 1998 года по апрель 1999 года – начальник Главного управления Генпрокуратуры по надзору за исполнением законов по федеральной безопасности и межнациональным отношениям на Северном Кавказе, глава Координационного совета правоохранительных органов субъектов Северо-Кавказского региона. 6 апреля 1999 года переведен в Москву, 29 июля 1999 года назначен и.о. Генерального прокурора РФ и 17 мая 2000 года утвержден в этой должности Советом Федерации. 13 апреля 2005 года повторно утвержден в должности по представлению президента Путина. 2 июня 2006 года Путин внес в Совет Федерации представление об освобождении Устинова от занимаемой должности с официальной формулировкой «по собственному желанию». 23 июня 2006 года Устинов был назначен министром юстиции Российской Федерации (ранее занимавший этот пост Юрий Чайка за несколько дней до этого был назначен генеральным прокурором). 14 мая 2008 года назначен полномочным представителем президента Российской Федерации в Южном федеральном округе.

В 2003 году защитил докторскую диссертацию на тему борьбы с терроризмом. Действительный государственный советник юстиции, заслуженный юрист Российской Федерации. Окончил Дипломатическую академию МИД РФ, заслуженный юрист Российской Федерации. Герой Российской Федерации – в соответствии с секретным указом президента РФ; о награждении стало известно весной 2005 года со слов представителя президента в Государственной Думе Александра Котенкова. Награжден орденом «За заслуги перед Отечеством» III степени, орденом Мужества. Женат, имеет сына и дочь.

Обвинение:

Владимир Васильевич Устинов, являясь Генеральным прокурором Российской Федерации и с 23 августа 2000 года возглавляя предварительное следствие по уголовному делу о гибели АПРК «Курск» и 118 подводников, поручил непосредственное расследование Главной военной прокуратуре. По окончании предварительного расследования уголовного дела вместе с бывшим в то время президентом Российской Федерации Владимиром Путиным, злоупотребляя служебным положением, участвовал в принятии политического решения – не привлекать к уголовной ответственности лиц, непосредственно виновных руководителей Военно-морского

Принимается политическое решение по делу о гибели АПРК «Курск» и 118 моряков.

флота России и Северного флота в гибели корабля и экипажа. Дал указание бывшему в то время главному военному прокурору А. Н. Савенкову прекратить уголовное дело. С ведома Устинова главный военный прокурор Савенков ретранслировал это заведомо незаконное указание следователю А. Л. Егиеву. С ведома Устинова были назначены повторные экспертизы с участием Виктора Колкутина и Сергея Козлова, выводы которых были сфальсифицированы.

Таким образом, в действиях бывшего Генерального прокурора Российской Федерации Устинова содержатся признаки преступлений, предусмотренных ст.ст. 294 ч. 3[135], 285 ч. 3[136], 300[137], 303 ч. 2[138], 33 ч. 3[139], 307 ч. 1[140] УК РФ.

Мой комментарий:

С Владимиром Устиновым я встречался несколько раз. Особенно примечательной для составления представления о личности «главного законника» страны была встреча 19 ноября 2002 года. Я пришел к нему на прием с вдовой моего старого приятеля, в далеком прошлом – моего подзащитного, убитого 18 октября 2002 года губернатора Магаданской области Валентина Цветкова, Людмилой, которая вручила ему заявление. (Приложение № 20)

Из прессы и со слов сочинцев, где в свое время Владимир Устинов был городским прокурором, я слышал, что он олицетворяет собой коррупционера от правоохранителей. Сергей Золовкин в статье «Служить бы рад, прислуживаться тоже»[141] написал:

«В публикации «Прокурорская доля» еженедельник «Деловой Сочи» выдвигал против будущего генерального прокурора довольно серьезные обвинения. Некоторые из них были связаны с развалом или с волокитой весьма крупных дел. Таких, как убийство «авторитетом» сочинской мафии «авторитета» архангельской мафии, контрабанда в особо крупных размерах бензина с помощью транспортных самолетов, так называемое спиртовое дело, где, по некоторым данным, были замешаны весьма крупные чины из местных силовых структур... В упрек Устинову ставилось и перечисление крупных сумм в фонд «Правопорядок» от тех фирм и организаций, которые попали под следствие, но именно после «спонсорской помощи» были от всех обвинений освобождены».

Об этом писала и «Новая газета». Но одно дело – слышать и читать, а другое – столкнуться лично.

Устинов был вежлив, даже обходителен, долго тряс мою руку, пододвинул кресло Людмиле, выразил ей соболезнование, сказал несколько дежурных фраз о достоинствах и достижениях погибшего губернатора. При нас прочитал заявление от имени Людмилы, покачал головой, клятвенно обещал объективно разобраться.

Через десять дней заместитель Устинова Владимир Колесников, чье имя как одного из заказчиков уголовного преследования самого Валентина Цветкова и его помощницы Виктории Тихачевой фигурировало в заявлении Людмилы Цветковой, возбудил уголовное дело по обвинению... Тихачевой в хищении биологических ресурсов, известное как «крабовое дело».

Тихачева была арестована прямо в больнице. Читатели могут помнить новостные репортажи из зала суда, куда на носилках вносили мать троих детей с поврежденным позвоночником.

Обвинение абсурдно не только по сути, но даже по формулировке «хищение биологических ресурсов». Биологические ресурсы – это рыба, которая плавает в море, крабы, которые ползают по дну, деревья, которые растут. Похитить можно только товар – рыбу, которую выловили, крабов, которых добыли, деревья, которые срубили, причем после этого они уже не деревья, а древесина. Биологические ресурсы можно незаконно добыть, но для этого в Уголовном кодексе существуют специальные статьи.

Московский городской суд приговорил Викторию Тихачеву к четырем годам лишения свободы, а директор магаданского филиала Научно-исследовательского института рыбной отрасли Александр Рогатных получил колонию-поселение. Верховный суд Российской Федерации приговор отменил, в отношении Рогатных уголовное дело прекратил за отсутствием в его действиях состава преступления, а Тихачева получила небольшой условный срок, проведя в тюрьме в период предварительного следствия и суда около полутора лет.

Что касается взятки в размере 5 миллионов долларов, которые вымогали у Тихачевой работники Министерства внутренних дел России, то уголовное дело было прекращено, диктофонные пленки с записями переговоров Тихачевой и сотрудником прокуратуры, который вел переговоры от имени сотрудников «рыбного отдела» Управления по борьбе с экономическими преступлениями МВД России, являющиеся доказательством вымогательства взятки и переданные мной в Управление собственной безопасности МВД, оказались стертыми.

Сейчас и Владимир Устинов, и его бывший заместитель Владимир Колесников, как говорят, в шоколаде. Владимир Устинов — полномочный представитель президента России в Южном федеральном округе, Владимир Колесников до декабря 2011 года заседал в Государственной Думе, сейчас его не видно, но думаю, что где-нибудь всплывет.

Эти ребята — из той материи, которая не тонет.

Александр Николаевич Савенков

Карьера:

Родился 29 марта 1961 года в городе Ливны Орловской области. В 1980 году пошел на военную службу. В 1985 году окончил военно-юридический факультет Военного университета. До 1994 года служил в Забайкальском военном округе (следователем, а затем – военным прокурором гарнизона) в Иркутске, Чите и Читинской области. С конца 1994 года работал в аппарате Главной военной прокуратуры. В 1997 году защитил кандидатскую диссертацию. С 1997 года возглавлял военные прокуратуры Приволжского, Сибирского и Московского военных округов. С начала 2002 года занимал должность первого заместителя главного военного прокурора. 10 июня 2002 года Совет Федерации назначил Александра Савенкова Главным военным прокурором Российской Федерации. В том же году Савенков стал доктором юридических наук, защитив диссертацию на тему «Актуальные проблемы конституционной законности в Вооруженных силах Российской Федерации и роль прокуратуры в их решении». В июле 2006 года Александр Савенков, как и другие заместители Генерального прокурора Российской Федерации, был снят со своего поста. Через полгода – 30 декабря 2006 года – президент России Владимир Путин подписал указ о назначении Александра Савенкова первым заместителем министра юстиции Российской Федерации. 12 мая 2008 года покинул свой пост Устинов, а в декабре того же года был отправлен в отставку и Савенков. В марте 2009 года новый состав законодательного собрания Владимирской области избрал Савенкова своим представителем в Совете Федерации.

Генерал-полковник юстиции, профессор. Имеет государственные награды, в том числе орден Почета и орден «За заслуги перед Отечеством» IV степени, награжден медалями, знаком «Почетный работник прокуратуры». Женат, имеет двух сыновей.

Обвинение:

Александр Николаевич Савенков, являясь первым заместителем Генерального прокурора Российской Федерации, Главным военным прокурором, непосредственно возглавлял предварительное расследование уголовного дела о гибели атомной подводной лодки «Курск» и 118 подводников.

Получив указание генерального прокурора Устинова о принятии политического решения по уголовному делу – о его прекращении и непривлечении к уголовной ответственности руководителей ВМФ России и Северного флота, – в нарушение уголовно-процессуального законодательства, злоупотребляя должностными полномочиями, оказал давление на следователя А. Л. Егиева, дав указание принять заведомо незаконное процессуальное решение.

Во исполнение указаний Савенкова следователь А. Л. Егиев назначил и организовал проведение дополнительных экспертиз, которые позволяли прекратить уголовное дело.

Савенкову как руководителю расследования по уголовному делу о гибели «Курска» было известно, что комплексная экспертиза с участием эксперта В. Колкутина по установлению времени, в течение которого жили находившиеся в 9-м отсеке 23 подводника, и экспертиза с участием С. Козлова в части установления источника стуков, которые продолжались до 14 августа 2000 года, проведены с грубыми процессуальными нарушениями и сфальсифицированы. Несмотря на это Савенков дал указание следователю Егиеву прекратить уголовное дело, тем самым незаконно освободив от уголовной ответственности руководителей Военно-морского флота Российской Федерации и Северного флота.

Таким образом, в действиях бывшего первого заместителя Генерального прокурора Российской Федерации, главного военного прокурора Савенкова содержатся признаки преступлений, предусмотренных ст.ст. 294 ч. 3[142], 285 ч. 3[143], 300[144], 303 ч. 2[145], 33 ч. 3[146], 307 ч. 1[147] УК РФ.

Мой комментарий:

Из всех фигурантов, причастных к гибели «Курска» и к прекращению уголовного дела, Савенков вызывает у меня наибольшее отвращение. Приемы, которые он использует, иначе как подлыми назвать нельзя. В отличие от того же Устинова, в отношении лиц, которые не согласились с прекращением уголовного дела, Савенков занимал активную наступательную позицию. Именно он организовывал пресс-конференции и телевизионные передачи, подачу исков ко мне, к «Новой газете», давил на Романа Колесникова, чтобы не допустить подачи жалобы в Европейский суд, а также, я считаю, приложил руку и к отзыву этой жалобы.

Савенков дожимал Кличугина – сам организовал предъявление ему иска только потому, что контр-адмирал отказался признавать свою вину, дал несколько интервью о хищениях на флоте, назвал имена и фамилии. Прецедент с продажей Кличугиным судна «Анадырь» по реальной рыночной цене мог лишить «заработка» военно-морскую мафию – ведь «откаты», которые получали некоторые руководители Центрального управления материальных ресурсов[148], Тихоокеанского флота и Военно-морского флота, составляли миллионы долларов. Есть основания считать, что военно-морскую мафию крышевали некоторые сотрудники Главной военной прокуратуры. Более других – прокурор Тихоокеанского флота Валерий Сучков и бывший главный военный прокурор Александр Савенков.

23. Фигуранты

Конфликт между Минобороны и Главной военной прокуратурой обострился после назначения адмирала Геннадия Сучкова советником министра обороны России. В связи с гибелью подлодки «К-159», затонувшей во время буксировки, в отношении командующего Северным флотом адмирала Сучкова было возбуждено уголовное дело. 18 мая 2004 года он был приговорен к 4 годам лишения свободы условно, а в апреле 2005 года стал советником министра обороны России по вопросам Военно-морского флота[149]. Это назначение и вызвало крайнее неудовольствие Александра Савенкова. Но, несмотря на стенания главного военного прокурора, к чести руководства Министерства обороны, оно учло отличную репутацию Сучкова, его профессионализм, личную честность и порядочность и адмирала не сдало. Да и качество обвинения, мягко выражаясь, восторгов не вызывало.

Атомная подводная лодка первого поколения «К-159» затонула в Баренцевом море в ночь с 29 на 30 августа 2003 года. Погибли 9 из 10 членов экипажа, сопровождавших лодку на утилизацию. Ко мне обратились жены двух моряков, погибших на «К-159», с просьбой представлять их интересы в уголовном деле, где обвиняемым был бывший командующий Северным флотом адмирал Геннадий Сучков. Для согласования позиции ко мне в офис приходил один из заместителей Савенкова.

Изучив дело, я пришел к выводу о недоказанности вины Сучкова. К моменту гибели лодка была выведена из состава флота и 14 лет находилась в отстое. Перед транспортировкой на утилизацию она прошла ремонт, в ходе которого были заварены дыры и утончения легкого корпуса. На момент начала суда над Геннадием Сучковым «К-159» поднята не была, поэтому причины затопления следователи и эксперты могли высказывать только в предположительной форме. Я не исключаю, например, что причиной затопления корабля стали некачественно приваренные стальные листы.

Сразу же возник вопрос: существует ли технический проект транспортировки списанных лодок?

Проект нашелся, он создавался в 40-м ГНИИ аварийно-спасательного дела, водолазных и глубоководных работ МО РФ в г. Ломоносове и в СПБМ «Малахит» (проектировщик «К-159»). На проекте стоят подписи директора института Калинина, руководителя проекта капитана I ранга Шамалова и главного конструктора СПБМ «Малахит» Шмакова. Проект был утвержден сотрудником Минатома, директором Северного предприятия по переработке радиоактивных отходов Валерием Пантелеевым. Именно эти специалисты, институты и структуры лодку посадили на понтоны, а на лодку — людей, сославшись на «Положение...», изданное ГУП «ПО Севмашпредприятие». Надо сказать, что «Севмашпредприятие» — это огромный завод, где строят и утилизируют надводные и подводные корабли. Вот только лицензии на выполнение разработок по транспортировке и буксировке атомных подлодок отстоя у «Севмаша» не было.

Руководство ВМФ одобрило неверное (но самое дешевое) решение по транспортировке лодок отстоя: на Северный флот проект переслало Управление поисковыми и аварийно-спасательными работами ВМФ РФ, Главное техническое управление ВМФ РФ было ознакомлено с проектом и принимало непосредственное участие в подготовке «К-159» к буксировке. Начальник Главного технического управления ВМФ РФ контр-адмирал Николай Карачун подтвердил, что «К-159» была подготовлена к выходу в море «согласно проекту» и никаких претензий к адмиралу Сучкову быть не может.

Но для Савенкова, особенно после «Курска», было важно посадить на скамью подсудимых одного из самых профессиональных подводников России, создав видимость объективности: по делу «Курска» адмиралы невиновны, а по делу «К-159» виновным назначили адмирала Сучкова. Разница была в том, что за Куроедовым, Поповым и другими руководителями флота маячила фигура Путина, а за спиной Сучкова никаких значимых фигур не просматривалось. Как мне рассказывала Светлана Белова – адвокат потерпевших, которую я привлек к этому делу и с которой мы вместе знакомились с материалами, – со стороны прокуратуры было беспрецедентное давление на суд.

Участвовать в этом деле на стороне обвинения, выступая представителем потерпевших, я не мог ни по закону, ни по совести. И я вышел из этого дела.

В прессе промелькнула информация[150] о том, что в октябре 1994 года заместитель главного военного прокурора Смирнов просил главкома Внутренних войск Анатолия Куликова выделить Савенкову вне очереди квартиру из фонда Внутренних войск. Мне неизвестно, проводилась ли проверка этого факта, но уже в Америке я получил от одного из действующих работников Главной военной прокуратуры некий анонимный документ под названием «Справка», где подробно излагается «боевой путь» бывшего главного военного прокурора, а ныне сенатора Савенкова. Привожу эту «Справку» с некоторыми сокращениями.

СПРАВКА
о Савенкове Александре Николаевиче

« [...] Савенков А. Н. окончил в 1978 г. среднюю школу № 3 г. Ливны и планировал поступить на военно-юридический факультет Военного института Минобороны СССР (ВИМО СССР). Однако в том же году в гор. Ливны в отношении Савенкова было возбуждено уголовное дело об изнасиловании, но с помощью влиятельных родственников и воздействия на потерпевшую дело удалось «замять», и оно было прекращено. (В настоящее время этот факт известен ряду журналистов, специализирующихся на расследовании скандальных историй, которые пытаются добыть копию этого уголовного дела, установить потерпевшую и подготовить материал для опубликования в СМИ.) В том же году Савенков вынужден был в целях получения трудового стажа для последующего льготного поступления в институт пойти работать слесарем-инструментальщиком на производственное объединение «Ливгидромаш».

В 1979 году ему не удалась вторая попытка поступления в ВИМО СССР, и он подлежал призыву на военную службу. Для получения отсрочки от призыва в армию влиятельные родственники незаконно устроили его на учебу в техническое училище № 8 гор. Ливны, хотя в это училище принимались на учебу только лица, окончившие восемь классов. В 1980 году Савенков вновь попытался поступить в ВИМО СССР, но не прошел по конкурсу.

Однако родителям удалось добиться зачисления сына на военно-юридический факультет ВИМО СССР в сентябре 1980 года, когда уже курс был сформирован, курсанты прослужили почти два месяца (в августе они прошли курс молодого бойца в летнем учебном лагере, в первое воскресенье сентября приняли военную присягу. Савенков принял военную присягу лишь 28 сентября 1980 года, один в ленинской комнате курса).

Обучаясь на выпускном курсе, в состоянии сильного алкогольного опьянения Савенков совершил попытку изнасилования, которую предотвратили проезжавшие мимо работники милиции (экипаж ПМГ). При задержании Савенков оказал им физическое сопротивление. Расследованием данного факта занималось командование института. Усилиями влиятельных родственников скандал удалось вновь предотвратить, уголовное дело не возбуждалось, но Савенкова освободили от обязанностей командира отделения и привлекли к партийной ответственности.

Кроме того, Савенкову, с учетом происшедшего, снизили оценку на гос-экзамене по научному коммунизму и направили служить на должности следователя военной прокуратуры Иркутского гарнизона (до этого он претендовал на диплом с отличием и право свободного выбора места службы). В выпускной аттестации было отражено, что Савенков «совершил грубое нарушение воинской дисциплины». Все однокурсники Савенкова, большинство из которых в настоящее время служат в органах военной прокуратуры и в системе военных судов, знают об этих событиях.

В аттестации за 1985–1986 г.г. отмечалось, что Савенков «несколько поспешен в решениях и выводах, излишне самоуверен».

С августа 1985 г. по февраль 1994 г. он проходил службу на различных прокурорско-следственных должностях в военных прокуратурах Забайкальского военного округа.

В феврале 1994 года он по семейным обстоятельствам (якобы для ухода за престарелыми родителями) был переведен в г. Москву в Главную военную прокуратуру на должность военного прокурора Управления по надзору за исполнением законов органами военного управления.

Однако этот перевод в Москву в установленном законом порядке оформлен не был. Так, семейно-бытовые условия проживания его родителей через райвоенкомат не проверялись, соответствующий акт не составлялся и необходимые документы для приобщения в личное дело Савенкова не представлялись. В его личное дело родители как находящиеся на иждивении не вписаны, поскольку реально и официально это сделать без фальсификации документов не представлялось возможным, т.к. за эти годы благосостояние его родителей значительно улучшилось (из квартиры в г. Ливны, ул. Садовая, д. 5, кв. 2 они переехали в коттедж в г. Ливны, 3, ул. Садовая, д. 1А), отсутствовали и какие-либо медицинские показания для ухода за ними.

В период службы в ГВП в январе 1995 г. Савенков получил в гор. Москве вне всякой очереди, незаконно и за счет поднадзорных ему Внутренних войск МВД РФ 3-комнатную квартиру в доме 25, корпус 4 на Мичуринском проспекте.

В мае 1997 г. Савенкова назначают первым заместителем военного прокурора Приволжского военного округа и он уезжает в г. Самару, где обеспечивается жильем за счет Минобороны, поэтому свою московскую квартиру должен был возвратить обратно в ГУК ВВ МВД России или квартирным органам Минобороны для распределения ее бесквартирному офицеру, но этого он не сделал, а 24 октября 1997 г. написал заявление о ее приватизации и незаконно получил свидетельство о собственности на указанное жилье.

При проверке деятельности жилищно-бытовой комиссии ГУК ВВ МВД России нарушение закона при выделении жилья Савенкову было выявлено и проверочной комиссией предложено «принять меры по возврату имеющегося долга Главной военной прокуратуры перед ГК ВВ в связи с предоставлением в 1995 г. ее сотруднику Савенкову А. Н. 3-комнатной кварти-

ры». Это предложение так и осталось не исполненным до сегодняшнего дня.

Еще будучи в Самаре, Савенков в марте 1999 г. пишет рапорт с просьбой улучшить его жилищные условия в г. Москве, хотя оснований для этого не имеется. При этом он вновь ссылается на семейные обстоятельства – якобы его престарелым родителям трудно подниматься на 17-й этаж, хотя зарегистрированными в Москве они в указанной квартире не значились и с ним никогда не проживали.

Решением центральной жилищной комиссии Минобороны признано, что «очередником Минобороны на получение жилья как бесквартирный военнослужащий и нуждающийся в улучшении жилищных условий в г. Москве Савенков не является, в соответствии с п. 13 «Положения о порядке учета граждан, нуждающихся в улучшении жилищных условий, и предоставления жилых помещений в г. Москве» генерал-майор юстиции Савенков жильем обеспечен и права на улучшение жилищных условий в г. Москве не имеет».

Несмотря на это, приказом управляющего делами Президента РФ В. Кожина от 30 августа 2000 г. № 396 «С целью улучшения жилищных условий работников федеральных органов власти генерал-майору юстиции Савенкову А. Н. предоставлена жилплощадь – 4-комнатная квартира на Рублевском шоссе площадью 100 кв. м». В этом же приказе указано, что свою приватизированную квартиру на Мичуринском проспекте Савенков должен освободить и передать по договору дарения Минобороны. До выхода статьи «Боязнь высоты. Квартирные махинации главного обличителя армейской коррупции» в газете «МК» 28 мая 2002 года Савенков каких-либо мер к сдаче квартиры на Мичуринском проспекте не принимал, а более того, оставил там зарегистрированным своего старшего сына Дмитрия, 1986 г. рождения, который в настоящее время обучается на военно-юридическом факультете Военного университета Минобороны РФ.

Результат проведенной по этой статье Генпрокуратурой проверки не оглашался, однако это никак не повлияло на назначение его заместителем Генерального прокурора РФ – главным военным прокурором и присвоение ему очередных воинских званий, а в 2003 году ему досрочно присвоено воинское звание генерал-полковник.

Имеется информация о неформальных отношениях Савенкова с фигурантами по уголовным делам об особо тяжких преступлениях и оказании им содействия в уклонении виновных от уголовной ответственности, использовании своего служебного положения в личных, в т. ч. корыстных, целях.

В архиве Главной военной прокуратуры имеется прекращенное уголовное дело № 29/00/0011-96 в отношении должностных лиц Главного управления торговли Минобороны генерала Царькова и др. Известно, что в ходе проведения прокурорской проверки между прокурором Савенковым и одним из руководителей ГУТ МО РФ сложились неформальные отношения. Вследствие этого Савенков прекратил проверку и отказал в возбуждении уголовного дела. В знак благодарности руководство ГУТ МО построило ему гараж. Данное постановление об отказе в возбуждении уголовного дела вышестоящим прокурором было отменено и уголовное дело возбуждено.

Указанные выше факты в ГВП РФ были известны. Однако при покровительстве руководства ГВП того времени Савенкова продвигали по службе и назначили прокурором СибВО.

О карьере Савенкова

Он не просто проходит службу, он делает карьеру, используя все средства и опираясь на все более высокие круги, всем вышестоящим он угождает, нижестоящих он топчет и расставляет кадры по принципу личной преданности.

Ни на одной должности Савенков не прослужил более 2 лет, как правило, чуть более года. Известно, что это тот самый срок, за который сложно увидеть явные недостатки, но достаточный для назначения на последующие должности (при условии необходимой поддержки).

1985–1987 – следователь военной прокуратуры Иркутского гарнизона, 1987–1989 – помощник военной прокуратуры Иркутского гарнизона, 1989–1991 – военный прокурор отдела военной прокуратуры ЗабВО, 1991–1993 – военный прокурор гарнизона Дровяная, 1993–1994 – военный прокурор Домнинского гарнизона, 1994–1997 – военный прокурор, старший военный прокурор Первого управления Главной военной прокуратуры, 1997 – апрель 1999 –

первый заместитель военного прокурора Приволжского военного округа, апрель 1999 – июль 2000 – военный прокурор Сибирского военного округа, затем до февраля 2002 – военный прокурор Московского военного округа, затем – первый заместитель главного военного прокурора до июля 2002, когда назначен заместителем Генерального прокурора Российской Федерации – главным военным прокурором.

Под стать карьере и рост в званиях: июнь 2000 – генерал-майор юстиции, затем, вопреки закону и несмотря на меньший, чем предусмотрено, срок пребывания в должности, в июне 2002-го – генерал-лейтенант юстиции, а в июне 2003-го – генерал-полковник юстиции досрочно (через один год вместо двух в звании).

Причина такого продвижения – всемерная поддержка Е. С. Строева и других высокопоставленных лиц.

Несмотря на то, что главный военный прокурор Кислицын М. К. выдвигал на должность военного прокурора МВО и первого заместителя главного военного прокурора генерала Морина А. Е., Устинов назначил Савенкова. Невзирая на то, что о некоторых вышеизложенных фактах в отношении Савенкова было известно в Совете Федерации, он все равно был назначен вместо Кислицына.

Не успев занять должность прокурора МВО, он всем стал заявлять, что скоро станет Главным военным прокурором РФ. В настоящее время Савенков повсюду заявляет, что будет Генеральным прокурором Российской Федерации. [...]

С первых дней своей службы в должности главного военного прокурора Савенков провел кадровую чистку и избавился от порядочных генералов и офицеров ГВП, которые реально могли бы помешать ему чинить самоуправство и безобразия.

Вслед за ними из Главной военной прокуратуры в течение первого года пребывания Савенкова на должности уволились более 90 офицеров – треть наиболее опытных работников, замены которым нет. Все оставшиеся приняли его «веру». Аналогично он «ломает» кадры и на местах. Расставляет всех только по принципу личной преданности, а квалификация, опыт, стаж работы в органах больше значения не имеют. [...]

Одно из самых первых «проданных» дел – дело Сагуры. Друг Савенкова еще по службе в Первом управлении ГВП, помощник главного военного прокурора полковник юстиции Сагура А. Л. за период службы допустил ряд злоупотреблений. Так, он обеспечил передачу в собственность посторонним лицам авиационных двигателей и самолета ТУ-134А, признанных вещественными доказательствами по уголовным делам №№ 29/00/0017-96 и 29/00/0018-98, в результате чего государству был причинен ущерб на сумму 82 467 999 993 неденоминированных рубля.

По уголовному делу в отношении бывшего начальника ГУВБИФ Минобороны генерала Олейника Сагура необоснованно, по заказу, предъявил обвинение бывшему министру финансов Вавилову. В дальнейшем в Следственном управлении

Генеральной прокуратуры уголовное дело в отношении Вавилова было прекращено.

По уголовному делу № 29/00/0017-96 Сагура незаконно освободил из-под стражи обвиняемого Гайнулина, что позволило последнему скрыть следы преступной деятельности и укрыть от изъятия денежные средства, добытые преступным путем, в особо крупных размерах. В отношении Сагуры было возбуждено уголовное дело, в котором, помимо названных выше, фигурировало еще свыше десяти эпизодов злоупотреблений.

Несмотря на очевидные факты злоупотреблений, Савенков (уже будучи главным военным прокурором) дал указание о прекращении уголовного дела в отношении своего друга Сагуры (конец 2002 года), и дело было прекращено по реабилитирующим основаниям, а сам Сагура уволен с военной службы не по дискредитирующим основаниям. По имеющимся сведениям, Сагура отблагодарил Савенкова.

Уголовное дело, выделенное из уголовного дела №29/00/0003-98, об особо крупных хищениях авиационно-технического имущества и контрабанде его за рубеж в отношении Макарова Ю. Л. и других, несмотря на судебную перспективу дела, также было незаконно прекращено по указанию Савенкова и, по имеющимся сведениям, небескорыстно.

В течение 2002–2003 г.г. Савенков А. Н., используя свое служебное положение, систематически оказывал предпринимателю Онищенко А. А., с которым состоит в дружеских отношениях, помощь в реализации через органы РФФИ изъятой правоохранительными органами морепродукции и перепродаже ее за рубеж. Онищенко А. А. представляется финансовым директором ООО «Востокпулбизнес», хотя в штате этого общества не состоит и там не работает.

В сентябре 2003 года Савенков А. Н. привлек к дисциплинарной ответственности первого заместителя военного прокурора ФПС РФ полковника юстиции Шавкеро Александра Павловича по надуманному предлогу, а фактически за то, что Шавкеро, которому он лично ставил задачу, не обеспечил реализацию фирме Онищенко А. А. через РФФИ изъятых с судна «Вассан» 49 тонн крабовой продукции.

В том же месяце Савенков А. Н. дал указание полковнику юстиции Шавкеро А. П. убыть в гор. Южно-Сахалинск, где обеспечить реализацию изъятых пограничниками на судне «Микан» 210 тонн крабовой продукции через фирму Онищенко А. А. Исполняя это указание, Шавкеро А. П. необоснованно возбудил уголовное дело, организовал перегруз продукции в холодильники, хотя оснований для этого не имелось, обеспечил передачу продукции в РФФИ для последующей реализации через Онищенко А. А.

Находясь в гор. Южно-Сахалинске, Онищенко А. А. вошел в контакт с местными жителями из криминальной среды, которые за обещанное вознаграждение предоставили в его распоряжение автомобили и оказывали ему всяческое содействие в г. Южно-Сахалинске. На предоставленных автомашинах Онищенко А. А. вместе с Шавкеро А. П. и новыми знакомыми ездили на встречи, неоднократно посещали рестораны, обсуждая вопросы реализации крабовой продукции и извлечения прибыли. Онищенко А. А. заявлял присутствующим о том, что действует под покровительством Савенкова А. Н. и работает на него, демонстрировал удостоверение работника прокуратуры, неоднократно обсуждал с Савенковым А. Н. по мобильному телефону детали сделки, угрожал связями Савенкова А. Н. в случае, если не будут приняты его условия. Обещал Шавкеро А. П. за оказанную помощь в декабре 2003 года присвоить звание генерал-майора. Но если что-то не получалось, то Онищенко позволял себе повышать голос на Шавкеро в присутствии посторонних, угрожал ему увольнением от имени Савенкова.

Получив в результате неправомерного приобретения у РФФИ крабовой продукции по цене картофеля ($3 за 1 кг краба, — имеется статья в сахалинской областной газете) и последующей ее реализации за рубеж, Онищенко получил огромную сумму денег в долларах США.

В целях легализации полученных доходов Савенков издал книгу об истории органов военной прокуратуры, которую сейчас дарит всем в целях своей популяризации. При этом деньги на ее издание были собраны с офицеров военной прокуратуры, все материалы он «позаимствовал» у других авторов без их согласия (Сутормин, Ушаков и другие). Автором книги он назвал себя».

Факты, которые приводятся в «Справке», я не проверял и, естественно, не могу отвечать за их достоверность, однако по стилистике поведения Савенкова в ходе расследования дела о катастрофе «Курска» и по другим делам они дают основания в них верить.

Как только пресса сообщила, что я буду представлять интересы родственников членов погибшего экипажа, со мной связался начальник Следственного управления ГВП генерал майор Виктор Шеин, знакомый по прежним делам. И в его присутствии у меня состоялась первая встреча с главным военным прокурором. Высокий, несколько полноватый генерал-лейтенант Савенков рассыпался комплиментами, высоко оценивая мои профессиональные качества, предложил регулярно встречаться и обсуждать все проблемы, касающиеся дела «Курска», прямо с ним, минуя следователя и надзирающих прокуроров. Мне такое предложение заместителя генерального прокурора показалось неожиданным и настораживающим.

Поначалу все шло лучше некуда. Родственников признали потерпевшими, и они получили право знакомиться с материалами уголовного дела. Правда, воспользовались этим правом единицы. В основном потерпевших интересовали обстоятельства гибели их детей или мужей. Вскоре Александр Николаевич объявил мне, что дело полностью рассекречено, читать можно даже те тома, на которых раньше стоял гриф «секретно». Впрочем, какие там тайны? Самой большой из них, наверное, является та, что ситуация на флоте напоминает пожар в публичном доме во время наводнения.

На одной из таких еженедельных встреч Савенков предложил мне посетить Главкома ВМФ Владимира Куроедова. В комнате отдыха мы выпили по рюмке коньяка, я с удовольствием осмотрел мини-музей легендарного Главкома ВМФ СССР Николая Герасимовича Кузнецова. Эти встречи продолжались и на моей территории – на борту дома-фрегата «Надежда». Не вызывало сомнения, что меня обхаживают. Я не сопротивлялся, когда речь шла о застольях, но при опасности попасть в зависимость я мягко уходил.

Однажды Савенков и Куроедов завели разговор о том, что было бы неплохо моему адвокатскому бюро взять на обслуживание Военно-морской флот России с его огромной недвижимостью, с правовыми проблемами базирования флота за рубежом, заходила речь и о возможности коммерческого использования вспомогательного флота. Я сказал, что у меня нет принципиальных возражений, но это невозможно, пока я занимаюсь делом «Курска».

Иногда я, как бы случайно, «проговаривался» по делу «Курска» и внимательно следил за психологической реакцией главкома и главного военного прокурора. Иногда мне удавалось понять, что я вытащил пустышку – тема, которая меня заинтересовала, не стоит внимания, но чаще видел, что попадаю в цвет.

Я не мог не воспользоваться знакомством, чтобы попытаться решить некоторые из моих дел прошлых лет. Примерно в октябре 2002 года я передал Савенкову две жалобы.

Одна касалась приговора по делу осужденного на 12 лет солдата срочной службы Данилы Агафонова, который за неделю до демобилизации расстрелял в Чечне двух контрактников, издевавшихся над ним, обворовавших и избивших его до сотрясения мозга. Вторая – в защиту бывшего начальника Главного штаба Военно-морского флота России адмирала Игоря Хмельнова, который в бытность командующим Тихоокеанским флотом, как сочли следствие и суды, незаконно распределял квартиры, превысив должностные полномочия.

Если по делу Агафонова в качестве главного довода приводилось заключение специалистов Государственного научного центра социальной и судебной психиатрии им. Сербского о том, что у солдата-срочника имел место физиологический аффект, а следовательно, ему не могли назначить меру наказания свыше 5 лет, то по Хмельнову я представил документы о том, что квартиры, которые он якобы незаконно распределял, являются муниципальными и никогда не принадлежали Министерству обороны. Следовательно, Хмельнов не мог злоупотребить полномочиями, поскольку не обладал ими.

Вскоре Александр Савенков дал понять, что судьба моих прошений зависит от того, будет ли подана жалоба по делу «Курска». Для ответа у прокуратуры был месяц, но я не получил ответов на свои жалобы ни в ноябре, ни в декабре. Однако как только я передал

Савенкову 30 декабря 2002 года жалобу по делу «Курска», от подачи которой он меня исподволь отговаривал на каждой нашей встрече, отказы на мои жалобы посыпались, как из рога изобилия: по сержанту Агафонову – 31 декабря 2002 года, а по адмиралу Хмельнову – 4 января 2003 года.

После подачи ходатайства по делу о гибели подводной лодки «Курск» 30 декабря 2002 года (см. приложение № 22) ни с Александром Савенковым, ни с Владимиром Куроедовым встреч больше не было.

Простите меня, Данила, простите, Игорь Николаевич, за то, что вы стали заложниками моей позиции по делу «Курска».

Любопытное совпадение: ровно пять лет спустя, 29 декабря 2007 года, я подал ходатайство правительству США о предоставлении политического убежища. Были ли у меня колебания по поводу того, подавать или не подавать жалобу? Был ли соблазн согласиться с предложениями Куроедова и Савенкова и отказаться от попыток докопаться до истины?

И колебания были, и соблазн был, но каждый раз я видел лица ребят в 9-м отсеке, мысленно рисовал картины их последних дней и часов... Ну, не мог я через это переступить. Осознавал ли я тогда в полной мере, что моя позиция может сказаться на моей собственной судьбе? В общих чертах осознавал, но не представлял, что окажусь на берегу Гудзона по обвинению, да еще такому бредовому.

Впрочем, я не жалею и не жалуюсь: если бы судьба дала мне шанс начать все сначала, я поступил бы так же.

Виктор Викторович Колкутин

Карьера:

Родился 20 марта 1959 года в городе Ростове Ярославской области, в 1976 году окончил среднюю школу № 2 г. Рыбинска и в августе того же года поступил в Военно-медицинскую академию имени С. М. Кирова (Ленинград), которую окончил в 1982 году. С 1982-го служил врачом-радиологом на Тихоокеанском флоте. В 1985 году участвовал в ликвидации аварии ядерного реактора в поселке Чажма (имеет удостоверение «Ветерана подразделений особого риска»). В 1987 году поступил и в 1990 году окончил адъюнктуру при кафедре судебной медицины Военно-медицинской академии, после чего был назначен на должность преподавателя указанной кафедры, с 1995 года – старшим преподавателем. В 1990 году защитил кандидатскую диссертацию на тему «Судебно-медицинская характеристика огнестрельных повреждений, причиненных с неблизкой дистанции 5,6-мм безоболочечными свинцовыми пулями, имеющими различную скорость», в 1996 году – докторскую диссертацию на тему «Моделирование огнестрельных повреждений с использованием биологических и небиологических материалов». В 1996 году присвоено ученое звание «доцент». В 1997–2009 годах – начальник Центральной судебно-медицинской лаборатории МО РФ (впоследствии 111-й Главный государственный центр судебно-медицинских и криминалистических экспертиз МО РФ), главный судебно-медицинский эксперт МО РФ. Под его руководством была подготовлена и реализована «Программа развития судебно-медицинской экспертизы Министерства обороны Российской Федерации на 2001–2005 гг.» В 2000–2002 годах был заместителем председателя экспертно-консультативного совета комиссии при президенте РФ по военнопленным, интернированным и пропавшим без вести, в тот же период участвовал в организации экспертного сопровождения работы оперативно-следственной группы Генпрокуратуры РФ по расследованию причин гибели экипажа АПРК «Курск». В 2002 году руководил реформированием экспертного сопровождения органов военной прокуратуры Чеченской республики. Принимал участие в экспертизах по многим громким делам (реконструкция обстоятельств расстрела императора Николая II, его семьи и окружения в доме инженера Ипатьева, убийство

Д. Холодова, Л. Рохлина, С. М. Кирова, гибель С. Милошевича, фальсификация пленения Я. Джугашвили и др.). В 2003 году присвоено ученое звание «профессор».

Июль 2009 – декабрь 2010 – директор федерального государственного учреждения «Российский центр судебно-медицинской экспертизы Министерства здравоохранения и социального развития России», главный внештатный специалист по судебно-медицинской экспертизе Министерства здравоохранения и социального развития Российской Федерации.

В этот период при личном участии и руководстве Колкутина было организовано экспертное сопровождение предварительного следствия в случаях:

- техногенных катастроф на Саяно-Шушенской ГЭС (2009) и шахте Распадская (2010);
- террористического акта в отношении поезда и пассажиров «Невского экспресса» (2009);
- трагедии в пермском ночном клубе «Хромая лошадь» (2009);
- террористических актов в Кизляре (2010);
- террористических актов в московском метро (2010);
- авиакатастрофы польского самолета под Смоленском (2010);
- экспертизы по реконструкции события расстрела семьи Романовых в доме Ипатьева в 1918 году.

Является членом общественного совета по защите прав пациентов Росздравнадзора РФ, заместителем председателя Всероссийского общества судебных медиков, был главным редактором журнала «Судебно-медицинская экспертиза» и редакционного совета «Военно-медицинского журнала», членом экспертного совета ВАК Минобрнауки России.

Действительный член Медико-технической академии РФ, Международной академии «Информация, связь, управление в технике, природе, обществе», член-корреспондент Академии военных наук Российской Федерации. Направления научной деятельности: актуальные проблемы теории и практики судебной медицины и криминалистики. Обладатель 10 авторских свидетельств на изобретения. Под его руководством защищено 7 докторских и 18 кандидатских диссертаций. Судебно-медицинский эксперт высшей квалификационной категории, полковник медицинской службы, Заслуженный врач РФ (2007).

Награжден орденом Почета (2003), медалями «За воинскую доблесть», «300-летие Российского флота», «За отличие в военной службе» (всего 15 ведомственных медалей).

Обвинение:
Виктор Викторович Колкутин был привлечен в качестве эксперта по уголовному делу о гибели АПРК «Курск» и 118 членов экипажа. Им проведены судебно-медицинские экспертизы, включая исследование тел 23 подводников, извлеченных из 9-го отсека. Время наступления их смерти Колкутин и другие

эксперты при первоначальной экспертизе установить не смогли. На заключительном этапе предварительного следствия Колкутину было предложено провести повторную комиссионную экспертизу, в которой перед Колкутиным и другими экспертами повторно ставился вопрос о времени смерти моряков. Для создания видимости объективности Колкутин привлек в состав комиссии специалистов в других областях, не имеющих отношения к науке судебной медицины.

Экспертиза № 77/02 от 17 июня 2002 года под руководством Колкутина была проведена с грубыми нарушениями норм УПК РФ и статьи 23 Федерального закона Российской Федерации «О государственной судебно-экспертной деятельности в Российской Федерации» от 31 мая 2001 года: *«При производстве комиссионной судебной экспертизы экспертами разных специальностей (комплексная экспертиза) каждый из них проводит исследования в пределах своих специальных знаний».*

В заключении участвующих в производстве комплексной экспертизы экспертов не указывается, какие исследования и в каком объеме провел каждый из них, какие факты он установил и к каким выводам пришел. Каждый эксперт, участвующий в производстве комплексной экспертизы, подписывает ту часть заключения, которая содержит описание проведенных им исследований, и несет за нее ответственность. Общий вывод делают эксперты, компетентные в оценке полученных результатов и формулировании данного вывода.

Если основанием общего вывода являются факты, установленные одним или несколькими экспертами, это должно быть указано в заключении. В случае возникновения разногласий между экспертами результаты исследований оформляются в соответствии с частью 2 статьи 22 вышеуказанного Федерального закона. Общие выводы подписываются всеми экспертами.

Таким образом, выводы о времени наступления смерти подводников (как и по другим медицинским вопросам) были сделаны лицами, не имеющими отношения к медицинской науке, например, начальником службы ядерной безопасности Главного технического управления ВМФ и старшим офицером службы радиохимической безопасности ВМФ. В нарушение статьи 25 Федерального закона Российской Федерации «О государственной судебно-экспертной деятельности в Российской Федерации» от 31 мая 2001 года в заключении экспертизы не описаны содержание и результаты исследований с указанием примененных методов, не обоснованы и не сформулированы выводы по поставленным вопросам.

Колкутин, фальсифицируя заключение указанной экспертизы, применил методы определения времени нахождения людей в стрессовом состоянии на основании антинаучных методов. В частности применил методику, разработанную для определения стрессового состояния живых людей, на трупном материале. Зная, что гликоген в трупах не обнаруживается уже через 12 часов после наступления смерти, Колкутин ссылался на его отсутствие в телах погибших подводников, которые были извлечены из 9-го отсека спустя месяцы и годы.

Не проводя новых исследований и используя данные первоначальной судебно-медицинской экспертизы об отсутствии при биохимическом анализе гликогена в мышцах и печени только у одного из членов экипажа (Д. Р. Колесников), Колкутин распространил это исследование на остальных 22 моряков, тела которых были извлечены из 9-го отсека. Исходя из этих так называемых исследований, Колкутин В. В. сделал вывод о том, что подводники в 9-м отсеке оставались живыми не более 8 часов. Данный вывод Колкутина включен в акт правительственной комиссии и в постановление о прекращении уголовного дела.

Таким образом, Колкутин В. В. подготовил и подписал заведомо ложное экспертное заключение, а в его действиях содержатся признаки преступления, предусмотренного ст. 307 ч. 1[151] УК РФ.

Мой комментарий:

С Виктором Колкутиным я никогда не встречался, в суды он не являлся, его интересы представляли адвокаты. О морали, нравственности, чести, совести в сочетании с Виктором Колкутиным говорить бессмысленно.

Колкутин, как и другие участники расследования дела о гибели АПРК «Курск», был отмечен орденами и повышениями. В 2003 году он стал профессором, в том же году был награжден орденом Почета, а в 2009 году возглавил Российский центр судебно-медицинской экспертизы Министерства здравоохранения и социального развития России, фактически став главным судебно-медицинским экспертом России. Его дальнейшая карьера покатилась вниз в полном соответствии с его представлениями о добре и зле, правде и справедливости.

Я об этой истории знаю только из публикаций, а поэтому привожу некоторые из них.

Ольга Богуславская. Злоключения судебно-медицинской экспертизы. Важнейший инструмент правосудия в России превращается в бизнес? («Московский комсомолец» № 25 407. 22.07.2010)

«В «МК» неоднократно публиковались статьи, в которых фигурировал Виктор Викторович Колкутин. Много раз его имя упоминалось в самых громких судебных процессах. Точнее, в скандалах, связанных с экспертизами по делу Холодова и затонувшего «Курска». Между тем он продолжал уверенно подниматься по служебной лестнице. Сейчас Виктор Колкутин руководит Российским центром судмедэкспертизы Росздрава. И там широта его натуры проявилась в полной мере.

Было время, когда люди ходили в шкурах. Потом появились туники, камзолы, фраки, тюрнюры и, наконец, джинсы. Менялось все: одежда, еда, транспорт – лишь человек, переодеваясь и пересаживаясь с лошади на самолет, по сути дела, не изменился. Люди по-прежнему дружат и ссорятся, любят и ненавидят, по-

прежнему обманывают и совершают преступления. И по-прежнему хотят знать правду.

В незапамятные времена для разрешения споров шли к жрецам, которые взывали к высшим силам. Сегодня идут в суд, а судьи обращаются за помощью к экспертам. Они являются знатоками в тех областях, куда непосвященному доступ закрыт. Заключение эксперта – важнейшее доказательство, на котором, как на фундаменте, покоится судебный вердикт.

Но суд осуществляет свою деятельность публично, а эксперты – за плотно замкнутой дверью. И проверить обоснованность их выводов обыкновенный человек, в том числе и судья, не в силах. Остается полагаться на их честность и компетентность. Поэтому репутация – важнейший инструмент эксперта, без которого все остальное просто не имеет смысла. Невозможно сделать операцию нестерильным инструментом. Нет, можно – если целью операции является смерть больного…

* * *

Главным судебно-медицинским экспертным учреждением нашей страны является Российский центр судмедэкспертизы Росздрава (РЦСМЭ), расположенный на улице Поликарпова. С 30 апреля 2009 года возглавляет его Виктор Викторович Колкутин.

С того дня, как Колкутин возглавил РЦСМЭ, прошел год. И выяснилось, что сотрудники Центра обратились к Генеральному прокурору России с жалобой на действия руководства. В связи с этим на основании письма из Управления президента РФ по работе с обращениями граждан в апреле 2010 года была назначена внеплановая проверка. В состав комиссии Минздрава вошли девять специалистов во главе с заместителем директора департамента Минздрава Еленой Викторовной Бугровой. Проверка проводилась с 12 по 23 апреля 2010 года. И выяснилось много интересного.

* * *

Что вы знаете о королевских династиях? Медичи, Бурбоны, Валуа, Тюдоры, Романовы… Так вот, отныне этого славного списка достойна и династия Колкутиных. А все потому, что, заняв престол в РЦСМЭ, Виктор Викторович обеспечил должностями всех родных и близких.

В июле 2009 года родная сестра Колкутина, Евгения Викторовна Тихонова, была принята на должность ведущего юрисконсульта, то есть стала главным правоведом Центра. И все бы ничего, если бы Евгения Викторовна была светилом юриспруденции. Но этого о ней никак не скажешь. Комиссия никаких документов о ее высшем юридическом образовании не обнаружила. Правда, вскоре Тихонова представила копию диплома, из которой следует, что за несколько дней до появления в Центре она окончила белгородский институт. Кроме того, Евгения Викторовна – индивидуальный предприниматель, у нее свой бизнес. Так что, судя по всему, работа в Центре для нее не главное.

Конечно, не главное. Тихонова оказывает юридическую помощь населению, которое потом разыскивает ее с собаками. Так, представившись юристом Центра, она 5 октября 2009 года получила от некоей Ольги Конышевой 15 тысяч рублей за ведение дела в суде. Вскоре сказала, что подала иски, прошло уже три заседания. И пропала. А потом Конышева поехала в суд и узнала, что никаких исков Тихонова не подавала. В марте 2010 года Ольга обратилась в Центр с просьбой помочь вернуть деньги и доверенность...

Только братской любовью и можно объяснить выбор такого «специалиста» на подобную должность в главном экспертном учреждении Минздрава.

Колкутин не оставил без попечения и свою дочь, Ирину Панкратову. Виктор Викторович принял ее по совместительству на ответственную должность специалиста по работе с жалобами. Там, безусловно, должен работать человек, которому можно доверять. Как следует из письма сотрудников Центра в Генеральную прокуратуру, на работе ее почему-то никто не видел. Но зарплату она получает с завидной регулярностью. Причем ударный труд Панкратовой папа оценил по заслугам: ей установили коэффициент за интенсивность — 12 900 рублей ежемесячно. Вот с интенсивностью как раз все в порядке.

Комиссия так и не смогла выяснить истинный график ее работы и время присутствия Панкратовой на рабочем месте. Дело в том, что, согласно официальному графику, она работает ежедневно по 4 часа. Но в беседе с комиссией Ирина сообщила, что работает три раза в неделю: понедельник, среда, пятница. Однако в день проверки, в пятницу, ее на работе не оказалось. Колкутин объяснил, что дочь работает по вторникам и четвергам. Ну, правильно, в экспертном учреждении у каждого свое мнение.

Но выяснилось, что и у бухгалтерии есть особое мнение: по данным расчетных листков, Панкратова работала ежедневно. Комиссия установила, что с 1 января по 23 апреля 2010 года специалист по жалобам Панкратова подготовила целых 15 ответов, и, что особенно приятно, — стахановский труд пришелся исключительно на период работы комиссии. Ну как не установить надбавку за интенсивность!

Злые языки утверждают, что за принцессу Ирину трудится ее тетя Тихонова. Самой-то некогда. Она же работает в адвокатском бюро и, говорят, снабжает Центр клиентами в обход кассы.

* * *

Новый директор основательно дезинфицировал Центр от сотрудников, чьи должности требовались для трудоустройства родных и близких. Вскоре после прихода Колкутина начались массовые увольнения. Разумеется, «по собственному желанию». Всего за полгода состав РЦСМЭ сменился почти на 60%. Уволил Колкутин и главную медсестру. Ее место приглянулось племяннику Виктора Викторовича, 19-летнему студенту Ветеринарной академии Илье Шарову.

В лучших традициях старых дворов Европы Колкутин обласкал своих надежных соратников и их родственников. Своим заместителем он сделал Елену Петровну Анисимову. Эта женщина не зря была поставлена руководить финансово-экономической деятельностью Центра. В 2004 году она была осуждена Архангельским судом за организацию системы незаконного получения кредитов. Ей удалось прибрать к рукам 15 миллионов рублей. Анисимовой грозило от 2 до 5 лет лишения свободы, однако она отделалась штрафом. Так что в финансах Анисимова разбирается даже больше, чем требуется. Первым делом она сменила Сбербанк, обслуживавший РЦСМЭ, на малоизвестное учреждение. С тех пор в Центре стали жаловаться на постоянные задержки зарплаты. Беспроцентный кредит?..

Из письма, написанного в Генеральную прокуратуру, следует, что при устройстве в Центр она представила диплом и трудовую книжку, заполненные одним почерком. При проверке ее трудовой книжки в отделе кадров не оказалось. Анисимова сказала, что забрала ее для оформления льготной пенсии в связи с работой на Крайнем Севере. Финансовую пирамиду строить труднее, чем египетскую.

Говорят, что этот ответственный работник в ноябре 2009 года принял от участников конференции судмедэкспертов в Москве 1 миллион 605 тысяч рублей и внес их в кассу Центра по ордеру № 364. А во время проверки выяснилось, что в кассовой книге ордер с таким номером отсутствует, после № 363 сразу идет № 365.

Гражданский муж Анисимовой Виктор Огнев тоже не остался без работы. Уже через месяц после появления в Центре он был назначен заместителем Колкутина по общим вопросам. Как следует из письма сотрудников РЦСМЭ, он открыто занимается хищением имущества Центра, которое вывозит и продает в Тульской области.

* * *

Приветил Колкутин и сына Анисимовой Евгения Анисимова. Восходящую звезду отечественной криминалистики приняли на работу в декабре 2009 года на должность эксперта отдела судмедэкспертиз. Что немного удивляет, потому что специальность Евгения – сервис транспортных и технологических машин. К судебной медицине он отношения не имеет. Однако с первых дней работы Анисимов получает надбавку 9422 рубля за интенсивность. Прошу прощения за то, что снова приходится возвращаться к этому трудовому понятию, но я знаю, вы меня поймете.

Парень страшно рвется к знаниям. На это никаких денег не жалко. Так же считает и Колкутин, поскольку еще за неделю до приема Анисимова на работу Центр заключил договор о его обучении за счет собственного бюджета. Стоило это удовольствие всего 109 тысяч рублей. Из письма директора Палаты судебных экспертов Н. М. Гречухи следует, что трудолюбивый молодой человек с 25 по 29 января 2010 года прошел обучение по 5 программам повышения квалификации в объеме 104 учебных часа каждая. Простой подсчет приводит в замешательство. Выходит, что на протяжении пяти дней Анисимов занимался по 104 часа в сутки. Неужели этому вундеркинду удалось раздвинуть время?

Анисимов дозанимался до того, что, когда комиссия поинтересовалась, где именно происходило обучение, посрамившее хваленый Оксфорд, вспомнить адрес он так и не смог. Видимо, все дело в интенсивности. Но, боюсь, вы не поняли самого главного. Как следует из табеля учета рабочего времени, в те самые дни, когда Анисимов неистово овладевал тайнами криминалистики, он одновременно присутствовал на работе полный рабочий день. За что, конечно, получил зарплату с надбавкой.

Непонятно одно: какое отношение к судебной медицине имеет исследование технического состояния транспортных средств и стоимость их восстановительного ремонта, искусству которого Евгений обучался за счет Минздрава? Я вам больше скажу: во время проверки в Центре Анисимов находился в командировке в Томске, где обучался натурному моделированию столкновения автотранспорта и, по документам РЦСМЭ, одновременно числился на стажировке в отделе автотехнических экспертиз ЭКЦ МВД Москвы. Воланд сдох бы от зависти...

Нет, ну я прямо диву даюсь. Чему этого самородка только ни учили, а до судебной медицины дело так и не дошло.

* * *

Как известно, здание Центра на улице Поликарпова после грандиозной реконструкции, завершенной в 2008 году, отвечало самым взыскательным требованиям. Когда Колкутин стал директором крупнейшего экспертного центра в Европе, все там было с иголочки. Только работай. Но в том-то и дело, что иногда подобные обстоятельства вызывают изжогу: это что же, и ремонт не нужен?

Так не бывает. Ремонт нужен всегда. Поэтому Виктор Викторович решил довести вверенный ему храм науки до совершенства. Для чего в период с 10 по 14 декабря 2009 года заключил 9 договоров с неким ООО «Интерпак» на проведение работ в здании Центра. Вот перечень работ: обеспыливание и промывка поверхностей окрашенных окон и дверей; очистка и промывка отопительных приборов; смена оконных ручек и дверных замков; смена сантехнических и санитарных приборов; ремонт бетонных ступеней и облицовки из керамических глазурованных плиток; очистка помещений от строительного мусора.

Я уже не говорю о том, что декабрь – это лучшее время для очистки отопительных приборов. Но дело в том, что в Центре нет крашеных окон и дверей – видимо, обеспылили и промыли нечто другое. Чудно: в документах забыли указать, в каких именно помещениях проводились работы. И сколько комиссия ни старалась, обнаружить следы ремонта ей так и не удалось. Ну как найти то, чего нет и никогда не было?

А вот Колкутин все видел. Ему все понравилось. Поэтому он подписал акты выполненных работ, а 25 декабря перечислил без малого 900 тысяч рублей. Однако через три дня он посмотрел на ремонт другими глазами. И увидел, что в проделанной работе есть дефекты. Как рачительный хозяин, он незамедлительно выставил подрядчику претензию. И произошло чудо: исполнитель работ на следующий день вернул все деньги до копейки. Ничем, кроме вмешательства Деда Мороза, я объяснить это не берусь. Но в предновогодней суете это чудо не нашло своего отражения в бухгалтерских документах.

По-видимому, Виктор Викторович решил вложить в ремонт всю душу. Поэтому в то же самое время, то есть в начале декабря, он заключил еще десяток договоров на ремонт. Компании «Экостройподряд» было поручено провести демонтаж радиаторов, техническое обслуживание трубопровода, разборку плинтусов, ремонт потолков и т.д.

Колкутину работа пришлась по душе, поэтому 25 декабря и этой фирме он перечислил почти 900 тысяч рублей. Но вот что странно: как следует из акта комиссии, видимые следы проведенного ремонта снова отсутствуют. Надо полагать, есть невидимые следы. Уж в них-то эксперт Колкутин толк знает – профессия обязывает.

Незадолго до перечисленных выше событий Виктор Викторович решил внести свою лепту в богоугодное дело помощи инвалидам. 5 ноября 2009 года Колкутин заключил договор на возведение «входной группы для инвалидов и маломобильных групп населения», а проще говоря, на крыльцо с пандусом. Через две недели он принял работу. Но и ее постигла прежняя участь. В день начала работы, 12 апреля 2010 года, комиссия никакой входной группы не обнаружила, что и отметила в акте, приложив к нему фотографии. Правда, и здесь имело место чудо: к концу проверки «группа» была воздвигнута.

Но вот если без группы для маломобильного населения, без разборки плинтусов, без обеспыливания и промывки жить как-то можно, то без света нельзя никак. Для эксперта свет, считай, главный инструмент. И, как выяснилось, самый дорогой. Поэтому-то Виктор Викторович и решил основные усилия сосредоточить на этой во всех отношениях возвышенной материи. В начале декабря Колкутин заключил 10 государственных контрактов с фирмой ООО «Компания Монолит» на общую сумму почти 5 миллионов рублей. Какую же работу предстояло проделать за эти колоссальные деньги? Как следует из документов, это:

создание проектной документации на внешнее электроснабжение; согласование этой проектной документации; разработка пакета исходной документации для реконструкции внутреннего электроснабжения; изготовление комплекта проектной документации по внутреннему электроснабжению подвального этажа; согласование проектной документации на внутреннее электроснабжение; окончательная увязка и согласование проектной документации и ее оформление для дальнейшего согласования; подготовка, изготовление и сдача исполнительной документации; составление проекта размещения электрооборудования; подготовительные работы для заказа геоподосновы; заказ, получение и оформление документов для геоподосновы.

Стоимость каждого вида работ составила 500 тысяч рублей. Это освобождало от обязанности проводить конкурс на выбор подрядчика.

Как нетрудно заметить, ни копать, ни ломать, ни строить, ни перестраивать, ни переносить с места на место не требовалось. Речь шла о работе исключительно духовной, требующей невероятных умственных потуг. Согласовать, утрясти, подготовить согласование, приготовиться к утряске, согласовать для дальнейшего согласования — такие интеллектуальные прорывы, наверное, стоят дороже. Я думаю, Колкутину в связи с его исключительной репутацией и занимаемой должностью сделали скидку. Сблаговестить такие деньжищи, стоя с кистенем на Калиновом мосту, всякий сможет. А вот обеспылить госбюджет благодаря мозговой атаке не каждому под силу.

Я забыла сказать: срок исполнения каждого вида работ 1–2 дня. Силиконовая долина!

В конце декабря Колкутин принял работы и перевел деньги за этот мозговой штурм. Но комиссия, увы, опять долго терла глаза. Результаты снова оказались невидимыми. Хотя нет: выяснилось, что в августе, октябре и начале декабря Виктор Викторович уже заключил с этой же фирмой 8 договоров на аналогичные работы на общую сумму без малого 800 тысяч рублей. Не только заключил, но и оплатил.

Судя по прожорливости фирмы и метафизическому характеру работ, так и лезет в голову, что контора подставная.

Все в том же декабре Колкутин заключил государственный контракт с фирмой «Стройтехсервис» на прокладку кабеля электроснабжения. Стоимость работ – 495 тысяч рублей. Как следует из документов, спустя три дня работа была выполнена. Но вот что интересно: в 2007 году, при прежнем руководстве Центра, фирма, которая проводила капитальный ремонт здания, кабель-то проложила. Поэтому хотелось бы понять, что именно было сделано за эти деньги с такой космической скоростью. Тем более что дело было поручено той же фирме, что возводила «входную группу для маломобильных групп населения».

* * *

Но главное – это не хозяйственная деятельность, а экспертизы. Об этом стоит поговорить особо. Начнем с того, что с 3 сентября 2009 по 23 марта 2010 года РЦСМЭ работал без лицензии.

Наличие лицензии, согласно закону, является обязательным условием производства судебно-медицинских экспертиз и специальных исследований. Более того, согласно 171-й статье УК, осуществление предпринимательской деятельности без лицензии является преступлением. Колкутин мог не знать чего угодно, но устав Центра знает наверняка. А там говорится: «Виды деятельности, требующие, в соответствии с законодательством РФ, лицензирования, осуществляются только после получения соответствующей лицензии». Получается, что законность проведения 623 экспертиз (в том числе более 200 платных), выполненных в этот период, под вопросом. Почему целых полгода этой важнейшей проблемой никто не занимался? Понятно, что ремонт равняется двум пожарам, но дело не только в этом.

Колкутин был всецело поглощен уникальным замыслом: своим приказом № 2 от 11 января 2010 года он постановил, что отныне Центр будет проводить не только судебно-медицинские экспертизы, но и почерковедческие, технические, баллистические, дактилоскопические, автотехнические, холодного оружия, замков и т.д.

Я плохо представляю себе, как Минздрав отреагировал на экспертизу замков и ДТП, не говоря уже о почерковедении, баллистике и дактилоскопии. Я даже могла бы понять огорчение Минздрава, потому что эти виды деятельности противоречат уставу Центра и не имеют никакого отношения к медицине.

Конечно, модели крупных торговых центров волнуют воображение любого руководителя. Открыл дверь – и на тебе: направо маникюр, налево химчистка, внизу кино, наверху каток и танцы. Какая прелесть! А уж денег-то, денег... Но ведь не зря же существует разделение труда. Бюджет Минздрава не предусматривает траты на экспертизы, находящиеся в ведении Минюста. Ведь и бюджет Минсельхоза, как ни крути, вряд ли пустят на почерковедение.

Но профильное государственное экспертное учреждение – это не торговый центр. И желание сосредоточить все экспертизы под одной крышей, а точнее, в одних руках, скорее всего объясняется чем-то другим, а вовсе не

интересами государства. В этом случае появляется бескрайнее поле для мздоимства.

Но пока новые лаборатории не открыты, Виктор Викторович как рачительный хозяин использует площади для других целей. Правда, человеколюбивых. В подвале Центра имеется помещение, переоборудованное под жилье. Там до недавнего времени с комфортом жила сотрудница Н. М. Токтоболотова с мужем З. Ы. Акылбековым. А на первом этаже в уютном помещении, без согласования переоборудованном в двухкомнатную квартиру с отдельным входом, жил другой сотрудник – В. А. Фетисов. Когда комиссия обнаружила теплое гнездышко, Виктор Викторович пояснил, что наличие этого будуара объясняется нуждами службы быстрого реагирования. Боюсь только, что гражданин Фетисов отнюдь не являлся олицетворением форс-мажорных обстоятельств и его проживание там объясняется куда более прозаическими причинами.

* * *

Понятно, что, опекая родственников и друзей, Колкутин и себя не обижает. В то время, когда обычным сотрудникам Центра зарплату задерживают, Колкутин, его соратники и родственники все получают в срок. И не только зарплату. Как установила комиссия, все в том же радостном декабре 2009 года деньги, полученные на хозяйственные расходы, пошли на премии за внебюджетную деятельность. Без малого миллион рублей.

Помимо зарплаты и премии Колкутин получает дополнительные выплаты за счет доходов от платных экспертиз. Разрешение на такие выплаты мог дать только министр, а Т. А. Голикова его не давала.

Из письма сотрудников Центра Генеральному прокурору РФ:

«Руководство Центра настолько увлеклось своим незаконным обогащением за счет государственных средств, что начисто забыло о проблемах самого Центра, в котором научная и экспертная работа свелась на нет. Директор Колкутин, как правило, отсутствует на работе по 1–2 недели каждый месяц, постоянно ездит в какие-то командировки, не связанные со служебной необходимостью, особенно любит с семьей бывать в Санкт-Петербурге. Естественно, эти прогулки оплачиваются за счет бюджетных средств».

Там же говорится о том, что на служебном транспорте Центра не только возят на работу его дочь, но и внуков с племянниками – в церковно-приходскую школу. Оно и понятно, Виктор Викторович – человек богобоязненный, в кабинете все стены в иконах.

* * *

Проверка, проведенная комиссией Минздрава в результате обращения сотрудников, так раздосадовала Колкутина, что он, говорят, вынудил подчиненных подписать жалобу на руководителя комиссии Е. В. Бугрову. Проверка до сих пор не закончена, и я, конечно, не знаю, какие последуют выводы. Но вот что бесспорно: ситуация из ряда вон выходящая. Дальше так продолжаться не может. Действия руководства РЦСМЭ, по-видимому, уже давно следует проверить на соответствие УК. Поэтому, пользуясь своим конституционным правом, я прошу считать эту публикацию официальным заявлением в Главное следственное управление ГУВД Москвы о преступлении. И прошу вмешаться не только правоохранительные органы, но и Счетную палату России.

И последнее. Несколько дней назад ко мне обратились сотрудники Центра с просьбой вмешаться в историю Анны Каучаковой. В Ленинском районном суде Курска слушается дело по ее иску к бизнесмену Виталию Николаевичу Рышкову об установлении отцовства малолетнего Романа Витальевича Каучакова. Определением суда была назначена генетическая экспертиза в РЦСМЭ. Суд установил, что забор крови должен производиться у Каучаковых и Рышкова одновременно в лаборатории Центра 20 января 2010 года. Однако Рышков на сдачу крови в Центр не явился. Туда были доставлены образцы крови, якобы взятые у него в 111-й лаборатории Минобороны, которую раньше возглавлял Колкутин. По совету сотрудников Центра Каучакова кровь сдавать отказалась. И правильно сделала. Есть все основания полагать, что представленный образец крови не принадлежит Рышкову. У Каучаковой имеются сведения о том, что Колкутин неоднократно консультировал Рышкова. В этой ситуации установить истину можно лишь тогда, когда кровь будет получена одновременно от двух родителей.

Такая же история произошла и с Алиной Юрьевной Каралящ из города Долгопрудный (ответчик Владимир Иванович Безбородько).

Справка «МК»

Те, кто следил за процессом по делу Холодова, помнят, что в свое время вокруг взрывотехнической экспертизы, которую проводили специалисты из Минобороны под руководством главного военного судмедэксперта Виктора Колкутина, разгорелся скандал. Экспертизу эту попросили назначить подсудимые. Судья с удивительной готовностью пошел им навстречу. И вот военные эксперты стали работать по делу, в котором обвинялись военные же...

Неудивительно, что они «установили»: в дипломате-ловушке было заложено всего 50 граммов тротила, а это значило, что Холодова «хотели попугать, а убивать не хотели». (До этого же следствие выяснило, что в кейсе находилось не менее 200 г в тротиловом эквиваленте, т.е. Холодова именно убили.)

Чтобы прийти к новому сенсационному выводу, минобороновским экспертам во главе с Колкутиным пришлось сильно потрудиться. Для этого они ставили эксперименты почему-то на... березовых брусках (они имитировали ноги человека) и даже перепутали схему расположения предметов в кабинете, где был взорван Дима. Холодов-старший, хороший физик, уличил их даже в том, что они использовали не те формулы для расчетов...

Гособвинитель настояла на назначении еще одной экспертизы, но с участием уже других специалистов – не из Минобороны, а из МВД и Российского федерального центра судмедэкспертиз. И они четко сказали: в дипломате было 200 граммов взрывчатки.

И вот стало известно, что сейчас Колкутину приходится держать ответ перед Фемидой за другое «творчество». В Басманном суде, куда обратились вдовы погибших моряков «Курска», он является ответчиком по делу.

Колкутин в свое время возглавлял экспертную группу, перед которой поставили задачу: определить время смерти 12 подводников, поднятых из 9-го отсека в октябре 2000 года.

Эксперты ответили так: «Ответить на вопрос о давности (конкретной даты и времени) наступления смерти не представляется возможным, так как решение этого вопроса выходит за пределы компетенции судебно-медицинских экспертов». То есть Колкутин подписался под тем, что по трупам невозможно определить, сколько времени прожили эти люди в 9-м отсеке. Но ведь есть и другие экспертизы. К примеру, эксперты-акустики установили, что сигналы SOS с подлодки фиксировались до вечера 14 августа (т.е. люди были живы 2 дня!) Этот вывод фактически обвинял флотоводцев, которые руководили учениями и поисками, в преступном бездействии.

Но неожиданно в деле появилась новая экспертиза, тоже подписанная Колкутиным. В ней оказались ничем не мотивированные выводы: «Члены экипажа АПРК «Курск», находящиеся в 9-м отсеке после второго сейсмического события (11 часов 30 минут 12 августа 2000 года), оставались живыми в течение 4,5–8 часов».

Получается, что Колкутин своему слову не хозяин – сначала он подписался под тем, что точное время смерти подводников судмедэксперты определить не могут, а потом утверждает, что смерть наступила не позднее 4,5–8 часов. Но задача выполнена четко и грамотно – никого из начальства Колкутина, как известно, не наказали.

Кстати, после этого в деле «Курска» были еще три независимые экспертизы, которые полностью опровергли выводы Колкутина о смерти моряков «не позднее 4,5–8 часов». На основании этого вдовы подводников подали в суд на главного военного судмедэксперта.

Примечательно, что интересы Колкутина в суде представляет адвокат Савченко – в процессе по делу Холодова он защищал подсудимого Мирзаянца...»

Ольга Богуславская. Скрытие покажет. Почему статья в «МК» о злоупотреблениях в Российском центре судмедэкспертизы не заинтересовала компетентные органы? («Московский комсомолец» № 25 487. 28.10.2010)

«22 июля 2010 года в «МК» была опубликована статья о работе Виктора Колкутина на посту директора Российского центра судебно-медицинской экспертизы. Речь шла о вопиющих фактах финансово-хозяйственной и профессиональной деятельности. Из ряда вон выходящая ситуация стала достоянием общественности, но почему-то не заинтересовала наши трепетные правоохранительные органы.

Колкутин по-прежнему украшает своим присутствием главное экспертное учреждение страны. Чудеса продолжаются.

Сейчас в Долгопрудненском суде Московской области слушается дело об установлении отцовства по иску Алины Юрьевны Караляш к Владимиру Ивановичу Безбородько. Суть дела заключается в следующем.

9 октября 2008 года у Алины Караляш родился сын Дмитрий. Отцом ребенка Алина Юрьевна считает Владимира Безбородько, с которым у нее были романтические отношения. Со слов Безбородько, он был женат, но семья распалась. Поэтому Алина надеялась, что их отношения в конце концов завершатся браком. Когда выяснилось, что Алина ждет ребенка, Владимир Иванович сначала воодушевился и заговорил о ссуде на покупку квартиры. Потом он остыл и сказал, что следует прервать беременность. Но Алина приняла другое решение: она прервала отношения с Безбородько и родила ребенка.

Об этом радостном событии Владимир узнал от сестры Алины. Однако ответа от счастливого отца не последовало. Через год Алина отправила ему фотографии сына. Молчание. И тогда она обратилась в суд с иском о признании отцовства и взыскании алиментов. В декабре 2009 года суд вынес определение о назначении судебно-медицинской экспертизы спорного отцовства. Проведение экспертизы было поручено Российскому центру судебно-медицинской экспертизы на улице Поликарпова (в дальнейшем – РЦСМЭ).

8 февраля 2010 года экспертиза была завершена. Вывод: «Отцовство Безбородько Владимира Ивановича в отношении Караляш Дмитрия Влади-

мировича исключается. Безбородько Владимир Иванович не является биологическим отцом ребенка Караляш Дмитрия».

Алина не поверила своим глазам. Надо сказать, что у нее были все основания для этого. Дело в том, что Безбородько, узнав, где будет проводиться экспертиза, судя по всему, решил взять дело в свои руки и связался с директором РЦСМЭ В. Колкутиным.

Колкутин поручил производство экспертизы отделению молекулярно-генетических экспертиз. Об этом свидетельствует его персональная резолюция на определении Долгопрудненского суда.

В назначенное время мама и ребенок приехали в отделение и сдали кровь в процедурном кабинете РЦСМЭ на третьем этаже. Но Безбородько в назначенное время не явился. Как выяснилось позже, образец крови Безбородько был доставлен в РЦСМЭ из ЗАО «Гранат».

Какой-такой «Гранат»?

Не знаете? Ну как же! Это коммерческое бюро судебно-медицинских экспертиз, генеральным директором которого является Светлана Петровна Мошенская – штатный судебно-медицинский эксперт РЦСМЭ.

По удивительному стечению обстоятельств Владимир Безбородько приехал в РЦСМЭ для сдачи образцов крови в тот самый день и час, когда дежурным экспертом была Мошенская. Она сказала Безбородько, что уже отпустила лаборантов, и предложила ему сдать кровь в ЗАО «Гранат», с которым у РЦСМЭ имеется договор о сотрудничестве.

Сказано – сделано.

Но есть один пустяк: образцы крови в таких случаях, как правило, берутся одновременно у всех лиц, направленных на экспертизу. К тому же – в специально оборудованном для этих целей помещении. Где, когда и у кого был взят образец крови, привезенный в РЦСМЭ, неизвестно.

Как же быть? Да очень просто. Отрезается верхняя часть определения Долгопрудненского суда, и Колкутин накладывает новую резолюцию со старой датой – 27.01.2010 г.: поручить производство экспертизы С. А. Фроловой.

Светлана Александровна Фролова занимала в РЦСМЭ должность заведующей отделением криминалистической идентификации, не имеющей никакого отношения к отделению молекулярно-генетических экспертиз. Мало того, в это время Фролова оформляла документы на увольнение из РЦСМЭ...

Фролова начинает звонить Караляш с просьбой приехать и сдать кровь снова. Но не в РЦСМЭ, куда назначена экспертиза, а в 111-й Главный государственный центр судебно-медицинских и криминалистических экспертиз Минобороны, которым раньше руководил Колкутин. Караляш отвечает, что она уже сдала кровь, образцы которой находятся в лаборатории. Фролова приходит в отделение молекулярно-генетических экспертиз, по приказу Колкутина ей выдают расходные материалы, и она направляется в его бывшую вотчину – в 111-й ГГЦСМиКЭ.

Из заключения, подписанного Фроловой, следовало, что Безбородько не является биологическим отцом ребенка.

Новый порядок проведения экспертиз, установленный Виктором Викторовичем Колкутиным в РЦСМЭ, открывает безграничные исследовательские возможности. Одна беда: в УК это называется статья 307 – «заведомо ложное заключение эксперта» – и наказывается лишением свободы на срок от 2 до 5 лет.

Начнем с того, что РЦСМЭ заключил договор с ЗАО «Гранат» о сотрудничестве по производству 110 видов судебных экспертиз. Впечатляющая цифра! Дело в том, что это в два раза больше, чем делают в двух ведущих федеральных экспертных учреждениях вместе взятых. В ЭКЦ МВД РФ проводят 27 видов экспертиз, а в Российском федеральном центре при Минюсте – 25. Выходит, что «Гранат» – лидер на рынке экспертных услуг? Небось, ведущие российские центры ему в подметки не годятся?

Директором «Граната» является судмедэксперт РЦСМЭ С. П. Мошенская. Как следует из сайта «Граната», Колкутин и его подчиненные, то есть государственные эксперты Ляненко, Леонов, Момот и др., в то же время являются работниками закрытого акционерного общества и выступают в роли негосударственных судебных экспертов. Но такой стахановский труд является грубейшим нарушением статьи 16 Федерального закона «О государственной судебно-экспертной деятельности в РФ», а конкретно – запрета на осуществление судебно-экспертной деятельности в качестве негосударственного эксперта. Государственный эксперт не имеет права выступать в качестве негосударственного эксперта, то есть представлять интересы коммерческих структур.

Выходит, «Гранат» используется Колкутиным и Мошенской для перемещения из РЦСМЭ платных экспертиз и выполнения особо дорогих услуг «Любой каприз за ваши деньги»? А сам Колкутин нарушил не только собственную инструкцию по производству экспертизы спорного отцовства, но и три священных запрета эксперта:

- осуществлять судебно-экспертную деятельность в качестве негосударственного эксперта;
- вступать в личные контакты с участниками процесса, если это ставит под сомнение его незаинтересованность в исходе дела;
- самостоятельно собирать материалы для производства судебной экспертизы.

Но даже если бы эти заповеди не были нарушены, остается невыясненным важнейший вопрос: где же Фролова выполняла экспертизу спорного отцовства? На улице Поликарпова ей такой возможности не дали. ЗАО «Гранат» лицензии на производство таких экспертиз не имеет. 111-й ГГЦСМиКЭ – тоже.

Что же получается? С. А. Фролова выполнила экспертизу спорного отцовства по делу Каралящ на коленке. Оснащена ли эта коленка всем необходимым оборудованием и имеет ли лицензию на осуществление медицинской деятельности? Если нет, возникает вопрос: это экспертное заключение ложное?

Светлана Александровна не могла не понимать, что образцы крови, полученные в нарушение всех правил, видимо, не принадлежат В. И. Безбородько.

Если бы Алина Каралящ не набралась смелости обратиться с заявлением к руководителю Следственного управления Следственного комитета РФ по Москве, мы бы никогда об этом не узнали. Отсюда следующий вопрос: таким способом экспертизы в РЦСМЭ проводятся не впервые?

Безбородько неоднократно звонил Колкутину (имеется распечатка телефонных звонков). Вряд ли эта внезапно возникшая дружба была благотворительной акцией. Отсюда третий вопрос...

По сей день Алина Каралящ не может добиться отмены этого заключения. Повезло пока только Анне Каучаковой. В Курске слушается дело по установлению отцовства в отношении бизнесмена Виталия Рышкова. Так же, как и в истории Каралящ, суд назначил экспертизу в РЦСМЭ. Рышков на сдачу крови не явился, а в РЦСМЭ были доставлены образцы крови, якобы полученные у него в 111-м ГГЦСМиКЭ. На заседании Ленинского районного суда города Курска 8 апреля 2010 года Рышков не смог пояснить, как происходит процедура отбора крови. Ничего удивительного: ведь он кровь не сдавал.

Как и у Каралящ, у Каучаковой есть доказательства переговоров Рышкова с Колкутиным. Разница состоит лишь в том, что Каучакова наотрез отказалась от проведения экспертизы в РЦСМЭ и добилась назначения в другое экспертное учреждение. Несколько дней назад стало известно, что отцовство В. Н. Рышкова доказано с вероятностью 99,99%. Экспертиза уже направлена в суд.

* * *

Теперь позвольте напомнить о деле, которое неоднократно освещалось в средствах массовой информации и на телевидении.

В ночь с 13 на 14 июля 2008 года в Ростове, у причала набережной реки Дон, подрались два молодых человека – Антон Шитов, 1985 г.р., и Игорь Андреев, 1983 г.р. Местом драки оказался зеленый газон напротив гостиницы «Рэдисон». Газон был украшен модными светильниками в виде столбиков, увенчанных светящимися шляпками. Противники вцепились друг в друга и покатились по газону. Во время драки Шитов задел ногой светильник.

Из объяснения Игоря Андреева: «13 июля примерно в 23 часа мы вместе с Иваном Бурочкиным пошли гулять по набережной. [...] Бурочкин стал приставать к девушкам. Ему сделал замечание какой-то незнакомый парень. Мы с ним стали ругаться, возле газона я толкнул парня в плечо. Он в ответ ударил меня, и мы, упав на траву газона, стали бороться. В этот момент я почувствовал, что меня бьет током. Вместе со мной било током и парня, с которым я дрался. Через некоторое время я встал, а парень остался лежать без признаков жизни».

Антон Шитов был мертв.

Как следует из протокола дополнительного осмотра места происшествия, составленного 17.07.2008 г. следователем следственного отдела по Ленинскому району г. Ростова-на-Дону СУ СКП РФ по Ростовской области Е. Храпачом с участием главного государственного инспектора Ростовского отдела по энергетическому надзору С. Дорофеева и специалиста в области электротехники В. Белякова, «[...] установлено, что на железном корпусе основания фонаря подается электрическое напряжение в 220 вольт, в патрон-лампочки фонаря заведены красный и синий провода, а оголенный белый провод со следами оплавления на конце касается корпуса трубы фонаря изнутри. Таким образом, корпус фонаря находился под напряжением в 220 вольт и при соприкосновении с ним человек мог получить удар током».

По факту смерти Шитова возбудили уголовное дело.

При первичном судебно-медицинском исследовании тела погибшего комиссия экспертов пришла к выводу, что смерть Шитова наступила от поражения техническим электричеством. Механических повреждений, которые могли повлечь смерть, не обнаружили. Также не выявили признаков каких-либо заболеваний. Надо заметить, что на теле погибшего не нашли и места соприкосновения с электропроводом, которое на языке судмедэкспертов называется электрометкой. Ничего необычного в этом нет. Смертоносное электричество иногда не оставляет на коже никаких следов.

Ростовские судебные врачи освидетельствовали оставшегося в живых участника драки Игоря Андреева. И вот на локте и кисти его правой руки были обнаружены четко проявившиеся электрометки. Медики пришли к выводу, что смерть Антона Шитова – трагическая случайность. И виноваты в ней не участники драки.

А кто же виноват? Видимо, хозяева ресторана, который находится в гостинице «Рэдисон». Это они украсили газон модными светильниками, не позаботившись о безопасности своей затеи.

Однако следователь И. Фомин, сменивший Е. Храпача, придерживался другой точки зрения. Он подписал обвинительное заключение, согласно которому, виновным в смерти Антона Шитова был признан Игорь Андреев. Летом 2010 года Андреева приговорили к восьми годам лишения свободы.

В основу обвинительного заключения были положены результаты повторного исследования тела Шитова. Для проведения экспертизы пришлось его эксгумировать. В качестве экспертов выступили приглашенные из Москвы В. Колкутин и его подопечный Сергей Толмачев, стаж работы которого на тот день составлял приблизительно один месяц.

При повторном исследовании не было обнаружено никаких повреждений и изменений, свидетельствующих о каком-либо заболевании, травме или отравлении. Тело и сохранившиеся остатки внутренних органов подверглись гнилостному разложению. Однако Колкутин пришел к сенсационному выводу. Не обнаружив среди разложившихся органов гортани, он выдвинул новую версию смерти Шитова – от механической асфиксии. То есть вывод эксперта строится не на проявлениях какого-либо состояния, а на отсутствии части органа. Причем отсутствовали и другие органы и ткани – земля сделала свое дело. Но Колкутин пишет: «Учитывая отсутствие каких-либо иных повреждений или болезненных изменений у Шитова [...] следует считать причиной его смерти травму шеи, которая проявилась либо механической асфиксией (наиболее вероятно), либо рефлекторной остановкой сердца вследствие травмирующего воздействия на рефлексогенные зоны шеи. Таким образом, данная травма шеи имеет признаки прямой причинной связи с наступившим смертельным исходом».

Обратите внимание: свое непонятно на чем основанное предположение Колкутин искусно превращает в доказанный факт. Но это еще не все. В материалах дела отсутствует важнейший процессуальный документ – заключение эксперта. Вместо него Колкутин подписал лишь результаты исследования трупа. Межу тем это серьезнейшее нарушение. Заключение эксперта – это доказательство по делу, а исследование таковым не является. Подобное нарушение является безусловным основанием для исключения его из числа судебных доказательств.

Однако именно блестящая работа Колкутина легла в основу обвинительного приговора, вынесенного Игорю Андрееву.

У меня есть только одно объяснение случившегося.

Владельцем гостиничного комплекса является Леонид Саркисович Гогорян. А старшего помощника руководителя Следственного управления СКП РФ по Ростовской области зовут Роберт Леонидович Гогорян – он сын владельца гостиницы. И можно предположить, Гогорян-старший не горел желанием отвечать за смертоносные светильники на газоне перед входом в ресторан, а значит, и за трагическую гибель 23-летнего Антона Шитова. Видимо, пришлось привлекать столичных экспертов...

* * *

При подготовке этого материала стало известно, что в РЦСМЭ уже три месяца не выплачивают зарплату. Это экстраординарная ситуация, и смысл ее выходит за пределы товарно-денежных отношений.

РЦСМЭ – федеральное государственное учреждение Минздравсоцразвития, то есть существует за счет средств федерального бюджета. А это значит, что фонд заработной платы выделяется в начале календарного года. Он рассчитан помесячно. Каждый квартал руководитель учреждения должен представлять в федеральное казначейство справку-отчет о начислении и выплате зарплаты.

О задолженности федерального бюджета перед работниками РЦСМЭ не может быть и речи потому, что в начале 2010 года все деньги на содержание РЦСМЭ были выделены в полном объеме.

Видимо, усушка произошла внутри учреждения, то есть был допущен перерасход фонда заработной платы. Просто так шалить с распределением зарплаты может себе позволить директор частного предприятия, и то недолго. Народ нынче грамотный, может и премьера озадачить, а он, неровен час, возьмет и сам приедет или доктора пошлет. Потому что невыплата зарплаты, согласно статье 145.1. УК РФ, является преступлением, за которое можно лишиться свободы на срок от 3 до 7 лет.

Директор РЦСМЭ В. Колкутин об этом, конечно, знает. Как знают об этом и в Минздравсоцразвития. Любого другого руководителя за невыплату зарплаты, выделенную бюджетом, уже давно взяли бы за шиворот и передали в теплые руки правоохранительных органов. Но на Виктора Викторовича все эти условности почему-то не распространяются. Мало того: задержку зарплаты на собраниях коллектива он, говорят, объясняет недобросовестностью Минздравсоцразвития. Денег-то не дали – где он их возьмет? Надо оставаться преданным членом команды и терпеливо ждать. А кто не преданный и не член – может увольняться.

Народ почему-то безмолвствует. Минздравсоцразвития – тоже.

Видимо, у Колкутина есть охранная грамота на экспромты в области финансово-хозяйственной деятельности. Но деньги, даже если это священные бюджетные средства, – все-таки всего лишь деньги. А вот сомнительные экспертизы – совсем другое дело. Заключение эксперта может отправить за решетку невиновного человека. Что может быть страшнее этого греха? Правосудие вершится от имени короны. И именно корона, то есть государство и его правоохранительные органы, не имеет права оставить без внимания беспрецедентные факты, к которым, безусловно, относятся заведомо ложные заключения экспертов.

В публикации 22 июля 2010 года было рассказано о многочисленных злоупотреблениях Колкутина за год пребывания в должности директора РЦСМЭ. Я сделала заявление о преступлении. В ответ пришло письмо из УБЭП ГУВД по Москве. Оно состоит из семи строчек. Меня уведомили, что мое «обращение о возможной безлицензионной деятельности РЦСМЭ рассмотрено и направлено для исполнения в УВД по САО Москвы». Письмо подписано заместителем начальника В. И. Белым.

Из полосной публикации взяли гомеопатическую порцию информации и три месяца «исполняют». А как же вопиющие нарушения, допущенные В. Колкутиным в финансово-хозяйственной деятельности? Мне дали понять, что больше ничего, заслуживающего внимания, не обнаружено. Пусть В. Колкутин продолжает импровизировать.

Жаль, что меня приняли за выпускника школы для детей с ограниченными возможностями.

Чтобы избавить сотрудников УБЭП ГУВД Москвы от непосильной работы, прошу Следственный комитет при Прокуратуре России считать эту публикацию заявлением о преступлении. Прошу ответить на следующие вопросы:

1. Проведено ли расследование по результатам внеплановой документальной проверки РЦСМЭ?
2. Почему до настоящего времени не расследованы обстоятельства, связанные с проведением экспертиз и выдачей сомнительных экспертных заключений о спорном отцовстве по делам Алины Караляш и Анны Каучаковой?
3. Почему в федеральном государственном учреждении РЦСМЭ Минздравсоцразвития три месяца не выплачивали зарплату — и никто не виноват?»

Ольга Богуславская. Судмедэкспертиза не лечится. «МК» выиграл суд у бывшего директора Российского центра судмедэкспертизы, но разборки в Центре продолжаются («Московский комсомолец» № 25 699. 22.07.2011)

«Когда в декабре 2010 года, после серии публикаций в «МК», директора Российского центра судмедэкспертизы Виктора Колкутина освободили от должности, я думала, что на этом история наконец завершится. Как выяснилось, она только началась.

После публикаций 22 июля и 28 октября 2010 года Колкутин обратился в Пресненский суд Москвы с исками о защите чести и достоинства к «МК» и ко мне. Надо сказать, такого мне видеть еще не доводилось.

В июльской и октябрьской публикациях речь шла о вольной финансово-хозяйственной деятельности Колкутина и сомнительных экспертизах отцовства. Но оскорбило честь и достоинство Виктора Колкутина не это.

Статья 22 июля была проиллюстрирована фотографией главного героя и снимком из лаборатории судмедэкспертизы с человеческим черепом и костями. Как следует из его искового заявления, портрет Колкутина на фоне костных останков сформировал у общественности его негативный образ, что причинило ему моральные страдания.

Я написала, что Колкутин обеспечил должностями всех родных и близких — речь шла о его сестре и дочери. В суде представитель Колкутина, его сестра Евгения Тихонова, заявила, что у Виктора Викторовича гораздо больше родственников и в Центре были трудоустроены далеко не все.

Цитата из моей публикации: «Виктор Викторович — человек богобоязненный, в кабинете все стены в иконах». Цитата из искового заявления: «Автор задевает мою честь и достоинство, поскольку затрагивает вопросы совести и права на веру».

В первой публикации цитировались фрагменты из акта о результатах внеплановой документальной проверки финансово-хозяйственной деятельности федерального государственного учреждения «Российский центр судебно-медицинской экспертизы». Именно по результатам этой проверки Колкутин был освобожден от должности. В суде он заявил, что приведенные там и в газете факты не соответствуют действительности. Ознакомившись с актом, он написал отповедь клеветникам, так что вопрос с проверкой следует считать давно и надежно закрытым. Кроме того, Колкутин поставил под сомнение и сам акт, предъявленный нами суду. Два месяца ушло на получение заверенных копий.

В Центре несколько месяцев не выплачивалась зарплата. Именно это, в конце концов, и стало, видимо, последней каплей, переполнившей чашу терпения Татьяны Голиковой. Колкутин заявил, что и это неправда. Зарплату платили исправно, просто люди этого не заметили.

Я написала о том, что в нарушение закона эксперты Центра создали частное экспертное учреждение «Гранат» (см., например, договор о научно-практическом сотрудничестве РЦСМЭ и «Граната» от 20 августа 2009 года). На сайте «Граната» были описаны все удовольствия, которые человек может там получить. Колкутин сказал, что про «Гранат» я тоже все придумала.

Несколько слов о стиле господина Колкутина.

Его интересы в суде представляла его родная сестра, которая являлась ведущим юрисконсультом Центра. Проверка, которую проводил Минздрав в декабре 2010 года, установила, что «наличие у данной работницы необходимого образования не подтвердилось». Выяснилось это еще во время весенней проверки. Колкутин в возражениях на акт написал, что диплом у сестры есть, – и был предъявлен диплом Белгородского государственного университета № ВСГ 4075260, якобы выданный Евгении Викторовне Тихоновой 17 июня 2009 года по специальности «юриспруденция». Позже выяснилось, что в БелГУ такой диплом не выдавался.

В ответ на мое замечание об этом интересном документе брат и сестра разыграли в суде прелестную водевильную сценку. Евгения Викторовна, изобразив предельное изумление, сказала брату: Какой белгородский диплом? Я впервые слышу. А ты?

Я уже упоминала о фотографии, которая вызвала у Колкутина тоску и печаль. Так вот 4 апреля 2011 года он предъявил суду консультативное заключение специалиста в области психологии Виктории Дьяковой. Специалисту были заданы вопросы: воспринимается ли изображение (то есть фото Колкутина и фото из лаборатории) как единое целое и возможно ли формирование у читателя негативного восприятия в отношении человека, расположенного в нижней части изображения?

Ответ: «Психологический анализ показал, что расположенные на данном листе газеты две фотографии, объединенные единым контрастным заголовком, воспринимаются как единое целое [...]. Основанием для такого суждения является еще и тот факт, что расположение темных прямоугольных объектов (кресло и контейнер) по отношению к более светлым округлым объектам (голова и череп) подобны [...].

Изображение черепа человека и костей ассоциируются у читателя с гибелью человека, с угрозой жизни, с угрозой безопасности. Особое внимание привлекает череп как объект, который доминирует над нейтральным изображением пока еще незнакомого читателю человека, вызывая образ праха, тленности, неминуемой смерти, неотвратимой беды [...].

Таким образом, сформированный образ по отношению к человеку, изображенному на фото, может трактоваться как признак порочности, негативности, фатальности, краха, связанного непосредственно с данным человеком».

Что ж, каждый зарабатывает, как может. Я поняла, что для формирования справедливого отношения к Колкутину рядом с ним следовало напечатать фотографию белого котенка с бантиком в горошек.

Кстати, заключение выполнено в день очередного заседания суда. А если учесть, что оно началось в 9.30 утра, остается только снять шляпу перед специалистом в области психологии, видимо, всю ночь корпевшим над этим шедевром.

11 июля 2011 года решением Пресненского суда в удовлетворении иска Колкутина к «МК» и обозревателю О. Богуславской было отказано.

* * *

Пока в Пресненском суде слушалось дело по иску Колкутина, произошло несколько событий, о которых стоит рассказать.

25 декабря 2010 года в РЦСМЭ на улице Поликарпова, 12/13 пришло любовное письмо. Не сразу стало понятно, какое оно имеет отношение к Центру. Фамилия адресата отсутствовала, было только имя. Кому: Виктору Викторовичу. В декабре 2010 года в Центре судмедэкспертизы работал лишь один человек, чье имя и отчество полностью совпадает с именем, указанным в письме. Это Виктор Викторович Колкутин. Значит, письмо предназначалось ему. А отправитель – директор медицинской наркологической компании «АлкоМед» Максим Боровков.

Цитирую: «Я написал это письмо, потому что для меня очень важно быть уверенным в том, что все клиенты «АлкоМеда» чувствуют реальный эффект после проведенных нашими врачами процедур. Мне важно быть уверенным, что все было хорошо и что вы действительно довольны нашими услугами. Все это для меня, правда, очень важно. Недавно я попросил дать мне список тех клиентов, которые давно не обращались к нам. Таких причин может быть три. Во-первых, клиенты могут не обращаться к нам из-за того, что они либо закодировались, либо собственными силами сумели обуздать тягу к алкоголю. Виктор Викторович, я буду очень рад, если вы не звонили нам столько времени именно по этой причине. Во-вторых, человек мог просто заболеть. Не дай бог, Виктор Викторович, если с вами такое случилось. Ну и последняя причина – наш клиент мог просто обратиться в другие наркологические организации. И если ваше длительное молчание связано с этим, я намереваюсь за вас с ними побороться».

Далее описываются современные методы лечения алкоголизма, а также объясняется, что врачи этой фирмы могут приехать в любое время и в любое место. И главное: такому уважаемому клиенту полагается хорошая скидка: следующее посещение обойдется на 10% дешевле.

«И самое последнее. Если уж так случится, что вам потребуется наша профессиональная помощь, предъявите приехавшей бригаде вложенную в письмо визитную карточку и получите дополнительную 5%-ную скидку. Счастья вам и здоровья! С теплотой, Максим Боровков».

Конечно, алкоголизм — это болезнь. И можно только искренне посочувствовать больному. Я бы никогда не предала огласке такое письмо, если бы оно было адресовано частному лицу. Но вся беда в том, что оно пришло в главное экспертное учреждение России и обращено к должностному лицу: директору. И как же объяснить, что должность директора Центра и главного судебно-медицинского эксперта Минздравсоцразвития России занимал человек, страдающий алкоголизмом? Одно из трех: или Колкутин обладал бесценными качествами руководителя, или в министерстве не знали о его болезни, или на этой должности всех устраивал именно такой человек.

Каким он был руководителем, теперь знают все. А что касается пристрастия к спиртному — кто же, как не Минздрав, должен был поставить диагноз в самом начале восхождения Колкутина?

Однако в Центр, как выяснилось, приходят не только интересные письма, но и интересные люди. 25 февраля 2011 года в РЦСМЭ явился судебный пристав-исполнитель Тропарево-Никулинского отдела судебных приставов М. Я. Меламед. Он предъявил постановление об удержании из заработной платы с должников Виктора Колкутина и Евгении Тихоновой. Оказалось, что Колкутин и Тихонова задолжали ОАО «НОТА-Банк» 232 779 долларов США. Возвращать деньги, взятые у банка в кредит, Тихонова и Колкутин, судя по всему, не намерены. Говорят, что они не признают свои подписи на банковских документах и утверждают, что они поддельные. Говорят также, что на имущество Колкутина и Тихоновой наложен арест.

Видимо, теперь он остро нуждается в деньгах. Поэтому у Колкутина назрела необходимость получить новый кредит. Весной в бухгалтерию РЦСМЭ позвонили из известного банка и спросили, является ли Виктор Колкутин директором этого учреждения. Главный бухгалтер ответила, что с декабря он в Центре не работает.

Оказалось, что Виктор Викторович обратился в банк с заявлением о получении кредита и предъявил справку о доходах «с места работы», то есть из РЦСМЭ. Не знаю, что это была за справка, однако банк решил перепроверить сообщенные ему сведения. Как выяснилось, правильно сделал. Выдача кредита не состоялась.

Но и это еще не все. 23 мая 2011 года сестра Колкутина, Евгения Тихонова, обратилась в суд с заявлением о взыскании долга по договору займа. Из этого заявления следует, что 16 июля 2010 года Тихонова одолжила и.о. директора Центра, Андрею Валентиновичу Ковалеву, 850 тысяч рублей. Он обещал вернуть их до 1 марта 2011 года. Ковалев деньги не вернул, поэтому пришлось обратиться в суд. По расчетам Тихоновой, задолженность Ковалева с учетом процентов составляет 914 тысяч рублей. Чтобы вытрясти из должника деньги, Тихонова добилась наложения ареста на все его имущество, которое, по мнению истца, находится на улице Поликарпова, то есть в РЦСМЭ. Видимо, Тихонова считает, что Российский центр судмедэкспертизы – его родной дом. Выходит, что имущество Центра арестовано?

Исполняющий обязанности директора Центра А. Ковалев утверждает, что никаких денег не занимал и договор не подписывал. Поэтому он обратился к независимым экспертам и получил заключение специалиста: «Подпись от имени Ковалева А. В., изображение которой расположено в договоре займа от 16 июля 2010 года, заключенного между Тихоновой Е. В. и Ковалевым А. В., выполнена не Ковалевым, а другим лицом».

Сейчас это дело слушается в Никулинском суде. Но уже и так ясно, что бывший директор РЦСМЭ Виктор Колкутин и его сестра Евгения Тихонова занимаются деятельностью, похожей на ту, что описана в УК РФ в статье 159 «Мошенничество».

* * *

Если бы Татьяна Голикова своевременно обратила внимание на безобразия, которые начались в Центре с появлением Колкутина, дала должную оценку финансово-хозяйственным нарушениям и заявлениям о проведении ложных экспертиз, всего этого могло бы не быть. Однако правоохранительные органы, видимо, ждали от министра сигнала о решительных действиях. И, видимо, сигнала не последовало. Поэтому редакция не удостоилась ответа из ГСУ ГУВД Москвы, куда было направлено мое заявление о преступлении. Мы не получили в ответ даже официальной отписки. Зато Виктор Колкутин предъявил Пресненскому суду постановление об отказе в возбуждении уголовного дела.

Получилось, что заявление сделала я, а ответ пришел Колкутину. И сногсшибательные результаты проверки финансово-хозяйственной деятельности Колкутина, связанные с заключением нескольких десятков сомнительных договоров, никого не заинтересовали. А между тем недавно принятый на должность начальника финансово-договорного отделения Центра Юрий Болотов обнаружил в сейфе своего предшественника печать фирмы «Монолит», на счета которой и были перечислены миллионы рублей за якобы выполненные работы. Говорят, что владелец «Монолита» даже работал в Центре!

Но Колкутина просто тихо освободили от должности. А раз так – он решил бороться за свои поруганные права. Кроме иска к «МК» о защите чести и достоинства он предъявил иск о незаконном увольнении к министру Татьяне Голиковой. Его сестра тоже без устали ходит по судам.

А заместитель Колкутина по финансово-экономической работе Е. П. Анисимова, воспетая «МК» за создание финансовой пирамиды, тоже решила внести свой посильный вклад в работу Центра. Недавно она написала в отдел экономической безопасности

УВД САО о финансовых нарушениях в РЦСМЭ. Видимо, что-то ее огорчило, и она решила нанести упреждающий удар.

Бои пауков продолжаются. И сейчас ОЭБ, который после наших публикаций не нашел состава преступления в действиях Колкутина, вернулся к изучению его «творчества». Изъяты документы, работники Центра вынуждены посещать УВД САО, то есть работа главного российского судебно-экспертного учреждения в очередной раз полностью парализована. Прекращено производство молекулярно-генетических экспертиз по гражданским делам. Судя по всему, речь идет о мошенничестве и превышении должностных полномочий.

* * *

Тут следовало бы спросить: неужели и в этот раз дело сойдет на нет? Но зачем задавать бессмысленные вопросы? Понятно, что всех все устраивает. У нас и за куда более невинные проделки принято отрубать головы, а тут такая идиллия... Главное, чтобы люди это понимали.

И пусть у Виктора Колкутина и его сестры Евгении Тихоновой не начнется очередной приступ мании величия. Меня не интересует жизнь Колкутина и членов его семьи. Но судьба разоренного и разрушенного РЦСМЭ касается всех. Потому что жертвой заказной экспертизы может стать каждый из нас. И ничего, ничего нельзя будет доказать...»

Это не все. Приложил руку эксперт Колкутин и к делу адмирала Геннадия Сучкова о гибели подводной лодки «К-159» и 9 членов экипажа. В этом деле Виктор Колкутин неизвестным науке способом умудрился «установить» причину гибели 7 членов экипажа, чьи тела покоятся на дне Баренцева моря.

Судебная экспертиза — это процессуальное действие, состоящее из проведения исследований и дачи заключения экспертом по вопросам, требующим специальных знаний в области науки, техники, искусства или ремесла, которые поставлены перед экспертом судом, судьей, органом дознания, лицом, производящим дознание, следователем или прокурором в целях установления обстоятельств, подлежащих доказыванию по конкретному делу.

Каждый вид экспертизы предполагает свой предмет исследования: баллистическая экспертиза исследует конкретное оружие, пули, гильзы, а также следы ими оставленные; трассологическая экспертиза исследует следы, оставленные одним предметом на другом предмете, например, замок и отмычка; почерковедческая экспертиза исследует подписи, почерк. Возможно ли проведение экспертизы, если у эксперта-баллиста нет ни пистолета, ни гильз, ни патронов, ни следов от пули, у эксперта-трассолога – ни замка, ни фомки, ни отмычки, а у почерковеда – образцов письма? Очевидно, нет. А господин Колкутин запросто берется исследовать и делать выводы о причинах смерти по телам, которых он не осматривал и не вскрывал.

Нет предмета исследования – нет и заключения. Это для нормальных экспертов по делам, где нет административного, политического или иного заказа. А если заказ есть, то заказчикам нужен «эксперт» Колкутин.

За эти «заключения» Колкутину должен светить Магадан В общем, нары устали ждать господина Колкутина.

Глава 24.
«Мы отвечаем за все, что было при нас и будет после нас»

Ранней весной 2001 года мне в Москву позвонил из Питера мой знакомый Игорь Курдин, капитан I ранга, бывший командир подводного ракетного крейсера стратегического назначения «К-241», председатель Санкт-Петербургского клуба моряков-подводников.

— Несколько семей подводников «Курска» ищут адвоката, ты не хотел бы взяться за это дело?

Когда мы встретились в небольшом зале филиала Военно-морского музея «Подводная лодка «Д-2», в гавани, недалеко от Шкиперки, где родилась моя мама, еще лежал снег. Я взял с собой дочку, которая тогда училась в юридическом институте, и своего старого приятеля Юру Железняка. С ним мы жили в одном доме, а потом вместе проделали многолетний путь Ленинград–Чукотка–Магадан. Только он в прокуратуре, а я — в уголовном розыске. Зал был полон.

Помню, я сказал о великой чести представлять интересы семей героически погибшего экипажа «Курска», предположил, что не следует ждать простых решений и простой жизни, что не могу ничего обещать и гарантировать, кроме одного — честной и добросовестной работы. Сразу оговорился, что работа адвокатов будет бесплатной. Я и мои помощники провели короткие беседы с членами семей, которые уже приняли решение заключить соглашение с адвокатским бюро, подписали договоры и выдали образцы доверенностей.

Мне и раньше приходилось общаться с матерями, дети которых погибли в армии. В начале 1990-х я помогал Комитету солдатских матерей, защищал майора Николая Московченко, который залепил звонкую пощечину тогдашнему коменданту города Москвы генерал-лейтенанту Николаю Смирнову в ответ на оскорбление матерей солдат, погибших в армии и пришедших к зданию Министерства обороны на Арбате.

Чувство физической боли в сердце, полная опустошенность после встречи с родственниками погибших как бы вернули меня в начало 1990-х. Я не пошел, как обычно, бродить по родному Питеру, не зашел ни в один книжный магазин, отменил встречи с одноклассниками. Просто лег дома у дочери, тупо уставившись в телевизор, и уснул.

Эта боль появляется каждый раз, когда я встречаюсь с родными погибших. Не отпускала она меня и в течение всего времени работы над первым изданием этой книги, не оставляет она меня и сейчас, через 13 лет.

Уже много лет моим жизненным принципом являются слова, которые произнес работник уголовного розыска Венька Малышев из повести Павла Нилина «Жестокость». В одноименном фильме их озвучил мой умерший друг Георгий Александрович Юматов: «Мы отвечаем за все, что было при нас».

От себя добавлю: «И что будет после нас».

Кто-то скажет – пафос. Но, возможно, масштаб трагедии и людского горя требуют хотя бы немного пафоса?

Лодка утонула. Она, железная, утонула с экипажем. Но непотопляемы адмиралы и их защитники. Они и герои-подводники – из разных материалов.

Feci, quod potui, faciant meliora potentes[152].

Сноски и комментарии к тексту

1. Ошибка Вали Гафта, я прослужил в уголовном розыске 20 лет.
2. Проходит по «списку Магнитского», продлила срок его содержания под стражей за четыре дня до смерти.
3. Наружка – скрытое наружное наблюдение, проводимое специальными службами ФСБ или МВД.
4. 5-я линия, 5-е направление, 5-е управление – подразделения КГБ СССР и территориальных органов, которые занимались слежкой за инакомыслящими.
5. ГРУ – Главное разведывательное управление Генерального штаба Вооруженных сил России.
6. Марина Комарова после решения Европейского суда по правам человека не только не была уволена, но и занимает должность председателя судебного состава.
7. Главная военная прокуратура расположена по адресу пер. Хользунова, д. 14.
8. Швартовые испытания корабля проводятся у пирса для определения в действии основных характеристик боевых и технических средств, корабля в целом, их соответствия спецификации корабля, техническим условиям, чертежам, схемам, описаниям и инструкциям по эксплуатации.
9. Ходовые испытания проводятся заводом-судостроителем для проверки в ходовых условиях основных характеристик боевых и технических средств, корабля в целом, их соответствия утвержденным тактико-техническим элементам, спецификации корабля, схемам, техническим описаниям и инструкциям по эксплуатации, формулярам и техническим условиям.
10. Приемка государственной комиссией корабля и всех его систем в 100%-ной готовности. При государственных испытаниях проверяются все средства вооружения и проводятся контрольные стрельбы.
11. АС-32 – автономный подводный глубоководный спасательный аппарат проекта 1855. Тактико-технические характеристики: скорость (надводная) – 3,7 узла, максимальная – 2,3 узла; скорость (подводная) – до 3,7 узла горизонтальная, до 0,5 узла вертикальная; рабочая глубина погружения – 1000 метров; автономность плавания – 120 часов (со спасенными – 10 часов); экипаж – 3–4 человека (и до 20 спасенных); водоизмещение надводное – 55 тонн; корпус титановый. Вооружение: радиоэлектронное оборудование, навигационный комплекс позволяет самостоятельно определять свое подводное местонахождение и обнаруживать субмарину.

Аппараты были разработаны и построены в Нижнем Новгороде в конструкторском бюро «Лазурит» завода «Красное Сормово», главный конструктор проекта – Е. В. Крылов. Серия из четырех судов этого класса (АС-26, АС-28, АС-30, АС-34) была построена на заводе «Красное Сормово». На СГА проекта 1855-Приз установлено следующее навигационное вооружение:

навигационный комплекс МСТА-М-АС-55, включающий гирокомпас ГКУ-3 и автопрокладчик «Днепр-АС»; гидроакустический абсолютный лаг ЛА-3; эхолот ПЭЛ-4; навигационная гидроакустическая система «Экватор-1». Это вооружение обеспечивает определение места аппарата под водой и автоматическую прокладку фактического пути аппарата. Для определения судном места нахождения СГА на аппарате установлен автоматический ответчик 16В (20В).

Для поиска затонувших подводных лодок и других объектов на СГА имеются: гидроакустическая станция пеленгования «Глетчер», обеспечивающая определение курсового угла на аварийный сигнализатор МГС-29 и курсового угла и дистанции до аварийного сигнализатора МГС-30 маяка-ответчика; гидролокационная станция «Крильон», тракты кругового и бокового обзора.

12. Самыми значительными событиями, в которых принимал участие Юрий Сенатский, были: руководство в 1969 году подъемом подводной лодки «С-80» Северного флота с глубины 200 метров в условиях открытого района Баренцева моря; техническое руководство в феврале-апреле 1972 года оказанием помощи и буксировкой атомной подводной лодки «К-19» в Атлантике на спасательном судне «Бештау» Северного флота.

13. К сожалению, контр-адмирал Николай Георгиевич Мормуль умер в 2008 году.

14. Валерий Рязанцев пишет о 100–140 километрах. Полагаю, это не принципиальный вопрос. Главное, что две американские и одна английская подводные лодки не находились в непосредственной близости к району боевых действий и к границам района, заявленного на время учений как опасного для иностранных кораблей и судов.

15. По разным источникам, стандартное водоизмещение крейсера колеблется в пределах 24 000–26 390 тонн.

16. По данным вахтенного журнала ТАРКР «Петр Великий».

17. Звание контр-адмирала Владимиру Львовичу Касатонову присвоено указом президента России 21 февраля 2003 года, через восемь месяцев после прекращения уголовного дела по факту гибели «Курска». В 2005 году он был назначен начальником штаба дивизии ракетных кораблей СФ. В 2008 году окончил Военную академию Генерального штаба Вооруженных сил РФ и стал командиром дивизии ракетных кораблей СФ. В апреле 2010 года назначен командующим Кольской флотилией разнородных сил Северного флота.

18. УСЭТ-80 калибра 533 мм – универсальная электрическая торпеда подводных лодок. Главный конструктор – А. В. Сергеев, ЦНИИ «Гидроприбор». Принята на вооружение в 1980 году.

19. Сторожевой корабль (СКР) «Легкий» с легкой руки генерального прокурора превратился в «средний ракетный крейсер». Таким образом, наш флот пополнился новым «крейсером» и получил новый тип военных кораблей. См. В. Устинов, с. 203.

20. На самом деле действия Маринеско моряками и историками флота оцениваются неоднозначно, но атаки в пятом боевом походе с 9 января по 15 февраля 1945 года были результативными: 30.01.1945 «С-13» потоплен транспорт «Вильгельм Густлоф» водоизмещением 25 484 брутто-регистро-

вых тонн (брт) и сторожевой корабль, а 10.02.1945 – лайнер «Штойбен» водоизмещением 14 600 брт.

21. Корабли первой линии – высшая степень готовности корабля к выполнению боевой задачи; включаются в число перволинейных приказом.

22. ЦНИИ имени академика А. Н. Крылова – ведущий научный центр кораблестроения и морской техники России.

23. В проекте 949 перегородка между 1-м и 2-м отсеками спроектирована с учетом давления 40 кг/см², а в проекте 949А с учетом – 10 кг/см², то есть уменьшена в 4 раза.

24. Спасательные водолазные колокола проекта СК-64 строились на ОАО «Средне-Невский судостроительный завод» для спасательных кораблей проекта 532 (в 1950–1960-х годах построено 14 спасателей).

25. Подробнее об этом в статье Т. Н. Борисова «Подводные катастрофы планируются на берегу» (Военно-исторический архив, № 5 (53), май, 2004. С. 169-179).

26. Оригинал этого материала © Newsru.com, 29.01.2004: «ФСБ снова обратила внимание на «Версию».

27. Тайм-чартер – в торговом мореплавании договор фрахтования (аренды) судна.

28. В Интернете на сайте Союза военных моряков появились «Заметки адмирала Булавина». В них идет речь о распродаже флота, приводятся факты и фамилии. К сожалению, Булавин – не руководитель Следственного комитета и не следователь, а выявленные им хищения на порядки ниже того, что имело место в действительности, и по объему, и по разнообразию методов.

29. Рекомпрессия – лечебная процедура, производимая обычно в гипербарических барокамерах, предназначенная для лечения болезней, связанных с резким изменением давления: декомпрессионная болезнь, баротравмы. Процедура заключается в повышении давления внутри барокамеры до уровня, при котором у пациента исчезают симптомы заболевания, выдержку его при этом давлении в течение определенного времени, а затем ступенчатое уменьшение давления до атмосферного в несколько этапов, согласно определенному алгоритму или медицинским таблицам.

30. Пероксид водорода – маловодная перекись водорода.

31. Постановление о прекращении уголовного дела от 22.07.2002, с. 11.

32. Судя по книге В. Шигина «АПРК «Курск». Послесловие к трагедии», в это время Попов прибыл на командный пункт Северного флота.

33. По данным вахтенного журнала ТАРКР «Петр Великий», вертолет К-27 сел на палубу в 14:45 13.08.2000.

34. Тактико-технические характеристики и описание отсеков приведены по книге А. С. Павлова «Ударная сила флота. (Подводные лодки типа «Курск»)».

35. По разным данным, подводное водоизмещение колебалось в пределах 22 500–24 000 тонн.

36. Запас плавучести американских подводных лодок составляет около 10% за счет отсутствия перегородок (переборок) в прочном корпусе.

37. В первые дни после трагедии командование флота не публиковало список личного состава. Думаю, что оно его в те дни не имело. В 1-й флотилии списка экипажа не оказалось, хотя нормативные документы ВМФ запрещают выход в море кораблей без того, чтобы на берегу оставался список экипажа. 18 августа «Комсомольская правда» опубликовала список фамилий подводников, который, как утверждают журналисты, они приобрели у одного из офицеров Северного флота за несколько тысяч рублей. Разбираться с этим тогда не было времени.

38. В проекте 949 между 1-м и 2-м отсеками переборка рассчитана на давление в 40 атмосфер. Если бы конструкцию этой межотсечной переборки в проекте 949А не изменили, то сила взрыва во 2-м и в следующих отсеках была бы меньше в 4 раза. По мнению специалистов, маловероятно, что во 2-м отсеке кто-то остался бы в живых, но, возможно, это сохранило бы жизнь морякам в следующих отсеках.

39. Правовой режим Гибралтарского пролива определяется Англо-французской декларацией 1904 года, провозгласившей право свободного прохода судов через Гибралтарский пролив, а также объявившей об отказе обеих стран от размещения стратегических сооружений на Марокканском побережье. В 1907 году Великобритания, Франция и Испания заключили соглашение, подтверждающее свободу судоходства через пролив и предусматривающее его демилитаризацию. На самом деле Великобритания с 1907 года владеет военно морской базой Гибралтара и осуществляет контроль над этой территорией. Пролив открыт для плавания торговых и военных судов всех стран.

40. Крейсер был заложен на стапеле ПО «Севмашпредприятие» 22 марта 1990 года. Имя «Курск» корабль получил 14 мая 1993 года и 16 мая 1994 года был спущен на воду. Швартовые испытания прошли с 23 мая по 3 октября 1994 года, заводские ходовые – с 4 октября по 10 ноября 1994 года. Государственные испытания крейсера были проведены с 10 ноября по 30 декабря 1994 года. В день окончания испытаний был подписан акт о приемке Военно-морским флотом России атомного подводного крейсера от промышленности. В январе 1995 года крейсер был введен в боевой состав Северного флота. Главнокомандующий Военно-морским флотом утвердил приемный акт 31 марта 1996 года.

41. Вторая экспертиза, а точнее, часть ее, которая касается установления источников стуков по их пеленгам. Об этой экспертизе речь пойдет ниже.

42. Анализ пеленгов стуков приводится в приложении вместе с их прокладкой на карте района боевых действий.

43. В вахтенном журнале ТАРКР «Петр Великий» есть такая запись: «02-29 13.08.2000. Доклад акустика в 02-22 наблюдал стуки под водой по пеленгу 281° с точки местонахождения корабля с координатами: $\varphi_0 = 69°37,9\ N; \lambda_0 = 37°32,4\ E$». Этой записи нет в гидроакустическом журнале, что наводит на мысль о внесении изменений в журналы после трагедии.

44. Из письма Олега Тесленко мне.

45. Из письма Олега Тесленко мне.

46. МГК-355 — гидроакустический комплекс, предназначенный для обнаружения подводных лодок, торпед и выработки данных по противолодочному оружию, средствам противоторпедной защиты, а также по обеспечению звукоподводной связи с подводными лодками и пеленгования сигналов работающих гидролокаторов. Обнаружение торпед в пассивном и активном режимах осуществляется входящей в состав комплекса высокочастотной станцией МГК-355Т.

47. Сергей Козлов после окончания с отличием в 1981 году штурманского факультета Ленинградского высшего военно-морского училища имени М. В. Фрунзе до 1998 года (с перерывом на два года учебы в Военно-морской академии) служил на Северном флоте. Прошел путь от инженера электронавигационной группы большой атомной подводной лодки до флагманского штурмана флотилии АПЛ. Участвовал в девяти дальних походах, награжден орденами «За личное мужество» и «За военные заслуги». Был заместителем главного штурмана ВМФ. Вскоре после экспертизы по делу «Курска» Сергей Козлов был назначен главным штурманом ВМФ России и стал контр-адмиралом, впоследствии назначен начальником Управления навигации и океанографии Минобороны РФ — начальником гидрографической службы ВМФ. С июля 2010 года возглавляет ВТУ ГШ и Топографическую службу ВС РФ.

48. Практическая (учебная) торпеда — точная копия боевой торпеды, предназначенная для учебных стрельб. Вместо боевого отделения комплектуется практическим отделением с аварийно-стоповой системой, аппаратурой регистрации параметров, системой спасения торпеды и приборами обнаружения. Для движения на определенной глубине в балластное отделение заливается вода, которая при прохождении установленной дистанции вытесняется сжатым воздухом и обуславливает положительную плавучесть. Помимо этого торпеда оборудуется специальным прибором, который при ее движении через каждые 15–20 секунд выстреливает малые ракетки. Они хорошо видны с надводного корабля-цели, где сразу же могут оценить результат стрельбы. После окончания учебных стрельб практические торпеды подбираются специальными кораблями — торпедоловами.

49. Известна как ФАУ-2. См. Ненахов Ю. Ю. Чудо-оружие третьего рейха. Мн.: Харвест, 1999. С. 492.

50. Многоцелевые атомные подводные лодки — подводные корабли, вооруженные крылатыми ракетами и предназначенные для поражения корабельных группировок противника.

51. «Толстушка» — неформальное название торпеды калибра 650 мм, прозванной подводниками за калибр и габариты.

52. Командиром БЧ-3 на «К-141» «Курск» в то время был капитан-лейтенант Томилин.

53. Марат Байгарин, врио флагманского минера капитан III ранга, погиб вместе с кораблем.

54. «Б-37» — подводная лодка проекта 641 из состава Северного флота. 11 января 1962 года у пирса Полярного на ней взорвался торпедный боезапас, что привело к гибели 122 человек. Стоявшая рядом ПЛ-350 была

повреждена, командира лодки капитана II ранга Анатолия Бегебу отдали под суд, но он (чудеса случались и в советское время) был оправдан. Материалы расследования засекречены до сих пор. По числу погибших гибель «Б-37» – самая крупная авария на подводном флоте после Второй мировой войны.

55. *«...она [субмарина «Курск»] радировала запрос для получения разрешения отстрела торпеды как раз перед первым взрывом».*

56. Головной корабль этого проекта «Северодвинск» спущен на воду 15.06.2010. В постройке находится второй корабль – «Казань», строящийся по усовершенствованному проекту 885М (08851) «Ясень-М». Весной 2011 года правительство сообщило о планах строительства еще 8 таких лодок.

57. Опубликовано на сайте Страна.ru 22.03.02 в 14:11.

58. Коляда Борис Григорьевич – бывший начальника штаба 6-й дивизии подводных лодок.

59. Карбоксигемоглобин – смертельно опасное соединение, образующееся в организме при соединении углекислого газа с гемоглобином.

60. На момент публикации первого издания книги Солохин и Растошинский работали в Федеральном центре судебно-медицинской экспертизы, в 2002 году Анатолий Солохин скончался. Судьба Эдуарда Растошинского мне неизвестна.

61. *«Это преступление».*

62. Алексей Алексеевич Леонтьев (1936—2004) – российский психолог и пингвист, доктор поихологических и филологических наук, действительный член РАО и АПСН.

63. Преюдиция – признание судом, прокурором, следователем, дознавателем обстоятельств, установленных вступившим в законную силу приговором, без дополнительной проверки, если эти обстоятельства не вызывают у суда сомнения. При этом такой приговор не может предрешать виновность лиц, не участвовавших ранее в рассматриваемом уголовном деле (ст. 90 УПК РФ).

64. РБК, 22.01.2003 (top.rbc.ru/incidents/22/01/2003/59109.shtml).

65. Ведущему передачи «Человек и закон» на Первом канале Российского телевидения следовало бы знать, что в уголовном судопроизводстве исков нет, а есть жалобы, заявления и ходатайства.

66. Бруно Ясенский (1901–1941) – коммунист, профессиональный революционер, поэт, писатель, переводчик, журналист. Роман «Заговор равнодушных» остался незаконченным. Автор был расстрелян.

67. См. интервью Игоря Курдина корреспонденту Радио «Свобода» Виктору Резункову 12 августа 2010 года под заголовком «Подводник Игорь Курдин о трагедии «Курска».

68. В марте 2004 года Куроедов заявил в интервью ВВС, что «Петр Великий» с ядерной энергетической установкой *«[...] находится в таком состоянии, что может в любой момент взлететь на воздух».* Впоследствии он дезавуировал собственное заявление и сообщил, что *«Служба ядерной безопасности на корабле отработана и соответствует всем необходимым требованиям».* Однако, по его словам, состояние жилых и общекорабельных помещений крейсера неудовлетворительное и не соответствует требованиям Корабельного устава. Замечу, что адмирал Куроедов заявил об аварийности

корабля и неготовности его экипажа после того, как бывший замглавком ВМФ адмирал Игорь Касатонов (дядя командира крейсера «Петр Великий» адмирала Владимира Касатонова) дал показания об ошибках Куроедова на суде по делу о гибели подлодки «К-159».

69. Синопсис книги – краткое содержание литературного произведения, в котором описывается сюжет и основной конфликт, а также дается представление о главных героях. Обычно объем книжного синопсиса составляет от 2 до 5 страниц. Текст синопсиса пишется в настоящем времени и в идеале должен представлять собой самостоятельное литературное произведение – рассказ о книге.

70. Согласно сайту www.deepstorm.ru/DeepStorm.files/45-92/nts/671/K-147/K-147.htm, Лесков в командирах «К-147» не числился.

71. В. Рязанцев. «Тень безграмотности» (сайт газеты «Советская Россия». 19.09.2009).

72. Там же.

73. По классификации НАТО – Golf II.

74. Система контроля окислителя для перекисно-водородных торпед калибра 650 мм.

75. «Курс боевой подготовки атомных подводных лодок».

76. Протокол допроса от 30.10.2000.

77. Протокол допроса от 30.01.2001.

78. В-600-1-1 – аварийный буй.

79. Многоцелевая торпеда МК-48, находящаяся на вооружении военно-морских сил США, может применяться против подводных лодок и надводных кораблей. Корпус диаметром 533 мм разделен на несколько отсеков: носовой, кормовой и отсек управления.

В носовом отсеке находятся преобразователь, излучатель, приемник и логический блок управления самонаведением. Последний имеет вычислительное устройство, которое управляет маневрами торпеды при обнаружении цели, самонаведении и повторной атаке. В боевом отсеке, размещенном за носовым, расположены боевое зарядное отделение (масса взрывчатого вещества 350 кг), взрыватель, предохранительное устройство и электронный блок, который находится в задней части отсека. Он содержит электронную аппаратуру, которая обеспечивает подрыв боевого заряда. В отсеке управления (между боевым и топливным отсеками торпеды) размещены командный блок управления, гироскопический блок системы управления и блок питания. Командный блок управления, находящийся в нижней части корпуса отсека управления, обеспечивает торпеде заданную скорость движения и диапазон глубин, ограниченный максимальной и минимальной (600–900 м) глубинами хода. В кормовом отсеке размещена энергосиловая установка (двигатель, камера сгорания, блок клапанов, исполнительные органы управления ходом торпеды и генератор переменного тока).

Двигатель роторно-поршневой, работает на жидком унитарном (однокомпонентном) топливе «Отто-2». В торпедах МК-48 (начиная со второй модификации) соосные гребные винты противоположного вращения заменены осевыми водометами, приводимыми в движение роторно-поршневыми двигателями. Топливо представляет собой невзрывоопасную и нечувствительную к ударам жидкость ярко-красного цвета, удельная масса которой несколько больше, чем у воды. Примененная на торпеде открытая выхлопная система обеспечивает растворение в воде значительной части выхлопных газов, что позволяет ей оставлять на поверхности малозаметный след. Скорость хода около 55 узлов.

Торпеды МК-48 всех модификаций управляются дистанционно по проводу, а на конечном участке траектории движения – с применением акустической аппаратуры самонаведения. Торпеды МК-48 (Мод. 1 и Мод. 2) имеют одностороннюю связь с подводной лодкой, на которую после пуска торпеды поступает информация о состоянии провода и о захвате цели аппаратурой самонаведения. В торпедах МК-48 (Мод. 3 и Мод. 4) применена система телеуправления, что обеспечивает ей двустороннюю связь с носителем. (См. также сноску 97)

80. Я участвовал в этом фильме, но режиссер вырезал все, что я говорил о причинах гибели экипажа и корабля.

81. «12 августа исполняется десять лет со дня гибели подводной лодки «Курск», 12.08. 2010 (http://www.liveinternet.ru/users/3886203/post132358294/); «Россия, как «Курск». Псковская губернія, № 32 (503), 18–24.08.2010; «Причиной катастрофы был назван взрыв торпеды». Канал «ПИК», 12.08.2011, 21:08.

82. Что имел в виду Михаил Волженский, понять невозможно. Я не нашел «К-84» как обозначение ракетоторпеды «Шквал». АПКСН К-84 (проект 667 БДРМ «Екатеринбург») никакого отношения к «Курску» иметь не могла. Допросить самого Волженского по этому поводу у меня возможности не было.

83. www.uic.unn.ru/~teog/sovrem/aplkurs49.htm.
84. via-midgard.info/blogs/15604-ona-utonula.html.
85. KM.ru Новости.
86. «Ежедневный журнал».
87. zhurnal.lib.ru/w/warzarx_a_a/bajki-161.shtml.
88. via-midgard.info/blogs/15604-ona-utonula.html.
89. KM.ru Новости.
90. «Ежедневный журнал».
91. zhurnal.lib.ru/w/warzarx_a_a/bajki-161.shtml.
92. Самая желтая из всех желтых газет. Я выиграл у редакции несколько судебных процессов.
93. Активные мероприятия – направление деятельности разведслужб в оказании воздействия на зарубежное общественное мнение, компрометация или поддержка отдельных лиц или организаций с использованием агентуры, а также через сочувствующих или лиц, разделяющих взгляды и политические воззрения (агенты влияния). В СССР активные мероприятия осуществляла Служба А Первого Главного управления КГБ.
94. Тьерри Вольтон. КГБ во Франции.
95. «Вице-адмирал Михаил Моцак: «Честь имею!» «Известия», 16.11.2001.
96. Универсальная торпеда МК-48 состоит на вооружении *attack submarines* (многоцелевых подводных лодок) и *Ohio class ballistic missile*

submarines (подводных лодок с баллистическими ракетами). Первый вариант торпеды МК-48 mod. 1 был принят на вооружение в 1971 году, МК-48 mod. 3 – в 1976 году. Производство торпед МК-48 mod. 1 прекращено в 1977 году, МК-48 mod. 3 – в 1981 году. Торпеда МК-48 mod. 3 состоит также на вооружении ВМС Австралии, Канады и Нидерландов.

Универсальная торпеда МК-48 mod. 5 разработана по программе ADCAP и состоит на вооружении с 1988 года. Вес ВВ: 300 кг (500 кг) Система наведения: активно-пассивная + телеуправление. При этом телеуправление осуществляется на первом этапе пуска через шланговую лодочную катушку, что повышает надежность связи с торпедой, уменьшает ограничения по скорости и маневрированию. Последующее наведение осуществляется по шумам двигателя и по кильватерной струе. (См. также сноску 80)

97. Норвегия входит в НАТО, не будут же США делать фотографии военных баз своего союзника!

98. Время публикации: 5 ноября 2000 года, 20:59.

99. Очевидно, имеется в виду Агентство национальной безопасности (National Security Agency/Central Security Service, NSA/CSS) – разведывательная организация США. Официально создано 4 ноября 1952 года, считается крупнейшим государственным агентством по сбору разведывательной информации. Отвечает за сбор и анализ зарубежных коммуникаций, их координат, направлений, а также выполняет высокоспециализированные задачи по получению информации на основании анализа коммуникационного трафика зарубежных стран, что, в свою очередь, включает существенные объемы криптоанализа. Отвечает также за защиту государственных коммуникационных каналов от действий аналогичных служб других государств по всему миру. По причине своей особой секретности аббревиатуру NSA иногда в шутку расшифровывали *No such Agency* («Агентство, которого нет») или *Never Say Anything* («Никогда ничего не говори»). Самая скрытная американская спецслужба решает задачи получения информации техническим путем, отвечает за все виды электронной разведки, защиту данных и криптографию.

100. Анальная инконтиненция – недержание кала.
101. «Знание – сила». 2002, № 2.
102. Это фото сделано на Курской дуге. Советские танкисты рассматривают подбитый танк «тигр», досталось ему неслабо. Мы видим множественные пробоины в броне, главное отверстие, на которое указывает лейтенант, проделано бронебойным снарядом из 76-миллиметровой пушки.
103. Горизонтальные рули (Hydroplanes) – рули, дающие возможность подводной лодке забирать глубину при погружении и поддерживать ее. Современные подводные лодки часто имеют две пары горизонтальных рулей глубины: одну – в носу, другую – в корме, обычно балансирного типа. Носовая пара горизонтальных рулей располагается примерно на расстоянии 1/4 длины лодки от носа, а кормовая – позади винтов и в одной горизонтальной плоскости с осью гребных винтов, дабы использовать действие водяной попутной струи на рули. (Самойлов К. И. Морской словарь. М.-Л.: Государственное военно-морское издательство НКВМФ Союза ССР, 1941).

104. Эдуард Балтин – Герой Советского Союза, командующий Черноморским флотом (1992–1996), скончался на 72-м году жизни 10.10.2008.

105. Владимир Чернавин – последний Главком ВМФ СССР и первый Главком ВМФ России.

106. Сайт правительства Российской Федерации: premier.gov.ru.

107. Позже, в июне 2003 года, Путин лично утвердил план военно-морских учений на Тихоокеанском флоте.

108. **Статья 125. Оставление в опасности**

Заведомое оставление без помощи лица, находящегося в опасном для жизни или здоровья состоянии и лишенного возможности принять меры к самосохранению по малолетству, старости, болезни или вследствие своей беспомощности, в случаях, если виновный имел возможность оказать помощь этому лицу и был обязан иметь о нем заботу либо сам поставил его в опасное для жизни или здоровья состояние,

наказывается штрафом в размере до восьмидесяти тысяч рублей или в размере заработной платы или иного дохода осужденного за период до шести месяцев, либо обязательными работами на срок до трехсот шестидесяти часов, либо исправительными работами на срок до одного года, либо принудительными работами на срок до одного года, либо арестом на срок до трех месяцев, либо лишением свободы на срок до одного года.

109. **Статья 293. Халатность**

1. Халатность, то есть неисполнение или ненадлежащее исполнение должностным лицом своих обязанностей вследствие недобросовестного или небрежного отношения к службе, если это повлекло причинение крупного ущерба или существенное нарушение прав и законных интересов граждан или организаций либо охраняемых законом интересов общества или государства, […]

3. Деяние, предусмотренное частью первой настоящей статьи, повлекшее по неосторожности смерть двух или более лиц,

наказывается принудительными работами на срок до пяти лет с лишением права занимать определенные должности или заниматься определенной деятельностью на срок до трех лет или без такового либо лишением свободы на срок до семи лет с лишением права занимать определенные должности или заниматься определенной деятельностью на срок до трех лет или без такового.

Примечание: Крупным ущербом в настоящей статье признается ущерб, сумма которого превышает один миллион пятьсот тысяч рублей.

110. **Статья 294. Воспрепятствование осуществлению правосудия и производству предварительного расследования**

2. Вмешательство в какой бы то ни было форме в деятельность прокурора, следователя или лица, производящего дознание, в целях воспрепятствования всестороннему, полному и объективному расследованию дела […]

3. Деяния, предусмотренные частями первой или второй настоящей статьи, совершенные лицом с использованием своего служебного положения, […]

наказываются штрафом в размере от ста тысяч до трехсот тысяч рублей или в размере заработной платы или иного дохода осужденного за период от одного года до двух лет, либо принудительными работами на срок до четырех лет с лишением права занимать определенные должности или заниматься определенной деятельностью на срок до трех лет или без такового, либо лишением свободы на срок до четырех лет с лишением права занимать определенные должности или заниматься определенной деятельностью на срок до трех лет или без такового.

111. **Статья 285. Злоупотребление должностными полномочиями**

1. Использование должностным лицом своих служебных полномочий вопреки интересам службы, если это деяние совершено из корыстной или иной личной заинтересованности и повлекло существенное нарушение прав и законных интересов граждан или организаций либо охраняемых законом интересов общества или государства, [...]

2. То же деяние, совершенное лицом, занимающим государственную должность Российской Федерации или государственную должность субъекта Российской Федерации, а равно главой органа местного самоуправления, [...]

3. Деяния, предусмотренные частями первой или второй настоящей статьи, повлекшие тяжкие последствия, [...]

наказываются лишением свободы на срок до десяти лет с лишением права занимать определенные должности или заниматься определенной деятельностью на срок до трех лет.

Примечания:

1. Предусмотренные частями первой или второй настоящей статьи, повлекшие тяжкие последствия, [...]

Должностными лицами в статьях настоящей главы признаются лица, постоянно, временно или по специальному полномочию осуществляющие функции представителя власти либо выполняющие организационно-распорядительные, административно-хозяйственные функции в государственных органах, органах местного самоуправления, государственных и муниципальных учреждениях, государственных корпорациях, а также в Вооруженных Силах Российской Федерации, других войсках и воинских формированиях Российской Федерации.

2. Под лицами, занимающими государственные должности Российской Федерации, в статьях настоящей главы и других статьях настоящего Кодекса понимаются лица, занимающие должности, устанавливаемые Конституцией Российской Федерации, федеральными конституционными законами и федеральными законами для непосредственного исполнения полномочий государственных органов.

3. Под лицами, занимающими государственные должности субъектов Российской Федерации, в статьях настоящей главы и других статьях настоящего Кодекса понимаются лица, занимающие должности, устанавливаемые конституциями или уставами субъектов Российской Федерации для непосредственного исполнения полномочий государственных органов.

4. Государственные служащие и служащие органов местного самоуправления, не относящиеся к числу должностных лиц, несут уголовную

ответственность по статьям настоящей главы в случаях, специально предусмотренных соответствующими статьями.

112. www.youtube.com/watch?v=GvfKTWltq2g.
113. Cry from the Deep: The Sinking of the Kursk, the Submarine Disaster That Riveted the World and Put the New Russia to the Ultimate Test. HarperCollins, Nov 23, 2004 - Technology & Engineering. 304 pages.
114. www.segodnya.ua/world/cemja-putina-vozhlavila-cpicok-camykh-bohatykh-v-mire-%E2%80%93-cmi.html.
115. globalist.org.ua/shorts/94957.html.
116. inotv.rt.com/2012-04-19/Sostoyanie-Putina-ocenili-po-ego.
117. www.newsru.com/russia/03apr2006/putin_print.html.
118. См. сноску 108.
119. См. сноску 109.
120. Подробно об этом в книге Игоря Хмельнова «Российский флот. Доблесть и нищета». Аналогичным образом несколькими годами ранее расправились с командующим Северным флотом адмиралом Олегом Ерофеевым и с командующим тем же флотом адмиралом Геннадием Сучковым.
121. www.1tv.ru/news/leontiev/120268.
122. www.newsru.com/russia/13Jan2001/nagrada.html.
123. См. сноску 68.
124. «Независимая газета» № 56 от 04.08.2005.
125. flb.su/infoprint/1259.html.
126. На допросе Попов В. А. не признал того, что такой доклад поступил, командир «Петра Великого» Касатонов В. Л. по этому обстоятельству не допрошен, однако у меня нет сомнений, что капитан I ранга спас адмирала. Иначе нельзя объяснить тот факт, что Касатонов В. Л., несмотря на очевидный просчет, не только не был уволен из Вооруженных сил, но и резко пошел вверх по служебной лестнице: в 2003 году – контр-адмирал, в августе 2008 года – командир дивизии кораблей Северного флота, награжден орденом «За военные заслуги».
127. См. сноску 108.
128. См. сноску 110.
129. **Статья 327. Подделка, изготовление или сбыт поддельных документов, государственных наград, штампов, печатей, бланков**
1. Подделка удостоверения или иного официального документа, предоставляющего права или освобождающего от обязанностей, в целях его использования либо сбыт такого документа, а равно изготовление в тех же целях или сбыт поддельных государственных наград Российской Федерации, РСФСР, СССР, штампов, печатей, бланков [...]
2. Те же деяния, совершенные с целью скрыть другое преступление или облегчить его совершение,
наказываются принудительными работами на срок до четырех лет либо лишением свободы на тот же срок.
130. **Статья 352. Нарушение правил кораблевождения**
Нарушение правил вождения или эксплуатации военных кораблей, повлекшее по неосторожности смерть человека либо иные тяжкие последствия,
наказывается лишением свободы на срок до семи лет.

131. diviky.narod.ru/arc/0203/03_300.htm.

132. www.nr2.ru/policy/259029.html.

133. Недостаток финансирования действительно был, я с этим столкнулся лично. В 1996 году, в год 300-летия Военно-морского флота, у редакции не было денег на выпуск старейшего российского журнала «Морской сборник», который выходил без перерыва и без смены названия с 1848 года. Я дал редакции деньги, и юбилейный номер журнала вышел в свет.

134. Статья «Путин поднял ВМФ РФ с колен и пустил на утилизацию»: nnm.ru/blogs/yurasha59/putin_podnyal_vmf_rf_s_kolen_i_pustil_na_utilizaciyu.

135. См. сноску 110.

136. См. сноску 111.

137. **Статья 300. Незаконное освобождение от уголовной ответственности**

Незаконное освобождение от уголовной ответственности лица, подозреваемого или обвиняемого в совершении преступления, прокурором, следователем или лицом, производящим дознание,

наказывается лишением свободы на срок до семи лет.

138. **Статья 303. Фальсификация доказательств**

2. Фальсификация доказательств по уголовному делу лицом, производящим дознание, следователем, прокурором или защитником,

наказывается ограничением свободы на срок до трех лет, либо принудительными работами на срок до трех лет с лишением права занимать определенные должности или заниматься определенной деятельностью на срок до трех лет или без такового, либо лишением свободы на срок до трех лет с лишением права занимать определенные должности или заниматься определенной деятельностью на тот же срок.

139. **Статья 33. Виды соучастников преступления**

3. Организатором признается лицо, организовавшее совершение преступления или руководившее его исполнением, а равно лицо, создавшее организованную группу или преступное сообщество (преступную организацию) либо руководившее ими.

140. **Статья 307. Заведомо ложные показание, заключение эксперта, специалиста или неправильный перевод**

1. Заведомо ложные показания свидетеля, потерпевшего либо заключение или показание эксперта, показание специалиста, а равно заведомо неправильный перевод в суде либо при производстве предварительного расследования,

наказываются штрафом в размере до восьмидесяти тысяч рублей или в размере заработной платы или иного дохода осужденного за период до шести месяцев, либо обязательными работами на срок до четырехсот восьмидесяти часов, либо исправительными работами на срок до двух лет, либо арестом на срок до трех месяцев.

141. Сергей Золовкин. Служить был рад, прислуживаться – тоже. Штрихи к портрету и. о. генпрокурора. «Новая Газета», 16.08.1999.

142. См. сноску 110.

143. См. сноску 111.

144. См. сноску 133.

145. См. сноску 134.
146. См. сноску 135.
147. См. сноску 136.
148. ФГУ ЦУМР И ВЭС МИНОБОРОНЫ РОССИИ (Федеральное государственное учреждение «Центральное управление материальных ресурсов и внешнеэкономических связей Министерства обороны Российской Федерации»), расположено в двух шагах от Главной военной прокуратуры.
149. Вадим Соловьев. Верхушке Минобороны плевать на правосудие. Независимое военное обозрение, 27.05.2005.
150. Виктор Гуров. Боязнь высоты. Московский комсомолец, № 114 (23 000), 28.05.2002.
151. См. сноску 136.
152. Я сделал все, что мог, тот, кто может, пусть сделает лучше (лат.).

Приложения

Приложение № 1

Евгения Альбац

МИНА ЗАМЕДЛЕННОГО ДЕЙСТВИЯ

(Политический портрет КГБ)

Москва
РУССЛИТ
1992

К главе VII. ПЕРЕВОРОТ

КГБ СССР

Я работаю в 18 (01) группе с 1988 г. 18 группа временно была переведена для работы на 011-012 столы в связи с тем, что предполагалось открывать 4 отделение, и техники проводили монтаж аппаратуры. На 011-012 участках группа работала примерно год. Кроме объектов, установленных по заданию управлений, группа осуществляла контроль разговоров объектов, установленных по устному распоряжению Л.А.Зуйковой. В 1991 г. без заданий контролировали Корягину Т.И. Фейзуллаева; Липицкого В.С.; Кузнецова В.А., Айрапетова Э.Е., Пархаева Е.А.; ассоциацию Полещука В.А.; Кузнецова Б.А.

После работы в вечернюю смену 17 августа Л.А.Зуйкова попросила меня остаться в ночную смену: принять для контроля объектов на 181-182 рабочих участках. Объектов подавали ночью. Я проверила, что объекты подключены. Распоряжения слушать объектов у меня не было. Конкретного задания не было. Ночную смену 17-18 августа (22.00 - 9.00) я работала на объектах 011-012 рабочих участков.

17 августа приступила к работе в 15.00. На контроле стояли объекты: Яковлев А.Н., Полторанин М.Н., Силаев И.С., Шеварднадзе Э.А. Кузнецов Б.А. (без заданий). Вечером были поданы два номера 224... с указанием: "установить, кто появится в номере". Объекты не проявлялись.

19 августа я работала с 15.00 до 22.00 на 011-012 столах. Контролировала указанных выше объектов.

20 и 21 августа у меня по расписанию были выходные. Меня вызвали для работы в ночь с 21-го на 22-ое августа (21.30 - 8.00). Контролировала объектов 181-162 и 183-184 рабочих участков: аппараты Руцкого, Янаева, Хасбулатова, Силаева, Ельцина, Лукьянова, Бурбулиса. Было задание слушать проходящую информацию и докладывать Калгину Е.И. Названные объекты не проявлялись - говорили посторонние люди, разговоры которых я докладывала Калгину Е.И. по телефону. Сводок за ночь оформлено не было.

По обработке информации. Принимаемая информация записывается в рабочие тетради с регистрационным номером, в соответствии с ориентировкой, материал оформляется в сводки. Готовые сводки прочитывают старшие групп, затем рассылают. С работой по отправлению сводок я не знакома. Сводки нашей группы забирала Л.А.Зуйкова.

9 августа 1991 г.

Старший оперативный контролер
3 отделения 6 отдела
12 отдела КГБ СССР
прапорщик Ланина Татьяна
Алексеевна

Приложение № 2
Анализ пеленгов, проложенных С. Козловым на стуки

№ пеленга	Пеленг в град.	Время (ч/мин.) и дата	Ошибки Козлова
1	281°,0	02.22 13.08.2000	
2	174°,0	02.57-03.02	
3	174°,0	02.57-03.02	
4	174°,0	02.57-03.02	03.02 – 157°,4
5	156°,3-157°,4	03.02-03.10	03.05 – 157°,7
6	156°,3-157°,4	03.02-03.10	03.07 – 156°,3
7	156°,3-157°,4	03.02-03.10	
8			Пропущен пеленг 03.10 – 225°,0
9	156°,3-157°,4	03.02-03.10	
10			Пропущен пеленг (03.10-224°,0)
11	227°,0	03.11	
12			Пропущен пеленг 03.13-245°,0
13	240°,0	03.14	
14	273°,0	03.20	
15			Пропущен пеленг 03.23-247°,0
16	108°,0-117°,0	03.46-04.03	
17	108°,0-117°,0	03.46-04.03	
18	225°,0	03.10	Перекрывает № 16-20
19	108°,0-117°,0	03.46-04.03	Обобщены, хотя есть пеленги 115°,0, – 118°.,0
20	108°,0-117°,0	03.46-04.03	Обобщены, хотя есть пеленги 115°,0, – 118°,0
21	135°,0-136°,0	04.28	
22	135°,0-136°,0	04.28	
23			Пропущен 05.05 – 237°,0
24			Пропущен 05.08 – 230°,0
25			Пропущен 05.27 – 80°,0
26	4°,5	22.25-22.48 13.08.2000 по 00.00-05.38 14.08.2000	Пропущен 08.17 – 276°,0

№ пеленга	Пеленг в град.	Время (ч/мин.) и дата	Ошибки Козлова
27	140°,0	03.39	Перекрывает № 26-34 Ошибочно время 09.39
28	180°,0	10.17	Перекрывает № 26-34
29	185°,0	10.17	Перекрывает № 26-34
30	4°,5	22.25-22.48 13.08.2000 по 00.00-05.38 14.08.2000	Пропущен 15.49 – 239°,0 Пропущен 01.05 14.8°,0 –12°,0
31	4°,5	22.25-22.48 13.08.2000 по 00.00-05.38 14.08.2000	Пропущен 15.52 – 233°,0 Пропущен 01.22 – 113°,0
32	4°,5	22.25-22.48 13.08.2000 по 00.00-05.38 14.08.2000	Пропущен 15.53 – 279°,8 Пропущен 01-43 – 277°,0
33	4°,5	22.25-22.48 13.08.2000 по 00.00-05.38 14.08.2000	
34	4°,5	22.25-22.48 13.08.2000 по 00.00-05.38 14.08.2000	
35	3°.2	Время не указано	07.50 14.08.2000
36	338°,0	11.00 14.08.2000	

Приложение № 3
Выписка из вахтенного журнала связи

ВЫПИСКА ИЗ ВАХТЕННОГО ЖУРНАЛА тракта СВЯЗИ и ОПОЗНАВАНИЯ МГК-355

с 2 часов 56 минут 13.08.2000 года до 11 часов 08 минут 14.08.2000 года

режим работы	курс	скорость	режимы работы ЗПС	сектор/курсовой угол	пеленг	примечание
13 августа 2000 года						
56	ШП	145	4,5	Запрос КСОп		
57	ШП	145	4,5	Запрос КСОп	45 ПРБ	174	появление серий стуков
57	ШП	145	4,5	Запрос КСОп	45 ПРБ	174	серии стуков
00	ШП	145	4,5	Запрос КСОп	45 ПРБ	174	серии стуков
03	ШП	145	4,5	Запрос КСОп	45 ПРБ	157,4	серии стуков
05	ШП	135	4,5	Запрос КСОп	45 ПРБ	157,7	серии стуков
07	ШП	132	4,5	Запрос КСОп	30 ПРБ	156,3	серии стуков
10	ШП	145	4,5				
11	ШП	147	9,5	Запрос КСОп	30 ПРБ	227,7	серии стуков
13	ШП	147	1	Запрос КСОп	30 ПРБ	245	серии стуков, появился периодический шум
14	ШП	150	1,5		30 ПРБ	240	серии стуков
20	ШП	225	4			273	прослушиваются стуки
21	ШП	225	4,5	Запрос КСОп	80 ПРБ	297	серии стуков
23	ШП	254	4,5	Запрос КСОп	80 ПРБ	247	серии стуков
24	ШП	267	4,5	Запрос КСОп	10 ПРБ		
25	ШП	270	4,5	Запрос КСОп	10г°		
26	ШП						начали поворот влево
46	ШП	90	4,5	Запрос КСОп	25 ПРБ	108	серии стуков
47	ШП	90	0	Запрос КСОп	10 ПРБ	117	серии стуков
48	ШП	90	0	Запрос КСОп	10 ПРБ	115	постоянные стуки на протяжении 30 сек
49	ШП	90	0	Запрос КСОп	115 ПРБ		
52	ШП	90	0	Запрос КСОп	115 ПРБ	117	серии стуков
56	ЭП	90	0	—			ММ шк 7,5 1 посылка
58	ШП	90	0	ТЛФ ВЧ НН			2 я 1 дайте ответ приём
00	ШП	76	4				
03	ШП	76	4	ТЛФ НЧ НН			2 я 1 дайте ответ приём
03	ШП	76	4				прослушиваются стуки
18	ШП	76	4			70	серии стуков
22	ШП	76	4			139	наблюдаю шум

Приложение № 4
Сводная таблица данных журналов

Время ч	Время мин	Компасные курсы	Поправки компаса	Путь	Число оборотов движителей/ скорость хода, уз	Поправка лага, %	Отсчёты лагов	Расстояние с карты, пройденное по данному пути	Пеленг №/град.	Координаты	Примечания
11	30	130			15				96		Вспышка, хлопок
12 августа 2000 года
02	04	287,0					31,6				
02	28	281,0							1) 281,0	$\varphi_0 = 69°34,35$ N, $\lambda_0 = 37°46,6$ E	
13 августа 2000 года
02	22									$\varphi_0 = 69°37,9$ N, $\lambda_0 = 37°32,4$ E	Доклад акустика в 02.22 наблюдал стуки под водой по пелену 281,0
02	30	Пер		Пер	0;0		37,4	0,8			Застопорили ход, КМ=337,0
02	38	П-15			39/39; 6		38,0	0,7			Дали самый малый ход
02	39	145,0					38,1				
02	55	145			4,5				2) 174	$\varphi_0 = 69°38,3$ N, $\lambda_0 = 37°33,0$ E	Места нет, маневрирование, принято факт. место на 3.4'
02	57	145			4,5				3) 174,4	"о же	Появление серий (однородных) стуков
02	57	145,0 144,0	0,0 0,1	145,0	0;0		40,1				Однородные стуки
03	00									$\varphi_0 = 69°38,3$ N, $\lambda_0 = 37°33,0$ E	По докладу акустиков после посылки кодового сигнала опознавания прослушиваются стуки металлического тона
03	00	145			4,5		40,5		4) 174,(5)'		Серии стуков
03	02 (03)	145			4,5				5) 157,4	$\varphi_0 = 69°38,2$ N, $\lambda_0 = 37°33,3$ E	Серии стуков
03	04											
03	05	135			4,5				6) 157,7		Серии стуков
03	07	132			4,5		40,6		7) 156,3	$\varphi_0 = 69°38,1$ N, $\lambda_0 = 37°33,4$ E	Серии стуков
03	09											
03	10								8) 225,0		После посылки кодового сигнала прослушиваются стуки по пелену.

Время ч	Время мин	Компасные курсы	Поправки компасов	Путь	Число оборотов движителей / скорость хода, уз	Поправка лагов, %	Отсчёты лагов	Расстояние с карты, пройденное по данному пути	Пеленг №/град.	Координаты	Примечания
03	10	145			4,5 уз				9) 156,3		Серия стуков
(03)	(10)	(145)			(4,5 уз)				10)(224)	Помеха	(Произошла засветка)
03	11	147			9,5 уз				11)227,7 (227,0)		Серия стуков
03	13	147			1 уз				12) 245	Помеха	Серия стуков, появился периодический шум
03	14	145,0 144,0	0,0 0,0	145,0	40/40; 6		40,6		13) 240		Серия стуков
(03)	(17)	(150)			(1,5 уз)				(240)		(Серия стуков)
03	17	150,0 149,0	0,0 0,1	150,0	88/88; 14	+0,14	40,9	3,2		Циркуляция	Прослушиваются стуки
03	20	П-25			4 уз	+0,14	41,4	0,9	14) 273	Циркуляция	Серия стуков
03	20	225			88/88; 14		41,6		297		Осуществляем маневрирование для выявления места пуков по пеленгам
03	21	225			4,5 уз				15) 247		Серия стуков
03	23	254			4,5 уз				16) 108		Серия стуков
03	46	90			0 уз				17) 117		Серия стуков
03	47	90			0 уз				18) 115 (118)		Постоянные стуки на протяжении 30 сек
03	48	90			0 уз				19) 117		Серия стуков
03	52	Пер		Пер	00; 0		46,2	2,7	20) [117]	φ₀ = 69°37,8 N, λ₀ = 37°30,7 E	Легли в дрейф
04	00	Пер			[4 уз]				[70]		[Прослушиваются стуки]
[04]*	[03]	[76]			[4 уз]						[Серия стуков]
[04]	[18]	[76]									
04	23	112			4 уз		46,2			φ₀ = 69°38,0 N, λ₀ = 37°31,6 E С=315° – 0,1 мили	ПИ «СЦ-А» № КА–8, М₀=0,01 мили,
04	28	112			4 уз				21) 136 (137)		Прослушиваются стуки
04	–	112							22) 135		
04	29	Л-15			40/40; 4		46,2	0,4			Монотонно повторяющаяся работа механизмов в течение 2 минут

Время ч	мин	Компасные курсы	Поправки компасов	Путь	Число оборотов движителей/ скорость хода, уз	Поправка лагов, %	Отсчёт лагов	Расстояние с карты, пройденное по данному пути	Пеленг №/град.	Координаты	Примечания
05	00	255,0			20/20		46,2			$\varphi_0 = 69°37,9\ N, \lambda_0 = 37°34,8\ E$	ПИ «СЧ-4» № КА=8, M_0=0,01 мили, С=315° – 0,1 мили
05	00	[234]			[4,5 уз]				23) [237]	Циркуляция	[Прослушиваются стуки]
[05]	[05]	[224]			[1,5 уз]				24) [230]	Циркуляция	[Прослушиваются стуки]
05	11									$\varphi_0 = 69°37,8\ N, \lambda_0 = 37°34,0\ E$	
05	27	80 (210)			5 (0,5)				25) 80		Серии стуков
05	35	82,2	0,0	82,2	0,0; 0,8		48,6			$\varphi_0 = 69°37,8\ N, \lambda_0 = 37°32,7\ E$	ПИ «СЧ-4» № КА=7, M_0=0,01 мили, С=290° – 0,1 мили
08	00	0,0 0,5	0,0 -0,5	0,0	90/90; 9	-0,08	55,1	0,4		$\varphi_0 = 69°37,9\ N, \lambda_0 = 37°31,9\ E$	ПИ «СЧ-4» № КА=7, M_0=0,01 мили, С=280° – 0,1 мили
08	01	К-360			80/80					Помехи и циркуляция	
08	17	250			4,5 (0,5)		58,9		26) 276	$\varphi_0 = 69°39,0\ N, \lambda_0 = 37°34,8\ E$	Через шум прослушиваются стуки ПИ «СЧ-4» № КА=7, M_0=0,01 мили, С=230° – 0,05 мили
09	21										
09	39	230			1,5 (0,5)				27) 140		Прослушиваются стуки (1 продолжительно, 7 коротких)
09	41						58,8			$\varphi_0 = 69°39,0\ N, \lambda_0 = 37°34,8\ E$	ПИ «СЧ-4» № КА=8, M_0=0,01 мили, С=48° – 0,2 мили
10	00									$\varphi_0 = 69°39,0\ N, \lambda_0 = 37°34,8\ E$	
10	17								28) 180	$\varphi_0 = 69°39,24\ N, \lambda_0 = 37°35,08\ E$	По докладу акустика наблюдалась серия из одиннадцати ударов
10	17	215			0 (0,5)		58,9		29) 185		Прослушиваются стуки
10	20	205,0	0,0	205,0	57/57; 9		69,0				Начали движение в точку с координатами $\varphi_0 = 69°37,1\ N, \lambda_0 = 37°32,1\ E$
14	54									$\varphi_0 = 69°37,7\ N, \lambda_0 = 37°34,6\ E$	ПИ «СЧ-4» № КА=7, M_0=0,01 мили, С=90° – 0,1 мили
14	56						69,04			$\varphi_0 = 69°37,68\ N, \lambda_0 = 37°34,56\ E$	M_0=0,01, С=120°
15	05	120,0 119,0	0,0 0,5	120,0	20/20; 3		**69,0**	0,1		$\varphi_0 = 69°37,4\ N, \lambda_0 = 37°35,8\ E$	КМ=131,0; ПИ «СЧ-4» № КА=6, M_0=0,01 мили, С=90° – 0,1 мили. **69,0** -Отсчет лага выставлял ошибочно.

Время ч	мин	Компасные курсы	Поправки компасов	Путь	Число оборотов движителей/ скорости хода, уз	Поправка лагов, %	Отсчёты лагов	Расстояние с карты, пройденное по данному пути	Пеленг №/град.	Координаты	Примечания
15	49	228	0,0		4,5 (0,5)				30) 239	Циркуляция	Прослушиваются одиночные стуки
15	52	Л-25			40/40				31) 233	Циркуляция	По докладу акустика наблюдаются одиночные удары
15	52	Л-25		—	40/40; 6		71,2		25) 279,8		Прослушиваются тройные стуки
15	53	221			4,5 уз (0,5 уз)			0,1			
16	00	П-25		—	40/40; 6		71,5			$\varphi_0 = 69°34,5\ N,\ \lambda_0 = 37°34,5\ E$	
16	11	—			0/0; 0		72,0			$\varphi_0 = 69°34,7\ N,\ \lambda_0 = 37°33,7\ E$	В дрейфе
16	34	—			0/0; 0		73,4			$\varphi_0 = 69°34,7\ N,\ \lambda_0 = 37°33,8\ E$	ПИ «СЧ-4» № КА=7, М₀=0,01 мили, С=265° - 0,1 мили
16	37	—			0/0						Встали на левый якорь.
22	25	358			0 уз				26) 4,5		Прослушиваются стуки SOS
22	28	—			0/0				26) 4,5		Доклад акустика: наблюдаю по пеленгу 4,5° серии стуков металлического тона, напоминающие сигналы бедствия SOS
22	26	360 (0)			0 уз				26) 4,5		Прослушиваются стуки SOS
22	27	360 (0)			0 уз				26) 4,5		Прослушиваются стуки SOS
22	30	360 (0)			0 уз				26) 4,5		Прослушиваются стуки SOS, работа ЗПС.
22	31	360 (0)			0 уз				26) 4,5		Прослушиваются стуки SOS, работа ЗПС.
22	33	7			0 уз				26) 4,6		Прослушиваются стуки SOS, вызовы в телефонии.
22	34	9			0/0				26) 4,5		Прослушиваются стуки SOS
22	35	—			0 уз				26) 3,6		Серия стуков по пеленгу 4,5° повторяются с периодичностью 1-2 мин.
22	36	11			0 уз				26) 4,5		Прослушиваются стуки SOS, работа ЗПС.
22	39	9			0 уз				26) 4,5		Прослушиваются стуки SOS, опознавание,
22	41	5			0 уз				26) 4,5		Работа ЗПС, прослушиваются стуки SOS
[22]	[45]	[2]			[0 уз]				26) [4,5]		Прослушиваются стуки SOS, работа ЗПС
[22]	[46]	[1]			[0 уз]				26) [4,5]		[Работа ЗПС. Прослушиваются стуки SOS]

459

Время ч	мин	Компасные курсы	Поправки компасов	Путь	Число оборотов движителей / скорость хода, уз	Поправка лагов, %	Отсчёты лагов	Расстояние с карты, пройденное по данному пути	Пеленг №/град.	Координаты	Примечания
[22]	[48]	[0]			[0 уз]				26) [4,5]		[Работа ЗПС опознавания. Прослушиваются стуки SOS]
[22]	[52]	[349]			[0 уз]						[Начали запись на кассету магнитофона]
14 августа 2000 года										
00	00									$\varphi_0 = 69°34{,}7\,N, \lambda_0 = 37°33{,}8\,E$	Корабль в точке якорной стоянки
00	16	0			0 уз				27) 1,5		Прослушиваются стуки SOS
00	26	0			0 уз				27) 5,3		Прослушиваются стуки, произошло опознавание от Рудницкого[1]
00	28	0			0 уз				27) 5,1		Прослушиваются стуки SOS
00	35	0			0/0				27) 4,5		Прослушиваются стуки SOS
00	36	—							27) 4,5		По докладу акустика обнаружены по П=4,5° серии стуков металлического тона, напоминающие сигналы бедствия SOS
01	05	—			0/0				12	Большие помехи	По докладу акустика обнаружена по П=12,0° серии стуков на фоне шума. Работать не может.
01	22	—			0/0				113	Большие помехи	По докладу акустика обнаружена по П=113° серия стуков на фоне шума. Работать не может.
01	43	0-			0 уз				277		Ряд тройных ударов
01	44	—			0/0				277	Большие помехи	По докладу акустика обнаружена по П=277° серия стуков на фоне шума. Разобрать не может.
02	05	20			0 уз				28) 4,5		Наблюдаю стуки SOS, работа ЗПС
02	08	—			0/0						По докладу акустика наблюдает работу ЗПС в ВЧ-диапазоне с запросом поотсечно об ответе с ПЛ К-141. Позывные неразборчивы.
02	08	20			0 уз				28) 4,5		Наблюдаю стуки SOS, работа ЗПС прошу отсетить поотсечно: 9, 8, 7, 6, 5, 4, 3, 2, 1 к вам пришла помощь.
02	14	15			0 уз				29) 4,5		Наблюдаю стуки SOS.

[1] В журналах сс «Михаил Рудницкий» никаких отметок до 03.10 14.08.2000 нет.

Время ч	Время мин	Компасные курсы	Поправки компасов	Путь	Число оборотов движителей / скорость хода, уз	Поправка лагов, %	Отсчёты лагов	Расстояние с карты, пройденное по данному пути	Пеленг №/град.	Координаты	Примечания
03	19	40			0 уз				306		Ряд тройных ударов (Медленные тройные стуки непрерывно)
03	21	40			0 уз				30) 4,5		Прослушиваются стуки SOS
03	28	40 (35)			0 уз				315		Ряд тройных ударов (Непрекращающиеся тройные удары)
03	44	—			0/0				38,0		По докладу акустика обнаружена по П=38,0° серия тройных стуков
03	44	10			0 уз				38 (10)		Ряд тройных ударов (Тройные удары)
04	49	340			0 уз				280,1 (281)		Ряд тройных ударов (Тройные удары)
05	03	0			0 уз				31) 4,5		Ряд тройных ударов (Тройные удары)
05	22	(380) 0			0 уз				32) 4,5		Прослушиваются стуки
05	35	(380)			0 уз				33) 4,5		Прослушиваются стуки
05	35	337			0 уз				34) 6,5		Стуки
05	56	380			0 уз				13,8		Прослушиваются стуки
06	07	335			0 уз				7,0		АС-34 доложил на ЗПС: «Вышел на объект, начал работать. Пеленг на АС-34 357°,9
06	47	—			0/0				357,9			АС-34 всплыл по пеленгу 3,2°, дистанция 25,7 кбт
07	50	—			—				35) 3,2		Снялись с якоря, начали маневрировать для постановки на якорь в другую точку
09	18	—		Пер	пер/пер;		73,9			$\varphi_0 = 69°34,5$ N, $\lambda_0 = 37°34,0$ E	Снялись с якоря. Рулевой правит с КП-1/1 по данным ИК «Союз» ДСКУ~0,0. поправка определена в 05ч 54мин (Солнце) Начали ведение ЖМК, карточка № 2 лист « 1 нф=10,4м
09	27	Пер		Пер							Включили лаги и эхолоты, начали маневрирование для подхода в точку $\varphi_0 = 69°35,6$ N, $\lambda_0 = 37°36,5$ E

Время		Компасные курсы	Поправки компасов	Путь	Число оборотов движителей/ скорость хода, уз	Поправка лагов, %	Отсчёты лагов	Расстояние с карты, пройденное по данному пути	Пеленг №/трал.	Координаты	Примечания
ч	мин										
09	57	---		---	---		75,8				Стали на левый якорь. ПИ «СЧ-4» № КА=8, М$_d$=0,01 мили
09	58										Встали на левый якорь в точке с координатами
11	00	345			0 уз				36) 338	φ₀ = 69°35,7 N, λ₀ = 37°34,8 E	
11	02	---			0/0				335	φ₀ = 69°35,6 N, λ₀ = 37°34,8 E	Дробь. (Прослушиваются одиночные стуки)
11	08	331			0 уз				306		По докладу акустика по П=335° стук
											Стуки прекратились (Звук похожий на хлопанье) прекратился)

Цветом обозначены:
Вахтенный журнал
Журнал гидроакустиков
Навигационный журнал

Адвокат _(подпись)_ Е.А. Кузнецов

* Имеются две разные выписки из вахтенного журнала гидроакустиков. В круглых скобках даны значения, имеющие расхождения.
* В квадратных скобках указаны значения, имеющиеся только в одной из выписок.

Приложение № 5
Александр Покровский.
О «Курске».

Статью я прочитал (Клесов/Куць). С тем, что «профессионалы» у нас еще те, я столкнулся в последней автономке в 1990 году. Уже тогда было ясно, что мы в полном обмороке. С тех пор вряд ли обстановка изменилась в лучшую сторону. Согласен: люди устали после автономки. Они были в море больше 78 суток. Пришли и по-спешному ушли на эти долбанные учения.

О столкновении с пл НАТО. Не очень верится. «Курск» огромен, и чтобы так «отшатнуться», как пишет автор статьи, надо столкнуться с «Петром Великим». И потом, скорость у него была 5–6 узлов, под выдвижными шел при полном радиообмене. Кроме того, в районе было столько всего, что иностранная лодка, во-первых, не рискнула бы сунуться (наши запросто кидаются боевыми глубинными бомбами с недолетом, а это штука неприятная), во-вторых, ее услышали бы акустики не только с «Курска» и с «дизеля».

О причинах взрывов говорить можно до утра, одно бесспорно – они погрузили неисправную торпеду для этой стрельбы. Кроме того, она перекисная.

Согласен, торпедисты на «Курске» именно этой торпедой чуть ли не в первый раз в жизни должны были стрелять. Я не знаю, какой Попов командующий (не берусь судить), но то, что торпедисты были «сырые», – это на его совести и на совести его офицеров.

О спасении. Спасательная операция проведена так, что о ее руководителях ничего приличного сказать нельзя. Это позор. Причем вселенский. Особенно удручает то, что они начинают всем «баки заколачивать» насчет того, что люди жили 6 часов. Это же просто бессовестно. По моим расчетам, они должны были жить минимум 3, максимум – 7–10 суток.

Самое странное, что в ходе этой позорной «спасательной операции» на лодку через систему «Эпрон» даже не пытались подать воздух, чтоб провентилировать кормовые отсеки и тем спасти людей, хотя бы от отравления угарным газом. Через ту же систему «Эпрон» на затонувшую лодку можно подать электричество, через нее можно продуть ЦГБ. Черт те что можно через нее делать, а они пытались пристыковать эту плавающую спасательную ерунду на дохлых аккумуляторах несколько суток. Даже если бы и пристыковали. Даже если бы и взяли несколько человек, то остальные, дожидающиеся своей очереди, могли бы хоть дышать нормально и свет бы у них был – ничего не сделано. Об «Эпроне» ни слова. А нас учили, что это азбука спасения.

О вскрытии люка. Вот идиотия! Вскрывают люк, и из него вырывается воздух. «Видите, – говорят, – весь воздух вышел!» А что он должен был делать? Водолазы через люк затапливают отсек, а потом говорят, что он «полностью затоплен». Глупость. Корма вся была сухая. Там люди в РБ были. А в носовых отсеках даже СГП некоторые одели. А здесь – все в РБ, не собирались они выходить в спешке. Никуда они не спешили. Такое впечатление, что их в корме уморили, словно от свидетелей избавлялись.

А сколько разговоров о том, что «стучали – не стучали», «технологические стуки». Нормальный акустик чувствует, когда стучат люди, а когда это «технологический стук». Ненормальным начальникам все будет «технологический стук». Вообще-то спускается водолаз и слышит у корпуса не только стуки, но и крики в отсеке. Нет у вас водолазов, спустите ГАС – она услышит.

Первая заповедь: установи связь с людьми в отсеке. А им эта заповедь по х... Они колокол ставили, и им (20 тонн) всю комингс-площадку изуродовали, а потом тыкали друг другу в эту полосу и говорили о столкновении. Из-за этого и состыковаться не могли. Но состыковаться можно было. Нужно было заделать эти царапины хоть пластилином. В наше время сказали бы «нет пластилина – из говна сделайте». Для этого опять-таки нужны водолазы. Водолазы там были, только они документацию собирали. Так, во всяком случае, говорили в телевизоре «руководители». Сам я ни одного водолаза не видел, не показывали.

А в эти дни в Козловском переулке в Москве была демонстрация из водолазов – все хотели ехать. Вышел Дыгало и сказал(о): «Все есть. Не нуждаемся». У них все есть!

Выяснять отношения с государством, уморившим своих людей, бесполезно. Про «Курск» можно говорить бесконечно. Виновата система, а она себя виновной никогда не признает. Как мы себя уничтожим, так нас ни один враг не уничтожит.

Приложение № 6
Сводная таблица данных по судебно-медицинской экспертизе

Сводная таблица данных по СМЭ

№	Номер заключения СМЭ	Ф.И.О. (Вместо фамилий указаны номера)	Содержание карбоксигемоглобина		Кровенаполнение под слизистую желудка по типу пятен Вишневского	Наличие гликогена в печени и мышце	Уровень глюкозы в крови, ммоль/л
			в крови, %	в мышце, %			
1	65	3	81,3	----	*	нет	----
2	66	8	----	34,5 (34,5)[1]	нет	нет	14,8
3	68	5	60	----	есть	----	----
4	69	11	93,3	46,6	есть	----	----
5	70	12	69,3	----	нет	нет	----
6	71	10	78,3	----	нет	----	----
7	72	9	82,3	----	есть	нет	----
8	73	2	68,3	----	нет	нет	----
9	74	1	50,6	----	есть	----	----
10	75	4	72,3	----	нет	нет	----
11	76	6	49,5	----	есть	нет	----
12	77	7	81,3	----	есть	нет	----
13	49	13	94,5	----	нет	----	----
14	50	14	92	----	нет	----	----
15	51	18	98	----	нет	----	----
16	52	22	89,2	----	нет	----	----
17	53	20	46 (96)[2]	----	нет	----	----
18	54	15	89,2 (85,2)[3] (72,7)[4]	----	нет	----	----
19	55	19	72,3	----	нет	----	----
20	57	16	72,7 (46)[5] (85,2)[6]	----	нет	----	----
21	61	17	42	----	нет	----	----
22	62	21	76	----	нет	----	----
23	63	23	40	----	нет	----	----

Содержание карбоксигемоглобина в крови до 60 % не является смертельным.
Если содержание карбоксигемоглобина в крови составляет 60-70 %, то при более длительном воздействии и отсутствии помощи наступает смерть.

Адвокат   Б.А.Кузнецов

* Прочерк означает, что анализ не производился.
[1] Разные данные в СМЭ и в Акте хим. исследования.
[2] 96 % - по Акту хим. исследования.
[3] 85,2 % - указано в СМЭ в разделе «по результатам исследований».
[4] 72,3 % - по Акту хим. исследования.
[5] 46 % - указано в СМЭ в разделе «диагноз».
[6] 85,2 % - по Акту хим. исследования.

Приложение № 7
Фрагменты консультативного заключения Российского центра судебно-медицинской экспертизы

КОНСУЛЬТАТИВНОЕ ЗАКЛЮЧЕНИЕ
СПЕЦИАЛИСТОВ

копия

" 08 " мая 2003 года   г. Москва

На основании письменного отношения адвоката Межреспубликанской коллегии адвокатов юридической консультации № 74 адвокатского бюро " Борис Кузнецов и партнеры " Б.А.Кузнецова от 24 апреля 2003 года в соответствии со ст. 53 УПК РФ специалисты в области судебной медицины:

— СОЛОХИН Анатолий Александрович, профессор, доктор медицинских наук, Заслуженный врач РСФСР, Действительный член Российской медико-технической академии, эксперт высшей квалификационной категории, имеющий экспертный стаж более 50 лет;

— РОСТОШИНСКИЙ Эдуард Николаевич, судебно-медицинский эксперт отдела сложных экспертиз Российского центра судебно-медицинской экспертизы Министерства здравоохранения РФ, имеющий специальную подготовку по судебной медицине и криминалистике, стаж экспертной работы 43 года и высшую квалификационную категорию врача судебно-медицинского эксперта, произвели исследование по факту смерти военнослужащих в/ч 20826, в частности:

1. Ст.мичмана Кузнецова Виктора Викторовича, 27 лет ;
2. Капитан-лейтенанта Колесникова Дмитрия Романовича, 27 лет ;
3. Мичмана Бочкова Михаила Александровича, 23 лет ;
4. Ст.лейтенанта Бражкина Александра Владимировича, 22 лет ;
5. Мичмана Борисова Андрея Михайловича, 30 лет ;
6. Капитан-лейтенанта Садиленко Сергея Владимировича,
7. Капитан-лейтенанта Аряпова Рашида Рамиловича, 29 лет ;
8. Гл.старшины Гесслера Роберта Александровича, 22 лет ;
9. Гл.корабельного старшины Майнагашева Вячеслава Виссарионовича 23 лет ;
10. Матроса Кубикова Романа Владимировича, 21 года ;
11. Матроса Коркина Алексея Алексеевича, 19 лет ;
12. Матроса Мартынова Романа Вячеславовича, 19 лет.

Перед специалистами поставлены следующие вопросы:
— Какова давность наступления смерти названных военнослужащих в/ч 20826 с учетом судебно-медицинских данных — трупным явлениям, изменениям кожи кистей и стоп / признакам длительности пребывания в воде / ?

2

— Можно ли по названным кретериям давности смерти ответить на вопрос о дате, часе наступления смерти военнослужащих ?

— Какова причина смерти пострадавших ?

— Можно ли считать, что все они погибли в результате отравления угарным газом / CO / ?

— Как быстро наступила смерть от отравления угарным газом, если эт было причиной смерти пострадавших ?

— Чем можно об"яснить различное количество карбоксигемоглобина в крови погибших ?

— Имеются ли какие-либо другие повреждения, от которых могла наступить смерть ?

— Можно ли по судебно-медицинским данным говорить о стрессовой ситуации / исследования на гликоген гликоген печени, сахар крови, кровоизлияния на слизистых, в том числе слизистой желудка ?

На исследование представлены ксерокопии материалов, связанных со смертью военнослужащих в/ч 20826.

Заключение

Изучив представленные материалы, в соответствии с поставленными вопросами, специалисты приходят к следующему заключению.

I. Установление давности наступления смерти производится на основании комплекса следующих признаков: степени выраженности трупных явлений, по выраженности реакции тканей трупа на химическое, механическое и электрическое раздражения, по другим суправитальным реакциям потовых желез, способности живых, умирающих и мертвых тканей воспринимать некоторые красители, а также по результатам морфологических, гистохимических, биохимических, биофизических и физико-техническим лабораторным исследования

В настоящее время определение давности наступления смерти в основном осуществляется по степени развития ранних трупных явлений, развивающихся в течение первых суток, к которым относятся охлаждение трупа, трупное окоченение, трупные пятна и аутолиз. Кроме того, учитываются поздние трупные явления, развивающиеся со 2-х суток и позже, в течение более или менее продолжительного срока. Последние подразделяются на разрушающие / гниение / и консервирующие / мумификация, жировоск, торфяное дубление /. / Е.М.Евгеньев-Тиш; Ю.Л.Мельников; В.В.Жаров; М.И.Авдеев; В.В.Томилин; А.А.Солохин, Ю.А.Солохин и др./

Помимо этого принимают во внимание и явления происходящие в трупе связанные с воздействием внешей среды / замерзание, консервирование жидкостями — водой, нефтепродуктами, техническими маслами, спиртом и др./.

Приведенные выше данные показывают, что в настоящее время не существует абсолютно надежного и точного метода для определения давности наступления смерти, что можно об"яснить значительными колебаниями условий внешней среды, оказывающих влияние на течение постмортального периода, а также индивидуальные особенности организма.

В данном конкретном случае для определения давности наступления смерти военнослужащих 9 отсека ПАЛ "Курск" комиссией судебно-медицинских экспертов использован только один признак - трупные пятна, что нельзя признать достаточным, тем более без знания и учета условий, в которых находились погибшие /отсутствуют данные о температуре воды в отсеке, море, о характере нефтепродуктов в отсеке, о времени начала пожара и др./.

Мы полагаем, что в данном случае комиссия экспертов не располагала достаточными научными данными для решения вопроса о давности наступления смерти двенадцати военнослужащих 9 отсека АПЛ "Курск", тем более для решения вопроса в часах и с указанием даты смерти.

Вывод экспертов о том, что от момента наступления смерти погибших в 9 отсеке АПЛ "Курск" до судебно-медицинского исследования их трупов прошло "примерно 2,5 месяца и соответствует следственным данным" является декларативным, основанным только на одном признаке - трупных пятнах, не аргументирован, научно не обоснованным и не соответствует требованиям Федерального закона " О государственной судебно-экспертной деятельности в Российской Федерации " / гл. I, ст.8 /, где сказано, что " эксперт проводит исследования об"ективно, на строго научной и практической основе, всесторонне и в полном об"еме. Заключение эксперта должно основываться на положениях, дающих возможность приверить обоснованность и достоверность сделанных выводов на базе общепринятых научных и практических данных".

2. Мацерация кожи является признаком пребывания трупа в воде. Под действием воды эпидермис набухает, сморщивается, становится бледным, собирается в складки и постепенно отделяется от глублежащих слоев кожи. Кожа мацерируется прежде всего в местах, где эпидермис толстый, огрубевший В случаях продолжительного пребывания трупа в воде набухшие участки кожи отслаиваются и могут сходить на кистях и стопах " чехлом " вместе с ногтями. По степени мацерации можно судить ориентировочно только о длительности пребывания трупа в воде, но не о давности смерти. Чем выше температура воды, в которой находится труп, тем быстрее проявляется и идет процесс мацерации. Таким образом между температурой воды и степенью мацерации существует определенная зависимость.

Дидковская С.П. / 1958 г./, изучавшая этот вопрос, установила следующую зависимость: при температуре воды + 2-4° С первые признаки мацерации у взрослых в области кистей и стоп появляются через 24-48 часов, а конечные признаки мацерации - через 30-38 суток; при температуре вод + 8-10° С соответственно через 12-14 часов и 18-20 суток; при температур + 14-16° С - соответственно через 6-8 часов и 8-10 суток. Примерно такие же данные приводят Ю.Л.Мельников и В.В.Жаров / 1978 г. / и др.

3. Результаты судебно-медицинского исследования трупов и судебно-химического исследования крови, обнаружившего у всех 12 погибших в 9 отсеке АПЛ "Курск" карбоксигемоглобин от 34,4% до 93,3%, дают основание считать, что их смерть наступила от острого ингаляционного отравления окисью углерода / угарным газом /.

Из этого числа следует выделить Колесникова Д.Р., в крови которого было обнаружено 34,4% карбоксигемоглобина и одновременно выявлены обширные термические ожоги 3-4 степени с обугливанием мягких тканей и частей тела. В этом случае нельзя исключить, что его смерть наступила

от отравления угарным газом и тяжелого термического ожога, вызвавшим ожоговый шок и быструю смерть, при которой не успевают развиться прижизненные реактивные изменения в тканях в зоне повреждений, для развития которых необходимо не менее 30-45 минут.

Наличие копоти на слизистой верхних дыхательных путей у всех 12 погибших свидетельствует о том, что все они дышали некоторое время продуктами горения, т.е. были живы и находились в зоне пожара.

4. Неодинаковая концентрация карбоксигемоглобина в крови у разных военнослужащих / от 34,4% до 93,3% / свидетельствует о том, что насыщение крови окисью углерода у них происходило постепенно. При достижении предельных концентраций карбоксигемоглобина, которое могло зависеть и от индивидуальных особенностей каждого организма, наступало острое отравление и быстрая смерть. В данном случае нет оснований утверждать, что смерть всех 12 человек наступила одновременно или практически одновременно. Наиболее вероятно, что смерть пострадавших наступила не одномоментно, а в разное время. Каких-либо медицинских данных для решения этого вопроса в более конкретной форме не имеется.

5. Какова была активность членов экипажа 9-го отсека АПЛ "Курск" в условиях аварии судить сложно. Можно лишь полагать, что она сохранялась до того момента, пока происходило предельное насыщение крови окисью углерода и образования карбоксигемоглобина.

При достижении большой концентрации карбоксигемоглобина в крови наступила быстрая смерть вследствие угнетения и поражения дыхательного центра с потерей сознания и остановки сердца. В таких случаях судебно-химическое исследование крови на карбоксигемоглобин дает, как правило, отрицательный результат.

При меньших концентрациях угарного газа в окружающем воздухе смерть наступает не сразу, а после достижения максимального насыщения крови карбоксигемоглобином. До этого момента пострадавшие могут быть активными и способными совершать осознанные действия / М.И.Авдеев, 1966 /.

При 10-20% концентрации карбоксигемоглобина в крови отмечается головная боль, легкое головокружение, давление в висках;

При 20-30% - головная боль, возбуждение, пульсация в висках;

При 30-40% - сильная головная боль, тошнота, рвота, потеря сознания;

При 40-50% - коллапс;

При 60-70% - судороги, ослабление дыхания и деятельности сердца;

При 80% и более - быстрая смерть / М.И.Авдеев, 1966 г./

Следует отметить, что накопление карбоксигемоглобина в крови зависит от многих условий: концентрации окиси углерода в помещении, быстроты концентрации СО, времени пребывания человека в этом помещении, условий пребывания, индивидуальных особенностей человека, его здоровья и т.д. В связи с этим накопление окиси углерода в организме у разных лиц происходит разными темпами и проявляется, как показывает приведенная выше таблица, различной клинической симптоматике

6. Вывод экспертной комиссии о том, что погибшие в 9 отсеке АПЛ " Курск " в момент аварии, находились в стрессовой ситуации, основан только на результатах " биохимического " анализа гликогена печени и мышц, а также наличия кровоизлияний в слизистой желудка, не аргументирован и научно не обоснован.

Известно, что биохимия изучает процессы жизнедеятельности и химическую природу веществ, входящих в состав живых организмов. Поэтому нельзя однозначно и некритически оценивать результаты " биохимических " исследований трупного материала / М.И.Авдеев,1976; Е.И.Пахомова,1966; В.В.Жаров 1978; В.П.Новоселов, Панасюк Г.В.,1985; Т.М.Уткина,1972; Э.Н.Ростошинский, 1963,1972,1976,1978 и др. /. В работах этих авторов и многих других обращалось внимание на то, что после смерти в трупе происходят резкие изменения " биохимических " процессов. Поэтому получаемые результаты зависят от давности смерти. При этом нельзя ориентироваться на прижизненные показатели. Так, остаточный азот и кальций в крови трупа резкое возрастает с первых часов после смерти в несколько раз; увеличивается количество воды в миокарде; меняется содержание АТФ в миокарде; в первые часы после смерти за счет гликогенолиза исчезает гликоген в печени и мышцах и т.д. Причем это наблюдается не только при отравлениях СО, но и при других состояниях.

7. Оценка кровоизлияний на слизистой желудка и других участках как признак стрессовой ситуации не вполне научен, т.к. геморрагии такого характера наблюдаются при быстрой смерти / М.И.Авдеев,1976 / и являются следствием острых нарушений микроциркуляции. Это бывает в том числе и в случаях острой смерти от токсического воздействия СО.

Стрессовая ситуация в данном случае не вызывает сомнений, но она не может быть об"яснена результатами " биохимического " анализа, как отмечено в комиссионной экспертизе.

Наличие темно-красных свертков крови может свидетельствовать о смерти с агональным периодом той или иной продолжительности.

Таким образом,, по имеющимся судебно-медицинским данным в этом слу-

19

чае невозможно определить давность наступления смерти 12 членов экипажа, находившихся в 9 отсеке АПЛ "Курск", по причинам, изложенным выше.

По имеющимся данным нет оснований утверждать, что все бывшие в 9 отсеке АПЛ "Курск" скончались одномоментно. Различные условия их нахождения в отсеке, существенные различия в количественном содержании карбоксигемоглобина в их крови, различное действие высокой температуры могут свидетельствовать о том, что они скончались в разное время, однако конкретно в какое по имеющимся данным установить невозможно.

Отсутствие сведений о начале пожара в 9 отсеке АПЛ "Курск" не дает возможности определить время начала воздействия СО на пострадавших, а также судить о времени активного состоянии погибших от начала пожара до их смерти. Однако, совершение активных осознанных действий могло иметь место до момента насыщения их крови токсическими дозами карбоксигемоглобина и темпа насыщения окружающего воздуха продуктами горения.

К консультативному заключению специалистов прилагается список литературы, использованной в нашей работе.

СПЕЦИАЛИСТЫ: А.А. СОЛОХИН
              Э.Н. РОСТОШИНСКИЙ

РОССИЙСКИЙ ЦЕНТР СУДЕБНО-МЕДИЦИНСКОЙ
ЭКСПЕРТИЗЫ МИНЗДРАВА РОССИИ
Москва, 123242, Садовая-Кудринская, 3 корп.2

Приложение № 8
Фрагменты заключения профессора судебной медицины Инге Морилда (перевод с норвежского)

Катастрофа атомного подводного крейсера «Курск»

Получены две группы документов:

Часть I. Полученные материалы:
- Заключение номер 77/02 комиссии судебно-медицинских экспертов.
- Четыре вопроса было предложено на решение экспертов.
- Список материалов, полученных экспертами.
- Описание аварии.
- Расследование.
- 1-6: Копии или выписки из писем и отчетов от судебно-медицинских и других экспертов.
- 7-18: Отчеты о вскрытии тел, выводы:
  - номер 65 – Виктор В. Кузнецов
  - номер 66 – Дмитрий Романович Колесников
  - номер 68 – Михаил Александрович Бочков
  - номер 69 – Александр Владимирович Бражкин
  - номер 70 – Андрей Михайлович Борисов
  - номер 71 – Сергей Владимирович Садиленко
  - номер 72 – Рашид Рамисович
  - номер 73 – Роберт А. Гесслер
  - номер 74 – Вячеслав В. Майнагашев
  - номер 75 – Роман Владимирович Кубиков
  - номер 76 – Алексей Алексеевич Коркин
  - номер 77 – Роман Вячеславович Мартынов
- Рукописный текст. Резюме.

Комментарии к части I

В отношении первых выводов от технических экспертов о сейсмических явлениях, газовых измерениях и т. д. у меня нет комментариев.

Все отчеты о вскрытии тел хорошо составлены, вполне понятны, и выводы из каждого отчета выглядят весьма обоснованными.

Совет экспертов-исследователей дал ответы на четыре вопроса.

1 и 2. В течение какого времени члены экипажа в девятом отсеке оставались в живых после аварии?

Был дан ответ, что члены экипажа оставались в живых в течение от 4,5 до 8 часов после второго сейсмического сигнала (11 часов 30 минут 12 августа 2000 года). Данный вывод, по-видимому, основан на нескольких фактах. Во-первых, то, что взрывы были зарегистрированы около 11 часов 30 минут 12 августа 2000 года. Во-вторых, записки одного из членов экипажа, которые также согласуются с данным выводом. В-третьих, кровоизлияния в мышечных оболочках желудка также согласуются с указанным временем от 4,5 до 8 часов.

Однако основание для определения периода времени от 4,5 до 8 часов не вполне очевидно для меня. Оно, по-видимому, частично основано на анализе содержания гликогена в мышцах и печени. В случае одного из членов экипажа (Д. Р. Колесников) был проведен биохимический анализ содержания гликогена в мышцах и печени. Гликогена не было обнаружено. В случае большинства других членов экипажа было проведено гистологическое исследование, и гликоген был обнаружен в мышцах или печени.

К сожалению, мне пришлось ознакомиться лишь с некоторыми исследованиями уменьшения содержания гликогена в мышцах и печени после стресса. Большинство работ по данной теме, насколько мне известно, были проведены в России, и, вероятно, существует большой местный опыт. В одном из последних исследований в США были проведены гистологические исследования отделов печени и измерялось содержание гликогена. После стресса гликогена не было обнаружено в печени через 3–10 часов. Это соответствует промежутку времени, определенному экспертной группой. Однако в телах с признаками разложения гликоген никогда не находили. Это также документировано в других научных исследованиях.

По моему мнению, это означает, что когда вы имеете посмертный период около 2,5 месяца, результаты исследований разложившегося материала должны проверяться очень тщательно. В гистологических описаниях ткани печени членов экипажа были обнаружены очевидные изменения гнилостного и саморазрушительного характера. Таким образом, мне не совсем понятно, можно ли результаты данных исследований содержания гликогена использовать таким же образом, как в случае нормальной ткани.

Вывод экспертов о периоде времени от 4,5 до 8 часов, по-видимому, представляет собой относительно неплохую оценку, но мое сомнение вызывает обоснование данного вывода исследованиями содержания гликогена.

Часть II. Полученные материалы:

Данные материалы состоят из выводов, которые сделала комиссия судебно-медицинских экспертов в отношении вскрытия тел, которое было проведено приблизительно через 14 месяцев после гибели экипажа. В качестве приложений к каждому выводу приведена основная информация о химических и гистологических анализах.

Далее приводятся фамилии 11 подводников, тела которых извлечены в 2001 году после подъема АПРК «Курск». Выводы судебно-медицинских экспертов о невозможности установления времени гибели подводников по медицинским критериям защитой не оспариваются.

Резюме и вывод:

Отчет содержал две части.

Первая часть содержит информацию о вскрытии тел 12 членов экипажа, которые были исследованы в октябре 2000 года. Выводы экспертов и их ответы на вопросы, насколько мне известно, были обоснованными. У меня имеются лишь некоторые комментарии в отношении исследования концентрации гликогена в качестве основания для определения времени смерти.

Вторая часть содержит информацию о вскрытии тел 11 членов экипажа, которые были исследованы в октябре 2001 года. Выводы экспертов и их ответы на вопросы, насколько мне известно, были обоснованными. В целом, я соглашаюсь с выводами экспертов.

Берген, 2 августа 2003 года
Инге Морилд, профессор судебной медицины

Приложение № 9
Фрагменты судебно-медицинского заключения РГМУ

МИНИСТЕРСТВО ЗДРАВООХРАНЕНИЯ РОССИЙСКОЙ ФЕДЕРАЦИИ

РОССИЙСКИЙ ГОСУДАРСТВЕННЫЙ МЕДИЦИНСКИЙ УНИВЕРСИТЕТ

КАФЕДРА СУДЕБНОЙ МЕДИЦИНЫ

Москва, Хользунов пер. 7   тел. 246-45-28

На основании письменного запроса адвоката межреспубликанской коллегии адвокатов юридической консультации № 74 адвокатского бюро "Борис Кузнецов и партенры" Кузнецова Б.А. от 06 февраля 2003 года в соответствии с п.п.3, 4 ч.3 ст.6 Федерального закона от 31.05.2002г №63-ФЗ "ОБ АДВОКАТСКОЙ ДЕЯТЕЛЬНОСТИ И АДВОКАТУРЕ" специалисты кафедры Судебной медицины Российского Государственного Медицинского Университета: зав. кафедрой, дмн, профессор Плаксин В.О., аспирант кафедры Кизлик В.А. составили консультативное заключение.

При изучении представленных материалов по судебно-медицинской экспертизе трупов погибших моряков при катастрофе на апркр "Курск" обнаружено ряд несоответствующих фактов.

Формулировка диагноза как ОСТРОЕ ИНАЛЯЦИОННОЕ ОТРАВЛЕНИЕ УГАОРНЫМ ГАЗОМ не соответствует МКБ № 10.

Необходимо поставить на разрешение следующие вопросы вопросы:

1. Почему исследования трупов проводились по разным схемам?
2. Только в двух случаях имеется указание на забор мышцы для определения карбоксимиоглобина.
3. Необходимо изучить мед. книжки и данные предпоходного медицинского осмотра экипажа апркр "Курск".
4. Назначить комплексную экспертизу с привлечением специалистов в области водолазного дела, инженеров для определения величины давления на заданной глубине и расчета времени, за которое данное давление могло быть в затонувшем корабле.

Зав. кафедрой Судебной медицины
РГМУ, д.м.н. профессор   Плаксин В.О.

Аспирант кафедры
Судебной медицины РГМУ   Кизлик В.А.

Приложение № 10
Заключение эксперта А. А. Леонтьева

Я, Леонтьев Алексей Алексеевич, предупрежден по статье 307 УК РФ об ответственности за дачу заведомо ложного заключения эксперта.

Сведения об эксперте: Леонтьев А.А., образование - высшее, профессор, доктор филологических и доктор психологических наук, профессор факультета психологии Московского государственного университета им. М.В.Ломоносова, специалист по исследованию речи. Общий стаж работы по специальности 45 лет. Выступал в качестве эксперта (психолингвистическая экспертиза) по многим уголовным и гражданским делам по поручению Генеральной Прокуратуры, Прокуратуры г. Москвы и других следственных, судебных и надзорных организаций. Автор книг "Основы психолингвистики", 3-е изд.,2003, "Психология общения", 3-е изд., 1999, "Речь в криминалистике и судебной психологии", в соавторстве, 1977, "Понятия чести и достоинства, оскорбления и ненормативности в текстах права и средств массовой информации", в соавторстве, 1997, статьи «О психолингвистической экспертизе» (сб. «Методология современной психолингвистики», 2003) и мн.др.

Я, Леонтьев А.А., в соответствии с обращением адвокатского бюро «Борис Кузнецов и партнеры» провел 20 сентября-10 октября 2003 г. психолингвистическую экспертизу по предоставленным мне материалам, а именно:
 а) копии протокола осмотра документов и предметов, изъятых в ходе осмотра трупа одного из членов экипажа подводной лодки «Курск» (капитан-лейтенанта Садиленко), включающего ксерокопию записки, выполненной на странице печатной брошюры;
 б) копии протокола осмотра записки, находившейся в одежде капитан-лейтенанта Колесникова Д.Р. и поднятой с борта подводной лодки «Курск», включающего ксерокопии и их расшифровки;
 в) образцу почерка Садиленко (ксерокопия собственноручного письма);
 г) образцам почерка Колесникова (ксерокопии двух собственноручных писем).

Передо мной были поставлены следующие вопросы:
 1. Есть ли существенные различия в почерке и других особенностях текста между документами, выполненными Садиленко и Колесниковым соответственно в обычных условиях и на борту подводной лодки «Курск» в экстремальной ситуации?
 2. Если такие различия есть, можно ли на их основании сделать вывод о том, что их исполнители (авторы-исполнители) находились в момент написания записок в состоянии эмоционального стресса или вообще в их психофизиологическом состоянии были отклонения от нормы?

Экспертиза осуществлялась без применения технических средств на основе совокупности теоретических и экспериментальных исследований речевого общения, известных эксперту, и собственных психолого-лингвистических исследований эксперта, осуществленных ранее.

Анализ записки Садиленко и ее сопоставление со свободным образцом почерка показывают практическое отсутствие значимых различий между ними как в характере почерка, так и в расположении текста на листе, а также в пунктуации и языковых особенностях. В частности, записка демонстрирует высокий уровень грамотности, высокую выработанность почерка. Хотя, по-видимому, записка выполнялась при крайне недостаточном освещении (но едва ли в полной темноте, т.к. в этом случае исполнитель записки не пропустил бы печатные строчки, а писал бы поверх них), интервалы между строчками постоянны, левая и правая границы текста соблюдены.

В записке Колесникова прямо сказано о том, что записка писалась в темноте, «наощупь». Это сказывается в характере почерка. Тем не менее и здесь нельзя усмотреть существенных отличий от образцов, хотя, в отличие от почерка Садиленко, почерк Колесникова менее выработан (что видно, в частности, на различии почерка двух писем, написанных его рукой). Строки ровные, с постоянными интервалами. Особенно близок почерку образцов почерк списка моряков, находившихся в 9-м отсеке, что связано с необходимостью сделать разборчивым написание фамилий. От образца записку отличает только разный размер букв в разных частях записки и разница в левых и правых границах текста. Однако, по-видимому, записка писалась в несколько приемов (обращение к «Олечке» с точным временем написания; «здесь темно - шансов похоже нет»; «Будем надеяться» - до конца, включая список), и в этом случае указанные различия понятны. При этом в рамках каждой из указанных трех частей боковые границы текста соблюдены и размер букв постоянен.

Существенные графологические, пунктуационные, стилистические различия между документами, которые нельзя было бы объяснить условиями написания, не усматриваются.

Таким образом, между документами двух типов, выполненными Садиленко и Колесниковым (в обычной и экстремальной ситуации), различий, существенных для ответа на поставленные вопросы, не обнаружено.

Ответы на вопросы:
1. Значимых различий между документами, выполненными Садиленко и Колесниковым в обычных условиях и в экстремальной ситуации на борту «Курска», нет.
2. Поэтому эксперт не усматривает оснований для утверждения, что в момент исполнения документов Садиленко и Колесников находились в состоянии эмоционального стресса или в любом другом психофизиологическом состоянии, отличном от нормы.

Эксперт   А.А.Леонтьев

11 октября 2003 года

Приложение № 11
Стенограмма передачи «Человек и закон» телекомпании ОРТ на Первом канале 30.01.2003. Автор и ведущий Алексей Пиманов.

Алексей Пиманов: Здравствуйте! Честно скажу, был уверен, что очередной адвокатский иск с просьбой пересмотреть результаты следствия о гибели атомохода «Курск» не стоит того, чтобы вновь на пальцах объяснять, что же произошло в августе 2000 года в Баренцевом море. Летом, когда делали фильм «Гибель «Курска». Следствие закончено», наша группа так эмоционально выплеснулась, постаравшись предельно четко и честно ответить на все вопросы, что сил продолжать этот разговор почти не осталось.

Но так как вокруг очередного иска продолжается информационная возня, а сам он выглядит очень странно с точки зрения людей, изучавших многотомные результаты следствия, мы решили всю сегодняшнюю программу посвятить теме погибшего атомохода. Назвали выпуск «Жизнь после «Курска»». Попросили ГВП и командование ВМФ разрешить съездить на Северный флот и постараться ответить на вопросы. Что происходит там сейчас? Почему было отправлено в отставку все руководство Северного флота? Возможно ли повторение трагедии? Почему не стали поднимать 1-й отсек? Каково моральное состояние людей, выходящих в море после «Курска»?

Впрочем, об этом чуть позже. А сейчас — повтор небольшого фрагмента фильма, вышедшего в эфир в годовщину гибели лодки, т.е. в августе. Дело в том, что одним из основных пунктов нового нашумевшего иска является утверждение, что люди в 9-м отсеке жили двое суток, а данные следствия о том, что моряки погибли максимум через восемь часов, — неправда.

Я спросил у следователей ГВП, встречались ли они с адвокатом и пытались ли объяснить человеку на реальных фактах, как все было на самом деле. «Да», — говорят. — «И что он?» — «Почти не возражал. Да и что он может возразить?!»

Вот поэтому сегодняшний выпуск мы начинаем с фрагмента фильма, где подробно разбирается ситуация в 9-м отсеке. В котором в смертельной западне оказались капитан-лейтенант Дмитрий Колесников и его товарищи.

(Фрагмент фильма «Гибель «Курска». Следствие закончено». Поднятие тел из 9-го отсека.)

Виктор Колкутин, полковник медицинской службы, главный судебный медицинский эксперт Министерства обороны: («Гибель «Курска». Следствие закончено».) Там выводы были достаточно определенные, и установлено было, что смерть этих подводников наступила в результате отравления угарным газом. Но, тем не менее, часть тел имели признаки посмертного воздействия открытого пламени, что впоследствии и позволило реконструировать следствию картину происшествия и высказаться достаточно достоверно, высказаться о том, что уже после того как корабль лег на грунт, возник локальный пожар. С медицинской точки зрения, конечно, назвать эти часы так, чтобы не перейти на циничный тон, конечно, это были, наверное, самые ужасные часы жизни этих людей. По той лишь причине, что они не обладали информацией ни о том, что случилось с кораблем, ни о том, будет ли им оказана помощь. И, в общем-то, по большому счету, они, наверное, не представляли, как долго могут находиться в этом замкнутом пространстве.

(Фрагмент фильма «Гибель «Курска». Следствие закончено». Подводные съемки «Курска».)

Диктор: Как потом установит следствие, пожар возник в результате возгорания регенеративных дыхательных установок, которые личный состав забрал, переходя в 9-й отсек из 6-го, 7-го и 8-го. Эти установки предназначены для превращения углекислого газа в кислород.

Артур Егиев, руководитель следственной группы ГВП: («Гибель «Курска». Следствие закончено».) Слабое место этих установок в том, что они крайне пожароопасные. Попадание туда воды или масла вызывает достаточно высокотемпературный хлопок с выделением большого количества тепла, пламени. Видимо, после попадания туда воды и произошел пожар.

(Фрагмент фильма «Гибель «Курска». Следствие закончено». Съемки «Курска».)

Диктор: По положению тел и ожогов удалось установить, что офицерский состав боролся за выживаемость и пытался обеспечить регенерацию воздуха. Поэтому они так сильно обгорели в результате мгновенной вспышки.

Артур Егиев: («Гибель «Курска». Следствие закончено».) Следствием установлено на основе собранных доказательств, что на тот момент вода в 9-м отсеке была где-то 50–60 см над уровнем первого настила. Почему? Потому что, я не знаю, стоит ли это говорить, нижние конечности подводников сильно обгоревших, они были не обгоревшие, т.е. они стояли в воде.

(Фрагмент фильма «Гибель «Курска». Следствие закончено». Подводные съемки «Курска».)

Диктор: Если говорить о возможности дальнейшей жизни в 9-м отсеке, то специалисты отметили, что средств регенерации воздуха там было достаточно, но они оказались неизрасходованы.

Виктор Колкутин: («Гибель «Курска». Следствие закончено».) Можно предположить, что не возникни этот локальный пожар, послуживший источником угарного газа уже в 9-м отсеке, какое-то, может быть, даже достаточное длительное время они могли там находиться.

Алексей Пиманов: И опять о последних исках. Знаете, что в них коробит тех, кто знаком с подлинными результатами следствия? Об этом не говорится, но между строк читается — недоверие к специалистам, проводившим расследование. Выполняли, мол, заказ, поэтому не договаривают, опять говорят неправду. Подленькая такая позиция. То, что пережили следователи на «Курске», не пожелаешь никому. Обвинять их в чем-то могут либо люди недалекие, либо... В общем, смотрим еще один фрагмент фильма, из него многое становится ясным. Обратите внимание на слова Артура Егиева, руководителя следствия, о том, что иногда один труп вытаскивали четыре часа на себе.

(Фрагмент фильма «Гибель «Курска». Следствие закончено». Следственная группа в 9-м отсеке.)

Диктор: В 9-м отсеке концентрация угарного газа превышала допустимую в тысячу раз. Заходить в него можно было только в средствах индивидуальной защиты.

Владимир Мулов, военный прокурор Северного флота: *(«Гибель «Курска». Следствие закончено».)* Единственный случай, когда у нас возникла достаточно беспокойная нештатная ситуация, когда один из членов следственной группы и один из специалистов, это начальник радиационной и химической защиты флота, собственно говоря, теряли сознание при спуске туда, в 9-й отсек.

(Фрагмент фильма «Гибель «Курска». Следствие закончено». Следственная группа в 9-м отсеке.)

Диктор: Надо помнить, что следователи не просто осматривали корабль, перед ними стояла задача как можно быстрее найти и поднять тела моряков.

Артур Егиев: *(«Гибель «Курска». Следствие закончено».)* Поднять, поместить тело подводника в специальный пакет, перетащить или переместить его к люку. Это очень трудоемко. Я скажу так, что иногда на одно тело у нас уходило по четыре часа. Работа посменно. Почему? Потому что больше трех-четырех заходов по 20–25 мин. Следователи и судмедэксперты больше не выдерживали, это очень тяжело.

(Фрагмент фильма «Гибель «Курска». Следствие закончено». Съемки в 9-м отсеке.)

Диктор: Необходимо было установить, пытались ли подводники самостоятельно покинуть 9-й отсек. Что делали они те 6–8 часов, которые отвела им еще судьба? Как удалось установить следствию, паники в отсеке не было.

Виктор Колкутин: *(«Гибель «Курска». Следствие закончено».)* Судя по тем запискам, которые мы исследовали, пишущие их люди вполне владели собой. То есть их стрессовая ситуация, она оставалась внутри, наружу никак не проявлялась. И почерк и одного автора записки, и другого автора записки свидетельствует о том, что даже когда вторая часть записки Колесникова писалась в темноте, тем не менее, можно утверждать, что это не состояние паники или нервного срыва. То есть человек вполне владел собой.

(Фрагмент фильма «Гибель «Курска». Следствие закончено». Архивные съемки и фотографии «Курска» и его экипажа.)

Диктор: Первый взрыв вывел из строя тех, кто управлял лодкой. Мощнейший второй привел к гибели всего экипажа. Кто-то погиб в первые секунды и минуты, кто-то – через 6–8 часов. Да простят нас родные моряков, тем, кто погиб сразу, – повезло. Что переживали ребята в 9-м отсеке, не передают даже найденные впоследствии записки. В принципе, они понимали, что шансов почти нет. Тем более знали, что аварийный буй остался на корпусе лодки и не всплыл на поверхность. Вместе с ним на дне остались и надежды на быстрое обнаружение легшего на дно «Курска».

И все-таки они боролись до конца. Их отделяли от поверхности и жизни всего 110 метров. Бегун на стадионе пробегает это расстояние всего за 11 секунд. Для моряков «Курска» эти 110 метров превратились в вечность.

Алексей Пиманов: («Гибель «Курска». Следствие закончено».) Нам осталось лишь показать вам уникальные кадры обнаружения знаменитой записки Дмитрия Колесникова. Психологи, составляющие портрет членов экипажа «Курска», отметили, что Дмитрий по своему характеру был настоящим лидером. Со временем он обещал вырасти в классного подводника – не случилось.

(Фрагмент фильма «Гибель «Курска». Следствие закончено». Кадры нахождения и прочтения записки Дмитрия Колесникова.)

Алексей Пиманов: («Гибель «Курска». Следствие закончено».) В заключение о том, что мы не смогли показать, не имели права, но сказать обязаны. Это записка на обгоревшем теле Дмитрия Колесникова сохранилась у сердца в нагрудном кармане лишь потому, что капитан-лейтенант успел закрыть ее от огня рукой. Мне больше нечего сказать.

Алексей Пиманов: В том фильме перед нами стояла задача впервые рассказать, как погибал «Курск». Об общем состоянии флота мы почти не говорили, лишь позволили себе фразу о том, что мы все в 90-е бросили свою армию. Я бы теперь сказал резче – предали. Что, кроме ошеломления, может вызвать информация, что это был всего лишь второй выход в море «Курска» со времен спуска со стапелей? Все остальное время лучшая лодка флота простояла у берега.

Сказать, что на Северном флоте трагедию «Курска» пропустил через сердце почти каждый, значит, ничего не сказать. Тем более что в отставку, на основании выводов следствия, отправили почти весь командирский состав. Вот поэтому перед нашей съемочной группой стояла задача не только получить эксклюзивную информацию об оставшемся на дне 1-м отсеке, о последних днях утилизации «Курска», об учении, состоявшемся на месте гибели лодки, но и понять, в каком морально-психологическом состоянии находятся сейчас моряки.

(Архивные съемки «Курска» и его экипажа. Положение дел на флоте.)

Виктор Куроедов, Главнокомандующий ВМФ: До сегодняшнего дня у меня 118 рубцов на сердце. И это на всю жизнь. Больше не могу сказать ничего.

Геннадий Сучков, командующий Северным флотом: Такое тяжелое чувство, как будто потерял дом, как будто потерял что-то родное и близкое. Потому что многих мы знали, многие были на слуху (фамилии, имена), и командира лодки и в том, и в другом случае, да и до этого были случаи то же самое. И, понимаете, я не скажу, что наступает какое-то оцепение, но в то же время наступает такой момент, как будто этого не может быть. Понимаете? Я не верю в это, что такое может произойти. И уже потом только начинаешь тщательно задумываться над тем, что произошло, и понимаешь, что все-таки это действительно произошло, как это ни прискорбно, как это ни печально, ни тяжело бы было.

(Кадры всплытия лодки.)

Диктор: *В гибель «Курска» отказывались верить все. Надежда умирает последней. Казалось, такая лодка просто не может затонуть.*

Игорь Баранов, главный конструктор АПЛ: Были предусмотрены и обеспечены все средства обеспечения безопасности лодки при попадании такой же торпеды извне, при взрыве атомной бомбы извне. Эта лодка обладает колоссальными возможностями с точки зрения противостояния этим взрывам. Но когда взрыв происходит в том помещении, где находятся люди, аппаратура, внутри прочного корпуса, который выдерживает давление, очень высокое давление, предельное давление погружения глубины, и он разрывается буквально по периметру прочного корпуса, это говорит о том, что сама по себе эта авария была таковой, которая не предусмотрена эксплуатационными режимами подводной лодки.

(Кадры спасательной операции.)

Диктор: *Даже когда стало окончательно понятно, что спасти не удается никого, что все подводники на «Курске» погибли и нет никакой надежды, неверие стало лекарством от горя. […]*

Геннадий Сучков: Такого фатального развала, как говорится, летального исхода не было. Да! Мы сокращались, мы урезались, но мы исходили из того количества средств, прежде всего материальных средств, которые выделялись флоту. Как говорят, по одежке протягивай и ножки.

(Кадры родственников погибших. Попов, прилет Путина.)

Диктор: *После гибели «Курска» глубину трагедии флота осознавали все — и гражданские, и люди в погонах. Но искренние переживания не спасли командующего флотом Попова, да и не только его. Было совершенно понятно, что снятия с должностей на Северном флоте не избежать. Вопрос заключался в другом. По каким причинам будут увольнять? С какими формулировками? Да и будут ли вообще названы эти причины? Тогда ограничились только лишь констатацией фактов: привлечено к ответственности, отстранено и уволено столько-то, имена и должности. На этом все. Причины не были оглашены до сих пор.*

Владимир Куроедов: Было принято решение от руководства флота до всех структур, которые участвовали в подготовке сил и в управлении, потом — в учении. 12 адмиралов ВМФ и капитанов I ранга были привлечены к дисциплинарной ответственности.

Анатолий Пономаренко, первый заместитель главного военного прокурора: В ходе следствия по катастрофе атомного подводного крейсера «Курск» были выявлены недочеты и недоработки со стороны должностных лиц ВМФ. Я хочу сразу оговориться о том, что эти недоработки не были и не находились в прямой причинной связи с гибелью атомохода «Курск». Да, они не находились в причинной связи непосредственно с гибелью атомохода «Курск», но за допущенные нарушения необходимо было отвечать, поэтому по результатам расследования 16 должностных лиц были привлечены к строгой, я бы даже сказал, к суровой дисциплинарной ответственности, а 12 из них были уволены из рядов ВС.

(Съемки флота.)

Диктор: Сегодня мы можем сказать, в чем заключалась вина капитанов и адмиралов. Допускались срывы в проведении учебы экипажей судов. Отсутствовал должный контроль за действиями подчиненных. Имелись упущения в организации материально-технического обеспечения флота. К примеру, в том же трагическом 2000 году из-за несвоевременной поставки топлива не состоялись учения в одной из частей. Еще раз подчеркнем – все это не связанно с причиной гибели атомохода «Курск». «Курск» обнажил все проблемы флота.

Перед новым командованием стояла сложнейшая задача начать вывод флота из кризиса. Для этого в первую очередь нужны были деньги. Сейчас средства выделяются, конечно, не столько, сколько хотелось бы, но во много раз больше, чем два года назад.

Трагедия «Курска» заставила потратить деньги прежде всего на спасательные средства. Десять лет об этом никто не думал. Закупили то самое британское и норвежское оборудование, которое использовали в ходе спасательной операции, пока оно стоит на одном спасательном корабле. В идеале оборудуют еще пять. На судостроительных верфях заложены и достраиваются новые атомные субмарины. Скоро Северный флот получит на вооружение несколько подлодок последнего поколения. Уже в следующем году в первое испытательное плавание выйдет новейший ракетоносец класса «Курск». Но не точная копия погибшего крейсера. Конструкторы учли трагический опыт, многие технические характеристики лодки изменены.

Владимир Куроедов: Разработана совершенно новая программа обеспечения живучести подводных лодок. Можно было бы к ней прийти давно и пораньше. Вот в этом году мы завершим эту программу, как становление на два года. Становится на ноги и станет действительно программой, помогающей тем, кто сегодня несет эту нелегкую службу.

Диктор: Это только в идеале хорошо учиться на чужих ошибках, в жизни приходится исправлять свои. После «Курска» военным морякам в некоторой степени пришлось ломать условные традиции, заложенные еще при советском флоте в военное время, когда людей не жалели. Хотя от старого правила «умри, но сделай» придется еще долго избавляться.

Игорь Баранов: Считается, что гибель подводной лодки не должна приводить к спасанию людей, что либо ты спасаешься вместе с лодкой, либо ты погибаешь вместе с ней. Поэтому все наши спасательные камеры, которые у нас стоят, они вроде как бы и не востребованы. Потому что, наверное, в какой-то мере считается позорным спасаться с лодки, бросая ее на дне. Надо спасать лодку, спасать себя и т.д.

(Учения Северного флота, август-сентябрь 2002 года.)

Диктор: Вы видите уникальные кадры учений Северного флота, их провели почти по той же схеме, что и два года назад, когда затонул «Курск». До этого мало кому удавалось снимать боевую подготовку целого флота. Не показательные стрельбы и выход в море, а именно каждодневную работу моряков. В этих учениях были задействованы десятки кораблей и подводных лодок, включая авиацию флота. Отрабатывались ракетные и торпедные стрельбы. Обнаружение и уничтожение подлодок вероятного противника. И все это в том же районе, где погиб «Курск».

Параллельно моряки вспоминали аварийно-спасательные навыки. Ситуация, идентичная августу 2000 года. Атомная подводная лодка легла на грунт. Применяли все новейшие средства спасения, которые флот получил за прошедшие два года. После «Курска» в такой ситуации главная задача – скорейшее обнаружение лодки. Время – один из главных факторов успеха.

Если субмарина сама не в состоянии подняться на поверхность, начинается эвакуация экипажа. Люди прежде всего. Но все же если есть шанс поднять лодку стоимостью в сотни миллионов, ее надо поднимать. «Курск» многому научил. На этот раз условно затонувший ракетоносец всплыл на поверхность. Но все это техника.

Во время учений решался вопрос о психологической готовности подводников выходить в море после гибели лодки. Никто из психологов не мог дать гарантию, что у моряков не появится подсознательная неуверенность и страх перед морем, перед собственным кораблем и его вооружением. Своеобразный синдром «Курска». К счастью, на профессиональном сознании трагедия почти не сказалась.

Геннадий Сучков: Мы выросли все в советское время, в то время, когда у нас было огромное количество кораблей и подводных лодок. Когда мы очень много и долго ходили в море, и основным методом подготовки была практика. Мы месяцами находились в море, естественно, за эти месяцы, которые мы находились в море, мы оттачивали и свое боевое мастерство.

Я как командующий прекрасно понимал, что ушла значительная часть тех, кто когда-то очень долго ходил в море, служил. И нужно было передать тот бесценный опыт, который был накоплен в советское время, нынешнему поколению. Чтобы это прошло, как говорится, без надрывов, без хрипа, а в спокойном эволюционном плане.

(Съемки флота.)

Диктор: После августа 2000 года и топлива больше, и денег. «Курск» не только заставил флот посмотреть на себя со стороны, но и поставил перед выбором: жить изолированно или все-таки стать частью всего мира. Ведь когда речь идет о человеческих жизнях, не время разбираться, кто свой, а кто потенциальный противник. Сейчас стоит вопрос о создании новой спасательной системы.

Игорь Баранов: Эта федеральная система должна предусматривать создание таких средств, устройств и механизмов, которые были бы унифицированы с теми, которые применяются в НАТО. Вот мы на этом столкнулись, когда надо было открывать крышку люка 9-го отсека, когда работали с норвегами, оказалось, что у нас ни разъемы, ни ключи не подходят, они не унифицированы.

(Кадры атомной силовой установки в эленге. Подводные съемки останков 1-го отсека.)

Диктор: Вы видите уникальные кадры, впервые мы подробно в деталях показываем то, что осталось от «Курска» после многомесячных работ по утилизации. На сегодняшний день существует только один отсек — 5-бис, атомная силовая установка. Она выдержала все, чудовищный взрыв мощностью в 8 тонн тротила, ударную волну и падение подводного корабля водоизмещением в 10 000 тонн на дно.

Сейчас из отсека 5-бис извлекают ядерное топливо, операция сама по себе уникальная, на флоте ее называют перезарядка. Только до АПРК «Курск» перезаряжали действующие подводные лодки, стоящие на воде у пирса. А сейчас на стапелях закрытого эленга завода «Нерпа» стоит мертвый корабль.

Выгрузка ядерного топлива, наверное, — самый деликатный момент технической части утилизации погибшей подводной лодки. Ядерное топливо надо сгрузить на стоящую рядом плавбазу «Имондра». Эленг не рассчитан под корабль такого типа, чтобы впихнуть в него плавбазу, с нее спилили все мачты, и все равно верхняя рубка находится под самым потолком, примерно на уровне десятиэтажного дома. Попасть на «Курск» можно только с «Имондры» по перекинутым деревянным мосткам. Дальше люка отсека ходят только специалисты-ядерщики, другим нужен допуск.

Хвостовые отсеки «Курска» остались почти нетронутыми. Вначале хотели аккуратно отрезать хвост лодки и поставить его на другую, аналогичного класса подводную лодку, ведь это сэкономило бы и время, и колоссальные деньги. Потом поняли – не получится. Ни один моряк не выйдет в море на корабле, часть которого – погибшая лодка.

1-й отсек, точнее, то, что от него осталось, лежит на дне Баренцева моря. Уникальные кадры останков отсека, сделанные летом с подводных аппаратов. Все обвинения в том, что лодку подняли без 1-го отсека, чтобы скрыть истинные причины катастрофы, нелепы. Повторим: мощность взрыва в этом замкнутом и, по сути, очень небольшом пространстве составила 8 тонн тротила. Все, что было необходимо для проведения экспертиз, со дна подняли.

(Съемки следствия во 2-м и 3-м отсеках.)

Диктор: 2-й и 3-й отсеки превратились в груду железного лома.

Эти кадры мы показываем впервые. Когда подняли субмарину, внимание было приковано к 9-му отсеку, где были люди. Остальные отсеки как будто не существовали, хотя многие ответы на свои вопросы следователи находили и там.

Владимир Гелетин, отец погибшего подводника: Я вот честно так думаю, как у этих людей просто хватало сил, мужества проводить внутри эти работы. И ставить под сомнение, объективно или необъективно, ну, наверное, со стороны отдельных людей это просто некорректно.

(Съемки следственной группы в отсеках подлодки.)

Диктор: Следственные группы прошли всю лодку, фиксируя на видео мельчайшие детали. Это останки 3-го отсека, сквозь него прошла взрывная волна. Первый вход следователей в 3-й отсек. Перемешанные провода, трубы, осколки торпед, влетевшие в середину ракетоносца из 1-го отсека. Ни переборок, ни приборов, ничего. Все уничтожено, перемешано взрывом, покрыто слоем копоти.

Следователям предстояло найти обломки приборов и все, что могло помочь выяснить причину гибели ракетоносца «Курск». Представить, что здесь находилось до взрыва, возможно только по схемам подлодки. Сплошные завалы из груды искореженного металла. Поначалу следователи работали в темноте, чтобы ориентироваться безошибочно, тренировались на аналогичной подводной лодке в противогазах с завязанными глазами, на ощупь, иначе работать было невозможно.

5-й отсек пострадал значительно меньше, ударная волна, возникшая при взрыве, сметя четыре отсека, остановилась на переборках между 4-м и 5-м.

7-й отсек практически не пострадал на месте переборки и перекрытия, только приборы вышли из строя. Какими-то средствами спасения подводники успели воспользоваться, какими-то – нет. А потом просто покинули аварийный отсек.

Все покрыто толстым слоем масла, которое смешалось с морской водой. Воду откачали, а оставшееся масло стекло в трюм подлодки, просто слить его было невозможно, поэтому откачивали шлангами в специальные емкости.

Ядерное топливо будет выгружено с «Курска» не раньше чем через месяц. Несмотря на опасения экологов и постоянный визг некой обеспокоенной общественности об опасности выгрузки топлива с «Курска», наша технология позволяет совершенно безопасно перезарядить лодку.

Рабочие «Нерпы» продолжают распиливать остатки гигантского корпуса подлодки, работы не прекращаются. За пределами эленга почти заваленная снегом стоит рубка «Курска». Сначала ее хотели отправить в Видяево, в музей погибшей субмарины, но сотрудники музея оказались не менее суеверными, чем моряки. Ставить в поселке часть мертвого корабля не пожелали.

(Съемки подлодок в январе 2003 года.)

Сегодня флот постепенно начинает приходить в себя после десяти лет упадка. Осознание того, что можно сэкономить до полного нуля и остаться без флота, пришло ценой 118 жизней. А ведь в середине 1990-х годов доходило до того, что, не получая по полгода зарплату, с боевых кораблей снимали все, что можно было продать.

После «Курска» жизнь на флоте изменилась, видимо, все-таки черта национального характера – после трагедии опомниться и сделать правильный выбор, перекреститься. Следствие ответило на все вопросы, которые были перед ним поставлены, ответило настолько точно, насколько это вообще было возможно. Как ни казенно это звучит, но выводы флот сделал и продолжает делать. Жизнь на флоте продолжается. Службу, как говорится, пока никто не отменял.

Владимир Гелетин: Может быть, уже стоит по-доброму вспоминать «Курск»? Я еще раз повторюсь, именно по-доброму. Не ворошить все это. Почему? Ну, потому, что разбередить рану, посыпать ее солью. Нашей семье это больно.

(Кадры разрушенного «Курска».)

Диктор: Понятно, что не всеми родственниками результаты расследования могли быть восприняты одинаково. Слишком много за эти два года было версий, а иногда – и прямого вранья. Учитывая состояние людей, главный военный прокурор и следователи ездили в Мурманск, Североморск, Санкт-Петербург, Севастополь. Встречались с родными подводников, терпеливо разъясняли им результаты следствия. Те, кто хотел, сами приезжали в Москву. Как правило, после ознакомления с материалами уголовного дела все вопросы отпадали.

Анатолий Пономаренко, первый заместитель главного военного прокурора: У нас вызывает недоумение позиция одного человека в адвокатском звании, который через некоторые СМИ навязывает не основанные на материалах следствия домыслы и предположения. Он заявил нам ходатайство о возобновлении следствия по данному уголовному делу, мы его внимательно изучили и каких-либо оснований для возобновления следствия по делу и выяснения тех вопросов, которые он указал в своем ходатайстве, не нашли.

Ирина Лячина, вдова командира АПЛ «Курск»: Я верю, что столько сил, времени, нервов, затраченных людьми для выяснения причин гибели «Курска», не позволяют думать о том, что все, о чем нам говорят, это неправда. Я глубоко убеждена в том, что сомнения родственников, которые возникают, приводят к тому, что появляются люди, которые пользуют, простите за такое слово, которые делают имя «Курска» разменной картой в каких-то своих, не знаю каких. Но это делается, я считаю, не для того, чтобы была сказана правда о гибели «Курска». Я очень хочу, чтобы родственники не отдавали этим людям в руки гордое имя «Курск».

Алексей Пиманов: На сегодня все. Ревнители правил журналистской работы могут предъявить мне претензии, почему я не позвал в программу того самого адвоката, подавшего иск от имени части родственников погиб-

шего экипажа. Честно – собирался, но не смог через себя переступить. Своим иском, вернее, его качеством, он все сказал. А делать человеку имя на крови погибшего экипажа я не собираюсь, пусть это делают другие.

Следующая программа обещает стать сенсацией – мы коснемся неизвестных подробностей одного громкого теракта в Москве. Увидимся через неделю. В студии был Алексей Пиманов.

Приложение № 12
Мнение

Председатель Санкт-Петербургского клуба моряков-подводников ВМФ капитан I ранга Игорь Курдин:

Не скрою, я – один из тех людей, которые очень много знают об этой истории с «Курском». Обе книги (Устинова и Кузнецова) я читал практически параллельно.

С точки зрения знания морской терминологии, понимания хода событий и прочего у меня к книге Кузнецова практически претензий нет. Но когда я читал «Правду о «Курске» генпрокурора, то возникло много вопросов как у военно-морского офицера в первую очередь и как у обывателя – во вторую. Все-таки я семь лет командовал атомной подводной лодкой.

Начинается книга Устинова с перечня основных аварий и катастроф в советском подводном флоте. И там столько ошибок! Я не знаю, откуда и кто давал Устинову такую информацию. Кажется странным, что генпрокурор не может получить достоверные данные, опубликованные, кстати, в открытой печати. Как можно допускать такие ляпы официальному лицу, генеральному прокурору страны?

Красной нитью в книге Устинова проходит доказательная база того, что подводники в 9-м отсеке погибли спустя не более 8 часов. Очевидные вещи, взятые автором из материалов уголовного дела, приводят его к противоположным выводам. Никто не спорит, что следствие было проведено очень качественно. Но почему такие выводы?

Например, был упомянут аварийно-спасательный буй. На всех лодках, и советских, и иностранных, всегда было два буя: в носу и в корме. На «Курске» он почему-то был один. Это можно отнести к конструктивным недостаткам? Можно. И этот буй, оказывается, был заблокирован с момента постройки «Курска». Перед тем как выйти в море, командир БЧ-4 (боевой части связи) должен подойти, вставить специальный ключ и его повернуть. Тогда буй готов. Тогда при затоплении лодки на глубине более 85 метров буй автоматически отстреливается. И, грубо говоря, передает сигнал SOS и координаты места затонувшей подводной лодки.

Генпрокурор пишет об этом. И в материалах дела об этом все есть. Командира БЧ-4 должна была проверить куча людей. В том числе – представители штаба дивизии, флота, главного штаба... Но никто не проверял. Это говорит о том, что отсутствовала хорошая морская практика. А дальше вывод генпрокурора: если бы буй сразу всплыл в 11:30, все равно мы бы их спасти не успели. Извините. Если бы в 11:30, а не спустя 11 часов, лодку объявили аварийной, то можно было бы говорить о проведении своевременной поисково-спасательной операции.

Я не понимаю, как можно вывести в море 9 подводных лодок, а суда спасения к этому не подготовить. Они не были готовы к выходу в море, их готовность не соответствовала проводимым учениям. Кто-то за это должен отвечать?

При этом ни Борис Кузнецов, ни родственники погибших подводников не требуют посадить кого-то на скамью подсудимых и в тюрьму. Они только хотят знать правду. Если ценой 118 жизней мы не добьемся того, чтобы такие трагедии не повторялись, тогда зачем погибли ребята? Не почему, а зачем?! Ведь любая катастрофа – это жестокий урок на будущее.

В своих книгах генпрокурор умалчивает о стуках. Но стуки действительно были. И провести пеленга – это элементарно, задача для курсанта 1-го курса. Что Кузнецов и сделал. Вот – источник звука, а вот – корабль. Проведите пеленга: где они пересекутся... По Кузнецову, по выпискам из журнала гидроакустиков, стуки фокусировались в месте гибели «Курска». А если верить Устинову, они фокусировались совершенно в другом месте.

Говорят, что стучали на каком-то надводном корабле. Хорошо. Но у вас есть карта, все места кораблей и их курсы. Так что это был за корабль? Если наш, надводный, опросите членов экипажа.

Генеральный прокурор все время доказывает, что спасти моряков-подводников было нельзя. Даже если бы очень хотелось. Он говорит о том, что комингс-площадка была повреждена взрывом. Но в материалах следствия этого нет. Комингс-площадка должна быть на одном уровне с верхней палубой. А она была заглублена на 7 мм, поэтому тубус не влезал. Это – из серии конструктивных недостатков.

И еще один момент. Кого привлекало следствие в качестве экспертов? Экспертов, которые анализируют работу ВМФ. А у нас столько адмиралов и офицеров было уволено за последние годы. В молодом возрасте. Ведь такие люди могли выступить в качестве независимых экспертов. Они не связаны отношениями с ВМФ, они не подчиняются главкому. Они действительно независимы. Если у них есть честь и совесть.

Почему «Рубин» сам себя экспертирует? Есть же «Малахит», где работают такие же конструкторы. Где элементарные приличия? Чтобы эксперты поверили в то, что они действительно независимы.

Вот, например, результаты судебно-медицинской экспертизы, подписанные профессорами и докторами наук, которых привлек адвокат Кузнецов. Ведь они оспаривают экспертизу официального эксперта Минобороны полковника Колкутина. Почему же она принимается безоговорочно за истину? То есть никакой независимостью здесь, как говорится, и не пахнет.

Я считаю, что все то, что делает Борис Кузнецов, он делает абсолютно правильно и последовательно. Нравится это кому-то или нет. И это обращение к президенту – тоже правильный шаг.

И наоборот: следствие закончено – забудьте: так, как говорит генпрокурор, быть не должно. Если мы хотим называться правовым демократическим государством.

Приложение № 13

МЕЖРЕСПУБЛИКАНСКАЯ КОЛЛЕГИЯ АДВОКАТОВ
ЮРИДИЧЕСКАЯ КОНСУЛЬТАЦИЯ
№ 74
АДВОКАТСКОЕ БЮРО «БОРИС КУЗНЕЦОВ И ПАРТНЕРЫ»
№ 97/02
18 мая 2002 г.
Заместителю командующего Северным флотом
вице-адмиралу В. Г. Доброскоченко

Уважаемый Владимир Григорьевич!

Адвокатское бюро имеет честь представлять семьи моряков, погибших на АПКР «Курск», с которыми Бюро заключен соответствующий договор. Мы представляем их как потерпевших и гражданских истцов по уголовному делу, а также по всем другим вопросам, связанным с защитой их прав и интересов (ксерокопии доверенностей прилагаю).

Членами семей получена телеграмма за Вашей подписью, в которой сообщается, что на совместном заседании комиссии Северного флота по рассмотрению проектов памятников экипажу и комиссии по поступлению денежных средств, поступающих на флот в адрес семей военнослужащих, принято решение о нераспределении средств до проведения мероприятий памяти, посвященной второй годовщине со дня гибели корабля, и до открытия памятника экипажу. Принято решение, что после завершения указанных мероприятий средства будут распределены в равных 352 долях на вдов, родителей и детей. На заседании также решено обратиться к такой же комиссии при губернаторе Мурманской области о принятии аналогичных решений.

В связи с тем, что я не располагаю информацией в полном объеме и не могу ответить на некоторые вопросы своим доверителям, прошу предоставить мне следующие сведения и документы:

1. Кем, когда и в каком составе сформированы указанные комиссии (представить соответствующий документ о принятом решении)?
2. Какие решения принимались этими комиссиями на совместных и раздельных заседаниях (представить копии протоколов заседания и постановления (решения), ими принятые)?
3. Какие счета и в каких банках открыты, а также предоставить сведения о движении средств по этим счетам, включая полученные дивиденды (выписки с банковских счетов)?
4. Кто входит в списки членов семей (вдов, родителей и детей), которым определены доли средств, подлежащих перечислению?
5. Какими мотивами и доводами руководствовались члены комиссий, определяя время распределения средств?

Право на обращение и обязанность предоставления указанной ин-

формации предусмотрены п. 4 ст. 29 Конституции Российской Федерации, статьей 12 Федерального закона от 20 февраля 1996 года № 24-ФЗ «Об информации, информатизации и защите информации», п. 2 указа президента РФ от 31 декабря 1993 г. № 2334 «О дополнительных гарантиях прав граждан на информацию» (с изменениями от 17 января 1997 г., 1 сентября 2000 г.), а также ст. 15 Закона РСФСР от 20 ноября 1980 г. «Об утверждении положения об адвокатуре».

Аналогичное письмо направлено губернатору Мурманской области, о содержании запроса проинформированы начальник Главного штаба ВМФ России адмирал В. А. Кравченко, вице-премьер В. Матвиенко и командующий Северным флотом адмирал Г. А. Сучков. Такой же запрос направлен в Фонд памяти АПРК «Курск» И. А. Руденко и в Санкт-Петербургский клуб моряков-подводников И. К. Курдину.

Приложение:
Ксерокопии доверенностей на 12 листах.
С уважением
Управляющий партнер, адвокат
Б.А.Кузнецов

В 20 экземплярах:
1 – адресату;
2 – Кравченко В. А.;
3 – Матвиенко В. И.;
4 – Сучкову Г. А.;
5–17 – членам семей;
18 – Руденко И. А.;
19 – Курдину И. К.;
20 – копия в дело АПРК «Курск».

Приложение № 14

АДВОКАТСКАЯ ПАЛАТА Г. МОСКВЫ
АДВОКАТСКОЕ БЮРО «БОРИС КУЗНЕЦОВ И ПАРТНЕРЫ»
«...» июня 2003 г.
Заместителю командующего Северным флотом
вице-адмиралу В. Г. Доброскоченко

Уважаемый Владимир Георгиевич!

На свое письмо, направленное командующему флотом, я получил ответ от 8 апреля 2003 года, с которым я ознакомил своих доверителей.

В письме командующему Северным флотом Г. А. Сучкову мной были поставлены следующие вопросы:

Кем, когда и в каком составе сформированы комиссии по поступлению денежных средств, поступающих на флот в адрес семей военнослужащих, (представить соответствующий документ о принятом решении)?

Какие решения принимались этими комиссиями на совместных и раздельных заседаниях (представить копии протоколов заседания и постановления (решения) ими принятые)?

Какие счета, и в каких банках открыты, а также предоставить сведения о движении средств по этим счетам, включая полученные дивиденды (выписки с банковских счетов)?

Кто входит в списки членов семей (вдов, родителей и детей), которым определены доли средств, подлежащих перечислению?

К сожалению, в Вашем письме не содержится ответов на большинство поставленных вопросов, а поэтому ответ меня удовлетворить не может.

1. По комиссиям, советам и комитетам.

1.1. Вы направили мне три копии приказа командующего Северным флотом № 520 от 22.08.2000 г., № 521 от 23.08.2000 г. и № 53 от 23.01.2001 г.

Приказом Командующего Северным флотом № 521 от 23.08.2000 г. создан Наблюдательный совет из 14 человек.

В документах, которыми мы располагаем, известно о существовании Общественного комитета И. Ю. Лячиной, на нужды которого со средств благотворительного счета управления делами губернатора Мурманской области было перечислено 36 595 руб.

Из протоколов заседаний комиссии Вами представлен только один протокол из 17 (№ 17 от 4 июня 2002 г.), а из протоколов заседаний Наблюдательного совета Вами не представлен ни один. При этом председателем Наблюдательного совета был назначен Ваш подчиненный капитан I ранга Е. Чернышов. Из акта Счетной палаты от 23.01.2001 г. следует, что имели место заседания комиссии 08.09.2000 г. (протокол № 1), 14.09.2000 г. (протокол № 2), 16.09.2000 г. (протокол № 3), 21.10.2000 г. (протокол № 4), из порядкового номера направленного мне протокола следует, что всего было проведено 17 заседаний комиссии.

Протоколы №№ 1–16 Вами не направлены. Вами также не направлено ни одного протокола заседания

Наблюдательного совета. Не направлена информация о том, кем и когда образован Общественный комитет И. Ю. Лячиной, кто входил в состав этого комитета, имел ли этот комитет счет, был ли комитет зарегистрирован в соответствии с Федеральным законом от 11 августа 1995 г. № 135-ФЗ «О благотворительной деятельности и благотворительных организациях» (с изм. и доп. от 21 марта, 25 июля 2002 г.), ст.ст. 117, 118 КГ РФ и Федеральным законом от 12 января 1996 г. № 7-ФЗ «О некоммерческих организациях» (с изменениями от 26 ноября 1998 г., 8 июля 1999 г., 21 марта 2002 г., 28 декабря 2002 г.)

2. В письме на имя Г. А. Сучкова я просил предоставить сведения о движении средств по этим счетам, включая полученные дивиденды (выписки с банковских счетов). Эта информация мне представлена не была.

Рассматриваю непредоставление выписок с банковских счетов и протоколов заседаний комиссии как попытку скрыть информацию, предоставлять которую Вы обязаны в соответствии с п. 4 ст. 29 Конституции Российской Федерации, статьей 12 Федерального закона от 20 февраля 1996 года № 24-ФЗ «Об информации, информатизации и защите информации», п. 2 указа президента РФ от 31 декабря 1993 г. № 2334 «О дополнительных гарантиях прав граждан на информацию» (с изменениями от 17 января 1997 г., 1 сентября 2000 г.), а также пп. 1, 3 ст. 6 Федерального закона от 31 мая 2002 г. № 63-ФЗ «Об адвокатской деятельности и адвокатуре в Российской Федерации».

3. Из текста названия приказа № 520 от 22.08.2000 г. «О создании комиссии по целесообразному распределению и использованию денежных средств гуманитарной помощи, поступающих на флот в адрес семей военнослужащих экипажа подводной лодки «Курск», следует, что средства поступали на счет от граждан, предприятий и организаций исключительно в качестве помощи семьям погибших подводников.

Как следует из акта проверки Счетной палаты РФ от 23.11.2000 г., счет № 40302 предназначен для средств, поступающих во временное распоряжение бюджетных учреждений и подлежащих возврату при наступлении определенных условий вносителям или перечислению по принадлежности. В соответствии с планом счетов, счет № 40302 предназначен для средств, поступающих во временное распоряжение бюджетных учреждений и подлежащих при наступлении определенных условий возврату вносителям или перечислению по принадлежности.

Пожертвование имущества гражданам, а пожертвование осуществлялось исключительно членам семей, может использоваться только по прямому назначению (ст. 582 ГК РФ). Разъясняю Вам, что жертвователи вправе потребовать возврата средств и направления их по назначению.

В связи с этим прошу объяснить мне, на каком основании в п. 4 положения «О комиссии по учету и распределению денежных средств гуманитарной помощи, поступивших на Северный флот в адрес семей воен-

нослужащих экипажа АПРК «Курск», одним из направлений распределения денежных средств значится «ремонт воинских и жилых помещений гарнизона Видяево».

Прошу также объяснить, на основании какого закона комиссией были приняты следующие решения о выделении денежных средств на следующие цели:

1) По протоколу № 1 комиссии от 08.09.2000 г., который Вами не представлен, но на него имеется ссылка в акте Счетной палаты Российской Федерации от 23.11.2000 г.:

40 процентов средств из числа поступивших на оказание материальной помощи семьям погибших военнослужащих АПРК «Курск» на ремонт, благоустройство, подготовку к зиме и другие цели по решению комиссии;

10,0 тыс. руб. вдове капитан-лейтенанта А. А. Маляр, погибшего на подводной лодке «Ленинский комсомол» 8 сентября 1967 года;

2) По протоколу № 2 комиссии, который Вами не представлен, но на него имеется ссылка в акте Счетной палаты Российской Федерации от 23.11.2000 г.:

79,5 тыс. руб. на оплату стоимости израсходованных горюче-смазочных материалов со склада в/ч 20599.

3) По протоколу № 3 комиссии от 16.09.2000 г., который Вами не представлен, но на него имеется ссылка в акте Счетной палаты Российской Федерации от 23.11.2000 г.:

9500,0 тыс. руб. на ремонтно-строительные работы в п. Видяево;

36,8 тыс. руб. на издание брошюры «Сборник основных нормативно-правовых документов по обеспечению социальной защиты военнослужащих и членов их семей»;

199,2 тыс. руб. на приобретение технических средств для дома офицеров в пос. Видяево;

1955,7 тыс. руб. на обустройство хлебопекарни в пос. Видяево;

оплату табачных изделий для офицеров, мичманов, личного состава кораблей, участвующих в спасательных мероприятиях АПРК «Курск» (сумма не указана).

4) По протоколу № 4 от 21.10.2000 г., который Вами не представлен, но на него имеется ссылка в акте Счетной палаты Российской Федерации от 23.11.2000 г.:

2500,0 тыс. руб. на ремонтно-строительные работы в пос. Видяево;

14,2 тыс. руб. на закупку товаро-материальных ценностей для проведения работ в районе аварии АПРК «Курск»;

148,0 тыс. руб. на ремонт чайной в пос. Ара-Губа.

4. Как следует из акта Счетной палаты Российской Федерации от 23.11.2000 г., не был осуществлен обособленный учет пожертвований вопреки принципу, закрепленному в ст. 582 ГК РФ. Тем самым затрудняется контроль за использованием как одних, так и других денежных средств.

Так, 1500 тыс. рублей бюджетных средств были перечислены на счета членов семей в Кольском отделении мурманского Сбербанка России пос. Видяево в составе суммы 18 900 рублей 4 октября 2000 г.

Между тем, согласно акту Счетной палаты РФ, к моменту проведения проверки (23 ноября 2000 г.) за счет тех же 1,5 млн. рублей бюджетных средств были профинансированы мероприятия на 428,5 тыс. рублей, и остаток средств федерального бюджета на счете № 40302810700000000001 в ПУ ЦБ РФ «Нахимовское» составил 1071,5 тыс. руб.

Обращает на себя внимание ссылка в приказе командующего СФ № 53 от 23.01.2001 на представление Счетной палаты РФ по результатам проверки (согласно ст. 23 ФЗ «О счетной палате Российской Федерации» представление направляется Счетной палатой РФ для принятия мер по устранению выявленных нарушений, возмещению причиненного государству ущерба и привлечению к ответственности должностных лиц, виновных в нарушении законодательства РФ и бесхозяйственности).

О представлении Счетной палаты РФ в Вашем ответе не упоминается, и копия представления не направлена. Кроме того, приказ командующего Северным флотом № 53 от 23.01.2001 г. представлен Вами не полностью, а только 1 лист.

Предлагаю Вам в месячный срок представить следующие документы:
- Протоколы всех заседаний комиссии.
- Протоколы всех заседаний Наблюдательного совета, а также Общественного комитета И. Лячиной.
- Выписки с банковского счета № 40302810700000000001 в ПУ ЦБ РФ «Нахимовское» с указанием лиц, перечисливших денежные средства и их банковских реквизитов, а также целевое назначение этих средств.
- Полный текст приказа командующего Северным флотом № 53.

Кроме того, прошу направить мне разъяснения по поводу средств, распределенных вопреки требованиям ст. 582 ГК РФ, на которые имеется ссылка в этом письме.

С уважением
Управляющий партнер, адвокат
Б. А. Кузнецов

Приложение № 15

МЕЖРЕСПУБЛИКАНСКАЯ КОЛЛЕГИЯ АДВОКАТОВ
ЮРИДИЧЕСКАЯ КОНСУЛЬТАЦИЯ
№ 74
АДВОКАТСКОЕ БЮРО «БОРИС КУЗНЕЦОВ И ПАРТНЕРЫ»
«...» марта 2003 г.
Командующему Северным флотом, адмиралу Г. А. Сучкову

Уважаемый Геннадий Александрович!

Как Вам известно, адвокатское бюро имеет честь представлять интересы группы родственников погибших на АПРК «Курск». В соответствии с пп. 3 п. 1 ст. 6 Федерального закона от 31 мая 2002 г. № 63-ФЗ «Об адвокатской деятельности и адвокатуре в Российской Федерации» прошу Вас представить мне следующую информацию:

1. По обстоятельствам гибели АПРК «Курск» и экипажа

В 2002 году Вы по моей просьбе направляли копии гидроакустических, навигационных и вахтенных журналов, кораблей и судов, которые принимали участие в учении, однако эти материалы не в полном объеме. Так, у меня отсутствуют ксерокопии за 12–15 августа 2000 г. гидроакустического и навигационного журналов ТАВКР «Адмирал Кузнецов», гидроакустического и навигационного журналов СС «Михаил Рудницкий». Полностью отсутствуют журналы ПЛ «Б-388», «Б-414», «К-18», «К-328», а также СКР «Легкий», МРК «Рассвет», МРК «Айсберг», МПК «Юнга», МТ «Машинист», а также торпедоловов, которые находились в РБД-1 12–15 августа 2000 года.

Не исключаю, что какие-то из этих кораблей и судов не имеют гидроакустических комплексов, а поэтому отсутствуют соответствующие журналы, однако мне важно знать их перемещение в районе гибели АПРК «Курск» в период проведения поисково-спасательной операции.

2. По счету в банке «Нахимовский»

Комиссией принято решение о нераспределении средств до проведения мероприятий памяти, посвященных второй годовщине со дня гибели корабля, и до открытия памятника экипажу.

В мае 2002 года я направлял письмо Вашему заместителю, вице-адмиралу Доброскоченко В. Г., в котором просил сообщить следующее:

Кем, когда и в каком составе сформированы комиссии по поступлению денежных средств, поступающих на флот в адрес семей военнослужащих, (представить соответствующий документ о принятом решении)?

Какие решения принимались этими комиссиями на совместных и раздельных заседаниях (представить копии протоколов заседания и постановления (решения) ими принятые)?

Какие счета и в каких банках открыты, а также предоставить сведения о движении средств по этим счетам, включая полученные дивиденды (выписки с банковских счетов)?

Кто входит в списки членов семей (вдов, родителей и детей), которым определены доли средств, подлежащих перечислению.

Право на обращение и обязанность предоставления указанной информации предусмотрены п. 4 ст. 29 Конституции Российской Федерации, статьей 12 Федерального закона от 20 февраля 1996 года № 24-ФЗ «Об информации, информатизации и защите информации», п. 2 указа президента РФ от 31 декабря 1993 г. № 2334 «О дополнительных гарантиях прав граждан на информацию» (с изменениями от 17 января 1997 г., 1 сентября 2000 г.).

Такие же запросы мною были направлены в Фонд памяти АПРК «Курск» Руденко И. А. и в Санкт-Петербургский клуб моряков-подводников Курдину И. К. Если от Курдина И. К. и Руденко И. А. ответы были получены, то от губернатора Мурманской области и по счету «Нахимовский» до сих пор ответа нет.

Прошу Вас дать указание о предоставлении запрашиваемой информации. Разъясняю Вам, что отказ в предоставлении информации может быть признан незаконным в судебном порядке.

С уважением
Управляющий партнер, адвокат
Б. А. Кузнецов

Приложение № 16

МЕЖРЕСПУБЛИКАНСКАЯ КОЛЛЕГИЯ АДВОКАТОВ
ЮРИДИЧЕСКАЯ КОНСУЛЬТАЦИЯ
№ 74
АДВОКАТСКОЕ БЮРО «БОРИС КУЗНЕЦОВ И ПАРТНЕРЫ»
№ 97/02
18 мая 2002 г.
Президенту Санкт-Перебургского клуба моряков-подводников
И. К. Курдину

Уважаемый Игорь Кириллович!

Вы знаете, что бюро имеет честь представлять семьи моряков, погибших на АПКР «Курск», с которыми заключен договор. Мы представляем их как потерпевших и гражданских истцов по уголовному делу, а также по всем другим вопросам, связанным с защитой их прав и интересов (ксерокопии доверенностей прилагаю).

Членами семей получена телеграмма (копию прилагаю) за подписью заместителя командующего Северным флотом, вице-адмирала Доброскоченко В. Г., в которой сообщается, что на совместном заседании комиссии Северного флота по рассмотрению проектов памятников экипажу и комиссии по поступлению денежных средств, поступающих на флот в адрес семей военнослужащих, принято решение о нераспределении средств до проведения мероприятий памяти, посвященных второй годовщине со дня гибели корабля, и до открытия памятника экипажу. Принято решение, что после завершения указанных мероприятий средства будут распределены в равных 352 долях на вдов, родителей и детей.

На заседании было также решено обратиться к такой же комиссии при губернаторе Мурманской области о принятии аналогичных решений.

Мной направлен запрос вице-адмиралу Доброскоченко В. Г. (копию прилагаю). Запрос вызван тем, что некоторые из членов семей экипажа, которые являются моими доверителями, нуждаются в средствах, в частности не всем членам экипажа установлены памятники. Кое-кому я смогу помочь, но, понятно, не всем.

Родители и вдовы не вполне понимают, чем обусловлены сроки выплаты денежных долей, которые собирала вся страна, со сроками подъема 1-го отсека корабля, сооружения памятника и проведения мероприятий Памяти. Я разделяю такую озабоченность. Не допускаю даже в мыслях, что кто-то злоупотребляет и использует эти средства для прокрутки, но вполне возможно, что некоторые средства расходуются не по назначению. Единственное предназначение этих средств – помощь семьям.

Я знаю, что на счет Вашего Клуба также поступали средства, которые распределялись между членами семей.

Мне нужно иметь полную картину, а поэтому прошу Вас направить мне следующую информацию: какие счета и в каких банках открыты, а также предоставить сведения о движении средств по этим счетам, включая полученные дивиденды (выписки с банковских счетов), а также сведения о направлении этих средств членам семей экипажа.

Кроме того, прошу направить сведения обо всех членах семей экипажа с адресами, хотя доверенностей у меня пока только 12, но, по-человечески, меня заботит судьба всех, и я намерен информировать о работе бюро по защите интересов моих доверителей всех членов семей погибшего экипажа.

Право на обращение и обязанность предоставления указанной информации предусмотрены п. 4 ст. 29 Конституции Российской Федерации, статьей 12 Федерального закона от 20 февраля 1996 года № 24-ФЗ «Об информации, информатизации и защите информации», п. 2 указа президента РФ от 31 декабря 1993 г. № 2334 «О дополнительных гарантиях прав граждан на информацию» (с изменениями от 17 января 1997 г., 1 сентября 2000 г.), а также ст. 15 Закона РСФСР от 20 ноября 1980 «Об утверждении положения об адвокатуре».

Приложение: ксерокопии доверенностей на 12 листах.

С уважением
Заведующий, адвокат Б. А. Кузнецов
В 14 экземплярах
1 – адресату;
2–3–13 – членам семей;
14 – копия в дело АПРК «Курск».

Приложение № 17

АДВОКАТСКАЯ ПАЛАТА ГОРОДА МОСКВЫ
АДВОКАТСКОЕ БЮРО «БОРИС КУЗНЕЦОВ И ПАРТНЕРЫ»
«...» июня 2003 г.
Председателю Счетной палаты Российской Федерации
С. В. Степашину

Уважаемый Сергей Вадимович!

Адвокаты бюро имеют честь представлять интересы 40 семей подводников, погибших в августе 2000 г. на АПРК «Курск».

Известно, что инспекторская группа Счетной палаты РФ с 16 по 23.11.2000 г. производила проверку использования Северным флотом средств, поступивших семьям военнослужащих, погибших на АПРК «Курск». Результатом этой проверки явились акт от 23.11.2000 г., копией которого я располагаю, а также представление, копии которого у меня нет. Проверка не установила использование денежных средств на цели, не соответствующие их назначению.

В связи с проведенной проверкой хотелось бы обратить Ваше внимание на следующие обстоятельства.

1. В соответствии со ст. 2 Федерального закона от 11 января 1995 г. № 4-ФЗ «О Счетной палате Российской Федерации», в задачи Счетной палаты РФ не входит проверка использования средств, направленных в качестве пожертвований. Однако, как видно из акта проверки, на этом же счету содержались внебюджетные средства Северного флота, а поэтому законность самого факта проверки у защиты не вызывает сомнения. Кроме того, государству не безразлично, из каких источников поступают средства и оплачиваются расходы на государственные нужды.

Не вызывает сомнения и законность внесения представления, т.к. ст. 23 указанного закона предоставляет Счетной палате РФ право направлять представления при выявлении фактов нарушения законодательства и бесхозяйственности, если даже они и не относились к использованию государственных средств. Кроме того, по-моему, в истории современной России еще не было такой массовой благотворительной акции.

Я весьма признателен Вам за эту проверку и как доверитель членов семей погибшего экипажа, и как жертвователь.

2. Хотел бы обратить Ваше внимание на несоответствие, которое содержится в самом акте.

С одной стороны, обращается внимание командования Северного флота на то, что средства, направленные жертвователями, должны использоваться исключительно на те цели, на которые они направлены, раскрывается ст. 582 ГК РФ и разъясняется ее содержание. При этом выявляются многочисленные факты направления средств не на оказание помощи членам семей погибшего экипажа, а на иные цели. С другой стороны, указывается: «Использования указанных средств на цели, не соответствующие их назначению, не установлено».

3. Проверка Вашими сотрудниками производилась в 2000 году, а счет был закрыт в 2002 году, поэтому моим доверителям хотелось бы иметь полное представление о расходовании гуманитарных средств.

Прошу Вас сообщить о возможности проведения Счетной палатой Российской Федерации полной проверки расходования средств, поступивших на счет Северного флота и предназначенных для оказания помощи семьям членов экипажа погибшего крейсера.

Независимо от принятия решения по этому вопросу, прошу, в соответствии с п. 4 ст. 29 Конституции Российской Федерации, статьей 12 Федерального закона от 20 февраля 1996 года № 24-ФЗ «Об информации, информатизации и защите информации», п. 2 указа президента РФ от 31 декабря 1993 г. № 2334 «О дополнительных гарантиях прав граждан на информацию» (с изменениями от 17 января 1997 г., 1 сентября 2000 г.), а также пп. 1, 3 ст. 6 Федерального закона от 31 мая 2002 г. № 63-ФЗ «Об адвокатской деятельности и адвокатуре в Российской Федерации», направить мне копию представления, направленного в адрес Северного флота, а также все материалы, включая первичные документы, которые имеются в Счетной палате Российской Федерации по проверке, которая проводилась – в 2000 году.

Управляющий партнер, адвокат Борис Кузнецов

Приложение № 18

Елена Милашина. Дело «Курска» надо открывать заново. В гибели лодки и экипажа есть виновные в погонах («Новая газета», № 58. 11.08.2003)

Год назад было закрыто уголовное дело № 29/00/0016/00 по факту гибели «Курска» и 118 членов экипажа.

«Никто не виноват», «стечение обстоятельств» – такими выводами закончилось уникальное расследование, не имеющее аналогов в современной криминалистической практике. Но в ходе двухлетней, без преувеличения героической, работы следователей были выявлены десятки фактов превышения должностных обязанностей, всевозможных нарушений и проч.

Дело «Курска» удалось полностью рассекретить, мы получили доступ к этим фактам, свидетельским показаниям, экспертизам. И теперь имеем все основания сомневаться в самостоятельности следователей на последнем этапе, том самом, на котором оказалась невыявленной причинно-следственная связь между халатностью адмиралов и гибелью моряков.

Сегодня «Новая газета» публикует альтернативную юридическую позицию по делу «Курска» – ходатайство адвоката Бориса Кузнецова, представляющего интересы сорока семей погибших подводников. В своем роде это не менее уникальный и даже исторический документ, который уже столкнул конфликтующие стороны (военных чиновников с адвокатом и родственниками погибших подводников) в судебном процессе.

Вполне вероятно, что через год-два следователи ГВП вынуждены будут проявить еще большую компетентность, независимо оценить факты и в конце концов пересмотреть многие свои выводы. И возможно, что в результате этих действий выведенные из-под уголовной ответственности адмиралы и офицеры флота все-таки окажутся в зале суда.

Впрочем, такой конкретной цели ни у адвоката Кузнецова, ни у родственников погибших нет. Есть желание довести дело «Курска» до конца, и в первую очередь – с юридической точки зрения.

Ходатайство Кузнецова состоит из нескольких частей. Защита исследует фактические обстоятельства и выявленные следствием факты на нескольких этапах: подготовка «Курска» и экипажа к учениям, взрыв торпеды, поисково-спасательная операция, обстоятельства и время гибели 23 подводников в 9-м отсеке, исследование и оценка экспертиз, стуки SOS. Защита критически относится ко многим оценкам и выводам следствия и находит причинно-следственную связь между допущенными командованием Северного флота и Главным штабом ВМФ фактами халатности, нарушениями и гибелью лодки и экипажа.

Уже сейчас можно сказать, что это не просто домыслы адвоката, а точное и болезненное попадание в слабые места следствия. Об этом свидетельствует агрессивная реакция определенных военных чиновников, чья работа квалифицирована Кузнецовым как некомпетентная и сомнительная.

Уже через 50 минут после того, как Кузнецов подал в ГВП ходатайство об отмене постановления уголовного дела по «Курску» и возвращении его на доследование, СМИ распространили ответ ГВП: отказать адвокату (и родственникам погибших моряков).

Борис Кузнецов уже готовил иск в военный суд, где ему бы пришлось доказывать, что выводы следствия необъективны. То есть готовился к долгому и вялому судебному процессу. Но военные специалисты, настороженные открывшейся перспективой возвращения дела на доследование, обвинили Кузнецова «в попытке поднять свой имидж в глазах общественности за счет гибели экипажа АПРК «Курск», а также в «некомпетентности и передергивании фактов». Тем самым дали возможность адвокату подать на несдержанных (или просто сильно напуганных?) военных иск о защите чести, достоинства и деловой репутации в гражданский (!) суд.

Такой поворот дела резко увеличивает возможности адвоката и его клиентов (число их после ходатайства выросло с 20 семей до 40). По правилам гражданского судопроизводства, доказывать свои обвинения придется не Кузнецову, а военным чиновникам, в частности главному судмедэксперту Министерства обороны Виктору Колкутину и заместителю главного штурмана ВМФ Сергею Козлову.

Колкутин возглавлял комиссионную судмедэкспертизу (т.е. обобщил все имеющиеся в деле судмедэкспертизы). Козлов провел навигационную экспертизу, в которой должен был определить, совпадают ли координаты (пеленг) стуков SOS с координатами затопленного «Курска».

Экспертизы Колкутина и Козлова не ключевые, но стали самыми главными в этом деле, так как оба эксперта преследовали вполне конкретную цель: доказать, что 23 подводника в 9-м отсеке умерли не позднее чем через 8 часов после взрывов на «Курске».

Откуда появилась эта странная цифра «8 часов», подробно сказано в ходатайстве Кузнецова (в основном благодаря времени и дате, проставленным на второй части записки капитан-лейтенанта Дмитрия Колесникова). Мы поясним, почему это время столь удобно для следствия. Дело в том, что, в нарушение практически всех существующих инструкций, «Курск» был объявлен аварийным слишком поздно – через 9 часов (по официальной версии) или через 11 часов (по подсчетам Кузнецова).

Соответственно поздно началась и поисково-спасательная операция. Но поскольку Колкутин делает в своей экспертизе вывод, что подводники умерли через 8 часов после взрывов, то получается: даже если бы спасательная операция началась вовремя, спасти людей было бы невозможно. Вывод: какие бы нарушения ни были допущены при проведении поисково-спасательной операции, они не состоят в причинно-следственной связи с гибелью людей в 9-м отсеке.

Вот цель, которую преследовал Колкутин в своей экспертизе: вывести из-под уголовной ответственности офицеров ВМФ, руководивших спасательной операцией. Колкутин сочиняет странную формулировку: «Погибли не позднее 4,5–8 часов после взрыва на «Курске»». Но в первичных экспертизах сказано, что люди погибли после начала пожара в 9-м отсеке, а когда случился пожар, установить вообще не представляется возможным. В материалах следствия нигде не доказана связь между взрывами в носовой части «Курска» и пожаром в кормовом 9-м отсеке. Да ее и не было.

Пожар регенерирующей установки начался в 9-м отсеке гораздо позже катастрофы и затопления «Курска». То, что делает Колкутин, и называется подтасовкой фактов. Впрочем, следователи предпочли подтасовки не заметить. Они делают официальные выводы, основываясь на экспертизе Колкутина.

Выводы независимых экспертов, к которым обратился Кузнецов, однозначны: определить точное время гибели подводников в 9-м отсеке не представляется возможным, так как наука на сегодняшний момент не располагает нужными средствами и технологиями. Заметьте! Колкутин же в обход науки проставляет точное время, вплоть до часов и минут. Такое «уточнение» специалиста высокого уровня могло бы обескуражить – как-никак он главный эксперт Минобороны РФ... Хотя, с другой стороны, должность и звание офицера объясняют мотивы поступка...

Другой военный эксперт, Козлов, должен был определить пеленг стуков SOS и сравнить с координатами затонувшего «Курска». Надо сказать, что в уголовном деле «Курска» подшита акустико-фонографическая экспертиза. Эксперты не только идентифицировали стуки металлическим предметом о металл, но и то, что удары наносились по корпусу затонувшей (!) подводной лодки. Зачем же нужна экспертиза Козлова, если и так понятно, из какой подлодки, да еще затонувшей, могли стучать?

Дело в том, что только замглавного штурмана ВМФ РФ Козлов мог доказать, что стуки-то были даже 14 августа, да только не на «Курске» стучали. Как он это «доказал» – читайте в ходатайстве Кузнецова. В неофициальной беседе с адвокатом Кузнецовым и следователем Егиевым Козлов фактически признался. Кстати, экспертиза штурмана составлена с грубыми нарушениями: в ней нет исследовательской части. И понять, как именно он ее делал, невозможно. В итоге, однако, «[...] следствие пришло к выводу, что указанные шумы (стуки), классифицированные экспертами как сигналы бедствия, издавались не из АПРК «Курск», а из подводной части надводного корабля, находившегося вне пределов района гибели подводного крейсера» (л. 117 постановления).

Вообще роль козловской «экспертизы» в деле трудно переоценить. Ведь стуки SOS – прямое свидетельство жизни подводников в 9-м отсеке. Но следствие-то с помощью Колкутина пришло к неопасному выводу, что подводники умерли «не позднее 8 часов» после взрыва еще 12 августа 2000 года. То есть они никак не могли стучать и просить о помощи до вечера 14 августа 2000-го. Поэтому стучали не на «Курске». А где? Следствие не стало утруждать себя выяснением источника «левых» сигналов SOS.

Куда более истошные сигналы бедствия к тому времени подавали адмиралы ВМФ.

P.S. Первое судебное заседание по иску Кузнецова к Колкутину и Козлову состоится 30 сентября. Защита попросит приобщить к делу пять экспертиз независимых экспертов. Адвокат обратился к отечественным и зарубежным (Великобритания, Швеция, Норвегия) экспертам и предоставил им те же самые материалы дела, на основе которых делал свою экспертизу Колкутин. Они сделали свои заключения. Имена и адреса экспертов будут оглашены на заседании суда.

Приложение № 19

Елена Милашина. Дело «Курска» надо открывать заново. В гибели лодки и экипажа есть виновные в погонах («Новая газета», № 59. 14.08.2003)

В ответ на публикацию «Дело «Курска» надо открывать заново» (№ 58 от 11.08.2003) в тот же день в редакцию пришло письмо из Главной военной прокуратуры (ГВП). Заместитель главного военного прокурора А. И. Арутюнян обвинил редакцию в нарушении ст. 120 Конституции РФ, а также ст. 5 федерального конституционного закона «О судебной системе».

По словам прокурора, редакция оказывает неимоверное давление на суд, публикуя многочисленные факты халатности и преступных нарушений флотских адмиралов и старших офицеров, которые привели: 1) к гибели «Курска»; 2) к гибели большей части экипажа в первые минуты катастрофы; 3) к гибели 23 подводников в 9-м отсеке.

Во-первых, никто по Закону о СМИ не имеет права диктовать журналистам, как надо трактовать эти факты, тем более что эти факты вообще нельзя трактовать иначе, чем согласно Уголовному кодексу РФ. И если следствие нарушило это непреложное правило и предпочло в угоду каким-то высокопоставленным интересам «не заметить» вины адмиралов, мы на такое нарушение закона пойти не можем и не хотим.

Во-вторых, не надо, уважаемые прокуроры, в который раз подменять суть вопроса. Вы пишете, что мы оказываем «прямое давление на суд перед принятием им решения». Это было бы справедливо, если бы вы имели в виду суд по делу «Курска». К сожалению, пока до суда дело не дошло.

В письме ГВП речь идет о гражданском иске адвоката Кузнецова к главному судмедэксперту Минобороны полковнику Колкутину В. В. и заместителю главного штурмана ВМФ капитану I ранга Козлову С. В. Иск этот адвокат подал, чтобы защитить свои честь, достоинство и деловую репутацию, потому что вышеозначенные военные повели себя не как российские офицеры, а как, извините, российские базарные бабки. Крикливо и необоснованно обвинили адвоката Кузнецова «в попытке поднять свой имидж в глазах общественности за счет гибели экипажа АПРК «Курск».

В нашей статье, которую вы оцениваете «как прямое давление на суд», об этом конкретном иске практически ничего не говорится. И его исход будет определять только судья, а не газета и даже не Министерство обороны в лице Главной военной прокуратуры. Ведь это письмо, которое вы любезно направили в Пресненский районный суд г. Москвы, в большей степени можно рассмотреть как прямое давление на суд. Просто подумайте, кто для судьи более страшен – журналисты или прокуроры?

А теперь по сути... Вам, г-да прокуроры, хорошо известно, что уже три года «Новая газета» проводит собственное расследование обстоятельств гибели АПРК «Курск» и экипажа лодки. Эти статьи не раз вызывали ваше негодование, но тем не менее помогли вашим же сотрудникам в официальном расследовании уголовного дела.

Факты и обстоятельства гибели АПРК «Курск» в наших параллельных расследованиях совершенно совпали, а вот выводы – нет. Еще раз поясним, почему.

На последнем этапе следователям ГВП дали задачу вывести из-под обвинения нескольких старших офицеров и адмиралов, а также главкома ВМФ Куроедова (полный список фамилий читайте в «Новой газете» № 58 от 11. 08.2003). Задачу выполнили. Но – плохо. По одной простой причине: следователи ГВП провели классное расследование! Слишком хорошо выяснили и установили все факты, чтобы теперь не найти причинно-следственной связи между действиями, например, Куроедова или Попова, или Моцака (фамилии, ставшие известными всему миру) и гибелью 23 подводников, из которых мир знает только капитан-лейтенанта Дмитрия Колесникова. И только потому, что он первый опроверг ложь адмиралов, что весь экипаж «Курска» погиб в первые минуты катастрофы.

И вот что получается. Знакомишься с материалами уголовного дела и понимаешь, что виновные в уголовном деле все-таки есть. И они названы.

«Из контекста постановления о прекращении уголовного дела видно, что предварительное следствие не исключает возможности ошибки командира АПРК «Курск» Лячина Г. П. и других членов экипажа, повлекшей катастрофу. […] Лячин Г. П. мог отказаться выводить корабль на учения, мог отказаться принимать перекисно-водородную торпеду, эксплуатировать которую экипаж не был обучен». (Фрагмент ходатайства адвоката Б. Кузнецова. Полный текст читайте на сайте «Новой газеты». – **Е.М.**)

Почему мы, г-да прокуроры, опубликовали ходатайство Б. Кузнецова и статью, которая вам так не понравилась? Потому что, выходит, Кузнецов защищает не только родственников погибших подводников, но и честь самих погибших.

Комментарии адвокатов:

Уважаемый Дмитрий Андреевич!

Ознакомился с письмом на Ваше имя заместителя главного военного прокурора Арутюняна А. И. в связи с публикацией 11 августа 2003 года в «Новой газете» материала «Дело «Курска» надо открывать заново», и, как мне представляется, руководство ГВП «перевозбудилось».

Иск о защите чести и достоинства, а также деловой репутации адвоката предъявлен не Главной военной прокуратуре, не руководству Главной военной прокуратуры, не членам следственной группы, которые расследовали уголовное дело по факту гибели АПРК «Курск». Иск предъявлен Виктору Колкутину, Сергею Козлову, Министерству обороны РФ, а также средству массовой информации, распространившему сведения, которые, как я считаю, не соответствуют действительности.

Поэтому странно, удивительно и не совсем понятно, почему реакция на публикацию последовала не от ответчиков, а от органа, который не является стороной в гражданско-правовом споре.

Гражданское процессуальное законодательство Российской Федерации допускает участие прокурора в гражданском процессе. Часть 1 статьи 45 Гражданско-процессуального кодекса Российской Федерации изложена в следующей редакции: «Прокурор вправе обратиться в суд с заявлением в защиту прав, свобод и законных интересов граждан, неопределенного круга лиц или интересов Российской Федерации, субъектов Российской Федерации, муниципальных образований. Заявление в защиту прав, свобод и законных интересов гражданина может быть подано прокурором только в случае, если гражданин по состоянию здоровья, возрасту, недееспособности и другим уважительным причинам не может сам обратиться в суд».

Очевидно, что господа Колкутин и Козлов не относятся к лицам неопределенного круга, так как они идентифицируются со вполне конкретными, реально существующими персонами.

У меня также нет оснований считать, что указанные господа страдают какими-либо хроническими заболеваниями, например, энурезом, что препятствовало бы им участвовать лично в судебном процессе, а не прибегать к защите Главной военной прокуратуры.

По внешнему виду ни С. Козлов, с которым я общался лично, ни В. Колкутин, которого я наблюдал на экране телевизора, не производят впечатления умственно отсталых в степени имбецильности или идиотии, при которых их можно было бы признать недееспособными.

Министерство обороны России, хотя и является органом исполнительной власти Российской Федерации, в данном судебном заседании Российскую Федерацию не представляет, а представляет только себя. Оно (Министерство обороны) не является также ни субъектом Российской Федерации, ни муниципальным образованием, а потому при защите его интересов участие прокурора не требуется.

Кроме того, в Министерстве обороны работают квалифицированные юристы, имеющие, в отличие от Главной военной прокуратуры, опыт участия при рассмотрении судами гражданских дел.

Предметом иска являются фрагменты выступления В. Колкутина и С. Козлова на пресс-конференции, в которых содержатся обвинения в мой адрес, что я в отстаивании своей позиции прибегаю к домыслам и передергиванию, что я не располагаю достоверными фактами, ссылаюсь на некомпетентных специалистов, что мои высказывания оскорбительны для науки и для экспертов, что я пытаюсь поднять свой имидж в глазах общественности за счет гибели экипажа АПЛ «Курск».

В публикации Вашей газеты (с. 2, первый столбец, пятый абзац сверху) излагается лишь факт моего обращения в суд, а также те сведения, распространенные В. Колкутиным и С. Козловым, которые я оспариваю. В нем не обсуждаются доводы истца. На страницах газеты излагается позиция защиты по уголовному делу, дается анализ доводов представителя потерпевших по уголовному делу. Даже для неподготовленного читателя ясно, что это не одно и то же.

Материал в газете адресован ее читателям. Я не уверен, что в их число входит федеральный судья, который будет рассматривать дело. Не исключаю, что он понятия не имел об этой публикации, но после того как Главная военная прокуратура направила копию своего письма в Пресненский суд, он наверняка заинтересуется причиной «истерики» руководства ГВП. Может быть, даже прочитает эту публикацию.

Мне остается только поблагодарить руководство ГВП за то, что оно «раскрыло перед судом» подоплеку этого иска.

Все ссылки заместителя Главного военного прокурора, автора письма, на Конституцию РФ, Закон о СМИ, а также вывод о давлении на суд с правовой точки зрения критики не выдерживают.

Мне кажется, что правосудие не пострадает, если Вы, уважаемый Дмитрий Андреевич, обойдетесь с этим письмом утилитарно.

Примите мои искренние заверения в глубоком к Вам уважении

Адвокат Б. Кузнецов

P.S. Копии письма направлены в Пресненский районный суд гор. Москвы, главному военному прокурору генерал-полковнику юстиции А. Н. Савенкову.)

Глубокоуважаемый Дмитрий Андреевич!

На Ваш запрос по поводу правомерности и корректности публикации в Вашей газете статьи «Дело "Курска" надо открывать заново» сообщаю свое мнение.

Мне неизвестны какие-либо прямые запрещения в законе о публикации статей в средствах массовой информации по поводу или в связи с каким-либо гражданским или уголовным делом. Более того, на практике мне известно огромное количество случаев, когда в средствах массовой информации, иногда непосредственно перед вынесением приговора или решения, журналисты высказывают свое мнение по существу рассматриваемого судом дела.

Чаще всего такие публикации появляются по уголовным делам с очевидно обвинительным уклоном, и мне не встречалось ни одного случая, чтобы прокуратура рассматривала такие публикации как давление на суд.

Ознакомление с Вашей публикацией, с иском Кузнецова Бориса о защите чести и достоинства и с другими присланными Вами материалами привело меня к убеждению, что эта публикация в основе своей направлена на необходимость пересмотра уголовного дела по поводу гибели «Курска», а не по поводу защиты чести и достоинства адвоката Кузнецова Б.

Конечно, косвенно эта публикация поддерживает позицию адвоката Кузнецова по гражданскому делу, однако я не вижу никаких оснований говорить о том, что в этом случае имеется незаконное давление на суд.

Такого рода публикации не являются доказательствами по делу, и газеты не имеют властных полномочий над судом, который всей своей деятельностью демонстрирует свою независимость от точек зрения авторов тех или иных публикаций.

С уважением
Адвокат, член совета Адвокатской палаты г. Москвы, Заслуженный юрист РФ
Г. П. Падва

Главному редактору «Новой газеты» Д. А. Муратову

Уважаемый Дмитрий Андреевич!
По Вашей просьбе я ознакомился со статьей «Дело «Курска» надо открывать заново» («Новая газета» за 11.08.2003) и с письмом Главной военной прокуратуры (ГВП) в Ваш адрес по поводу этой статьи.

ГВП всегда выделялась из всех подразделений прокуратуры России особой взвешенностью и юридической обоснованностью своих оценок. Поэтому присланное Вам оттуда раздраженное письмо вызывает недоумение как тоном своим, так и некорректным содержанием. Статья в «Новой газете» расценивается в письме Главной военной прокуратуры «как прямое давление на суд перед принятием им решения». Почти криминал.

Оказывается, однако, что речь идет о гражданском деле, в котором адвокат Б. Кузнецов защищается от публично высказанного унизительного намека на низменные мотивы, по которым он защищает интересы родственников погибших моряков. Стало быть, только вопрос о мотивах профессиональных действий адвоката суд и будет рассматривать. А между тем в статье газеты по этому предмету судебного рассмотрения нет вообще ни слова. Какое уж тут «давление на суд»!

В действительности статья посвящена вовсе не предмету гражданского дела Б. Кузнецова – как это некорректно пытается подменить Главная военная прокуратура в своем грозном письме. На самом деле в статье – по канве обстоятельств ходатайства адвоката – подвергаются критике выводы следствия о трагических обстоятельствах гибели моряков «Курска», то есть выводы, исключившие ответственность флотских командиров за катастрофу. Эту именно критику желает пресечь руководство ГВП, грозя газете пальцем. А зря!

Гибель «Курска» была и остается национальной трагедией, отозвавшейся болью в сердце каждого гражданина России. Поэтому все сомнения в правильности выводов следствия должны быть высказаны – и разрешены. Право на высказывание подобных суждений принадлежит журналисту в силу ст. 29 Конституции Российской Федерации и ст. 47 п. 9 Закона о средствах массовой информации.

В этом же Законе о СМИ содержится ст. 46, в соответствии с которой, Главная военная прокуратура имела право и возможность – при несогласии с выступлением газеты – опубликовать в ней свой ответ, парирующий неверную (по мнению следствия) критику. Именно такой аргументированный ответ соответствовал бы и закону, и степени общественного интереса к болезненной теме, и достоинству ГВП. Так, мне кажется, было бы приличнее.

С уважением
адвокат С. Ария

Приложение № 20

Генеральному прокурору РФ
В. В. Устинову
копия: министру внутренних дел РФ
Грызлову Б.В.
от Цветковой Л.Ф.

Уважаемый Владимир Васильевич!

Последовавшие после убийства моего мужа беспрецедентные по своей наглости и цинизму действия сотрудников правоохранительных органов, а также ставшие известными мне в этой связи факты вынуждают меня обратиться к Вам с настоящим заявлением.

6 ноября 2002 года заместителем прокурора Магаданской области Носиковым Н. Н. по факту якобы незаконного распределения (перераспределения) квот на вылов (добычу) водных биоресурсов на 2002 год по предприятиям Магаданской области было возбуждено уголовное дело № 22583 по признакам преступлений, предусмотренных ч.1 ст. 169, ч.1 ст. 178 УК РФ.

Из текста постановления о возбуждении уголовного дела следует, что прокуратурой Магаданской области усматриваются признаки состава преступления в том, что под влиянием погибшего губернатора Магаданской области Цветкова В. И., в нарушение антимонопольного законодательства, Рыбохозяйственный совет Магаданской области (РХС) и Госкомрыболовство России неправомерно распределили квоты на вылов водных биоресурсов, особенно «валютных» (крабов, трубача) в пользу Областного государственного унитарного предприятия «Магаданское предприятие по добыче и переработке морепродуктов» (далее – ОГУП МПДПМ), нарушив тем самым интересы некоторых частных коммерческих структур (приложение № 1).

13 ноября 2002 года следователь СУ при УВД Магаданской области Т. А. Сметанина вынесла постановление о производстве обыска (выемки) в помещениях представительства ОГУП МПДПМ, в Магаданском офисе ЗАО «Дальрыбфлот» и в офисе его представительства в Москве, а также в жилищах бывшего директора ОГУП Шаповалова А. И., бывшего заместителя директора ОГУП МПДПМ Межицкого Н. Ф., действующего директора ОГУП МПДПМ Вологжина В. В. и директора ЗАО «Дальрыбфлот» Тихачевой В. Ю. (приложение № 2).

В ходе проведения следственных действий сотрудниками УВД г. Магадана в офисе ОГУП МПДПМ была проведена операция под названием «маски-шоу» с изъятием всех компьютеров и бухгалтерской документации, в результате чего была полностью парализована работа государственного предприятия. Проводятся обыски на квартирах указанных в постановлении лиц. Сотрудниками 11-го отдела ГУБЭП СКМ МВД РФ проводятся обыски в офисе московского представительства ЗАО «Дальрыбфлот», руководителем которого является советник губернатора Магаданской области Тихачева Виктория Юрьевна.

При этом в ходе проведения данных следственных мероприятий сотрудниками правоохранительных органов, и в первую очередь сотрудниками 11-го отдела ГУБЭП СКМ МВД РФ, постоянно делаются заявления о том, что они ищут следы «преступной деятельности» моего мужа на посту губернатора, в которой они не сомневаются. Порой даже договариваются до того, что якобы я и Тихачева В. Ю., которая на протяжении всего срока своей работы в качестве советника губернатора была его единомышленником, ими могут рассматриваться в качестве потенциальных «заказчиков» убийства.

Такое заявление было сделано сотрудником ГУБЭП МВД РФ капитаном милиции Исаевым М. Ю.

Считаю, что подобные заявления необоснованны, порочат доброе имя моего покойного мужа и затрагивают мои честь и достоинство.

Также считаю, что возбуждение данного уголовного дела умышленно инициировано прокуратурой Магаданской области и сотрудниками МВД РФ в интересах частных коммерческих организаций ООО «Маг-СИ» и ООО «Тихоокеанская рыбопромышленная компания» и направлено на перераспределение квот на вылов водных биоресурсов в пользу этих организаций. Руководителем и учредителем данных организаций является Котов М. Н.

Данные выводы основаны на следующих фактах.

1. Постановлением губернатора области от 13.11.2001 г. было создано ОГУП МПДПМ. В экономических интересах области, в целях пополнения бюджета Цветков В. И. считал, что при распределении квот, в особенности квот на вылов «валютных» водных биоресурсов, основным приоритетом для области является максимальная загрузка мощностей ОГУПА, и отстаивал свою позицию в Госкомрыболовстве и в Рыбохозяйственном совете Магаданской области.

При этом исключений для каких-либо коммерческих структур он не делал. Примером тому может служить письмо администрации Магаданской области от 29.01.2002 г. № К-017, в котором, в том числе ущемлены права и ЗАО «Дальрыбфлот», руководителем которого является его советник и близкий человек Тихачева В. Ю. (приложение № 3).

Естественно, руководители некоторых коммерческих структур были недовольны такой позицией губернатора и, как мне известно, в первую очередь Котов М. Н., который всяческими способами, используя всевозможные рычаги влияния, пытался безуспешно отвоевать для своих фирм исключительные льготы, цена которых – миллионы долларов США в год.

2. 12 сентября распоряжением правительства Российской Федерации было утверждено увеличение общедопустимых уловов биоресурсов, исключительно для проведения научно-исследовательских работ и контрольного лова. Исполнителем данных работ Госкосрыболовство определило Магаданское НИРО. Позиция губернатора, заключающаяся в том, что данные работы должны исполняться ОГУПом совместно с НИРО, ни для кого не была секретом.

3. Вслед за этим Котов М. Н. пытался через одного из членов правительства РФ (фамилию могу назвать Вам на личном приеме) оказать влияние на Цветкова В. И. Этот член правительства просил губернатора при распределении дополнительных квот передать часть этих квот фирмам Котова, а именно: на 400 тонн краба и 200 тонн трубача. Цветков В. И. в просьбе отказал (знаю со слов мужа), но поручил 05.10.2002 г. сотрудникам своей администрации подготовить и направить письмо Котову М. Н. следующего содержания: «Если хотите нормально работать, то на общих основаниях заключайте договор с ОГУП о совместной работе – никаких исключений ни для кого сделано не будет».

4. Сначала Котов М. Н. наотрез отказался, ссылаясь на то, что он все равно своего добьется. Потом неожиданно 07.10.2002 г. направил своего заместителя в ОГУП для ведения переговоров на предмет заключения договора. Условия данного договора между фирмой Котова и ОГУП были окончательно согласованы 16.10.2002 г., но договор не был еще подписан.

5. В этот же день, 16.10.2002 г., Котов М. Н. неожиданно для всех в Магадане улетает в Аргентину.

6. 18.10.2002 г. мой муж был убит.

7. 20.10.2002 г. советник губернатора Тихачева В. Ю. узнает по своим каналам, что на нее от Котова поступил «заказ» в ГУБЭП СКМ МВД РФ.

8. 24.10.2002 г., сразу после похорон мужа, Тихачеву В. Ю. вызвал к себе заместитель начальника 11-го отдела ГУБЭП СКМ МВД РФ Васильев Эдуард Анатольевич. В беседе с ней он заявил, что им известно о наличии у нее дома в г. Сиэтле (США), предложил оставить ОГУП и уехать в США. Он предложил Тихачевой В. Ю. подумать о детях, в противном случае пообещал создать ей проблемы, сказал, что сможет «проблемы организовать», сказал, что у нее нет выхода, и предложил подумать.

На этой встрече Васильев заявил, что у Котова большие связи в Москве, что Родин А. В. (бывший министр рыбного хозяйства) и он являются компаньонами в фирмах ООО «МакСи» и ООО Тихоокеанская рыбопромышленная компания. Родин А. В. дружит с Колесниковым В., заместителем генерального прокурора, возглавляющим расследование убийства моего мужа.

Частично эти сведения подтверждены, т.к. Родин А. В. имеет по 40% долей в каждой из указанных компаний.

9. 01.11.2002 г. Васильев Э. А. вновь пригласил к себе Тихачеву В. Ю. и поинтересовался, «подумала ли она над его предложением и что выбрала». На ее ответ, что ей нечего бояться, фирму она не ликвидирует и никуда не уедет, Васильев заявил: «Тогда увидишь, что я с тобой сделаю. Когда тебе будет совсем плохо и ты передумаешь, позвони мне» и дал ей свой номер телефона.

10. 04.11.2002 г. и.о. прокурора области Н. Н. Носиковым в адрес

администрации Магаданской области принесен протест № 30-10/02 на пункт 4 постановления губернатора области от 13.11.2001 г. № 221, в котором он просит и.о. губернатора Дудова Н. Н. «отменить данный пункт постановления о создании ОГУП МПДПМ (копия протеста прилагается). Данный протест означает, что и.о. прокурора области Носиков Н. Н. предпринял попытку ликвидации государственного предприятия.

Я не могу оценить законность и обоснованность доводов, изложенных в протесте и.о. прокурора, – это дело юристов. Но хотелось бы обратить внимание на следующее: озаботившись неправомерным, по его мнению, расходованием 150 000 рублей (менее 5000 долларов США) из резервного фонда области на оплату уставного фонда ОГУП, г-н Носиков Н. Н., вероятно, забыл об ущербе в десятки миллионов долларов, который будет причинен государству (области) в результате удовлетворения его протеста и ликвидации ОГУП.

Возникает закономерный вопрос: в чьих интересах принесен протест и состоит ли этот прокурор на службе у государства?

Очевидно, что целью издания подобного документа является скорейшая (до выборов нового губернатора) ликвидация ОГУП по инициативе администрации области путем оказания давления на последнюю. Тем не менее действующая администрация области не «прогнулась» и направила в адрес прокуратуры письменный ответ о несостоятельности доводов протеста.

11. 06.11.2002 г. Носиков Н. Н. возбуждает упомянутое уголовное дело № 22583 по факту незаконного распределения квот на добычу водных биоресурсов на 2002 г. (где же он был раньше?) по предприятиям Магаданской области и направляет его для производства предварительного расследования в СУ УВД Магаданской области, курирует работу которого (СУ) приятель Котова М. Н. Турубаров О. И.

12. С 15 по 18 ноября 2002 г. в офисах ОГУП и фирмы Тихачевой В. Ю. и в жилищах их сотрудников по постановлению следователя СУ УВД Магаданской области Т. А. Сметаниной проводятся обыски и выемки. В результате парализована работа этих организаций. Учитывая, что сотрудники государственной и коммерческой организаций не имеют распорядительных функций по (выделению) распределению промышленных квот на отлов водных биоресурсов, нетрудно догадаться, что данные действия правоохранительных органов направлены не столько на расследование данного преступления, сколько на парализацию деятельности данных компаний и оказание силового давления на руководство данных компаний.

13. В период между возбуждением уголовного дела и проведением обысков Тихачевой В. Ю. позвонил ее знакомый, который является сотрудником прокуратуры ЦАО г. Москвы, и попросил встретиться. В разговоре он сообщил: «На меня вышли сотрудники ГУБЭП МВД РФ и попросили на правах знакомого убедить тебя, что

упираться бесполезно, они все равно уничтожат тебя и твой бизнес. В качестве отступного для них просили 5 000 000 (пять миллионов) долларов США».

14. При следующей встрече он сказал, что сотрудники ГУБЭП согласны в счет денег взять у нее рыболовецкие суда, принадлежащие ее фирме.

Тихачева В. Ю. обратилась за защитой и передала данную пленку с другими документами в Управление собственной безопасности МВД РФ.

Этот знакомый продолжает звонить и настаивает на встрече. Очевидно, ожидает ответа на сделанное предложение.

Учитывая, что распределение квот на вылов водных биоресурсов на 2003 г. по предприятиям Магаданской области должно состояться не позднее декабря нынешнего года, мне понятна спешность и направленность действий правоохранительных органов.

Действуя в коммерческих интересах Котова М. Н., они пытаются ликвидировать ОГУП, нейтрализовать советника губернатора Тихачеву В. Ю., к мнению которой прислушиваются в рыбхозсовете области и в Госкомрыболовстве, и, таким образом, попытаться успеть перераспределить квоты на вылов на 2003 год в пользу фирм, подконтрольных Котову М. Н.

В случае успеха проводимой «операции» фирмы Котова фактически станут монополистами в сфере добычи водных биоресурсов в Магаданской области со всеми вытекающими отсюда экономическими последствиями для государства.

Последовательность вышеизложенных событий, удивительная быстрота их развития сразу после убийства моего мужа наводят на очень серьезные подозрения о причинах убийства.

Прошу Вас провести проверку указанных в настоящем заявлении фактов, дать правовую оценку действий вышеуказанных должностных лиц правоохранительных органов и принять соответствующие процессуальные решения.

Должная реакция на мое заявление не только защитит доброе имя моего мужа, но и позволит сохранить все то, что было сделано им по наведению порядка в Магаданской области.

С уважением,
Л. Ф. Цветкова
19.11.2002 г.

Приложение № 21

Юлия Латынина. Почему она утонула? Правда о «Курске», которую скрыл генпрокурор Устинов («Ежедневный журнал». 28.03.2005)

12 августа 2000 года. В 11.30 старлей Лавринюк, командир гидроакустической группы ракетного крейсера «Петр Великий», увидел на экране радара большое светлое пятно, а спустя мгновение в динамиках раздался хлопок. Одновременно вздрогнул и сам «Петр Великий». Взрыв услышали не только акустики, но и все, кто был на «Петре Великом». В частности командующий Северным флотом Вячеслав Попов. Он стоял на мостике, дожидаясь торпеды, которую как раз в это время должен был выпустить «Курск» в ходе учебных стрельб.

— Что это у вас трясет? — спросил командующий.

— Включили антенну радиолокационной станции, — сходу ответили ему.

Через полтора часа командующий флотом, не дождавшись ни торпеды с «Курска», ни планового донесения лодки (она должна была выходить на связь каждый час), ни ее всплытия, улетел на берег, где и сообщил журналистам об успешном завершении учений.

Так — вкратце — рисует события известный адвокат Борис Кузнецов, в чьей уникальной книге по минутам восстановлена хроника военного бардака и воинствующей безответственности. «Курск», от взрыва которого содрогнулись десятки участвующих в учениях кораблей (да и учения-то были: лодка стреляет по кораблю, корабль ее выслеживает), был объявлен аварийным в 23.30 и обнаружен спустя 31 час.

Для сравнения: когда в 1983-м у берегов Камчатки затонула подлодка «К-429», тогдашний главком ВМФ Горшков прилетел на Камчатку через 10 часов после аварии и лично возглавил спасательную операцию. Водолазы тогда совершили 1666 спусков и спасли 106 моряков.

13 и 14 августа все еще были уверены, что подводников спасут. С лежащего на дне «Курска» стучали SOS, и эти стуки слышал по корабельной трансляции весь экипаж «Петра Великого» — 600 человек. Начиная с утра 14 августа, спасательный аппарат АС-34 начал погружения к «Курску». Ему так и не удалось пристыковаться к 9-му отсеку, а во время одного из погружений аппарат задел и погнул центрирующий штырь на крышке люка. Пресс-служба ВМФ заявила, что это произошло не из-за плохой техники или неопытности спасателей, а из-за деформации комингс-площадки при взрыве. Однако когда норвежские водолазы с первой же попытки пристыковались к «Курску», они сказали, что люк «открылся очень легко».

Подозрения Главкома ВМФ Куроедова, который заявил, что «более чем на 80% уверен в столкновении «Курска» с иностранной субмариной», тоже не оправдались. Когда лодка была поднята, стало ясно, что на ней взорвалась торпеда.

Следствие провело все необходимые экспертизы и по минутам восстановило хронику событий. А дальше встал простой вопрос. Когда погибли моряки? Если они умерли через 4–8 часов после катастрофы, то командование флота не виновато в их гибели. Если они жили несколько дней – те дни, когда весь экипаж «Петра Великого» слышал SOS, – то командование виновато, поскольку проявило преступную халатность.

И тогда на свет явились еще две экспертизы. Одна, судебно-медицинская, подписанная экспертом Колкутиным, который на основании медицинских данных (отсутствие гликогена в печени и мышцах, повышенное содержание сахара в крови) устанавливает, что подводники прожили после катастрофы не более 8 часов. Эксперты, которым адвокат Кузнецов показывал это заключение, не разделили его уверенности. Норвежский эксперт Инге Морилд отметил, что «в телах с признаками разложения гликоген никогда не находили», а шведский профессор Джован Раджс высказался по поводу российской экспертизы еще жестче: *«It's criminal».*

Вторая экспертиза касалась стуков SOS, которые слышали 600 человек. И постановила: стуки происходили из подводной части обычного надводного корабля. Сидела какая-то сволочь два дня и беспрерывно стучала. А почему она стучала не на фоне грохота механизмов, что было естественно для трюма, а на фоне журчащей воды? А черт ее знает.

Книга Бориса Кузнецова драгоценна тем, что представляет собой летопись подробнейшего следствия. О Беслане или «Норд-Осте» такой летописи уже не напишешь. Только через два года выяснилось, что в «Норд-Осте» погибли не 129, а 174 человека. И когда «Новая газета» опубликовала фото и номер «Шмеля», из которого стреляли по школе в Беслане, никто даже не почесался. А в деле «Курска» – пытались. Посылали водолазов. Поднимали лодку. Проводили экспертизы. Выяснили все – с пугающей точностью. И только в последний момент передернули карты.

Но есть и еще одна вещь, самая главная, которую адвокат оставляет за кадром, ибо она не входит в сюжет книги. За всей историей с расследованием гибели «Курска» видна железная воля человека, который хотел выяснить, «как оно было». Русские водолазы не вошли в лодку, и так было просто не позорить русских водолазов, сказать «туда невозможно проникнуть», – но чья-то воля, сломав традиционные военно-морские фобии, послала туда норвежских водолазов. Главком намекнул, что лодку потопили американцы, – и так было просто согласиться с ним, а не позорить русский флот, нанимая иностранную фирму и поднимая подводную лодку со дна.

Воля только одного человека могла сделать это – воля президента России Путина. Это было нарушение всех и всяческих табу, вбитых чекистским окружением и холодной войной. Это было осознание своей личной ответственности перед вдовами. Исполнение обещаний. Желание узнать правду во что бы то ни стало. Не могу себе представить не то что Горбачева – Ельцина, дающего добро норвежским водолазам.

И где-то между августом 2000 года, когда утонул «Курск», и февралем 2002 года, когда расследование близилось к концу, этому человеку принесли на ознакомление результаты тех двух экспертиз. Я пытаюсь себе представить, как это было. Ведь президент Путин – разведчик. То есть начатки знаний в области судебной медицины у него должны иметься. Как он мог не поинтересоваться – с каких пор медицина умеет определять с точностью до нескольких часов время смерти человека, если труп пролежал в воде несколько месяцев? Как он мог не спросить: а как же стуки SOS? А что же вы мне врали?

Что-то изменилось в президенте за два прошедших года. Возможно, ему стало все равно. И тот человек, который искренне клялся вдовам сделать все для установления правды, закрыл глаза на две – всего две – сомнительные экспертизы из десятков.

И это оказалось началом конца. Нельзя проводить следствие, позорящее армию, – и не снимать военачальников с постов. Тогда уж лучше врать с самого начала. Закрыв глаза единожды – лучше их не открывать.

После «Норд-Оста» президент Путин уже не обещал родственникам разобраться, каким образом террористы проникли в Москву. Он просто объяснил им, что газ был совершенно безвреден.

После «Курска» главком Куроедов предположил, что «Курск» потопили иностранцы. Курск» подняли, и оказалось, что он неправ. После Беслана насчет иностранцев предположил сам президент Путин.

Это предположение тоже будет выяснено следствием. Подробным. Честным. Которое заинтересуется и номером «Шмеля», и многим другим. Но не сейчас. А через несколько лет. После краха режима.

Приложение № 22

МЕЖРЕСПУБЛИКАНСКАЯ КОЛЛЕГИЯ АДВОКАТОВ
ЮРИДИЧЕСКАЯ КОНСУЛЬТАЦИЯ
№ 74
АДВОКАТСКОЕ БЮРО
«БОРИС КУЗНЕЦОВ И ПАРТНЕРЫ»
«...» ДЕКАБРЯ 2002 Г.

Заместителю Генерального прокурора Российской Федерации,
Главному военному прокурору
А. Н. Савенкову

Адвокат, представитель потерпевших – членов 30 семей погибших членов экипажа АПКР «Курск» Б. А. Кузнецов (доверенности и ордера приобщены к материалам дела)

**Ходатайство
(в порядке ст. 123 УПК РФ)**

об отмене постановления от 22 июля 2002 года о прекращении уголовного дела № 29/00/0016/00 по факту гибели атомного подводного ракетного крейсера «Курск» и экипажа, возбужденного по признакам преступления, предусмотренного ч. 3 ст. 263 УК РФ.

Давая оценку материалам расследования по факту гибели атомного подводного ракетного крейсера «Курск», защита отмечает высокий профессиональный уровень состава следственной группы, применение новых, ранее не использовавшихся в практике расследования приемов и криминалистических средств, что делает само расследование уникальным, не имеющим аналогов в криминалистической практике.

Защита не находит признаков и не видит попыток со стороны следствия затушевать или скрыть недостатки, связанные с состоянием дисциплины и порядка на флоте, подготовкой учений и кораблей, обеспечения силами и средствами спасения, качеством и своевременностью проведения поисково-спасательной операции со стороны должностных лиц Военно-морского флота России и Северного флота. Кроме того, защита считает важным и своевременным выявление конструктивных недостатков и ошибок при проектировании и строительстве корабля.

Расследований такого рода аварий в СССР и в России не проводилось, поэтому, а также с учетом характера и особенностей самого происшествия, защита оценивает объективные трудности, с которыми столкнулось предварительное следствие.

Поэтому защита с пониманием относится к тому, что некоторые обстоятельства события, происшедшего 12 августа 2000 года, не установлены, на ряд вопросов не дано ответа, а на некоторые из них ответ, вероятно, не будет дан никогда.

По моему мнению, ценность предварительного расследования состоит еще и в том, что оно выявило глубинные процессы, которые происходят в ВМФ России в нынешних условиях, что позволяет пересмотреть стратегические вопросы обороноспособности России.

Учитывая специфику уголовного расследования, а также то, что уголовно-процессуальным законодательством не предусмотрена процессуальная форма для выводов такого рода, ответы на эти вопросы даны в специфической форме. Однако защита считает необходимым подчеркнуть их в концентрированном выражении.

1. Психология руководства ВМФ России не изменилась со времен распада СССР, сохраняются имперские амбиции, оно по-прежнему видит Россию великой морской державой, которой она на самом деле должна быть, но не является в силу объективных причин. Характерны в этом отношении показания начальника управления боевой подготовки СФ вице-адмирала Бояркина Ю. И., который на вопрос следователя *«Возможно ли было проведение учений, если средств спасения на более 60 метров на флоте не было?»* ответил: *«Возможно даже несмотря на риск. Вся служба подводников – это риск, выполнять боевые задачи необходимо»*.

2. На сегодняшний день задачи боеготовности ВМФ, планы боевой учебы не соответствуют уровню экономического развития и техническому оснащению флота, т.е. не соответствуют реальным возможностям.

3. Значительная часть нормативных актов, регламентирующих боевую подготовку Военно-морского флота России, продолжает действовать со времен СССР и не обеспечена реальными возможностями их исполнения.

Так, например, действующие (с 1987 года) «Правила выхода личного состава из аварийной подводной лодки (ПВ-ПЛ-87)» предусматривают возможность выхода из аварийной подводной лодки с глубин более 250 м с применением водолазного и спасательного колокола, спасательной подводной лодки, которые отсутствуют на флоте.

Предварительным следствием даны главные ответы на вопросы о том, почему вообще стала возможна подобная катастрофа. Вместе с тем защита считает, что по данному уголовному делу необходимо провести дополнительное расследование.

Основные причины, по которым защита не согласна с постановлением о прекращении уголовного дела, две:

Во-первых, предварительное следствие, столкнувшись с обстоятельствами, которые не может объяснить, подменяет факты и доказательства собственным видением развития событий.

Так, например, в ходе расследования не получено данных о причинах, по которым моряки, находившиеся в 9-м отсеке, не использовали реальную возможность выхода из корабля методом свободного всплытия.

Следствие объясняет это обстоятельство быстрым ухудшением самочувствия людей, ослабленных в процессе борьбы за живучесть, действием углекислого газа и изменением давления, их шоковым состоянием, быстрым истощением имевшегося и перенесенного из других отсеков запаса пластин В-64, вырабатывающих кислород, отсутствием освещения в отсеке, мешавшим поиску и правильному использованию необходимого для выхода из подводной лодки спасательного снаряжения, и другими причинами.

По мнению защиты, такое объяснение является предположением следствия, которое может иметь место в качестве версии, однако ссылаться на предположение в процессуальном документе, не указывая, что это предположение следствия, недопустимо. Как мы считаем, в постановлении о прекращении уголовного дела следовало прямо указать, что причины, по которым подводники не вышли из АПРК «Курск», в ходе предварительного расследования не установлены.

Во-вторых, защита, не проводя собственного адвокатского расследования, будучи объективно ограничена во времени, основываясь на тех же материалах предварительного следствия, иначе трактует некоторые факты, имеет собственное прочтение целого ряда обстоятельств.

Поэтому, представляя интересы части семей погибшего экипажа, защита не вправе скрыть от потерпевших и родственников, а также от общества свое видение событий и оценок, связанных с гибелью «Курска».

I. Фактические обстоятельства дела

Защита считает ряд обстоятельств дела полностью установленными в ходе предварительного следствия, однако согласна не со всеми выводами и оценками следствия.

1. Предварительным следствием установлено, что *«при приготовлении к стрельбе практической торпедой калибра 650 мм № 1336А ПВ произошел взрыв. Центр взрыва, приведшего к первичным разрушениям конструкции АПРК «Курск», находился в межбортном пространстве и локализован в месте расположения перекисной практической торпеды калибра 650 мм внутри торпедного аппарата № 4. Первичный импульс, инициировавший взрыв практической торпеды, возник в результате нештатных процессов, произошедших внутри резервуара окислителя этой торпеды.*

Взрыв повлек гибель личного состава 1-го отсека, значительные разрушения в межбортном пространстве лодки и полностью разрушил торпедный аппарат № 4 и частично – торпедный аппарат № 2. В результате в прочном корпусе образовались отверстия (на месте торпедных аппаратов № 2 и № 4), через которые в 1-й отсек лодки начала поступать морская вода, затопившая практически полностью 1-й отсек лодки. Образовавшаяся при взрыве ударная волна и летящие фрагменты хвостовой части разрушенной практической торпеды калибра 650 мм и казенной части торпедного аппарата № 4 инициировали взрывной процесс заряда взрывчатого вещества боевого зарядного отделения ряда боевых торпед, которые были расположены на стеллажах внутри первого отсека.

Развитие в течение более 2 минут взрывного процесса в боевых зарядных отделениях торпед привело к их детонации и затем – к передаче детонирующего импульса другим торпедам, находившимся на стеллажах. Второй взрыв произошел в 11 часов 30 минут 44,5 секунды 12 августа 2000 года. Он привел к полному разрушению носовой оконечности АПРК «Курск», конструкций и механизмов его 1-го, 2-го и 3-го отсеков. В 4-м, 5-м и 5-бис отсеках были повреждены корпуса приборов и крепления амортизаторов части оборудования. Разрушений в 6-м, 7-м, 8-м и 9-м отсеках не произошло. Получив катастрофические повреждения, корабль затонул в указанной точке Баренцева моря в 108 милях от входа в Кольский залив на глубине 110–111 метров. В результате второго взрывного воздействия смерть всех моряков-подводников, тела которых в последующем извлечены из 2-го, 3-го, 4-го, 5-го и 5-бис отсеков, наступила в короткий промежуток времени – от нескольких десятков секунд до нескольких минут».*

Таким образом, следствие приходит к выводу, что причины первоначального взрыва кроются в возникновении нештатных процессов в резервуаре с окислителем, которые не установлены следствием.

Защита считает данные выводы обоснованными, т.к. картина произошедших событий искажена механическим и термическим воздействием на фрагменты корпуса корабля и самой торпеды, что делает невозможным установление причин химических процессов, которые привели к первоначальному взрыву, приведшему, в свою очередь, к детонации боезапаса и гибели корабля и экипажа.

Мы полагаем, что принятие следствием решения о прекращении уголовного дела в части обстоятельств, связанных с хранением, транспортировкой, погрузкой и эксплуатацией практической торпеды калибра 650 мм № 1336А ПВ, а также состояния средств технического контроля торпеды, обоснованы только в части привлечения к уголовной ответственности конкретных должностных лиц, ответственных за хранение, транспортировку, погрузку и эксплуатацию практической торпеды калибра 650 мм № 1336А ПВ.

Из-за неустановления причин и механизма возникновения первичного импульса, который привел к первому взрыву, невозможно установить, какие из выявленных недостатков могли послужить причиной этого импульса и последующего за ним взрыва.

Так, невозможно установить, явились ли причиной первого взрыва какие-либо из недостатков, выявленных предварительным следствием.

1.1. По обучению, тренировкам, выработке навыков по эксплуатации торпед калибра 650 мм № 1336А ПВ, работе со средствами контроля

1.1.1. Ошибки экипажа, которые могли иметь место из-за недостатков в обучении в учебном центре ВМФ (гор. Обнинск) в период с 1 февраля по 5 марта 1999 г., где экипаж АПРК «Курск» прошел межпоходовую подготовку с нарушением требований Главнокомандующего ВМФ России и «Организационно-методических указаний по подготовке ВМФ в 1999 году». То есть вместо положенных 45 суток экипаж обучался 26.

1.1.2. Непроведение из-за недостатка времени обучения в учебном центре ВМФ подготовки экипажа по обеспечению безопасности плавания при выполнении боевых упражнений с практическим оружием в полигонах боевой подготовки.

1.1.3. Непроведение подготовительных и зачетных корабельных учений по борьбе за живучесть при плавании в море.

1.1.4. Отсутствие возможности в июле 2000 г. экипажем АПРК «Курск» проведения ежемесячного планово-предупредительного осмотра и планово-предупредительного ремонта материальной части из-за проведения различных проверок и иных мероприятий по боевой подготовке, неприобретения в связи с этим практических навыков по обслуживанию и применению торпеды калибра 650 мм.

1.1.5. Отсутствие в зачетном листе командира БЧ-3 старшего лейтенанта Иванова-Павлова А. А., прошедшего обучение в учебном центре ВМФ и допущенного к самостоятельному управлению, вопросов эксплуатации торпед калибра 650 мм, а также отсутствие опыта практического обслуживания данных торпед и организации их боевого применения.

1.1.6. Отсутствие опыта работы с конструкцией системы контроля окислителя, которая имелась у торпед данной конструкции, у старшины команды торпедистов старшего мичмана Ильдарова А. М.

1.1.7. Отсутствие опыта у торпедистов Нефедкова И. Н. и Боржова М. Н. в эксплуатации системы контроля окислителя торпеды и недопущении их в установленном порядке к выполнению задач МТ-1 (приготовление БЧ-3 к бою и походу) и МТ-2 (подготовка БЧ-3 к применению оружия).

1.1.8. Неготовность экипажа к эксплуатации и боевому применению указанной торпеды в связи с тем, что с момента постройки крейсера и до 20 июня 2000 г. торпеды калибра 650 мм на нем не эксплуатировались.

1.1.9. Невыполнение норм ежемесячных тренировок корабельного боевого расчета.

1.1.10. Отсутствие надлежащего контроля за уровнем подготовленности экипажа и за обслуживанием материальной части БЧ-3 данного крейсера по обеспечению безопасного хранения данных перекисно-водородных торпед со стороны командира дивизии подводных лодок контр-адмирала Кузнецова М. Ю. и его заместителя капитана I ранга Кобелева В. В.

1.1.11. Непроведение стрельб в период прохождения АПРК «Курск» государственных испытаний в 1994 г.

1.1.12. Непроведение занятий с флагманским минером и с группой командования подводной лодки (командиром, старшим помощником командира, помощником командира) представителями Центрального научно-исследовательского института «Гидроприбор» по эксплуатации системы контроля окислителя, а также перекисно-водородных торпед калибра 650 мм.

1.1.13. Подписание врио командира дивизии подводных лодок капитаном I ранга Краснобаевым А. В. приказа от 20 июня 2000 г. «О допуске АПРК «Курск» к приему и эксплуатации торпед калибра 650 мм», который являлся заместителем начальника штаба дивизии по оперативной и боевой подготовке и по своему служебному положению, согласно ст. 96 Корабельного устава ВМФ, не имел права подписывать документы за командира дивизии.

1.1.14. Подписание этого же приказа врио начальника штаба дивизии капитаном II ранга Олейником В. П., который также не имел права его подписывать.

1.1.15. Непроведение личным составом БЧ-3 АПРК «Курск» отработки практических действий по эксплуатации перекисно-водородных торпед на учебных образцах, которая предусмотрена методикой подготовки минно-торпедных боевых частей ВМФ «Правила подготовки минно-торпедных боевых частей подводных лодок ВМФ» из-за их отсутствия в месте базирования (п. Видяево).

1.1.16. Непроведение тренировок в учебном центре флотилии, где такая материальная часть имеется.

Перечисленные нарушения, в частности неудовлетворительная подготовка экипажа, могли повлечь ошибки при хранении, эксплуатации и контроле за состоянием торпеды на борту корабля, что, в свою очередь, могло находиться в причинной связи со взрывом и гибелью АПРК «Курск» и его экипажа, однако доказать вину кого-либо из членов экипажа при этих обстоятельствах невозможно в связи с неустановлением причины взрыва.

Вместе с тем защита считает, что руководству флота, ответственному за боевую подготовку, должно было быть известно о неудовлетворительной подготовке личного состава АПРК «Курск», а поэтому оно, руководство, не вправе было давать разрешение на выход корабля в море и участие в учениях. Если бы командование Северного флота не дало разрешение на выход в море корабля, личный состав которого не был надлежащим образом подготовлен к выполнению учебных и боевых задач, корабль и экипаж не погибли бы.

Из контекста постановления о прекращении уголовного дела видно, что предварительное следствие не исключает возможность ошибки командира АПРК «Курск» Лячина Г. П. и других членов экипажа, повлекшей катастрофу. Защита также вполне допускает, что формально Лячин Г. П. мог отказаться выводить корабль на учения, мог отказаться принимать перекисно-водородную торпеду, эксплуатировать которую экипаж не был обучен, однако вся существующая на флоте атмосфера несения службы, обязывающая добиваться результата любой ценой (включая риск человеческими жизнями при отсутствии на то реальной необходимости), фактически исключала возможность такого отказа. Поэтому если экипаж и совершил ошибку, то это была не его вина, а его трагедия, в которой виноваты (и должны нести за это ответственность) руководители Северного флота и ВМФ России.

1.2. По эксплуатации практической торпеды калибра 650 мм № 1336А ПВ с превышением сроков годности использования узлов и механизмов

С нарушением сроков эксплуатировались следующие узлы и агрегаты практической торпеды калибра 650 мм № 1336А ПВ:

1.2.1. Сигнализатор давления СТ-4.

1.2.2. Генератор ГСК-1500М.

1.2.3. Вилка АЭРД-100.

Кроме того, при проведении контрольных проверок в 2000-2001 годах минно-торпедным управлением Северного флота и авторским надзором выявлен ряд недостатков по приготовлению, обслуживанию и хранению данного типа торпед на Северном флоте:

1.2.4. Допускалось повторное использование уплотнительных колец, бывших в употреблении.

1.2.5. В период эксплуатации торпед зафиксированы случаи протечек пероксида водорода ПВ-85 из резервуара окислителя в местах уплотнения резервуаров и через предохранительные клапаны по причине установки нештатных прокладок.

1.2.6. На наружной поверхности некоторых резервуаров окислителя в местах сварных швов имелись раковины глубиной до 5 мм.

1.2.7. На поверхности отдельных торпед имелись места со следами продуктов коррозии.

1.2.8. Не выполнялись предусмотренные Инструкцией по эксплуатации проверки целостности электрической цепи от сигнализатора давления СТ-4 до устройства АЭРВД боевых и практических торпед, а также проверка функционирования системы дегазации и срабатывания указанного сигнализатора.

Нарушения, указанные в пунктах 1.2.1–1.2.3 настоящей жалобы могли находиться в причинной связи со взрывом и гибелью АПРК «Курск» и его экипажа, однако в связи с неустановлением причины взрыва доказать вину кого-либо из должностных лиц, непосредственно эксплуатирующих торпеду, при этих обстоятельствах невозможно.

Указанные в пунктах настоящей жалобы недостатки при хранении и эксплуатации аналогичных торпед, находящихся на хранении на СФ, могли бы находиться в причинной связи с гибелью АПРК «Курск», если бы следствие установило наличие таких же недостатков в практической торпеде калибра 650 мм № 1336А ПВ, находящейся на борту крейсера, а также нахождение этих недостатков в причинной связи с гибелью корабля и экипажа.

Однако руководство Северного флота обязано было знать о наличии указанных недостатков практической торпеды и запретить ее использование при проведении учений. То обстоятельство, что этого сделано не было, находится в причинной связи с гибелью АПРК «Курск» и его экипажа.

1.3. По нарушениям при организации приготовления практической торпеды калибра 650 мм (заводской номер 1336А ПВ)

В ходе приготовления практической торпеды были допущены следующие нарушения:

1.3.1. С 28 по 31 июля 2000 г. расчетом № 1 цеха № 3Т торпеда готовилась под руководством старшего мичмана Козлова Б. А., который не был допущен в установленном порядке к несению службы в качестве командира расчета.

1.3.2. В контрольно-приемном листе приготовления данной торпеды ряд подписей в графе «принял» исполнены заместителем начальника цеха капитан-лейтенантом Шевченко С. В., который никакого отношения к приготовлению торпеды для АПРК «Курск» не имел и не был допущен к самостоятельному руководству приготовлением торпед этой модификации.

1.3.3. Опрос торпедного расчета АПРК «Курск» в составе командира БЧ-3 Иванова-Павлова А. А. и старшины команды старшего мичмана Ильдарова А. М перед приемом практической торпеды калибра 650 мм № 1336А ПВ по знанию правил эксплуатации и окончательного приготовления данных изделий производился врио командира расчета старшим мичманом Козловым Б. А., который, как указано ранее, не был допущен к руководству расчетом.

1.3.4. Заместитель командира в/ч 62752 по минно-торпедному вооружению капитан II ранга Коротков А. Е., который по своим функциональным обязанностям должен был производить опрос торпедного расчета АПРК «Курск» в составе командира БЧ-3 Иванова-Павлова А. А. и старшины команды старшего мичмана Ильдарова А. М., при этом не присутствовал.

1.3.5. Приемку и погрузку торпед на АПРК «Курск» по приказанию флагманского минера флотилии подводных лодок контролировал флагманский минер дивизии подводных лодок аналогичного проекта капитан II ранга Кондратенко А. В.

1.3.6. Капитан II ранга Кондратенко А. В. контролировал подключение торпеды после ее загрузки на автоматизированный стеллаж к системе контроля окислителя.

Руководство Северного флота обязано было знать об этих недостатках эксплуатации и хранения перекисно-водородных торпед и, при надлежащем исполнении своих служебных обязанностей, должно было понимать, что перечисленные недостатки могут рано или поздно привести к катастрофе, однако (по небрежности или самонадеянности) стрельба указанной торпедой была включена в план учений, торпеда была погружена на АПРК «Курск», был отдан приказ на выход корабля в море, от которого Лячин Г. П. не мог отказаться, что и привело к трагическим последствиям.

1.4. По нарушениям при подготовке и ходе учений

Предварительным следствием были выявлены следующие нарушения нормативных актов и руководящих документов ВМФ:

1.4.1. В соответствии с планом на 2000 г., командование Северного флота в августе обязано было провести сбор-поход кораблей Северного флота под руководством командующего флотом. Вместо этого командование флота спланировало и организовало проведение комплексной боевой подготовки кораблей авианосной многоцелевой группы (АМГ) в Баренцевом море в период с 10 по 13 августа 2000 г. Такая форма подготовки сил флота не предусмотрена ни одним руководящим документом ВМФ.

1.4.2. При организации и подготовке учений командующий СФ адмирал Попов В. А., начальник штаба флота вице-адмирал Моцак М. В. и бывший начальник управления боевой подготовки флота вице-адмирал Бояркин Ю. И. не выполнили в полном объеме требования действующих нормативных документов. Это привело к ошибочности размещения командных пунктов руководителей тактических учений и проблемам в управлении силами флота в ходе их проведения.

1.4.3. Районы действия сил флота на период учений, определенные этими должностными лицами и врио главного штурмана СФ капитаном I ранга Шеметовым А. В., не соответствовали требованиям обеспечения безопасности личного состава при выполнении кораблями поставленных задач.

1.4.4. Вице-адмиралом Бурцевым О. В. (командующим флотилией подводных лодок СФ) необоснованно совмещались обязанности руководителя тактического учения и руководителя ракетной стрельбы АПРК «Курск».

1.4.5. Кратчайшие расстояния между районами действия подводных лодок находились в пределах 50–70 кабельтовых, что при определенных условиях при стрельбе торпедами калибра 650 мм могло привести к поражению подводной лодки в соседних районах.

1.4.6. Район действия АПРК «Курск» РБД-1, по замыслу учения, включал часть полигонов боевой подготовки СФ, не предназначенных для совместной отработки задач боевой подготовки атомными подводными лодками и противолодочными надводными кораблями. Кроме того, выполнение задачи, которая была поставлена АПРК «Курск» в этом районе (выполнение боевого упражнения «Атака со-

единения боевых кораблей» и боевого упражнения «Атака (контратака) кораблей противолодочной ударной группы»), существенно затруднялось мелководностью района. В этих условиях АПРК «Курск» не мог выполнять тактические приемы, действуя против отряда боевых кораблей, кораблей ПУГ, а именно: маневрировать по глубине при поиске и атаке надводных кораблей, а также уклоняться после их атаки, вести разведку, развивать ход более 12 узлов и т.п.

1.4.7. Нарушения мер безопасности при назначении районов действия сил и определении глубин погружения были допущены командованием СФ и в отношении других подводных лодок.

1.4.8. Выход в море АПРК «Курск» 10 августа 2000 г. разрешен с нарушением ряда действующих руководящих документов по организации боевой подготовки.

1.4.8.1. Так, временно исполнявший обязанности командира дивизии подводных лодок капитан I ранга Кобелев В. В., вопреки требованиям Корабельного устава ВМФ и других нормативных документов, подготовкой и проверкой АПРК «Курск» перед его выходом в море не занимался, задачи на выход в море командиру данной подводной лодки и старшему на борту начальнику штаба дивизии капитану I ранга Багрянцеву В. Т. не ставил. Более того, инструктаж был проведен ненадлежащими лицами без соответствующих отметок.

1.4.8.2. Вице-адмирал Бурцев О. В. готовность АПРК «Курск» к тактическому учению не проверял.

1.4.8.3. АПРК «Курск» в течение четырех последних лет не выполнял погружения на рабочую глубину 480 м, имел в связи с этим ограничения по глубине погружения, однако эти ограничения ни в штабе флотилии, ни в штабе СФ не зафиксированы. Проверки готовности АПРК «Курск» к выходу в море вышестоящими штабами, проведенные в июле 2000 г., выполнены формально.

1.4.8.4. Командир дивизии контр-адмирал Кузнецов М. В., его заместитель капитан I ранга Кобелев В. В., флагманские специалисты минно-торпедной, радиотехнической и штурманской служб, службы радиоэлектронной борьбы свои обязанности, согласно требованиям «Правил практического применения подводного оружия подводными лодками ВМФ», по руководству в дивизии торпедной подготовкой надлежащим образом не выполняли.

1.4.8.5. Вице-адмирал Бояркин Ю. И. и начальник минно-торпедного управления СФ контр-адмирал Хандобин В. А. уклонились от контроля качества подготовки подводных лодок флотилии к применению минно-торпедного оружия, порядка его хранения и эксплуатации на подводных лодках.

Нарушения, допущенные руководящим составом СФ, указанные в пунктах 1.4.3–1.4.8 настоящей жалобы (о квалификации нарушений, перечисленных в пунктах 1.4.1 и 1.4.2 настоящей жалобы, будет сказано ниже. – Б.К.), по мнению защиты, не находятся в прямой причинной связи с гибелью АПРК «Курск» и его экипажа.

Согласно выводам оперативно-тактической экспертизы (т. 67, л.д. 34–74), командование СФ не представило на рассмотрение Главнокомандующему ВМФ за 30 суток до начала выхода сил в море «План тактического учения...» или «Замысел сбор-похода кораблей...», как того требуют «Организационно-методические указания по подготовке ВМФ в 2000 году», а также не доложило ГК ВМФ за 5 суток до выхода сил в море о готовности сил и органов управления СФ к проведению данного выхода. В УБП ВМФ имеется «План комплексной боевой подготовки кораблей АМГ в море», представленный штабом СФ по учетному номеру 1 августа 2000 г., но утвержден этот план командующим СФ 8 августа 2000 г.

Служебный документ не мог быть представлен Главнокомандующему ВМФ 1 августа 2000 г. для рассмотрения, если его не утвердил начальник, который его представляет, в связи с чем экспертами делается вывод о том, что *«указанный план Главнокомандующему ВМФ начальником УБП ВМФ на рассмотрение в установленный срок не представлялся».*

Таким образом, руководство Северного флота в обход командования ВМФ провело учения. Руководители ВМФ, зная о том, что такие учения проводятся, не имея «Плана тактического учения...» или «Замысла сбор-похода кораблей...», должны были запретить их проведение. Между действиями руководства Северного флота, бездействием руководства ВМФ и гибелью АПРК «Курск» имеется причинная связь. В том случае, если бы

данные учения не проводились или руководство ВМФ России запретило их проведение, гибели корабля и экипажа не было бы допущено. По мнению защиты, юридической оценки действий командования Северного флота и руководства ВМФ России следствие в этой части не дало.

II. Обстоятельства гибели 23 подводников, находившихся в 9-м отсеке АПРК «Курск»

Из материалов дела очевидно, что часть экипажа, находившаяся в кормовых отсеках, после второго взрыва оставалась жива. Об этом свидетельствуют записки, обнаруженные в корабле.

Гибель части экипажа, находившегося в 9-м отсеке, по мнению предварительного следствия, произошла при следующих обстоятельствах:

«*Попадание морской воды с компрессорным и машинным маслами в изделия с регенеративными веществами вызвало самовозгорание масел, используемых на АПРК «Курск», и пожар, очаг которого находился на небольшой высоте над верхним настилом 9-го отсека, наиболее вероятно, в его носовой части. Попытки тушить его подручными средствами оказались неэффективны.*

Не позднее чем через 8 часов после взрывов, то есть еще до объявления крейсера аварийным, все находившиеся в 9-м отсеке подводники погибли от отравления угарным газом».

Таким образом, по мнению следствия, гибель подводников, находившихся в 9-м отсеке, произошла до объявления крейсера аварийным, а следовательно, до начала ПСР, и делается вывод о невозможности их спасения.

Судя по материалам дела, предварительное следствие пришло к указанным выводам на основании ряда следственных действий, в частности: судебно-медицинских экспертиз о причинах и времени наступления смерти (1), пожарно-технической экспертизы, технических экспертиз, связанных с установлением временем затопления 9-го отсека (2), а также иных следственных действий.

Оценив указанные выводы следствия, изучив материалы дела, защита приходит к выводу, что члены экипажа, находившиеся в 9-м отсеке «Курска», были живы до вечера 14 августа 2000 года.

1. По материалам судебно-медицинских экспертиз

Из выводов комиссионной судебно-медицинской экспертизы № 77/02 от 17 июня 2002 года следует (т. 64, л.д. 169–245):

«*1. Члены экипажа АПРК «Курск», находившиеся в 9-м отсеке после второго сейсмического события (11 часов 30 минут 12 августа 2000 года) оставались живыми в течение 4,5 – 8 часов, что подтверждается:*
- *степенью выраженности морфологических и биохимических признаков переживания острой стрессорной ситуации в виде множественных сформировавшихся кровоизлияний в слизистую оболочку желудка и нарушения*

углеводного обмена, проявившегося сочетанием отсутствия гликогена в печени и мышцах и повышенным (в 3–5 раз по сравнению с нормой) содержанием глюкозы в крови. *Из практики судебно-медицинских исследований известно, что для образования аналогичных кровоизлияний в слизистую оболочку желудка и формирования подобного соотношения гликогена и глюкозы требуется около 4–8 часов;*

- установленным фактом возникновения в 9-м отсеке локального пожара. Образовавшиеся при этом продукты горения, в первую очередь угарный газ (CO), существенно сократили время, в течение которого воздух 9-го отсека мог быть пригоден для дыхания, а признаки посмертного поражения тел некоторых подводников открытым пламенем свидетельствуют о наличии в атмосфере 9-го отсека достаточного для поддержания горения количества кислорода *на момент возникновения пожара;*
- временем последней записи одного из членов экипажа (капитан-лейтенанта Д. Р. Колесникова), зафиксированным в записке, извлеченной из 9-го отсека вместе с его телом – *15 часов 45 минут 12.08.2000 г., т.е. через 4 часа 15 минут после второго сейсмического события».*

По мнению защиты, выводы комиссионной судебно-медицинской экспертизы противоречат материалам, содержащимся в исследовательской части этих же экспертиз, а также исходят из ошибочного представления о ходе развития событий в 9-м отсеке после второго сейсмического события.

1.1. Из материалов исследовательской части заключения следует, что смерть подводников, извлеченных из 9-го отсека АПРК «Курск», наступила в течение нескольких часов с момента наступления пожара в отсеке лодки. Так, отвечая на вопрос № 7 заключения комиссионной судебно-медицинской экспертизы № 77/02 от 17 июня 2002 года (т. 65, л.д. 169–245) *«Наступила ли смерть сразу после повреждения (или иного внешнего воздействия) или через какой-либо определенный промежуток времени?»*, комиссия экспертов, исследовав труп мичмана Кузнецова В. В., дала следующий ответ: *«Учитывая установленную концентрацию карбоксигемоглобина, а также отсутствие пролежней и некрозов, которые развиваются у отравленных при длительном, многочасовом (до суток) коматозном состоянии, полагаем, что Кузнецов В. В. умер через несколько часов от момента возникновения пожара в отсеке лодки»* (т. 65, л.д. 181).

Аналогичный вывод сделан комиссией при исследовании трупов Колесникова Д. Р. (т. 65, л.д. 186), Бочкова М. А. (т. 65, л.д. 192), Бражкина А. В. (т. 65, л.д. 198), Борисова А. Н. (т. 65, л.д. 204), Садиленко С. В. (т. 65, л.д. 209), Аряпова Р. Р. (т. 65, л.д. 215), Гесслера Р. А. (т. 65, л.д. 220), Майнагашева В. В. (т. 65, л.д. 225), Кубикова Р. В. (т. 65, л.д. 230), Коркина А. А. (т. 65, л.д. 236), Мартынова Р. В. (т. 65, л.д. 242).

1.2. В п. 3 исследовательской части указанного заключения приводится ответ врио командира войсковой части 20914 за подписью капитана I ранга В. Илюхина командиру войсковой части 34312 (исх. № 190 от 07.02.2001 г.) (т. 65, л.д. 172), из которого следует, что специалистами 40 ГосНИИ проведен анализ открытых источников для заключения о возможном времени полного выхода гликогена из печени и мышц, а также временных параметрах процесса утилизации глюкозы в крови человека, находившегося под влиянием специфических физических, химических и психических травмирующих факторов.

«Существенные методические трудности, которые сопровождают исследования водолазных проблем, а в особенности клинико-биохимические анализы, не позволяют дать полную и исчерпывающую оценку динамики утилизации глюкозы из периферической крови водолазов и акванавтов. Специальные исследования проблемы влияния специфических факторов гипербарии с соблюдением принципа их рандомизации для водолазной практики провести не представляется возможным не только по указанным методическим трудностям, но и из-за высочайшей стоимости проведения гипербарических экспериментов.

Данные судебно-медицинских исследований водолазных происшествий и случаев гибели подводников или личного состава, имеющиеся в институте, носят фрагментарный характер, и их систематизация исключена вследствие ряда объективных причин.

Анализ данных собственных исследований, полученных в экспериментах, проводимых с соблюдением мер безопасности, практически полностью исключающих возникновение профессиональной и общей патологии у водолазов и испытуемых, и работ, проведенных другими авторами, указывает на то, что профессиональная деятельность водолазов и акванавтов, по данным исследований, проведенным в ходе рабочих или экспериментальных спусков в большом диапазоне глубин, не приводит к существенным или грубым сдвигам в содержании метаболитов энергетического обмена, включая содержание глюкозы, так как режимы труда, отдыха и рацион питания подбираются и устанавливаются соответственно физическим и психологическим нагрузкам.

По нашему мнению, достаточно точно определить временные рамки полного истощения углеводных резервов организма при возникновении аварийных условий, в частности в отсеке аварийной ПЛ, не представляется возможным.

Таким образом, для расчета возможных временных интервалов по параметрам углеводного обмена необходимо ориентироваться на нормативы по времени допустимого пребывания и возможного существо-

вания личного состава в аварийных отсеках ПЛ с учетом корректировки получаемых величин в зависимости от конкретных параметров среды. Это позволяет считать интервалы от момента начала пребывания в экстремальных условиях до окончания периода допустимого пребывания в качестве времени компенсированных реакций энергетического обмена без видимых нарушений углеводного обмена, в частности гипоглекимических состояний.

Следующий период возможного существования, несомненно, вызывает декомпенсационные реакции, при которых последовательно наступает истощение углеводных запасов с развитием явлений гипоглекимии, развитием других патологических реакций, несовместимых с жизнью, скорость и выраженность наступления которых зависит от фактических параметров субкритической и критической обстановки, складывающейся в отсеке».

Специалисты 40 ГосНИИ (занимающиеся исследованиями углеводного обмена подводников и водолазов, находящихся в стрессовой ситуации) на основании накопленного институтом опыта и анализа открытых источников пришли к выводу о том, что по имеющимся в распоряжении следствия данным установить временные рамки полного истощения углеводных резервов организма при возникновении аварийных условий, в частности в отсеке аварийной ПЛ, не представляется возможным.

При этом отмечено, что данные судебно-медицинских исследований водолазных происшествий и случаев гибели подводников или личного состава, имеющихся в институте, носят фрагментарный характер и их систематизация исключена вследствие ряда объективных причин.

В то же время судебно-медицинские эксперты в своих выводах устанавливают временные рамки полного истощения углеводных резервов организмов подводников, ссылаясь на «практику судебно-медицинских исследований», которой не существует.

Кроме того, по мнению защиты, неправомерно делать выводы о времени наступления смерти экипажа, находившегося в 9-м отсеке, исходя из уровня гликогена и глюкозы в тканях и жидкостях организма человека.

Мы считаем также, что невозможно делать выводы, не имея для этого научно-исследовательской экспериментальной базы, если к тому же эксперты не располагали всеми необходимыми данными о развитии ситуации в 9-м отсеке (скорость повышения давления, загазованность, температура и т.д.).

По мнению защиты, невозможно делать вывод и о времени наступления смерти с точностью до часов, исходя из данных о наличии признаков переживания стрессовой ситуации, если не у всех моряков, находившихся в одинаковых условиях 9-го отсека и испытывавших одинаковые переживания, не имелось в наличии совокупности всех признаков, если данные судебно-медицинского исследования даже такого небольшого количества трупов не дают схожей картины (из 12 приведенных в заключении: отсутствие гликогена и кровоизлияния под

слизистую желудка – у трех, только отсутствие гликогена без кровоизлияний – у пяти, только кровоизлияния – у трех, отсутствие признаков вообще – у одного).

1.3. В заключении комиссии судебно-медицинских экспертов № 65 от 30 ноября 2000 года (т. 64, л.д. 4-27) по трупу старшего мичмана Кузнецова В. В. на вопрос *«Какова причина и давность наступления смерти?»* указывается:

«Причиной смерти старшего мичмана Кузнецова Виктора Викторовича, 27 лет, явилось острое ингаляционное (при вдыхании) отравление окисью углерода (угарным газом), [...] Данное отравление произошло при нахождении Кузнецова В. В. в очаге пожара, что подтверждается наличием копоти в дыхательных путях. [...] Ответить на вопрос о давности (конкретной дате и времени) времени наступления смерти Кузнецова В. В. в рамках настоящей экспертизы не представляется возможным, так как решение этого вопроса (учитывая уникальные обстоятельства дела и многофакторный характер воздействия различных неблагоприятных факторов на организм подводника) выходит за пределы судебно-медицинских экспертов. В настоящее время на основании полученных медицинских данных можно полагать, что Кузнецов В. В. был жив к моменту достижения в отсеке давления воздуха в 3 атмосферы, о чем свидетельствует обнаружение пузырьков свободного газа не только в крови, но и в межклеточном пространстве других тканей трупа» (т. 64, л.д. 13).

Аналогичные заключения комиссией судебно-медицинских экспертов сделаны и при исследовании трупов других подводников, тела которых извлечены из 9-го отсека АПРК «Курск»: № 66 по Колесникову Д. Р. (т. 64, л.д. 31–52), № 74 по Майнагашеву В. В. (т. 65, л.д. 31–47) и по другим подводникам.

Как считает защита, комиссия судебно-медицинских экспертов исходит из ошибочного представления о времени возникновения пожара относительно второго сейсмического события, совмещая эти явления.

1.4. Защитой не оспариваются выводы судебно-медицинских экспертиз о причине смерти подводников, находившихся в 9-м отсеке – острое ингаляционное отравление окисью углерода (угарным газом, СО), а также факт пожара в 9-м отсеке.

Из заключения пожарно-технической экспертизы (т. 128, л.д. 148) следует, что пожар возник в результате попадания морской воды на регенеративные пластины, основой которых являются перекиси калия и натрия, вызвавшие, в свою очередь, самовозгорание масел, находившихся в отсеке.

Вместе с тем пожарно-техническая экспертиза не установила ни времени наступления пожара в 9-м отсеке, ни его длительности.

Таким образом, то обстоятельство, что непосредственной причиной смерти моряков, находившихся в 9-м отсеке, является пожар и, как его следствие, отравление продуктами горения, время наступления смерти следует исчислять не с момента второго

сейсмического события, а с момента возникновения пожара в 9-м отсеке.

1.5. Утверждение комиссии судебно-медицинских экспертов о том, что время наступления смерти подводников, находившихся в 9-м отсеке, подтверждается *«временем последней записи одного из членов экипажа (капитан-лейтенанта Д. Р. Колесникова), зафиксированным в записке, извлеченной из 9-го отсека вместе с его телом, – 15 часов 45 минут 12.08.2000 г., т.е. через 4 часа 15 минут после второго сейсмического события»*, защита считает несостоятельным.

1.5.1. Записки, оставленные членами экипажа, находившимися в 9-м отсеке, не могут быть предметом исследования судебно-медицинских экспертов, т.к., и это общеизвестно, установление давности написания относится к компетенции криминалистической экспертизы (почерковедов, химиков).[1]

1.5.2. Судебно-медицинская комиссия также не вправе делать выводы о возможности подтверждения одних доказательств иными, а также вообще производить оценку доказательств.

В соответствии – со ст. 87 УПК РФ, проверка доказательств производится дознавателем, следователем, прокурором, судом путем сопоставления их с другими доказательствами, имеющимися в уголовном деле, а также установления их источников, получения иных доказательств, подтверждающих или опровергающих проверяемое доказательство.

Из текста статьи 88 УПК РФ также очевидно, что оценка доказательствам может быть дана дознавателем, следователем, прокурором и судом.

Таким образом, комиссия судебно-медицинских экспертов, подтверждая свои выводы о времени наступления смерти доказательствами, которые являются предметом исследования других экспертов, вышла за пределы своих полномочий.

1.5.3. Экспертиза давности написания записок, обнаруженных у членов экипажа АПРК «Курск», не проводилась. Защита считает, что уровень развития криминалистики, с учетом периода их написания, условий, в которых они находились, не позволяет с достоверностью сделать вывод о времени написания всех фрагментов обнаруженных записей.

1.5.3.1. Из протокола осмотра от 26.10.2000 года (т. 61, л.д. 109–115), а также из других материалов следует, что записка Дмитрия Колесникова состоит из трех фрагментов записей.

Фрагмент текста (1) начинается словами: *«Список л/с 6, 7, 8, 9 отс., находящихся в 9-м отсеке после аварии 12.08.2000 г.»* в графе 4 в строке 1 имеет запись *«13.34»*. Ниже списка фамилий имеется запись, вы-

---

[1] Приказом Минюста РСФСР от 18 августа 1989 г. № 33/11-3-23 «Об организации производства отдельных видов экспертиз» в пункте 1 указывается: «В целях повышения качества и оперативности производства ряда редко встречающихся экспертиз, требующих особой профессиональной подготовки специалистов и применения сложной техники, признать целесообразным сконцентрировать их выполнение в следующих судебно-экспертных учреждениях: [...] определение давности исполнения документов – в центральной Ленинградской ИЛСЭ».

полненная от руки красителем синего цвета *«13.58»*.

Фрагмент текста (2), исполненной Дмитрием Колесниковым, начинающийся словами *«Олечка...»* и оканчивающийся подписью в виде нечитаемого росчерка и записью *«12.08.2000 г. 15.15»*.

Защита считает, что указанные фрагменты записей датированы и последняя из них относится к 15 часам 15 минутам 12 августа 2000 года.

Фрагмент текста (3), начинающийся словами *«Здесь темно писать, но на ощупь попробую»* и оканчивающийся словами *«Всем привет, отчаиваться не надо Колесников»*, цифровых записей, свидетельствующих о времени написания данного фрагмента, не содержит.

Даже без проведения почерковедческой и психолого-лингвистической экспертиз видно, что фрагменты 1 и 2 записей Дмитрия Колесникова резко отличаются от фрагмента 3 размером и наклоном букв, связанностью и разгоном почерка. Для защиты очевидно, что фрагменты записей 1 и 2 выполнялись в одних условиях, в период с 13 часов 34 минут до 15 часов 15 минут 12.08.2000 г., а фрагмент 3 выполнялся в другое время и в других условиях написания.

Кроме того, в самом тексте письма Дмитрия Колесникова ссылка на условия написания записей фрагмента 3 указывает на изменившуюся обстановку.

Таким образом, защита приходит к выводу, что фрагмент записи, начинающийся словами *«Здесь темно писать, но на ощупь попробую»* **и оканчивающийся словами** *«Всем привет, отчаиваться не надо Колесников»* **выполнен много после 15 часов 15 минут 12 августа 2000 года.**

1.5.3.2. Из протокола осмотра от 02.11.2000 г. (т. 61, л.д. 163–167) следует, что в обнаруженной записке, выполненной капитан-лейтенантом Сергеем Садиленко, содержится следующий текст:

«В 9-ом отсеке 23 человека
Самочувствие плохое
Ослаблены действием СО при БЗЖ
Давление в отсеке 0,6 кг/м^2
Кончаются В-64
При выходе на поверхность не выдержим компрессию
Не хватает брасовых ремней ИДА
Отсутствуют карабины на стопор фала
Необходимо закрепить буй-вьюшку
Протянем еще не более суток»

Указанная запись не датирована, время написания ее не установлено, однако из текста записки очевидно, что на момент ее написания давление в 9-м отсеке составляло 0,6 кг/кв. м (возможно, Садиленко ошибся, вероятно, речь идет о давлении в 6 атмосфер. – **Б.К.**), что она исполнена не в условиях чрезвычайной ситуации, с непосредственной угрозой жизни, а также что автор прогнозировал сутки жизни членов экипажа, находившихся в 9-м отсеке.

Из текста и содержания записки следует, что Сергей Садиленко на момент ее написания сохранял нормальное состояние сенсорной, перцептивной, мнемической и интеллектуальной деятельности, реально оценивал сложившуюся ситуацию, прогнозировал развитие процессов.

Из заключения почерковедческой экспертизы записки, выполненной Садиленко С. В. (т. 66, л.д. 242–252), следует, что в записке не имеется признаков, указывающих на наличие у Садиленко С. В. в момент исполнения записки болезненных изменений нервной системы и опорно-двигательного аппарата.

Очевидно, что запись выполнена после того, как была оценена обстановка, подсчитаны брасовые ремни ИДА, определено давление в отсеке.

Таким образом, защита приходит к выводам, что ссылки судебно-медицинской комиссии на время исполнения записей как на критерий времени установления смерти подводников АПРК «Курск», погибших в 9-м отсеке, несостоятельна. Более того, из текста записки Сергея Садиленко следует, что экипаж мог оставаться живым как минимум более суток с момента ее написания.

2. По времени затопления 9-го отсека

В постановлении о прекращении уголовного дела (лист 22 постановления) последовательность затопления 9-го отсека атомного подводного ракетного крейсера «Курск» и время затопления излагаются в следующей последовательности:

«Из-за поступления воды в 7-й отсек началось повышение давления, а затем – и затопление 9-го отсека, что в 13 часов 58 минут 12 августа 2000 г. было замечено и зафиксировано капитан-лейтенантом Колесниковым Д. Р. в записке. Возможными путями поступления воды в 9-й отсек являлись системы и оборудование этого отсека, а также негерметичность переборки между 8-м и 9-м отсеками. Затопление 7-го отсека при наличии воздушных связей между 7-м и 8-м отсеками привело к затоплению 8-го отсека, а затем, с учетом таких же связей между 8-м и 9-м отсеками, – и к затоплению 9-го отсека. Осталась открытой переборочная захлопка по вдувной вентиляции на 130-м шпангоуте, что и стало основным путем затопления 9-го отсека после подъема воды в 8-м отсеке до уровня расположения захлопки.

Попадание морской воды с компрессорным и машинным маслами в изделия с регенеративными веществами вызвало самовозгорание масел, используемых на АПРК «Курск», и пожар, очаг которого находился на небольшой высоте над верхним настилом 9-го отсека, наиболее вероятно – в его носовой части. Попытки тушить его подручными средствами оказались неэффективны.

Не позднее чем через 8 часов после взрывов, то есть еще до объявления крейсера аварийным, все находившиеся в 9-м отсеке подводники погибли от отравления угарным газом».

Защита считает, что выводы следствия об указанных обстоятельствах не основаны на материалах дела.

1. В самом тексте постановления предварительным следствием не указывается время попадания морской воды на изделия для регенерации воздуха.

Это означает, что время возникновения пожара в 9-м отсеке на основании данных о скорости и путях затопления 9-го отсека предварительным следствием не установлено.

1.1. 21–22.11.2001 г. проведенным следственным экспериментом на АПРК «Курск», находящимся на стапель-палубе плавучего дока № 50 82-го судоремонтного завода в пос. Росляково Мурманской области (т. 126, л.д. 4–7) протечек воды через дейдвудный сальник линии валопровода правого борта обнаружено не было. Через штуцер отвода протечек дейдвудного сальника левого борта выливалась вода в мерную емкость со скоростью 1,5 литра за 30 секунд, что указывает на негерметичность дейдвудного сальника левого борта, однако выводов о скорости затопления кормовых отсеков в результате проведения следственного эксперимента не получено.

1.2. Повторным следственным экспериментом 18–22 марта 2002 года (т. 126, л.д. 14–17) установлено, что при создании давления в основном уплотнителе дейдвудного сальника валопровода левого борта 2,4 кгс/кв. см протечки через шаровой клапан составили 6 литров за 12 минут, а при том же давлении через резервное уплотнение протечка составила 100 мл за 10 минут.

При одновременной проверке основного и резервного уплотнителей была обнаружена протечка 100 мл за 10 минут. По пояснению эксперта Бахтина В. З., участвующего в следственном эксперименте, количество протечек не превышает значений, допускаемых для данного сальника в эксплуатации.

Таким образом, в ходе следствия было установлено, что затопление кормовых отсеков АПРК «Курск» через дейдвудные сальники валопроводов левого и правого борта места не имело.

1.3. Как следует из обращения экспертов ФГУП ЦКБ МТ «Рубин» Чудина Ю. Г., Спиридонова О. А. Бахтина В. З. и эксперта 1 ЦНИИ МО РФ Загоскина Г. А. от 14-17.04.2002 г. (т. 126, л.д. 32–34), *«[...] эксперты считают, что следственный эксперимент по определению герметичности трубопроводов систем и корпусных конструкций 7-го, 8-го, 9-го отсеков не позволит однозначно и достоверно определить причины и время затопления 9-го отсека».*

Такой вывод экспертами сделан по следующим основаниям:

- многие общекорабельные системы в условиях нахождения АПК в доке ПД-50 при отрицательной температуре наружного воздуха были заморожены, что могло привести к их разрушению и потере герметичности;

- часть систем, которая теоретически могла быть потенциальным источником затопления кормовых отсеков, в настоящее время разрушена и демонтирована в результате проведения судоподъемных работ и работ в доке (например, разрушены трубопроводы снятия давления с отсеков, трубопроводы продувания балластных цистерн, ВВД, ВСД, ВЗУ в районе технологических вырезов под «стрэнды», демонтированы части трубопроводов мытьевой воды в 7-м и 8-м отсеках и т.д.);

- видимых разрушений и «неправильного» положения арматуры систем, которые теоретически могли быть источником поступления забортной воды в 9-й отсек, не обнаружено;
- несоответствие состояния части систем 7–9-го отсеков их состоянию в момент катастрофы и нахождения атомного подводного крейсера «Курск» на дне.

На этих основаниях эксперты сделали выводы о невозможности выявления истинных причин возможной разгерметизации систем 7–9-го отсеков (которыми могут быть как гидравлические удары в системах при взрывах и ударе о грунт, так и их замораживание в доке).

1.4. Из заключения экспертизы от 26.02.2002 г. (т. 126, л.д. 41–49) следует, что при ответе на вопрос *«Каковы возможные пути поступления забортной воды в 9-й отсек после катастрофы АПРК «Курск» с учетом представленных на исследование материалов уголовного дела?»* эксперты не пришли к однозначным и достоверным выводам о причинах и путях затопления 9-го отсека АПРК «Курск». Ответ экспертов на указанный выше вопрос был следующим:

«Однозначное и достоверное определение причин и путей затопления 9-го отсека с учетом вышеизложенного состояния АПК «Курск» в настоящее время невозможно».

Эксперты также дали однозначный ответ на второй вопрос, который касается правильности действий членов экипажа, находившегося в 9-м отсеке «Курска»:

«Оставшийся в живых личный состав кормовых отсеков выполнил необходимые действия по герметизации 9-го отсека и его систем для предотвращения поступления воды в отсек».

Отвечая на третий вопрос *«Каково было время затопления 9-го отсека с момента катастрофы АПРК «Курск» до уровня 60 см от поверхности первого настила в районе 138-го шпангоута; воздушной подушки?»*, экспертами даны предположительные ответы по двум вариантам.

По первому варианту затопление 9-го отсека до уровня воздушной подушки происходило за период около 400 часов (16,5 суток), а по второму – за 6,5–24,7 часа.

Экспертиза не установила скорости затопления 9-го отсека, времени попадания воды на приборы для регенерации воздуха, а следовательно, и времени возникновения пожара в 9-м отсеке АПРК «Курск», и, как результат, не установлено время гибели личного состава, находившегося в 9-м отсеке.

Оценивая материалы дела, которые относятся к установлению времени гибели 23 подводников, находившихся в 9-м отсеке, защита приходит к следующим выводам:

1. Смерть 23 подводников, находившихся в 9-м отсеке, наступила

в результате отравления угарным газом вследствие пожара при попадании морской воды на пластины для регенерации воздуха.

2. Время возникновения пожара, а следовательно, время гибели Аряпова Р. Р., Колесникова Д. Р., Садиленко С. В., Борисова А. М., Ишмуратова Ф. М., Кузнецова В. В., Аникеева Р. В., Борисова Ю. А., Гесслера Р. А., Зубайдуллина Р. Р., Козадерова В. А., Коркина А. А., Кубикова Р. В., Леонова Д. А., Майкагашева В. В., Мартынова Р. В., Налетова И. Е., Неустроева А. В., Садового В. С., Сидюхина В. Ю., Некрасова А. Н., Бражкина А. В. и Бочкова М. А. предварительным следствием не установлено.

3. По обнаружению стуков

Из материалов уголовного дела следует, что гидроакустиками кораблей, участвовавших в учениях, были зафиксированы шумы (стуки), которые фиксировались 13 и 14 августа 2000 года.

В постановлении о прекращении уголовного дела указано: «*Следствие пришло к выводу, что указанные шумы (стуки), классифицированные экспертами как сигналы бедствия, издавались не из АПРК «Курск», а из подводной части надводного корабля, находившегося вне пределов района гибели подводного крейсера*» (с. 117 постановления).

К такому выводу предварительное следствие пришло, как указано в постановлении, на основании следующих доказательств:

2.1. Как указано в постановлении, «*Командир тяжелого авианосного ракетного крейсера «Петр Великий» капитан I ранга Касатонов В. Л. показал, что 13 августа 2000 г. акустик сообщил, что в районе аномалии он слышит механические звуки, похожие на стук, однако определить природу происхождения этих звуков и их значение не удалось, поскольку они не классифицировались как сигналы SOS или о поступлении воды. Сигналы были слышны примерно до 3 час. 30 мин. 13 августа 2000 г.*» (т. 44, л.д. 1–6).

Вместе с тем показания Касатонова В. Л. в протоколе допроса от 31 августа 2000 года изложены несколько иначе, чем это указано в постановлении: «*Одновременно с этим [с обнаружением аномалии, появившейся на эхолоте «Петра Великого»]* акустик сообщил, что в районе аномалии [*впоследствии было установлено, что аномалия является корпусом АПРК «Курск». – Б.К.*] он слышит механические звуки, напоминающие стук, однако что это был за звук и какого он происхождения, сказать не могу.

Также могу пояснить, что среди акустиков моего экипажа специалистов, способных определить природу происхождения данных звуков, конкретно указать, что это за звуки, нет.

После предварительного анализа данных звуков, насколько мне известно, могу сказать, что сигналов SOS они не означали. Это были стуки «- - -. . .» [*Следует отметить, что сигнал SOS имеет следующий звук: - - - . . . - -*]. *Могу предположить, что если этот сигнал в виде стуков и передавался кем-то с подводной лодки, то это был или безграмотный человек, или же* он хотел сообщить что-то другое. Данные стуки были слышны акустиком 13 августа 2000 года примерно в период с 00 часов 30 минут до 03 часов 30 минут».

Обращают на себя внимание два обстоятельства: во-первых, стук доносился из района аномалии, т.е. места нахождения АПРК «Курск», во-вторых, по показаниям Касатонова В. Л., услышанные им шесть знаков совпадают с первыми шести знаками сигнала SOS. При этом повторяющиеся знаки «· · — — —», — «· · — · · ·», — «· · — · · ·» есть не что иное, как сигналы SOS.

Следствие отмечает, что *«Аналогичные показания о вышеуказанных событиях дали допрошенные по делу в качестве свидетелей офицеры и матросы, которые в момент учений находились на корабле: Бичарев А. В., Маштаков А. Е., Кузиков А. Н., Акопянц С. В., Синегуб В. В. и другие»* (т. 44, л.д. 82–84, 89–93, 94–99, 117–121, 130–133).

2.2. В постановлении о прекращении уголовного дела (с. 115 постановления) указано:

«Из показаний командира гидроакустической группы ТАРКР «Петр Великий» старшего лейтенанта Лавринюка А. А. следует, что около 3 часов 13 августа 2000 года, после очередного запроса кодовой связи, он визуально наблюдал на индикаторе кругового обзора сигналы, которые в динамике слышались как удары металлическим предметом по металлу. Однако определить значение этих ударов он не смог, поскольку они не соответствовали условным обозначениям азбуки Морзе» (т. 56, л.д. 135–145).

Фактически же он показал, что с 2 часов 57 минут 13 августа 2002 года прослушивал сигналы, *«[...] которые были похожи на удары металлическим предметом по металлу. Однако это были серии звуков, которые по таблице азбуки Морзе расшифровке не поддаются, таких условных обозначений в последней не было. Данные удары я классифицирую именно как удары металлическим предметом по металлу, я его перепутать ни с чем не мог, на стук двигателя это не похоже.*

[...] В 22 часа 25 минут 13 августа 2000 года стали слышны звуки стука металлического предмета по металлу в виде СОС согласно азбуке Морзе. Данные стуки были слышны с различной периодичностью до 03 часов 21 минуты 14 августа 2000 года. В период с 03 часов 28 минут 14 августа 2000 года до 11 часов 00 минут 14 августа стуки продолжались, но уже сигналов «СОС» не обозначали, а выглядели в виде тройных стуков.

В 11 часов тех же суток мной был обнаружен стук опять же металлическим предметом по металлу в виде дроби, который продолжался непрерывно около 30 секунд, после чего стуки прекратились и их в будущем больше не было» (т. 65, л.д. 135–145).

В прилагаемой к протоколу допроса выписке из гидроакустического журнала ТАРКР «Петр Великий» имеется 54 записи об обнаружении стуков, из которых 17 идентифицированы как сигналы SOS.

Следствием (л. 115 постановления) утверждается, что *«Аналогичные* [показаниям Лавринюка А. А., изложенным в постановлении] показания дали свидетели капитан-лейтенант Острянин О. Ю. (командир гидроакустического дивизиона) и матрос Зырянов О. Л. (гидроакустик)» (т. 56, л.д. 100–104, 125–12».

Это утверждение также не соответствует действительности.

Свидетель Зырянов показал: «Очередной раз на вахту я заступил в 08 часов утра 13 августа 2000 года, при этом я сам слышал стуки после заступления. Они представляли собой серии тройных ударов, которые повторялись через некоторое время, данные стуки были слышны постоянно. У меня сложилось впечатление, что это работает машина. Однако через данные стуки прослушивались стуки и другого рода. Они были более глухими металлического тона. При этом они, согласно азбуке Морзе, выглядели как три точки, три тире, или наоборот, в настоящее время уже не помню. [...]

Насколько мне известно, стуки продолжались до 11 часов 14 августа 2000 года» (т. 44, л.д. 100–104).

Свидетель Острянин О. Ю., командир радиотехнического дивизиона ТАРКР «Петр Великий», при допросе 03.10.2000 г. сообщил, что он слышал стуки, которые были обнаружены акустиком:

«Они представляли собой серию строенных звуков, вполне возможно было их принять как сигнал бедствия SOS. При этом моментами, когда стуки прекращались, с ходового мостика шла команда гидроакустику дать активную посылку, после чего данные стуки возобновлялись. [...] 14 августа 2000 года на протяжении всего дня были слышны звуки в виде серий тройных стуков. Сам я их слышал, насколько мне известно, согласно сигналам перестукивания, они означали: «Покинуть отсек». К вечеру стуки перешли на одиночные, а затем совсем прекратились» (т. 44, л.д. 129).

Из допроса Острянина О. Ю. следует, что стуки были слышны до вечера 14 августа 2000 года.

В постановлении о прекращении дела (л. 115, 116 постановления) записано: «Согласно результатам анализа гидроакустических шумов и сигналов, произведенного специалистами войсковой части 30895-2 от 01 сентября 2000 г., стуки, обнаруженные на записи на кассете от 13 августа и записанные во время поисково-спасательной операции 13–14 августа 2000 г. на ТАРКР «Петр Великий», имеют искусственное происхождение и с очень малой вероятностью могут характеризоваться как удары, производимые человеком (т. 56, л.д. 19–33.

Согласно анализу специалистов войсковой части 56020 от 03 сентября 2000 г., в результате инструментального анализа информационных фрагментов записи на аудиокассетах, записанных во время поисково-спасательной операции 13–14 августа 2000 г. на ТАРКР «Петр Великий», выявлен ряд гидроакустических сигналов, характерных при проведении оперативных мероприятий сил флота в море. В то же время сигналы перестукивания, несущие аварийные информационные *сообщения, выявлены не были. (т. 56, л.д. 40–86)».*

По мнению защиты, данный анализ специалистов не должен был принят во внимание предварительным следствием по следующим основаниям:

Во-первых, в соответствии со ст. 58 УПК РФ, специалист – лицо, обладающее специальными знаниями, привлекаемое к участию в процессуальных действиях в порядке, установленном настоящим Кодексом, для содействия в обнаружении, закреплении и изъятии предметов и документов, применении технических средств в исследовании материалов уголовного дела, для постановки вопросов эксперту, а также для разъяснения сторонам и суду вопросов, входящих в его профессиональную компетенцию. Поэтому в компетенцию специалиста не входит на основе имеющихся материалов делать выводы, которые являются новыми знаниями в отношении предмета исследования. Такое право имеют только эксперты.

Во-вторых, экспертиза по данным обстоятельствам была проведена, и ее выводы должны быть положены в основу в первую очередь.

2.3. Акустико-фонографическая экспертиза (т. 56, л.д. 296–337), на которую имеется ссылка в постановлении о прекращении уголовного дела (л. 116 постановления), состоит из двух частей: исследований, касающихся источников происхождения стуков, а также ответа на вопрос о месте, где расположен источник этих звуков.

2.3.1. Экспертиза, назначенная постановлением Следственного управления ГВП от 10 июня 2002 года, названа «Акустико-фонографическая». Объектами исследования являлись магнитные записи 14 аудиокассет, из которых 8 аудиокассет представлены в/ч 69267 и 6 аудиокассет – УПАСР СФ с записями, выполненными на спасательном судне «Михаил Рудницкий».

Наряду с вопросами, которые касаются объекта исследования – условия производства записи, характер записанных сигналов, механизм образования стуков, дата и время записи, в постановлении о назначении экспертизы имеется вопрос, который не относится к производству экспертизы с указанным названием.

Вопрос № 5 изложен в постановлении о назначении экспертизы в следующей редакции: *«Если на представленных на обследование кассетах записаны сигналы SOS, то в какой конкретно точке находился их источник?»*

Данный вопрос не относится к предмету акустико-фонографической экспертизы, так как объектом его исследования является установление места нахождения корабля по гидроакустическому пеленгу. Эксперту в этой области необходимы познания в области гидроакустической пеленгации и навигации.

Таким образом, по мнению защиты, должна быть проведена самостоятельная экспертиза по установлению местонахождения корабля по акустическому пеленгу, однако, если с точки зрения следствия, проводится комплексная и комиссионная экспертиза, то, во-первых, эта экспертиза должна так и называться –

акустико-фонографическая, или фоноскопическая, а также экспертиза установления места источника звуков по гидроакустическому пеленгу, во-вторых, что самое главное, эксперты должны использовать выводы, полученные в результате разнородных исследований.

К сожалению, следствием механически объединены в одной экспертизе две: акустико-фонографическая и экспертиза установления местонахождения источника звука по гидроакустическому пеленгу.

При этом, выводы первой экспертизы проигнорированы и не использованы в выводах второй.

2.3.2. В соответствии со ст. 25 Федерального закона от 31 мая 2001 г. № 73-ФЗ «О государственной судебно-экспертной деятельности в Российской Федерации» (с изменениями от 30 декабря 2001 г.), в заключении эксперта или комиссии экспертов должны быть отражены: сведения о государственном судебно-экспертном учреждении, об эксперте (фамилия, имя, отчество, образование, специальность, стаж работы, ученая степень и ученое звание, занимаемая должность), которому поручено производство судебной экспертизы.

В вводной части заключения, наряду с другими, в качестве эксперта указан заместитель главного штурмана ВМФ капитан I ранга Козлов Сергей Викторович, однако не указан его стаж по специальности, образование, ученая степень или учетное звание, если таковые имеются.

В соответствии с требованиями ст. 25 того же Закона, заключение должно включать содержание и результаты исследований с указанием примененных методов, а также оценку результатов исследований, обоснование и формулировку выводов по поставленным вопросам.

Если акустико-фонографический раздел экспертизы содержит исследовательскую часть, то в разделе, который касается установления местонахождения источника звука по гидроакустическому пеленгу, исследовательская часть отсутствует как таковая.

Очевидно, что эксперт в исследовательской части должен был на основе вахтенных, навигационных и гидроакустических журналов кораблей и судов, производивших гидроакустический поиск, определить место и время нахождения каждого из них в момент пеленга стуков, расстояние до точки пересечения пеленгов, скорость и направление движения каждого корабля или судна, навигационную обстановку (наличие в районе гидроакустического поиска других кораблей и судов).

Эксперт должен был привести названия приборов, которые использовались для гидроакустического поиска, их параметры, в т.ч. степень точности проведенных измерений.

Кроме того, должны быть подсчитаны среднеквадратические отклонения с учетом уже названных факторов, а также с учетом района поиска (глубин, рельефа морского дна, температур на различных глубинах), а также возможные биологические и иные помехи, например, нерест планктона в акватории Баренцева моря в августе.

В соответствии со все той же ст. 25 Закона, материалы, иллюстрирующие заключение эксперта или комиссии экспертов, прилагаются к заключению и служат его составной частью.

В данном случае невозможно провести исследование без прокладки курса кораблей и судов на навигационных квартах, обозначения на них линий пеленга. Однако навигационные карты с обозначением координат кораблей и судов в момент пеленгации стуков в качестве приложения к заключению отсутствуют.[2]

2.3.3. Оценивая выводы экспертов по источникам происхождения звуков и абстрагируясь от допущенных процессуальных недостатков, защита приходит к заключению, что выводы экспертов, касающиеся происхождения стуков, можно признать обоснованными.

Следует принять во внимание, что в распоряжении экспертов находились все выводы специалистов, включая и те, которые определили стуки и как произведенные человеком, и как технические.

Эксперты, отвечая на вопрос № 2 экспертизы *«Являются ли стуки, записанные на аудиокассетах, представленных ЦКБ МТ «Рубин», сигналами SOS и произведены ли они человеком? Если произведены человеком, то каков механизм образования данных стуков, а также их дата и время?»*, ответили: *«Субъективным анализом установлено, что стуки производились металлическим предметом по металлу, вероятнее всего, аварийным молотком по межотсечной переборке, жестко связанной с прочным корпусом ПЛ»*.

Следует отметить, что эксперты не только идентифицировали стуки металлическим предметом о металл, но и то, что удары наносились по корпусу подводной лодки.

При ответе на вопрос № 4 эксперты пришли к заключению, что часть сигналов идентифицирована как сигналы SOS.

В ответе на вопрос № 8 они указали: *«Данные сигналы могли исходить из подводной части надводного корабля. Однако в случае нахождения источников стуков на другом надводном корабле они должны прослушиваться на фоне работающих механизмов и винтов, что при субъективном анализе отмечено не было»* (т. 56, л.д. 296–337).

Таким образом, эксперты исключили возможность идентификации в качестве источника стуков подводную часть другого корабля, а также самого корабля-носителя ГАК.

Отвечая на вопрос № 5 *«Если на представленных на обследование кассетах записаны сигналы SOS, то в какой конкретной точке (глубина, координаты) находился их источник?»*, эксперты указали: ***«Определить географические координаты источника гидроакустических сигналов, приня-***

---

[2] В ходе работы по делу у защиты с согласия следователя Егиева А. Л. была встреча с экспертом С. Козловым, который представил дополнение к заключению акустико-фонографической экспертизы. Однако даже абстрагируясь от процессуальной некорректности данного документа, он не является по сути исследовательской частью заключения экспертизы, т.к. лишь объясняет методику проведения экспертиз, вводит общие коэффициенты погрешности расчетов.

тых *ГАК ТАРКР «Петр Великий», не представляется возможным в связи со значительным разбросом пеленгов, который может являться следствием большой погрешности пеленгования либо пеленгования различных источников сигналов».*

В ходе беседы, которая была проведена с экспертом Козловым в присутствии следователя Егиева А. Л., установлено, что экспертом использовались пеленги всех стуков, которые зафиксированы гидроакустиками кораблей и судов, находившихся в районе поиска, не дифференцируя стуки, которые экспертами в области фоноскопии идентифицировались как стуки, производимые человеком металлом о металл.

Таким образом, то обстоятельство, что установление источника нахождения стуков проводилось без учета выводов других экспертов в области фоноскопии, которые дифференцировали звуки, и фиксирование наряду со звуками, производимыми человеком, технических звуков из различных источников, естественно, привело к большому разбросу пеленгов.

Вместе с тем в экспертизе указано: *«В то же время, большая часть (85%) пересечений пеленгов находится в области с радиусом 1800 метров с центром в точке с географическими координатами Ш = 69°37,98 северная, Д = 37°37,64 восточная».*

АПРК «Курск» обнаружен с географическими координатами 69°37'00 северной широты и 37°34'25 восточной долготы.

Это означает, что расхождение между точками местонахождения АПРК «Курск» и точкой пересечения пеленгов разнятся по долготе и широте на расстояние около 1 мили и 3,5 мили.

Вместе с тем в «Перечне мероприятий, направленных на спасение экипажа «К-141» и подъем подводной лодки», подписанном заместителем начальника УПАСР СФ, капитаном I ранга И. Плишкиным 24 августа 2000 года (см. приложение к протоколу допроса свидетеля Морозова С. К. (т. 35, л.д. 36–51), имеется следующая запись:

«13 августа, воскресение [...] 04.36 <u>Ш = 69°37,8' сев. Д = 37°33,3' вост.</u> сигнал ---... (похоже на SOS). Всего стуки слышны в ответ на кодовые сигналы 15–20 раз. Сейчас сигналы услышали без запроса. <u>Глубина места 108 м.</u> СКП – 300 м».

Очевидно, что в ответ на кодовые сигналы могли стучать только подводники, находившиеся в 9-м отсеке.

Защита считает, что при корректном счислении пеленгов, с учетом среднеквадратического отклонения, точности гидроакустических приборов и других факторов, которые должны приниматься во внимание и о чем указывалось выше, точки пересечения пеленгов приходятся на место гибели АПРК «Курск».

2.4. Предварительное следствие в постановлении о прекращении уголовного дела пришло к выводу, что стуки исходили не из затонувшего подводного крейсера. Тогда вполне резонно задать вопрос: «Если стуки не из «Курска, то откуда?»

Тот факт, что у следствия нет ответа на этот вопрос, лишь подтверж-

дает то обстоятельство, что стуки производились остававшимися в живых моряками, находившимися в 9-м отсеке АПРК «Курск». Одновременно с этим защита отмечает, что подача сигнала SOS из судна или корабля, который не является аварийным, – бессмыслица.

2.5. В постановлении о прекращении уголовного дела отмечается, что следствие оценивает выводы данной экспертизы в совокупности с собранными по делу другими доказательствами, а именно:
- Заключением судебно-медицинской экспертизы 111-го Центра судебно-медицинских и криминалистических экспертиз Министерства обороны Российской Федерации № 77/02 от 17 июня 2002 г.;
- Результатами иных следственных действий, направленных на установление возможного нахождения в районе действия АПРК «Курск» какого-либо другого подводного судна;
- Заключением комплексной комиссионной взрывотехнической экспертизы № 4/37 от 19 июля 2002 г.

2.5.1. Защита считает, что оценивать выводы акустико-фонографической экспертизы на основе заключения судебно-медицинской экспертизы 111-го Центра судебно-медицинских и криминалистических экспертиз Министерства обороны Российской Федерации № 77/02 от 17 июня 2002 г. возможно было бы и верно, если бы само по себе

заключение судебно-медицинской экспертизы было проведено корректно.

Как указывалось ранее, смерть подводников, находившихся в 9-м отсеке АПРК «Курск», наступила от отравления угарным газом в результате пожара, возникшего в 9-м отсеке.

Когда возник пожар, предварительное следствие не установило, т.к. не была установлена скорость затопления отсека, а следовательно, отсутствуют выводы о времени попадания морской воды на пластины для регенерации воздуха.

Защита допускает, что затопление 9-го отсека до попадания воды на приборы для регенерации, а следовательно, и возникший пожар, послуживший непосредственной причиной гибели моряков, могли иметь место после 14 августа 2000 года.

В данном случае предварительное следствие опровергает достоверные выводы одной экспертизы недостоверными выводами другой.

2.5.2. Говоря о результатах *«[...] иных следственных действий, направленных на установление возможного нахождения в районе действия АПРК «Курск» какого-либо другого подводного судна»* (л. 117 постановления), которые, как считает следствие, должны учитываться при оценке выводов акустико-фонографической экспертизы, следует отметить, что результатом этих следственных действий явился тот факт, что в районе гибели «Курска» других судов, в т.ч. и иностранных подводных лодок, обнаружено на было.

Следовательно, тот факт, что другие суда и корабли не обнаружены, лишь подтверждает выводы акустико-фонографической экспертизы.

2.5.3. Защита считает, что заключение пожарно-технической экспертизы № 242-247/18-7 от 12 июля 2002 г. не опровергает выводы акустико-фонографической экспертизы. Заключения обеих экспертиз не противоречат друг другу.

То обстоятельство, что время возникновения пожара не установлено, не опровергает того факта, что стуки могли быть до 14 августа 2000 года, а наоборот, подтверждает его.

2.5.4. Выводы заключения комплексной комиссионной взрывотехнической экспертизы № 4/37 от 19 июля 2002 г. имеют опосредованное отношение к акустико-фонографический экспертизе. Защитой выводы данной экспертизы в части времени и причин первого и второго сейсмических событий не оспариваются.

Следствием установлено, что после этих событий моряки, которые находились в 9-м отсеке АПРК «Курск», были живы. Более того, указанные сейсмические события не являлись непосредственной причиной пожара, возникшего в 9-м отсеке и приведшего к гибели моряков.

Таким образом, по мнению защиты, ссылка на указанную экспертизу представляется не вполне корректной.

2.6. Из рекомендации первого заместителя начальника Главного штаба ВМФ В. Ильина, направленной командующему СФ 15.08.2000 года, следует, что по запасам регенерации, аварийным запасам пищи и воды, температуре в отсеках ПЛ следует, что при нормальном давлении допустимое пребывание экипажа в кормовых отсеках составляет 150 часов, а критическое время – 300 часов, при давлении до 3 кг/см² допустимое время пребывания – 62 часа, а критическое – 186 часов, при повышении давления в отсеках до 6 кг/см² допустимое время составляет 28 часов, а критическое – 84 часа, т.е. до 22:00 15.08.2000 года.

Следовательно, данные расчеты подтверждают факт подачи сигналов членами экипажа, находившимися в 9-м отсеке.

На основании этого защита приходит к следующим выводам:

1. Стуки, зафиксированные кораблями и судами, являются сигналами, подаваемыми подводниками АПРК «Курск», находившимися в 9-м отсеке.

2. Сигналы подавались до вечера 14 августа 2000 года. Это означает, что, как минимум, до вечера 14 августа 2000 года среди членов экипажа, находившегося в 9-м отсеке, были живые.

Следует отметить, что в исследовательской части акустико-фонографической экспертизы было отмечено время окончания стуков – 0 ч. 10 мин. 14.08.2000 г. Это время следствие приводит и в постановлении о прекращении уголовного дела. Вместе с тем в вахтенных журналах гидроакустиков последние стуки зафиксированы в 11 ч. 14.08.2000 г. Это время прекращения стуков подтверждается и показаниями свидетелей (Лавринюка А. А., Зырянова и др.). Данный факт следствием не был принят во внимание, а противоречия не были устранены.

III. Спасательная операция

1. Время обнаружения аварии на АПРК «Курск» и объявления корабля аварийным

Предварительным следствием установлено, что, в соответствии с планом учений, АПРК «Курск» должен был занять РБД-1 (район боевых действий) в 8 часов 12 августа и произвести торпедные стрельбы в период с 11 час. 40 мин. до 13 час. 40 мин. с резервом до 18 часов 12 августа.

12 августа 2000 г. в 11 час. 09 мин., когда ТАРКР «Петр Великий» подходил к району боевых действий, командир гидроакустической группы этого крейсера старший лейтенант Лавринюк А. А. обнаружил посылки гидролокатора в виде импульсов, которые обычно исходят от подводных лодок в результате их действий, связанных с определением дистанции до надводных кораблей перед торпедной атакой.

В 11 час. 30 мин. Лавринюк А. А. зафиксировал на экране гидроакустического комплекса по пеленгу 96° вспышку, одновременно с которой в динамиках центрального гидроакустического поста послышался хлопок. Чуть позже по корпусу корабля был нанесен достаточно сильный внешний гидродинамический удар. О зафиксированных событиях акустик доложил в боевой информационный центр, на ходовой мостик и на центральный командный пункт командиру корабля капитану I ранга Касатонову В. Л.

Как показал свидетель Самарцев В. С. (т. 44, л.д. 52–63), *«Примерно в 11 ч 30 мин. я поднимался по трапу на ходовой мостик, чтобы изучить обстановку перед заступлением на вахту. Неожиданно для себя я почувствовал встряску корабля и непроизвольно подогнулись колени. Ощущение было такое, когда корабль при волнении моря примерно в 5 баллов переходит с волны на волну. Однако в тот момент море было спокойным. Я допускаю, что это можно назвать гидравлическим ударом. Поднявшись на мостик, я увидел, что вахтенный офицер запрашивал в ПЭЖ (пост энергоживучести), что за встряска, была ли она связана с деятельностью электромеханической части БЧ-5. При этом я также обратил внимание, что на лицах офицеров было недоумение в связи с неожиданной встряской».*

Командующий Северным флотом адмирал Попов В. А., допрошенный по делу в качестве свидетеля, показал, что около 11 час. 40 мин. 12 августа 2000 г. отряд боевых кораблей в составе тяжелого авианесущего ракетного крейсера «Петр Великий» и больших противолодочных кораблей «Адмирал Харламов» и «Адмирал Чабаненко» вошел в РБД-1. Примерно в это же время он, Попов, находясь на ходовом мостике «Петра Великого», почувствовал кратковременное вздрагивание корпуса корабля, при этом кто-то из офицеров объяснил это явление включением станции РЛС. О докладе акустика о хлопке и вспышке ему никто не сообщил (т. 51, л.д. 166–174).

Защита приходит к выводу, что адмирал Попов В. А., а также командир ТАРКР «Петр Великий» капитан I ранга Касатонов В. Л. не выполнили своих обязанностей по организации классификации обнаруженных гидроакустических целей и сигналов в соответствии с требованиями ст. 16 гл. 1 РБИ РТВ-78 и ст. 195, 200 ТР ПЛК-80. С получением доклада о вспышке и хлопке командир не дал команду классифицировать контакт, как это не было сделано и перед этим событием – обнаружением ГЛС по направлению на «Курск». Это не позволило своевременно получить дополнительную информацию для более правильной оценки.

Обнаружение вспышки и хлопка не было увязано с фактом вздрагивания корпуса, поэтому эти события не были классифицированы как сигнал взрыва из района нахождения АПРК «Курск», что привело к несвоевременному объявлению корабля аварийным.

АМГ вошла в РБД-1 примерно в 11 час. 40 мин. Корабли прошли сквозь район и вышли из него примерно в 15 часов. Торпедной стрельбы не наблюдалось. Донесения о выполнении торпедной атаки от командира «Курска» не последовало, и командующий СФ адмирал Попов В. В. принял решение вывести из отряда ТАРКР «Петр Великий» и оставить его на кромке района РБД-1 в ожидании всплытия «Курска» для выяснения причины невыполнения торпедной атаки.

В то же время в связи с невыполнением «Курском» запланированных торпедных стрельб и невыходом на связь с докладом о причинах этого руководством учений было принято решение о выводе крейсера «Петр Великий» из ордера кораблей и начале маневрирования у юго-восточной кромки данного района для ожидания всплытия и донесения от командира «Курска». Корабли «Адмирал Чабаненко» и «Адмирал Харламов» продолжили учения.

В 15 час. 25 мин. «Петр Великий» начал вызов АПРК «Курск» по звукоподводной связи, однако ответа на вызовы не последовало.

В 17 час. 20 мин. оперативному дежурному Северного флота от начальника штаба СФ вице-адмирала Моцака М. В. передано приказание: *«Спасательному судну «Михаил Рудницкий» установить готовность к выходу в море 1 час. Отсутствует плановое донесение от АПРК «Курск».*

В 18 час. 15 мин. на спасательном буксире СБ-523 сыграна «боевая тревога». В 18 час. 31 мин. он снялся с якоря и начал движение в район РБД-1.

В 18 час. 52 мин. по приказу начальника штаба СФ самолет ИЛ-38 в аварийно-спасательном варианте произвел вылет с задачей обследования района предполагаемого нахождения АПРК «Курск».

В период с 19 час. 50 мин. по 22 час. 35 мин. для подачи сигналов АПРК «Курск» на всплытие с крейсера «Петр Великий» была произведена серия гранатометаний.

До 22 часов корабль маневрировал на кромке района, вызывая АПРК «Курск» гранатами на всплытие. Затем Попов отдал командиру «Петра Великого» приказ войти в район для поиска лодки. Кроме того, для осмотра района были высланы самолеты.

В 23 часа 12 августа 2000 года, после того как от «Курска» не поступило планового донесения, командующий СФ Попов В. В. объявил лодку аварийной (л. 127 постановления).

2. Предварительным следствием дана оценка действиям и решениям ряда должностных лиц за период времени с 11:30 12 августа 2000 года до момента объявления АПРК «Курск» аварийным.

2.1. Отмечено, что командир ТАРКР «Петр Великий» капитан I ранга Касатонов В. Л. не выполнил своих обязанностей по организации классификации обнаруженных гидроакустиками целей и сигналов и, получив доклад о вспышке и хлопке, не отдал приказ классифицировать контакт. Это не позволило получить своевременно информацию для правильной оценки ситуации в связи с событиями на 11 час. 30 мин. 12 августа 2000 г.

2.2. Руководители учений адмирал Попов В. А. и начальник штаба оперативной эскадры контр-адмирал Рогатин В. И. данным фактам значения не придали, ошибочно предположив, что причиной содрогания явилось включение антенны радиолокационной станции, и поступившая информация классифицирована не была.

Таким образом, как указано в постановлении, *«Вследствие незнания адмиралом Поповым В. А. и подчиненными ему должностными лицами конкретной обстановки после прохода кораблями авианосной многоцелевой группы района РБД-1 и невыполнения ими требований руководящих документов ВМФ, определяющих действия должностных лиц флота в случае отсутствия всплытия подводной лодки в установленное время в надводное положение, а также из-за принятия ошибочных решений в процессе ожидания всплытия подводного крейсера он был объявлен аварийным с опозданием на 9 часов»* (л. 127 постановления).

3. Защита частично согласна с выводами предварительного следствия и отмечает, что руководители учения должны были оценить следующие факторы:

- факт обнаружения 12 августа 2000 г. в 11 час. 09 мин. гидроакустиками ТАРКР «Петр Великий» посылок гидролокатора в виде импульсов, которые обычно исходят от подводных лодок в результате их действий, связанных с определением дистанции до надводных кораблей перед торпедной атакой;
- вспышку, зафиксированную на экране гидроакустического комплекса по пеленгу 96° в 11 час. 30 мин. и хлопок в динамиках центрального гидроакустического поста;
- внешний гидродинамический удар в 11 часов 30 минут;
- отсутствие торпедной атаки со стороны АПРК «Курск»;
- невыход на связь АПРК «Курск» после 11 часов 30 минут.

Как показал на допросе свидетель Бояркин Ю.И. (т. 54, л.д. 149–158), *«О том, что акустик ТАРКР «Петр Великий» доложил командиру о вспышке и гидроударе, я узнал от Рогатина примерно в 23 час. в ходе анализа и расчета вероятного местонахождения подводной лодки. [...] Я* сразу дал команду вызвать ко мне матроса-акустика, наблюдавшего данное событие. Давая мне пояснения, матрос-акустик (фамилию не помню) подтвердил слова Рогатина и сообщил о записанном пеленге на эту вспышку. Чуть ранее, в ходе анализа сложившейся ситуации, я примерно уже определил возможное местонахождение АПРК «Курск». Проведя на карте траекторию по пеленгу, мы установили, что она проходит как раз через определенный нами район».

Таким образом, пеленг в 96°, который был определен как направление взрыва, приходился на район нахождения АПРК «Курск», что позволяло идентифицировать вспышку и гидроудар как события, связанные с аварией крейсера.

В «Перечне мероприятий, направленных на спасение экипажа «К-141» и подъем подводной лодки», подписанном заместителем начальника УПАСР СФ капитаном I ранга И. Плишкиным 24 августа 2000 года (см. приложение к протоколу допроса свидетеля Морозова С. К. (т. 35, л.д. 36–51), имеется следующая запись:

«*12 августа, суббота 23.27 «Петр Великий» докладывает: «в 11-30 Ш=69°40,9' сев. Д=36°24,6' вост. П-268 гидроакустик слышал динамический удар. 23-45 РДО К-18 (подписанное 20-40) В 11-40 слышал удар, похожий на взрыв».*

Из этого следует, что акустики «Петра Великого» не только запеленговали взрыв, но и определили район, где находился источник взрыва. Как показал свидетель Бояркин Ю. И., именно пеленг 96° позволил быстро,

с момента объявления АПРК «Курск» аварийным, обнаружить его на грунте.

Обращает на себя внимание и то обстоятельство, что невыходу АПРК «Курск» на связь после 11:30 12 августа 2000 года придавалось серьезное значение. Свидетель Балковский В. М., капитан I ранга, старший офицер отдела в/ч 31334, показал на допросе 20.08.2000 г. (т. 35, л.д. 17–23) следующее: «*...я находился с 11 августа 2000 г. на борту ТАВКР «Адмирал Кузнецов» [...]. О факте невыхода на контрольный сеанс связи АПЛ «Курск» я узнал из доклада оперативного дежурного КП дивизии 12 августа около 12 часов*».

По мнению защиты, указанные факторы давали основания руководителям учений как минимум провести гранатометание, что обязывало командира АПРК «Курск» немедленно всплыть. Факт того, что «Курск» не всплывал после гранатометания, являлся основанием, наряду с уже перечисленными факторами, для объявления крейсера аварийным. Указанные решения и действия могли быть произведены до 12 часов 00 минут, после чего руководство учениями должно было объявить АПРК «Курск» аварийным.

Таким образом, по мнению защиты, задержка с объявлением АПРК «Курск» аварийным составила не 9 часов, как считает предварительное следствие, а 11 часов, т.е. с 12 до 23 часов 12 августа 2000 года.

<u>2. Время, затраченное на поиск АПРК «Курск» и прибытие к месту аварии</u>

Из постановления о прекращении уголовного дела следует, что «[...] местонахождение АПРК «Курск» на грунте было установлено через 31 час после его гибели» (л. 25 постановления).

Защита считает, что предварительным следствием правильно установлено время обнаружения атомного подводного ракетного крейсера «Курск» на грунте, а также правильно определено время, затраченное на его поиск.

Однако предварительным следствием не дана оценка причин, по которым начало спасательной операции произошло с задержкой.

Из этого же постановления также следует, что *«В 22 час. 50 мин. (12 августа. – Б.К.) по приказанию командующего СФ ТАРКР «Петр Великий» начал движение через центр РБД-1 в предполагаемый район аварийного всплытия «Курска» для его поиска.*

13 августа 2000 г. в 01 час. 09 мин. спасательное судно «М. Рудницкий» со старшим на борту капитаном I ранга Тесленко А. П. выдвинулось в район поиска подводной лодки.

В 11 час. 11 мин. к ТАРКР «Петр Великий» подошли спасательное судно «М. Рудницкий» и СБ-523. В 11 час. 25 мин. руководителем сил поиска вице-адмиралом Бояркиным Ю. И. назначен запретный район для всех судов.

В 14 час. 48 мин. на борт ТАРКР «Петр Великий» прибыл командующий СФ и вступил в общее руководство поисково-спасательной операцией в районе аварии подводной лодки.

В 16 час. 55 мин. спасательный подводный аппарат АС-34 закончил приготовления к подводному поиску и отошел от борта спасательного судна «М. Рудницкий» для погружения.

В 18 час. 15 мин. АС-34 обнаружил засветку на экране эхолокатора, однако в 18 час. 32 мин. произвел аварийное всплытие. По докладу командира аппарат ударился о стабилизатор подводной лодки, при этом визуально наблюдал ее винты» (с. 24–25 постановления).

Подпунктом «б» пункта 2.6.6 «Инструкции по организации поисково-спасательной операции на Северном флоте» определена часовая готовность кораблей и судов на период мероприятий боевой подготовки подводных лодок в море: ракетных и торпедных стрельб, боевой совместной подготовки подводных лодок и надводных кораблей.

Пунктом 18 НПСО ВМФ-95 указано, что время готовности к выходу дежурного спасательного отряда дежурных сил ПСО – 1 час.

Согласно «Отчету о выполнении поисково-спасательных работ по спасению подводной лодки «Курск», утвержденному начальником штаба Северного флота (т. 37, л.д. 31–43), спасательное судно «Михаил Рудницкий» с подводными аппаратами на борту имело готовность 4 часа, а спасательное судно «Алтай» – 24 часа.

В этом же отчете отмечалось, что в плане ПСО не определялось, на каком этапе будет объявлена готовность № 2 (1 час), в связи с чем корабли были в готовности № 3 (4 часа).

13 августа 2000 г. в 01 час. 09 мин. спасательное судно «Михаил Рудницкий» со старшим на борту капитаном I ранга Тесленко А. П. выдвинулось в район поиска подводной лодки, прибыв к месту аварии в 11 час. 11 мин. 13 августа вместе со спасательным буксиром СБ-523.

Таким образом, по мнению защиты, задержка с прибытием спасательных судов к месту гибели АПРК «Курск» составила 13 часов 9 минут.

<u>3. Оценка выводов предварительного следствия о проведении спасательной операции и о возможности спасения подводников, находящихся в 9-м отсеке АПРК «Курск»</u>

3.1. Как указывалось ранее в настоящем ходатайстве, защита, впрочем, как и предварительное следствие, пришла к выводам, что обнаружение аварии на атомном подводном крейсере «Курск», объявление корабля аварийным, начало поисковых, а затем и спасательных работ проведено с задержками.

Следствие из этого делает следующий вывод:

«*Вместе с тем предварительным следствием достоверно установлено, что даже при более раннем обнаружении местонахождения АПРК «Курск» на грунте спасти экипаж не представилось бы возможным ввиду скоротечности его гибели, [...] а также при поисково-спасательной операции и наступившими последствиями (гибелью 118 человек и затоплением подводного крейсера) отсутствует причинная связь*» (с. 23–24 постановления).

Мне представляется, что данный вывод не вполне корректен.

Во-первых, следствие исходило из того, что смерть 23 подводников, находившихся в 9-м отсеке, наступила в течение 4,5–8 часов, фактически же они жили более двух суток, и именно из этого срока необходимо исходить в вопросе о возможности спасения экипажа.

Следствие, утверждая, что спасти экипаж не представилось бы возможным ввиду скоротечности его гибели (4,5–8 часов), приняло решение об отказе в возбуждении уголовного дела в отношении Попова В. А., Моцака М. В., Бояркина Ю. И., Бурцева О. В., Кузнецова М. Ю., Хандобина В. А., Тесленко А. П., Кобелева В. В., Шеметова А. В., Рогатина В. И., Касатонова В. Л., посчитав при этом, что раз экипаж нельзя было спасти, то и причинная связь между допущенными должностными лицами нарушениями при организации учений, подготовке крейсера и его экипажа, выпуске его в море, а также при поисково-спасательной операции и наступившими последствиями отсутствует.

С учетом того обстоятельства, что подводники в 9-м отсеке жили более двух суток, следствию необходимо пересмотреть оценку действий Попова В. А., Моцака М. В., Бояркина Ю. И., Бурцева О. В., Кузнецова М. Ю., Хандобина В. А., Тесленко А. П., Кобелева В. В., Шеметова А. В., Рогатина В. И., Касатонова В. Л. и дать им надлежащую юридическую квалификацию.

Во-вторых, защита и не рассматривает наличие или отсутствие

причинной связи между спасательной операцией и гибелью всего экипажа, всех 118 подводников, т.к. гибель большей части экипажа произошла в период первого и второго сейсмических событий и, конечно же, не может находиться в причинной связи с задержкой объявления корабля аварийным, его поиском и организацией спасательной операции, т.к. смерть большей части экипажа предшествовала этим действиям.

Вопрос своевременности объявления АПРК «Курск» аварийным, задержка с проведением поиска и началом спасательной операции может находиться в причинной связи только с гибелью 23 подводников в 9-м отсеке.

Вместе с тем необеспечение средствами поиска и спасения учений в целом рассматривается защитой как неподготовленность учений и как основание для запрета их проведения. Действия должностных лиц, которые не обеспечили учения необходимыми спасательными средствами и, более того, при их отсутствии разрешили проведение учений, находятся в прямой причинной связи с наступившими тяжкими последствиями.

Согласно п. 7 «Инструкции по организации поисково-спасательного обеспечения на Северном флоте», утвержденной приказом командующего СФ № 354 от 23.05.2000 г., учения, не обеспеченные средствами ПСО, не могут быть включены в суточный план боевой подготовки.

3.2. Следствием не исследовалось и не давалась оценка методики выбора способов и средств при проведении спасательной операции.

В разделе 6 постановления о прекращении уголовного дела «Поисково-спасательная операция» (с. 22–26 постановления) изложена последовательность действий при проведении поисково-спасательной операции, в главе «По разделу 6» (Поисково-спасательная операция) (с. 112–152) следствием анализируются недостатки, связанные исключительно с теми мерами, которые предпринимались командованием флота при проведении спасательной операции, в частности с использованием аппаратов АС-34 и АС-36.

Вместе с тем в постановлении о прекращении уголовного дела отсутствует оценка возможности организации спасения экипажа в 9-м отсеке иными средствами и методами, кроме использования СПА.

3.2.1. Пункт 47 «Инструкции по спасению личного состава атомных подводных лодок» (в дальнейшем «Инструкция по спасению...») гласит: *«Как правило, на случай задержки или перерыва в спасательных работах одновременно со спасением личного состава аварийной подводной лодки с помощью спасательного колокола или СПЛ на аварийную подводную лодку доставляются средства регенерации, индивидуальной защиты, медикаменты, теплое белье, спасательное снаряжение, фонари, пища, питьевая вода и другие средства поддержания жизнедеятельности»*.

Следствие не отразило в постановлении о прекращении уголовного дела вопрос: рассматривалась ли руководством спасательной операции возможность обеспечения поддержания жизнедеятельности экипажа, находившегося в 9-м отсеке, путем подачи в отсек воздуха, дополнительных комплектов спасательного снаряжения, регенеративных устройств, воды и пищи и какое решение принималось.

В постановлении не отражено также, имелись ли технические возможности осуществления действий по поддержанию жизнедеятельности подводников, находившихся в 9-м отсеке.

Данные меры, по мнению защиты, могли продлить срок жизни подводников, находившихся в 9-м отсеке, дать время для выбора правильного решения о необходимых мерах по спасению людей.

3.2.2. Не нашел отражения в постановлении о прекращении уголовного дела вопрос о возможности проведения спасательных работ с использованием спасательного колокола.

Спасение с его помощью экипажа корабля предусмотрено пунктом 4.1 «Выход и последующий подъем с помощью спасательного колокола и спасательного подводного аппарата» главы 4 «Правил выхода личного состава из затонувшей подводной лодки» (в дальнейшем «Правила выхода...») .

Не отражен в постановлении также вопрос о реальной возможности осуществления такой операции, связанной с наличием оборудования.

Заслуживает внимания и то обстоятельство, что применение спасательных колоколов, которыми и в настоящее время оснащены спасательные суда всех морских держав, ведет свое начало с успешного использования в 1939 году устройств подобного рода в ВМФ США. 23.05.1939 года подводная лодка США «Сквалус» затонула на глубине 80 м. 33 человека, находившиеся в носовых незатопленных отсеках, были спасены с помощью колокола.

3.2.3. Аналогично в постановлении о прекращении уголовного дела не нашел отражения вопрос, рассматривалась ли руководством спасательной операции возможность спасения экипажа, находившегося в 9-м отсеке, с помощью водолазного колокола.

В соответствии с подпунктом 71 пункта 4.2 «Правил выхода...», *«Выход и последующий подъем личного состава с помощью водолазного колокола может осуществляться на глубинах до 200 м. Из отсеков с нормальным и повышенным давлением до 10 кгс/см^2 после спуска водолазного колокола...»*

В соответствии с п.п. 72–76 «Правил выхода...» предусмотрен выход с разных глубин разными способами с использованием различных приспособлений.

По мнению защиты, в постановлении о прекращении уголовного дела должно быть отражено не только рассмотрение данного способа выхода из затонувшего корабля, но и реальная возможность такового (включая наличие самого колокола и другого оборудования для выхода данным способом).

3.2.4. Следовало также, как считает защита, отразить в постановлении возможность спасения путем выхода и последующего перехода в спасательную подводную лодку. Такой способ спасения экипажа предусмотрен п. 4.3. «Правил выхода...»

При этом следует обратить внимание на причины списания спасательной подводной лодки проекта 940 в 1997 году. Ставился ли руководством флота и ВМФ вопрос построек кораблей этого типа и назначения для обеспечения спасательных работ на АПЛ?

3.2.5. Согласно п.п. 87–90 «Инструкции по спасению…», при невозможности спасения личного состава аварийной подводной лодки с помощью спасательного аппарата, спасательного колокола и других жестких устройств принимается решение о его спасении по буйрепу и свободным всплытием.

Предварительное следствие пришло к выводу, что, с учетом комплектующих изделий спасательного снаряжения подводника, обнаруженных в 9-м отсеке АПРК «Курск», и численности находившихся в 9-м отсеке подводников, полной комплектностью для самостоятельного выхода с глубины 98 метров способом свободного всплытия при шлюзовании в спасательном люке с блоком БПВ могли быть обеспечены только 6 человек из 23.

Для выхода вторым способом – способом свободного всплытия при шлюзовании без блока БПВ от системы воздуха среднего давления – из всех 23 человек были обеспечены 19 человек.

Для выхода третьим способом – способом всплытия по буйрепу – были обеспечены также 19 человек.

В связи с отсутствием в 9-м отсеке одного из основных элементов ССП – четырех комплектов СГП-К-1, 4 человека из 23 выйти из 9-го отсека АПРК «Курск» не могли ни одним из трех возможных способов.

Вместе с тем, по оценке следствия, *«[…] целый ряд объективных факторов, таких, как быстрое ухудшение самочувствия людей, ослабленных в процессе борьбы за живучесть действием углекислого газа и изменением давления, их шоковое состояние, быстрое истощение имевшегося и перенесенного из других отсеков запаса пластин В-64, вырабатывающих кислород, отсутствие освещения в отсеке, мешавшее поиску и правильному использованию необходимого для выхода из подводной лодки спасательного снаряжения, и другие причины привели к тому, что моряки так и не предприняли ни одной попытки выйти из АПРК «Курск»* (с. 21 постановления).

По мнению защиты, такое утверждение предварительного следствия не основано на материалах дела.

Из осмотра 9-го отсека (протокол от 25 октября – 1 ноября 2001 года (т. 98, л.д. 1–53) следует, что *«на входе в водно-химическую лабораторию лежит буй-вьюшка»*, которая находится не на месте штатного хранения.

При стандартной длине буйрепа 130 м его длина в подготовленном состоянии была 115,5 м, к нему нештатным способом был привязан карабин, что свидетельствует о подготовке буйрепа к выходу экипажа путем свободного всплытия.

О необходимости закрепления буй-вьюшки писал в записке Садиленко С. В., а в записке Колесникова Д. Р. отмечено, что *«[…] здесь список л/с отсеков, которые находятся в 9-ом и будут пытаться выйти»*.

В записке Садиленко С. В. также отмечается, что при выходе путем свободного всплытия на поверхности они могут не выдержать компрессии.

Таким образом, действия подводников, а также их намерения, изложенные в записках, прямо свидетельствуют о подготовке к выходу на поверхность.

Мировой опыт спасения экипажей из затонувших подводных лодок показывает, что выход путем свободного всплытия возможен только в случаях, когда надводные средства спасения подготовлены к приему выходящих из подводной лодки, лежащей на грунте, а также при установлении контакта с моряками, находящимися в затонувшей подводной лодке (см. У. Шелфорд. Спасение с затонувших подводных лодок. М.: Воениздат. С. 93, 106).

В соответствии с п. 84 «Инструкции по спасению...», к подготовительным мероприятиям, которые проводятся независимо от способа подъема личного состава подводной лодки, относится *«[...] информация личного состава аварийной подводной лодки о принятом способе спасения, об ожидаемом дифференте, ориентировочной продолжительности и других особенностях предстоящих спасательных работ».*

В «Перечне мероприятий, направленных на спасение экипажа «К-141» и подъем подводной лодки» (см. приложение к протоколу допроса свидетеля Морозова С. К. (т. 35, л.д. 36–51) указывается, что *«Походным штабом СпасО подготовлены предложение и решение руководителя спасательных работ по поиску аварий-*

ной ПЛ с использованием ПА, суть которых сводится к следующему: 1. С прибытием в указанную точку произвести поисковые действия по обнаружению работающей аварийной г/а станции МГС-30 путем запуска ее с использованием имеемых на носителе г/а станций МГА-21 и «Оредеж», вызова личного состава ПЛ на связь с использованием режима «Речь» указанной ГАС».

Из этого же отчета следует, что лишь 13.08.2000 года в 13:13 спасательное судно «Михаил Рудницкий» на запрос через аппаратуру «Оредеж» не получило ответа в режиме «Речь». Больше сведений об использовании звукопроводной связи в отчете не имеется.

Как указано в отчете о выполнении ПСР по спасению ПЛ «Курск» от 12.11.2000 (т. 37, л.д. 3–43), подписанном Тесленко, гидроакустические средства, имеющиеся на вооружении, не обеспечивают поддержания устойчивой звукопроводной связи с ПА и аварийной подводной лодки.

Рекомендациями, полученными от ГШ ВМФ 15 августа, предлагалось установить связь с л/с отсека методом перестукивания.

Только в конце дня 15 августа поступила команда о спуске оператора 2-го отсека АС-34 в шахту спасательного люка в водолазном снаряжении для установления связи с личным составом подводной лодки и предлагалось на АС-34 иметь таблицы для перестукивания.

17 августа в отчете имеется ссылка на рекомендацию по привлечению к спасению экипажа силами

норвежских водолазов, в том числе и для установления связи с личным составом подводной лодки.

Свидетель Балковский В. М., капитан I ранга, старший офицер отдела в/ч 31334, показал на допросе 20.08.2000 г. (т. 35, л.д. 17–23) **следующее:** *«В соответствии с согласованным планом, задачами водолазов (норвежских водолазов, спущенных с «Сивей Игл») являлись: обследование комингс-площадки АПЛ, выяснение наличия живых членов экипажа в 8-м и 9-м отсеках условными стуками перестукивания [...]».*

Очевидно, что как сами рекомендации, так и прибытие норвежских водолазов произошли со значительной задержкой, которой предварительным следствием в постановлении о прекращении уголовного дела не дается правовая оценка.

Также нет ссылки на выполнение всех перечисленных рекомендаций и не дается анализ таким попыткам, способам установления контакта с личным составом 9-го отсека, включая оценки характеристик сигналов, способов их передачи с аварийной подводной лодки и т.п.

По мнению защиты, невыход личного состава 9-го отсека на поверхность методом свободного всплытия обусловлен отсутствием контакта с силами поиска и спасения, вследствие чего подводники задерживали выход из-за отсутствия рекомендаций и указаний по его осуществлению вплоть до своей гибели.

Не исключено, что при проведении дополнительного расследования может быть установлена причинная связь гибели моряков с нарушением порядка и методики при проведении спасательных работ по спасению части экипажа «Курска», находившегося в 9-м отсеке.

4. По готовности АПРК «Курск» к участию в учениях и по обеспеченности средствами спасения

Анализ постановления о прекращении уголовного дела и ряд изученных материалов уголовного дела приводит защиту к однозначному выводу, что атомный подводный крейсер «Курск» не был готов к выполнению учебной задачи, а силы спасения не обеспечивали подъем личного состава из подводной лодки, лежащий на грунте.

В постановлении о прекращении уголовного дела содержится целый ряд противоречащих друг другу утверждений, которые следствие никак не оценило и не устранило, о чем свидетельствует следующая таблица.

Утверждение следствия о готовности АПРК «Курск» к участию в учениях	Утверждение следствия о неготовности АПРК «Курск» к участию в учениях
АПРК «Курск» подготовлен к выходу в море и выполнению поставленных задач. В 2000 году экипаж АПРК «Курск» подтвердил свою линейность, то есть готовность к выполнению боевой задачи. (Л. 40 постановления)	Экипаж АПРК «Курск», в нарушение КАПЛ-87, требующего, что при подготовке экипажей подводных лодок первой линии «в целях поддержания достигнутого уровня боевой подготовки, установленной боевой готовности подлежат обязательному выполнению боевые упражнения НТ-3, НТ-4 (НР-4), ПТ-3 (ПР-3)», (то есть ежегодно выполнять хотя бы одну стрельбу практической торпедой), не выполнял торпедные стрельбы практическими торпедами с 1998 г. (Л. 36 постановления)
АПРК «Курск» подготовлен к выходу в море и выполнению поставленных задач. В 2000 году экипаж АПРК «Курск» подтвердил свою линейность, то есть готовность к выполнению боевой задачи. (Л. 40 постановления)	1. 28 июля 2000 г., на следующий день после окончания ППО и ППР, АПРК «Курск» вышел в море на отработку элементов задачи Л-3 и выполнение глубоководного погружения на 220 м. В нарушение требований КАПЛ-87, приказа командующего СФ № 300-92 г., экипажу не было предоставлено время для проведения предпоходовой подготовки к выходу в море в количестве 3–5 суток (в период ППО и ППР такая подготовка не проводится). Проверки корабля перед выходом в море штабами дивизии и флотилии не проводились (в журнале ознакомления командиров с обстановкой перед выходом в море нет росписей командира подводной лодки капитана I ранга Г. П. Лячина и старшего на борту – врио командира дивизии капитана I ранга

В. Кобелева). Т. 67, л.д. 34–74. (Л. 35 постановления)

2. Судя по записям в журнале «Планы тренировок, занятий минно-торпедной боевой части АПРК «Курск»», годовой объем тренировок проводился с 30 мая по 14 июня (2 недели), что практически невозможно сделать. Разработанные и утвержденные планы занятий БЧ-3 не соответствуют методике разработки подобных занятий, существующей в ВМФ. Организационные приказы БЧ-3 не откорректированы с 1998 г. (Л. 36 постановления)

3. Приказ командира дивизии подводных лодок от 20 июня 2000 года о допуске АПРК «Курск» к приему и эксплуатации торпед калибра 650 мм – основополагающий документ, касающийся допуска экипажа подводной лодки к боевому применению торпедного оружия, был подписан неправомочным должностным лицом. (Л. 12 постановления)

В период с 20 по 27 июля 2000 года готовность экипажа проверена офицерами ГШ ВМФ, флагманскими специалистами штабов дивизии, флотилии и Северного флота, которыми сделан вывод о готовности АПРК «Курск» к выходу в море. (Л. 9 постановления)

Методика подготовки минно-торпедных боевых частей ВМФ определяется Правилами подготовки минно-торпедных боевых частей. Эта методика при отработке личным составом БЧ-3 специальных задач нарушалась. Личный состав БЧ-3 АПРК «Курск» не отрабатывал практические действия по эксплуатации перекисно-водородных торпед на учебных образцах ввиду их отсутствия в месте базирования (п. Видяево). Тренировки же в учебном центре флотилии, где такая материальная часть имеется, не проводились. (Л. 12 постановления)

Минно-торпедная боевая часть АПРК «Курск» на момент выхода в море 10 августа 2000 года была полностью укомплектована по штату подводной лодки проекта 945А и, в основном, подготовлена в соответствии с курсом боевой подготовки. (Л. 10 постановления)

На основании комиссионного технического освидетельствования систем контроля окислителя, проверки подготовленности личного состава минно-торпедной боевой части и приказа командира войсковой части 20958 от 20 июня 2000 года система контроля окислителя АПРК «Курск» допущена к эксплуатации торпеды калибра 650 мм, а личный состав минно-торпедной боевой части – к эксплуатации систем контроля окислителя и торпеды. (Л. 32 постановления)

В связи с тем, что перед выходом в море на АПРК «Курск» сменяемость экипажа была менее 10%, дополнительная отработка учебных задач не требовалась. (Л. 47 постановления)

1. Командир БЧ-3 Иванов-Павлов А. А. ранее являлся командиром БЧ подводной лодки проекта 945, торпедные аппараты которой имеют отличие от торпедных аппаратов подводной лодки проекта 945А в организации боевого применения торпед калибра 650 мм, опыта практического обслуживания не имел. (Л. 10 постановления)

Старшина команды торпедистов Ильдаров А. М. имел опыт эксплуатации торпед калибра 650 мм, отличавшихся от имевшихся на борту АПРК «Курск» торпед в основном конструкцией системы контроля окислителя.

Торпедисты Нефедков И. Н. и Боржов М. Н. в связи с включением в состав экипажа накануне выхода в море (т е. сменяемость личного состава БЧ-3 была 50%), не прошли курс боевой подготовки и к эксплуатации системы контроля окислителя торпеды допущены не были. (Л. 11 постановления)

2. Вахтенная документация АПРК «Курск» велась с отступлениями от требований правил ведения вахтенных журналов. Вахтенный журнал подводной лодки не содержит необходимых записей о событиях, происходивших на АПРК «Курск».

3. «Сборник инструкций по хранению, уходу, окончательному приготовлению изделий и систем для их обслуживания», обнаруженный на АПРК «Курск», в части содержащихся в нем инструкций по обслуживанию перекисно-водородных торпед не соответствует «Инструкции по обслуживанию торпеды...» и порядку обслуживания торпедных ап-

	паратов и систем АПРК «Курск», а применяется для обслуживания торпедных аппаратов, установленных на подводных лодках проекта 671 РТМ, имеющих существенное отличие в порядке эксплуатации и обслуживания во время торпедной стрельбы.
Приготовление данной торпеды велось в соответствии с технической документацией; порядок и условия хранения, регламентного обслуживания, приготовление к использованию, транспортировка, погрузка на борт АПРК «Курск» соответствовали требованиям технической и эксплуатационной документации. (Л. 40 постановления)	1. У отдельных комплектующих оборудования данной торпеды: сигнализаторов давления СТ-4, генератора ГСК-1500М и вилки АЭРВД-100 – были превышены предельно допустимые сроки эксплуатации. (Л. 41 постановления) 2. В соответствии с приказом командира в/ч 62752 от 19 июля 2000 г., данная торпеда должна была быть приготовлена расчетом № 1 цеха № 3Т (командир расчета – старший лейтенант Олифер Ю. Н.) в период с 21 по 27 июля 2000 г. Фактически этот расчет подготовку торпеды производил вначале (с 21 по 27 июля 2000 г.) под руководством старшего лейтенанта Олифера Ю. Н., а с 28 по 31 июля 2000 г. – под руководством старшего мичмана Козлова Б. А., который не был допущен в установленном порядке к несению службы в качестве командира расчета. (Л. 43 постановления)
Согласно исследованным документам АПРК «Курск», практическая торпеда калибра 650 мм № 1336А ПВ до 8 часов 12 августа 2000 года была в исправном состоянии. (Л. 40 постановления)	1. Формуляр системы контроля окислителя не заполнен после погрузки торпед 20 июля 2000 года. (Л. 36 постановления) 2. В журнале минно-торпедной боевой части нет записи о по-

грузке практической торпеды калибра 650 мм от 03 августа 2000 года. (Л. 36 постановления)

3. Обслуживание материальной части БЧ-3 данного крейсера по обеспечению безопасного хранения данных перекисно-водородных торпед на борту проводилось формально. (Л. 11 постановления)

1. На основании данных фактов и обстоятельств, приведенных в постановлении о прекращении уголовного дела по факту гибели АПРК «Курск», защита приходит к выводам, что при организации и подготовке учений командованием Северного флота нарушены требования действующих нормативных документов по подготовке и проведению учений сил СФ.

2. Вопреки требованиям нормативных документов, а также телеграммы начальника Главного штаба ВМФ России адмирала В. Кравченко от 26.07.2000 («Требую обеспечить дежурство спасательного судна с подводными аппаратами в составе СпасО ОКВС при нахождении в море ПЛ (рассмотреть вопрос перевода АС-30 или передачи сформированных АБ из района главной базы в район ОКВС). Исполнение доложить 15 августа 2000 г.») учения не были обеспечены средствами спасения, о чем руководству Северного флота было известно еще до того, как оно начало планировать учения и ПСО.

Выход в море АПРК «Курск» 10 августа 2000 года был разрешен с нарушением ряда действующих нормативных документов.

Руководством флота готовность АПРК «Курск» к тактическому учению не проверялась, руководство минно-торпедного управления флота уклонилось от контроля качества подготовки подводных лодок флотилии к применению торпедного оружия, порядка его хранения и эксплуатации на подводных лодках.

Указанные нарушения не явились причиной взрыва практической торпеды калибра 650 мм, но состоят в прямой причинной связи с гибелью АПРК «Курск» и 118 человек.

Если бы руководство Северного флота проверило надлежащим образом готовность АПРК «Курск» к тактическому учению, то оно не допустило бы неподготовленный экипаж к выходу в море, чем предотвратило бы его гибель.

Если бы руководство минно-торпедного управления флота надлежащим образом проконтролировало качество подготовки АПРК «Курск» к применению торпедного оружия, порядок его хранения и эксплуатации на подводных лодках, то оно не допустило бы выхода неподготовленного экипажа в море, чем предотвратило бы его гибель.

IV. Выводы следствия, которые «подтверждаются» доказательствами, не имеющими отношения к исследуемому предмету, либо вообще ничем не подтверждаются

По мнению следствия, выводы экспертов о том, что «отступления от норм эксплуатации на арсеналах, базах и носителях» торпед калибра 650 мм (производства АО «Машзавод») «могли отрицательно сказаться на качестве подготовки изделий и, как следствие, на выполнении ими основных тактико-технических данных, но причиной серьезной аварийной ситуации не являлись», подтверждаются следующими доказательствами:

- показаниями директора по производству ОАО «Завод «Дагдизель» Келасова Ш. К. о контроле при изготовлении торпед калибра 533 мм, об отсутствии рекламаций на это изделие и т.д.
- показаниями других должностных лиц завода «Дагдизель»;
- осмотром торпед калибра 533 мм;
- осмотром технологических паспортов торпед калибра 533 мм, поступивших на СФ с завода «Дагдизель»;
- протоколом осмотра книг учета крылатых ракет АПРК «Курск» и т.д.

После гибели АПРК «Курск» минно-торпедным управлением и авторским надзором был выявлен ряд недостатков по приготовлению, обслуживанию и хранению торпед калибра 650 мм на СФ, которые как вместе, так и по отдельности могли стать причиной взрыва торпеды.

Однако следствие утверждает:
- на торпеде, взорвавшейся на АПРК «Курск», аналогичные недостатки выявлены не были;
- нарушения, допущенные при организации ремонта и приготовления практической торпеды калибра 650 мм, а также при получении ее на борт, причиной катастрофы не явились.

При этом следствие не учитывает, что руководство СФ уклонилось от контроля качества подготовки подводных лодок фпотипии к применению торпедного оружия, порядка его хранения и эксплуатации на подводных лодках.

Это подтверждается тем, что формуляр системы контроля окислителя не заполнен после погрузки торпед 20 июля 2000 года на АПРК «Курск». В журнале минно-торпедной боевой части нет записи о погрузке практической торпеды калибра 650 мм от 03 августа 2000 года. Вахтенная документация АПРК «Курск» велась с отступлениями от требований правил ведения вахтенных журналов. Вахтенный журнал подводной лодки не содержит необходимых записей о событиях, происходивших на АПРК «Курск».

Кроме того, приготовление торпеды с 28 по 31 июля 2000 года проводилось под руководством мичмана Козлова Б. А., который не был допущен к несению службы в качестве командира расчета, в контрольно-приемном листе приготовления данной торпеды ряд подписей о принятии исполнил капитан-лейтенант Шевченко С. В., никакого отношения к приготовлению торпеды не имевший, не допущенный к самостоятельному руководству приготовлением перекисно-водородных торпед.

Таким образом, у следствия нет никаких оснований заявлять о том, что выявленные недостатки и нарушения «причиной катастрофы не явились», поскольку не добыто достаточных доказательств для такого рода выводов.

На основании изложенного, руководствуясь ст. 42 УПК РФ,

ПРОШУ:

1. Отменить постановление от 22 июля 2002 года о прекращении уголовного дела № 29/00/0016/00 по факту гибели атомного подводного ракетного крейсера «Курск» и экипажа, возбужденного по признакам преступления, предусмотренного ч. 3 ст. 263 УК РФ.

2. Провести дополнительное расследование, в ходе которого предусмотреть проведение следующих следственных действий:

Провести повторную комиссионную судебно-медицинскую экспертизу, в ходе которой разрешить вопрос о времени жизни членов экипажа АПРК «Курск», находившихся в 9-м отсеке, с момента возникновения пожара.

Провести комплексную навигационную экспертизу по определению места нахождения источника стуков, которые, по оценке акустико-фонографической экспертизы, производились человеком.

По результатам указанных экспертиз произвести необходимые следственные действия, направленные на установление возможности спасения членов экипажа АПРК «Курск», находившихся в 9-м отсеке. При этом оценить своевременность объявления АПРК «Курск» аварийным, правильность и своевременность выбора средств спасения, решить вопрос об ответственности должностных лиц, на которых возложено проведение поисково-спасательной операции.

Дать юридическую оценку действиям (бездействию) должностных лиц, принявших решение об участии АПРК «Курск» в учениях и выходе лодки в море с учетом неподготовленности экипажа, дефектов вооружения, в том числе перекисно-водородной торпеды.

С точки зрения действовавших на тот момент нормативных документов ВМФ, оценить законность проведения учений. Установить, было ли дано согласие ГШ ВМФ на их проведение. В связи с этим дать юридическую оценку действиям (бездействию) руководителей ВМФ России.

Защита оставляет за собой право дополнить и конкретизировать указанное ходатайство в ходе дополнительного расследования.

Адвокат Б. А. Кузнецов

Приложение № 23

В ПРЕСНЕНСКИЙ РАЙОННЫЙ СУД ГОР. МОСКВЫ
ИСТЕЦ: КУЗНЕЦОВ БОРИС АВРАМОВИЧ
АДВОКАТСКОЕ БЮРО
«БОРИС КУЗНЕЦОВ И ПАРТНЕРЫ»
«...» МАЯ 2003 ГОДА

Ответчик:
1. Министерство обороны РФ
2. Колкутин – Виктор Викторович
3. Козлов Сергей Викторович
4. Редакция электронного СМИ «Дни.Ру»

**Исковое заявление
о защите чести, достоинства
и деловой репутации**

22.01.2003 года электронное средство массовой информации ДНИ.РУ распространило в Интернете сообщение с названием «Новый скандал вокруг «Курска», в котором содержатся сведения, не соответствующие действительности и порочащие мои честь, достоинство и деловую репутацию.

В сообщении содержится информация о проведении пресс-конференции, в которой участвовали начальник 111-го Центра судебно-медицинской и криминалистической экспертизы Министерства обороны РФ, доктор медицинских наук полковник Колкутин Виктор Викторович (главный судебно-медицинский эксперт Министерства обороны РФ) и заместитель главного штурмана ГШ ВМФ России Козлов Сергей Викторович.

I. Оспариваемые фрагменты текста публикации

В публикации приводится текст, из которого мной оспариваются следующие фрагменты:

Фрагмент 1

В подзаголовке публикации:

«Адвокат семей подводников, погибших на АПЛ «Курск», Борис Кузнецов считает, что моряки в 9-м отсеке подлодки жили еще два дня и их можно было спасти. Главный судмедэксперт Министерства обороны Виктор Колкутин категорически опровергает эти высказывания, обвиняя Кузнецова в попытках «поднять свой имидж в глазах общественности».

Фрагмент 2

«На сегодняшней пресс-конференции военные эксперты говорили об этом как о домыслах и передергивании, сообщает телеканал ТВС. По мнению Виктора Колкутина, адвокат Кузнецов «пытается поднять свой имидж в глазах общественности за счет гибели экипажа АПЛ «Курск». Колкутин констатировал, что адвокат «не располагает достоверными фактами и ссылается на некомпетентных специалистов». Главный судмедэксперт Минобороны назвал высказывания Кузнецова «оскорбительными для науки и персонально для экспертов».

Фрагмент 3

«Колкутин в частности заявил: «[...] Тем не менее, мы на сегодняшний день имеем попытку бросить тень на эту серьезную кропотливую работу. Эта попытка осуществлена адвока-

том Кузнецовым, который, отстаивая интересы части родственников, выдвинул версию, что в 9-м отсеке люди находились живыми до вечера 14 августа. Хочу ответственно заявить, что эта версия голословна и ни на чем не базируется».

Перечисленные сведения не соответствуют действительности, порочат мои честь, достоинство и деловую репутацию.

II. Обстоятельства, связанные с моим участием в деле о гибели атомного подводного ракетного крейсера «Курск»

Я и другие адвокаты адвокатского бюро «Борис Кузнецов и партнеры» Московской городской адвокатской палаты представляют интересы 39 родственников экипажа АПРК «Курск», погибшего 12.08.2000 в Баренцевом море (копии доверенностей прилагаю).

Во второй половине 2002 года мною и другими адвокатами бюро, участвующими в уголовном деле как представители потерпевших, изучались материалы уголовного дела № 29/00/0016/00, возбужденного по признакам преступления, предусмотренного ч. 3 ст. 263 УК РФ, которое постановлением от 22 июля 2002 года было прекращено. 30 декабря 2002 года в 14 часов мною было подано ходатайство (копия ходатайства прилагается) на имя главного военного прокурора А. Н. Савенкова, в котором ставился вопрос об отмене постановления о прекращении уголовного дела и проведении дополнительного расследования.

В ходатайстве наряду с другими доводами высказано сомнение в достоверности выводов судебно-медицинских экспертиз по времени гибели 23 подводников, которые находились в кормовых отсеках «Курска», а также поставлены под сомнение некоторые выводы фонографической экспертизы в части установления источника нахождения стуков. Другие экспертизы, проведенные предварительным следствием, мною в ходатайстве не опровергались. Кроме того, защита не согласна с некоторыми выводами самого предварительного следствия, о чем указано в ходатайстве.

В соответствии с п. 47 ст. 5 УПК РФ, потерпевший и его законный представитель являются стороной в уголовном процессе.

Согласно п. 1 ч. 1 ст. УПК РФ, уголовное судопроизводство имеет своим назначением защиту прав и законных интересов лиц и организаций, потерпевших от преступлений. В пп. 5 и 18 ч. 1 ст. 42 УПК РФ указывается, что потерпевший вправе заявлять ходатайства и отводы, приносить жалобы на действия (бездействие) и решения дознавателя, следователя, прокурора и суда, а п. 8 той же части той же статьи гласит, что потерпевший вправе иметь представителя. Уголовно-процессуальное законодательство допускает в качестве представителя потерпевшего адвоката, на которого распространяются все права, предоставленные потерпевшему.

Кроме того, в соответствии с п. 1 ч. 1 ст. 7 Федерального закона от 31 мая 2002 г. № 63-ФЗ «Об адвокатской деятельности и адвокатуре в

Российской Федерации», адвокат обязан честно, разумно и добросовестно отстаивать права и законные интересы доверителя всеми не запрещенными законодательством Российской Федерации средствами.

Таким образом, подавая ходатайство об отмене постановления о прекращении уголовного дела и проведении дополнительного расследования, я действовал в рамках полномочий, предоставленных мне уголовно-процессуальным законодательством, исключительно в интересах потерпевших, с которыми у меня имеется договор о представительстве их интересов, а также выданная мне доверенность, подтверждающая эти полномочия.

III. Доводы о наличии в высказываниях экспертов посягательства на честь, достоинство и деловую репутацию

По фрагменту 1

Из текста публикации очевидно, что Колкутин обвиняет меня. Следовательно, он сам усматривает в моих действиях незаконные или аморальные проступки.

«Имидж (англ. Image, от лат. imago – образ, вид) – целенаправленно формируемый образ (к.-л. лица, явления предмета), призванный оказать эмоц.-психол. воздействие на кого-либо в целях популяризации, рекламы и т.п.» (Новый энциклопедический словарь. – М.: Большая Российская энциклопедия, РИПОЛ КЛАССИК, 2002, с. 426).

Утверждение, что я поднимаю на деле о гибели АПРК «Курск» и его экипажа свой имидж, содержит обвинение в том, что я на горе родственников, чьи интересы представляю, целенаправленно формирую свой образ путем воздействия на окружающих в рекламных целях. Делать себе рекламу на горе людей не может рассматриваться иначе, как аморальное поведение. Это несовместимо с адвокатской профессией, так как адвокат пользуется доверием своих доверителей и не может их горе и страдания использовать в своих личных целях.

Обвинение такого рода порочит мои честь, достоинство и деловую репутацию.

По фрагменту 2

1. Обвинение «в домыслах» содержит утверждение, что мои выводы строятся не на фактических обстоятельствах, а на догадках, не основанных на фактах.

«*Домысел – ничем не подтвержденная догадка, предположение. Пустые домыслы*».(С. И. Ожегов и Н. Ю. Шведова. *Толковый словарь русского языка: 72 500 слов и 7500 фразеологических выражений/Российская Академия наук. Институт русского языка; Российский фонд культуры; – М.: АЗЪ, с. 177*).

Смысловое значение этих слов указывает на негативные деловые качества адвоката, а следовательно, порочит мою деловую репутацию, т.к. использование домыслов в официальных документах свидетельствует о поверхностном подходе адвоката к фактам и обстоятельствам, о его легковесности, неумении делать выводы из имеющихся фактов.

2. Утверждение, что я передергиваю факты, свидетельствует о негативной оценке моей деловой репутации и личных качеств.

«Передернуть – обманным способом подтасовать, а также (перен.) допустить передержку (разг.). П. карту. П. факты». (С. И. Ожегов и Н. Ю. Шведова. Толковый словарь русского языка: 72 500 слов и 7500 фразеологических выражений/Российская Академия наук. Институт русского языка; Российский фонд культуры; – М.: АЗЪ, с. 517).

Таким образом, по утверждению Колкутина и Козлова, я обманным путем подтасовываю факты.

Такое утверждение порочит мои честь и достоинство.

3. Утверждение, что я пытаюсь *«поднять свой имидж в глазах общественности за счет гибели экипажа атомной подводной лодки "Курск"»* конкретизирует утверждение, указанное во фрагменте 1.

Это утверждение порочит мои честь и достоинство.

4. По сообщению на сайте, Колкутин констатировал (несомненно, утверждал), что адвокат *«не располагает достоверными фактами и ссылается на некомпетентных специалистов»*.

Это утверждение свидетельствует о том, что я, не имея достоверных данных, утверждаю, что подводники, находившиеся в 9-м отсеке, жили двое с половиной суток, а также что специалисты, на которых я ссылаюсь, некомпетентны.

Данное утверждение не соответствует действительности и порочит деловую репутацию адвоката.

5. Утверждение главного судмедэксперта Минобороны Колкутина, который назвал мои высказывания *«оскорбительными для науки и персонально для экспертов»*, не соответствует действительности.

Обвинение в оскорблении экспертов является обвинением в совершении уголовного преступления, т.е. в унижении чести и достоинства другого лица, выраженное в неприличной форме, предусмотренного ст. 130 Уголовного кодекса Российской Федерации.

Обвинение в совершении уголовного преступления порочит мои честь, достоинство и деловую репутацию адвоката.

По фрагменту 3

«Голословность версии», выдвинутой мной, что в 9-м отсеке люди находились живыми до вечера 14 августа 2000 года, порочит мою деловую репутацию и не соответствует действительности.

«Голословный – не подтвержденный доказательствами, фактами. Голословное обвинение.// сущ. Голословность, -и; ж.». (С. И. Ожегов и Н. Ю. Шведова. Толковый словарь русского языка: 72 500 слов и 7500 фразеологических выражений/Российская Академия наук. Институт русского языка; Российский фонд культуры; – М.: АЗЪ, с. 138).

Опорочивание деловой репутации адвоката, которого обвиняют в выстраивании версии, не опирающейся на факты и доказательства, свидетельствует о его непрофессионализме, дилетантизме или непорядочности, если он делает это умышленно.

Вместе с тем все доводы защиты, изложенные в ходатайстве от 30 декабря 2002 года, в моих интервью в СМИ, основываются на фактах и доказательствах, имеющихся в материалах уголовного дела, а также на оценке экспертиз, проведенных с участием Колкутина и Козлова. По моей оценке, выводы о времени наступления смерти подводников, находившихся в 9-м отсеке АПРК «Курск», умышленно искажены, чтобы лица, ответственные за проведение спасательной операции, не несли наказание за ее бездарное проведение.

Что касается эксперта Козлова С., то в разделе экспертизы по установлению места нахождения источников стуков, которую он проводил, отсутствует исследовательская часть, что является грубейшим нарушением законодательства (ст. 25 Федерального закона от 31 мая 2001 г. № 73-ФЗ «О государственной судебно-экспертной деятельности в Российской Федерации» (с изменениями от 30 декабря 2001 г.), а поэтому его выводы нельзя использовать при принятии процессуального решения.

IV. Обоснование размера компенсации морального вреда

1. Моральный вред, причиненный мне, не является значительным, т.к. все члены семей, с которыми у меня заключено соглашение и от которых получены доверенности на представление их интересов, а также мои коллеги, журналисты, друзья и знакомые разобрались в целях и задачах, которые стояли перед так называемыми экспертами и пресс-конференцией. Более того, после пресс-конференции еще несколько семей моряков, погибших на «Курске», обратились ко мне с просьбой представлять их интересы.

Оцениваю моральный вред в символическую сумму в 1 рубль, который прошу взыскать солидарно с ответчиков В. Колкутина и С. Козлова.

2. В связи с нехваткой денежных средств на проведение военной реформы Министерство обороны РФ прошу от возмещения морального вреда освободить.

3. В соответствии с п. 4 ст. 57 Закона РФ от 27 декабря 1991 г. № 2124-I «О средствах массовой информации» (с изменениями от 13 января, 6 июня, 19 июля, 27 декабря 1995 г., 2 марта 1998 г., 20 июня, 5 августа 2000 г., 4 августа 2001 г., 21 марта, 25 июля 2002 г.), редакция, главный редактор, журналист не несут ответственности за распространение сведений, не соответствующих действительности и порочащих честь и достоинство граждан, т.к. они являются дословным воспроизведением фрагментов выступления должностных лиц государственных органов.

В связи с изложенным не считаю возможным привлекать редакцию СМИ и распространителя к гражданско-правовой ответственности – возмещение морального вреда, лишь возложить на них обязанность опубликования опровержения.

На основании изложенного, ст.ст. 151, 152 ГК РФ, ст. 62 Закона РФ от 27 декабря 1991 г. № 2124-I «О средствах массовой информации»

ПРОШУ:

1. Признать не соответствующими действительности и порочащими мои честь, достоинство и деловую репутацию сведения, а именно:
   - Обвинение адвоката Кузнецова в попытках *«поднять свой имидж в глазах общественности за счет гибели экипажа АПЛ «Курск».*
   - Обвинение меня в *«домыслах и передергивании».*
   - В том, что адвокат Кузнецов *«не располагает достоверными фактами и ссылается на некомпетентных специалистов».*
   - В том, что мои высказывания являются *«оскорбительными для науки и персонально для экспертов».*
   - В том, что моя версия о нахождении живыми подводников в 9-м отсеке до вечера 14 августа *«голословна и ни на чем не базируется».*

2. Обязать Министерство обороны РФ, а также полковника Колкутина В. В. и капитана I ранга Козлова С. Н. опровергнуть на пресс-конференции сведения, признанные судом не соответствующими действительности, порочащими мои честь, достоинство и деловую репутацию.

3. Обязать редакцию ДНИ.РУ опубликовать постановляющую часть решения суда.

4. Взыскать с ответчиков Колкутина В. В., Козлова С. Н. в качестве компенсации за причиненный мне моральный вред 1 рубль солидарно.

5. Освободить редакцию СМИ «ДНИ.РУ», а также Министерство обороны Российской Федерации от обязанности возмещения морального вреда.

Приложение:
1. Копии искового заявления – 4 экз.
2. Копия публикации сообщения на сайте.
3. Копия ходатайства на имя главного военного прокурора от 31.12.2002 г.
4. Копия заключений судебно-медицинских экспертиз, произведенных с участием В. Колкутина.
5. Копия фонографической экспертизы.
6. Квитанция об оплате государственной пошлины.

Б. А. Кузнецов

Приложение № 24

АДВОКАТСКОЕ БЮРО
«БОРИС КУЗНЕЦОВ И ПАРТНЕРЫ»
В МОСКОВСКИЙ ОКРУЖНОЙ ВОЕННЫЙ СУД
«...» ФЕВРАЛЯ 2004 Г.
АДВОКАТ КУЗНЕЦОВ Б. А., ПРЕДСТАВИТЕЛЬ ПОТЕРПЕВШИХ
Авелене В. Н., Борисовой О. В., Дудко С. П., Ерахтиной Н. Я., Заложных Т. А., Колесниковой И. И., Милютиной В. Б., Митяевой В. А., Панариной Л. М., Станкевич В. Ф., Аряповой Х. Х., Колесниковой Р. Д., Коровяковой Н. Н., Любушкиной Н. В., Солоревой И. М., Логиновой Г. И., Щепетновой Л. П., Беляевой Г. Д., Парамоненко Т. С., Бражкиной К. Ф., Коровяковой Л. Б., Милютиной В. Ю., Сафоновой А. Е., Шалапининой Н. П., Узкой В. Л., Узкой В. И., Дудко О. В., Силогава О. В., Катковой Т. Н., Троян А. Н., Станкевич М. В., Старосельцевой В. С., Ивановой-Павловой Н. А., Сафоновой Л. А., Самоваровой А. А., Белозоровой А. Л., Белозоровой В. Н., Мурачевой М. А., Налетовой Л. В., Ерахтиной Г. А., Коровяковой В. И., Бочковой Е. Г., Вишняковой О. Б., Саблиной Г. А., Зубовой Т. А.

Жалоба
на отказ в удовлетворении ходатайства на постановление о прекращении уголовного дела по факту гибели АПРК «Курск»

23.07.2002 года следователем Главной военной прокуратуры внесено постановление (приложение № 1) о прекращении уголовного дела по факту гибели АПРК «Курск». На данное постановление 30.12.2002 г. было подано ходатайство (приложение № 2). 04.01.2003 года постановлением старшего помощника главного военного прокурора, начальника отдела надзора Демиденко П. С. в удовлетворении жалобы отказано (приложение № 2).

Считаю отказ незаконным и подлежащим отмене по следующим основаниям.

В постановлении приводится ряд доводов, которые, по мнению Демиденко П. С., опровергают позицию представителя потерпевших.

1. В постановлении цитируются выводы заключения № 77/02 комиссии экспертов во главе с В. Колкутиным (будет приведено ниже. – **Б.К.**), и делается вывод, что *«экспертные исследования выполнены на высоком профессиональном уровне, являются полными и ясными, оснований для сомнений в обоснованности выводов экспертов нет».*

Утверждение Главной военной прокуратуры о том, что экспертные исследования выполнены на высоком профессиональном уровне, являются полными и ясными, не соответствует действительности.

В действительности имела место подтасовка и фальсификация комиссией с участием В. Колкутина выводов экспертизы о жизни подводников 9-го отсека в течение 4,5–8 часов на основании биохимических и морфологических признаков.

Согласно выводам заключения комиссионной экспертизы по материалам дела № 77/02, на которое ссылается в постановлении от 04.01.2004 г. об отказе в удовлетворении жалобы старший помощник главного военного прокурора, начальник отдела надзора Демиденко П. С., а также постановлению о прекращении уголовного дела от 23.07.2002 г., «члены экипажа АПРК «Курск», находившиеся в 9-м отсеке после второго сейсмического события (11 часов 30 минут 12 августа 2000 г.), оставались живыми в течение 4,5–8 часов, что подтверждается:

— степенью выраженности морфологических и биохимических признаков переживания острой стрессорной ситуации, выявленных <u>при исследовании тел большинства погибших моряков</u>, в виде множественных сформировавшихся кровоизлияний в слизистую оболочку желудка и нарушения углеводного обмена, проявившегося сочетанием отсутствия гликогена в печени и мышцах и повышенным (в 3–5 раз по сравнению с нормой) содержанием глюкозы в крови. Из практики судебно-медицинских исследований известно, что для образования аналогичных кровоизлияний в слизистую оболочку желудка и формирования подобного соотношения гликогена и глюкозы требуется около 4–8 часов;

— установленным фактом возникновения в 9-м отсеке локального пожара. Образовавшиеся при этом продукты горения, в первую очередь угарный газ (CO), существенно сократили время, в течение которого воздух 9-го отсека мог быть пригоден для дыхания, а признаки посмертного поражения тел некоторых подводников открытым пламенем свидетельствуют о наличии в атмосфере 9-го отсека достаточного для поддержания горения количества кислорода на момент возникновения пожара.

Члены экипажа АПРК «Курск», находившиеся в 9-м отсеке после второго сейсмического события, погибли практически одномоментно (наиболее вероятно, с разницей от нескольких десятков секунд до нескольких минут), поскольку у всех погибших имелись признаки прижизненного нахождения в очаге пожара в виде копоти в дыхательных путях и концентрация угарного газа (CO) в различных участках закрытого помещения 9-го отсека быстро выравнивалась и была практически одинаковой. Незначительная разница во времени наступления смерти объясняется индивидуальной чувствительностью организма к токсичному воздействию угарного газа (CO).

Отравление угарным газом членов экипажа АПРК «Курск», находившихся в 9-м отсеке после второго сейсмического события, было острым, на что указывают морфологические признаки быстро наступившей смерти (кровоизлияния под слизистые оболочки внутренних органов, жидкая кровь в полостях сердца и крупных сосудов), признаки прижизненного нахождения погибших в очаге пожара в виде копоти в дыхательных путях и предельно высокая (с учетом индивидуальных особенностей организма) концентрация карбоксигемоглобина в крови погибших».

Таким образом, из указанных выше выводов следует, что у боль-

шинства (более 50 процентов из 23 подводников) **имелись выраженные морфологические и биохимические признаки переживания острой стрессовой ситуации**, а именно:
- множественные сформировавшиеся кровоизлияния в слизистую оболочку желудка;
- отсутствие гликогена в печени и мышцах;
- повышенное (в 3–5 раз по сравнению с нормой) содержание глюкозы в крови (в сочетании с кровоизлияниями в слизистую оболочку желудка, отсутствием гликогена в печени и мышцах).

1.1. Фальсификация комиссией с участием В. Колкутина сведений, что выводы экспертизы касаются всех или большинства подводников, находившихся в 9-м отсеке АПРК «Курск»

В ходе комиссионной СМЭ (экспертизы по материалам дела) **были исследованы только 12 из 23 первоначальных заключений СМЭ (экспертиз трупов), однако выводы делаются о времени наступления смерти всех 23 моряков.**

В таблице (приложение № 4) указано, в скольких случаях в действительности проводились биохимические исследования и в скольких случаях были обнаружены морфологические признаки, которые эксперты посчитали признаками переживания острой стрессорной ситуации.

Таким образом, анализ крови на наличие глюкозы проводился только у одного из погибших моряков, что не является большинством. Анализ тканей печени и мышц на наличие гликогена проводился у 9 из 23 погибших, что не является большинством. Кровоизлияния в слизистую оболочку желудка установлены только у 6 из 23 погибших, что также не является большинством.

Таким образом, комиссия экспертов с участием Виктора Колкутина распространила признаки степени выраженности морфологических и биохимических признаков, как считают эксперты, переживания острой стрессорной ситуации на большинство подводников, хотя большинство подводников этих признаков не имело.

Соответственно не было оснований указывать в выводах, что упомянутые морфологические и биохимические признаки выявлены при исследовании большинства тел погибших моряков.

1.2. Фальсификация комиссией с участием В. Колкутина научных выводов о кровоизлиянии в слизистую оболочку желудка как признака стресса

Как указывалось ранее, в экспертизе содержится утверждение: *«Из практики судебно-медицинских исследований известно, что для образования аналогичных кровоизлияний в слизистую оболочку желудка и формирования подобного соотношения гликогена и глюкозы требуется около 4–8 часов».*

Вместе с тем кровоизлияния в слизистую оболочку желудка установлены только **у 6 из 23 погибших.**

По мнению защиты, кровоизлияния под слизистую оболочку желудка

безусловным свидетельством переживания стрессовой ситуации, даже в сочетании вышеозначенными биохимическими признаками, **не являются**.

Это обстоятельство доказывается заключением А. А. Солохина (профессор, доктор медицинских наук, заслуженный врач РСФСР, действительный член Российской медико-технической академии, эксперт высшей квалификационной категории, имеющий экспертный стаж более 50 лет. – **Б.К.**) и Э. Н. Растошинского (судебно-медицинский эксперт отдела сложных экспертиз Российского центра судебно-медицинской экспертизы Министерства здравоохранения РФ, имеющий специальную подготовку по судебной медицине и криминалистике, стаж экспертной работы – 43 года, эксперт высшей квалификационной категории. – **Б.К.**), которые указывают в консультативном заключении:

«Оценка кровоизлияний на слизистой желудка и других участках как признак стрессовой ситуации не вполне научен, так как геморрагии такого характера наблюдаются при быстрой смерти и являются признаком острых нарушений микроциркуляции. Это бывает, в том числе, и в случаях острой смерти от токсического воздействия угарного газа (CO)».

Следует упомянуть и о том, что кровоизлияния в слизистую оболочку желудка (пятна Вишневского) являются также диагностическими признаками смерти от утопления, от переохлаждения, а также от отравления угарным газом.

Обращает на себя внимание и то обстоятельство, что признаки переохлаждения организма могли иметь место у членов экипажа, которые находились в 9-м отсеке, **что же касается отравления угарным газом**, то, по заключению экспертиз, эта причина и привела к смерти моряков, что **защитой не оспаривается**.

1.3. Фальсификация комиссией с участием В. Колкутина научных выводов об отсутствии гликогена в мышцах и печени и повышенном уровень глюкозы в крови как признаков стресса

В заключении № 77/02 комиссия судебно-медицинских экспертов пришла к выводу, что признаком стресса у подводников в 9-м отсеке является отсутствие гликогена в печени и в мышцах наряду с повышением уровня глюкозы в крови.

1.3.1. В тексте заключения № 77/02 содержится ссылка на ответ врио командира войсковой части 20914 за подписью капитана I ранга В. Илюхина командиру войсковой части 34312 (с. 4 Заключения № 77/02), из которого следует, что специалистами 40 ГосНИИ проведен анализ открытых источников для заключения о возможном времени полного выхода гликогена из печени и мышц, а также временных параметрах процесса утилизации глюкозы в крови человека, находившегося под влиянием специфических физических, химических и психических травмирующих факторов.

Специалисты 40 ГосНИИ (занимающиеся исследованиями углеводного обмена подводников и водолазов, находящихся в стрессорной ситуации) на основании накопленного институтом опыта и анализа открытых источников пришли к выводу о том, что, по имеющимся в распоряжении следствия данным, установить **временные рамки полного истощения углеводных резервов организма при возникновении аварийных условий, в частности в отсеке аварийной ПЛ, не представляется возможным.**

При этом отмечено, что **данные судебно-медицинских исследований водолазных происшествий и случаев гибели подводников или личного состава, имеющиеся в институте, носят фрагментарный характер и их систематизация исключена вследствие ряда объективных причин.**

Таким образом, сведения, содержащиеся в данном документе, противоречат выводам комиссии, однако в заключении не изложено никаких мотивов, по которым данные сведения не приняты экспертами во внимание.

Данное обстоятельство рассматривается защитой как фальсификация научных данных.

1.3.2. В консультативном заключении Федерального центра судебно-медицинской экспертизы Минздрава России за подписями А. А. Солохина и Э. Н. Растошинского от 08.05.2003 года указывается (л. 18):

«6. Вывод экспертной комиссии о том, что погибшие в 9-м отсеке АПЛ «Курск» в момент аварии находились в стрессовой ситуации, основан только на результатах «биохимического» анализа гликогена печени и мышц, […] не аргументирован и научно не обоснован. Известно, что биохимия изучает процессы жизнедеятельности и химическую природу веществ, входящих в состав живых организмов. Поэтому нельзя однозначно и некритически оценивать результаты «биохимических» исследований трупного материала. /М. И. Авдеев, 1976; Е. И. Пахомова, 1966; В. В. Жаров, 1978; В. П. Новоселов, – Г. В. Панасюк, 1985; Т. М. Уткина, 1972; Э. Н. Растошинский, 1963, 1972, 1976, 1978 и др./. В работах этих авторов и многих других обращалось внимание, на то, что после смерти в трупе происходят резкие изменения «биохимических» процессов. Поэтому получаемые результаты зависят от давности смерти. При этом нельзя ориентироваться на прижизненные показатели.

Так, остаточный азот и кальций в крови трупа резко возрастает с первых часов после смерти в несколько раз; увеличивается количество воды в миокарде; меняется содержание АТФ в миокарде; в первые часы после смерти за счет гликогенолиза исчезает гликоген в печени и мышцах и т.д. Причем это наблюдается не только при отравлениях СО, но и при других состояниях».

Использование методик «биохимических» исследований, применимых к живым людям, при исследовании тел погибших подводников рассматривается защитой как подтасовка при проведении научных исследований.

1.3.3. На основании вышеперечисленных «биохимических» и морфологических признаков В. В. Колкутин и другие члены комиссии приходят к выводу, что моряки, находившиеся в 9-м отсеке, переживали острую стрессовую ситуацию.

1.3.3.1. Вопрос прижизненной стрессовой ситуации является предметом посмертной психологической экспертизы, не относится к судебно-медицинскому исследованию. В составе комиссии, которая проводила экспертизу, нет ни одного специалиста в области психологии. Кроме того, предварительным следствием не ставились вопросы, имеющие в качестве предмета исследования психологическое состояние человека, тем более его смерти.

Выход за пределы исследования, высказывание мнения по предмету, который не является судебно-медицинским исследованием, рассматривается защитой как нарушение ст. 16 Федерального закона от 31 мая 2001 г. № 73-ФЗ «О государственной судебно-экспертной деятельности в Российской Федерации».

1.3.3.2. Обращает на себя внимание и тот факт, что Колкутин сам считает, что, по крайней мере в тот момент, когда писались записки, подводники, находившиеся в 9-м отсеке, не находились в состоянии стресса.

В одной из телевизионных передач, запись, которой будет предъявлена суду, Колкутин заявил:

«Судя по тем запискам, которые мы исследовали, пишущие их люди вполне владели собой, т.е. их стрессовая ситуация, она оставалась внутри, наружу никак не проявлялась и почерк и одного автора записки, и другого автора записки свидетельствует о том, что даже когда вторая часть записки Колесникова писалась в темноте, тем не менее можно утверждать, что это не состояние пани-

ки или нервного срыва. То есть человек вполне владел собой».

1.3.3.4. «Стрессовая ситуация внутри», которая не выявляется во внешних признаках, в т.ч. в изменении почерка, а может быть установлена «внутренними» судебно-медицинскими методами, с точки зрения психологии, является полным бредом.

Защита рассматривает эти утверждения Колкутина как попытку скрыть, закамуфлировать подтасовку судебно-медицинского заключения.

1.3.3.5. Заключение академика А. А. Леонтьева, который исследовал записки С. Садиленко и Д. Колесникова, свидетельствует о том, что подводники в момент написания записок не находились в состоянии стресса

1.4. Фальсификация комиссией с участием В. Колкутина выводов гибели подводников в течение 4,5–8 часов с использованием других данных уголовного дела

1.4.1. Данные о времени возникновения пожара. В заключении судебно-медицинской экспертизы указано, что время гибели моряков, погибших в 9-м отсеке, определяется *«[...] установленным фактом возникновения в 9-м отсеке локального пожара. Образовавшиеся при этом продукты горения, в первую очередь угарный газ (CO), существенно сократили время, в течение которого воздух 9-го отсека мог быть пригоден для дыхания, а признаки посмертного поражения тел некоторых подводников открытым пламенем свидетельствуют о наличии в атмосфере 9-го отсека достаточного для поддержания горения количества кислорода на момент возникновения пожара».*

Факт пожара в 9-м отсеке установлен следствием на основании проведения пожарно-технической экспертизы. Согласно заключению № 28-30/18-7 отдела экспертизы пожаров и взрывов Российского Федерального центра судебных экспертиз при Министерстве юстиции Российской Федерации, **время возникновения пожара в 9-м отсеке не установлено.**

Таким образом, сам факт возникновения пожара и его причинная связь с гибелью моряков, которая не отрицается защитой, не может служить подтверждением того, что смерть подводников наступила в течение 4,5–8 часов с момента второго сейсмического события.

Умышленное использование доводов, которые сами по себе не подтверждают выводов экспертизы, по мнению защиты, является подтасовкой.

1.4.2. Данные о содержании записок, обнаруженных в 9-м отсеке.

1.4.2.1. Экспертная комиссия указала, что моряки *«[...] оставались живыми в течение 4,5–8 часов, что подтверждается временем последней записи одного из членов экипажа (капитан-лейтенанта Колесникова Д. Р.), зафиксированным в записке –15 часов 45 минут* (ошибка, в записке указано время 15 часов 15 минут. – **Б.К.**) *12 августа 2000 года».*

Вместе с тем данное утверждение **не соответствует фактическим обстоятельствам дела и, по мнению защиты, умышленно искажено.** Записи капитан-лейтенанта Колесникова Д. Р. единственные из трех обнаруженных датированы. Они состоят из трех текстов, которые отличаются по адресату и по условиям, в которых они были выполнены.

Первая часть расположена на лицевой стороне листа с № 66, имеет заголовок: *«Список л/с 6, 7, 8, 9 отс., находившихся в 9-м отсеке после аварии 12.08.2000 г.»*

Вторая часть записей на оборотной стороне листа с № 69, которая обращена к жене, начинается словами: *«Олечка...»* Эта записка, адресованная жене, датирована: «12.08.2000 г. 15-15».

Третья часть записи, расположенная ниже второй части, начинается словами: *«Здесь темно писать, но на ощупь попробую...»*

Сравнительный анализ трех частей записей свидетельствует о том, что первые две выполнены в привычных внешних условиях письма. Третья часть записей выполнена в непривычных условиях, о чем свидетельствует не только ссылка на эти условия в содержании записи, но и дезорганизация почерка, которая заключается, по сравнению с двумя первыми частями записи, в снижении координации движений, появлении извилистости и изломанности прямых штрихов, угловатости овалов, неравномерности размера, наклона и размещения букв.

Эта часть записей не датирована, очевидно, что она написана позднее, т.к., судя по ее топографии, эта запись расположена ниже предшествующей, выполнена в иных изменившихся внешних условиях письма. Данное обстоятельство подтверждается протоколами осмотра от 26.10.2000 года, 28.10.2000 года, 04.11.2000 года.

1.4.2.2. Эксперты, исследовавшие записку Садиленко С. В. (заключение экспертизы № 61/01 от 03 апреля 2001 года), отметили, что «*[...] в почерке не имеется признаков, указывающих на наличие у Садиленко С. В. в момент исполнения записки болезненных изменений нервной системы и опорно-двигательного аппарата, то есть процесс ингаляционного отравления окисью углерода* (для которого характерны нарушение координации движений и постепенное угасание способности к самостоятельным действиям. – **Б.К.**) *еще не наступил или был в начальной стадии*».

1.4.2.3. Из заключения А. А. Леонтьева, профессора, доктора филологических и доктора психологических наук, профессора факультета психологии МГУ им. М. В. Ломоносова, специалиста по исследованию речи, следует, что в момент исполнения записок Садиленко С. В. и Колесников Д. Р. не находились в состоянии эмоционального стресса или в любом другом психофизическом состоянии, отличном от нормы. Методики, использованные профессором А. А. Леонтьевым в своих исследованиях, давно известны, научно обоснованны и позволяют делать аргументированные выводы. Данные методики не были использованы комиссией Колкутина В. В., потому, вероятно, что результаты противоречили бы выводам заключения № 77/02.

Таким образом, время написания **третьей части записей Колесникова Д. Р. не только не подтверждает время гибели моряков в 9-м отсеке**, а наоборот, свидетельствует о более позднем времени ее написания.

Использование данного довода как аргумента для подтверждения гибели, которая, по утверждению Колкутина и др. экспертов, наступила не позднее 8 часов с момента взрыва АПРК «Курск», является, по мнению защиты, подтасовкой фактов.

<u>**1.5. Иные данные материалов дела, опровергающие выводы комиссии с участием Колкутина**</u>

1.5.1. В исследовательской части заключения № 77/02 эксперты по каждому из погибших делают следующий вывод: «*Учитывая установленную концентрацию карбоксигемоглобина в трупной крови, а также отсутствие пролежней и некрозов, которые развиваются у отравленных при длительном, многочасовом (до суток) коматозном состоянии, полагаем, что [...] умер в течение нескольких часов <u>от момента возникновения пожара в отсеке лодки</u>*» (с. 13, 18, 24, 30, 36, 41, 47, 52, 57, 62, 68, 74 заключения № 77/02).

Данное умозаключение противоречит окончательным выводам комиссии о том, что «*члены экипажа АПРК «Курск», находившиеся в 9-м отсеке после второго сейсмического события (11 часов 30 минут 12 августа 2000 г.), оставались живыми в течение 4,5–8 часов*».

Таким образом, в одной части заключения комиссии исходным моментом, от которого делается отсчет времени продолжительности жизни моряков, является момент пожара, а во второй – момент второго взрыва.

Как видно из заключения комиссии, эксперты одни выводы исследования используют в окончательных выводах, а другие, которые их опровергают, отбрасываются без объяснения причин.

Таким образом, использование одних доводов и непринятие во внимание других, противоречащих первым, без объяснения причин расценивается как необъективное экспертное исследование, что нарушает ст.ст. 4 и 8 Федерального закона от 31 мая 2001 г. № 73-ФЗ «О государственной судебно-экспертной деятельности в Российской Федерации».

2. Фальсификация акустико-фонографической экспертизы в части установления местонахождения источника стуков

В постановлении об отказе в удовлетворении ходатайства от 04.01.2003 года отмечается:

«Не вызывается необходимостью и производство экспертизы для определения места нахождения источников стуков, так как исследования по определению данного места были произведены в рамках акустико-фонографической экспертизы экспертом-штурманом с применением специальных знаний и методик. Согласно выводам эксперта, «определить географические координаты источника гидроакустических сигналов, принятых ГАК ТАРКР «Петр Великий», не представляется возможным в связи со значительным разбросом пеленгов. […] В то же время большая часть (85%) пересечений пеленгов на источник сигналов находится в области радиусом 1800 метров. […] Точка нахождения АПРК «Курск» на грунте находится за пределами указанной области. Определить глубину нахождения источника сигналов невозможно». Каких-либо новых данных, опровергавших бы это заключение эксперта, адвокат не приводит».

Критикуя позицию защиты, изложенную в ходатайстве, в постановлении указывается, что не вызывается необходимостью проведение экспертизы по следующим основаниям:

1. Экспертиза проведена штурманом с применением специальных знаний и методик.
2. Большая часть (85%) пересечений пеленгов на источник сигналов находится в области радиусом 1800 метров.
3. Определить глубину нахождения источника сигналов невозможно.
4. Каких-либо новых данных, опровергающих это заключение эксперта, адвокатом не приводится.

2.1. Какие специальные знания и методики использовались экспертом Козловым С. В., **установить невозможно**, т.к., и это обстоятельство указывалось в ходатайстве, в акустико-фонографической экспертизе (т. 56, л.д. 296–337) **отсутствует исследовательская часть**, которая относится к установлению точки нахождения источника сигналов.

В заключении экспертов ретранслируется вопрос следователя: *«Вопрос № 5: Если на представленных на обследование кассетах записаны сиг-*

налы SOS, то в какой конкретно точке находился их источник?» И дается ответ: *«Определить географические координаты источника гидроакустических сигналов, принятых ГАК ТАРКР «Петр Великий», не представляется возможным в связи со значительным разбросом пеленгов, который может являться следствием большой погрешности пеленгования либо пеленгования различных источников сигналов.*

В то же время большая часть (85%) пересечений пеленгов на источник сигналов находится в области радиусом 1800 метров в точке с географическими Ш = 6937,98′ северная Д = 3733,64′ восточная. Точка нахождения АПРК «Курск» на грунте за пределами указанной области. Определить глубину нахождения сигналов невозможно».

Как мог старший помощник главного военного прокурора, начальник отдела надзора Демиденко П. С. обнаружить *«применение специальных знаний и методик»*, если их там нет, непостижимо.

Кроме того, в соответствии со ст. 25 Федерального закона от 31 мая 2001 г. № 73-ФЗ «О государственной судебно-экспертной деятельности в Российской Федерации» (с изменениями от 30 декабря 2001 г.), заключение эксперта или комиссии экспертов должно включать содержание и результаты исследований с указанием примененных методов, а также оценку результатов исследований, обоснование и формулировку выводов по поставленным вопросам.

Даже формальное невыполнение требований Закона в этой части позволяет признать данную экспертизу как произведенную с нарушением федерального законодательства, а следовательно, недопустимую как доказательство.

2.2. Очевидно, что эксперт в исследовательской части должен был на основе вахтенных, навигационных и гидроакустических журналов кораблей и судов, производивших гидроакустический поиск, указать в исследовательской части заключения следующие сведения:

- Какое судно или корабль производили гидроакустический поиск;
- Координаты корабля или судна в момент взятия каждого пеленга;
- Курс корабля или судна и скорость его движения;
- Время, в которое произведена пеленгация стуков;
- Показатели каждого отдельно взятого пеленга;
- Наличие в районе гидроакустического поиска других кораблей и судов;
- Наличие помех.

Эксперт должен был привести названия приборов, которые использовались для гидроакустического поиска, их параметры, в том числе степень точности проведенных измерений.

Кроме того, должны быть подсчитаны среднеквадратические отклонения с учетом уже названных факторов, а также с учетом района поиска (глубин, рельефа морского дна, температур на различных глубинах), а также возможные биологические и иные помехи, например, нерест планктона в акватории Баренцева моря в августе.

Отсутствие указанных сведений делает невозможной проверку выводов экспертизы.

2.3. Обращает на себя внимание и то обстоятельство, что эксперт Козлов С. В. не дает ответа на поставленный следствием вопрос.

Если в вопросе требуется установление места нахождения источника сигналов SOS, то в ответе определяются «[...] географические координаты источника гидроакустических сигналов, принятых ГАК ТАРКР «Петр Великий».

Таким образом, вместо определения места источника одного вида сигналов эксперт дает ответ о месте расположении источника всех гидроакустических сигналов.

2.4. В постановлении Следственного управления ГВП от 10 июня 2002 года о назначении акустико-фонографической экспертизы объектами исследования являлись магнитные записи 14 аудиокассет, из которых 8 аудиокассет представлены в/ч 69267 и 6 аудиокассет – УПАСР СФ с записями, выполненными на СС «Михаил Рудницкий».

Судя по ответу на вопрос № 5, эксперт Козлов С. В. исследовал только кассеты с записью сигналов, принятых ГАК ТАРКР «Петр Великий».

Таким образом, экспертом исследовались не все сигналы, а лишь их часть.

2.5. Выводы эксперта Козлова С. В. противоречат другим выводам, содержащимся в той же экспертизе.

2.5.1. Эксперты, отвечая на вопрос № 2 экспертизы *«Являются ли стуки, записанные на аудиокассетах, представленных ЦКБ МТ «Рубин», сигналами SOS и произведены ли они человеком? Если произведены человеком, то каков механизм образования данных стуков, а также их дата и время?»*, ответили: *«Субъективным анализом установлено, что стуки производились металлическим предметом по металлу, вероятнее всего аварийным молотком <u>по межотсечной переборке, жестко связанной с прочным корпусом ПЛ</u>».*

При этом сокращение «ПЛ» означает подводную лодку (см. Сокращенное обозначение кораблей и судов, применяемое при названия и цифрах. /Военно-морской словарь. М., Воениздат. 1990, с. 8/. – **Б.К.**)

Следовательно, эксперты идентифицировали стуки как стуки, исходящие из подводной лодки.

Эксперт Козлов С. В. подписался под этим заключением.

2.5.2. В ответе на вопрос № 8 эксперты указали: *«Данные сигналы могли исходить из подводной части надводного корабля. Однако в случае нахождения источников стуков на другом надводном корабле они должны прослушиваться на фоне работающих механизмов и винтов, что при субъективном анализе отмечено не было».*

Таким образом, эксперты исключили возможность идентификации в качестве источника стуков подводную часть другого корабля, а также от самого корабля-носителя ГАК.

Эксперт Козлов С. В. подписался под этим заключением.

2.5.3. Не надо быть Аристотелем, чтобы на основании двух посылок, содержащихся в заключении экспертов, сделать умозаключение:

а) В районе гибели АПРК «Курск» находился сам затонувший «Курск» и надводные корабли.

б) Сигналы SOS не могли раздаваться из подводной части надводных кораблей.

Умозаключение: Сигналы SOS могли исходить только из АПРК «Курск».

2.6. С выводом эксперта Козлова С. В. о невозможности определения глубины источников сигналов можно было бы согласиться, если бы ему не было известно о факте гибели АПРК «Курск», о глубине, на которой подводный крейсер затонул, если бы не было выводов других экспертов в той же комплексной комиссионной экспертизе.

Вместе с тем, в соответствии со ст. 21 Федерального закона от 31 мая 2001 г. № 73-ФЗ «О государственной судебно-экспертной деятельности в Российской Федерации», при проведении комиссионной экспертизы каждый эксперт независимо и самостоятельно проводит исследования, оценивает результаты, полученные им лично и другими экспертами.

Согласно ст. 23 этого же Закона, *«Общий вывод делают эксперты, компетентные в оценке полученных результатов и формулировании данного вывода. Если основанием общего вывода являются факты, установленные одним или несколькими экспертами, это должно быть указано в заключении».*

В нарушение этих норм при наличии разногласий между экспертами разных специальностей (см. ст. 22 этого же Закона) каждый из них или эксперт, который не согласен с другими, дает отдельное заключение.

Таким образом, при наличии различных выводов эксперты, в нарушение Закона, подписали общее заключение.

2.7. По мнению защиты, эксперт Козлов С. В. не вправе был участвовать в проведении экспертизы, т.к. он, в соответствии с ч. 2 ст. 62 УПК РФ, подлежал отводу. В соответствии с п. 1 и 3 ч. 2 ст. 70, эксперт не может принимать участие в производстве по уголовному делу при наличии обстоятельств, предусмотренных статьей 61 УПК РФ, или обнаружится его некомпетентность. В соответствии с ч. 2 ст. 61 УПК РФ, эксперт не может участвовать в производстве по уголовному делу в случаях, если имеются обстоятельства, дающие основание полагать, что он лично, прямо или косвенно, заинтересован в исходе данного уголовного дела.

2.7.1. На момент проведения экспертизы капитан I ранга Козлов С. В. занимал должность заместителя главного штурмана ВМФ России. Штурманы, находившиеся на кораблях и судах, участвующих в ПСО, находились у него в прямом подчинении. Кроме того, занимая должность заместителя главного штурмана ВМФ России, Козлов С. В. отвечал за штурманскую подготовку личного состава Военно-морского флота России.

Штурманские ошибки, допущенные в ходе поисково-спасательной

операции руководством Северного флота, руководителями ПСО, командиром ТАРКР «Петр Великий» и БЧ-1 корабля, повлияли на точность установления источника стуков, поэтому Козлов был заинтересован в сокрытии ошибок его подчиненными, а следовательно, прямо или косвенно, – в исходе дела. Кроме того, Козлов С. В. допустил при проведении экспертизы ряд ошибок, которые расцениваются защитой как умышленные.

2.7.2. В ходе изучения вахтенных, навигационных и гидроакустических сигналов были выявлены следующие ошибки штурманов и командиров:

2.7.2.1. Поисковые действия ТАРКР «Петр Великий» сводились к непрерывному маневрированию курсом и скоростью в районе гибели АПРК «Курск», что создавало трудности в определении пеленгов на стуки, в определении местоположения своего корабля и как результат – в определении места гибели АПРК «К-141».

Показания Бояркина о том, что маневрирование ТАРКР «Петр Великий» производилось способом «клеверного листа», не соответствует действительности, так как, по данным навигационного журнала, маневрирование сводилось к беспорядочному хаотичному движению, что, в свою очередь, создавало трудности гидроакустикам в определении пеленгов, а штурманам – в ведении прокладки.

2.7.2.2. По показаниям командира ТАРКР «Петр Великий» Касатонова, при следовании по пеленгу обнаружения взрыва в 11 часов 35 минут 12 августа 2000 года курсом 98 была обнаружена аномалия глубин (т.е. место АПРК «Курск»). Этим объясняется последующее изменение курса корабля на 135, затем – на 215, а далее на – 315, т.е. практически в точку гибели АПЛ.

Вместе с тем такое событие, как обнаружение аномалии глубины, не зафиксировано ни в одном журнале, хотя эти действия являются обязанностью штурмана и определены правилами ведения навигационного журнала.

2.7.2.3. В момент обнаружения аномалии глубины не определено место корабля, а следовательно – место гибели атомного подводного ракетного крейсера «Курск».

2.7.2.4. Последний прямой курс ТАРКР «Петр Великий» – 340, когда в вахтенном журнале зафиксировали первые стуки (2 часа 22 минуты 13 августа 2000 года) и место корабля по пеленгу 281 О. Данный пеленг очень важен, т.к. дает место ЗПЛ по широте и последний пеленг нахождения ТАРКР «Петр Великий» на прямом курсе при сравнительно малом времени устаревания данных после последней обсервации. В дальнейшем все последующее маневрирование ТАРКР «Петр Великий» было переменное по курсу и скорости.

Ввиду близости нахождения корабля от ЗПЛ большое влияние на разброс пеленгов оказывали ошибки счисления пути корабля. Даже малые неточности в определении места ТАРКР «Петр Великий», который находился в непосредственной близости от места гибели АПРК «Курск», вызывали значительный разброс пеленгов.

Руководители СФ, поисково-спасательной операции и командир корабля не отошли от места обнаружения аномалии на 20–30 кбт, не легли на курс, равный пеленгам на стуки, и не следовали им до прохода над АПРК «Курск», а затем то же самое не проделали перпендикулярным курсом.

2.7.2.5. В поисково-спасательной операции участвовали несколько кораблей с ГАК «Поленом», что позволяло организовать пеленгование двумя кораблями, предварительно привязав их друг к другу радиолокацией, что еще более сократило бы время определения места источника звуков, повысило бы его точность и, самое главное, позволило бы организовать спасение людей.

Судя по ошибкам, которые мне очевидны, при отсутствии штурманской практики при проведении ПСО штурманам не была поставлена задача по определению места источников звука.

2.7.2.6. В процессе поиска полностью отсутствовало взаимодействие не только сил, участвующих в поиске, но даже между боевыми частями ТАРКР «Петр Великий».

Так, при фиксации гидроакустиками стуков штурманы не определяли место своего корабля, вахтенный офицер или командир не задерживал циркуляцию, не исключались переговоры по ЗПС.

При наличии значительных сил в районе определением источником стуков занимались только ТАРКР «Петр Великий» и СС «Михаил Рудницкий», которые находились в створе АПРК «Курск», что не оказывало никакого влияния на точность определения стуков. В период, когда прослушивались стуки, не объявлялся режим «тишина» на кораблях, участвующих в поиске, что также создавало взаимные помехи при пеленговании стуков.

Отсутствие таблицы условных сигналов связи между автономными аппаратами и СС «Михаил Рудницкий» приводило практически к непрерывным переговорам по ЗПС, что создавало помехи для ГАК ТАРКР «Петр Великий».

2.7.2.7. Применение кодированных сигналов (личный состав, находившийся в 9-м отсеке, их слышал, но не мог расшифровать), а также использование позывных, т.к. они известны только вахтенным офицерам и сигнальщикам, которые погибли сразу после взрыва, привели к отсутствию связи с оставшимися в живых членами экипажа. Действующими инструкциями в аварийной ситуации допускается использование открытых каналов связи, что позволило бы провести спасение моряков, находившихся в 9-м отсеке. Не использована возможность односторонней связи с подтверждением приема путем ударов по корпусу затонувшей лодки.

2.7.2.8. В условиях поиска затонувшей подводной лодки, когда точность знания места нахождения корабля или судна имеет первостепенное значение, штурманами ТАРК «Петр Великий» не производилось определение места нахождения корабля с 02 часов 04 минут до 04 часов 22 минут 13 августа 2000 года. Кроме того, в 03 часа 30 минут 13 августа 2000 года выходил из строя вычислительный комплекс ЦВК «Аврора М», что требовало повышенного внимания к ведению ручной прокладки.

2.7.2.9. Несмотря на интенсивное маневрирование ТАРКР «Петр Великий», в период с 03 часов 07 минут до 14 часов 45 минут 13 августа 2000 года нет никаких упоминаний о месте корабля.

2.7.2.10. С 14 часов 56 минут до 15 часов 05 минут 13 августа 2000 г., согласно навигационному журналу, корабль имел скорость 3 узла, а показания лага не менялись.

2.7.2.11. С 03 часов 20 минут до 03 часов 25 минут 13 августа 2000 года при скорости 14 узлов корабль должен пройти 11,5 кбт, а по лагу он проходит всего 4 кбт.

2.7.2.12. В условиях незначительных расстояний до объекта поиска переход на карто-сетку № 9068 Б масштабом 1:50 000 произведен только в 13 часов 07 минут 13 августа 2000 года, и то на циркуляции. Переход на маневренный планшет более крупного масштаба вообще не производился.

2.7.2.13. Примером, подтверждающим низкое качество работы штурманов, является определение места обнаружения буя бело-зеленого цвета: в 08:10 13.08.2000 в координатах $\varphi° = 69° 39'.35 \lambda° = 37° 32'299$, а выставленная веха для его обозначения находится на удалении от этой точки 9 кбт в координатах на 10:00: $\varphi° = 69° 39'.07; \lambda° = 37° 34'09$.

2.7.2.14. Не определены координаты ни одной, ни второй аномалии глубин. В соответствии с записью в навигационном журнале, самописец эхолота был включен в 04 часа 44 минуты 13 августа 2000 года, в вахтенном журнале данный факт зафиксирован в 10 часов 44 минут 13 августа 2000 года и одновременно по двум аномалиям. По первой аномалии координаты указаны: $\varphi° = 69° 3.8; \lambda° = 37° 33,3,03$ E, т.е. явно ошибочная запись, т.к. в широте отсутствуют десятки минут, а в долготе проставлены лишние цифры.

Данное обстоятельство может свидетельствовать о том, что указанная запись произведена не в момент, указанный в журнале, а позднее.

2.7.2.15. Все координаты в вахтенном журнале обозначены как обсервованные, что не согласуется с навигационным журналом и явно не соответствует действительности.

Низкое качество работы штурманской боевой части (БЧ-1) ТАРКР «Петр Великий» не позволило быстро определить место нахождения источника стуков, а в дальнейшем явилось основанием для выводов экспертизы о невозможности определить место расположения источника стука.

Кроме того, при проведении экспертизы Козлов С. В. обязан был учесть ошибки БЧ-1 ТАРКР «Петр Великий», штурманские ошибки руководства Северного флота, руководителей ПСО, а также командира корабля, что является признанием низкой профессиональной подготовки подчиненных ему офицеров.

2.8. При проведении экспертизы защитой обнаружены ошибки эксперта, а также действия, которые нельзя расценить иначе как умышленное искажение фактических данных.

2.8.1. По записям в навигационном журнале ТАРКР «Петр Великий» с 02 часов 22 минут до 4 часов 29 минут 13 августа 2000 года корабль прошел 10,4 мили, однако на карте маневрирования, составленной Козловым, применен общий способ показа переменного движения корабля змейкой, что не может быть принято при определении места источника стуков. Это расстояние, показанное Козловым, значительно меньше 10 миль.

2.8.2. Козлов С. В. в расчетах с одинаковым весом использует все пеленги в документах без учета помех, на фоне которых прослушивались стуки, циркуляции корабля, когда вообще не рекомендовано пеленгование ввиду значительных ошибок и возможных промахов гидроакустиков.

2.8.3. В период нахождения ТАРКР «Петр Великий» на якоре, т.е. точного знания своего места, минимальных помех ГАК, эксперт Козлов практически пренебрег 29 пеленгами, которые **с высокой вероятностью** позволяли определить долготу места расположения источников стуков.

2.8.4. Козловым в ходе экспертизы не использован факт всплытия АС-34 в 7 часов 50 мин 14 августа 2000 г. по курсу 3°,2 в дистанции 25,7 кбт, что немедленно и достоверно давало возможность определить место источника стуков, тем более, что данный аппарат, не имея специальных гидроакустических станций, дважды зафиксировал стуки, т.е. это было практически под ним.

Защита не допускает мысли, что заместитель главного штурмана ВМФ России (в настоящее время – главный штурман ВМФ) в ходе проведения экспертизы мог в силу низкой квалификации совершать ошибки подобного характера, а поэтому расценивает действия эксперта Козлова С. В. как умышленные действия, направленные на сокрытие происхождения и местонахождения источников стуков.

3. Прокладка пеленгов по данным вахтенного, навигационного и гидроакустического журналов ТАРКР «Петр Великий» (Приложение № 5) по карте района гибели АПРК «Курск» (Приложение № 6) с учетом их осреднения определяется координатами:

$$\varphi° = 69°37'.8N; \lambda° = 37°34'.5 Ost$$

Данное место координат находится на расстоянии 0,8 кбт от места ЗПЛ, что сопоставимо с размерами корабля.

Через указанную точку проходит 84% всех пеленгов, что дает основание утверждать, что источник стуков находится в месте затопления АПРК «Курск».

4. Заключения сфабрикованных экспертиз – судебно-медицинской с участием В. Колкутина и фонографической с участием С. Козлова – позволили следствию сделать вывод об отсутствии в действиях должностных лиц СФ состава преступления

28 июня 2002 года следователем выносится постановление об отказе в возбуждении уголовного дела *«о ненадлежащем исполнении служебных обязанностей при [...] организации поисковых и аварийно-спасательных ра-*

бот» в отношении адмирала Попова В. А., вице-адмиралов Моцака М. В., Бурцева О. В., Бояркина О. И., контр-адмиралов Кузнецова М. Ю., Хандобина В. А., Рогатина В. И., а также ряда других должностных лиц Северного флота.

При этом следователь в мотивировочной части указал следующее:

«Установленная степень готовности дежурных сил ПСО на период нахождения сил флота в море не соответствовала требованиям руководящих документов. [...] Должностные лица СФ [...] оказались не готовыми к оказанию помощи экипажу АПРК «Курск» и не справились с задачами, которые возлагаются на силы ПСО СФ в конкретной аварийной ситуации, сложившейся на АПРК «Курск».

Вследствие незнания конкретной обстановки после прохода кораблями АМГ района РБД-1 и невыполнения требований руководящих документов ВМФ, определяющих действия должностных лиц флота в случае невсплытия ПЛ в установленное время в надводное положение, а также из-за принятия ошибочных решений в процессе ожидания всплытия ПЛ адмирал В. А. Попов, вице-адмирал М. В. Моцак, вице-адмирал О. В. Бурцев, вице-адмирал Ю. И. Бояркин объявили АПРК «Курск» аварийным <u>с опозданием на 9 часов».</u>

Вместе с тем предварительным следствием по настоящему уголовному делу установлено, что вышеизложенные нарушения служебных обязанностей указанными должностными лицами Северного флота <u>не находятся в причинной связи с гибелью атомного подводного ракетного крейсера «Курск» и его экипажа в количестве 118 человек</u>. В постановлении указано: «*[...] В соответствии с экспертными заключениями, члены экипажа «Курска» погибли в течение 8 часов после начала аварии на крейсере. Технической возможности их спасения в течение данного промежутка времени не имелось».*

Факты нарушения адмиралами должностных инструкций и халатного отношения к исполнению служебных обязанностей были выявлены следствием задолго до принятия решения об отказе в привлечении их к уголовной ответственности.

Вопрос для следствия стал предельно ясен: **если была возможность спасти часть экипажа, то высших должностных лиц Северного флота надо привлекать к уголовной ответственности.**

При разрешении этого вопроса следствие располагало следующими установленными фактами и обстоятельствами:

Принципиально техническая возможность для спасения экипажа была.

2. АПРК «Курск» был объявлен аварийным с большим опозданием **(заключение оперативно-тактической экспертизы от 01 ноября 2001 года. – Б.К.).**

3. Моряки в 9-м отсеке погибли в результате возникшего там пожара **(СМЭ трупов от 30 ноября 2000 года. – Б.К.).**

4. Пожар возник, когда отсек был затоплен на 60 см выше

третьей палубы. Как быстро отсек был заполнен водой и, следовательно, когда возник пожар, установить не удалось (**письмо главного конструктора ЦКБ «Рубин» Завалишина, экспертиза от 30 мая 2002 года. – Б.К.**).

Все указанные факты были так или иначе известны следствию более чем за год до 28 июня 2002 года, когда было вынесено постановление об отказе в возбуждении уголовного дела *«о ненадлежащем исполнении служебных обязанностей при [...] организации поисковых и аварийно-спасательных работ»* в отношении руководящих лиц Северного флота».

Следовательно, имелись все основания для привлечения виновных должностных лиц к уголовной ответственности.

Вместе с тем использование заключения № 77/02 от 17.06.2002 года комиссионной судебно-медицинской экспертизы, согласно которому, моряки слишком быстро умерли, чтобы быть спасенными, а также выводам фонографической в части утверждения С. Козлова, что 85% пеленгов не приходится на место гибели АПРК «Курск», позволили следствию сделать вывод об отсутствии причинной связи между преступным бездействием и последствиями, которые выразились в гибели людей.

Таким образом, перечисленные в постановлении от 28.06.2002 г. должностные лица Северного флота, ответственные за проведение учений и поисково-спасательной операции, не понесли ответственности на основании выводов экспертиз, в которых принимали участие В. Колкутин и С. Козлов.**

5. В постановлении от 04.01.2003 г. содержится утверждение старшего помощника главного военного прокурора, начальника отдела надзора Демиденко П. С., что *«[...] каких-либо новых данных, опровергавших бы это заключение эксперта, адвокат не приводит».*

Из формального прочтения этого предложения следует, что какие-то «старые» доводы, опровергающие заключение экспертизы, которые ранее оценивались ГВП, были опровергнуты, а адвокат приводит данные, которые не являются новыми.

На самом деле не было «новых» или «старых» доводов, а были одни-единственные доводы, которые содержались в ходатайстве защиты от 30.12.2002 года, однако автор постановления их не приводит и не опровергает. А это значит, что доводы, перечисленные в ходатайстве, опровергнуты прокурором в постановлении от 04.01.2003 г. НЕМОТИВИРОВАННО.

6. Как указывалось в ходатайстве защиты, экспертиза, которую проводил эксперт Козлов С. В., послужила основанием для содержащегося в постановлении о прекращении уголовного дела выводе следствия, что сигналы SOS подавали «неизвестные идиоты» из подводной части «неизвестных» надводных кораблей.

Хотелось бы в постановлении о прекращении уголовного дела и в постановлении от 04.01.2003 года получить ответы на следующие вопросы:

Кому пришло в голову подавать сигналы «спасите наши души» с кораблей или судов, которые не терпят бедствие, а сами участвуют в проведении поисково-спасательной операции и от них зависит гибель или спасение людей?
- Какие это корабли, кто эти люди?

Следует заметить, что это – не сигналы из космоса, следствие располагало сведениями обо всех кораблях и судах, принимавших участие в поисково-спасательной операции, о месте нахождения кораблей и судов в каждый конкретный момент поиска, знало пеленг каждого стука, имело или могло иметь поименный список членов экипажа, которые находились на судах.

Очевидно, что следствие не желало получать ответы на эти вопросы, следствию было нежелательно, чтобы факт жизни подводников, находившихся в 9-м отсеке больше двух суток, был бы официально признан.

7. В ходатайстве от 30.12.2002 года защита пришла к выводу, что руководители СФ и учений должны были знать о неудовлетворительной подготовке личного состава АПРК «Курск» при обращении с практической торпедой 65-76А ПВ № 1336А ПВ, а поэтому не должны были утверждать план учений со стрельбой этой торпедой.

В постановлении от 04.01.2003 года старший помощник главного военного прокурора, начальник отдела надзора Демиденко П. С., опровергая этот довод защиты, указывает: *«С учетом всей полноты собранных доказательств в деле дана правовая оценка действиям должностных лиц Северного флота, на которых было возложено проведение поисково-спасательной операции, а также осуществлявших подготовку АПРК «Курск» к выходу в море и приготовление практической торпеды 65-76А ПВ № 1336А ПВ».*

7.1. Защита не отрицает того факта, что действиям должностных лиц СФ дана правовая оценка по подготовке АПРК «Курск» к выходу в море и проведению поисково-спасательной операции, но защита не согласна с данной следствием правовой оценкой.

Мотивированный отказ по данному разделу ходатайства мог иметь место только в том случае, если бы в постановлении от 04.01.2003 года старший помощник главного военного прокурора, начальник отдела надзора Демиденко П. С. привел доводы защиты и указал, по каким причинам эти доводы нельзя принимать во внимание, а следует принимать правовые доводы постановления о прекращении уголовного дела.

В постановлении не приняты во внимание следующие доводы защиты, изложенные в ходатайстве от 30.12.2002 года:

<u>7.1.1. По недостаткам хранения и эксплуатации практической торпеды 65-76А ПВ № 1336А ПВ</u>

7.1.1.1. Использование и эксплуатация с превышением сроков годности сигнализатора давления СТ-4, генератора ГСК-1500М, вилки АЭРД-100.

7.1.1.2. Повторное использование уплотнительных колец, бывших в употреблении.

7.1.1.3. Установление нештатных прокладок, вследствие чего зафиксированы случаи протечек пероксида водорода ПВ-85 из резервуара окислителя в местах уплотнения резервуаров и через предохранительные клапаны.

7.1.1.4. Не выполнялись предусмотренные Инструкцией по эксплуатации проверки целостности электрической цепи от сигнализатора давления СТ-4 до устройства АЭРВД боевых и практических торпед, а также проверка функционирования системы дегазации и срабатывания указанного сигнализатора.

Таким образом, практическая торпеда 65-76А ПВ № 1336А ПВ не хранилась и не эксплуатировалась надлежащим образом, а поэтому использовать ее для практических стрельб было нельзя.

Вооружение АПРК «Курск» указанной торпедой находится в причинной связи со взрывами, гибелью корабля и экипажа, а поэтому должностные лица, отдавшие приказ о проведении стрельб этой торпедой, должны нести уголовную ответственность.

7.1.2. По обучению, тренировкам, выработке навыков по эксплуатации торпед калибра 650 мм № 1336А ПВ, работе со средствами контроля

7.1.2.1 Нарушение сроков межпоходной подготовки в учебном центре ВМФ (гор. Обнинск) в период с 1 февраля по 5 марта 1999 г., где экипаж АПРК «Курск» прошел подготовку с нарушением требований Главнокомандующего ВМФ России и «Организационно-методических указаний по подготовке ВМФ в 1999 году», вместо положенных 45 суток экипаж обучался 26.

7.1.2.2. Непроведение обучения экипажа в учебном центре ВМФ по обеспечению безопасности плавания при выполнении боевых упражнений с практическим оружием в полигонах боевой подготовки.

7.1.2.3. Непроведение подготовительных и зачетных корабельных учений по борьбе за живучесть при плавании в море.

7.1.2.4. Непроведение в июле 2000 г. экипажем АПРК «Курск» ежемесячного планово-предупредительного осмотра и планово-предупредительного ремонта материальной части из-за проведения различных проверок и иных мероприятий по боевой подготовке, неприобретение в связи с этим практических навыков по обслуживанию и применению торпеды калибра 650 мм.

7.1.2.5. Отсутствие в зачетном листе командира БЧ-3 старшего лейтенанта Иванова-Павлова А. А., прошедшего обучение в учебном центре ВМФ и допущенного к самостоятельному управлению, вопросов эксплуатации торпед калибра 650 мм, а также отсутствие опыта практического обслуживания данных торпед и организации их боевого применения.

7.1.2.6. Отсутствие опыта работы с конструкцией системы контроля окислителя, которая имелась у торпед данной конструкции, у старшины команды торпедистов старшего мичмана Ильдарова А. М.

7.1.2.7. Отсутствие опыта у торпедистов Нефедкова И. Н. и Боржова М. Н. в эксплуатации системы контроля окислителя торпеды и недопущение их в установленном порядке к выполнению задач МТ-1 (приготовление БЧ-3 к бою и походу) и МТ-2 (подготовка БЧ-3 к применению оружия).

7.1.2.8. Неготовность экипажа к эксплуатации и боевому применению указанной торпеды в связи с тем, что с момента постройки крейсера и до 20 июня 2000 г. торпеды калибра 650 мм на нем не эксплуатировались.

7.1.2.9. Невыполнение норм ежемесячных тренировок корабельного боевого расчета.

7.1.2.10. Отсутствие надлежащего контроля над подготовкой экипажа и за обслуживанием материальной части БЧ-3 данного крейсера по обеспечению безопасного хранения данных перекисно-водородных торпед со стороны командира дивизии подводных лодок контр-адмирала Кузнецова М. Ю. и его заместителя капитана I ранга Кобелева В. В.

7.1.2.11. Непроведение стрельб в период прохождения АПРК «Курск» государственных испытаний в 1994 г.

7.1.2.12. Непроведение занятий с флагманским минером и с группой командования подлодкой (командиром, старшим помощником командира, помощником командира) представителями Центрального научно-исследовательского института «Гидроприбор» по эксплуатации системы контроля окислителя, а также перекисно-водородных торпед калибра 650 мм.

7.1.2.13. Подписание врио командира дивизии подводных лодок капитаном I ранга Краснобаевым А. В. приказа от 20 июня 2000 г. «О допуске АПРК «Курск» к приему и эксплуатации торпед калибра 650 мм», который являлся заместителем начальника штаба дивизии по оперативной и боевой подготовке и по своему служебному положению, согласно ст. 96 Корабельного устава ВМФ, не имел права подписывать документы за командира дивизии.

7.1.2.14. Подписание этого же приказа врио начальника штаба дивизии капитаном II ранга Олейником В. П., который также не имел права его подписывать.

7.1.2.15. Непроведение личным составом БЧ-3 АПРК «Курск» отработки практических действий по эксплуатации перекисно-водородных торпед на учебных образцах, которая предусмотрена методикой подготовки минно-торпедных боевых частей ВМФ «Правила подготовки минно-торпедных боевых частей подводных лодок ВМФ» из-за их отсутствия в месте базирования (п. Видяево).

7.1.2.16. Непроведение тренировок в учебном центре флотилии, где такая материальная часть имеется.

Перечисленные нарушения, в частности неудовлетворительная подготовка экипажа, могли повлечь ошибки при хранении, эксплуатации и контроле за состоянием торпеды на борту корабля, что, в свою очередь, могло находиться в причинной связи со взрывом и гибелью АПРК «Курск» и его экипажа, однако доказать, что действие или бездействие кого-либо из членов экипажа привели к утечке пероксида водорода и последующим взрывам, невозможно в связи с неустановлением причины взрыва.

Вместе с тем защита считает, что должностные лица Северного флота и

ВМФ России знали или должны были знать о неудовлетворительной подготовке личного состава АПРК «Курск», а поэтому оно, руководство, не вправе было давать разрешение на выход корабля в море и участие в учениях с боевыми стрельбами практической торпедой 65-76А ПВ № 1336А ПВ.

8. Предварительным следствием установлены нарушения ряда нормативных актов и руководящих документов ВМФ, которые регламентируют подготовку и ход учений.

Временно исполнявший обязанности командира дивизии подводных лодок капитан I ранга Кобелев В. В., вопреки требованиям Корабельного устава ВМФ и других нормативных документов, подготовкой и проверкой АПРК «Курск» перед его выходом в море не занимался, задачи на выход в море командиру данной подводной лодки и старшему на борту начальнику штаба дивизии капитану I ранга Багрянцеву В. Т. не ставил. Более того, инструктаж был проведен ненадлежащими лицами без соответствующих отметок.

Разрешение на выход неподготовленного корабля в море, применение практической торпеды 65-76А ПВ № 1336А ПВ, которую нельзя было эксплуатировать, находятся в причинной связи с гибелью корабля и экипажа, а поэтому должностные лица, отдавшие приказ на выход корабля в море и использование указанной торпеды, должны нести уголовную ответственность.

В соответствии со ст.ст. 19, 22, 29 ч. 3, 42 ч. 2 п. 18, 45 ч. 1, 125 ч. 1 УПК РФ,

ПРОШУ:

Отменить постановление следователя Егиева А. Л. от 28.06.2002 г. об отказе в возбуждении уголовного дела о ненадлежащем исполнении служебных обязанностей при организации поисковых и аварийно-спасательных работ в отношении адмирала Попова В. А., вице-адмиралов Моцака М. В., Бурцева О. В., Бояркина О. И., контр-адмиралов Кузнецова М. Ю., Хандобина В. А., Рогатина В. И., а также ряда других должностных лиц Северного флота.

- Отменить постановление следователя Егиева А. Л. от 23.07.2002 года о прекращении уголовного дела по факту гибели АПРК «Курск».
- Обязать главного военного прокурора возобновить предварительное расследование по данному уголовному делу.

Приложение:

1. Копия постановления о прекращении уголовного дела от 23.072002 г.
2. Копия ходатайства от 30.12.2002 г.
3. Копия постановления от 04.01.2003 г.
4. Сводная таблица по данным СМЭ.
5. Сводная таблица записей вахтенных, навигационных и гидроакусти-

ческих журналов ТАРКР «Петр Великий».

6. Карта района гибели АПРК «Курск» с проложенными гидроакустическими пеленгами.

7. Копии доверенностей потерпевших.

8. Ордер.

Представитель потерпевших,
адвокат Б. А. Кузнецов

Приложение № 25

АДВОКАТСКОЕ БЮРО «БОРИС КУЗНЕЦОВ И ПАРТНЕРЫ»
«...» МАЯ 2004 Г.

В МОСКОВСКИЙ ОКРУЖНОЙ ВОЕННЫЙ СУД
АДВОКАТ КУЗНЕЦОВ Б. А., ПРЕДСТАВИТЕЛЬ ПОТЕРПЕВШИХ
Авелене В. Н., Борисовой О. В., Дудко С. П., Ерахтиной Н. Я., Заложных Т. А., Колесниковой И. И., Милютиной В. Б., Митяевой В. А., Панариной Л. М., Станкевич В. Ф., Аряповой Х. Х., Колесниковой Р. Д., Коровяковой Н. Н., Любушкиной Н. В., Солоревой И. М., Логиновой Г. И., Щепетновой Л. П., Беляевой Г. Д., Парамоненко Т. С., Бражкиной К. Ф., Коровяковой Л. Б., Милютиной В. Ю., Сафоновой А. Е., Шалапининой Н. П., Узкой В. Л., Узкой В. И., Дудко О. В., Силогава О. В., Катковой Т. Н., Троян А. Н., Станкевич М. В., Старосельцевой В. С., Ивановой-Павловой Н. А., Сафоновой Л. А., Самоваровой А. А., Белозоровой А. Л., Белозоровой В. Н., Мурачевой М. А., Налетовой Л. В., Ерахтиной Г. А., Коровяковой В. И., Бочковой Е. Г., Вишняковой О. Б., Саблиной Г. А., Зубовой Т. А.

Кассационная жалоба

на постановление Московского гарнизонного военного суда от 21.04.2004 г. об отказе в удовлетворении жалобы на постановления предварительного следствия по делу о гибели АПРК «Курск».

21.04.2004 г. постановлением Московского гарнизонного военного суда отказано в удовлетворении жалобы на постановление предварительного следствия по делу о гибели АПРК «Курск», поданной от имени потерпевших. Считаю постановление незаконным и подлежащим отмене. Суд аккуратно и весьма профессионально подменяет одно понятие другим, опровергает то, что защитой не опровергается, не аргументирует целый ряд доводов защиты, а некоторые из них игнорирует.

Судом, таким образом, нарушена ч. 4 ст. 7 УПК РФ о законности, обоснованности и мотивированности судебных решений.

Выводы суда не подтверждаются доказательствами, рассмотренными в судебном заседании, суд не учел обстоятельства, которые могли существенно повлиять на выводы суда при наличии противоречивых доказательств, имеющих существенное значение для выводов суда, в постановлении не указано, по каким основаниям суд принял одни из этих доказательств и отверг другие.

1. Отличие защиты и следствия в общих подходах при рассмотрении жалобы

Общая тенденция при рассмотрении жалобы защиты состоит в том, что в той или иной форме, признавая недостатки проведенного расследования, суда и ГВП, дает понять об отсутствии судебной перспективы дела, о том, что вину конкретных лиц установить невозможно, а поэтому возобновление предварительного следствия нецелесообразно.

Защита этих выводов не исключает и вполне допускает, что после проведения дополнительного расследования уголовное дело может быть прекращено в связи с отсутствием или недоказанностью причинной связи между действиями (бездействием) должностных лиц ВМФ и Северного флота, однако ложь и откровенные фальсификации недопустимы, когда расследуется дело о гибели 118 человек экипажа, когда весь мир сопереживал членам семей экипажа.

До тех пор пока не будет сказана вся правда об обстоятельствах гибели АПРК «Курск», вранье, вошедшее в плоть и кровь некоторых адмиралов, будет приводить к очередным катастрофам, к очередным смертям, что уже имело место после «Курска».

Это главное морально-этическое соображение, которое должно стоять выше амбиций, политических и иных соображений.

2. Суд в постановлении указал:

«*Доводы адвоката Кузнецова, подвергшие сомнению достоверность выводов комиссионной судебно-медицинской экспертизы о времени жизни моряков в 9-м отсеке и судебной акустико-фонографической экспертизы в части невозможности определения координат источника сигналов, не могут быть признаны объективными и достаточными для того, чтобы признать необоснованными и незаконными не только заключения указанных экспертиз, но и решения органов предварительного следствия о прекращении уголовного дела и об отказе в возбуждении уголовного дела*» (л. 5 постановления).

Суд, таким образом, считает, что выводы этих двух экспертиз (об их качестве речь пойдет ниже. – **Б.К.**) не влияют на принятые следствием оспариваемые решения.

С такой позицией суда защита согласиться не может.

В постановлении о прекращении уголовного дела по факту гибели АПРК «Курск» указывается:

«*Таким образом, вследствие незнания адмиралом Поповым В. А. и подчиненными ему должностными лицами конкретной обстановки после прохода кораблями авианосной многоцелевой группы района РБД-1 и невыполнения ими требований руководящих документов ВМФ, определяющих действия должностных лиц флота в случае отсутствия всплытия подводной лодки в установленное время в надводное положение, а также из-за принятия ошибочных решений в процессе ожидания всплытия подводного крейсера он был объявлен аварийным с опозданием на 9 часов.*

Вместе с тем предварительным следствием достоверно установлено, что даже при более раннем обнаружении местонахождения АПРК «Курск» на грунте спасти экипаж не представилось бы возможным ввиду скоротечности его гибели. С учетом изложенного 28 июня 2002 г. в отношении Попова В. А., Моцака М. В., Бояркина Ю. И., Бурцева О. В., Кузнецова М. Ю., Хандобина В. А., Тесленко А. П., Кобелева В. В., Шеметова А. В., Рогатина В. И., Касатонова В. Л. принято правовое решение об отказе в возбуждении уголовного дела в связи с тем, что причинная связь между допущенными ими нарушениями при организации учений, подготовке крейсера и его экипажа, выпуске его в море, а также при поисково-спасательной операции и наступившими последствиями (гибелью 118 человек и затоплением подводного крейсера) отсутствует» (л. 23 постановления от 22.07.2002 г.).

Из этого абзаца постановления видно, что предварительное следствие не усматривает причинную связь между действиями (бездействием) должностных лиц Северного флота и гибелью экипажа АПРК «Курск».

Защита оспаривает следующие выводы предварительного следствия:

а) 23 подводника, находившихся в 9-м отсеке, жили 4,5–8 часов, которые основываются на опровержении следующих доказательств предварительного следствия:

- заключении комиссии с участием Колкутина № 77/2;
- акустико-фонографической экспертизы в части заключения о местонахождении источников стуков.

б) Правомерность разрешения руководством Северного флота выхода АПРК «Курск» в море.

3. Суд в постановлении, отвергая доводы защиты, указывает: *«[...] суд принимает во внимание, что вывод органов предварительного следствия о жизни подводников в 9-м отсеке в течение указанного выше времени основан также (кроме выводов заключений экспертов. – **Б.К.**) на данных осмотра 9-го отсека АПРК «Курск», заключениях судебно-медицинских экспертиз находившихся в 9-м отсеке трупов, заключении отде*ла экспертизы пожаров и взрывов РФ Центра судебных экспертиз при Министерстве юстиции РФ, содержании записок, написанных находившимися в 9-м отсеке членами экипажа Колесниковым и Саденко, и других материалах уголовного дела».

3.1. В жалобе защиты содержится общий тезис: «Подводники, находившиеся в 9-м отсеке, жили более 2 суток».

3.1.1. Комиссия с участием Колкутина в заключении экспертизы № 77/2 утверждает, что моряки в 9-м отсеке *«[...] оставались живыми в течение 4,5–8 часов, что подтверждается: [...] временем последней записи одного из членов экипажа (капитан-лейтенанта Колесникова Д. Р.), зафиксированным в записке – 15 часов 45 минут 12 августа 2000 года».*

Защита в жалобе утверждает (п. 1.4.2 жалобы), что временем последней записки тот факт, что моряки в 9-м отсеке оставались живыми 4,5–8 часов, не устанавливается.

Суд в постановлении указывает, что *«при таких обстоятельствах необоснованными являются заявления адвоката Кузнецова [...], так как это следует из заключения комиссионной судебно-медицинской экспертизы № 77/02, вывод комиссии экспертов о том, что время жизни членов экипажа АПРК «Курск», находящихся в 9-м отсеке после второго сейсмического события, подтверждается временем последней записи одного из членов экипажа капитан-лейтенанта Колесникова, сделан в совокупности с иными установленными экспертами данны*ми, а время, зафиксированное в записке (15 часов 15 минут), согласуется с тем обстоятельством, что данная запись была сделана именно в период, указанный экспертами, т.е. когда моряки еще были живыми».

Если военным юристам преподают науку логику, то они не могут не знать, что предложение: *Подводники, находившиеся в 9-м отсеке, оставались живыми в течение 4,5–8 часов*, является суждением. В жалобе оспаривается это суждение целиком, а не часть его. То обстоятельство, что подводники жили в течение 4,5 часов, мной не только не оспаривается, но и утверждается, что они были живы и через 4,5 часа, и через 8 часов, и через 12 часов, и через 48 часов.

Таким образом, суд в постановлении, как считает защита, умышленно использует подмену понятий, что приводит к логической ошибке.<?> Суд, таким образом, разъясняет те доводы Колкутина, о существовании которых сам он не догадывался.

3.1.2. Что касается *«[...] заключения отдела экспертизы пожаров и взрывов РФ Центра судебных экспертиз при Министерстве юстиции РФ»*, то суду следовало указать, **каким образом факт неустановления времени возникновения пожара может доказывать факт того, что подводники в 9-м отсеке жили 4,5–8 часов.**

- номер 75 – Роман Владимирович Кубиков
- номер 76 – Алексей Алексеевич Коркин
- номер 77 – Роман Вячеславович Мартынов
- Рукописный текст. Резюме.

Комментарии к части I

В отношении первых выводов от технических экспертов о сейсмиче-

3.1.3. Утверждая, что протокол осмотра 9-го отсека устанавливает время гибели подводников, суд «забывает» указать, какие именно предметы или явления, выявленные в ходе осмотра, свидетельствуют о том, что подводники жили от 4,5 до 8 часов.

4. Далее суд указывает в постановлении: *«Не усматривает суд противоречий в заключении комиссионной судебно-медицинской экспертизы № 77/02, поскольку вывод экспертов о том, что моряки умерли в течение нескольких часов от момента возникновения пожара в отсеке лодки, не исключает того, что члены экипажа АПРК «Курск», находящиеся в 9-м отсеке, оставались живыми в течение 4,5–8 часов после второго сейсмического события»*.

4.1. Суд сам находит противоречия в доводах защиты, которые в жалобе не приводились, и сам же их опровергает.

В жалобе (п. 1.3.1 жалобы) защита отметила другое противоречие, которое суд «не заметил», а именно: в исследовательской части заключения (с. 4 заключения № 77/02) содержится ссылка на ответ врио командира войсковой части 20914 за подписью капитана I ранга В. Илюхина командиру войсковой части 34312, из которого следует, что специалистами 40 ГосНИИ проведен анализ открытых источников для заключения о возможном времени полного выхода гликогена из печени и мышц, а также временных параметрах процесса утилизации глюкозы в крови человека, находящегося под влиянием специфических физических, химических и психических травмирующих факторов. При этом указывается, что, по имеющимся в распоряжении следствия данным, **установить временные рамки полного истощения углеводных резервов организма при выводе о том, что в возникновении аварийных условий, в частности в отсеке аварийной подводной лодки, не представляется возможным.**

В то же время Колкутин устанавливает временные рамки не по живым людям, а по трупам, которые извлечены из воды спустя 2,5 месяца.

Таким образом, суд подменил опровергаемый довод, не дав ему оценки, на другой, который защитой не опровергался и не упоминался в жалобе.

4.2. Суд указал: *«Оценивая представленные адвокатом Кузнецовым: консультативное заключение специалистов Плаксина В. О., Кизлика В. А., консультативное заключение специалистов Солохина А. А., Расташинского Э. Н., заключение эксперта Леонтьева А. А., заключение Инге Морилда, суд приходит к выводу, что данные заключения не могут являться основанием для отмены постановлений о прекращении уголовного дела и об отказе в возбуждении уголовного дела в отношении должностных лиц Северного флота, поскольку не влияют на правильность принятых органами предварительного следствия обжалуемых постановлений»* (л. 8 постановления).

4.2.1. Консультативные заключения экспертов, представленные защитой, опровергают постановления в той части, где речь идет о выводах следствия, основанных на заключении комиссии № 77/2 с участием Колкутина, что подводники в 9-м отсеке жили не более 4,5–8 часов, а также то, что на момент написания записок капитан-лейтенант Сергей Садиленко и капитан-лейтенант Дмитрий Колесников находились в состоянии стресса, по которому и устанавливается время гибели подводников.

Вместе с тем суд в разделе постановления, где он оценивает выводы комиссии экспертов с участием Колкутина, выводы специалистов суд не приводит, их содержание не раскрывает, причину, по которой он их отвергает, не приводит.

Суть же выводов специалистов, заключения которых приведены защитой, состоит в том, что использование данных об отсутствии гликогена в печени и мышцах и преобразование его в глюкозу в крови как признак стресса в сочетании с кровоизлияниями в слизистую оболочку желудка не применим к трупному материалу, так как в течение первых 24 часов гликоген в трупах не обнаруживается.

Специалисты прямо говорят об антинаучности экспертизы с участием Колкутина. Из заключений непосредственно следует, что выводы комиссии экспертов с участием Колкутина о том, что подводники, находившиеся в 9-м отсеке, жили в течение 4,5–8 часов с момента второго взрыва, необоснованны.

Таким образом, суд без какой-либо мотивировки игнорирует те доводы защиты, которые опровергают заключение комиссии экспертов с участием Колкутина.

4.2.2. Может ли предварительное следствие, как считает суд, игнорировать заключения специалистов?

Экспертиза с участием Колкутина – единственное доказательство, которое позволило следствию утверждать, что подводники в 9-м отсеке жили не более 8 часов. Именно это доказательство позволило говорить следствию, что между бездарно проведенной спасательной операцией и гибелью людей нет причинной связи.

Данные заключения дают защите основания для утверждения, что комиссионная судебно-медицинская экспертиза с участием Колкутина сфальсифицирована.

5. По мнению суда, *«Неубедительным является утверждение адвоката Кузнецова о фальсификации акустико-фонографической экспертизы, а также умышленных действиях эксперта Козлова, направленных на искажение фактических данных, собранных по делу, с целью сокрытия происхождения и места нахождения источников стуков, поскольку это не подтверждается материалами дела. Напротив, как это следует из вышеназванного заключения, экспертиза проведена квалифицированными специалистами, имеющими высшее техническое образование и большой стаж по занимаемой специальности. Кроме того, при проведении экспертизы эксперты пользовались всеми материалами, полученными в ходе предварительного следствия и касающимися предмета данной экспертизы. В заключении имеется и исследовательская часть, что опровергает доводы адвоката Кузнецова об ее отсутствии.*

Кроме того, в суде адвокат Кузнецов подтвердил тот факт, что две схемы, которые, со слов прокурора, не были подшиты в дело, представлялись ему для ознакомления в ходе предварительного расследования» (л. 6 постановления).

5.1. Вновь суд подменяет понятия.

5.1.1. **Защитой не оспаривается вся экспертиза. Защита не сомневается в компетентности специалистов в области акустики и фоноскопии. Защитой не оспаривается полное отсутствие исследовательской части.** Более того, **защита в части проведенной фонографической экспертизы**, которая делает вывод о том, что стуки, в т.ч. сигналы SOS, производились человеком, были стуками металла о металл по межотсечной переборке подводной лодки, **согласна с выводами экспертов**.

5.1.2. Защита не отрицает факт наличия исследовательской части в акустико-фонографической экспертизе, но, как указано в жалобе, при написании исследовательской части Козлов отдыхал, ни слова о том, каким образом Козлов установил, что 85% пеленгов не пересекаются в месте обнаружения АПРК «Курск», в исследовательской части нет.

В пункте 2.1 жалобы указано: *«[...] отсутствует исследовательская часть, которая относится к установлению точки нахождения источника сигналов»*, т.е. речь идет об отсутствии исследовательской части в части экспертизы, проводимой Козловым.

Суд в постановлении не указал и не мог указать, в каком именно месте имеется исследовательская часть этого раздела экспертизы. Не мог этого суд сделать по очень простой причине – по причине того, что исследовательская часть этого раздела исследования **отсутствует**.

5.1.3. Может быть, исследовательская часть для эксперта Козлова вообще не нужна? (требования Закона, в частности нарушение ст. 16 Федерального закона от 31 мая 2001 г. № 73-ФЗ «О государственной судебно-экспертной деятельности в Российской Федерации» – лишняя формальность? – **Б.К.**).

Для прокладки пеленгов нужно как минимум определить место нахождения корабля в момент взятия пеленга, во-вторых, направление пеленга. Поэтому в исследовательской части должны указываться: место нахождения корабля в момент взятия пеленга, курс и скорость корабля, пеленг в градусах, а также из каких источников получены указанные данные. Сведения об этом в заключении эксперта отсутствуют.

5.1.4. Не соответствует действительности утверждение суда в постановлении, что мной подтвержден факт того, что схемы, не подшитые, со слов прокурора, к материалам дела, предоставлялись мне в ходе предварительного расследования. В ходе предварительного расследования мне не могли предоставляться материалы дела, т.к. я приступил к ознакомлению с материалами дела после прекращения уголовного дела.

В примечании 2 (л. 12 жалобы) мной указывалось: *«Отсутствие исследовательской части заключения обусловило необходимость встречи с С. В. Козловым для получения черновых материалов, которые, как предполагала защита, могут быть у эксперта. Встреча состоялась с участием следователя Егиева А. Л., однако черновых материалов у С. В. Козлова не оказалось, позднее появилось некое дополнение к экспертизе, которое процессуального значения не имеет».*

Во-вторых, суд проигнорировал то обстоятельство, что Козлову не предоставлялись гидроакустические, навигационные и вахтенные журналы, что следует из вводной части экспертизы. И, наконец, в заключении отсутствует ссылка на изготовление этой схемы.

Таким образом, судом не опровергнуты доводы защиты в той части, что сведения о месте нахождения корабля в момент взятия пеленга, времени взятия пеленга, а также угол пеленга, появились в схеме Козлова уже после прекращения уголовного дела и получены Козловым из неустановленного источника.

5.2. Далее суд указывает в постановлении:

«Не имеется оснований утверждать, что эксперт Козлов С. П. прямо, лично или косвенно заинтересован в исходе дела по основаниям, указанным адвокатом. При этом тот факт, что Козлов на момент проведения экспертизы занимал должность заместителя главного штурмана ВМФ РФ, а штурманы, находившиеся на кораблях и судах и участвующие в поисково-спасательной операции, являлись его подчиненными, не может свидетельствовать о заинтересованности Козлова в исходе

дела. Является безосновательным и не основанным на конкретных фактах заявление адвоката о том, что эксперт Козлов был заинтересован в сокрытии штурманских ошибок, допущенных в ходе поисково-спасательной операции руководством Северного флота, руководителями поисково-спасательной операции, командиром ТАРКР «Петр Великий» и БЧ-1 корабля» (лист 6 постановления).

Судом признан факт, что в проведении поисково-спасательной операции участвовали подчиненные Козлова. Однако суд не находит заинтересованности Козлова в сокрытии штурманских ошибок.

Защита полагает, что вывод суда о незаинтересованности Козлова был бы и в том случае, если бы все штурманы и командиры кораблей были бы Козлову близкими родственниками, например, женами.

6. В постановлении указывается: *«Нельзя признать обоснованным утверждение адвоката Кузнецова о том, что в ходе предварительного расследования были установлены факты неудовлетворительной подготовки экипажа, поскольку таких выводов органы предварительного расследования не делали».* (л. 6 постановления).

В постановлении от 22.07.2002 г. имеется раздел 2 «Готовность экипажа и крейсера к выходу в море», в пункте 2.3 которого указано: *«2.3. Вместе с тем в подготовке корабля и экипажа <u>имелись недостатки</u>»* (л. 10 постановления). Далее перечисляются многочисленные недостатки в подготовке экипажа.

Таким образом, федеральный судья полковник юстиции Кудашкин М. В. невнимательно читал документы, на которые защита ссылается в жалобе.

7. Следующие доводы постановления являются «образцом классической логики».

«Действительно, – пишет суд в постановлении (л. 6 постановления), – *в ходе предварительного расследования следствием были выявлены нарушения, допущенные различными должностными лицами Северного флота при организации ремонта и эксплуатации торпеды 65-76А ПВ № 1336А ПВ, организации и подготовке учений, подготовке АПРК «Курск» к выходу в море и производстве поисково-спасательной операции. Анализ этих нарушений полно и объективно приведен в постановлении о прекращении уголовного дела. Указанное обстоятельство еще раз является подтверждением несостоятельности доводов адвоката Кузнецова о том, что в ходе следствия, в частности при производстве экспертиз, имели место факты фальсификации полученных при расследовании данных».*

Логика суда потрясает воображение любого, читающего эти строки: **указанных нарушений было так много, а анализ их настолько полный, что подтверждает несостоятельность доводов адвоката Кузнецова, об их (недостатков) наличии, а также опровергает доводы адвоката о наличии фальсификаций экспертиз.**

8. Следующее логическое построение поражает воображение читающего не меньше, чем предыдущее:

«Вместе с тем следствие на основе добытых доказательств (о наличии многочисленных и серьезных нарушений, см. выше. – **Б.К.**), пришло к выводу о готовности АПРК «Курск» к выходу в море и участию в учениях, а также отсутствии нарушений со стороны должностных лиц (те нарушения, указанные выше не в счет. – **Б.К.**) при организации ремонта и приготовлении и получении на борт АПРК «Курск» торпеды 65-76А ПВ № 1336А ПВ, которые стали или могли стать причиной катастрофы».

Вся логика суда выглядит следующим образом:

1-я посылка:

В подготовке экипажа имелись существенные недостатки, что установлено следствием.

2-я посылка:

Недостатков в подготовке экипажа следствием не установлено.

3-я посылка:

Недостатки в подготовке лодки и экипажа являются предположением адвоката.

Умозаключение:

Доводы адвоката Кузнецова несостоятельны.

Такая логика лежит за пределами логики классической и должна расцениваться уже по критериям психологии, в первую очередь, медицинской, а возможно, и по пограничным состояниям с заболеваниями.

9. Далее в постановлении указывается:

«Оценивая доводы адвоката Кузнецова о том, что выявленные нарушения могли повлечь ошибки при хранении, эксплуатации и контроле за состоянием торпеды на борту корабля, что, в свою очередь, могло находиться в причинной связи с взрывом и гибелью АПРК «Курск» и его экипажа, суд находит их неубедительными для принятия органами предварительного следствия решения о привлечении должностных лиц к уголовной ответственности, поскольку обвинение лица в совершении преступления не должно основываться на предположениях и сомнительных выводах о причастности этого лица к совершению преступления».

Данный довод, указанный в жалобе (см. п. 7.1.2.16 жалобы), суд вырывает из контекста и опровергает его. На самом деле подлежит опровержению следующий абзац жалобы:

«Вместе с тем защита считает, что должностные лица Северного флота и ВМФ России знали или должны были знать о неудовлетворительной подготовке личного состава АПРК «Курск», а поэтому оно, руководство, не вправе было давать разрешение на выход корабля в море и участие в учениях с боевыми стрельбами практической торпедой 65-76А ПВ № 1336А ПВ», который в постановлении Суда не опровергнут.

10. Следующий абзац постановления изложен в следующей редакции:

«О несостоятельности доводов адвоката Кузнецова о том, что выводы комиссионной судебно-медицинской и судебной акустико-фонографической экспертиз повлияли на принятие органами предварительного следствия решений о прекращении уголовного дела и об отказе в возбуждении уголовного дела, свидетельствует тот *факт, что помимо указанных экспертиз органы предварительного следствия положили в основу обжалуемых решений и иные заслуживающие внимания доказательства.*

Данное утверждение суда подтверждается содержанием обжалуемых постановлений, а также касается выводов органов предварительного следствия об отсутствии технической возможности для спасения экипажа. В частности в постановлении о прекращении уголовного дела в обоснование данного вывода подробно приведены: данные осмотра АПРК «Курск», в том числе и 9-го отсека; заключение пожарно-технической экспертизы; заключение технической экспертизы от 4 июля 2002 года; данные следственных экспериментов; показания свидетелей и другие доказательства» (л. 7 постановления).

10.1. Суд в данном абзаце постановления утверждает, что, помимо судебно-медицинской и судебной акустико-фонографической экспертиз, в постановлении имеются и иные доказательства, заслуживающие внимания. Называя протокол осмотра АПРК «Курск», в т.ч. и 9-го отсека, пожарно-техническую экспертизу, которой время пожара не установлено, техническую, которая подтверждает факт затопления корабля, данные следственных экспериментов (Каких? – **Б.К.**), показаний свидетелей (Каких? О чем? – **Б.К.**), суд не указывает в постановлении, каким же образом эти доказательства что-либо подтверждают или что-либо опровергают.

Это касается и других не названных судом доказательств, не упомянутых, по мнению защиты, в связи с тем, что они не несут содержательной нагрузки, не дополняют и не снижают значение судебно-медицинской экспертизы с участием Колкутина.

10.2. Утверждение суда подтверждается обжалуемыми постановлениями!!!???

Согласно п. 33 ст. 5 УПК РФ, постановление следователя является процессуальным решением, т.е. мнением следователя. Постановление суда также – процессуальное решение, т.е. мнение суда.

Таким образом, мнение суда подтверждается мнением следователя.

11. Следующий довод постановления указан так:

«При этом пояснения прокурора в суде о том, что даже при самых благоприятных условиях поисково-спасательной операции членов экипажа, находящихся в 9-м отсеке, не удалось бы спасти с помощью подводного спасательного аппарата, являются убедительными хотя бы по тому основанию, что, согласно выводам технической экспертизы от 4 июля 2002 года, верхняя крышка спасательного люка комингс-площадки лодки была повреждена вследствие нештатных воздействий при эксплуатации или, что наиболее вероятно, при аварии. Поэтому, как далее указано в экспертизе, данное повреждение делало невозможным присос спасательного аппарата к комингс-площадке подводной лодки» (л. 7 постановления).

11.1. Вопрос о повреждении комингс-площадки в жалобе мной не затрагивался. Однако суд, ссылаясь в постановлении только на довод прокурора, который, мягко говоря, не в теме обстоятельств, связанных с вопросом «Почему не произошел присос спасательных аппаратов?», сам затронул эту тему.

11.1.1. Из заключения ЦКБ «Лазурит» (т. 126, л.д. 83) следует, что «*1.2 По пункту 4) – плоскость опорного кольца коминг-площадки в соответствии с РД 32131-85 п. 2.10 должна быть выше уровня палубы надстройки с учетом резинового покрытия палубы на 5–10 мм, что должно обеспечиваться конструкторской документацией по установке коминг-площадки на ПЛ, разработанной проектантом ПЛ, и подтверждено актом проверки. Возвышение палубы надстройки над опорным кольцом коминг-пощадки делает невозможным гарантированный присос СГА к коминг-лощадке ПЛ, если палуба или резиновое покрытие имеют зазор с наружной кромкой кольца коминг-площадки (диаметром 1660 мм) меньше 60 мм, при этом вероятность присоса резко падает при уменьшении этого зазора.*

Если указанный зазор меньше 6 мм, то присос невозможен даже теоретически. Правильность установки коминг-площадки в соответствии с п. 4.15 РД 5.2131-85 на ПЛ должна проверяться установкой спасательного колокола или макета его, что должно быть предусмотрено в технической документации на ПЛ и подтверждено актом проверки».

Как видно из протокола следственного эксперимента 02-19.11.2001 (т. 126, л.д. 54), «*Уровень палубы надстройки (покрытия) находится выше опорного кольца коминг-площадки местами от 1 до 7 мм*».

Таким образом, отсутствие возвышения коминг-площадки над палубой делает невозможным присос спасательного аппарата. Это конструктивный недостаток, оценка которого не дана предварительным следствием.

11.1.2. Из заключения экспертизы, проведенной экспертом ФГУП «ЦКБ МТ «Рубин» (т. 126, л.д. 131), следует, что кроме уже упомянутого недостатка – возвышения палубы над поверхностью коминг-площадки, не выполнено требование п. 2.10 РД В5.2131-85, а также п. 2.3 РД В5.2131-85 об отсутствии в районе установки СЛ (спасательного люка. – **Б.К.**) в радиусе до 6,5 м конструкций, выступающих над палубой надстройки выше 200 мм. На расстоянии около 4,6 м от оси коминг-площадки находится вертикальный стабилизатор ПЛ.

Следовательно, конструктивные недостатки АПРК «Курск» явились одной из причин того, что спасение подводников в 9-м отсеке с помощью АС-32 и АС-34 было невозможно.

11.1.3. Что касается мнения суда о повреждении коминг-площадки вследствие, что наиболее вероятно, аварии, то это утверждение нельзя признать правильным.

Как указано в заключении технической экспертизы, «**Имевшийся на забоинах налет продуктов коррозии темного цвета исключает также их образование в первые дни после постановки АПК «Курск» в ПД-50 (до проведения обследования состояния СЛ с КП). В связи с этим наиболее вероятно, что указанные повреждения ко-**

мингса верхней крышки СЛ, а также её манжеты были получены до *10 августа 2000 г. в результате нештатных воздействий при эксплуатации АПК*» (т. 126, л.д. 157).

Таким образом, АПРК «Курск» вышел в море, имея техническую неисправность спасательного люка. С такой неисправностью лица, ответственные за выход корабля в море, не вправе были выход корабля разрешать.

12. Далее суд делает абсолютно правильный вывод: «*Достоверных данных, дающих ответ на вопрос, почему члены экипажа не покинули АПРК «Курск» самостоятельно, в ходе предварительного следствия не установлено*»

Однако дальше суд указывает: «*Вместе с тем на основании исследованных доказательств, в частности данных осмотра 9-го отсека АПРК «Курск», следствие пришло к выводу о том, что подводники не предприняли попыток к самостоятельному выходу из подводной лодки. Поэтому органы предварительного расследования и пришли к выводу о том, что к моменту начала поисково-спасательной операции подводники погибли*» (л. 7 постановления).

12.1. Постановления о прекращении дела и об отказе в возбуждении уголовного дела таких доводов не содержат. Этот довод впервые прозвучал из уст прокурора при рассмотрении настоящего дела.

12.2. При осмотре 9-го отсека АПРК «Курск» обнаружены признаки подготовки подводников к выходу из корабля «мокрым способом» (путем затопления отсека, выравнивания давления в отсеке с заборным и открытия люка. – **Б.К.**).

В протоколе осмотра указано:

«*На палубе при входе в помещение водно-химической лаборатории обнаружена буй-вьюшка. […] У входного люка в отсек, по левому борту […] лежат 14 карабинов. Каждый карабин закреплен на фале, представляющем собой ленту длиной 120 см. Ленты между собой связаны в узел. […] На входе в ВХЛ на палубе лежит буй-вьюшка, предназначенная для крепления за стопор спасательного люка и выхода из аварийного крейсера методом всплытия по буйрепу. Общая длина буйрепа составляет 115,5 м, на нем на удалении 2, 4, 6, 8, 10, 14, 16, 18, 20, 22, 30 и 35 метров от крепления закреплены пластиковые шары белого цвета (мусинги)*» (т. 98, л.д. 1–53).

Данные протокола осмотра прямо свидетельствуют о подготовке к выходу из подводной лодки методом свободного всплытия. Вместе с тем причина, по которой подводники не осуществили выход, на самом деле не установлена и может существовать в виде версий.

Защита считает, что отсутствие связи со стороны сил спасения, незнание подводниками наличия на поверхности барокамер<?> могло привести к тому, что подводники не предпринимали мер к самостоятельному выходу, впрочем, защита не исключает, что подготовка к выходу прервалась в результате пожара, однако ни одна из перечисленных версий не дает ответа на вопросы: Когда имел место пожар? Когда погибли подводники?

13. В заключение суд указывает в постановлении:

«*Резюмируя вышеизложенное, суд приходит к выводу, что совокупность всех доказательств, приведенных в обжалуемых постановлениях, а не только, как утверждает адвокат Кузнецов, данные комиссионной судебно-медицинской и судебной акустико-фонографической экспертиз, явились основанием для вынесения следователем постановлений о прекращении уголовного дела и об отказе в возбуждении уголовного дела в отношении должностных лиц Северного флота, которые суд находит законными и обоснованными*» (л. 8 постановления).

Логика суда в этом абзаце постановления выглядит так: Есть две экспертизы, которые оспаривает защита, и есть некая «совокупность доказательств», которая не приводится, но которая и без комиссионной судебно-медицинской экспертизы и судебной акустико-фонографической экспертизы устанавливает те же обстоятельства, делающие законными и обоснованными обжалуемые постановления. Таким образом, по утверждению суда, если даже согласиться с мнением защиты и спустить в унитаз выводы оспариваемых экспертиз, эта «совокупность» доказывает, что подводники в 9-м отсеке жили не более 8 часов, что источником стуков, в т.ч. сигналов SOS, были неизвестные, стучавшие из подводной части надводных кораблей.

Совокупность доказательств есть сумма доказательств, а любая сумма состоит из слагаемых. Если под слагаемым следует понимать количественные признаки: число допрошенных свидетелей, число проведенных экспертиз, количество томов дела, то в этом смысле совокупность доказательств вполне достаточна для доказательств виновности должностных лиц ВМФ России в развале флота. Если же принимать во внимание качественную составляющую каждого из доказательств, то их совокупность достаточна для единственного тезиса: «Она утонула».

Ни одно из доказательств, содержащихся в деле, кроме комиссионной судебно-медицинской экспертизы, не устанавливает время гибели подводников, находившихся в 9-м отсеке, ни одно из доказательств, кроме вывода С. Козлова, не дает оснований для выводов следствия, что стучали больше 2 суток, подавая сигналы SOS, неустановленные идиоты из трюмов кораблей и судов, которые не находились в аварийном состоянии.

Таким образом, совокупность – сумма доказательств, каждое из которых, с точки зрения содержательной части, равно нулю, а сумма из этих нулей, по мнению суда, образует какую-то другую цифру, кроме нуля.

14. Доводы, приведенные защитой, которые не оценены и не опровергнуты в постановлении суда по комиссионной судебно-медицинской экспертизе

14.1. Судом не дана оценка доводов защиты (п. 1.1, 1.3 жалобы), которая считает некорректной экстраполяцию результатов морфологических и биохимических анализов переживания острой стрессовой ситуации на всех или большинство подводников. При том что кровоизлияния в слизистую оболочку желудка выявлены у 6 моряков из 23, отсутствие гликогена в печени и мышцах – у 9 из 23, увеличение (в 3–5 раз по сравнению с нормой) содержания глюкозы в крови – у 1 из 23.

14.2. Суд не принял во внимание отсутствие в заключении комиссионной экспертизы каких-либо ссылок на практику судебно-медицинских исследований, из которых следует, что для образования аналогичных кровоизлияний в слизистую оболочку желудка и формирования подобного соотношения гликогена и глюкозы требуется около 4–8 часов (п. 1.3.2 жалобы).

14.3. Не оценено судом и то обстоятельство, что кровоизлияния в слизистую оболочку желудка не являются свидетельством переживания стрессовой ситуации (п.1.2 жалобы), т.к. изменения такого характера наблюдаются при быстрой смерти и являются признаком острых нарушений микроциркуляции. Это бывает, в том числе, и в случаях острой смерти от токсического воздействия СО. Данный вывод следует из заключения специалистов, заключения которых приобщены судом к материалам дела.

14.4. Не приняты во внимание противоречия (п. 1.3.1 жалобы), которые содержатся в исследовательской части заключения № 77/2, а именно ссылка на письмо 40 ГосНИИ, специалистами которого проведен анализ открытых источников для заключения о возможном времени полного выхода гликогена из печени и мышц, а также временных параметрах процесса утилизации глюкозы в крови человека, находившегося под влиянием специфических физических, химических и психических травмирующих факторов.

Специалисты 40 ГосНИИ (занимающиеся исследованиями углеводного обмена подводников и водолазов, находящихся в стрессорной ситуации) на основании накопленного институтом опыта и анализа открытых источников пришли к выводу о том, что, по имеющимся в распоряжении следствия данным, **установить временные рамки полного истощения углеводных резервов организма при возникновении аварийных условий, в частности в отсеке аварийной ПЛ, не представляется возможным.**

При этом отмечено, что **данные судебно-медицинских исследований водолазных происшествий и случаев гибели подводников или личного состава, имеющихся в институте, носят фрагментарный характер и их систематизация исключена вследствие ряда объективных причин.**

14.5. Суд не принял во внимание и то обстоятельство, что вопрос, связанный с изучением морфологических и биохимических показателей организма в связи с ситуационной изменчивостью, относится к предмету медицинской психологии, а не судебной медицины, в связи с этим и не была дана оценка пункту 1.3.3.1 жалобы.

14.6. Суд игнорировал заключение психолингвиста академика А. А. Леонтьева, согласно которому, исследование записок С. Садиленко и Д. Колесникова не обнаружило признаков стресса.

14.7. Судом не дана оценка ссылкам комиссии Колкутина на факт возникновения пожара в 9-м отсеке (п. 1.4.1 жалобы), ссылка на время написания записки Дмитрием Колесниковым (п. 1.4.2 жалобы).

14.8. Не проанализированы судом противоречия в заключении комиссионной экспертизы № 77/02, в исследовательской части которой эксперты по каждому из погибших делают вывод, что каждый из погибших умер в течение нескольких часов от момента возникновения пожара, с окончательным выводом экспертизы о том, что гибель подводников наступила не позднее 8 часов с момента второго сейсмического события (п. 1.5.1 жалобы).

15. Доводы, приведенные защитой, которые не оценены и не опровергнуты в постановлении суда по акустико-фонографической экспертизе в части установления источников стуков, которая выполнялась Козловым С. В.

15.1. Судом не опровергнуты в полном объеме доводы защиты о грубом нарушении ст. 25 Федерального закона от 31 мая 2001 г. № 73-ФЗ «О государственной судебно-экспертной деятельности в Российской Федерации» (с изменениями от 30 декабря 2001 г.), в которой указывается, что в заключении эксперта или комиссии экспертов должно указываться содержание и результаты исследований с указанием примененных методов, а также оценка результатов исследований, обоснование и формулировка выводов по поставленным вопросам (п. 2.1 жалобы). Если даже принять во внимание схему, представленную Козловым С .В. после прекращения уголовного дела, то она не отвечает требованиям ст. 25 указанного Закона.

15.2. Судом не опровергнут довод защиты и не дана оценка тому обстоятельству, что в распоряжение экспертов, в т.ч. Козлова, не были предоставлены вахтенные, навигационные и гидроакустические журналы кораблей и судов, производивших гидроакустический поиск, без которых делать какие-либо выводы – все равно что проводить дактилоскопическую экспертизу без отпечатков пальцев (п. 2.2 жалобы).

15.3. Судом не дана оценка и тому факту, что в постановлении следователя ставится вопрос о местонахождении источника сигналов SOS, а в ответе определяются географические координаты источника гидроакустических сигналов, принятых ГАК ТАРКР «Петр Великий» (п. 2.3 жалобы).

15.4. Суд оставляет без реакции тот факт, что в постановлении Следственного управления ГВП от 10 июня 2002 года о назначении акустико-фонографической экспертизы объектами исследования являлись магнитные записи 14 аудиокассет, из которых 8 аудиокассет представлены в/ч 69267 и 6 аудиокассет – УПАСР СФ с записями, выполненными на СС «Михаил Рудницкий», судя по ответу, Козлов исследовал только кассеты с записью сигналов, принятых ГАК ТАРКР «Петр Великий» (п. 2.4 жалобы).

15.5. Суд не дал ответа на вопрос защиты, поставленный в жалобе (п. 2.5.1 жалобы), о том, что Козлов подписался под выводами экспертов в той части, что стуки были по межотсечной переборке лежащей на дне подводной лодки, а также то, что это обстоятельство противоречит выводам следствия о стуках из подводной части надводных кораблей.

15.6. Судом не дана оценка противоречиям в выводах акустико-фонографической экспертизы при ответе на вопрос № 8, в котором эксперты исключают стуки из подводной части надводных кораблей, и выводам следствия, которое пришло к противоположному выводу (п. 2.5.2 жалобы).

15.7. В постановлении суда не дается оценка доводу защиты (п. 2.6 жалобы), в котором защита говорит о нарушении Козловым – ст. 21 Федерального закона от 31 мая 2001 г. № 73-ФЗ «О государственной судебно-экспертной деятельности в Российской Федерации», в той части, что при проведении комиссионной экспертизы каждый эксперт независимо и самостоятельно проводит исследования, оценивает результаты, полученные им лично и другими экспертами, а также ст. 23 этого же Закона, по которой общий вывод делают эксперты, компетентные в оценке полученных результатов и формулировании данного вывода.

Если основанием общего вывода являются факты, установленные одним или несколькими экспертами, это должно быть указано в заключении.

15.8. Судом не дана оценка ошибок штурманов и командиров, выявленных защитой, в ходе изучения вахтенных, навигационных и гидроакустических сигналов (п. 2.7.2, 2.8 жалобы).

15.9. Не принят во внимание довод защиты (п. 2.7.2.7 жалобы), указывающий на то обстоятельство, что грубейшей ошибкой при проведении спасательной операции явилось неприменение открытой связи между кораблями и судами и членами экипажа «К-141».

15.10. Судом не дана оценка штурманским вычислениям, проведенным защитой, которыми установлено место пересечения пеленгов с координатами

$\varphi° = 69°37'.8N; \lambda° = 37°34'.5 Ost$

(п. 3 жалобы), а также тому обстоятельству, что через указанную точку проходит 84% всех пеленгов. Именно это дает основание утверждать, что источник стуков находится в месте затопления АПРК «Курск».

15.11. Суд формально подошел к оценке постановления от 04.01.2003 г. (пп. 5, 7 жалобы) с точки зрения опровержения доводов, содержащихся в жалобе защиты от 30.12.2002 года.

15.12. Не нашли мотивированной оценки и доводы, касающиеся неудовлетворительной подготовки личного состава АПРК «Курск» при обращении с практической торпедой 65-76А ПВ № 1336А ПВ, неудовлетворительного хранения и эксплуатации этой торпеды, использование деталей и комплектующих с просроченными сроками годности, отсутствие надлежащего контроля за подготовкой экипажа и за обслуживанием материальной части БЧ-3 АПРК «Курск» по обеспечению безопасного хранения перекисно-водородных торпед (п. 7 жалобы).

15.13. Суд не дает оценки доводам жалобы (п. 8 жалобы) в части нарушения руководящим составом Северного флота нормативных актов и руководящих документов ВМФ, которые регламентируют подготовку и ход учений.

На основании ст. 7, в соответствии со ст. 380, 386 УПК РФ,

ПРОШУ:

постановление Московского гарнизонного военного суда от 21.04.2004 г. об отказе в удовлетворении жалобы на постановления предварительного следствия по уголовному делу по факту гибели АПРК «Курск» отменить и направить жалобу для нового судебного рассмотрения в ином составе суда.

Приложение:
1. Копия кассационной жалобы.
2. Ордер.

Представитель потерпевших, адвокат Б. А. Кузнецов

Приложение № 26

AU GREFFIER DE LA COUR EUROPEENNE
DES DROITS DE L'HOMME
CONSEIL DE L'EUROPE
F-67075 STRASBOURG CEDEX
ЕВРОПЕЙСКИЙ СУД ПО ПРАВАМ ЧЕЛОВЕКА
СОВЕТ ЕВРОПЫ
СТРАСБУРГ, ФРАНЦИЯ

Жалоба
(предварительная)
в соответствии со статьей 34 Европейской конвенции по правам человека и статьям 45 и 47 Регламента суда

ВАЖНО: Данная жалоба является юридическим документом и может повлиять на Ваши права и обязанности

I. СТОРОНЫ:

А. Заявители:
1. Фамилия заявителя: **Колесников**
2. Имя, отчество: **Роман Дмитриевич**
Пол: **мужской**
3. Гражданство: **Российская Федерация**
4. Род занятий: **инженер-механик по кораблям, доцент Военно-морской академии имени адмирала флота Советского Союза Н. Г. Кузнецова**
5. Дата и место рождения: **25 сентября 1940 года, гор. Пятигорск Ставропольского края, Россия**
9. Имя и фамилия представителя: **Борис Кузнецов, адвокат адвокатского бюро «Борис Кузнецов и партнеры»; Елена Зингер, адвокат адвокатского бюро «Борис Кузнецов и партнеры»**
10. Род занятий представителя: **адвокатская деятельность, оказание юридической помощи гражданам и организациям, защита по уголовным делам и представительство по гражданским делам, а также оказание юридической помощи при обращении в международно-правовые органы**

Б. Высокая договаривающаяся сторона
13. Российская Федерация

II. ИЗЛОЖЕНИЕ ФАКТОВ

14. 12 августа 2000 года в 11.30 в Баренцевом море в ходе учений сил Северного флота потерпел катастрофу и затонул атомный подводный ракетный крейсер «Курск» с координатами 69°37'00 северной широты и 37°34'25 восточной долготы. В результате катастрофы погибли 118 человек, находившиеся на борту крейсера. Среди погибших – сын заявителя, Колесников Дмитрий Романович, командир турбинной группы дивизиона движения БЧ-5, капитан-лейтенант. Дмитрий Колесников и еще 22 подводника после гибели корабля и основной части экипажа оставались живыми.

15. По факту гибели корабля и экипажа Главной военной прокуратурой возбуждено уголовное дело № 29/00/0016-00 по признакам преступления, предусмотренного ч. 3 ст. 263 УК РФ (Нарушение правил

безопасности движения и эксплуатации железнодорожного, воздушного, морского или речного транспорта лицом, в силу выполняемой работы или занимаемой должности обязанным соблюдать эти правила, если это деяние повлекло по неосторожности смерть двух или более лиц).

16. 28 июня 2002 г. вынесено постановление об отказе в возбуждении уголовного дела в отношении командующего Северным флотом Попова В. А., начальника штаба Северного флота Моцака М. В., а также в отношении других руководителей и командиров Бояркина Ю. И., Бурцева О. В., Кузнецова М. Ю., Хандобина В. А., Тесленко А. П., Кобелева В. В., Шеметова А. В., Рогатина В. И., Касатонова В. Л. в связи с тем, что причинная связь между допущенными ими нарушениями при организации учений, подготовке крейсера и его экипажа, выпуске его в море, а также при поисково-спасательной операции и наступившими последствиями (гибелью 118 человек и затоплением подводного крейсера) отсутствует. 22 июля 2002 года уголовное дело по факту гибели корабля и экипажа прекращено по основаниям, указанным в пункте 2 части 1 статьи 24 Уголовно-процессуального кодекса Российской Федерации (за отсутствием в действиях должностных лиц состава преступления) [Приложение № 1].

17. Заявитель признан потерпевшим по данному уголовному делу, и ему, как и другим потерпевшим – родственникам членов погибшего экипажа, предоставлено право знакомиться с материалами уголовного дела как лично, так и через представителя. Заявитель ознакомился с материалами дела через представителей – адвокатов адвокатского бюро «Борис Кузнецов и партнеры».

18. 30 декабря 2002 года в 14 часов 00 минут представитель заявителя адвокат заявителя подал лично главному военному прокурору генерал-полковнику Александру Савенкову жалобу на постановление следователя о прекращении уголовного дела. В жалобе поставлен вопрос об отмене постановления о прекращении уголовного дела и возобновлении предварительного расследования [Приложение № 2]. В 14 часов 50 минут пресс-служба Главной военной прокуратуры распространила сообщение, что жалоба адвоката изучена и в ее удовлетворении отказано. 4 января 2003 года постановлением старшего помощника Главного военного прокурора, начальником отдела надзора Демиденко П. С. в удовлетворении жалобы отказано [Приложение № 2].

19. Отказ Главной военной прокуратуры в удовлетворении жалобы от 04.01.2003 года и постановление следователя о прекращении уголовного дела от 22.07.2002 года обжалованы в Московский гарнизонный военный суд [Приложение № 4], который 21 апреля 2004 года отказал в удовлетворении жалобы защиты [Постановление суда – приложение № 5, протокол судебного заседания – приложение № 6].

20. Постановление судьи Московского гарнизонного военного суда было обжаловано в кассационном порядке в Московский окружной

военный суд [кассационная жалоба – приложение № 7], который 29 июня 2004 года кассационным определением № К-78м оставил постановление Московского гарнизонного военного суда от 21.04.2004 года без изменения, а кассационную жалобу – без удовлетворения [Приложение № 8].

Данное судебное решение, вынесенное судом Российской Федерации, является окончательным, а поэтому внутригосударственные средства правовой защиты исчерпаны.

По мнению заявителя, предварительное следствие велось неэффективно, с грубыми нарушениями норм законодательства Российской Федерации, в результате чего виновные в гибели корабля, экипажа, в т.ч. его сына, уклонились от уголовной ответственности.

Судебные инстанции очевидные факты нарушения уголовного процессуального законодательства Российской Федерации игнорировали, не дали надлежащей оценки фактам, установленным в ходе предварительного расследования, а также доводам защиты заявителя.

Заявитель сознает, что им обжалуется только факт отказа от проведения дополнительного расследования и что при дополнительном расследовании, а также в суде может быть установлена невиновность должностных лиц Военно-морского флота России и Северного флота. Он понимает также, что требования касаются исключительно проверки его доводов, которые он приводит, оспаривая лишь часть выводов предварительного следствия.

III. ИЗЛОЖЕНИЕ ИМЕВШИХ МЕСТО, ПО МНЕНИЮ ЗАЯВИТЕЛЯ, НАРУШЕНИЙ КОНВЕНЦИИ И/ИЛИ ПРОТОКОЛОВ К НЕЙ И СООТВЕТСТВУЮЩИХ АРГУМЕНТОВ, ЕГО/ИХ ПОДТВЕРЖДАЮЩИХ

21. Статья 2 Европейской конвенции о защите прав человека и основных свобод – право на жизнь. Часть 1 статьи 2 Конвенции предусматривает:

Позитивные обязательства государства по обеспечению права на жизнь – это означает, что государство должно предпринимать необходимые и достаточные действия для охраны жизни людей в пределах своей юрисдикции.

Применительно к обстоятельствам гибели «Курска» это означает, что государство принимает на себя обязательство обеспечить условия и меры безопасности при мореплавании, в том числе при проведении учений, обеспечение средствами спасения, как коллективными, так и индивидуальными, создание систем эффективного поиска корабля, оказавшегося в аварийной ситуации, и спасение экипажа, включая спасение подводников из затонувшей подводной лодки.

Кроме того, на государство возлагается обучение экипажей подводных лодок мерам безопасности при обращении с приборами, механизмами и приспособлениями, с оружием, а также с другими средствами, представляющими опасность для жизни людей. Кроме того, на государство возложена обязанность обучения экипажей подводных лодок борьбе за живучесть корабля, использованию коллективных и индивидуальных спасательных средств.

Государство и уполномоченные должностные лица в мирное время должны обеспечить такое функционирование вооруженных сил, в том числе экипажей подводных кораблей, которые исключали бы гибель людей, а в случае аварийных ситуаций в результате техногенных катастроф и стихийных бедствий – обеспечить спасение людей.

По мнению заявителя, разрешение на выход в море неподготовленного корабля, применение практической торпеды 65-76А ПВ № 1336А ПВ, которую нельзя было эксплуатировать по причине недостаточного обучения обращения с ней личного состава боевой части, находятся в причинной связи с гибелью корабля и экипажа, а поэтому должностные лица, отдавшие приказ на выход корабля в море и использование указанной торпеды, должны нести уголовную ответственность.

Как составная часть позитивных обязательств ч. 1 ст. 2 предусматривает процедурные обязательства: обязанность государства обеспечить проведение надлежащего эффективного официального публичного расследования каждого случая смерти. Применительно к гибели АПРК «Курск» это означает проведение расследования всех обстоятельств гибели корабля и экипажа объективно, полностью и всесторонне, выявление причин и условий, которые привели к гибели людей, в том числе по причине бездействия должностных лиц, на которых возлагалась обязанность руководить подготовкой корабля и экипажа, применять запретительные меры, если готовность корабля и экипажа находится на уровне, угрожающем жизни людей, а также не обеспечивших принятия мер по подготовке сил и средств спасения.

22. Статья 13 Европейской конвенции: право на эффективное средство правовой защиты

Каждый, чьи права и свободы, признанные в настоящей Конвенции, нарушены, имеет право на эффективное средство правовой защиты в государственном органе, даже если это нарушение было совершено лицами, действовавшими в официальном качестве.

Этой норме соответствует статья 52 Конституции Российской Федерации, которая гласит: *«Права потерпевших от преступлений и злоупотреблений властью охраняются законом. Государство обеспечивает потерпевшим доступ к правосудию и компенсацию причиненного ущерба».*

Заявитель и другие потерпевшие по делу о гибели атомного подводного крейсера «Курск» требуют полного, объективного и всестороннего расследования уголовного дела, ставят вопрос о возобновлении предварительного расследования, опираясь на факты и противоречия в выводах следствия, однако ни предварительное следствие, ни судебные инстанции не дали оценки фактам, установленным в ходе предварительного расследования, а также представленным на предварительном следствии и в судах доводам защиты заявителя. Рассмотрение дела необъективно и расценивается заявителем как ограничение доступа к правосудию.

23. Нарушение других норм международного права.

Декларация основных принципов правосудия для жертв преступлений и злоупотреблений властью от 29 ноября 1985 г., принятая Генеральной ассамблеей ООН в 1985 г. (далее – Декларация), устанавливает, что под термином «жертвы» понимаются лица, которым индивидуально или коллективно был причинен моральный вред, эмоциональные страдания, материальный ущерб или существенное ущемление их основных прав в результате действия или бездействия, нарушающего действующие национальные уголовные законы государств-членов, включая законы, запрещающие преступное злоупотребление властью. Термин «жертва» включает близких родственников или иждивенцев непосредственной жертвы. Они имеют право на доступ к механизмам правосудия и скорейшую компенсацию за нанесенный им ущерб в соответствии с национальным законодательством.

Этому соответствует статья 18 Конституции Российской Федерации: *«Права и свободы человека и гражданина являются непосредственно действующими. Они определяют смысл, содержание и применение законов, деятельность законодательной и исполнительной власти, местного самоуправления и обеспечиваются правосудием».*

Заявитель считает, что в результате бездействия власти, руководителей Военно-морского флота России и командования Северного флота, которые выпустили в море неподготовленный корабль и экипаж, АПРК «Курск» затонул. Погибли 118 человек экипажа. Сын заявителя Колесников Дмитрий погиб вместе с 22 подводниками, которые оставались живыми более двух суток после гибели корабля и большей части экипажа, в отношении которых не были приняты меры по их спасению.

Органы предварительного следствия не приняли исчерпывающих мер для полного, всестороннего и объективного расследования обстоятельств гибели корабля и экипажа, в нарушение Конституции Российской Федерации не признали недопустимыми доказательства, полученные с нарушением федеральных законов, не проверили доводы защиты потерпевших. Судами не дана оценка всех доводов представителей потерпевших, их позиция зачастую искажалась.

В результате неполного и необъективного следствия и судебных разбирательств лица, которые, по мнению заявителя, виновны в гибели корабля и экипажа, не понесли наказания.

Заявитель в настоящее время настаивает на полном, объективном и всестороннем расследовании дела о гибели корабля и экипажа, в состав которого входил его сын Дмитрий Колесников.

24. Законодательство Российской Федерации устанавливает ответственность должностных лиц, виновных в неисполнении или ненадлежащем исполнении своих обязанностей.

В соответствии с частью 1 статьи 293 Уголовного кодекса Российской Федерации, халатность, то есть неисполнение или ненадлежащее исполнение должностным лицом своих обязанностей вследствие недобросовестного или небрежного отношения к службе, повлекшее по неосторожности смерть двух или более лиц, наказывается лишением свободы на срок до семи лет с лишением права занимать определенные должности или заниматься определенной деятельностью на срок до трех лет или без такового.

В постановлении о прекращении уголовного дела от 22.072002 года признается, что должностными лицами Северного флота ненадлежащим образом исполнены свои должностные обязанности: «[...] *вследствие незнания адмиралом Поповым В. А. и подчиненными ему должностными лицами конкретной обстановки после прохода кораблями авианосной многоцелевой группы района РБД-1 и невыполнения ими требований руководящих документов ВМФ, определяющих действия должностных лиц флота в случае отсутствия всплытия подводной лодки в установленное время в надводное положение, а также из-за принятия ошибочных решений в процессе ожидания всплытия подводного крейсера, он был объявлен аварийным с опозданием на 9 часов.*

Вместе с тем предварительным следствием достоверно установлено, что даже при более раннем обнаружении местонахождения АПРК «Курск» на грунте спасти экипаж не представилось бы возможным ввиду скоротечности его гибели. С учетом изложенного, 28 июня 2002 г. в отношении Попова В. А., Моцака М. В., Бояркина Ю. И., Бурцева О. В., Куз-

нецова М. Ю., Хандобина В. А., Тесленко А. П., Кобелева В. В., Шеметова А. В., Рогатина В. И., Касатонова В. Л. принято правовое решение об *отказе в возбуждении уголовного дела в связи с тем, что причинная связь между допущенными ими нарушениями при организации учений, подготовке крейсера и его экипажа, выпуске его в море, а также при поисково-спасательной операции и наступившими последствиями (гибелью 118 человек и затоплением подводного крейсера) отсутствует».*

Говоря о скоротечности гибели экипажа, предварительное следствие сделало вывод, что гибель 95 членов экипажа имела место в первые минуты и секунды после взрыва, а 23 человека, находившиеся в 9-м отсеке, погибли в течение 4,5–8 часов после второго взрыва (второго сейсмического события).

Таким образом, как считает следствие, гибель всего экипажа наступила до объявления лодки аварийной и начала поисково-спасательной операции, а поэтому отсутствует причинная связь между действиями руководителей Северного флота и гибелью экипажа, включая подводников, которые находились в 9-м отсеке.

24. Заявитель считает, что этот вывод следствия противоречит материалам расследования. Кроме того, несмотря на обращение представителя заявителя в Главную военную прокуратуру с мотивированным ходатайством о необходимости проведения дополнительного расследования, проверки следственным путем ряда обстоятельств, связанных с гибелью

корабля и экипажа, несвоевременное объявление корабля аварийным и непринятие своевременных мер по его поиску, низкий уровень организации спасательной операции, был получен немотивированный отказ.

Кроме того, по мнению заявителя, судебные решения необоснованно отклонили доводы защиты, рассматривали дело необъективно, ряд доводов защиты не был ими рассмотрен. Суды, которые рассматривали дело, не приняли во внимание доказательства, представленные защитой, в части определения времени наступления смерти подводников, находившихся в 9-м отсеке, места нахождения источника стуков, в том числе сигналов SOS.

В частности предварительное следствие и суды, несмотря на наличие доказательств, что экспертами классифицированы стуки, записанные на магнитную пленку, как стуки, производимые человеком металлическим предметом по межотсечной переборке подводной лодки, утверждают, что 23 подводника в 9-м отсеке жили не более 8 часов, хотя стуки продолжались более двух суток.

По мнению заявителя, прекращение уголовного дела по факту гибели «Курска» обусловлено принятием политического решения не привлекать виновных должностных лиц к уголовной ответственности, а ограничиться их увольнением из Вооруженных сил. Руководители Северного флота, которые, по мнению заявителя, виновны в халатности, уголовного наказания не понесли, продолжают занимать высокие государственные должности. Бывший командующий Северным флотом адмирал Вячеслав Попов избран членом Совета Федерации Федерального Собрания Российской Федерации, а бывший начальник штаба Северного флота вице-адмирал Михаил Моцак является заместителем представителя президента Российской Федерации по Северо-западному федеральному округу.

25. При проведении расследования в качестве специалистов и экспертов привлекались лица и организации, прямо или косвенно заинтересованные в исходе дела и результатах расследования. Так, в качестве экспертов по делу были привлечены сотрудники ЦКБ «Рубин», которые проектировали «Курск». В фонографической экспертизе принимал участие заместитель главного штурмана ВМФ России капитан I ранга Сергей Козлов, которому подчинялись штурманские службы Северного флота, чьи ошибки при маневрировании не позволили точно и своевременно установить место нахождения источника стуков.

Ряд организаций и должностных лиц, принимавших участие в качестве экспертов и специалистов, подчинялся Главкому ВМФ России адмиралу флота Владимиру Куроедову, который также, как считает заявитель, причастен к принятию политического решения о непривлечении к уголовной ответственности должностных лиц Северного флота.

Этим обстоятельствам не дано оценки военными судами и органами предварительного расследования, что означает, по мнению заявителя, ограничение доступа к правосудию.

IV. ЗАЯВЛЕНИЕ В СООТВЕТСТВИИ СО СТАТЬЕЙ 35 ПАРАГРАФА 1 КОНВЕНЦИИ

26. Окончательное внутреннее решение – 29 июня 2004 года определение судебной коллегии по уголовным делам Московского окружного военного суда. Применительно к вопросу о нарушении статьи 2(1) можно считать окончательным решением определение Судебной коллегии по уголовным делам Московского окружного военного суда от 29 июня 2004 года, которым признано законным и обоснованным постановление судьи Московского гарнизонного военного суда от 21 апреля 2004 года и отказано в удовлетворении жалобы представителя потерпевших.

27. Других решений по данному делу не выносилось.

28. В соответствии с разделом XV (статей 402–419) Уголовно-процессуального кодекса Российской Федерации, участники процесса, в том числе потерпевшие, вправе обжаловать приговор или другое судебное решение, вступившее в законную силу, но, с точки зрения статьи 35 параграфа 1 Конвенции, окончательным решением следует признавать то судебное решение, которое является окончательным и вступает в законную силу.

V. ИЗЛОЖЕНИЕ ПРЕДМЕТА ЖАЛОБЫ И ПРЕДВАРИТЕЛЬНЫЕ ТРЕБОВАНИЯ ПО СПРАВЕДЛИВОМУ ВОЗМЕЩЕНИЮ

29. Заявитель просит признать, что в отношении него нарушены права, предусмотренные статьей 2(1) Европейской Конвенции по правам человека и статьей 4 Декларации основных принципов правосудия для жертв преступления и злоупотребления властью (утв. резолюцией Генеральной ассамблеи ООН 40/34 от 29 ноября 1985 г.) и обязать Российскую Федерацию провести полное, всестороннее и объективное расследование обстоятельств гибели АПРК «Курск» и экипажа с привлечением к уголовной ответственности виновных должностных лиц Военно-морского флота России.

30. Заявитель просит принять решение о взыскании в его пользу суммы справедливой компенсации в размере, который будет определен после признания жалобы приемлемой.

VI. ДРУГИЕ МЕЖДУНАРОДНЫЕ ИНСТАНЦИИ, ГДЕ РАССМАТРИВАЛОСЬ ИЛИ РАССМАТРИВАЕТСЯ ДЕЛО

32. Данное дело другими международными инстанциями не рассматривалось и не рассматривается.

VII. СПИСОК ПРИЛОЖЕННЫХ ДОКУМЕНТОВ

1) Постановление следователя Главной военной прокуратуры от 22.07.2002 года.

2) Ходатайство защиты главному военному прокурору от 30.12.2002 года об отмене постановления о прекращении уголовного дела.

3) Постановление Главной военной прокуратуры от 04.01.2003 года

об отказе в удовлетворении – ходатайства.

4) Жалоба защиты в Московский окружной военный суд от 15.02.2004.

5) Постановление судьи Московского гарнизонного военного суда от 21 апреля 2004 года.

6) Кассационная жалоба на постановление Московского гарнизонного военного суда от 13 мая 2004 года.

7). Определение Судебной коллегии по уголовным делам Московского окружного военного суда от 29 июня 2004 года.

VIII. ЗАЯВЛЕНИЕ И ПОДПИСЬ

33. Я, нижеподписавшийся, представитель заявителя адвокат Борис Кузнецов подтверждаю, что все сведения, которые я указал в формуляре, являются верными.

Город Москва, Российская Федерация
26 декабря 2005 года

Приложение № 27

*НАЧАЛЬНИКУ ЛУВДТ НА ВОДНОМ ТРАНСПОРТЕ
ПОЛКОВНИКУ ЮСУПОВУ
123423 МОСКВА НИЖНИЕ МНЕВНИКИ НОВЫЕ ДОМА 19
ЮСУПОВУ*

УВАЖАЕМЫЙ ГОСПОДИН ПОЛКОВНИК!

ВАШИМ ПИСЬМОМ ОТ 26.01.2005 НА ОСНОВАНИИ ПУНКТА 4 СТАТЬИ 21 УПК РФ ИСТРЕБОВАНЫ УЧРЕДИТЕЛЬНЫЕ ДОКУМЕНТЫ ЛИЦЕНЗИИ И ДОГОВОРА НА ПОЛИГРАФИЧЕСКУЮ ДЕЯТЕЛЬНОСТЬ ИЗДАТЕЛЬСТВА «ДЕ-ФАКТО». КРОМЕ ТОГО, ВАШИ СОТРУДНИКИ, КОТОРЫЕ ПРИБЫЛИ 26 ЯНВАРЯ СГ В ОФИС ИЗДАТЕЛЬСТВА, ИНТЕРЕСОВАЛИСЬ МОЕЙ КНИГОЙ «ОНА УТОНУЛА...» ПРАВДА О «КУРСКЕ», КОТОРУЮ СКРЫЛ ГЕНПРОКУРОР УСТИНОВ».

СООБЩАЮ, ЧТО ПУНКТА 2 В СТАТЬЕ 21 УПК РФ НЕТ, А ЕСТЬ ЧАСТЬ ВТОРАЯ, КОТОРАЯ УКАЗЫВАЕТ СЛЕДУЮЩЕЕ: «В КАЖДОМ СЛУЧАЕ ОБНАРУЖЕНИЯ ПРИЗНАКОВ ПРЕСТУПЛЕНИЯ ПРОКУРОР, СЛЕДОВАТЕЛЬ, ОРГАН ДОЗНАНИЯ И ДОЗНАВАТЕЛЬ ПРИНИМАЮТ ПРЕДУСМОТРЕННЫЕ НАСТОЯЩИМ КОДЕКСОМ МЕРЫ ПО УСТАНОВЛЕНИЮ СОБЫТИЯ ПРЕСТУПЛЕНИЯ, ИЗОБЛИЧЕНИЮ ЛИЦА ИЛИ ЛИЦ, ВИНОВНЫХ В СОВЕРШЕНИИ ПРЕСТУПЛЕНИЯ». СУДЯ ПО ВАШЕЙ ССЫЛКЕ НА ЗАКОН, ВЫ КАК ОРГАН ДОЗНАНИЯ ОБНАРУЖИЛИ ПРИЗНАКИ КАКОГО-ТО ПРЕСТУПЛЕНИЯ.

ПРОШУ СООБЩИТЬ, КТО, КОГДА И ПРИ КАКИХ ОБСТОЯТЕЛЬСТВАХ СООБЩИЛ О СОВЕРШЕННОМ ПРЕСТУПЛЕНИИ, О КАКОМ ПРЕСТУПЛЕНИИ, КТО, КОГДА И ГДЕ ПРИНЯЛ СООБЩЕНИЕ, ПОД КАКИМ НОМЕРОМ ЭТО СООБЩЕНИЕ ИЛИ ЗАЯВЛЕНИЕ БЫЛО ЗАРЕГИСТРИРОВАНО В КНИГЕ УЧЕТА ПРОИСШЕСТВИЙ, ВОЗБУЖДЕНО ЛИ ПО ЭТОМУ ФАКТУ УГОЛОВНОЕ ДЕЛО, ЕСЛИ ВОЗБУЖДЕНО, ТО ПО КАКИМ ПРИЗНАКАМ КАКОГО ПРЕСТУПЛЕНИЯ.

ПРОШУ СРОЧНО СВЯЗАТЬСЯ СО МНОЙ ПО ТЕЛЕФОНАМ 418 86 22 ИЛИ 418 86 27 (ДОМАШНИЙ), 792-10-96 И 722 9853 МОБ.

АДВОКАТ БОРИС КУЗНЕЦОВ

Приложение № 28

Анна Новак. В Петербурге состоится презентация книги адвоката Бориса Кузнецова «Она утонула...», посвященной трагедии АПЛ «Курск». (РИА «Новости» – Северо-Запад, 28.02.2005)

1 марта, в кают-компании Санкт-Петербургского клуба моряков-подводников состоится презентация книги адвоката Бориса Кузнецова «Она утонула...» Правда о «Курске», которую скрыл генпрокурор Устинов (записки адвоката)», посвященной гибели АПРК «Курск». Об этом РИА «Новости» сообщили в пресс-службе Петербургского клуба моряков-подводников.

В основу книги легли материалы уголовного дела о гибели атомного подводного крейсера, собственное расследование адвоката, независимые экспертные заключения и материалы СМИ. Их дополнили уникальные фотографии и документы.

В презентации примут участие Борис Кузнецов, родственники членов экипажа «Курска», эксперты – члены Петербургского клуба моряков-подводников.

Собравшиеся поделятся мнениями о том, помогут ли две книги – Кузнецова «Она утонула...» и вышедшая в октябре прошлого года «Правда о «Курске» генпрокурора Владимира Устинова – установить истину в деле о гибели «Курска». Кроме того, Кузнецов расскажет о том, какие перспективы у поданной в декабре жалобы в Европейский суд по правам человека в Страсбурге.

Приложение № 29

Стенограмма встречи президента России Владимира Путина с родственниками экипажа подводной лодки «Курск» 22 августа 2000 года. («Коммерсантъ-Власть», № 34(385). 29.08.2000)

История этой стенограммы такова. На встрече никому не разрешали пользоваться диктофонами. Более того, крайнее раздражение военных и сотрудников Федеральной службы охраны вызывали даже блокноты.

Единственная телекамера находилась на самом верху актового зала, в кинорубке, за стеклом. Звук передавался в автобус немецкой телекомпании RTL, чья спутниковая антенна была развернута перед гарнизонным Домом офицеров в Видяево с подачи съемочной группы отечественной компании РТР, которой срочно понадобилась спутниковая тарелка, а так как у них ее не было, то сотрудники РТР быстро сгоняли на КПП перед въездом в Видяево, где этих тарелок было хоть отбавляй, и выбрали немецкую.

Была там и ПТС телевизионной компании НТВ, но у нее, конечно, не было никаких шансов быть отмеченной группой РТР.

Так немцев, к их великой радости, привезли в Видяево, и они поучаствовали в деле видеозаписи встречи людей с президентом. Правда, распространявшаяся потом ими и другими источниками аудиозапись не имеет ничего общего с реальным разговором в актовом зале. В ней полностью отсутствует один участник этого разговора – собственно народ. Второй участник – президент – представлен довольно широко, но не полно. Многие его реплики отсутствуют. Злые языки рассказывают, что сразу после встречи, как только уехал президент, в автобусе RTL появились люди в штатском и быстро смонтировали свой вариант этой встречи. Как уж там на самом деле...

Таким образом, «Власть» располагает единственным более или менее полным вариантом стенограммы. Она сделана с диктофона, который работал все два часа сорок минут, что она длилась. У нее есть только один недостаток: не всегда слышно. Кое-какие реплики и президента, и родственников теряются. В этих местах в стенограмме сделаны соответствующие пометки. Но зато в нашем варианте нет цензуры.

Путин: Здравствуйте. У нас планировалась встреча в штабе флота, но я посчитал нужным сначала приехать к вам...

Мужчина из зала: Непонятные разговоры!

Путин: Хорошо, я буду говорить громче. Хочу с вами поговорить о ситуации, которая сложилась. Ужасная трагедия. Было соболезнование и все прочее, вы уже слышали. Я к ним присоединяюсь.

Женщина: Отмените траур немедленно!

Путин: Я не буду много говорить. То есть я буду говорить много. Думаю, что будет правильно, если я буду говорить в ответ на ваши мысли. К сожалению, сейчас, может быть, первый случай, когда мы не можем выяснить причину того, что разыгралось на дне океана. Теперь что касается траура. Как вы догадываетесь, я такой же морской специалист, как и многие из вас, кто приехал сюда со всей страны, поэтому все свои действия я основываю на наблюдениях специалистов. Я так же, как и вы, надеялся и, если честно говорить, в глубине души надеюсь до последнего.

Что касается траура, он объявлен в связи с тем, что есть точно совершенно установленный факт в том, что люди погибли. Я говорю о тех, кто погиб точно и в отношении гибели которых нет сомнений ни у кого. Мы знаем, что это так. Это не значит, что мы должны все бросить и прекращать надеяться и работать. Это значит, что в отношении тех, кто точно погиб, мы должны... *(Неразборчиво)*

Что касается того, сколько таких трагедий еще будет, сколько было, давайте не будем забывать о том, что было. Трагедии были и раньше, когда нам казалось, что мы живем в успешной стране. Трагедии были всегда. Вопрос в том, что трудно было себе представить, и мне в том числе... вы ведь знаете, что у нас страна в трудном положении и что у нас вооруженные силы в трудном положении, но что в таком положении, я тоже себе не представлял.

Для того чтобы этого не было, надо жить по средствам. Мы должны иметь меньшую армию, лучше оснащенную, технически совершенную. Мы не должны разбазаривать деньги, мы не должны иметь, может быть, миллион триста, должны иметь миллион или восемьсот, мы должны иметь там тридцать лодок, может быть, меньше, но они должны быть хорошо оснащены, экипажи должны быть хорошо обучены, должны иметь спасательные средства. Это все должно быть.

Женщина: А вы знаете, что экипаж «Курска» собран из двух экипажей? Вы знаете, что на лодках не хватает людей? О каком сокращении вы нам еще говорите?

Путин: Сейчас вернусь. Вернусь к сокращению. И вообще... нужно ли оно вообще. Оно нужно настолько, насколько нам нужно, чтобы экипажи были не со многих, не с двух лодок, а, если нужно, один с десяти. Но чтобы этот экипаж потом не страдал и не погибал в муках. Нам нужно хотя бы один экипаж. Но абсолютно точно надо быть уверенным, что он всем обеспечен, хорошо обучен, получает достойную заработную плату. Вот что нам нужно. А чтобы не влачили нищенское существование и не... *(Неразборчиво)* ...в могилу. *(Шум в зале)*

Выкрики: Что, экипаж виноват?!

Путин: Нет, я не считаю, что экипаж виноват в трагедии, и я не считаю, что я должен сегодня... *(Неразборчиво)* ...а есть разные предложения, и есть предложения и от некоторых присутствующих здесь немедленно расправиться с военным руководством страны, немедленно расправиться с военным руководством флота. Есть предложения и от опытных людей, очень опытных политиков так называемых, которые долгое время находились у власти, занимались политикой. Они мне тоже советуют немедленно кого-то уволить. Немедленно отдать под суд.

Знаете, это самое простое, что можно сейчас сделать. И может быть, кто-то был бы доволен и считал бы, что мы сделали правильно. Но я считаю, что мы с вами должны разобраться в истинных причинах трагедии. Должны понять, что произошло, по чьей вине, кто виноват. Если действительно кто-то виноват, а если это не стечение обстоятельств трагических... и на ясном глазу и на основе достоверной информации принимать решения. Вот это должно быть сделано.

Женщина: Скажите мне, пожалуйста, почему в седьмом и восьмом отсеке прекращены работы? Ведь открыли девятый отсек! Там вода. Может быть, в восьмом, седьмом отсеке нет – почему же туда никто... *(Неразборчиво)*

Путин: Вы знаете, я так же, как и вы... точно так же, точно такой же вопрос задаю специалистам. Каждые 3–4 часа я им звоню и спрашиваю. Хотел бы каждые полчаса, но мне просто неудобно было таскать их за руки. Просто я считал, что если я каждые полчаса буду там названивать, выяснять, я буду просто отрывать их от работы, которая нужна для того, чтобы спасти ваших ребят. Значит, это их мнение. Это не мое мнение. Я не специалист в области морского дела.

Выкрик из зала: Но почему не пошли?!

Путин: Значит, я тоже задаю им этот вопрос: уверены ли вы в том, что все закончено? Вы можете мне доказать, что все прекращено? И наши, и иностранные специалисты утверждают, что это так. Я, тем не менее... Вот когда мы разбирали, я встречался с главным конструктором, и я его самого спрашивал: Игорь Дмитриевич... Игорь Дмитриевич Спасский – очень опытный человек, ему за 70 лет, он академик, он курировал все наши лодки... *(Неразборчиво)*, вы мне можете сказать, вы же не наивный человек? Я знаю его 10 лет, ему за 70, и я не могу назвать его приятелем, но это мой старший товарищ. Вы мне можете с уверенностью заявить – вы же главный конструктор – можете мне с уверенность заявить, что там – все, конец? Он говорит: я считаю, что да. Я говорю: но может быть, есть шанс?..

То же самое говорят норвежские специалисты. Английские. И я так же, как и вы, я же вот с такими же ребятами тоже был на лодке, с ними провел сутки и так далее. У меня сердце болит меньше, чем у вас, потому что это ваши дети. Но я до сих пор, сейчас приехал, опять их спрашивал: а вы можете подтвердить? И они говорят: чтобы подтвердить, что все погибли, и чтобы достать погибших, мы должны резать лодку. Я говорю: ну да, если вы будете резать лодку... а вдруг вы разрежете, а там пузыри находятся воздушные? Там же человек погибнет!

Вы что, думаете, что это просто так – взяли, закрыли? Я понимаю, что убеждать очень трудно, и, по большому счету, это не мое дело, но я считаю, что они что должны сделать? Должны вскрыть все переборки, простучать или что там они там делают, и убедиться в том, что там воздуха нет. Потом уже резать лодку.

Женщина (кричит): Почему сразу не позвали иностранных специалистов? Почему?!

Путин: Я отвечу. По поводу того, что знали, что у нас нет спасателей и водолазов. Значит, лодки эти конструировались в конце 80-х годов, конструировались сразу же со средствами индивидуального спасения для лодки. Значит, лодка конструируется, и все эти средства спасения – в ней. И Северный флот этими средствами спасения располагал. Поэтому на мой первый вопрос – Сергеев позвонил мне 13-го в семь утра...

Мужчина: В субботу пропала лодка, а позвонили в воскресенье!

Путин: Сейчас скажу, секундочку. Утратили контакт с лодкой они в 23 часа 12-го. Начали искать. В 4 часа 30 минут нашли. 13-го. Значит, я об этом ничего не знал. О том, что происходит. Мне министр обороны позвонил 13-го в семь утра и сообщил: Владимир Владимирович, во время учений нештатная ситуация, утрачен контакт с лодкой, мы ее нашли, она лежит на грунте, мы ее идентифицировали – это наша лодка, мы развернули спасательные работы.

Мой первый вопрос. Вот первый вопрос: Игорь Дмитриевич, что с реактором? И что мы можем сделать для спасения людей? Нужно ли что-нибудь дополнительно? Нужна ли вам какая-нибудь помощь от любого министерства, ведомства, от страны? Вся страна готова помочь. Что нужно сделать? Мы сделаем все, что в наших силах. И если не в наших силах, скажите, что еще? Будем делать немедленно. Значит, ответ был в общем-то понятным. Ну, теперь понятным. Действительно, военные считали, что у них в руках есть все средства спасения, потому что эти лодки, повторяю... *(Шум в зале)* ...подождите, я сейчас закончу ответ на этот вопрос... Потому что они полагали, что у них в руках есть эти все средства спасения. Так как лодка, повторяю, конструировалась с ними сразу. И эти оба аппарата на Северном флоте есть. Вот из этого они исходили.

Теперь что касается иностранной помощи. Сразу же, как только иностранная помощь была предложена – это было 15-го числа, – так сразу же с ней Куроедов согласился. Посчитаем.

(Шум в зале, крики)

Путин: Это правда, правда. Телевидение? Значит, врет. Значит, врет. Значит, врет. Там есть на телевидении люди, которые сегодня орут больше всех и которые в течение 10 лет разрушали ту самую армию и флот, на которых сегодня гибнут люди. Вот сегодня они в первых рядах защитников этой армии. Тоже с целью дискредитации и окончательного развала армии и флота! За несколько лет они денег наворовали и теперь покупают всех и вся! Законы такие сделали!

Мужчина: Господин президент, вопрос не к вам, а к тем, кто *ы* сидит рядом с вами. Почему лодка *(неразборчиво название лодки)* на ТОФ осталась, а нашу *(то же название)*, которая раз в двадцать лет нужна, чтобы спасти кого-то, ее на иголки списали?! Вот товарищи пусть ответят, пожалуйста.

Путин: Сейчас ответят. Я этого не знаю. То, что я знаю, я вам скажу.

15-го числа впервые военные атташе официально предложили помощь. 15-е, 16-е, 17-е, 18-е, 19-е, 20-е. 21-го они залезли в отсек. На шестой день. Мы считаем, что, если бы сразу же военные наши не понадеялись на свои спасательные средства, на которые они, естественно, надеялись, если бы сразу 13-го обратились к норвежцам, да? 13-е, 14-е, 15-е, 16-е, 17-е, 18-е. 19-го они бы залезли в лодку...

Значит, теперь по поводу вот этих спасательных средств. Развалили все средства, нету ни шиша. В стране нет ни шиша! Вот и все! Потому что вот так...

Крики в зале: Так они есть или нет? Вы же сказали...

Путин: Нет, я вам сказал, что с этими лодками, сконструированными в конце 80-х годов, есть специальные средства спасения... Вот именно поэтому они мне сразу ответили, что у нас все эти средства есть. Что касается аппаратуры для водолазов... *(Неразборчиво)* Есть на Черноморском и есть на Балтике, по-моему. Но для спасения этих лодок они не были приспособлены. Вот и все. *(Шум в зале)*

Женщина: У меня просьба от имени всех матерей. Ответьте только, когда будут вскрыты все отсеки и когда мы их получим – живых или мертвых. Ответьте как президент!

Путин: Я отвечу так, как я это знаю сам. На сегодняшний день вчера мы вели переговоры с водолазами глубоководными, которые работают на, как вы знаете, на нефтяных вышках. Это же не военно-морские офицеры, не водолазы военно-морского флота Великобритании, не водолазы военно-морского флота Норвегии. Это коммерческие водолазы, которые работают на буровых и нефтяных вышках. Значит, они ответили, что они готовы к продолжению работ, но у них нет лицензии и нет согласия правительства. Я дал указание Министерству иностранных дел, и министр Иванов связался с норвежским правительством.

Они там совещались часа полтора и потом ответили. Норвежское правительство рекомендует фирме продолжить работы. Первое. Секундочку. Второе. Но на усмотрение самой фирмы. Фирма, посовещавшись, такое согласие дала. Они готовы работать с нашими специалистами. Они поставили три условия: первое – смена экипажа подводников... ну, не подводников, а водолазов, замена оборудования и заключение контракта на работу. Мы готовы заключить с ними контракт на проплату, но мы не можем приказать не менять личный состав, который и так немало сделал... Они так, как наши спасатели, не работают – с риском для жизни. Наши работают – они, когда пытались спасти, рисковали собственной жизнью. Иностранцы не будут.

Мы, к сожалению, их действиями не руководим, и понадобится какое-то время, когда они снова приступят к работе. При этом они в другие отсеки, начиная с восьмого... сразу же заявили, что они могут дойти только до переборки... до переборки между восьмым и седьмым отсеками не дойдут. Просто им оборудование, шланги не позволяют. Все. Ни одна страна в мире – я разговаривал с Тони Блэром, премьер-министром Великобритании, я разговаривал с президентом США Клинтоном — ни одна страна мира такой техникой не располагает, в том числе и Россия, чтобы вот сейчас, завтра все это поднять, вскрыть.

Я могу вам точно и определенно сказать: мы ее не бросим и мы будем работать.

Выкрик: Через год?

Путин: Нет, не через год, нет.

Из зала: Корабль... *(Неразборчиво)*

Путин: Нет такого корабля. Если речь идет о подъеме, это может быть только международный проект, там не корабль, это нужны понтоны. Мы готовы проплатить, заключить контракты...

Мужчина (неразборчиво): ...поклялись своей жизнью защищать свою родину, Россию. И мы никак не поймем, что такое Россия?!

Другой мужчина: Нас все обманывают! Обманут еще!

Детский голос: Мама! Мама! Мама!

Женщина (сквозь рыдания): Где же мой сын?! Где мой сын?!

Другая женщина: Сколько времени они будут поднимать, сколько нам ждать здесь?! Сколько мне еще ждать сына?!

Путин: Что касается... Я вас понимаю и понимаю, что невозможно уехать и сидеть невозможно...

Женщина: Деньги последние остались...

Путин: Что касается денег...

Шум в зале, крики: Не в деньгах дело, а в родственниках! Когда отдадут наших детей?! Не надо про деньги! Кто принимал решение о прекращении работ?!

Путин: Я вам говорю. В 8-й отсек проникнуть сегодня невозможно. Ни нашим специалистам, ни иностранным. Вот и все. К сожалению. Если бы я мог, я бы сам туда залез. Я уже лазил туда, как вы знаете. Значит, ни наши, ни иностранные специалисты до восьмого отсека не дошли. Для того чтобы поднять... Я говорю ответственно, я не могу, знаете, прийти сейчас, наговорить и смыться отсюда. Я говорю вам так, как есть. Вот это тяжелая правда, но она правда. Ни наши и ни иностранные специалисты до восьмого отсека не доходят.

Крики: Пусть режут!

Путин: Я так и сказал им сегодня: режьте. Но мы с вами должны понимать, что если есть какие-то теплые чувства, если есть какая-то надежда, то резать надо тоже с умом и осторожно.

Крики: Не надо резать! Почему не надо?! Там нет живых!

Путин: Будут резать! Теперь я вам хочу ответить по поводу того, что вы сказали, по поводу материальной стороны дела. Много всяких запутанных законов у нас существуют, которые не решают проблему, а только загоняют в угол. Что, я считаю, важно и нужно было бы сделать. Жена, если она здесь, я не знаю, по-моему, механика... *(Фамилия неразборчиво)*

Из зала: Нет ее.

Путин: Неважно. Она в разговоре с командованием сказала, что они здесь жили и служили только из-за того, чтобы в течение десяти лет набрать деньги и обеспечить обучение ребенка. Значит, и она задала вопрос: можно ли решить вопрос таким образом, чтобы получить зарплату мужа за десять лет вперед.

Вы знаете, я думаю, что это будет справедливо, если мы поступим таким образом. Страна не обеднеет... Мы возьмем среднее денежное содержание офицера... офицера! И семье каждого подводника за 10 лет вперед из этого расчета выдадим. Значит, вопрос только в том, как это сделать. Мы готовы это сделать в самое которое время. Правда, пугают, что люди получат деньги и какие-то криминальные... *(Неразборчиво)* начнут грабить, но...

Женщина: Владимир Владимирович! А вы знаете, сколько получает офицер?

Путин: Да, мне сказали, что в среднем денежное содержание офицера...

Выкрик: Лейтенанта?

Путин: Нет, лейтенант не знаю, но среднее денежное довольствие офицера... секундочку... около 3 тысяч рублей.

Взрыв эмоций в зале: Сколько?!

Крики: А капитана?

Путин: Нет? Ой, 6 тысяч рублей.

Крики: Сколько?! Да вы что?!

Путин: Я вам читаю справку, которая у меня...

(Шум в зале)

Путин: Пожалуйста, чуть-чуть потише, а то я не слышу.

Женщина (неразборчиво): ...он получал две с половиной тысячи. Это разве деньги? Для офицера это позор!

Путин: Да, это позор.

Крики: Льготы!.. Не можем три месяца заплатить...

Путин: Надо, чтобы это были не льготы, а живые деньги. Надо, чтобы офицеров в городах России не выбрасывали из автобусов за то, что они не заплатили за проезд. Надо, чтобы они получали достойное денежное содержание. На полторы-две тысячи жить невозможно.

Крики: Правильно!

Путин: А я поэтому и говорю, что поэтому у нас армия должна быть не так большой, но так, чтобы офицеры и их семьи жили достойно.

Выкрик: А мичмана зарплата?

Путин: Сейчас, секундочку. Я хочу, чтобы у нас...

Женщина: Вы знаете, что у нас есть квартиры, в которых нет отопления? Ни воды горячей! Слава богу, в этом году у нас была горячая вода, да. Мы платим бешеные деньги за электроэнергию...

Путин: Я сейчас отвечу...

(Детский плач)

Путин: Я считаю, что зарплата абсолютно нищенская. Поэтому я и сказал с самого начала, что мы должны иметь совсем другую армию. И не пыжиться. Считать, что мы должны иметь там миллионы, десятки лодок. Тридцать, десять, но обеспеченные всем.

Чтобы офицеры жили нормально. К сожалению, сегодня мы всех проблем не решим...

Выкрик: Извините пожалуйста, господин президент!..

Путин: Извините, я закончу, и потом... Значит, что мне... какую справку дали. Подписал начальник штаба. Мичман, старшина команды – 3 тысячи... *(Неразборчиво)* ...Старший лейтенант-инженер – 3 тысячи... *(Неразборчиво)* Старший...

Выкрики: Неправда!

Путин: Может, и неправда, но я читаю, что у меня есть. Дайте дочитать... Капитан-лейтенант, командир боевой части – 4800. Капитан третьего ранга, командир боевой части...

Выкрики: Это с довольствием! А довольствие не дают три года!

Путин: Я про другое сейчас. Капитан второго ранга – 5600, капитан первого ранга – 6500, капитан первого ранга, командир – 7730, капитан второго ранга, главный специалист – 6400, капитан первого ранга, начальник штаба – 8100. В среднем – 6 тысяч. Я про что говорю...

Шум, крики: Эта информация завышена!

Путин: Завышена или занижена?

Выкрик: Занижена!

Путин: Секундочку... секунду. Я прошу вас. Вы послушайте. И вы поймете, что я говорю. Сосредоточьте внимание... Я говорю о том, что мы возьмем среднюю заработную плату офицера, подчеркиваю – офицера, и выплатим всем семьям без исключения, в том числе рядовым матросам, в сумме за 10 лет вперед. Понимаете, о чем я говорю? Не 3 тысячи, а 3 тысячи, умноженные на 12 месяцев и на 10 лет.

Выкрик: Зарплата – это зарплата, а вот с лодкой что нам делать?! Что?! Мальчики там лежат наши...

Женщина из первого ряда: Владимир Владимирович! Вот вы как-то сказали, что раньше уважали дагестанцев, а после чеченского вторжения, когда они дали отпор, полюбили их. Я это помню. И вот на этой лодке был мой сын, Гаджиев... Он гражданский специалист... У него осталась жена и две девочки... А я так поняла, что деньги дадут только членам экипажа. Я ничего не смогу делать... Я вас очень прошу... Вот вы не оставьте...

Путин: Хорошо. Согласен. Мы его приравняем к членам экипажа.

Женщина: Спасибо!

Мужчина: Раньше была такая организация – «Эпрон». Тогда люди стремились служить туда, сейчас ее нет. И мне... у меня слезы лились из глаз, когда сказали, что в Советском Союзе два подводника – один на ЧФ, другой на ТФ. Это что? Организация или как? Это специальная организация была, и вдруг она исчезла...

Это вот к этим товарищам... *(Показывает на главкома ВМФ Куроедова и командующего Северным флотом Попова)*

Путин: Что я могу сказать? Что касается глубоководных водолазов, они были раньше в Советском Союзе и сегодня... *(Неразборчиво)* ...я не знаю. Что касается непосредственно спасения этих лодок, то я уже говорил, что расчет был на то, что штатные средства спасения, разработанные для этих лодок, сработают. Что касается глубоководных, то и вот норвежцы пришли, они же не военные, пришли коммерческие фирмы, которые работают...

Мужчина: Когда вы их обеспечите жильем?

Путин: Кого?

Мужчина: Вдов. Что теперь будет с вдовами? В какой срок они будут обеспечены жильем?

Путин: Значит, я предполагаю такое решение. Оно будет, наверное, зависеть от обобщения информации. Мы можем, не можем, а обязаны... Женам членов экипажа мы приобретем просто квартиры, дома... Я думаю, в Центральной части, в районе Москвы, Петербурга. Если кто-то пожелает в другой части, то в другой. Здесь 48 семей, по-моему, здесь живет, и если все закончится так трагически... *(Неразборчиво)* ...то понятно, что им здесь делать нечего, потому что они были здесь с мужьями...

Выкрик: Проблемы не будет с жильем, мы так поняли?

Путин: Да, проблемы не будет. Я, уезжая, дал поручения правительству, и они сейчас готовят постановление правительства. И все, кто здесь, например, проживает или проживали, допустим, в общежитиях в других городах, они все будут обеспечены.

(Женщине в проходе становится плохо, ее выносят из зала на руках над головами людей)

Выкрик: А те, кто из Белоруссии?

Путин: Что касается других стран – из Белоруссии, из Украины, – то не имеет значения, из какой страны. Они наши моряки...

Женщина: Мой сын 15 лет на Севере работал! Не ел, не пил, детям не мог ничего купить. И только ценой смерти заработал нам квартиру! Почему?! О живых надо заботиться было!

Путин: Мне не хочется говорить это. Но вы мне не оставляете выбора. За те 100 дней, которые я являюсь президентом, я готов ответить. За все остальные 15 лет я готов сесть с вами на одну скамейку и задавать эти вопросы другим.

Женщина: В Питере квартиру можно получить?

Путин: У вас кто?

Женщина: Муж.

Путин: Конечно, можно.

Женщина: А я с родителями живу. Не всю же жизнь мне с родителями жить... Им можно квартиру дать?

Путин: Ну поймите... Мы же не можем расселить на основании этой трагедии весь Североморск...

Другая женщина: Мы с Украины. У меня был сын. Он холост. Значит, мы уехали отсюда к себе – и все? Вы сказали – членам семьи...

Путин: Поможем.

Женщина: А если он холост?

Путин: Я же сказал: среднюю зарплату офицера за десять лет вперед!

Женщина: А если деньги на Украину придут, с нас снимут налоги?

Путин: Да зачем на Украину. Мы вам прямо здесь дадим, на месте, в качестве гуманитарной помощи. Через один из фондов, негосударственных фондов...

Женщина: У нас налоги берут два процента... Сейчас дадите?

Путин: Ну не сейчас... Я с собой не привез.

(Шум в зале, смех)

Мужчина: Я офицер запаса. У меня сын. Он не один год прожил с девушкой, у них ребенок. У них гражданский брак. Им что, ничего не дадут?

Путин: Я не моряк, но я юрист. Они вели общее хозяйство?

Мужчина: Вели.

Путин: Значит, муж и жена.

Мужчина: И еще один вопрос! Что будет известно о наших детях?

Путин: Все!

Мужчина (кричит): Есть один вопрос к вам! Не про деньги! Когда вы лодку поднимете?! Когда?!

Путин: Я согласен с вами. Я отвечал уже, но задан был вопрос о материальной стороне... Я обязан был на него ответить.

Молодая женщина: Ну вот! Все решают свои финансовые проблемы. А мне нужен мой брат! Я не чувствую, что он мертвый!

Мужчина (неразборчиво): ...забери деньги ваши! Хочу труп свой иметь – живой или мертвый! *(Неразборчиво)* ...поднять лодку надо! А не деньги...

(Шум в зале)

Путин: Я прошу прощения, пожалуйста, чуть потише, иначе не слышно...

(Шум. Неразборчивые выкрики)

Женщина (кричит, голос срывается на каждой фразе): Вы скажите нам честно... Ну нет у нас специалистов, что ли? Мы такое горе переживаем! Люди уже навзрыд плачут! Скажите честно! Пускай снимают погоны! Ищите специалистов! Пусть достанут! Я не могу больше! Ищите, не бросайте! Ищите! Не нужны нам деньги. Они нам живые нужны! У нас бы все было! У детей – отцы, у жен – мужья! Они верили в государство, что их спасут! Как вы не понимаете, что они верили!

Путин (тихо): Мы пригласили специалистов, всех, которые...

Крики: Хоть пять человек спасти! Сволочи!

Женщина: Они предлагают помощь нам! Почему помощь не принимают?! Наши нефтяники, мурманские! У них стоят понтоны под Африкой! Они предлагали помощь. Нет, нашим не надо ничего. Потому что не верят нашим ребятам!

Путин: Что касается возможностей наших специалистов, которые работают где-то за границей – в Африке или где-то там... Сами по себе специалисты, какими бы хорошими они ни были, даже если они имеют с собой скафандры, не смогут работать без судна, оборудованного в соответствии с элементами... *(Неразборчиво)* ...Судно из района Африки пришло бы за месяц. Понятно?

Женщина: Но можно было бы поговорить...

Путин: Поговорить можно. Но судно мы с вами сюда не принесем. Даже с Черноморского флота не принесем. Оно будет идти месяц-два. Специалистов мы вызвали. Специалисты приехали.

(Крики, шум в зале)

Путин: Послушайте, я говорю, но, видно, есть люди, которые не хотят слышать. Или не слышат, потому что сердце не дает, или нервы не дают. И я тоже задавал точно такой же вопрос. Точно такой же. Специалистов, о которых вы сказали «неужели нет». Вот приехали норвеги и сказали: дальше восьмого отсека не пойдем. Не можем.

(Шум, крики)

Мужчина (кричит): Почему на самолете не отправили?! Что, нельзя, что ли?

Путин: Нет, нельзя. Судно на самолете не перевезешь. Водолазы не работают без судна! Вообще не работают без судна!

Мужчина: Аппарат, что, не влезет?!

Путин: Нет, не влезет! Аппараты такие громоздкие, они могут размещаться только на судах! Судно может прийти только морем!

(Шум, крики)

Путин: Вы знаете, никакой другой информации, никаких других версий у нас нет. Или действительно столкновение, или мина, возможно, взрыв внутри лодки, хотя специалисты так не считают — практически нереально, но теоретически возможно. Я повторяю: я кроме военных общался еще с техническими специалистами, вот, значит, пробоина очень большая — полтора на два метра. Видимо, от взрыва. Взрыв такой мощный был, что, конечно, в первых отсеках трагедия произошла в течение полутора-двух минут...

Мужчина: Скажите, пожалуйста! Я не призываю вас к сталинским репрессиям, но как вы считаете, за свою некомпетентность кто-нибудь должен ответить? И кто будет определять эту некомпетентность? Они же сами? Или кто?

Путин: Нет, нет. Значит, я считаю, что за некомпетентность, за преступную халатность, за все другое, что привело к трагедии, если виновные есть, они должны ответить за то, что... за содеянное, скажем прямо. Или за преступную бездеятельность, есть такая формулировка.

Но хочу сказать вам свою позицию, в этом зале хочу ее сказать совершенно откровенно и публично... Знаете, для меня самое простое — взять и посадить кого-нибудь. Или снять кого-нибудь. Считаю, что это абсолютно нечестно... Это можно и обязательно нужно будет сделать, но только после того, когда будет ясно, кто и в чем виноват. Знаете, самый простой вариант — все закрыть. Так у нас было часто — все закрыли, разобрались, наказали.

Мы не должны так поступать. Ведь знаете что, ведь люди, которые пытались спасти ваших близких... *(Шум в зале)* извините, я закончу... они же такие же моряки, как которые терпят бедствие на лодке, понимаете? Вот именно на таких людях... Они же получают... они страдают. Страдают их семьи. Взять и свалить на них всю ответственность — это самое простое. Это нечестно. И неправильно. Этим мы не устраним причины таких катастроф.

Женщина: В субботу все женщины в пять часов вечера уже знали о том, что лодка затонула! И еще, скажите, пожалуйста, когда вы достанете наших мальчиков? Срок, конкретный.

Путин: Сроки конкретные вот прямо сейчас назвать не сможет никто. Потому что это зависит от деятельности специалистов, водолазов и глубоководников. Работы будут начаты сразу же, как специалисты будут на месте...

Крики: Когда?!

Путин: Мы готовы это сделать сейчас. Я вам уже отвечал на этот вопрос. Они сказали, что им нужно сменить водолазов и сменить технику. Они дали согласие и будут продолжать работы. Обещали в самое ближайшее время.

Женщина: Мы вчера узнали, нам вот *(кивает на Куроедова и Попова)* сказали, что их достанут через год!

Путин: Нет, нет! В течение десяти дней норвеги приедут. Через неделю.

Молодой мужчина: Владимир Владимирович! Есть такая ситуация на флоте. Я знаю несколько семей, которые не успели расписаться. Я не знаю, у меня самого жена... то есть жена брата... они не успели расписаться, но она уже на восьмом месяце, в положении. То есть, можно как-то перепрыгнуть закон, документы какие-то, то есть, что вот она будет носить фамилию там, или ребенок... Можно?

Путин: Сделаем. Можно.

Мужчина: К кому обратиться?

Путин: Я вам сейчас говорю – сделаем.

Мужчина: Так к кому завтра я обращусь...

Путин: Да ни к кому не надо! Сделаем, и все!

Мужчина: Вы говорите «сделаем», а мне завтра уезжать: мне брата надо отвозить, маму в Москву.

Путин: Она здесь живет?

Мужчина: Она здесь присутствует.

Путин: Нет, живет она здесь?

Мужчина: Да она вообще не выходит, лежит фактически под капельницей.

Путин: Нет, секундочку, проживает она здесь постоянно?

Мужчина: Кто, мама?

Путин: Да нет, жена.

Мужчина: Да, здесь... Они не успели расписаться...

Путин: Мы эту проблему решим... Подойдите к командиру или к Ирине Юрьевне. Ирина Юрьевна, где вы? Вот к Ирине Юрьевне, супруге командира экипажа.

Пожилой мужчина (неразборчиво): ...пройдите по домам, посмотрите, как люди живут. А корабли? Ремонтной базы практически нет. Сегодня сюда, на Север, служить не хотят идти. И кто жил здесь, уезжает. А завтра кто здесь останется вообще? *(Неразборчиво)*

К вам огромная просьба: все-таки повернуться к военным всем, к Северу в частности... Вы меня извините, противник, он очень умный. С ним нужно считаться. Первое, что он делает – через умы он насаждает... Что это такое! Половина передач, даже больше – четыре пятых передач по телевидению – это сплошные убийства, насилие, голые бабы и все прочее. Когда это прекратится, в конце концов?! Если денег не хватает, Владимир Владимирович, у вас есть аппарат. Все эти толстосумы, которые есть, Березовский там и прочие, с ним связаны... Посадить и пускай нормальная экономика будет у государства!

Путин: Что касается условий жизни и содержания флота, вы знаете, что я здесь не первый раз и не последний. Но вопрос вы затронули кардинальный. Именно этой проблеме – состоянию флота, соотношению того, что нам нужно, – этому был посвящен последний Совет безопасности. И решения приняты.

Мужчина: Военные – это производная государства... Мы воспитывались на нашей культуре, которая была.

Раньше мы с удовольствием столько песен слушали, пели и так далее! А сегодня – тыдыт-тыдыт, тыдыт-тыдыт!

(Смех в зале)

Путин: Денег наворовали, купили средства массовой информации и манипулируют общественным мнением. Вот и все. Непростой вопрос, к сожалению, со средствами массовой информации. Согласен с вами, что хотя бы какие-то критерии морали там должны соблюдаться...

Мужчина: Нельзя ли у нас здесь организовать ЗАТО. Но не офшор – у нас тут честные люди живут...

Путин: Я вам сейчас все объясню... Вы ставите вопрос, чтобы организовать ЗАТО. Я всем собравшимся поясню, что такое ЗАТО. Это зона, в которой фирмам, которые в ней зарегистрированы, предоставляются льготы. И эти фирмы не платят деньги в федеральный бюджет, а платят чуть побольше в местный. Зато сами они имеют... Значит, они платят немножко в местный, так? А себе в карман кладут миллиарды.

Значит, чтобы было более ясное представление, о каких размерах идет речь – в прошлом году в одном ЗАТО фирма из пяти человек зарегистрировалась, смылила восемь миллиардов и за семь месяцев растворилась. В другом ЗАТО фирма из девяти человек смылила 15 миллиардов за семь месяцев и исчезла. Лучше бы мы эти деньги собрали в федеральный бюджет и пустили бы на флот. Все вот эти ЗАТО, было их... не помню, около 20...

Дума не пропускала закон... *(Неразборчиво)* мы вынуждены были с этим согласиться. Два оставили. И все наши финансовые, нефтяные компании сразу все почти перерегистрировались туда. И в этих ЗАТО двух все сидят. Не платят ни шиша в федеральный бюджет. Опять растаскивают по карманам. Как только мы ЗАТО создадим, как мухи на мед или на что-нибудь другое здесь соберутся массы людей, которых вы никогда не увидите. И денег не увидите. Ну, может быть, чуть-чуть подмандят, женщины меня извинят, внешний вид зданий. А государство на этом потеряет, флот потеряет.

Мужчина: Спасательные снаряды в реальных условиях показали свою неэффективность... Нужны водолазы. Намерены ли вы поставить вопрос: как сейчас будут подводники плавать?

Путин: Правильный вопрос. Я уже дал соответствующее поручение. Будет разработана специальная программа, направленная на создание всех вот этих необходимых средств.

(Вопрос, неразборчиво)

Путин: Геннадий Петрович рассказывал мне о походе предыдущем. Довольно подробно. Хороший он был человек. И ребята хорошие... *(Читает записки)* «Как будет решаться вопрос образования детей военнослужащих, отдавших свою жизнь за Родину?» Вы знаете, у нас сейчас есть платное, есть бесплатное образование. Мы сформулируем насчет бесплатного образования в том приказе, который напишем.

Мужчина (кричит): Владимир Владимирович! Я приехал сюда на родную кровь посмотреть! Будет она или нет?! Поднимут или нет? Я приехал, чтобы своего ребеночка... Надо поднять лодку!..

Путин: Сейчас, извините... Мы все сделаем для того, чтобы поднять... Значит, мы готовы оказать помощь, в том числе направить на обучение детей. Звучало, что деньги обесцениваются. Пожалуйста, положите в банк. Банки ненадежны. Пожалуйста, положим в иностранный банк. Это не значит, что за границей нужно положить эти деньги. Здесь, в России. Это надежно. И банк будет работать по российским законам. И эти деньги будут в России...

Мужчина: Извините, я перебью немножко вас... У нас лодка потонула! Что такое для России 100 человек? Это мизерная капля! Надо поднять ее! И помогать тем детям, которые там погибли!

(Шум, выкрики)

Путин: У меня язык не поворачивается говорить об увековечивании памяти... Я могу вам дать честное слово, что мы сделаем все, чтобы поднять лодку.

Женщина: Можно узнать: это правда, что по всей России с завтрашнего дня объявляют траур?

Путин: Правда.
Крики: Зачем?!

Женщина (срываясь на крик): А почему?! Ведь еще ни одного человека не вытащили, ни одного!

Путин: Да, согласен. Значит, я объясню. У нас нет сомнений в том, что часть экипажа погибла.

Крики: Зачем?! Так ведь часть экипажа, не весь экипаж! Ни одного не похоронили! Не надо траур! Вытащите всех, а потом объявляйте траур!

Путин: ...Ни наши специалисты, ни иностранные не могут пока пройти...

Женщина: Так зачем тогда эта болтовня здесь?! Зачем собрали здесь?

Путин: Значит... Я прошу прощения... Что? А, насчет траура... Вы знаете, что было два взрыва. Один очень мощный. Дырка в корпусе – полтора на два метра. Мы с вами знаем уже достоверно, что часть экипажа погибла...

Крики: Рано еще объявлять траур!

Путин: Вы знаете, что норвежцы прекратили работы потому, что... Они объявили: «У нас контракт на спасение экипажа, живого. По нашему мнению, все, трагедия закончилась... Значит, если речь идет о подъеме тел, то у нас такого контракта нет. И мы просим, чтобы нам правительство Норвегии выдало лицензию на другой вид работ...»

Мужчина: Сколько это ждать, сколько это реально? Можете сказать?

Путин: Нет, реально не могу. Это будет зависеть от тех, кто будет работать.

Крики: Отмените траур!

Путин: Мы можем прекратить там траурную музыку и так далее. Но сейчас в Москве 23 часа 10 минут, на Дальнем Востоке – утро. Там уже... Я могу и обязательно это сделаю... с тем, чтобы телевидение не усердствовало, не раскручивало эту тему, там, траурные мелодии. Скажу, что по вашей просьбе.

Мужчина: Владимир Владимирович! Вы понимаете, каждая семья приезжает с какой мыслью?.. Забрать своего сына отсюда, с лодки, и похоронить где-нибудь в своем месте. Вы согласны с этим?

Путин: Согласен.

Мужчина: Как вот именно.... два месяца ждать, три? Я не могу ждать... У меня город Запорожье ждет... Хотя бы цинковый гроб, положить хоть что-то, что там от него осталось... Я уже ничего не могу... Я не знаю, что отвечать даже, понимаете.

Путин: Я думаю, что отвечать нужно следующее... Может, действительно, не сидеть здесь... Работы будут продолжены, и будет сделано все для того, чтобы поднять...

Мужчина: Почему вы только сейчас прилетели?

Путин: Я самого начала должен был для себя решить: лететь или не лететь? И я спросил военных: я могу там чем-нибудь помочь? Они твердо сказали: «Нет!» Да один слух, что я сюда приеду, что тут произвел бы? Никакой работы бы не было несколько дней! А представляете, сколько людей со мной понаедет? Сколько людей с сопровождающими лицами?.. А ведь это было бы очень простое решение. Я бы прикрыл себе одно место. Команды раздал, они не выполнили – получите!

Женщина: А вы им доверяете? Да надо их посадить! Они же вас, президента, обманули!

(Женщину усаживают)

Путин: Не надо усаживать! Пусть скажет! Поднимите ее, пусть скажет! Пусть высказывается. Знаете, нам всем здесь больно...

Крики: Они обманули нас!

Путин: Нельзя сказать, что они обманули... Ведь они правду сказали. Эти спасательные средства были. Но не сработали.

Крики: Обманули!

Мужчина: Вот сидят два командира. Они прекрасно знают, что с 83-го года аварийно-спасательные службы не в состоянии. В 83-м году на Камчатке была авария. На 30 метрах. Вся аварийная служба флота ничего не смогла... *(Неразборчиво)* А они говорили вам, что у них все есть! Эти люди обманули президента! Где офицерская честь?! За это снимают погоны и ордена!

Путин: Они говорили, что аппараты для спасения у них есть...

Крики: 50-х годов!

Мужчина: Правильно ли мы поняли, что работа со спасательными снарядами, это была узаконенная совершенно работа, предусмотренная всеми документами...

Путин: Да.

Мужчина: ...А вот все, что творилось с водолазами, это импровизация... которая просто в знак благодарности нам сделана?

Путин: Да это была импровизация на самом деле. Штатные спасательные работы были закончены неудачно.

Мужчина: И мы должны всех за это благодарить? И никакой ответственности за это командование, естественно, нести не будет. Правильно я понял ваш подход?

Путин: Штатная работа по спасению предусмотрена этими глубоководными аппаратами.

Мужчина: То есть, все это, отвечая на вопрос о трауре, – все осталь-

ное документами не предусмотрено, это просто уже подарок нам? Правильно я понял?

Крик: Подачка!

Путин: Я не совсем понял...

Мужчина: Потому что, если предусмотрено ВМФ спасение с помощью спасательных снарядов и больше ничего не предусмотрено...

Путин: Так.

Мужчина: ...то дальше уже вдруг появляются водолазы. Это импровизация. Это нам подарок, могли бы этого и не делать?

Путин: Да, могли не делать. Но это не подарок, это усилия, которые прилагало командование сверх того, что положено по штату, что называется. Это...

Мужчина: А траур объявлен и считают погибшими, потому что нет средств на это и времени?

Путин: На что нет?

Крик: На водолазов!

Мужчина: На то, чтобы взять самых лучших водолазов...

Путин: Да ведь пожалуйста, мы готовы водолазов...

Мужчина: Так сейчас уже поздно! Это же совершенно очевидно.

Путин: Так и раньше были готовы...

Крик: Так где же они?!

Мужчина: Тогда мы не поняли друг друга. Я еще раз тогда повторяю вопрос: если у нас предусмотрены штатно только спасательные снаряды и больше ничего у нас в России нет... Значит, тогда, когда нам говорили, что все средства использованы, самые наилучшие из них, потому что другого ничего нет...

Путин: Да нет, не потому, что другого ничего нет, а потому, что рассчитывали на что, эти средства...

Мужчина: У нас есть или нет глубоководные водолазы?!

Путин: Их нет. Можно было бы сразу заказать другим... Но рассчитывали на то, что эти средства сработают.

(Выкрики)

Путин: Нет, минуточку!

Мужчина: Они не получили от экипажа ни одного сообщения! Не установили связь! Все эти средства рассчитаны для работы чуть не на ровном киле!..

Путин: Так рассчитано...

Мужчина: ...А не при всех этих реальных повреждениях, которые там были. «Так рассчитано!» Так вот я поэтому и говорю — логика-то какая! — если вы это уже знали, что требуется потом, раз они действовали по документам, раз ничего нет, так что ж не действовали?!

Путин: Секундочку. Они действовали по документам, действовали так, как они должны были действовать. Когда убедились в том, что их средства не эффективны, использовали другие. Вот и все.

Крики: Запустили аварийно-спасательную службу!

Путин: Что касается того, что запустили аварийно-спасательную службу... Значит, положим, допустим, что не доверяете нашим военным, что, я понимаю, в вашем положении, наверно, естественно... Но нейтральным доверяем? Так вот, они установили, что там трещина. Поэтому не могли...

Женщина (кричит): Восемь дней! Уже было видно на второй день, что ничего не получается, правильно? Норвежцы пришли, за восемь часов сделали! Вот... объясните нам все это! Вот как вы это прокомментируете?! Значит что, мы вообще... что, не видело командование, что восемь дней не получается ничего? Что, не видело оно этого? Или видело и нам, вот тут восемь дней сидящим, врало?! *(Голос срывается)*

Путин: Значит, восемь дней не получалось не только потому, что не видели или видели. Восемь дней не получалось, потому что им не давал работать шторм.

Юноша: Норвеги залезли за один час! Почему, блин, секретность... вызывать – не вызывать...

Путин: Норвежцы пришли на пятый день, а залезли на шестой. И у правительства Норвегии нет, кстати, таких водолазов, они коммерческих взяли...

Женщина: Неужели во всей стране специалистов нет?

Путин: Во всем мире нет.

Женщина (неразборчиво): ...лодка лежала под таким углом, что не могли пристыковаться... что это было очевидно...

Путин: Нет, нет, нет! Я разговаривал... Что касается аппаратов и их свойств... Если лодка лежит горизонтально, то аппарат должен идти горизонтально. Если лодка под углом, то и аппарат...

Крики: Не присасывается!

Путин: Нет, присасывается. Если не повреждена поверхность, то присасывается. И если там внутри нет воды.

(Шум, выкрики)

Путин: Это дело комиссии, это комиссия должна разобраться, детально, технически, почему не присасывались – потому, что была повреждена, или потому, что там уже была вода.

Крик: А норвежцы?!

Путин: Норвежцы нет. Они не присосались. Они вручную работали, по-простому. Действовали старыми дедовскими методами. Просто подошли, подобрали ключи. Сделали ключ. Но они не делали так, как эти аппараты предусматривают: сесть, присосаться...

Из зала: А мы не могли. Господи...

Мужчина: Многое можно сейчас говорить... У меня есть жена, ее тут сейчас нет... но я хочу сказать от всех матерей спасибо за то, что вы сегодня среди нас присутствуете...

Путин: Я, по-моему, не в первый раз... Я езжу по стране, если вы заметили. Но 140 миллионов жителей... Что касается Северного флота, других флотов, меня тут видели не один раз.

Другой мужчина: Я тоже благодарю, но... и от них попросить вас... *(Неразборчиво)* чтобы вы попросили прощения у вдов и матерей...

Путин: Я думаю, что если бы вы внимательно отнеслись к началу нашей беседы... я с этого начал. Ну что говорить. Вы правы. Вы абсолютно правы. Просто я с этого практически начал нашу беседу.

Женщина (неразборчиво): ...водолазы не могут работать внутри лодки из-за воды. Может быть, можно теперь подать воздух в лодку?

Путин: Дополнительно обсудим со специалистами.

Другая женщина: Вот на Филиппинах ныряют за жемчугом на шестьдесят метров без аквалангов! Может быть, позвать их... попросить, может найдутся желающие. Пройти...

(Смех в зале)

Путин: Пройти куда?

Женщина: В отсеки.

Путин: Они же ныряют на 60 метров, а не на 120... И потом, в девятом отсеке не просто вода, там перекручено все. Там каши столько... никакие водолазы, которые не подготовлены, не пройдут...

Мужчина (неразборчиво): ...я так понимаю, что вы ее там оставите...

Путин: Что я могу вам на это сказать? У нас у всех горе. У вас – самое большое. Я не имею права, у меня язык не поворачивается, говорить некоторых вещей, но если мне задают такие вопросы, то я должен на них отвечать. Вы не правы.

Четыре атомных подлодки лежат на дне океана без всяких шансов. Эту мы должны попробовать вытащить. Это займет время. Это займет времени столько, сколько нужно специалистам. Это не зависит от нас. Помните... *(Неразборчиво)* если даже вместе собрать девять беременных женщин, ребенок все равно не родится через месяц.

Так же и здесь. Нужно подогнать понтоны, нужно их расставить, нужно организовать эту работу. Если они говорят, что им потребуется три-четыре месяца, значит, потребуется это время. Мы еще раз проанализируем эту ситуацию, так. И если и можно будет сделать раньше, ускорить, значит, максимально ускорим.

Но знаете, это огромная трагедия. Но мы с вами понимаем, что лодка, которая всплывает на перископную глубину, вы уж меня простите, вы задали вопрос, я обязан отвечать, весь экипаж сидит на боевом расчете. 75% экипажа находится в первом, втором, третьем отсеках, которые были уничтожены взрывом мгновенно. Взрыв огромной силы, который дырку там такую пробил, полтора на два метра. Вот из-за этого... Вот это правда.

Можно говорить о причинах и поиске этих причин. Мы обязаны это сделать. Поэтому мы подтащим туда... чтобы ребят достать. Получится, не получится – на мели будем доставать. Мы не бросим их. Мы будем это делать. Но сказать, что мы сделаем это за неделю... Никто не сможет сделать это за неделю – ни мы, ни американцы.

Путин (читает записки и отвечает): Все будут получать соответствующие средства, с квартирами организуем.

Крик: Мы не проживем без помощи! Нам сын помогал.

Путин: Мы же выплатим деньги. За десять лет вперед! Он же из этих зарплат вам помогал!

(Шум в зале)

Путин: Что могу сказать в завершение. Если будет обнаружено, что эта трагедия имела... *(Неразборчиво)* то они действовали в интересах тех людей, которые их содержат. Этим людям не очень нравилось, что их начали прищемлять. *(Неразборчи-*

во) И в этой ситуации они совершенно бессовестно... *(Неразборчиво)* но все знают, что в их среде, профессионалов, это воспринимается именно так, они между собой не скрывают. Схема действий их и логика очень простая. Очень простая. Воздействовать на массовую аудиторию, таким образом показать военному руководству, политическому руководству страны, что мы в них нуждаемся, что мы у них на крючке, что мы должны их бояться, слушаться и согласиться с тем, что они и дальше будут обворовывать страну, армию и флот. Вот на самом деле истинная цель их действий.

Но мы не можем сказать им: «Прекратите!» Так бы правильно сказать, но... *(Неразборчиво)* надо более талантливо, правдиво, точно и в срок самим осуществлять информационную политику. Но это требует сил, средств и хороших специалистов. Спасибо вам большое.

Женщина: Нам сказали страшную правду, что их поднимут через год.

Путин: Нет! Нет! Нет! Нет! Через несколько недель.

Женщина: Спасибо вам большое. Надежда только на вас – на то, что поднимете наших мальчиков. *(Плачет)*

(Шум в зале)

Другая женщина: Мы уже стали переливать из пустого в порожнее! Человек нам ответил на все вопросы. Я вам очень благодарна.

Путин: Что касается документального... *(Неразборчиво)* что объявляют людей «без вести»... Я узнаю, кто это все придумал.

Мужчина (неразборчиво): ...потому что сухопутные генералы, какие бы умные они ни были, они не понимают, что нужно флоту. Я лично не верю в то, что если бы у адмирала Попова под рукой были все-все нормальные средства, это раз, аварийно-спасательная служба – два, она была бы на учениях отработана – три, то там бы погибли люди.

Другая сторона дела – отучить адмиралов и генералов бояться докладывать истинную обстановку дел. У них какой-то страх существует! Не надо ничего бояться! Вспомните адмирала Кузнецова! Он не боялся говорить Сталину самую страшную правду. Да, он горел, да, его снимали, да, его чуть не судили... Потому что если Россия сейчас останется без флота, ее просто-напросто не будет.

И вы лучше всех понимаете, что северные рубежи – на чем они держатся? Да вот на этих мальчишках, которые, им по 27–25 лет. Они верят вам. Мы в свое время тоже верили своему главкому. И другим. И эта вера всегда была – что пошел в море и ничего с тобой не случится. Случилось – значит, все будет нормально. Спасут, помогут. Сейчас этого нет. Надо правде смотреть в глаза и матерям в том числе.

А вера, Владимир Владимирович, будет только тогда, когда Главком ВМФ будет подчиняться лично вам! А то пришел десантник – давай, десантные войска самые-самые, пришел танкист – давай, пришел РВСН – давай. А флот как был там на задворках, души... его 15 лет душили, за 15 лет развалили! И как мы тут жили, по шесть месяцев не получая зарплату. Я сам был командиром части, ко мне приходили жены – дайте зарплату! Дети голодные. И не где-нибудь, а в Североморске!

Путин: Сейчас платят?

Мужчина: Ну, сейчас да...

(Шум, выкрики)

Мужчина: Старики сейчас уйдут, молодежи нет, на чем в море... с кем в море выходить?

Женщина: Сыновей не будем отдавать! Нет ни на кого надежды!

Путин: То, что вы сейчас сказали, это не вопрос, а задача для нас. А что касается нашей сегодняшней беседы, то мы будем выполнять все возможное. Обнимаю вас.

Приложение № 30

АДВОКАТСКОЕ БЮРО
«БОРИС КУЗНЕЦОВ И ПАРТНЕРЫ»
«...» ФЕВРАЛЯ 2003 ГОДА
ЛИЧНО
В ИНТЕРЕСАХ ПОТЕРПЕВШИХ ПО ДЕЛУ О ГИБЕЛИ АПРК «КУРСК»
ГЛАВКОМУ ВМФ РОССИИ
АДМИРАЛУ ФЛОТА КУРОЕДОВУ В. И.

Уважаемый Владимир Иванович!

Бюро имеет честь представлять интересы вдовы капитан-лейтенанта Рашида Аряпова Аряповой Халимы Хамзаевны (копия доверенности прилагается).

У моей доверительницы возникла следующая проблема:

В ноябре 2000 года ей была предоставлена квартира № 18 в строящемся доме 50 по ул. Автостроителей в гор. Тольятти. Дом строился Минобороны со строительной фирмой «Анна Вита». Дом должен был быть сдан в декабре 2000 года.

Сдав ведомственное жилье в п. Видяево, Аряпова Х. Х. приехала в г. Тольятти, где у нее 12 февраля 2001 года родился сын, но дом не был сдан, и она была вынуждена по устному разрешению КЭЧ района (г. Самара) и строительной фирмы поселиться в предоставленной ей квартире.

В июне 2002 года дом был принят в эксплуатацию с многочисленными недоделками, с июля того же года она начала платить квартплату, но в связи с тем, что до сих пор дом не зарегистрирован в регистрационной палате, ордер Аряповой Х. Х. не получен, регистрация ее по месту проживания не произведена (она зарегистрирована у родственников), а сын вообще не зарегистрирован.

Отсутствие регистрации привело к нарушению законных прав и интересов Аряповой Х. Х. Так, она не может получить субсидий, переплачивает квартплату за сверхнормативное жилье.

Кроме того, периодически отключается вода, электричество, не работают лифт и мусоропровод, возникают многочисленные трудности при получении льгот и пособий.

Можно решить проблему достаточно просто. Обменять указанную квартиру на муниципальное жилье (Аряповой Х. Х. ранее предлагалось муниципальное жилье, но она сделала глупость, отказалась, надеясь на то, что дом будет вскоре зарегистрирован). Решить вопрос об обмене можно совместно Уральско-Привложским военным округом и администрацией города.

Приезд в город осенью 2002 года заместителя начальника жилищного отдела ВМФ РФ И. Романовского результатов не дал.

Обращаюсь к Вам лично, т.к. понимаю, что решить проблему можно без длительных судебных тяжб, одним Вашим звонком.

Дайте знать о принятом решении.
Приложение: Копия доверенности.

С уважением,
Представитель Х. Х.Аряповой,
управляющий партнер, адвокат
Б. А. Кузнецов

Приложение № 31

АДВОКАТСКОЕ БЮРО
«БОРИС КУЗНЕЦОВ И ПАРТНЕРЫ»
«...» АПРЕЛЯ 2003 Г.
ГЛАВКОМУ ВМФ РОССИИ
АДМИРАЛУ ФЛОТА КУРОЕДОВУ В. И.

Уважаемый Владимир Иванович!

Получил Ваш ответ по семье офицера Аряпова Р. Р. о выдаче вдове ордера на квартиру.
Удовлетворен. Весьма признателен.

С уважением,
Управляющий партнер, адвокат
Б. А. Кузнецов

Приложение № 32

АДВОКАТСКОЕ БЮРО
«БОРИС КУЗНЕЦОВ И ПАРТНЕРЫ»
«...» МАЯ 2004 Г.
ГЛАВКОМУ ВМФ РОССИИ
АДМИРАЛУ ФЛОТА КУРОЕДОВУ В. И.

Уважаемый Владимир Иванович!

Бюро имеет честь представлять интересы Троян Аллы Николаевны, вдовы погибшего на АПРК «Курск» мичмана Трояна Олега Васильевича.

На основании постановления правительства № 650 от 01.09.2000 «О мерах по социальной защите членов семей военнослужащих, погибших при исполнении обязанностей военной службы на АПРК «Курск» семье Троян О. В. предоставлена квартира по адресу: Ленинградская область, Всеволожский район, д. Старая, ул. Верхняя, д. 22 кв. 119.

С момента предоставления квартиры по настоящее время семья не имеет возможности приватизировать ее из-за разногласий, которые возникли между УКС СФ и администрацией МО «Колтушская волость».

Обещания руководства СФ урегулировать этот вопрос и выдать свидетельство на право собственности квартиры в 2002 году не выполнены до настоящего времени.

Прошу Вас поручить разобраться и дать ответ о причинах нарушения законных прав и интересов семьи погибшего подводника и сообщить мне о результатах.

Адвокат Б. А. Кузнецов

Приложение № 33

АДВОКАТСКОЕ БЮРО «БОРИС КУЗНЕЦОВ И ПАРТНЕРЫ»
«...» МАЯ 2004 Г.
ЛИЧНО
ПРЕДСТАВИТЕЛЮ ПРЕЗИДЕНТА РФ ПО СЕВЕРО-ЗАПАДНОМУ ФЕДЕРАЛЬНОМУ ОКРУГУ
КЛЕБАНОВУ И. И.

Дорогой Илья Иосифович!

Бюро имеет честь представлять интересы Троян Аллы Николаевны, вдовы погибшего на АПРК «Курск» мичмана Трояна Олега Васильевича, техника химической службы.

На основании постановления правительства № 650 от 01.09.2000 «О мерах по социальной защите членов семей военнослужащих, погибших при исполнении обязанностей военной службы на АПРК «Курск» семье Троян О. В. предоставлена квартира по адресу: Ленинградская область, Всеволожский район, д. Старая, ул. Верхняя, д. 22, кв. 119.

С момента предоставления квартиры по настоящее время семья не имеет возможности приватизировать указанную квартиру из-за разногласий, которые возникли между УКС СФ и администрацией МО «Колтушская волость».

Обещания руководства Северного флота урегулировать этот вопрос и выдать Троян А. Н. свидетельство на право собственности квартиры в 2002 году не выполнены до настоящего времени.

Прошу Вас поручить разобраться и дать ответ о причинах нарушения законных прав и интересов семьи погибшего подводника и сообщить мне о результатах.

Представитель Троян А. Н.,
адвокат Б. А. Кузнецов

Приложение № 34

АДВОКАТСКОЕ БЮРО «БОРИС КУЗНЕЦОВ И ПАРТНЕРЫ»
«...» НОЯБРЯ 2005 Г.
ГЛАВКОМУ ВМФ РОССИИ
АДМИРАЛУ МАСОРИНУ В. В.

Уважаемый Владимир Васильевич!

Я представляю интересы 55 семей экипажа АПРК «Курск».

Ко мне обратилась мать погибшего мичмана Бочкова М. А. — Бочкова Елена Гарьевна, которой, в соответствии с постановлением правительства РФ № 650 от 01.09.2000 «О мерах по социальной защите членов семей военнослужащих, погибших при исполнении обязанностей военной службы на АПРК «Курск», в августе 2000 года была предоставлена однокомнатная квартира площадью 16,7 кв. м.

Согласие Бочовой Е. Г. на предоставление этой квартиры имелось.

На протяжении ПЯТИ лет не решается вопрос о передаче этой квартиры ей в собственность. Причина вполне объективная — отсутствует решение администрации гор. Севастополя о передаче дома на баланс Черноморского флота, о чем Бочковой Е. Г. неоднократно сообщали отцы-командиры разного уровня, а также Военная прокуратура флота.

Но объективная причина неисполнения одной из Сторон ст. 4 «Соглашения между Правительством Российской Федерации и Кабинетом министров Украины о взаимном признании прав и регулировании отношений собственности Черноморского флота Российской Федерации на жилищный фонд и объекты социально-бытового назначения в местах дислокации его воинских формирований на территории Украины» — это проблема Украины и Российской Федерации, а не Бочковой Е. Г.

Есть слово, данное президентом России. Есть постановление нашего правительства. Мне думается, что в этой ситуации следует не искать объяснения и причины, а решать возникшую проблему.

В ответах, направляемых командирами разного уровня Бочковой Е. Г., есть ссылки на то, что она с матерью, которая участвовала в Великой Отечественной войне и пережила блокаду Ленинграда, обеспечены жилой площадью.

Формально это верно, а по сути — издевательство: квартира 3 в д. 17 по ул. Загорядского в г. Севастополе расположена в бараке постройки 1940-х годов, без удобств, с печным отоплением.

До 2003 года Бочкова Е. Г. не могла заселиться в предоставленную ей квартиру, т.к. квартира была предоставлена с множеством недостатков. Потребовалось вмешательство, не поверите, уполномоченного представителя Государственного комитета Украины по делам ветеранов в гор. Севастополе, который обратился к командующему Черноморским флотом. И только после этого недостатки были устранены, строительный мусор убран. Ну не позор ли это??!!

Если Вы помните, на 5-летии гибели «Курска» я не мог сдержать слез. Я прожил 5 лет с людьми, потерявшими своих близких в результате обычного раздолбайства. Я их регулярно вижу, общаюсь с ними, живу их жизнью. Их судьбы, их проблемы, впрочем, как и судьба конкретного человека – матроса, офицера или адмирала – для меня важнее любой государственной целесообразности, важнее престижа нашего государства.

Неужели для того, чтобы было выполнено слово, данное президентом России, чтобы было выполнено постановление нашего правительства, мне нужно обращаться с иском к Черноморскому флоту в Украинский суд?

Если вопрос с Бочковой Е. Г. не решится, я так и поступлю, не боясь очередной раз подвергнуться обструкции.

Бочкова Е. Г. и ее мать согласны на представление им жилплощади в г. Санкт-Петербурге.

Так сделайте же что-нибудь, чтобы решить их проблему.

Примите мои искренние заверения в глубоком к Вам уважении и моей любви к военным морякам и флоту.

Б. А. Кузнецов

Приложение № 35

«...» МАЯ 2006 Г.
ГЛАВКОМУ ВМФ РОССИИ
АДМИРАЛУ МАСОРИНУ В. В.
КОПИЯ: БОЧКОВОЙ Е. Г.

Уважаемый Владимир Васильевич!

В ноябре 2005 года при личной встрече я передал Вам письмо, копию которого прилагаю.

Хотя прошло полгода, ответа я не получил, а Ваши подчиненные пальцем не пошевелили, чтобы решить проблему матери погибшего на АПРК «Курск» мичмана Бочкова М. А.

Когда Вы от страха перед Главной военной прокуратурой отказываете в защите контр-адмиралу Ю. А. Кличугину, который много лет отстоял на мостике и которого Вы знали лично по службе, в порядочности и честности которого Вы, судя по Вашему утверждению, не сомневаетесь, я еще могу по-человечески понять.

Хотя судьба адмиралов И. Хмельнова, Г. Сучкова в нынешнем времени и адмирала флота Н. Кузнецова в прошлом может свидетельствовать о том, что и Вы ходите под Богом, а «вылизывание кормы» главного военного прокурора и личная честность вряд ли спасут Вас, если политическая конъюнктура или целесообразность поставит в ситуацию, когда адвокат станет роднее и ближе, чем собственная жена.

Что касается матери погибшего мичмана Бочкова, то я не допущу, чтобы к памяти погибших было такое хамское отношение.

Если в течение 10 (десяти) дней я не получу ответа от Вас, то обращусь в суд, в Общественную палату, к Гаранту Конституции, организую десяток депутатских запросов, а обстоятельства, связанные с предоставлением квартиры Бочковой Е. Г., сделаю достоянием прессы.

Прилагаю:
Копия упомянутого письма (Только первому адресату).

Честь имею,
Представитель Бочковой Е. Г.,
адвокат Б. А. Кузнецов

Приложение № 36

*АДВОКАТСКОЕ БЮРО
«БОРИС КУЗНЕЦОВ И ПАРТНЕРЫ»
«...» ФЕВРАЛЯ 2003 Г.
БУБНИВУ Я. С.*

Дорогой мой!

1. Я получил Ваше письмо. Как я разъяснял не один раз, расторгнуть договор и отозвать доверенность – право каждого. Письмо с просьбой расторгнуть договор и отозвать доверенность подписано Вами, а доверенность у меня от Зинаиды Михайловны. Я не сомневаюсь, что это единое семейное мнение, но хотелось бы получить такое же письмо от Вашей супруги. Это даст мне основание для расторжения договора, и как только такое письмо или заявление от нее поступит, я тут же вышлю Вам доверенность.

2. Я внимательно прочитал Ваше письмо и не могу согласиться со всеми Вашими соображениями и позициями. Давайте по порядку. Я не буду писать про те позиции и те места в письме, где наши с Вами мнения совпадают. Остановлюсь на вопросах, где мнения расходятся.

а) Про теракт я писать не буду, с таким же успехом можно проверять версию о падении метеорита. В материалах дела нет даже намека на эту версию. Что касается публикации в прессе отставного подполковника контрразведки СФ, то я этих ребят знаю с их больным воображением, шпиономанией и воспаленными мозгами. В публикации нет ни одного факта, который мог бы свидетельствовать о теракте. Их смутила фамилия Гаджиев, но это реальный человек, с завода, который выпускает комплектующие, в частности аккумуляторы к торпедам.

б) Столкновения с «Петром Великим» не было. «Петр Великий» тряхнуло не от столкновения, это был гидродинамический удар. В то же время в 11:30 12 августа 2000 года гидроакустик «Петра Великого» Лавринюк зафиксировал взрыв по пеленгу 96, по этому пеленгу впоследствии был обнаружен «Курск».

Они не могли столкнуться еще и потому, что по документам (вахтенный, навигационный и гидроакустический журналы) «Петр Великий» только приближался к району учений, а «Курск» находился на юго-восточной кромке, и их разделяло примерно 30 миль. О каком же столкновении можно говорить?

в) Три человека, которые находились в 1-м отсеке и чьи тела не были обнаружены, не свидетельствуют о столкновении. Взрывы были такой силы, что даже в 3-м отсеке были найдены фрагменты тел моряков, а боезапас детонировал в 1-м отсеке. Крышку от торпедного аппарата обнаружили аж в 3-м отсеке. Поэтому я вообще удивлен, что что-то нашли.

г) Полностью с Вами согласен в отношении мины Второй мировой войны. В деле о ней нет ни слова. Это версия Попова, следствие ее отвергло.

д) Про американцев я с Вами согласен. Но они (Военно-морская разведка США) свои материалы не отда-

дут. И не потому, что им заплатили, а они в принципе не предоставляют свои разведданные, т.к. это не принято в спецслужбах.

Я полагаю, что Вы получили текст моего ходатайства и проект письма президенту. Сегодня письмо уже у него на столе. Я оттуда убрал про понос, а в основном текст сохранил.

Теперь о Вашем сыне и о доске в НВМУ. Это дело не судебное. Пока Ваша супруга не отозвала доверенность, я через Главкома ВМФ эту ошибку исправлю. Не думаю, что это было сделано умышленно, полагаю, это типичное российское разгильдяйство.

Вот и все, что я хотел Вам написать.

Как только мне поступит заявление от Вашей супруги, то я сразу же вышлю доверенность.

С уважением
Б. А. Кузнецов

Приложение № 37

АДВОКАТСКОЕ БЮРО
«БОРИС КУЗНЕЦОВ И ПАРТНЕРЫ»
«...» ИЮЛЯ 2003 Г.
ПОЛНОМОЧНОМУ ПРЕДСТАВИТЕЛЮ ПРЕЗИДЕНТА
РОССИЙСКОЙ ФЕДЕРАЦИИ В СЕВЕРО-ЗАПАДНОМ ФЕДЕРАЛЬНОМ ОКРУГЕ
МАТВИЕНКО В. И.

Уважаемая Валентина Ивановна!

Бюро представляет интересы 40 семей подводников, погибших на АПРК «Курск». Я защищаю их интересы не только по уголовному делу, но и частенько приходится решать различные проблемы, в т.ч. жилищные, семейные и прочие.

Почти всегда приходится обращаться с жалобами на бездействия или неправомерные действия госслужащих, но бывают приятные исключения.

Федеральный инспектор В. Высоцкий (к сожалению, не знаю его полного имени и отчества) помог семье Виктории Федоровны Станкевич с получением российского гражданства и с предоставлением ей квартиры в Санкт-Петербурге.

Зачитайте мое письмо на совещании или собрании. Мне хочется поблагодарить В. Высоцкого и доставить ему приятную минуту в жизни.

Примите мои искренние заверения в глубоком к Вам уважении,
Петербуржец, временно живущий в Москве,
Управляющий партнер, адвокат
Борис Кузнецов

Словарь сокращений и терминов, использующихся в книге

Сокращения

АБ – аккумуляторная батарея
АМГ – авианосная маневренная группа
АПРК – атомный подводный ракетный крейсер
АУГ – авианосная ударная группировка
БЗЖ – борьба за живучесть
БП – боевой пост
БПВ – блок подачи воздуха
БПК – большой противолодочный корабль
БЧ – боевая часть
БЧ-1 – штурманская боевая часть
БЧ-2 – ракетно-артиллерийская боевая часть
БЧ-3 – минно-торпедная боевая часть
БЧ-4 – боевая часть связи
БЧ-5 – электромеханическая боевая часть
БЧ-6 – авиационная боевая часть
БЧ-7 – боевая часть управления
ВВД – воздух высокого давления
ВЗУ – воздух забортных устройств
ВМБ – военно-морская база
ВСД – воздух среднего давления
ВСК – всплывающая спасательная камера
ГАС – гидроакустическая станция
ГВК – глубоководный водолазный комплекс
ГШ – Главный штаб ВМФ России
ЗАС – засекречивающая аппаратура связи
ЗПЛ – затонувшая подводная лодка
КБР – корабельно-боевой расчет
МГК – морской гидроакустический комплекс
МРК – малый ракетный корабль
ОДП – отсек длительного пребывания
ПДК – поточно-декомпрессионная камера
ПКБ – проектно-конструкторское бюро
ПК – прочный корпус
ПЛ – подводная лодка
ПЛА – подводная лодка атомная
ПЛАРБ – подводная лодка атомная с баллистическими ракетами
ПЛАРК – подводная лодка атомная с крылатыми ракетами
ПО – поисковая операция
ПСО – поисково-спасательная операция
ПЭЖ – пост энергоживучести
РБД – район боевых действий
РДП – работа дизеля под водой (система)
РДУ – регенеративная двухъярусная установка
РКР – ракетный крейсер
РЛС – радиолокационная станция
СК – сторожевой корабль
СКО – система контроля окислителя
СКР – сторожевой корабль
СО – спасательная операция
СС – спасательное судно
ТА – торпедный аппарат
ТР – транспорт, траульщик
УПАСР – Управление поисковых аварийно-спасательных работ
УСЭТ – универсальная самонаводящаяся электрическая торпеда
ЦВК – цифровой вычислительный комплекс
ЦГБ – цистерна главного балласта
ЦП – центральный пост
ШП – шумопеленгование

Английские сокращения

H – глубина
T – осадка корабля
t пер. – температура переборки
Q – крен
f – дифферент
SSN – атомная ударная подлодка
SS – дизельная подводная лодка

Основные термины

автономность – способность корабля находиться определенное время в море и выполнять боевые задачи без пополнения запасов и смены личного состава

акустический взрыватель – комплекс приборов и устройств, вызывающий взрыв морской мины, торпеды и подобных боеприпасов при воздействии на взрыватель акустического поля корабля

буйреп – веревка для крепления буя; по буйрепу экипаж покидает затонувшую подводную лодку (выход по буйрепу)

выдвижные устройства – технические средства, выдвигаемые над поверхностью моря для использования на перископной глубине в соответствии с их назначением; включают перископы, радио- и радиолокационные антенны, шахту РДП, приборы навигационных комплексов

выход из ПЛ – оставление личным составом подводной лодки, неспособной к самостоятельному всплытию; осуществляется через торпедные аппараты, боевую рубку или выходные люки отсеков-убежищ в легководолазном снаряжении, а также с помощью всплывающих спасательных устройств

гидроакустика – область науки и техники, изучающая физические явления, связанные с излучением, распространением и приемом акустических волн в водной среде и разрабатывающая средства и методы подводного наблюдения, связи, навигации, самонаведения подводного оружия

гидроакустическая группа – подразделение корабля (БЧ-7) или судна, предназначенная для решения определения целей и наведения оружия, других военных задач, задач морской навигации, звукоподводной связи, рыбопоисковой разведки, океанологических исследований

гидроакустическая связь – передача и прием информации в водной среде путем излучения и приема звуковых или ультразвуковых колебаний

гидроакустическая служба – в Военно-морском флоте служба, занимающаяся организацией, обеспечением, подготовкой личного состава

гидроакустическая станция – гидроакустическое средство, предназначенное для поиска, обнаружения и определения места нахождения объектов в водной среде; устанавливается на судах, кораблях, подводных лодках, вертолетах, а также стационарно

гидроакустические условия – совокупность гидролого-акустических характеристик водной среды океана и дна в определенном районе и в определенный период времени, влияющих на эффективность работы гидроакустических средств

гидроакустические характеристики – статистические характеристики акустических свойств морской среды, определяющие эффективность работы гидроакустических средств обнаружения

гидроакустические шумы (гидроакустические помехи) – акустические колебания в водной среде, воздействующие на приемные антенны гидроакустических устройств, не связанные с полезным сигналом, а также его маскирующие или искажающие

гидроакустический буй (радиогидракустический буй, РГБ) – свободно плавающий или установленный на якоре буй, предназначенный для излучения и/или приема и ретрансляции по радиоканалу гидроакустических сигналов; применяется для обнаружения подводных лодок и других подводных объектов, связи с подводными лодками, а также в научных целях

гидроакустический комплекс (ГАК) – устройство, с помощью которого производится прием или излучение и последующий прием акустических колебаний в воде; применяется для гидроакустической разведки, наведения оружия, связи между кораблями и их опознавания, гидроакустического подавления и обеспечения безопасности плавания

гидроакустический маяк – стационарное подводное гидроакустическое устройство, излучающее акустические сигналы в целях ограждения опасных для кораблевождения мест, ориентирования глубоководных исследовательских и поисковых аппаратов, обозначения мест высадки морских десантов и др.

гидроакустический поиск – обследование водной среды гидроакустическими средствами с целью обнаружения подводных лодок, морских мин и других подводных объектов, проводится также для обнаружения затонувших кораблей, судов; осуществляется надводными кораблями, подводными лодками, самолетами, вертолетами и позиционными гидроакустическими станциями (комплексами)

гидроакустическое наблюдение – вид наблюдения, осуществляемого с помощью гидроакустических средств; производится корабельными, авиационными (вертолетными), стационарными гидроакустическими станциями и радиогидроакустическими буями

гидрологические условия – совокупность физико-химических свойств водной среды, определяющая характер распространения гидроакустических сигналов в данном районе

гидрологические характеристики – статические значения физических параметров водной среды: температуры, солености, плотности, скорости распространения звука, направления и скорости течений, волнения моря и других характеристик

гидрология – наука, изучающая гидросферу, ее свойства и протекающие в ней процессы и явления во взаимосвязи с атмосферой, литосферой и биосферой

гидролокация – процесс обнаружения, классификации, определения местоположения и получения других сведений об объектах, находящихся в воде, с помощью гидроакустических средств; активная гидролокация основана на излучении акустических сигналов в водную среду и последующем приеме и анализе отраженных от цели эхо-сигналов; пассивная гидролокация основана на приеме и анализе акустических шумов, непреднамеренно излучаемых целью

гидронавтика – еще не сформировавшаяся наука о технических средствах, обеспечивающих исследование и освоение придонного слоя и дна Мирового океана

глубина безопасная – глубина, исключающая возможность столкновения подлодки с надводным кораблем

глубина перископная – глубина, с которой из полностью погруженной подводной лодки ведется визуальное наблюдение за горизонтом и воздухом с помощью перископа, а также возможно использование радиотехнических средств с выдвижными антеннами и устройств РДП

глубина предельная – наибольшая глубина, на которую может многократно погружаться подводная лодка и находиться на ней непродолжительное время без остаточных деформаций прочного корпуса

глубина рабочая (70–90% предельной) – глубина, на которой подводная лодка может находиться длительное время и производить необходимые маневры

глубина расчетная – наибольшая глубина, на которую ведется расчет прочного корпуса подводной лодки с учетом запаса прочности

дифферент – угол отклонения корпуса судна от горизонтального положения в продольном направлении, разница осадок кормы и носа судна

дифферентовка – процесс приведения нагрузки подводной лодки к заданным (близким к нулевым) значениям плавучести и дифферента, при которых она может погружаться и свободно маневрировать под водой; осуществляется путем приема и распределения воды в дифферентовочных и уравнительных цистернах

живучесть (корабля) – способность корабля противостоять боевым и аварийным повреждениям и быстро восстанавливать полностью или частично мореходность и боевые качества в условиях действия оружия противника или его поражающих факторов; обеспечивается конструкцией корпуса, защищенностью устройств, систем, технических средств, их резервированием, дублированием и рациональным размещением, высокой выучкой личного состава

жидкостный двигатель – тепловой двигатель, работающий на жидком химическом топливе

залповая стрельба – одномоментная стрельба несколькими торпедами

запас плавучести – непроницаемый объем части корпуса выше ватерлинии с учетом непогруженного объема ЦГБ; практически равен свободному объему ЦГБ, а величина запаса плавучести равна разнице между подводным и надводным водоизмещениями подводной лодки

захлопки на вентиляционных трубах – специальное устройство в вентиляционных каналах, проходящих через водонепроницаемые переборки или броневые палубы; закрытием захлопок достигается водонепроницаемость переборок и палуб

звукоподводная связь – связь, осуществляемая в водной среде путем модулирования звуковых или ультразвуковых колебаний; устанавливается между кораблями (судами) или плавучими и береговыми объектами, надводными судами и глубоководными аппаратами

кабельтов – внесистемная мера длины, применяемая в навигации и равная 185,2 метра (0,1 морской мили)

комингс-площадка – корпусная конструкция, предназначенная для обеспечения стыковки спасательного глубоководного аппарата или спасательного колокола с аварийным подводным объектом, устанавливаемая над его спасательным или входным люком

комплекс целеуказания – комплекс гидроакустических, радиолокационных и других технических средств, включая космические, для обнаружения целей и выдачи данных для ракетного и торпедного оружия

крейсерское положение – основное надводное положение удифферентованной подводной лодки с продутыми ЦГБ и заполненной цистерной быстрого погружения

кремальера – один из видов механических передач, преобразующий поступательное движение во вращательное; в данном случае – основанное на этом принципе запирающее устройство задней книжки торпедного аппарата

крен – поворот корабля вокруг его продольной оси

линия вала – система, передающая вращение гребному винту

надводное водоизмещение – водоизмещение подводной лодки, погруженной по действующую ватерлинию

ордер – регламентированное по направлениям, интервалам и дистанциям взаимное расположение кораблей (судов) и действующих с ними самолетов (вертолетов) при выполнении задачи

остойчивость – способность подводной лодки противодействовать силам, отклоняющим ее от исходного положения равновесия, и возвращаться к нему после прекращения действий этих сил

пеленгация (морское пеленгование) – определение направления на какой-либо объект через угловые координаты: горизонтные, отсчитываемые от плоскостей истинного горизонта и меридиана, или произвольные, отсчитываемые от плоскостей, ориентированных в пространстве иным образом; в зависимости от физических свойств объектов, может осуществляться с применением оптического (при оптической локации), радиотехнического (при радиолокации), акустического (при локации звуковой) и других методов

перекисно-водородная торпеда – противокорабельное оружие подводных лодок и надводных кораблей, имеющее тепловой двигатель, работающий на керосине и окислителе – маловодной перекиси водорода

плавучесть – способность подводной лодки плавать в состоянии статического равновесия в различных положениях относительно поверхности воды, неся на себе все грузы, необходимые для выполнения боевых задач

подводная аномалия – отклонение от средних значений дна водной акватории

подводное водоизмещение – водоизмещение подводной лодки, полностью погруженной в воду

противолодочная авиация – разновидность боевых воздушных судов (самолеты, вертолеты), предназначенных для поиска, обнаружения и уничтожения подводных лодок противника

противолодочная оборона – боевые действия и специальные мероприятия, осуществляемые флотом для поиска и уничтожения подводных лодок с целью препятствования их атакам против кораблей, судов и береговых объектов, а также ведению ими разведки и постановки мин; осуществляется как кораблями флота и их палубной авиацией, так и береговыми силами, прежде всего морской авиацией берегового базирования

противолодочный корабль – военный корабль, предназначенный для борьбы с подводными лодками

прочный корпус – корпус подводной лодки, предназначенный выдерживать забортное давление в подводном положении; основа для остальных конструкций подводной лодки

ракетоторпеда – противолодочная одноступенчатая твердотопливная ракета, доставляющая в район цели боевую часть – самонаводящуюся малогабаритную торпеду

системы корабельные – совокупность емкостей, труб с арматурой, приборов, механизмов и устройств, предназначенных для перемещения рабочих тел (жидкостей, газов) в определенном направлении с целью обеспечения боевой деятельности лодки и бытовых нужд экипажа

спасательный колокол – прочный стальной цилиндр, закрытый сверху сферической крышкой с входным люком для вывода личного состава аварийной подводной лодки; спасение личного состава производится с глубин до 500 м

спецтрюмный – обслуживающий реакторы

торпедный аппарат – установка для стрельбы торпедами и их хранения; при помощи торпедных аппаратов подводные лодки способны ставить морские мины, запускать крылатые ракеты

трюмная группа – подразделение, организационно входящее в состав дивизиона живучести электромеханической боевой части, обеспечивает поддержание в исправном состоянии общекорабельных систем, кингстонов и клапанов затопления

узел – внесистемная единица скорости корабля, равная одной морской миле в час (1,852 км/ч)

шпангоут – металлический поперечный элемент жесткости обшивки корпуса корабля, поперечное ребро корпуса

шумность – акустические колебания, создаваемые в воде на ходу корабля работающими винтами, механизмами и системами корабля, вибрацией корпуса и обтекающими его вихревыми потоками воды

Указатель имен

Агафонов, Данила 405, 406
Аксенов, Василий 334
Алексин, Валерий 252, 253, 256, 257, 258, 308, 309
Альбац, Евгения 17
Андреев, Игорь 423, 424
Андреев, Сергей 286
Аникеев, Роман 93, 540
Анисимов, Евгений 413, 414
Анисимова, Елена 413, 431
Анненков, Юрий 87
Арифджанов, Рустам 330
Арлпов, Рошид 91, 165, 179, 340, 532, 644, 645
Асламазян, Манана 11, 18

Бабенко, Игорь 139
Бабкин, Анатолий 297, 299
Бабкина, Галина 299
Багдасарян, Борис 310
Багрянцев, Владимир 85, 267
Байбарин, Валерий 91
Байгарин, Марат 85, 148, 153, 266, 267, 384, 440
Баланов, Алексей 91
Балтин, Эдуард 362, 444
Банников, Анатолий 117, 125
Баранец, Виктор 345
Баранов, Игорь 139, 141, 353, 481, 482, 484
Барсук, Виктор 173
Барчуков, Валерий 173
Батлер, Самуэль 132
Безбородько, Владимир 418, 420, 421, 423
Безсокирный, Вячеслав 86

Беликов, Михаил 195
Белковский, Станислав 371
Белов, Михаил 87
Белова, Светлана 398
Белогунь, Виктор 85
Белозеров, Николай 90
Беляев, Анатолий 88
Бемер, Нильс 339
Березовский, Борис 10, 334, 335, 336, 338, 635
Беррес, Леонид 283
Блинов, Анатолий 337, 338
Богуславская, Ольга 410, 420, 427, 429
Болотов, Юрий 431
Ботвинкин, Михаил 17
Боржов, Максим 81, 148, 383, 524, 562, 593
Борисов, Андрей 82, 94, 180, 217, 340
Борисов, Арнольд 81, 94, 180, 338, 471, 663, 672, 673
Борисов, Юрий 94
Боровков, Максим 429, 430
Бочков, Михаил 95, 471
Бояркин, Юрий 26, 48, 72, 73, 109, 113, 121, 521, 528, 529, 551, 552, 553, 554, 585, 589, 597, 614, 618
Бражкин, Александр 94, 340, 471, 531–532, 540
Бубнив, Вадим 82
Бугрова, Елена 411, 418
Булкина, Татьяна 341
Бурочкин, Иван 423
Бурцев, Олег 47, 528, 589
Буш, Джордж, младший 289, 328, 358, 359

Вавилов, Андрей 402, 403
Ванин, Евгений 223
Васильев, Андрей 90
Васильцов, Владимир 18

Величко, Василий 60
Вербицкий, Владимир 10, 17
Ветлиорд, Гуннар 323
Витченко, Сергей 89
Вишняков, Максим 87
Власов, Сергей 87
Вознесенский, Станислав 240, 241
Возняк, Оксана 18
Волженский, Михаил 214, 278, 279, 280, 443
Воронов, Владимир 293
Высоцкий, Владимир Семенович 341
Высоцкий, Владимир Сергеевич 195

Гаврилин, Дмитрий 27, 128, 228
Гаврилюк, Дмитрий 660
Гаврюнин, Герман 18
Гаджиев, Мамед 34, 71, 81, 339, 377, 631, 650
Гелетин, Борис 83
Гесслер, Роберт 94, 340, 471, 532, 540
Гетманский, Константин 260, 261
Голикова, Татьяна 418, 428, 431
Гольдфарб, Александр 335, 337
Горбачев, Михаил 8, 17, 52, 227, 244, 518
Горбунов, Евгений 91
Горшков, Сергей 76, 98, 99, 376, 517
Грачев, Павел 66
Громов, Феликс 33, 64, 65, 66, 100, 376, 377
Грязнов, Игорь 341
Грязных, Сергей 84
Губерман, Игорь 11, 27, 34
Гудков, Александр 86
Гусинский, Владимир 338
Гуцериев, Михаил 208

Джугашвили, Яков 408
Дзержинский, Феликс 60

Доброскоченко, Владимир 149, 205, 206, 207, 209, 490, 492, 496, 498
Доренко, Сергей 334
Доценко, Виталий 312, 319, 328
Дронов, Владимир 61, 62, 289, 302, 313
Дрю, Кристофер 326
Дрюченко, Андрей 84
Дудко, Сергей 82
Дьякова, Виктория 428
Дыгало, Игорь 104, 139, 215, 463
Дядык, Александр 173

Евдокимов, Олег 89
Евдокимов, Юрий 217
Егиев, Артур 25, 26, 30, 45, 51, 55, 58, 68, 110, 116, 117, 122, 123, 127, 128, 132, 133, 134, 142, 143, 152, 159, 166, 173, 184, 187, 189, 195, 211, 217, 228, 238, 242, 349, 364, 368, 392, 396, 478, 479, 504, 545, 546, 594, 602
Егоров, Иван 244
Егорова, Ольга 240, 241
Ельцин, Борис 244, 287, 297, 358, 374, 376, 518
Емельяненков, Александр 68, 211, 224
Ерасов, Игорь 87
Ерахтин, Сергей 83
Ерофеев, Олег 10, 23, 24, 25, 26, 100, 101, 111, 154, 160, 161, 182, 200, 224, 257, 447
Ефимович, Владимир 290

Железняк, Юрий 434

Забарин, Сергей 18
Завалишин, Александр 164, 590
Задорнов, Михаил 271, 300, 378
Зарипов, Равиль 69
Захаров, Вячеслав 344

Зиновьев, Роберт 16
Золовкин, Сергей 392, 448
Зубайдуллин, Рашид 93, 540
Зубов, Алексей 81
Зыков, Андрей 371
Зырянов, Олег 107, 542, 548

Иваненко, Татьяна 341
Иванов, Василий 94, 95
Иванов, Виктор 210
Иванов, Игорь 210, 224
Иванов, Михаил 117, 118, 125
Иванов, Сергей 29, 64, 217, 223, 370, 628
Иванов-Павлов, Алексей 84, 148, 150, 383, 562, 672
Изгоев, Александр 289
Ильдаров, Абдулкадыр 81, 148, 150, 156, 157, 207, 383, 524, 527, 562, 592
Ильин, Владислав 167, 548
Исаенко, Василий 85
Ишмуратов, Фанис 92

Калайда, Василий 386
Калинин, Сергей 87
Калинины (семья) 336–337
Калугин, Олег 8, 17
Кара-Мурза, Владимир 192, 244
Караляш, Алина 418, 420, 421, 422, 423, 427
Карачун, Николай 398
Карпов, Владимир 290
Карре, Жан-Мишель 273, 289, 290, 291, 315, 342, 359, 361, 369
Касатонов, Владимир Афанасьевич 376
Касатонов, Владимир Львович 44, 46, 385, 437, 442, 540, 541, 549, 550, 551, 554, 585, 597, 614, 618
Касатонов, Игорь 376, 377, 442
Каучаков, Роман 418

Каучакова, Анна 418, 423, 427
Кейган, Роберт 288
Кивилиди, Иван 11, 18
Кизлик, Владимир 233, 600
Кинг, Ларри 287
Кинг, Уильям 572
Кириченко, Денис 88
Кислинский, Сергей 84
Кислицын, Михаил 402
Кичкирук, Василий 88
Кичкирук (семья) 336–337
Клебанов, Илья 57, 58, 104, 114, 158, 167, 168, 169, 194, 195, 210, 217, 224, 264, 327, 356, 357, 378, 380, 646
Клиланд, Дэвид 372
Клинтон, Билл 256, 276, 277, 292, 317, 323, 330, 629
Кличугин, Юрий 10, 65, 66, 67, 229, 396, 649
Кобелев, Виктор 384, 524, 528, 529, 554, 561, 593, 594, 597, 614, 618
Ковалев, Андрей 430, 431
Ковалев, Сергей 207, 291, 360, 361
Ковальчук, Юрий 372
Кожин, Владимир 286, 400
Козадеров, Владимир 93
Козлов, Сергей 118, 119, 120, 121, 122, 123, 125, 127, 128, 129, 130, 131, 132, 133, 183, 185, 187, 188, 227, 234, 284, 364, 368, 392, 396, 440, 452, 503, 504, 505, 506, 507, 508, 544, 545, 546, 567, 570, 571, 572, 581, 583, 584, 585, 587, 588, 590, 601, 602, 603, 608, 610, 611, 619
Козырев, Константин 84
Кокурин, Сергей 83
Колесников, Владимир 226, 393, 394, 514
Колесников, Дмитрий 20, 92, 113, 164, 165, 177, 178, 179, 180, 181,

182, 214, 219, 230, 245, 249, 276, 309, 339, 340, 341, 379, 410, 471, 472, 477, 479, 480, 503, 507, 531, 534, 535, 536, 537, 540, 557, 578, 579, 580, 598, 600, 610, 613, 617
Колесников, Роман 20, 21, 238, 239, 242, 244, 245, 396, 613
Колесниковы (семья) 238, 244
Колкутин, Виктор 21, 25, 26, 36, 38, 58, 103, 116, 123, 132, 169, 170, 173, 174, 176, 177, 178, 180, 181, 183, 184, 185, 186, 187, 188, 189, 190, 191, 192, 195, 226, 227, 228, 229, 230, 233, 234, 235, 236, 237, 240, 241, 265, 357, 368, 392, 396, 407–433, 477, 478, 479, 489, 503, 504, 505, 506, 507, 508, 518, 567, 569, 570, 571, 572, 573, 575, 576, 577, 578, 580, 588, 590, 598, 599, 600, 601, 605, 610
Коломийцев, Алексей 89
Коляда, Борис 167, 441
Комарова, Марина 18, 299, 436
Коркин, Алексей 92, 340, 471, 532, 540
Коробков, Алексей 86
Коровяков, Андрей 86
Костев, Георгий 304
Костин, Юрий 54, 266
Котенков, Александр 392
Котков, Дмитрий 87
Коцюбинский, Даниил 286
Кравченко, Виктор 53, 54, 70, 209, 265, 385, 491, 564
Красненкер, Александр 10, 337
Краснобаев, Александр 150, 268, 384, 524, 593
Краснов, Андрей 348, 349
Кречетников, Артем 20
Кубиков, Роман 92, 340, 471, 532, 540
Кудашкин, Михаил 228, 603

Кузнецов, Виктор 91, 93, 340, 471, 531, 534, 540
Кузнецов, Виталий 91
Кузнецов, Владимир 354, 360
Кузнецов, Михаил 47, 267, 384, 524, 529, 554, 589, 593, 594, 597, 614, 618
Кузнецов, Николай 35, 203, 405, 642, 649
Кузьмин, Анатолий 52
Кулешов, Виктор 173
Куликов, Анатолий 398
Курдин, Игорь 192, 193, 194, 208, 434, 441, 488, 491, 497, 498
Куроедов, Владимир 7, 21, 27, 33, 48, 58, 60, 64, 76, 98, 100, 104, 114, 147, 167, 168, 172, 187, 188, 189, 195, 202, 210, 217, 223, 239, 277, 308, 311, 313, 333, 357, 367, 370, 371, 374–380, 385, 398, 405, 406, 441, 442, 480, 481, 482, 507, 517, 519, 619, 627, 631, 635, 644, 645
Кьеза, Джульетто 9, 293

Лавринюк, Андрей 42, 43, 72, 73, 107, 113, 116, 261, 517, 549, 650
Лантос, Том 288
Ларина, Ксения 199, 282
Ларина, Татьяна 17, 451
Ларионов, Алексей 90
Латынина, Юлия 27, 210, 285, 517
Лебедев, Вячеслав 210
Лебедев, Сергей 328
Лебедь, Игорь 239
Леонов, Дмитрий 84, 95, 540
Леонтьев, Алексей 180, 233, 441, 475, 578, 589, 600, 609
Лесков, Александр 247, 248, 249, 250, 252, 308, 442
Ли, Кент 17
Либерман, Джо 288

Лисин, Владимир 662
Литвиненко, Владимир 372
Литвиненко, Марина 335
Логинов, Игорь 89
Логинов, Сергей 86
Лунин, Николай 34, 35, 36
Лушников, Алексей 286
Любушкин, Сергей 90
Люлин, Виталий 269, 270, 271, 272, 273, 274, 275, 276, 277, 278, 308, 319
Ляненко, Владимир 173, 422
Лячин, Геннадий 6, 46, 82, 95, 98, 149, 158, 201, 267, 277, 279, 280, 300, 301, 316, 318, 333, 507, 525, 527, 560
Лячина, Ирина 189, 190, 207, 208, 238, 242, 486, 492, 493, 495
Ляшенко, Михаил 388, 389

Майерс, Стивен Ли 326
Майкагашев, Вячеслав 92, 540
Маккейн, Джон 288
Маковецкий, Сергей 216
Маллен, Джим 140
Манилов, Валерий 269, 276
Маринеско, Александр 24, 51, 437
Маркаров, Дмитрий 208
Маркос, Фердинандо 288
Мартынов, Роман 94, 340, 471, 532, 540
Матвиенко, Валентина 209, 491, 651
Медведев, Дмитрий 19
Милашина, Елена 38, 183, 210, 228, 229, 236, 238, 240, 242, 378, 502, 506
Милошевич, Слободан 358, 408
Милютин, Андрей 83
Милютина, Людмила 343
Миртов, Дмитрий 84
Митяев, Алексей 92
Митяев, Владимир 342

Мордовалов, Николай 263
Морилд, Инге 176, 177, 233, 471, 473, 518, 600
Морин, Александр 402
Мормуль, Николай 34, 35, 36, 61, 145, 437
Москаленко, Карина 18
Московченко, Николай 434
Моцак, Михаил 21, 33, 57, 72, 74, 117, 148, 190, 242, 248, 260, 261, 262, 264, 265, 300, 304, 305, 341, 356, 364, 365, 371, 378, 443, 507, 527, 550, 554, 589, 594, 597, 614, 618, 619
Мошенская, Светлана 421, 422
Муратов, Дмитрий 228
Мурачев, Дмитрий 89
Мятин, Арсений 299

Налетов, Илья 93
Некрасов, Алексей 93
Неустроев, Александр 90
Нефедков, Иван 81, 148, 383, 524, 562, 592
Никитин, Александр 186
Никитинский, Леонид 228
Николаев, Николай 190, 191, 236
Никонов, Сергей 173
Никуленко, Татьяна 269, 278
Новолодский, Юрий 286
Носиковский, Олег 86

Огнев, Виктор 413
Олейник, Георгий 402
Орлова, Наталья 193
Острянин, Олег 107, 542

Павлов, Борис 173
Павлов, Николай 88
Пак, Чжон Хи 288
Панарин, Андрей 40, 41, 83
Панкратова, Ирина 412

Пантелеев, Валерий 397
Панфилова, Ольга 387
Парамоненко, Виктор 84
Пархоменко, Сергей 291, 339
Паршуткин, Виктор 16, 18
Патаркацишвили, Бадри 336
Патрушев, Николай 210, 217, 338
Пехов, Алексей 60
Пикуль, Валентин 36
Пиманов, Алексей 186, 187, 188, 189, 477, 478, 480, 486, 487
Плаксин, Владислав 177, 233, 235, 600
Плисецкая, Майя 10, 208, 226, 227, 287
Покровский, Александр 141, 150, 216, 300, 462
Политковская, Анна 11, 18, 228, 360
Полтавченко, Георгий 210
Полторанин, Михаил 17
Полянский, Андрей 84
Пономаренко, Анатолий 186, 188, 189, 481, 486
Попов, Алексей 381
Попов, Вячеслав 21, 26, 37, 43, 45, 46, 48, 52, 53, 56, 57, 70, 72, 73, 76, 95, 97, 106, 112, 115, 139, 142, 148, 149, 150, 199, 200, 215, 242, 243, 262, 277, 292, 298, 301, 302, 303, 307, 308, 309, 316, 320, 321, 322, 329, 346, 356, 364, 365, 367, 371, 374, 375,378, 381–390, 398, 438, 447, 462, 481, 507, 517, 527, 549, 550, 551, 554, 589, 594, 597, 614, 618, 619, 631, 635, 642, 650
Попова, Надежда 362
Поуп, Эдмонд 289, 297, 298, 299, 359
Прокофьев, Сергей 275
Путин, Владимир 6, 7, 19, 20, 21, 57, 59, 64, 76, 98, 103, 133,172, 188, 194, 196, 217, 237, 241, 243,

244, 245, 256, 276, 277, 283, 286, 292, 293, 294, 295, 297, 305, 306, 311, 314, 323, 330, 332, 333, 334, 335, 336, 338, 339, 342, 343, 355, 356, 357, 358, 359, 360, 361, 362, 366–373, 374, 376, 378, 380, 385, 389, 391, 392, 395, 398, 445, 448, 481, 518, 519, 624–643
Пшеничников, Денис 89

Раджс, Джован 176, 518
Раев, Дмитрий 27, 128
Райзен, Джеймс 329
Рассел, Дэвид 306, 307, 369
Растошинский, Эдуард 175, 176, 233, 235, 441, 576, 577, 600
Рванин, Максим 84
Резник, Генри 334
Репников, Дмитрий 86
Рогатных, Александр 393
Рогоза, Владимир 64
Родионов, Михаил 83
Романюк, Виталий 88
Рост, Юрий 229
Ротенберг, Аркадий 371
Рохлин, Лев 408
Рудаков, Андрей 86
Руденко, Ирина 208, 491, 497
Рузлев, Александр 83
Руцкой, Александр 334
Рыжков, Николай 8, 17
Рычков, Сергей 87
Рышков, Виталий 418, 423
Рязанцев, Валерий 30, 31, 47, 50, 56, 78, 96, 98, 99, 100, 114, 150, 151, 152, 153, 156, 157, 195, 246, 250, 257, 437, 442

Саакашвили, Михаил 359
Саблин, Юрий 83, 209
Саблина, Галина 209
Савенков, Александр 7, 20, 21, 25,

27, 30, 116, 172, 185, 188, 211, 226, 239, 240, 344, 364, 368, 392, 395–406, 509, 520, 568, 614
Савченко, Михаил 420
Сагура, Андрей 402, 403
Садиленко, Сергей 93, 164, 165, 179, 180, 181, 182, 231, 340, 471, 532, 536, 537, 540, 557, 558, 578, 580, 598, 600, 607, 610
Садков, Александр 83
Садовой, Владимир 92
Салафутдинов, Айрат 337
Салье, Марина 371
Самарцев, Вячеслав 44, 107, 549
Самоваров, Яков 83
Сафонов, Максим 82
Свечкарев, Владимир 87
Селиванов, Валентин 387, 388
Селье, Камиль 309, 329
Семин, Юрий 14
Сенатский, Юрий 33, 437
Сергеев, Игорь 74, 104, 269, 276, 323, 326, 327, 356, 357, 374, 627
Сидюхин, Виктор 94
Силаев, Иван 17
Силогава, Андрей 82
Скорген, Эйнар 295, 296, 306, 307, 308, 320
Смирнов, Николай 434
Советов, Владимир 173, 176
Соколов, Борис 344
Соколов, Сергей 229
Солодков, Леонид 64
Солорев, Виталий 86
Солохин, Анатолий 175, 176, 233, 235, 441, 576, 577, 600
Сомоса, Анастасио 288
Софонов, Станислав 240, 241
Спасский, Игорь 137, 138, 151, 159, 162, 163, 197, 198, 217, 222, 223, 224, 626
Ставицкая, Анна 18

Сталин, Иосиф 290
Станкевич, Алексей 88
Старосельцев, Дмитрий 89
Сташина, Елена 16
Степашин, Сергей 210, 224, 500
Стредлинг, Морис 295, 304, 314, 317, 347
Строев, Егор 402
Суворов, Николай 220, 325
Судоплатов, Павел 290
Сутягин, Игорь 11, 18, 226, 299
Сухачев, Юрий 141
Сучков, Валерий 396
Сучков, Геннадий 100, 101, 189, 205, 397, 398, 432, 447, 480, 481, 483, 491, 492, 493, 498, 649

Таволжанский, Павел 87
Танцура, Евгений 185
Тарасов, Артем 180
Тенет, Джордж 276, 277, 292, 328, 329
Тесленко, Александр 56, 57, 140, 553, 554, 558, 597, 614, 618
Тесленко, Олег 64, 108, 110, 280, 281, 348, 439
Тимченко, Геннадий 372
Тихачева, Виктория 226, 393, 394, 512, 513, 514, 515, 516
Тихонова, Евгения 411, 412, 427, 428, 430, 431, 432
Ткаченко, Владимир 17
Толмачев, Сергей 424
Троян, Олег 90
Тряничев, Руслан 88
Тылик, Надежда 147, 346
Тылик, Сергей 82, 147
Тюленев, Игорь 227, 228

Уваров, Генрих 299
Узкий, Сергей 83
Устинов, Владимир 7, 8, 10, 21, 25,

27, 28, 37, 49, 51, 56, 57, 60, 71, 75, 102, 103, 104, 113, 115, 116, 132, 142, 150, 151, 152, 159, 169, 172, 180, 181, 183, 185, 188, 193, 198, 202, 203, 204, 210, 211, 212, 213, 216, 217, 220, 221, 222, 223, 224, 278, 283, 286, 311, 327, 338, 346, 347, 348, 349, 355, 364, 365, 368, 391–394, 395, 396, 402, 437, 488, 489, 512, 517, 622, 623

Федоричев, Игорь 87
Фесак, Владимир 84
Филимонов, Дмитрий 322
Фитерер, Сергей 86
Фридман, Михаил 208
Фролов, Виктор 354
Фролова, Светлана 421, 422

Халепо, Александр 89
Харитонов, Леонид 61
Хартунг, Уильям 331, 332, 358, 359, 360
Хафизов, Наиль 91
Хейли, Артур 160
Хивук, Владимир 83
Хмель, Александр 386
Хмельнов, Игорь 10, 100, 101, 376, 377, 405, 406, 447, 649
Ходорковский, Михаил 288
Холодов, Дмитрий 236, 237, 408, 410, 419, 420
Хопкинс, Джонс 372
Хотиненко, Владимир 216
Храмов, Анатолий 60
Хрущев, Леонид 290
Хрущев, Никита 10, 290
Хуцишвили, Владимир 11, 18

Царьков, Виктор 401
Цветков, Валентин 11, 226, 392, 512, 513, 514
Цветкова, Людмила 392, 393, 512, 516
Цымбал, Иван 90

Чайка, Юрий 391
Чахмахчян, Левон 11, 14, 15, 16, 17
Чейни, Дик 339
Челышева, Вера 229
Черкашин, Николай 61, 97, 198, 199, 258, 260, 279, 282
Черкизов, Андрей 11, 284
Чернавин, Владимир 362, 445
Черномырдин, Виктор 219
Чернышов, Сергей 87
Чернышов, Сергей Михайлович 217
Чернышов, Сергей Серафимович 87
Чуйков, Игорь 195
Чуликов, Петр 185

Шаблатов, Владимир 90
Шаболтанов, Игорь 131, 132, 228
Шавкеро, Александр 403, 404
Шаров, Илья 412
Шахов, Александр 52
Шашков, Николай 97
Шеварднадзе, Эдуард 17
Шевчук, Алексей 82
Шеин, Виктор 133, 149, 343, 344, 404
Шепетнов, Юрий 85
Шигин, Владимир 63, 65, 95, 96, 97, 106, 167, 438
Шитов, Антон 423, 424, 425
Шмаков, Радий 397
Шолохов, Андрей 215, 349
Штыров, Анатолий 258, 259, 260
Шубин, Александр 82
Шульгин, Алексей 81
Шусторович, Александр 17

Щавинский, Илья 90
Щербина, Александр 185

Юматов, Георгий 434
Ющенко, Виктор 359

Язов, Дмитрий 290
Якимишин, Григорий 11, 18
Якобашвили, Давид 209
Яковлев, Вениамин 210
Яковлев, Юрий 30, 218
Янсапов, Салават 88
Яшенькин, Леонид 141

Список использованной литературы

1. Ramsey Flynn. CRY from the DEEP. The sinking of the Kursk, the Submarine Disaster That Riveted the World and Put the New Russia to the Ultimate Test.
2. Robert Moore A TIME TO DIE - The Kursk Disaster. Doubleday, London, Sydney etc. 2002. (Cover, left) Also Bantam Books Ltd, 2003, paperback.
3. Truscott Peter. Kursk - Russia's lost pride. Simon & Schuster, London 2002.
4. Hans Offringa Raising the Kursk Published by: Lipstick Publishing, UK; 2004. Illustrated hard cover, 184 printed pages. Dimensions: 24.5 cms tall by 26.5 cms wide.
5. Военно-морской энциклопедический словарь. М.: Воениздат, 2003. – 364 с.
6. Российское общество и гибель АПЛ «Курск» 12 августа 2000 года. / Вторая редакция 2002 г.: расшир. и уточнен., с добавл. 2003–2005 гг. Санкт-Петербург.
7. Александров Ю. И., Гусев А. Н. Боевые корабли мира на рубеже XX–XXI веков. Часть I. Подводные лодки. Справочник. Спб.: Галея Принт, 2000. – 302 с.
8. Александров Ю. И., Гусев А. Н. Подводные лодки России: История и современность. Необитаемые подводные аппараты. Книга вторая. СПб.: Галея Принт, 2000. – 302 с.
9. Бауманн У., Перре М. Клиническая психология. 2-е международное издание. СПб.: Питер, 2003. – 1312 с.
10. Белинский Н. А., Истошин Ю. В. Моря, омывающие берега Советского Союза. М.: Воениздат, 1956. – 60 с.
11. Боевая деятельность подводных лодок ВМФ СССР в Великую Отечественную войну 1941–1945. Том 3. М.: Воениздат, 1970.
12. Борисов Т. Н. Подводные катастрофы планируются на берегу. Военно-исторический архив, № 5 (53), май, 2004.
13. Борисов В. С., Лебеденко В. Г. Подводный фронт «холодной войны»: Сб.-М.: АСТ; СПб.: Terra Fantastica, 2002. – 480 с.
14. Буленков С. Е., Гриневич В. А., Смолин В. В., Александров И. А. Водолаз-глубоководник. М.: Воениздат, 1962. – 296 с.
15. Васильев К. Как уничтожалась морская мощь России? Записки адмирала Булавина. 21-01-2012 http://my.mail.ru/community/voen_mor/14535F6C9EF21BEB.html
16. Войтов Д. В. Подводные обитаемые аппараты. М.: АСТ; Астрель, 2002. – 303 с.
17. Воронин Б. Ф. Пособие для моряка-подводника по эмоционально-психологической и статико-физической тренировке в условиях длительного плавания. Баку: ВМФ, 1971. – 60 с.
18. Вопросы судебно-медицинской экспертизы. Сборник статей. Выпуск второй. // Под ред. Авдеева М. И. М.: Издательство юридической литературы, 1955. – 367 с.

19. Гибель линкора «Новороссийск»: Документы и факты. / Сост. и автор коммент. Б. А. Каржавин. СПб.: Политехника, 1992. – 208 с.

20. Гагин В. Советские атомные подводные лодки. Серия «Россия, проснись!» Выпуск первый. Воронеж: Полиграф, 1995.

21. Геманов В. Подвиг С-13. Калининград: Книжное издательство, 1970. – 117 с.

22. Гольдин Э. Р., Козлов В. П., Челышев Ф. П. Подводно-технические, судоподъемные и аварийно-спасательные работы. Справочник. М.: Транспорт, 1990. – 336 с.

23. Гольдфарб Алекс при участии Марины Литвиненко. Саша, Володя, Борис... История убийства. AGC/Грани, Нью-Йорк, США.

24. Горин Ю., Зенков Ю. Неправда, друг не умирает... Документальная повесть о старшем лейтенанте Александре Гудкове, героически погибшем на боевом посту в Баренцевом море на АПЛ «Курск». Калининград: Янтарный сказ, 2002. – 80 с.

25. Гофманн Эдуард фон. Учебник судебной медицины. 6-е русское издание. СПб.: Издание К. Л. Риккера. Невский, 14, 1912. – 951 с.

26. Григоров Л. Краткий курс судебной медицины. 2-е издание. Киев: 1913. – 85 с.

27. Губерман И. Собрание сочинений в четырех томах. Том первый. «Гарики на каждый день». Нижний Новгород: ДЕКОМ, 1997. С. 11.

28. Гусев А. Н. Подводные лодки специального назначения: Построенные корабли и нереализованные проекты. / Приложение к справочнику «Боевые корабли мира». Выпуск третий. СПб.: 2002. С.132.

29. Гусев А. Н. Подводные лодки с крылатыми ракетами. Построенные корабли и нереализованные проекты. / Приложение к справочнику «Боевые корабли мира». Выпуск второй. СПб.: Галея Принт, 2000. – 130 с.

30. Дескюре Б. Ф. Медицина страстей, или Страсти, рассматриваемые в отношении к болезням, законам и религии. Пер. с фр. В двух томах. Т. 1 и 2. М.: Типография М. П. Погодина на Девичьем поле, в собств. доме, 1870. С. 388 и 389.

31. Емельяненков А. Антигосударственная тайна. Российская газета № 162 (3030) от 29 августа 2002.

32. Ерофеев О. А. Как это было. Аварийность в Военно-морском флоте страны. М.: Права человека, 2012.

33. Живодеров Н. Н., Пауков В. С. Судебная медицина и судебная психиатрия. М.: Геотар Медицина, 2000. – 240 с.

34. Жильцов Л., Мормуль Н., Осипенко Л. Атомная подводная эпопея: Подвиги, неудачи, катастрофы. М.: БОРГЕС, 1994. – 350 с.

35. Заборский В., капитан I ранга. Гибель «Курска» не дает покоя... http://www.zavtra.ru/content/view/2001-09-1831/

36. Захар В. Мартиролог подводных катастроф. Севастополь: Мир, 1998. – 139 с.

37. Каржавин Б. А. Тайна гибели линкора «Новороссийск»: Документальная историческая хроника. СПб.: Политехника, 1991. – 271 с.

38. Кречмер Э. Медицинская психология. Перевод с 3-го издания.

Книга 2-я. М.: Кооперативное издательство «Жизнь и Знание», 1927. – 349 с.

39. Костиченко В. В. Гибель без тайн: Трагедия линейного корабля «Новороссийск». // Приложение к журналу «Страницы морской истории». Севастополь: 1999. – 36 с.

40. Кудрявцев И. А. Судебно-психологическая экспертиза. М.: Юридическая литература, 1988. – 224 с.

41. Кузин В. П., Никольский В.И. Военно-морской флот СССР 1945–1991. СПб.: Историческое морское Общество. 1996.

42. «Курск». Операция «Подъем». М.: Русь, 2003. – 526 с.

43. Курушин М. Ю. Подводная лодка «Курск»: Рождение. Жизнь. Версии гибели. Подробности. М.: Олимп, АСТ, 2000. – 160 с.

44. Латынина Ю. Почему она утонула? Правда о «Курске», которую скрыл генпрокурор Устинов. // Ежедневный журнал. 28.03.2005.

45. Лесков А. Правда и ложь о трагедии «Курска». http://21region.org/news/world_news/51271-pravda-i-lozh-o-tragedii-kurska.html

46. Лурье В. М., Платонов А. В. Командиры советских подводных лодок 1941–1945 гг. СПб.: Цитадель, 1999. – 123 с.

47. Люлин В. Услышьте нас на суше... // «Бульвар Гордона». Август 2008 года, № 33 (88).

48. Маяцкий В. Графология. М.: Университетская типография. Страстной бульвар, 1907. – 59 с.

49. Милашина Е. Адмирал Сучков отказался от «скорой». // «Новая газета», 20.05.2004.

50. Моргенстиерн И. Ф. Психографология. СПб.: Художественная типография АК. Вейерман, Мещанская, 2, 1903. – 693 с.

51. Мормуль Н. Г. Запас плавучести. Петрозаводск: 2003.

52. Мормуль Н. Г. Катастрофы под водой (Гибель подводных лодок в эпоху «холодной войны»). 2-е изд. СПб.: 2001. – 659 с.

53. Мормуль Н. Г. От «Трешера» до «Курска». Петрозаводск: 2001. С. 203.

54. Ненахов Ю. Ю. Чудо-оружие Третьего рейха. Мн.: Харвест, 1999. – 624 с.

55. Никольский Н. И., Никольский В. Н. Почему погиб линкор «Новороссийск»? М.: СЕЗАМ-МАРКЕТИНГ, 1999. – 120 с.

56. Оружие Российского флота (1696–1996) / Петров А. М., Асеев Д А., Васильев Е. М., Ворожцов В. Г., Дьяконов Ю. П. и др. // Под ред. Доценко В. Д., Родионова Б. И. СПб.: Судостроение, 1996. – 280 с.

57. Оружие России. Каталог. Том III. Корабли и вооружение ВМФ. 1996–1997, «Военный Парад» и «Оружие и технологии России. Том VI. М.: Оружие и технологии, 2003.

58. Павлов А. С. Ударная сила флота (подводные лодки типа «Курск»). Якутск: Сахаполиграфиздат, 2001. – 48 с.

59. Пиллар Л. Реквием линкору «Тирпиц» / Пер с нем. Ю. Чупрова. М.: Яуза, Эусмо. – 448 с.

60. Подводник России. Информационно-исторический альманах Союза подводников России. № 3, 2003. С. 145.

61. Покровский А. О «Курске http://www.port-folio.org/part312.htm

62. Покровский А. 72 метра. Книга прозы. Инапресс, 2007.

63. Попов В. Л. Судебно-медицинская казуистика. Л.: Медицина, 1991. – 304 с.

64. Реданский В. Г. Во льдах и подо льдами (Тайные операции подводных флотов). М.: Вече, 2004. – 480 с.

65. Риффо К. Будущее – океан. Л.: 1978. С.132.

66. Руководство судебной медицины. Под ред. Ивановского Н. П. СПб. // Издание журнала «Практическая медицина» (В. С. Эттингер), 1901. – 492 с.

67. Рязанцев В. Д. В кильватерном строю за смертью. avtonomka.org/vospominaniya/vitse-admiral-ryazantsev-valeriy-dmitrievich.html

68. Рязанцев В. Д. Тень безграмотности, // «Советская Россия», 19.11.2009.

69. Савельев М. С. Краткий курс судебной медицины. / Составлен по последнему изданию руководств судебной медицины проф. Э. Гофмана, Эммерта и др. Применительно к программе испытаний в медицинской комиссии. СПб.: Издание книжного магазина В. П.Анисимова. Пет. Стор., Большой пр., 90, 1914. – 144 с.

70. Самойлов К. И. Морской словарь. М.-Л.: Государственное Военно-морское издательство НКВМФ Союза ССР, 1941.

71. Сергеев К. М. Лунин атакует «Тирпиц»! // Вестник: Подводное кораблестроение. Прошлое, настоящее будущее. Выпуск 13. СПб.: СПМБМ Малахит, 1999. – 231 с.

72. Славин С. Н. Секретное оружие Третьего рейха. М.: Вече. – 448 с.

73. Спасский И. «Курск». После 12 августа 2000 года. М.: Русь, 2003. С. 286.

74. Судебная медицина (руководство для врачей). 2-е изд. / Под ред. Матышева А.А., Деньковского А. Р. Л.: Медицина, 1985. – 488 с.

75. Судебная медицина. Издание второе. / Под ред. Смолянинова В. М. М.: Медицина, 1982. – 464 с.

76. Уайт К. Ален, Курдин Игорь, Хухтхаузен П. Гибель атомного подводного крейсера К-219. Минск: Попурри, 2000. – 384 с.

77. Устинов В. Правда о «Курске». М.: ОЛМА-Пресс, 2004. – 319 с.

78. Фигичев. А. И. Аварийно-спасательные и судоподъемные средства. Л.: Судостроение, 1979.

79. Франц А. Психосоматическая медицина. Принципы и применение. М.: Институт общегуманитарных исследований, 2004. – 336 с.

80. Хмельнов И. Российский флот. Доблесть и нищета. АСТ-Пресс, 2003. – 656 с.

81. Черкашин Н. А. Тайны погибших кораблей: От «Императрицы Марии» до «Курска». М.: Вече, 2002. – 544 с.

82. Черкашин Н. А. Унесенные бездной: Гибель «Курска». Хроника. Версии. Судьбы. М.: Коллекция «Совершенно секретно», 2001. – 320 с.

83. Черкашин Н. А. Я – подводная лодка. Коллекция «Совершенно секретно», 2003. – 496 с.

84. Черкашин Н. А. Как погибают субмарины: Хроника одной ката-

строфы. Вахтенный журнал. М.: Андреевский флаг, 1995. – 71 с.

85. Чернов Е. Тайны подводных катастроф: К-429, К-219, К-278, К-141. СПб.: Нева; М.: ОЛМА-Пресс. Образование, 2002. – 480 с.

86. Шелфорд У. Спасение с затонувших подводных лодок. М.: Военное издательство Министерства обороны СССР, 1963. – 297 с.

87. Шигин В. АПРК «Курск». Послесловие к трагедии. М.: ОЛМА-Пресс, 2002.

88. Широкорад А. Б. Советские подводные лодки послевоенной постройки. М.: Арсенал-пресс, 1997. – 208 с.

89. Шигин В. В. Тайна исчезнувшей субмарины. Записки очевидца спасательной операции АПРК «Курск». М.: ОЛМА-Пресс, 2001. – 416 с.

Фотографии и иллюстрации:

Борис Кузнецов, Интернет, материалы уголовных дел № 432505с и № 29/00/0016-00, versia.ru, vgtrk.co, topwar.ru, tv100.ru, foto.mail.ru, nvmu.ru, sh8146.narod.ru, dompressy.by, army.lv, forums.airbase.ru, files.balancer.ru, persons-info.com, renatmustafin.com, radiorus.ru, deita.ru, fotki.yandex.ru, uib.no, blogkislorod.ru, warheroes.ru, nord-news.ru, ekhokavkaza.com, kavkaz-uzel.ru, bohn.ru, avtonomka.org, nev-almanah.spb.ru, novonikbibl.blogspot.com, dnevniki.ykt.ru, kazary.ru, undersea-union.com, larp.fr, rostves.info, clubadmiral.ru, newshopper.sulekha.com, svoboda.org, presscentr.rbc.ru, publicpost.ru, forum.wotanks.com, bohn.ru, кадры из фильмов «Подводная лодка в мутной воде», «Правда о «Курске», «Проект 949. Атомная подлодка «Курск», «Курск»: Последний причал», «Громкое дело – «Курск». 10 лет тишины», «Дороже золота», из передачи Сергея Доренко «Курск».

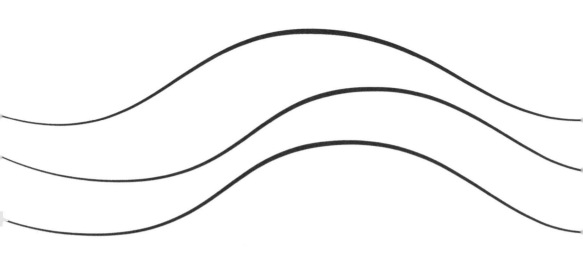

АНИКИЕВ РОМАН ВЛАДИМИРОВИЧ
АННЕНКОВ ЮРИЙ АНАТОЛЬЕВИЧ
АРЯПОВ РАШИД РАМИСОВИЧ
БАГРЯНЦЕВ ВЛАДИМИР ТИХОНОВИЧ
БАЙБАРИН ВАЛЕРИЙ АНАТОЛЬЕВИЧ
БАЙГАРИН МАРАТ ИХТИЯРОВИЧ
БАЛАНОВ АЛЕКСЕЙ ГЕННАДЬЕВИЧ
БЕЗСОКИРНЫЙ ВЯЧЕСЛАВ АЛЕКСЕЕВИЧ
БЕЛОВ МИХАИЛ АЛЕКСАНДРОВИЧ
БЕЛОГУНЬ ВИКТОР МИХАЙЛОВИЧ
БЕЛОЗЕРОВ НИКОЛАЙ АНАТОЛЬЕВИЧ
БЕЛЯЕВ АНАТОЛИЙ НИКОЛАЕВИЧ
БОРИСОВ АНДРЕЙ МИХАЙЛОВИЧ
БОРИСОВ ЮРИЙ АЛЕКСАНДРОВИЧ
БОЧКОВ МИХАИЛ АЛЕКСАНДРОВИЧ
БРАЖКИН АЛЕКСАНДР ВЛАДИМИРОВИЧ
БУБНИВ ВАДИМ ЯРОСЛАВОВИЧ
ВАСИЛЬЕВ АНДРЕЙ ЕВГЕНЬЕВИЧ
ВИТЧЕНКО СЕРГЕЙ АЛЕКСАНДРОВИЧ
ВИШНЯКОВ МАКСИМ ИГОРЕВИЧ
ВЛАСОВ СЕРГЕЙ БОРИСОВИЧ
ГЕЛЕТИН БОРИС ВЛАДИМИРОВИЧ
ГЕССЛЕР РОБЕРТ АЛЕКСАНДРОВИЧ
ГОРБУНОВ ЕВГЕНИЙ ЮРЬЕВИЧ
ГРЯЗН ЫХ СЕРГЕЙ ВИКТОРОВИЧ
ГУДКОВ АЛЕКСАНДР ВАЛЕНТИНОВИЧ
ДРЮЧЕНКО АНДРЕЙ НИКОЛАЕВИЧ
ДУДКО СЕРГЕЙ ВЛАДИМИРОВИЧ
ЕВДОКИМОВ ОЛЕГ ВЛАДИМИРОВИЧ

ЕРАСОВ ИГОРЬ ВЛАДИМИРОВИЧ
ЕРАХИН СЕРГЕЙ НИКОЛАЕВИЧ
ЗУБАЙДУЛЛИН РАШИД РАШИДОВИЧ
ЗУБОВ АЛЕКСЕЙ ВИКТОРОВИЧ
ИВАНОВ ВАСИЛИЙ ЭЛЬМАРОВИЧ
ИВАНОВ-ПАВЛОВ АЛЕКСЕЙ АЛЕКСАНДРОВИЧ
ИЛЬДАРОВ АБДУЛКАДЫР МИРЗЛЕВИЧ
ИСАЕНКО ВАСИЛИЙ СЕРГЕЕВИЧ
ИШМУРАТОВ ФАНИС МАЛИКОВИЧ
КАЛИНИН СЕРГЕЙ АЛЕКСЕЕВИЧ
КИРИЧЕНКО ДЕНИС СТАНИСЛАВОВИЧ
КИСЛИНСКИЙ СЕРГЕЙ АЛЕКСАНДРОВИЧ
КИЧКИРУК ВАСИЛИЙ ВАСИЛЬЕВИЧ
КОЗАДЕРОВ ВЛАДИМИР АЛЕКСЕЕВИЧ
КОЗЫРЕВ КОНСТАНТИН ВЛАДИМИРОВИЧ
КОКУРИН СЕРГЕЙ СЕРГЕЕВИЧ
КОЛЕСНИКОВ ДМИТРИЙ РОМАНОВИЧ
КОЛОМИЙЦЕВ АЛЕКСЕЙ ЮРЬЕВИЧ
КОРОБКОВ АЛЕКСЕЙ ВЛАДИМИРОВИЧ
КОРОВЯКОВ АНДРЕЙ ВЛАДИМИРОВИЧ
КОРКИН АЛЕКСЕЙ АЛЕКСЕЕВИЧ
КОТКОВ ДМИТРИЙ АНАТОЛЬЕВИЧ
КОЧУРИН СЕРГЕЙ СЕРГЕЕВИЧ
КУБИКОВ РОМАН ВЛАДИМИРОВИЧ
КУЗНЕЦОВ ВИКТОР ВИКТОРОВИЧ
КУЗНЕЦОВ ВИТАЛИЙ ЕВГЕНЬЕВИЧ
ЛАРИОНОВ АЛЕКСЕЙ АЛЕКСАНДРОВИЧ
ЛЕОНОВ ДМИТРИЙ АНАТОЛЬЕВИЧ
ЛОГИНОВ ИГОРЬ АЛЕКСАНДРОВИЧ

Здесь и далее список экипажа приводится по публикации в «Российской газете»: www.rg.ru/anons/arc_2000/0823/2.shtm

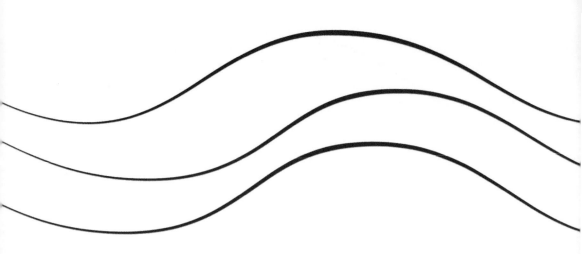

ЛОГИНОВ СЕРГЕЙ НИКОЛАЕВИЧ
ЛЮБУШКИН СЕРГЕЙ НИКОЛАЕВИЧ
ЛЯЧИН ГЕННАДИЙ ПЕТРОВИЧ
МАЙКАГАШЕВ ВЯЧЕСЛАВ ВИССАРИОНОВИЧ
МАРТЫНОВ РОМАН ВЯЧЕСЛАВОВИЧ
МИТЯЕВ АЛЕКСЕЙ ВЛАДИМИРОВИЧ
МИЛЮТИН АНДРЕЙ ВЯЧЕСЛАВОВИЧ
МИРТОВ ДМИТРИЙ СЕРГЕЕВИЧ
МУРАЧЕВ ДМИТРИЙ БОРИСОВИЧ
НАЛЕТОВ ИЛЬЯ ЕВГЕНЬЕВИЧ
НЕКРАСОВ АЛЕКСЕЙ НИКОЛАЕВИЧ
НЕУСТРОЕВ АЛЕКСАНДР ВАЛЕНТИНОВИЧ
НЕФЕДКОВ ИВАН НИКОЛАЕВИЧ
НОСИКОВСКИЙ ОЛЕГ ИОСИФОВИЧ
ПАВЛОВ НИКОЛАЙ ВЛАДИМИРОВИЧ
ПАНАРИН АНДРЕЙ ВЛАДИМИРОВИЧ
ПАРАМОНЕНКО ВИКТОР АЛЕКСАНДРОВИЧ
ПОЛЯНСКИЙ АНДРЕЙ НИКОЛАЕВИЧ
ПШЕНИЧНИКОВ ДЕНИС СТАНИСЛАВОВИЧ
РВАНИН МАКСИМ АНАТОЛЬЕВИЧ
РЕПНИКОВ ДМИТРИЙ АЛЕКСЕЕВИЧ
РОДИОНОВ МИХАИЛ ОЛЕГОВИЧ
РОМАНЮК ВИТАЛИЙ ФЕДОРОВИЧ
РУДАКОВ АНДРЕЙ АНАТОЛЬЕВИЧ
РУЗЛЕВ АЛЕКСАНДР ВЛАДИМИРОВИЧ
РЫЧКОВ СЕРГЕЙ АНАТОЛЬЕВИЧ
САБЛИН ЮРИЙ БОРИСОВИЧ
САДИЛЕНКО СЕРГЕЙ ВЛАДИМИРОВИЧ
САДКОВ АЛЕКСАНДР ЕВГЕНЬЕВИЧ
САДОВОЙ ВЛАДИМИР СЕРГЕЕВИЧ

САМОВАРОВ ЯКОВ ВАЛЕРЬЕВИЧ
САФОНОВ МАКСИМ АНАТОЛЬЕВИЧ
СВЕЧКАРЕВ ВЛАДИМИР ВЛАДИМИРОВИЧ
СИДЮХИН ВИКТОР ЮРЬЕВИЧ
СИЛОГАВА АНДРЕЙ БОРИСОВИЧ
СОЛОРЕВ ВИТАЛИЙ МИХАЙЛОВИЧ
СТАНКЕВИЧ АЛЕКСЕЙ БОРИСОВИЧ
СТАРОСЕЛЬЦЕВ ДМИТРИЙ ВЯЧЕСЛАВОВИЧ
ТАВОЛЖАНСКИЙ ПАВЕЛ ВИКТОРОВИЧ
ТРОЯН ОЛЕГ ВАСИЛЬЕВИЧ
ТРЯНИЧЕВ РУСЛАН ВЯЧЕСЛАВОВИЧ
ТЫЛИК СЕРГЕЙ НИКОЛАЕВИЧ
УЗКИЙ СЕРГЕЙ ВАСИЛЬЕВИЧ
ФЕДОРИЧЕВ ИГОРЬ ВЛАДИМИРОВИЧ
ФЕСАК ВЛАДИМИР ВАСИЛЬЕВИЧ
ФИТЕРЕР СЕРГЕЙ ГЕННАДЬЕВИЧ
ХАЛЕПО АЛЕКСАНДР ВАЛЕРЬЕВИЧ
ХАФИЗОВ НАИЛЬ ХАСАНОВИЧ
ХИВУК ВЛАДИМИР ВЛАДИМИРОВИЧ
ЦЫМБАЛ ИВАН ИВАНОВИЧ
ЧЕРНЫШЕВ СЕРГЕЙ СЕРАФИМОВИЧ
ШАБЛАТОВ ВЛАДИМИР ГЕННАДЬЕВИЧ
ШЕВЧУК АЛЕКСЕЙ ВЛАДИМИРОВИЧ
ШЕПЕТНОВ ЮРИЙ ТИХОНОВИЧ
ШУБИН АЛЕКСАНДР АНАТОЛЬЕВИЧ
ШУЛЬГИН АЛЕКСЕЙ ВЛАДИМИРОВИЧ
ЩАВИНСКИЙ ИЛЬЯ ВЯЧЕСЛАВОВИЧ
ЯНСАПОВ САЛАВАТ ВАЛЕРЬЕВИЧ
ГАДЖИЕВ МАМЕД ИСЛАМОВИЧ
БОРИСОВ АРНОЛЬД ЮРЬЕВИЧ